毛澤東

全方位解剖

上冊

蘆笛 著

謹以本書獻給摯友謝子石先生。如果沒有他持續幾年的反復敦促、激勵、勸誘與鞭策，本書早已無數次胎死腹中。在寫作過程中，謝先生更與作者一道嘔心瀝血，幫助查找資料，反復校對文稿，提出了大量修改建議。在很大程度上，這部書是兩人合作的產物。

　　此外，一位素不相識的道義交還為我仔細審讀了書稿，指出了若干筆誤，以及書中介紹的科技常識中某些不夠準確之處，在此一併致以誠摯的謝意。

目錄

代序

一、皇帝的新衣之東方摩登版

"萬歲萬歲萬萬歲！"

呼聲驚天動地地傳來，前面的人群紛紛跪下去，如同田裡的穀子被一排排割倒，五體投地，屁股卻高高撅起。

老直隨著大眾跪了下去，學著旁人的榜樣，將身軀折成"之"字形，額頭抵在地上。但他旋即發現，身體折成這個樣子，再要像大家那樣呼喊口號，根本就不可能。這種新式瑜伽實在超出了他軀體的塑性。

他只得抬起身子來，跪坐在雙腳上，就在那一瞬間，他看見了走過來的皇上，頓時張大了嘴。

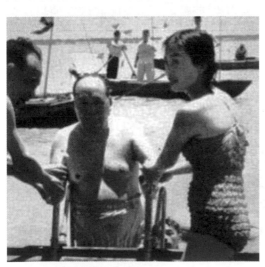

皇上精光著溝子，一絲不掛，陽光下，冒著油汗的身軀黑黝黝的。身上的肥肉東一束西一簇地冒出來，兩個巨大的乳房搭拉下來，隨著步態有節奏地左右搖晃，與之鼎足而三的是那傲然屹立的肚子，看上去跟身懷六甲的婦人也差不多。

這是皇后吧？老直想，哪兒像個男人呢？明知不妥，他仍然情不自禁地往下瞄了瞄。

橫空出世的龐大的肚腩皮之下，隱隱綽綽地似乎有點東西，又似乎沒有。看來要查明真相，還得先用龍門吊把那肚子吊起來，才能看個明白。那一瞬間，老直想起了孫猴子跳進水簾洞去的故事。聖上那偉大的肚子，似乎也就是挂在洞門前的瀑布。

他就那麼呆呆地望著那"瀑布"，直到皇上傲然走了過去，向老直顯示了混沌一片的背影。如果說皇上的前面還有點波瀾起伏，後面則是肉的混沌之海，什麼都給溶進了發酵粉中。

"萬歲萬歲萬萬歲！"

口號再度山呼海嘯地從人群中爆發出來，依舊是額頭抵地的新式瑜伽。老直却迷茫地呆看著前方，不言不動，仿佛中了邪。

皇上終於回宮去了，折成曲尺的身軀們錯落有致地先後回復原狀，仿佛打開了一半的水果刀終于全部打開了。原來驚天動地的口號聲現在變成了興奮的議論聲：

"你見到了偉大領袖麼？我好幸福啊！我看得最清楚！……"

"我才看得最清楚，誰也沒我看得那麼清楚！偉大領袖紅光滿面，神采奕奕，身軀魁梧，健步走了過來，那身威武雄壯的綠軍裝有多合身！……"

"得，露怯了吧？你根本就沒看見！偉大領袖根本就沒穿軍裝！他老人家穿的是銀灰色的中山裝，顯得特別慈祥！"

"你胡說什麼呀？明明是軍裝，怎麼變成中山裝了？"

"你才胡說！是中山裝！你看到哪兒去了！"

恍惚中，老直覺得有人在使勁搖晃他，他從迷惘的思緒中醒了過來，依稀看見兩張急切的臉：

"直哥快說：聖上穿的到底是軍裝還是中山裝？"

"肚子……"老直喃喃道。

"什麼？"

"奶子……"

"你說什麼？"

"到底是男人還是女人？"老直迷惘地自言自語，"怪不得從沒見過他老人家長鬍子的照片……"

"你說什麼？！你看見什麼了？"

"我說……，我說，嗯，我什麼都沒看見，全怪那水簾洞門前的水簾子……"

"什麼水簾洞？你別是中了邪吧？咱們是問你，皇上到底穿的是軍裝還是中山裝！"

"什麼軍裝中山裝？他什麼都沒穿啊，就跟剛生下來的孩子一樣，精赤條條……不，不像孩子，哪家的孩子會有那麼大的奶子和肚子？……"

老直醒過來時，已經是半夜了，他發現自己在地上躺著，透過疼痛腫脹的眼瞼困難地看出去，四周環繞著裡三層外三層窮凶極惡的臉：

"說！你哪來的對偉大領袖的刻骨仇恨，硬要造謠誹謗，惡毒誣衊，胡說他老人家什麼都沒穿？！"

2005 年 10 月 28 日

二、網上通信

很少發郵件，只是今晚無意中在凱迪網看了你的作品，得知你在外國，也不知是什麼國家，估計肯定是美國，你這樣的垃圾人渣也只有美國願意收留。不過我真的很佩服你的勇氣，居然還敢留下通訊地址，願意招人來罵，可能這也是你跟主人邀寵的一種手段，以證明你所謂的重視率。毛主席已作古多年，就算你這樣的人渣不承認他是中國的領袖，至少也是故去的長者，為尊者諱，為逝者諱，應該是人類共同的道德標準。而你這個畜生，非要和一個故去的老人過不去，你還有一點點的廉恥嗎？記住，你也會死的，你就不能收斂些，為死後積一點點的陰德嗎？你難道非要禍及子孫嗎？當然，像你這樣的畜類，也不配擁有子孫的。最後奉勸你一句，昧良心的話少說，昧良心的事少做！走狗，最終都沒有好下場的！[1]

先生：

收到尊函，極為好笑。類似的函件我早見慣不驚，最溫和的似乎也比尊函來勁，那是揚言要殺我全家的。這種詛咒、辱罵和恐嚇，對我寫作起到了難以估量的巨大的激勵作用；憤青們只能用辱罵、誹謗與威脅試圖迫使我住嘴，也讓我為他們的智力由衷感到悲憫。尊函與那些信件的區別，只在於足下居然會講起道德來，試圖證明我剖析在中國歷史上殺害虐待了最多的人民、犯下了最惡劣的罪行的屠民殘民暴君毛澤東，是違反了傳統道德，而足下維護傳統道德的方式，竟然是詛咒我禍延子孫，斷子絕孫！這娛樂性就不是

---

[1] 這是我收到的匿名信全文，既無稱呼也無署名。

一般的強了。如果足下在蒙我點撥之後，還看不出此中滑稽來，那就更是令人笑煞。

足下看來不知道：毛澤東最大的功勳，便是徹底掃蕩了中國的傳統文化與傳統道德，"大破四舊，大立四新"，否定、辱罵、誹謗、"批判"了除紂王、秦始皇、曹操、武則天等寥寥數人外的一切先賢，與"為尊者諱，為逝者諱"對著幹，連孔子的墳都有本事刨了，把孔子的屍骨拿出來游街示眾，以致製造出足下這種以最惡劣的糟踐傳統道德的方式來衛道的文盲可憐蟲。光從這點來看，毛澤東就是徹底毀滅了中國文明的千古罪人。中國人如果不像德國人那樣清算希特勒那樣，世世代代清算這中國有史以來最大的罪犯，必然要禍延全民族的子孫，在未來製造出一代代足下這種活寶來。

由此看來，我正在進行的工作具有深遠的歷史意義，任重道遠，感謝足下的激勵。將來我在海外出《治國白痴毛澤東》（如無其他意外，此書當與《毛主席用兵真如神？》大致一道在明年二月份前出版），一定要記住把尊函寫入序言，並適當鳴謝。

專此，即頌

秋祺！

蘆笛

2010 年 9 月 27 日

前言

"一個幽靈，共產主義的幽靈，在歐洲遊蕩。"

這是馬克思和恩格斯寫在《共產黨宣言》中的第一句話。如今，共產主義的幽靈早已在歐洲消散無遺，而毛澤東的亡魂至今還在中國上空遊蕩，很可能會繼續遊蕩下去，或許還會大規模重返人間，再度肆虐華夏大地。

這個現象本身就提示，毛澤東以及他代表的極權主義，並不是右憤們說的那樣，只是蘇聯人違背中國文化歷史傳統，強行植入中國的一個怪胎。如果中國傳統的隱性文明裡沒有埋著毛澤東的思想與行為實踐的深根，毛澤東的形象就不可能獲得如此強大的感召力與頑強的生命力，以致他不但在生前徹底改鑄了絕大多數國人的內心世界，卓有成效地敗壞了他們的心術，摧毀了他們的智力，而且還在死後持續發揮餘熱，為中國未來的發展投下了很可能是無從驅散的巨大陰影。

就是出於這種實實在在的擔憂，我才時作時輟，在幾年的時間裡抱病勉力寫完了此書。本書與姊妹篇《毛主席用兵真如神？》一道，構成了對毛澤東這個歷史人物迄今為止最全面、或許也是最深刻的剖析。

即使如此，我仍然沒有寫出《書法家毛澤東》，因為對他的"書法"，我的感覺與毛澤東在湖南第一師範的學長蕭瑜一模一樣。蕭先生看到毛澤東的作文作為範文在學校裡展出時的感受是：

　　"那時讓我印象最深的還是他笨拙的字跡，他從來沒法把那些笨拙的筆畫保持在方格裡。從一定距離看上去，他的字就像胡亂安排的稻草。"[1]

　　確實如此，毛澤東的"書法"與他的詩詞不一樣。儘管他的詩作多是庸作、劣作乃至痞子爛話，他畢竟寫過幾首優美的詩詞。而他寫字則連起碼的入門功夫（諸如間架結構與筆畫功夫）都沒學會。要讓我去分析這種"書法家"，未免過於強人所難。儘管唸了許多遍"下定決心，不怕犧牲"的光輝語錄，我還是無法勉強自己。"全方位"缺了這麼一個角，只好請讀者原諒了。

　　不過，光是看看毛澤東有那麼多堂皇的"家"的頭銜，就不能不承認，毛澤東確實是歷史上的一個非凡人物，起碼是多姿多彩的。只是在寫作過程中，我時常感到由衷的驚詫：一種難以思議的愚蠢，只要達到了空前的規模，就會"量變引起質變"，獲得某種神奇的感召力與魅力。所以，哪怕毛澤東的"非凡"在大多數情況下都只不過是"非凡的愚蠢"，但因為其氾濫的規模之宏大無與倫比，因此照樣可以讓他成為歷史上的"偉人"。人類的美學迷醉真是一種奇特的事，無怪乎偉大領袖毛主席要說："大，這個東西可了不起。"

　　我知道，本書的一個敗筆，或更準確地說，它可能讓人詬病之處，是作者在字裡行間處處毫不掩飾地流露出對毛澤東的由衷的鄙視，因而違反了對學術著作的"冷靜中立"的要求。這種寫法有可能引起中立讀者的反感，反而降低它的說服力。但我不幸生為智力勢利鬼，天生就有看不起低智商同志的傾向，而毛澤東又是給中國帶來那麼多災難的人，因此實在無從抑制對他的入骨鄙視。

---

[1] Siao-Yu: *Mao Tse-tung and I were beggars: A personal memoir of the early years of Chairman Mao*, Souvenir Press Ltd, 1974, p32.

　　另一個可能招來的非議是本書"全盤否定了毛澤東"，"徹底抹煞了毛澤東的歷史功績"。

　　對此，我只能說，我對毛澤東的主觀感情並未影響了本書的客觀性。在寫作本書時，我沒有受到任何先入為主的偏見的影響，而是嚴格遵循了偉大領袖毛主席的諄諄教導："一切結論產生於調查情況的末尾，而不是在它的先頭。"通過仔細閱讀和分析我能找到的一切史料，以及黨媒出版的毛澤東本人的著作、講話和批示，我不能不作出一個嚴謹的事實判斷——"毛澤東的智力和心態都有嚴重問題"。這不但是個學術結論，而且是個顛撲不破的學術結論，因為我並沒有使用不可靠的史料，更不曾選擇性地使用符合個人喜好的史料。類似地，在仔細審視了毛澤東的平生著述與事跡、並盡可能客觀地評價其後果之後，我覺得自己已經充分肯定了毛澤東可以肯定的一切言行。我不能為了冒充公允，就違反歷史的真實，去憑空編造子虛烏有的毛澤東的"歷史功績"。

　　當然，本書所說，不過是筆者的一家之言，竭誠歡迎一切持不同意見的學人驗證我的論據和推理過程。如果他們能使用類似的嚴謹的學術方法作出另類解釋，則我當至感榮幸與欣慰。在我看到此類研究結果之前，我只能效法伽利略在被迫聲明放棄"地心說"後說："但它（地球）還是在轉動啊！"（"E pur si muove！"），對指責者們說：

　　"但他真是歷史上的一個非凡的蠢人啊！"

思想家毛澤東

第一章 毛澤東是思想家嗎?

一、學習毛澤東思想，不知道它是什麼

　　誰都知道毛澤東思想是我黨的傳家寶，可這毛澤東思想到底是什麼內容，卻誰也說不清楚，只是朦朧地知道這是一顆戰無不勝、攻無不克的精神原子彈。就如同某玩家藏有稀世珍寶，眾人只知道其用料考究、做工精緻、價值連城，可這寶貝是什麼卻誰也沒見過。

　　偉大領袖毛主席教導我們：“搞社會主義革命，不知道資產階級在哪裡。”他沒有意識到，此乃吾國吾民的優良傳統，越是擁護提倡歌頌（或反對壓制譴責）什麼，就越是不知道那玩意究竟有什麼內容，“知識分子”、“理論家”們尤其如此，“以其昏昏，使人昭昭”便是他們的拿手好戲。正因爲敝民族的思維一直處在孩提時代，才會出現這種怪現象——無論是反毛者還是擁毛者，誰都說不出毛澤東思想到底是什麼，有些什麼內容。

　　張聞天的祕書、中共黨史專家何方在《黨史筆記》中指出：“‘毛澤東思想’被抬到登峰造極的地步時，黨也從未明確界定過‘毛澤東思想’。”就連鄧力群都不能不承認：“六屆七中全會通過的《歷史決議》，對毛澤東思想的闡述不完備。……沒有專門講毛澤東思想的全部內容。”

　　鄧力群說的那個《歷史決議》，就是一九四五年毛澤東仿照《聯共（布）黨史簡明教程》的模式創作“路綫鬥爭史”，主持制定的《關于若干歷史問題的決議》。那決議是延安整風的偉大成果，是奠定了“毛澤東思想是全黨一切工作的指導方針”的黨綱的“理論基礎”。然而無論是在那決議中還是在黨的七大、九大、十大通過的報告以及黨章中，都找不到對“毛澤東思想”內容的界說與闡述。大衆熟知的只是中式“定義”：“毛澤東思想是帝國主義走向全面崩潰，社會主義走向全世界勝利的馬克思列寧主義，是馬列主義發展的第三個里程碑，是最高最活的馬列主義，是馬列主義發展的頂峰……”，等等。

　　這就是咱們的“定義”，與“你是個大壞蛋，我是個大好人”的兒語毫無區別，兩者都不需要揭示概念的內容和本質屬性，更不需要論證。

　　打倒四人幫之後，這個問題開始暴露出來。鄧小平爲了回擊“凡是派”，首先提出“必須完整準確地理解毛澤東思想”，但連內容都不知道，又該怎麼理解？何況是“完整準確”？此後他又提出“毛澤東思想是中國共產黨集體智慧的結晶”，那意思似乎是毛思想並非毛個人的作品，不是他一人可以說了算的，必須由黨來解釋發揮。這精神被寫進了《關于建國以來黨的若干歷史問題的決議》，具體表述爲“毛澤東思想是馬克思列寧主義在中國的運用和發展，是被實踐證明了的關於中國革命的正確的理論原則和經驗總結，是中國共產黨集體智慧的結晶”。

　　何方指出此說不通：首先偉大領袖本人絕不會同意；其次是與國際學術常規不符；最後，如堅持此說，則我黨的“集體智慧”就只好把“大躍進”、“反右傾”、文革等等一塌括子包容進去了。若將它們統統摒諸門外，那黑格爾也可以變成唯物論者，費爾巴哈也可以變成辯證家了。

第一章 毛澤東是思想家嗎？

據何方介紹，公認的"毛澤東思想的權威解釋者"胡喬木對毛思想作了"汰劣留優，去偽存真"的美容手術，"從'完全正確和純潔的毛澤東思想'中歸納出三項'基本原則'或'根本精神'，即'實事求是'、'群衆路綫'、和'獨立自主'。他的這一看法後來在'歷史決議'[1]中表述爲'毛澤東思想的活的靈魂''有三個基本方面'"。

何方對此說作了逐條批判。關于"實事求是"，他認爲，"從毛澤東的活動實踐來看，無論是'民主革命'時期的打'AB 團'、葬送西路軍、'延安整風'中的'搶救運動'等，還是建國後的'一大二公'、'反右派'、'反右傾'、'大躍進'、大饑荒、'以階級鬥爭爲綱'，一直到'無產階級專政條件下繼續革命的理論'乃至'文化大革命'，恐怕無論如何都不能說是'實事求是'的。因此，不管是理論上還是實踐上，說'實事求是'是'毛澤東思想'的基本原則和貢獻，都是不適當的"。

對"群衆路綫"這條，何方指出，那不過是工作方法，並非理論貢獻。何況我黨的"群衆路綫"乃是"運動群衆"，在理論上違反了馬克思主義，在實踐中給人民群衆帶來了"大躍進"和"文革"的巨大苦難。

至于"獨立自主"，何方認爲，世界上多數國家的外交政策都如此，無論如何也不能算毛的獨創。何況毛在執政後在外交上"一邊倒"，並沒有走"獨立自主"道路，"在內政方面則從理論到實踐都是'走俄國人的路'，一切照搬蘇聯模式，斯大林在世時中共所有的重大問題都要向他請示彙報"。後期的"自力更生"則是閉

---

[1] 即《關于建國以來黨的若干歷史問題的決議》，中國共產黨新聞網，http://cpc.people.com.cn/GB/64162/64168/64563/65374/4526448.html。

關鎖國，不但違反了馬恩的教導，而且"導致中共建國後 30 年裡中國遠遠落後于世界上原來與自己發展水平相當的國家"。[1]

因此，胡權威提煉出來的"完全正確和純潔的毛澤東思想"，其實並不"完全"，也未必"正確"，至于"純潔"與否，則只有上帝才知道他到底在說什麼——莫非毛思想還曾被人姦污過不成？他又有何權利代毛本人作"親子鑒定"，毅然剝奪"姦生子"們的繼承權？

這說來也怪不得他，乃是民族傳統。中國原無思想家與理論家，因此把文人當成了西方思想家與理論家的等價物。偉大領袖搜羅的"理論家"們，上至陳伯達，下至胡喬木，全都不過是群沒有理論能力、只會"寫文章"的寫手。這才會鬧出"學習毛澤東思想，不知道毛思想是什麼"的具有濃厚中國特色的笑話。

二、什麼是思想家？

國人不知道，"思想家"不是可以隨便封的，並不是"愛思考有想法的人"的同義語。所謂思想家，就是在社會科學特別是哲學或宗教領域中提出了一個嚴密完整的、富含原創性（original）的理論體系的學者。而所謂世界級思想家，就是其理論的質量達到了當時的世界第一流水平、並在後世造成深遠影響的思想家。

這裡必須澄清，光是深刻地影響了後世，並不一定就是思想家。《三國演義》、《水滸傳》堪稱千百年來影響最大的游民文化經典，改塑了民眾的心態，甚至影響了歷史的發展。原工程兵司令陳士榘上將說：

---

[1]何方：《黨史筆記》，電子書（無頁碼）。

第一章 毛澤東是思想家嗎？

"蔣介石禁了不少馬克思主義等革命書籍，他犯了個大錯誤就是沒有禁《水滸傳》等書，因爲很多農民根本接觸不到馬克思主義的書，而且你給他看他也看不懂，如讀天書，而《水滸傳》通俗易懂，情節吸引人，個個人物栩栩如生，又特別符合中國貧富差別大、廣大農民仇恨爲富不仁的國情。我們很多將軍、士兵都是看了《水滸傳》才想到上山的。袁文才、王佐就是對《水滸傳》非常熟悉的，他們在山上實施的許多戰略乃至江湖義氣都來源于《水滸傳》。"[1]

這影響之深遠，恐怕不亞于儒家經典，然而我們能據此就說羅貫中、施耐庵是什麼思想家，在身後留下了"羅貫中主義"或"施耐庵思想"麼？所謂毛澤東思想對後人的影響，與此又有何區別？難道不也只是一種煽情作用而是理性的啟迪？

因此，所謂"在後世造成深遠影響"，指的是它給思想界學術界的影響，並不是給文盲大衆和憤青們留下了持久的刺激作用。要成爲思想家，一個人必須具備足夠的基礎知識與發達的抽象思維能力和表達能力，才能構建一個具有原創性並基本自洽的理論體系，打開他人的眼界，啓發他人思維，使他們能使用類似的思維方法，進一步豐富發展該理論，甚至開創出新理論來。這種人才配叫思想家，而他的一系列想法，也才配稱為"理論"、"學說"、"主義"或"思想"。而要做到這點，那理論就必須具有一定的質量，其指標包括：第一，觀察分析問題的視角與方法的新穎度；第二，思想的原創性；第三，思考的對象與範圍；第四，思想的深度；第五，理論的抽象程度；第六，體系表現出來的内在的和諧自洽與美感。

---

[1] 陳人康 策劃、口述，金汕，陳義風 著《一生緊隨毛澤東：回憶我的父親開國上將陳士榘》，人民出版社，2007 年 3 月，網絡版
http://vip.book.sina.com.cn/book/chapter_43083_29039.html

比起這些指標來，思考結論的正確與否並不重要，更重要的還是思路與思想方法。例如馬克思的唯物史觀雖然是錯誤的，但它的思辨質量仍然很高，因爲過去誰也沒想到社會上層建築的變革可以通過經濟基礎的變革去考察，此說提供了一種獨特的考察事物的思路，其涉及對象很重要，範圍也很廣——覆蓋了所有人類社會。雖然談不上什麼深度與抽象度，但基本自洽（不是說所謂辯證唯物主義，那完全是智力笑話），更在全世界造成了深遠影響。因此，馬克思確實是人類思想史上偉大的思想家。這裡所謂"偉大"，其實是在智能上而不是在功利意義上說的。

用這個標準來衡量，則立刻可以看出列寧和斯大林都不是什麼思想家。毛澤東在中共八屆二中全會上形象地稱二人為"兩把刀子"："我看有兩把'刀子'，一把是列寧，一把是斯大林"。他或許沒有意識到，此話其實說出了列寧、斯大林與馬克思的區別。

這世上有兩類學問，一類稱爲"理論"，一類喚作"技術"。理論科學探索的是大自然的奧祕，不考慮實際應用，而技術則是以改善人類生活為宗旨的各種發明，連接這兩者的則是應用科學。因此，理論物理學家不會製造火箭，熱力學教授也未必會修理內燃機。應用科學家、工程師以及工藝師們的任務，是把抽象的科學理論應用到生產實踐中。沒有他們的努力，二進位制就永遠只會是一種智力遊戲，不會變成電腦基本語言。

馬克思和列寧的關係也就類似於理論科學家與工程師的關係。馬克思研究了人類社會的歷史，使用由黑格爾開創、由黃仁宇和唐德剛繼承的"先射箭後畫靶"的"大歷史方法"，"發現"了"人類社會發展規律"。但它並沒有告訴你如何去製造無產階級革命，推翻反動統治者，迎來共產主義社會，如同熱力學不教你怎樣製造燃氣輪機一般。

這個任務是列寧完成的。列寧對馬克思主義的理論建設毫無貢獻，其貢獻乃是技術上的。他建立了歷史上從未有過的“革命工藝學”，解決了如何靠主觀努力去製造革命的實際技術問題，作出了一種最大限度地控制人民、將民力化爲奪權戰爭資源並加以極限開發的技術發明，具體來說就是建立一個集軍隊、黑社會與宗教組織于一身的組織嚴密、具有鐵的紀律、集中了一切權力的革命黨作爲領袖的馴服工具，去組織、控制、發動群衆，開展奪權鬥爭，在奪取政權後全面實施紅色恐怖，無情粉碎一切抵抗。這就是偉大領袖說的“列寧主義那把刀子”。偉大領袖在此使用的“刀子”（英文翻譯爲 sword——劍）極其準確地點破了列寧主義的實質——它是一種鋒利武器而不是理論，主要用來砍殺一切與黨不合作甚至膽敢反對黨的人。

斯大林對列寧主義的貢獻也主要是技術上的，重點在于以個人崇拜（cult of personality）與特務統治來加強黨領袖對全黨的絕對控制與指揮。使得全民形成由領袖一人任意導向的排山倒海的合力。他還填補了列寧發明的“民主集中制”的缺陷，首創肉體消滅黨內競爭對手，解決了列寧建黨理論留下來的“無法解雇不合作的中央委員”的難題。這就是偉大領袖說的被赫魯曉夫扔掉的“斯大林那把刀子”，它主要用于砍戰友們的腦袋。

列寧－斯大林革命工藝學作爲一門技術，具有相當大的獨立性，完全可以獨立于馬克思主義理論框架而存在。它是放之四海而皆準的“革命製造學”，可以爲從孫中山、蔣介石、毛澤東直到薩達姆那些政治理想完全不同的革命家們不同程度地使用。

從純學術的角度來看，馬克思、列寧和斯大林的智力成就定向不一樣。馬克思是個貨真價實的理論家或曰思想家，創建了一種政治理論，而列寧發明了一種高效製造革命、奪取政權的政治技術，斯大林則發明了一種史無前例的極權制度，將馬克思的“社會主義社會"空想翻譯為現實存在。兩人的政治發明都非常成功：列寧發明的"先鋒隊黨"的確是人類歷史上最有效奪權工具，而斯大林參與發明並完善的極權制度也是人類歷史上見所未見的"舉國體制"，其特點是將整個國家轉化爲只由一個大腦操控的機器，無限制地動員全國的人力物力去實現他劃定的目標，"統一意志，統一思想，統一指揮，統一行動"，在短期內造出其他國家（不管是民主國家還是舊式專制國家）都無法造出的奇迹來。他倆都算不上什麼理論家，却是偉大的發明家，可算政治學的工程師，其與馬克思的關係，猶如愛迪生與法拉第的關係。

那麼，毛澤東到底是理論家還是發明家？如果是前者，他的理論體系在哪裡？《毛選》中除了《矛盾論》、《實踐論》外根本就沒有什麼理論文字，絕大部分文字都只是黨內公文，諸如文件、決議、命令、講話等等。雖然中國是文盲國家，但把處理黨務軍務政務的應用文當成理論著作，這標準似乎也太低了些。沒有自己創建的理論體系，還能妄稱"思想家"麼？如果是政治發明家，那請問他發明了什麼可操作的政治技術，或是起碼能運行上幾十年的政治制度？連海內外毛粉們津津樂道的"農村包圍城市""槍桿子裡面出政權"也不過是中國幾千年來搶班奪權實踐活動的模仿和總結，發明專利早就被劉邦項羽買斷了，輪不到毛澤東。

當然，毛還是發明了不少東西，諸如"吃飯不要錢"、"一平二調"的人民公社，"全民煉鋼"，"大鳴大放大字報大辯論"，"批鬥走資派"，"三結合的革命委員會"，"赤脚醫生"，"五七幹校"，"知青上山下鄉"等等，然而這些發明智力含量實在太低甚或闕如（如果不是負數的話），其獨出心裁的程度（也就是原創性）恐怕還不如首創爬上屋頂去拉屎。

而且，就連這些劣等"發明"，大多數也不是他的作品而是革命群眾"首創精神"的產物。他唯一可以稱為獨到的發明，便是在延安整風期間首次投入使用的"懲前毖後，治病救人"、"脫褲子割尾巴"的軟刀子，不用殺人便能將一切潛在的反對者"搶救"得服服帖帖，終生不敢再起異心。比起斯大林的"肅反"來，那在戰時的確有極大的功利優越性、除此之外，他連幾千年前的管仲、商鞅等人的政治發明能力都沒有。

三、什麼是毛澤東思想？

曾有人對我說，毛澤東思想是什麼，並不重要；毛澤東思想能用來做什麼，才是最重要的。這種想法在國人中極有代表性，非常普遍，很多人都認為歷史人物是什麼人並不重要，重要的是他作為歷史人物的利用價值，你說他是什麼他就是什麼，反正人也死了，隨便你怎麼強姦都行。它反映的大概是中國的國教，亦即不管事實如何，只看利用價值的實用主義哲學。老鄧的"不爭論、不砍旗"，在保留毛澤東神龕的同時，全面背叛毛路線的做法，就是以此哲學為指導的。我對這套哲學很熟悉，對這番話我絲毫不覺得新奇，其實用不著別人再來作為個人心得傳授。

不過愚以為，即使不從尋找毛澤東思想的文化傳統根源、以期杜絕未來重演悲劇的功利角度著眼，光從純審美的角度來看，世上出現了一個影響深遠的現象，不弄清它的本質是什麼，似乎有愧於具有智力的高等生物（所謂"萬物之靈"）的身份，是不是？

更何況國人對於真實的毛澤東及其思想，已經隔膜到令人駭然的地步了。如今國內那些大奸商、大資本家們，甚至福布斯富豪排行榜上相當一部分人，都屬於"毛派資本家"、"毛派商人"。據調查，近幾十年來中國的成功人士，無論是房地產大亨、奸商巨賈，還是互聯網霸主、實業巨頭，幾乎都有"毛澤東情結"。那些在官場上呼風喚雨的貪官巨富，查抄財產時除了點壞多部點鈔機的海量鈔票外，通常還有純金毛主席塑像數尊。[1]

這算是什麼劣等鬧劇？任何正常人，只要看一眼毛主席著作，立即就能看出，這些人正是毛與之不共戴天的死敵。毛革命一生的目的，不就是把他們打翻在地，再踏上千萬只腳，讓他們永世不得翻身嗎？他們有什麼資格崇拜毛澤東？難道他們的崇拜，不是對偉大領袖最放肆的侮辱？毛若死而有靈，不知道該會怎樣懲罰這些謬託知己、褻瀆侮辱他的階級敵人！

這種令人哭笑不得的怪現狀，再生動不過地暴露了毛澤東已被捧成了一尊毫無內容的空洞神像，以致許多人竟然對他們崇拜的偉大領袖的思想一無所知。即使是為了教育這些同志，只怕也得對毛思想略作介紹吧？

那麼，所謂"毛澤東思想"到底是什麼？我給出的定義是：

"'毛澤東思想'是毛澤東雜取了儒道釋的思維方式與視角，將列寧—斯大林創建的製造革命、奪取政權與鞏固統治的政治技術理論應用于中國後，發展出來的一種東方政治新技術。它的主要特點是以'道德宇宙觀'的善惡兩分法將所有的社會現象道德化，主張'不破不立'，把仇殺鬥毆帶來的毀滅當成解放人民、建設新世界、完善全民道德的必需手段。它對深受《水滸》一類游民文化經典熏陶的貧民特別是農村游民具有強大的感召力，因而是顛覆中國式'官府政權'的最強大的工具。但因為同一特點，它也必然對新建的官府政權具有巨大的破壞顛覆力，因此不可能被一個試圖維護統治的政權忠實地傳下去。"

---

[1] 袁興國：《浙商老闆中的"毛派企業家"》，《企業家日報》，2014 年 5 月 21 日；張小平：《企業家的毛氏情結》，《領導文萃》，2012 年 2 期

第一章 毛澤東是思想家嗎?

　　本卷就是對此定義的展開論證,但要知道"毛澤東思想"的內容與來龍去脈,必須先瞭解毛澤東的知識結構、智力與性格的特徵。毛澤東正是因為知識結構極度偏枯與畸形,智力又有明顯缺陷,才既不具備理論家的主觀條件,又沒有發明家的才能,就連做個合格的國務家的才幹都沒有,而他的嚴重人格缺陷,則使得他不期然而然地獲得了一種對國計民生的強大破壞力。

第二章 毛澤東的知識、智力與人格缺陷

一、毛澤東的知識結構

（一）師範學校的偏科差生

眾所周知，毛澤東出生于前清，生長于當時信息閉塞、教育落後的湖南鄉間。他九歲發蒙，上了五年私塾[1]，半年高小，五年師範學校，雖然終生苦學外語，但學到最後，仍然只能翻著字典一字字地看馬列經典的英譯本[2]，從未接受過高等教育。就連在中師接受那點粗淺教育，也因其剛愎自用而被他弄得殘缺不全。他曾對斯諾說：

> "這所新學校有許多校規，我贊成的極少。例如，我反對自然科學列為必修課。我想專修社會科學。我對自然科學並不特別感興趣，我沒有好好地去學，所以大多數這些課程我得到的分數很差。我尤其討厭一門靜物寫生必修課。我認為這門課極端無聊。我往往想出最簡單的東西來畫，草草畫完就離開教室。記得有一次我畫了一條直線，上面加上一個半圓，表示'半壁見海日'。又有一次，在圖畫考試時，我畫了一個橢圓形就算了事，說這是蛋。結果圖畫課得了四十分，不及格。幸

---

[1] 此處據《毛澤東年譜（1893-1949）》，根據《毛澤東早年讀書生活》，毛是 8 歲發蒙，讀了 6 年私塾。
[2] 林克：《憶毛澤東學英語》，《讀書文摘》2010 年第四期。

虧我的社會科學各課得到的分數都很高，這樣就扯平了其他課程的壞分數。"[1]

當國多年後，他仍以這種"知識自宮術"自傲：

"學問才不是靠學校裡學來的，以前我在學校裡是很不規矩的，我只是以不開除為原則，考試嘛，60 分以上，80 分以下，70 分左右，好幾門學科我是不搞的，要搞有時沒辦法，有的考試，我交白卷，考幾何，我就畫了個雞蛋，這不是幾何嘛！因為就一筆，交卷最快。"[2]

就連"幸虧我的社會科學各課得到分數都很高"也是自吹。漫說師範學校不會開設什麼"社會科學"課程，就連學校裡開的那點簡單文科科目，他也沒有學全，例如靜物寫生就是他自承最討厭的，怎麼可能學好？據他的學長蕭瑜說：

"每天早晨我都聽到他朗讀古文。我知道他很用功。但在課程表上的所有科目中，他只有作文好。他的英文一分未得，算術只有百分制的五分，在畫畫時，他只能畫一個圓。在這些科目中，他永遠是班上最差的幾個學生之一。但在那個時代，寫文章被看成是最重要的。文章寫得好就是好學生，於是毛也就成了好學生！"[3]

傳統教育只傳授寫八股文的技能，因此"寫文章"也就成了衡量士人才能的唯一標準。由於心理慣性，這價值觀仍在民初普遍存留，或許也就是毛抵制學習數理化的社會原因之一。

---

[1] 埃德加·斯諾著，董樂山譯：《西行漫記》，生活·讀書·新知三聯書店，1979 年12 月，121 頁

[2] 毛澤東：《召見首都紅代會負責人的談話》，1968 年7 月28 日。轉引自韓愛晶：《毛主席召見五個半小時談話記》，《炎黃春秋》2013 年第 11 期。

[3] Siao-Yu: *Mao Tse-tung and I were beggars: A personal memoir of the early years of Chairman Mao*, p32.

此外，毛的另一位同學還披露，毛在《西行漫記》裡罵的"袁大鬍子"（即湖南省立第一師範教師袁仲謙）也曾多次救了毛：

"袁老師脾氣古老，很難侍候，工役懷恨，毛故設計謀，唆使其捏造醜聞，誣害袁師名譽，袁師淚下，還惜毛難得善終。此事全校皆知，只以投鼠忌器未便宣洩，毛亦得免。袁為毛之恩師，毛幾次學期平均成績不及格應開除，皆以袁師力保得免。"[1]

數理化門門不及格，音樂美術就更別提了，中師能教授什麼"社會科學"？那就只能靠自學了。毛在進入師範之前，也曾在湖南省立圖書館讀書自修半年。他後來對斯諾聲稱，他在那兒"讀了亞當·斯密的《原富》，達爾文的《物種起源》和約翰·穆勒的一部關於倫理學的書"，以及"盧梭的著作，斯賓塞的《邏輯》和孟德斯鳩寫的一本關於法律的書。"[2]

但那是 1912 年的事，《物種起源》根本就沒翻譯過來。據《毛澤東年譜（1893-1949）》介紹，他說的其實是"嚴復譯的亞當·斯密《原富》，孟德斯鳩《法意》，盧梭《民約論》，約翰·穆勒《穆勒名學》，赫胥黎《天演論》和達爾文關於物種起源方面的書"[3]。一個尚未接受中學教育的民初鄉村來的青少年，根本就不可能看懂那些書。如果他真的看懂了《天演論》，明白了真實的人性是怎麼回事，那就再不會迷上違反人性的"共產主義理想"了。

1965 年，他又給印尼共產黨黨魁艾地開書單：

[1] 白瑜：《湖南五四運動、驅張運動與毛澤東的發跡[修訂本]》，http://www.boxun.com/hero/xsj1/73_4.shtml
[2] 《西行漫記》，120 頁。
[3] 《毛澤東年譜（1893-1949）》，txt 電子書，無頁碼，下同。

"我是相信過康德的。我也看過希臘亞里士多德的書，看過柏拉圖的書，看過蘇格拉底的書。"[1]

蘇格拉底的書？是九天玄女娘娘在夢中授給他的吧？就連初中生也該知道，蘇格拉底根本沒有著作傳下來，他的思想都是弟子柏拉圖代為闡發的。由此可見，無論是對斯諾，還是對艾地，毛澤東都是瞎吹牛，他根本沒看過他吹的那些書，知道的唯人名而已。

（二）完全徹底的科盲

毛澤東通過"知識自宮術"造成的知識結構殘缺偏枯，不難從他讀李達《社會學大綱》的批註中看出來。據郭化若回憶，毛澤東在延安一次小型座談會上對他們講："李達寄來他的《社會學大綱》，我已經讀了十遍，還寄來一本河上肇的《經濟學大綱》，我現在已讀了三遍半，也準備讀它十遍。"[2]

一部書而能讀上十遍之多，只可能是學習，絕非一般閱讀——因為不知道或不熟悉書中的內容，才需要反復閱讀去領會掌握。光這一事實便說明，毛澤東是把這本通俗讀物當成了自學教科書。他留下來的眉批也證明了這一點。如同一個死用功的遲鈍學生，哪怕是課文中的老生常談，他都要當成要點寫在旁邊，以強化記憶：

△社会——发展的有机体	社会学的唯一的科学的方法，是唯物辩证法。这个科学的方法，是把社会当作不断的发展着的、生动的有机体解释的。

---

[1] 中共中央文獻研究室編：《毛澤東年譜（1949-1976）》，第五卷，中央文獻出版社，2013 年，518 頁

[2] 陳晉：《毛澤東曾談李達的〈社會學大綱〉：我已讀了十遍》，《北京青年報》，2013 年 12 月 26 日

　　然而該書介紹科技知識的部份，儘管十分粗淺，絕不會引起一個合格的中學生注意，他卻勾畫了了，看得無比仔細用心，可惜怎麼也看不懂，連要點都無法摘錄，只能在字裡行間、天頭地腳處處留下問號：

> ……物质又具有能力。物质的能力，是物质的性质，是物质本身起作用的能力。物质不灭，能力不灭。所以无机自然界中作用着的能力，即机械力及其补充物的所谓潜能力、热、辐射（光线以至放射热）、电气、磁力、化学的能力等，即是宇宙的运动的各种现象形态。……
>
> 物质是从非常小的并且行着种种色色的运动的无数各别的微片成立起来的。这种微片，叫做分子。……这些分子，在固体物之中，好象紧密地结合着，没有互相运动的余地，但实则各个分子各自行着震动的运动。在液体里面，分子和分子的结合虽然更为紧密，却还能够互相前后地震动，所以在液体之中，各分子不仅有震动的运动，并且还可以自由移转，不固定在一定地方。……〔第 138—140 页〕[1]

[1] 毛澤東：《讀李達著社會學大綱一書的批註》，1938 年 1 月-3 月，中央文獻研究室編：《毛澤東哲學批註集》，中央文獻出版社，1987 年 5 月，237-238 頁。

雖然當時翻譯的科技術語與現在不一樣，但合格的中學畢業生都能看懂，第一段說的是各種形式的能量：機械能以及不像機械能那麼直觀的熱能、輻射能、電能、磁場能、化學能等等。毛雖然下了大工夫，卻不懂這些最起碼的理化常識，甚至連機械能是什麼都不知道。

第二段說的是初二物理學的分子論，然而 44 歲的毛澤東卻看不懂。最能說明這點的是，李達出了個錯——把液體分子的結合說得比固體更緊密。毛澤東雖然本能地覺得難以接受，但只敢在"<u>更為緊密</u>"下打個問號，卻不能像合格的中學生一樣，一眼就看出作者恰好說反了。須知毛澤東學習此書極為刻苦認真，甚至如校對一般，細心為李達改動了若干病句、錯字甚至標點符號：

例一、在原文中加入括號：

> 会的生产诸关系，作客观的分析，并探它
> 的（作用及其发展、即由一种有机体进到别
> 种高级有机体的）①特殊运动法则。这是

例二、修改句子（加入"就是"二字），使之更加通順：

> 泉。辩证唯物论把这种属性，叫做物质。
> 若用一个定义来说　就是①

例三、修改句子（刪去"都"字，加入"離開了運動也不能說起物質"），使之更加全面：

> 质或绝对静止的物质，都是没有的；离开
> ①
> 了物质，就不能说起运动；并且物质的运
> 离开了运动也不能说起物质②

因此，毛若掌握了初二物理，知道絕大多數固態物質的密度比液態大。就一定會在文中更正。他沒這麼做，只說明他根本不懂。

李達對星雲說的簡介更是弄得他滿頭霧水：

依据科学的研究，我们知道，宇宙是包括恒河沙数的星体的无限空间和无限时间的总称。其间形状如云而发光的星云，为数在十万以上。星云的初形，好象是极稀薄的气体，焕散如火雾，其中质点互相吸引，所以凝缩固结，发出光热。这凝缩的气质，渐渐开始旋转，股流分歧，各复自结为中心核。全体的构造成为一个漩涡状，中心质最密，股流中各有若干凝缩质的结核。这是漩涡状星云的大致的性质。太阳系就是从这样的漩涡状的星云进化而来的。这星云因引力或周围以太[148]压迫的关系，各分子都向内凝缩，于是初时的不规则形渐渐变为圆形，依着中心轴加速的旋转，而成为平圆轮形。象这样旋转迅速，其外缘所伸出之股，因而掷出。这些被掷出的大小无数的部分，因互相碰撞并合，到最后形成为行星及卫星等团聚于太阳周围之太阳系（行星及卫星可假定由同理而成）。……〔第 143 页〕[1]

？

？

---

[1] 同上，238-239 頁。

因為當年拒絕學習物理，他當然也就不懂，原始星雲中的每個微粒都會有一個初始運動，當它們受到萬有引力而凝聚收縮時，角動量發生疊加而旋轉（除非極度巧合使得角動量之和為零，但這種幾率小到完全可以排除），旋轉半徑因體積塌縮而減小，因角動量守恆而導致轉速增加，這是個不斷加劇的過程，因此才會在"漸漸"下面畫了問號。

至於他在"周圍以太壓迫"下畫問號，倒不是想知道"以太"是怎麼回事。那問題太專門，就連行外的科學家也未必知道，哲學界就更不用說了。連李達都不知道，毛澤東就更不可能知道了。所以，他在那兒加問號，最大的可能還是他不知道"以太"是個音譯詞，卻把"以"字當成了動詞，以為是"周圍以×壓迫"之意，因而無法讀懂那句子。

可歎的是，直到臨死，毛都不懂星體旋轉是怎麼回事。孟錦雲回憶，毛澤東在聽到吉林隕石雨的消息後倍感震動，沉吟久之，最後對孟說：

"中國有一派學說，叫做天人感應。說的是人間有什麼大變化，大自然就會有所表示，給人們預報一下，吉有吉兆，兇有凶兆。天搖地動，天上掉下大石頭，就是要死人哩。三國演義裡的諸葛亮、趙雲死時，都掉過石頭，折過旗桿。大人物、名人，真是與眾不同，死都死得有聲有色，不同凡響噢。"

毛澤東說這些話的時候，帶著少有的感慨，少有的激動。

毛澤東似乎壓抑了自己的激動，轉換了個平靜的語調：

"不過，要是誰死都掉石頭，地球恐怕早就沉得轉不動了……"[1]

---

[1] 郭金榮：《毛澤東的晚年生活》，《大地》，1992 年第 8 期

不難看出毛在想什麼：那則消息報告，有三顆最大的隕石落地，同時伴有大量的小隕石。毛當然把那大隕石當成了他自己，把小隕石當成殉葬的草民，認定那是他即將隕落的先兆。而他最後那句自言自語，暴露了他連物理學常識都沒有。若是毛看懂了李達對星雲說的介紹，就不會說出"隕石能把地球壓得轉不動"的蠢話來了（不知道他說的是自轉還是公轉，但無論是哪一種都很可笑）。

毛澤東當國之後似乎意識到了知識缺陷，惡補了點科普小冊子，從此不管場合是否合適，瞅准空子就賣弄，不是"坐地日行八萬里，巡天遙看一千河"，就是"一個人有動脈、靜脈，通過心臟進行血液循環，還要通過肺部進行呼吸，呼出二氧化碳，吸進新鮮氧氣，這就是吐故納新"，甚至還和國外物理學家討論基本粒子是否可無限分割，號召國內學者學習"坂田模型"。

然而少壯不努力，老大徒傷悲。直到晚年，毛仍然沒有補回他當年在長沙師範拒絕學習的數理化知識：

"主席：發電機是一個說明運動轉化的很好的例子，在煤燃燒時運動形態是什麼？

×××：是化合物中原子外層電子改變運動軌道時放出來的能。

主席：這種形態轉化為使水蒸汽體積膨脹的運動。

×××：這是分子運動而產生動能。

主席：然後又使發電機的轉子旋轉，這是機械運動，最後在銅線、鉛線發出電來。"[1]

---

[1] 毛澤東：《關於坂田文章的談話》（一九六四年八月二十四日），《毛澤東思想萬歲》（1961-1968）。該談話記錄稿部份發表在《毛澤東文集》第八卷上，題為《關於人的認識問題》，但此處的對話被刪去了。引文中與毛對話者不是周培源就是于光遠。文革期間兩人都一度"有問題"，因此《毛澤東思想萬歲》的編者隱去了名字。

任何一個合格的中學畢業生都不會有毛的疑問，而哪怕是偷過電線電纜的文盲農民，也不會鬧出"在鉛線發出電來"的笑話。

又如他在中央會議上描繪共產主義藍圖：

> "要講需要，要說熱量等於五百卡路里就夠了。做皇帝、諸侯，超過了就受不了。少了也不行。食物含有氮、氫、碳、氧、鎂、鉀、鈉、鍺、磷、氯，共產主義也只是以一定量的元素作營養。不能太多。"[1]

這段光輝語錄，暴露了毛連1卡路里是多少熱量都不知道。連中學生都該知道，1卡路里只是1大卡的千分之一，而正常成人哪怕處於休息狀態，維持每天的正常新陳代謝也需要消耗 1500 大卡熱量。若照每人 500 卡的供應標準，毛澤東的共產主義社會只能是餓殍之鄉。

至於食物的組分，任何一個合格的中學生都只會提到核酸、蛋白質、糖、脂肪、維生素等有機物，以及鈉、鉀、鈣、磷、碳、氫和氧等元素組成的無機或有機化合物，不會想到那些微量元素鍺、鎂上去。毛這賣弄恰好暴露了他連人體生理生化的 ABC 都不懂，這才會只列舉元素，不知道它們是以化合物的方式存在的。大概在他想象中，他那共產主義社會只需向人供應足夠氮氣、二氧化碳和水，也就等於供應了蛋白質。而他那"吃肥肉能補腦"[2]的科盲笑話，說明他連最起碼的生理衛生常識都沒有。

最幽默的還是，"為說明年輕人勝過老年人，學問少的人可以勝過學問多的人"，他在 1958 年召開的成都會議上宣稱：

---

[1] 毛澤東在為八屆六中全會作準備的鄭州會議上的講話第二次講話（一九五八年十一月六日），《毛澤東思想萬歲》（1958-1960）

[2] 權延赤：《走下神壇的毛澤東》，外文出版社，1996 年 1 月，
http://www.shuku.net/novels/maosh/maosh.html

　　"發明安眠藥的，既不是醫生，更不是有名的醫生，而是一個司藥；開始，法國人不相信，但德國人歡迎，從此才有安眠藥。據說盤尼西林是一個染坊洗衣服的發明的。美國富蘭克林發明了電，他是賣報的孩子，後來成了傳記作家、政治家、科學家。"[1]

後來在八大二次會議上，他又把這些屁話重複了一遍：

　　"安眠藥的發明者不是什麼專家、醫生，是法國一個小藥房的司藥。我在一個小冊子上看到的。為了發明安眠藥，他共做了 10 年的試驗，做試驗時幾乎喪失了生命。試驗成功了，法國政府不讚成，說他犯法；德國卻很歡迎，把他接過去了，給他開慶祝會，給他出書，於是安眠藥才出世了。

　　盤尼西林——青黴素是一個染匠發明的，因為他的女兒害了病，沒有錢送醫院，沒辦法就在染缸旁邊抓了把土，用什麼東西和了和，吃下去就好了。後來經過化驗，這裡頭有一種東西，就是盤尼西林。

　　達爾文，大發明家……創造進化論時也是個年輕人。"[2]

這些屁話，暴露出毛缺乏現代常識到了驚人的地步。

　　首先，他連醫學與藥學是兩門不同學科都不知道，以為西藥是醫生發明的，所以如果某種西藥不是醫生發明的，那就很不平凡。其實西藥主要是化學藥物，發明它們是藥物化學家而不是醫生的事。莫非毛澤東連"開藥"與"製藥"是兩種職業都不知道？

　　其次，他毫無科技常識，連"發明"與"發現"有何區別都不懂，竟然說出"富蘭克林發明了電"的蠢話來。是人都知道，電是上帝發明的，沒哪個凡人有本事發明。富蘭克林發明的是避雷針。

類似地，他稱達爾文為"創造進化論"的"大發明家"，說明他非但不懂進化論，也分不清科學與藝術的區別，以為進化論是藝術作品一類"創造"。

第三，因為是完全徹底的科盲，毛澤東以為沒受過良好教育的貧民也可作出現代科技發明，卻不知道，即使忽略必需的科研訓練，要發現青黴素的殺菌作用，或是合成安眠藥，也都需要實驗室，而染匠或司藥不可能擁有它們。

最後，他舉出來證明"卑賤者最聰明"的那幾個例子，暴露了他無論是對西方的科技，還是對歐洲的社會狀況，都一無所知。

早在公元前三、四世紀，古希臘人就用鴉片來誘導睡眠了，古希臘的睡神西普諾斯的雕像手上就拿著罌粟花。所以，安眠藥不必等到後來才"出世"。後人發明的是化學合成的安眠藥。最先問世的是水合氯醛。它是德國化學家尤斯圖斯·馮·李比希男爵在 1832 年發明的。李比希兒時確實當過藥房的學徒，但他後來上了波恩大學，在該校讀了博士，還到巴黎索邦大學深造過。合成水合氯醛時，他已在德國吉森大學（後來改用他的名字命名）的特殊化學與藥學系當了好幾年系主任了。他是有機化學的創立人，是化肥工業之父，是最偉大的化學教育家之一，一生發明無數，安眠藥根本不算什麼，一般傳記上幾乎不提。哪來什麼"實驗十年，幾乎喪生"的鬼話？

那盤尼西林的胡扯更搞笑。毛澤東把倫敦帝國理工學院教授弗萊明打成窮染匠也倒罷了。但即使到了 50 年代，中國也只有天然青黴素，沒有口服青黴素，弗萊明那時就更不用說了，而天然青黴素口服無效，"他女兒"吃了什麼用都沒有。毛居然連怎麼用青黴素都不知道，敢情他一輩子就沒打過？要麼他連西藥有不同的用藥方式都不知道？這應該是起碼的保健常識吧？

很明顯，毛把發現百浪多息藥效的多馬克誤記成了弗萊明。百浪多息最初確實是作為染料合成的。可惜，多馬克並不是什麼窮染匠，而是病理學家兼細菌學家。他的實驗室裡倒是有為細菌染色的染色劑，但並不放在染缸裡，而是放在試劑瓶裡。他給女兒注射百浪多息，不是因為沒錢，而是因為她害了當時無藥可醫的敗血症，而他此前已發現百浪多息有殺菌作用，絕望之下冒險一試，結果女兒神奇地痊愈，磺胺藥於焉問世。

最搞笑的，還是毛用中國農村的景象去擬想歐洲的家庭，什麼"在染缸旁邊抓了把土"，令人活活笑煞。弗萊明與多馬克都是科學家，後來都因其發現獲得諾貝爾獎，不是毛編出來的"學問少的人"。他們要抓土，家裡是抓不到的，只能到花園裡去。即使是一般的歐洲家庭，要在家中抓土也比較困難。

從這些笑話足可看出，毛澤東不但無知到了極點，還真敢信口開河，記憶力也不行，以致張冠李戴。

在自然科學方面是知識殘廢，國際政治經濟知識又如何？白讓他當了好幾年 "世界革命領袖"，臨死前兩年也絲毫不知外部世界是什麼樣子，這才會首創"三個世界"之說。可憐他終生不知道 GDP 這個概念，於是在他心目中，原子彈的數量就跟當年的"鋼"一樣，是衡量國民財富的指標。還拿去跟外賓說，真是酷愛在國際上出醜：

> "美國、蘇聯原子彈多，也比較富。第二世界，歐洲、日本、澳大利亞、加拿大，原子彈沒有那麼多，也沒有那麼富，但是比第三世界要富。"[1]

而且，他竟然靠閱讀《東周列國志》來理解現代國際關係：

---

[1] 《關於三個世界劃分問題》（一九七四年二月二十二日），《毛澤東文集》第八卷，http://www.people.com.cn/GB/shizheng/8198/30446/ 30452/2195383.html

"赫魯曉夫有兩手，對外一手是軟，對內一手是搞陰謀，搞顛覆活動。因為這個干涉內政問題，就引起我再看一遍《東周列國志》。《東周列國志》中就是外國干涉內政相當多，多得很。我專看這一條，專找外國怎麼樣干涉內政。"[1]

這人完全不知道，古代中國根本沒有"主權"、"內政"這些西洋觀念。即使在歐洲，以平等、主權為基礎的國際關係準則，也是直到 17 世紀"威斯特伐利亞體系"形成後，才開始建立起來的。用東周列國類比現代國家，猶如用"馬"去類比"海馬"，相同者唯漢字耳。

當然，說這些，對毛澤東這位絕對的世界歷史盲是要求過高了。赫魯曉夫下台後，毛對政治局常委們說，蘇共領導像法國的拿破崙王朝一樣，一代不如一代，最屬害的是拿破崙第一，拿破崙第二就不行了，拿破崙第三就更不行了[2]。原來，在他心目中，拿破崙建立了個類似秦始皇的王朝，他自己是第一世，兒子是二世，孫子是三世，祖孫三代都是皇帝。

其實，西方君王的"第一"、"第二"只是區分同名的序號，並不是中國皇帝的"一世"、"二世"（例如英國女王伊麗莎白一世 1558-1603 年在位，而伊麗莎白二世是當今的英國女王，兩者之間不但相距幾百年，而且沒有血緣關係），毛澤東不知道這還可以原諒，但他總該恍惚聽說過"滑鐵盧"吧？

哪怕是道聽途說也該知道，波拿巴王朝因滑鐵盧戰役倒台，拿破崙第一被流放到聖赫倫那島上去並死在那裡。波旁王朝復辟，拿破崙的兒子拿破崙第二非但沒做成皇帝，就連國王都沒能當上，不過是個奧地利的公爵，而且年紀輕輕就害肺結核死了。拿破崙第三

---

[1] 《毛澤東年譜（1949-1976）》第四冊，400 頁
[2] 轉引自吳冷西：《十年論戰——1956-1966 中蘇關係回憶錄》，868 頁，中央文獻出版社，1999 年。

是拿破崙第一的侄子，原先不過是個平民，帝位是他當上總統後發動政變取得的，並不是拿破崙第二傳給他的。馬克思的《路易・波拿巴的霧月 18 日》就是介紹那場政變的。連這些最起碼的世界近代史常識都不知道，連他的老祖宗馬克思的重要著作都沒聽說過，毛澤東真稱得上是"其生有涯，而無知也無涯"了。

（三）當年的"網蟲"

毛最主要的學習內容，還是報紙。據毛自述，他在當兵時把剩下的餉銀都用在訂報上，貪讀不厭。後來還常常在報攤買書、買雜誌。"我父親責罵我浪費，他說這是把錢揮霍在廢紙上。可是我養成了讀報的習慣，從一九一一年到一九二七年我上井岡山為止，我從來沒有中斷過閱讀北京、上海和湖南的日報。"這一自述為多人證實。左舜生 1922 年在上海見到毛時，見毛"收集了許多報紙，看得很詳細，他說，新聞要看，廣告尤其要看，因為一切社會現象，社會黑暗都可以從廣告中看出來。"[1]

他的一位同學也說：

> "他唯一的本領是讀報，他讀報的範圍是廣寬的，無論什麼地方的報紙都定來讀，而且讀的時候又特別細心，從評論讀到廣告，一字不漏，他在長沙第一師範時，幾乎完全不讀書而讀報；他在廣州寺背通津三十八號時，房間裡堆滿了各種各樣的報紙，吃飯看報，大便看報，坐在車上看報，睡在床上也是看報。他自己曾說他的學問是從看報得來的；……他不僅看報，而且什麼刊物也都搜來看看，據他說，凡是一種刊物，只

---

[1] 左舜生：《給毛澤東一個初步的解剖》，原刊中華民國四十七年十二月十九日，《聯合評論》。

要有一二個人去讀他，我們就該看，銷路好的更不用說了，我們應研究它爲什麼能得讀者歡迎？"[1]

這雅興一直保留到上了井岡山。1929 年 4 月，毛在致中央的信中說："到贛南閩西以來，郵路極便，天天可以看到南京、上海、福州、廈門、漳州、南昌、贛州的報紙，到瑞金且可看到何鍵的機關報長沙《民國日報》，真是撥雲霧見青天，快樂真不可名狀。[2]"

（四）歷史書與垃圾小說的終身粉絲

毛澤東一生酷愛讀歷史書。據毛澤東自己說，他讀了 6 年孔夫子，從 8 歲起開始讀私塾，讀的大多是四書五經，其中也有不少歷史書籍。據考證，毛澤東最早讀過的歷史書大概應該是中國傳統史學的簡易讀物——《綱鑒易知錄》，由此開始了他對中國歷史的啟蒙教育。到湖南省立第一師範學習後，袁仲謙又給他推薦了許多歷史書籍，像《御批通鑒輯覽》、《資治通鑒》、《讀史方輿紀要》，以及各朝各代的《紀事本末》，等等，都是在此期間讀到的。歷史書中，毛澤東尤其喜歡《二十四史》和《資治通鑒》，從中學習馭民之術，運用得爐火純青。

另一學習內容則是舊小說。《毛澤東年譜（1893-1949）》稱，毛澤東在讀私塾時，"不很喜歡讀經書，喜歡讀中國古代傳奇小說，特別喜歡讀反抗統治階級壓迫和鬥爭的故事，曾讀過《精忠傳》、《水滸傳》、《三國演義》、《西游記》、《隋唐演義》等"。如所周知，這些遊民文化經典都是毛澤東畢生反復閱讀與引用的聖經。除此之外，毛還閱讀了大量一般人不屑于問津的劣質小

---

[1] 王唯廉：《毛澤東》，http://www.boxun.com/hero/xsj1/128_1.shtml
[2]《毛澤東年譜（1893-1949）》，電子書。

說。傅斯年在 1945 年 7 月訪問延安時發現，"毛澤東對于坊間各種小說，連低級興趣的小說在內，都看得非常之熟"（見下）。

對古代兵書，毛也有所涉獵。據他的同學說，毛在年輕時便立下了上山當土匪的雄心壯志，為此不但留心考察湘西當時的匪情，試圖與當地的土匪幫會結交，還"對曾、左、彭、胡的治兵要略，也有勤習"。[1]

（五）馬列主義的外行

毛澤東對自己的吃飯手藝——馬列主義又懂多少？他的故舊一致認為，青年時代的毛澤東既無條件學習馬列經典，學識根底也很差，根本不可能懂馬列：

> "那時他已是二十五歲了；因被環境所限，故他讀書不多，而中西學識的根底那時都很差；但其頭腦之欠冷靜，而偏向於實行一面，這是給我印象甚深的。所以他一聞李守常之說，對於俄共的理論及其實際，李都還沒弄清楚，而毛便自稱'受李領導，而迅速的向馬克斯主義轉變'。其實，毛既不懂外國文，而那時馬克斯的《共產黨宣言》都還未譯成中文（這本小冊子是次年一九一九才由陳望道初譯出來，在上海印行的），他又何能了解馬克斯主義，而向之轉變呢！"[2]

> "毛澤東生平也覺得'凡新的總是對的'，也一樣'好讀書求甚解'，他的敢作敢為，更早進入了胡作亂為，他對共產主義的愛好，開始於讀了陳望道從日文翻譯的一篇《共產黨宣言》，現在他儘管滿口馬列主義，其實他隔馬列之門還有十

---

[1] 白瑜：《湖南五四運動、驅張運動與毛澤東的發跡》，
http://blog.boxun.com/hero/xsj1/73_2.shtml
[2] 李璜：《民國七年我與毛澤東在北京往還中所得印象[修訂本]》，
http://www.boxun.com/hero/xsj1/44_1.shtml。

萬八千里，您想，他憑什麼可以窺見馬克思列寧的全貌？充其量不過'拿着雞毛當令箭'，利用這一工具，來演一回搶奪政權的全武行而已。"[1]

毛澤東的自述與此一致：

"我熱心地搜尋那時候能找到的為數不多的用中文寫的共產主義書籍。有三本書特別深地銘刻在我的心中，建立起我對馬克思主義的信仰。我一旦接受了馬克思主義是對歷史的正確解釋以後，我對馬克思主義的信仰就沒有動搖過。這三本書是：《共產黨宣言》，陳望道譯，這是用中文出版的第一本馬克思主義的書；《階級鬥爭》，考茨基著；《社會主義史》，柯卡普著。到了一九二〇年夏天，在理論上，而且在某種程度的行動上，我已成為一個馬克思主義者了，而且從此我也認為自己是一個馬克思主義者了。"[2]

他好歹承認了當時沒有多少馬列經典，他看過的也就是三本小冊子，卻據此大言不慚地聲稱："在理論上……成為一個馬克思主義者了。"我們將在下文看到，毛根本沒怎麼看過馬列經典，一點入門知識都是在延安時代自學蘇聯教科書學會的，還學得殘缺不全，食而不化，以致對馬克思主義的重大概念都理解錯了。即使是在後來有了條件之後，甚至在他當了國、馬列著作被大量翻譯過來之後，毛仍然對外國人寫的東西毫無興趣。他甚至在八大二次會議上"破馬克思"，說：

"他（馬克思）寫了不少的書給我們看，我們不一定都要看完。……我沒有看完，還在樓底下。我們沒有看完他的著

---

[1] 左舜生：《給毛澤東一個初步的解剖》，
http://www.boxun.com/hero/xsj5/9_1.shtml
[2] 《西行漫記》，131 頁

作，都是樓下人，但不怕，馬克思的東西，不一定都要讀完，讀一部份基本的東西就够了。但我們做的超過了馬克思。"[1]

1964 年 3 月 17 日，毛澤東會見智利共產黨左派－斯巴達克派代表團，在談到讀馬列主義的經典著作時承認：馬列主義的經典著作有很多我還沒有看過，只看過少數。[2]

何方先生指出：

"'毛大概沒有讀過《資本論》'，對政治經濟學'沒有下過大功夫'，'喜歡讀古書，⋯⋯曾經認爲"馬克思可用的東西不多了"，說經典著作讀起來沒味道'。（李銳：《毛澤東的早年與晚年》，貴州人民出版社 1992 年版，第 122，123 頁。有關毛澤東沒有讀過《資本論》的說法，長期以來流傳就較爲廣泛。不久前（2002 年 11 月 22 日）的一次會上，曾彥修還提到，田家英告訴他毛主席沒讀過《資本論》。于光遠在旁加以證實說，他可算'權威'，因爲他在延安時是圖書館主任。除人們傳說外，毛在文章中也確未直接引證過《資本論》。《毛澤東的讀書生活》一書中提到'1954 年，毛澤東又一次閱讀《資本論》'，似乎不足信。因爲插圖的《資本論》只是寫了個出版年代，難以證明讀過。毛讀書有作批註的習慣，更何況讀《資本論》，但人們沒見到過批註。和插圖中的版本極相似的一本（可能就是這本）曾在毛中南海故居展覽過，我參觀時翻了翻，未找到批註。現在公開出售的毛澤東讀書批註極多，大部係古籍，但也有《毛澤東哲學批註集》和內部出的《毛澤東讀社會主義政治經濟學批註和談話》（清樣本）。如果《資本論》讀了幾遍（1954 年是'又一次閱

[1] 毛澤東在八大二次會議上的講話，1958 年 5 月 8 日，轉引自李銳：《"大躍進"親歷記》上卷，南方出版社，1999 年 1 月，323 頁。
[2] 《毛澤東年譜（1949-1976）》第五卷，324 頁。

讀'），那一定會有大量批註可供整理出版。而且像《資本論》這樣大部頭的書（加上《剩餘價值理論》共六大本），毛恐怕不但沒興趣（'沒味道'），而且也沒時間讀。在延安整風前學理論高潮期間，他鑽研的是哲學，沒參加《資本論》學習小組。此後大概更不容易抽出閱讀的時間了。另據莫洛托夫回憶，毛向他承認，自己沒讀過《資本論》。見（蘇）丘耶夫：《莫洛托夫訪談錄》中譯本，吉林人民出版社 1992 年版，第 123 頁。）

　　毛對中國古籍百讀不厭，但對通行于世界的經濟學、社會學、國際關係理論一類書却讀的不多，對外國文學更沒多大興趣，很少讀什麼世界名著，據說只讀了《毀滅》、《簡·愛》兩本外國小說，《紅與黑》還是只看電影沒看原著。但他對中國古籍讀得多，記憶力又好，許多古文、詩詞，可以倒背如流。所以有人說，'他對中國典籍的熟悉程度遠超過他對馬克思主義的熟悉程度。'（李銳：《毛澤東的早年與晚年》，第 307 頁。）他在講話中經常以古喻今，可以長篇引證原文，順手拈來，毫不費力，但從未見他引證過馬克思、恩格斯的大本原著上的話。有人統計，《毛澤東選集》中引用中國古籍比馬列（又以斯大林爲最多）要多出四倍。他不但自己愛好古籍，還經常挑選一些古文叫印發給中央領導或某個會議參加者看，如《後漢書》的《張魯傳》、枚乘的《七發》等。有時還要考問一些領導人，《資治通鑑》看了幾遍？直到臨死前還要人給他念庾信的《枯樹賦》、賈誼的《鵩鳥賦》，以及岳飛、張元幹等人的詞（陳晋：《毛澤東之魂》，吉林人民出版社 1993 年版，第 402—405 頁）。"[1]

---

[1] 何方：《黨史筆記》，電子書。

王力也在其回憶錄中說，毛澤東沒看過《資本論》[1]。

但最近國內學者王佔仁提出，毛澤東"起碼在四個時間段裡讀過《資本論》，當然不一定是全讀"，並在不同版本的《資本論》用鉛筆進行了圈畫和標註，例如"毛澤東對第一卷第 1 至 12 章大部分內容（包括部分註釋）用鉛筆進行了圈畫和標註。用鉛筆、藍鉛筆對第三卷的第 13 至 20 章、第 37 至 39 章的一些段落進行了圈畫，還糾正了原書中的錯字，改正了原書中不妥當的標點符號，將漏字一個一個添加上去"。據說，"這些符號反映了他對某個觀點的欣賞、贊同、懷疑、反對、不解或深思，所以儘管沒有留下大量文字批註，從中仍然可以看出他在閱讀《資本論》時所下的功夫"[2]。

下過功夫可能不假，但並不等於看懂。我們已經在前面看到，他對李達《社會學大綱》講的最粗淺的科學常識也下了很大功夫，同樣作了大量標註，甚至細心到去改正錯字乃至標點符號，跟個編輯也差不多，但除了問號外卻無任何批註，連明顯的內容錯誤都沒有糾正。類似地，他在讀河上肇著《馬克思主義經濟學基礎理論》時，凡是介紹馬克思經濟學理論的地方，只留下了大批問號，竟無一語表示理解、贊同、質疑或是反對，說明那些問號只是看不懂的表示。[3]

反過來，他在苦學蘇聯哲學教科書時就留下了大量批註，雖然許多批註非常可笑（詳見本卷第三章第五節），但畢竟說明了他還大致知道作者是在講什麼。為什麼他批註二手通俗讀物時不厭其詳，甚至可以長達千把字，卻未在"無產階級革命者的聖經"上留下片言隻語呢？有功夫去改錯字和標點符號，卻沒功夫寫下心得，

---

[1] 王力：《王力反思錄》，香港北星出版社，2001 年，500 頁。

[2] 王佔仁：《毛澤東讀〈資本論〉相關史實考證》，《光明日報》，2011 年 11 月 30 日

[3] 《毛澤東哲學批註集》，457-492 頁。

除了實在沒有心得可寫外，還能是什麼其他原因？莫非作者竟然認為，毛澤東不懂 "抓主要矛盾"，只知在細枝末節上狠下功夫？

對毛澤東向莫洛托夫自承沒有看過《資本論》一事，作者為毛澤東作的辯護也有強加於毛之嫌。據他說，這是因為 "毛澤東第一次訪問蘇聯時，受到了不應有的冷遇，使他非常生氣。而且在此之前，斯大林對中國共產黨在馬克思主義理論修養方面存在著根深蒂固的偏見，以至於認為中國共產黨是 '人造奶油'。對於蘇聯以馬克思主義理論大國和理論權威的身份居高臨下的做法，中共特別是毛澤東感到很憋氣。所以當莫洛托夫當面問他讀沒讀過《資本論》時，毛澤東回答說沒讀過，其潛臺詞或許是：難道只有你們才會讀，我們中國共產黨人不會讀？" [1]

作者竟能知道毛澤東的潛臺詞，這考證功夫也過於高明了些。本書《國務家》卷的有關章節將介紹毛當時對斯大林的真正態度。莫洛托夫來拜訪中共代表團時，毛澤東受寵若驚，畢恭畢敬，以下級請示上級的恭謹，探問蘇方對簽約的意向，甚至請示是否可以叫周恩來來，何曾有過 "憋氣" 的膽魄？除了在住處對科瓦廖夫發過火外，他唯一一次當著上級領導的面生氣，只是在斯大林和莫洛托夫責問他為何言而無信、不以外長名義發聲明之時。即使是那次他也只敢生悶氣，自始至終未發一言。

"始皇既歿，餘威震於殊俗"，斯大林死後很久，毛澤東都不敢抱怨。直到赫魯曉夫發表了祕密演說，他才喜出望外，盛讚："赫魯曉夫有膽量，敢去碰斯大林！" 這才開始 "吐苦水"，無限辛酸地說："過去名曰兄弟黨，實際上是父子黨，貓鼠關係。" [2] 既然是貓鼠關係，哪來王佔仁想象的反唇相稽的餘地？

---

[1] 《毛澤東讀〈資本論〉相關史實考證》

[2] 毛澤東在成都會議上的講話（一九五八年三月二十二日），轉引自李銳：《"大躍進"親歷記》上冊，南方出版社，1999 年 1 月，261 頁。

　　作者的論據與推理更不能成立，斯大林從未說過"中國共產黨是'人造奶油'"，說的是毛澤東是"人造奶油馬克思主義者"（margarine Marxist，這話一點都沒說錯，本卷第三章講的就是這個問題。在本書寫作過程中，我時時想起斯大林這句名言，覺得那老東西真是明見萬里），但那是赫魯曉夫在其回憶錄中披露的。該書是赫魯曉夫下臺後的口授錄音，1971 年被偷運到國外整理出版，毛澤東那時怎麼可能知道？又豈會為此憋氣？莫非作者以為，蘇共政治局委員們敢把斯大林在背後的議論告訴他？

　　本來，毛去莫斯科的一個重大目的，就是請教皇本人為他摸頂，"按立"他的亞洲大主教身份，為此要去與斯大林討論他的"中國化的馬列主義"，但斯大林從未給過他這個機會。如果他真的看懂了《資本論》，又豈會放過在莫洛托夫面前賣弄的良機？

　　最支持毛澤東看不懂《資本論》、甚至連河上肇寫的政治經濟學通俗小冊子都看不懂的證據，還是他在 1959 年底與"秀才們"一道苦讀蘇聯《政治經濟學教科書》時發表的談話。因為那是教科書，比《資本論》通俗易懂得多，毛澤東才總算弄懂了馬克思的歷史唯物主義 ABC，對此作了有力批駁（詳見本卷第三章）。如果毛澤東看懂了《資本論》，為何不在天頭地腳留下類似批註？

　　所以，對蘇聯上級領導同志，毛澤東不失為誠實的部下。他說的是實話——看不懂，怎麼能算看過呢？要是答了"看過"，對方問起來什麼都答不出，豈不糟糕？但要是答"看過，可惜沒看懂"，那就更糟。兩害相權取其輕，毛澤東這個答覆應該是最明智的。

　　政治經濟學是白紙一張，哲學便如何？本卷第三章將要介紹，毛澤東學習哲學是到了延安後的事，直接動因是國際派的刺激。但即使沒有這刺激，當紅色領袖總要過這一關。國際共運在本質上是宗教運動，革命導師都必須是精通教義的教皇。凡是能進水晶棺材的，都得有幾部號稱意義非凡的哲學著作來當枕頭，否則在裡面躺著也不安生。列寧斯大林自不必說，其"偉大的哲學思想"直到現在還是社會科學專業研究生的研究課題。金家父子也搞出了"主體哲學"的系列著作，至少也是宇宙真理的水準。胡志明伯伯雖未見著作，但據官方報導，胡在 1965 年 5 月與毛在西湖會面時，兩位老友在一起大談一分為二與合二而一之類的"哲學話題"。

那麼，毛澤東學到了多少馬列哲學？一個主動進行了"知識自宮術"的知識殘廢，真能掌握"宇宙運行的根本規律"麼？本卷第三章專門分析這問題，這裡只舉一例。"反對經驗主義"乃是毛在延安整風期間提出的口號之一，與"反對教條主義"相輔相成，周恩來等人就是以此罪名被整肅的，劉少奇在中共七大的報告中也指出，"反對經驗主義偏向"是毛澤東思想的一個特點[1]。然而任何一個稍懂哲學的人都知道，所謂"經驗主義"根本不是毛說的不懂理論、只靠工作經驗的意思。

更可笑的是，後來毛生吞活剝地看了點哲學書，自己也發現弄錯了，在廬山會議上說：

> "如任弼時講的，說我是狹隘經驗主義，我就不承認。你如果承認，但還不知道經驗主義是何物，以為做點工作，有點經驗就叫經驗主義，但在哲學體系上，並不是這樣理解的。不懂得經驗主義是指馬赫唯心主義經驗論。《唯物主義與經驗批判主義》這本書，就是列寧批判馬赫的，不容易讀，然而必須讀。此書反對波格丹諾夫、盧那察爾斯基，他們悲觀失望。1905 年黨渙散，列寧自己長期研究多少年，才寫出來的。因為理論基礎不一致。"

---

[1] 劉少奇：《論黨》，中共中央文獻編輯委員會編《劉少奇選集》上卷，人民出版社，1981 年 12 月，332 頁

可憐的是，即使在看了列寧那本書後，他總算明白"以爲做點工作，有點經驗就叫經驗主義"是錯的，却仍然沒本事搞明白經驗主義的概念，以爲馬赫主義囊括了經驗主義的所有流派，而且它們都是唯心論！

好在那時他還比較誠實，坦承自己不懂理論：

"我也不懂多少理論，不是教授，只是知道一些。教授要讀很多書。我書讀得少，是些什麼意思，大體懂一點。如杜威主義不懂，太複雜，簡單意思懂一點。柏格森主義、無政府主義、唯心論、哲學史，看過一些，沒有作過深入研究。"

連杜威主義那麼淺顯的玩意都看不懂，覺得"太複雜"，這種理解力，能看懂康德、黑格爾的書麼？而不懂他們的學說，又怎麼可能理解馬克思哲學思想的來龍去脉？怪不得他不喜歡看理論書，因爲"太硬"，超出了他貧弱的理解力：

"我也如此，讀書少，後來養成讀書興趣，一拿就是歷史、小說、筆記，這些較柔和。理論書太硬。《政治經濟學》我就沒讀過，陳伯達也沒有讀過。要養成讀書習慣，各種書都讀，包括文學、歷史、法學、心理學、李森科、摩爾根。"

歷史書既然"較柔和"，在他的理解力範圍內，那應該起碼把國際共運史、十月革命史、聯共黨史等等仔細看過來吧？否則怎麼去"繼承捍衛發展"列寧主義？然而他就有本事鬧出這種笑話來：

"要快之事，馬克思也犯過不少錯誤。我搬出馬克思來，使同志們得到一點安慰。這個馬克思，天天想革命快，一見形勢來了就說歐洲革命來了，無產階級革命來了，後頭又沒有來，過一陣又說要來，又沒有來。總之，反反復復。馬克思死了好多年，列寧時代才來。那還不是急性病？'小資產階級狂熱性'？馬克思也有啊！（劉少奇插話：列寧也有，講世界革命很快就要來了。）世界革命，那個時候他希望世界革命來援

助，他也搞和平民主新階段，後頭不行了，搞出一個一國可以
建成社會主義，這在以前也講過吧？（劉：是一國可以勝利，
一國可以建成社會主義沒有講。）一國可以勝利，到這個時
候，不建怎麼辦？只有一國。（劉：依靠自己本國的農民可以
建成社會主義。）依靠農民。巴黎公社起義之前，馬克思反
對。季諾維也夫反對十月革命，這兩者是不是一樣？季諾維也
夫後來開除黨籍，殺了頭。"[1]

　　他這兒披露的馬克思多次預言歐洲無產階級革命到來的獨家消
息，本人無學，不知道是否屬實，只記得馬克思強調過，只要資本
主義生產關係還有容許生產力發展的餘地，無產階級革命都不會爆
發。至於毛披露的蘇俄革命史則完全是笑話。列寧一開頭確實想和
平奪權，鼓吹"一切權力歸蘇維埃"，但那並不是"希望世界革命
來援助"，而是因爲黨內大多數人都主張與孟什維克合作。哪怕在
他提出準備武裝奪權後，多數黨魁仍然認爲社會主義革命條件不成
熟，支持他的只有托洛茨基。他確實是把勝利的希望寄托在世界革
命上，以爲只要俄國打響社會主義革命的第一槍，歐洲先進國家特
別是德國的無產階級就會跟上來。直到死那天，他都"希望世界革
命來援助"，蓋他認爲"社會主義革命在一個國家取得完全勝利是
無法設想的"，從未提出過"一國可以建成社會主義"。那是斯大
林的發明，也是忠于列寧思想的托洛茨基與斯大林爭吵的核心問題
之一。毛這位"偉大的馬列主義者"竟然連斯大林的貢獻是什麼，
其與托洛茨基"路綫鬥爭"的焦點何在都兩眼一抹黑，絕對是只有
中國才會鬧出來的笑話。

　　少奇同志也夠嗆，他畢竟去蘇聯留過學，大約恍惚聽到過"一
國可以建成社會主義"是斯大林而非列寧的主張，於是出來糾正老

---

[1] 以上毛語錄均出自李銳：《廬山會議實錄（增訂本）》，河南人民出版社，
1998年。筆者所用爲頁碼與紙質書不同的 PDF 版電子書。

毛，說列寧說的是"一國可以勝利"，什麼勝利？當然只能是社會主義革命勝利。姑不說上引列主席語錄已經表明，列主席認定俄國社會主義革命勝利的前提是世界革命，不可能在一國單獨取得勝利。就算列主席沒這麼說過，那請問"社會主義革命勝利"與"社會主義建成"究竟有何區別？莫非可以有社會主義革命業已取得勝利，而社會主義尚未建成的怪事？當然，這是列寧和斯大林修正馬克思主義造出來的悖論，須怪不得少奇同志。比起偉大領袖那馬列盲來，少奇可算精通馬列了。

就連蘇聯的二戰史，他也蒙查查，居然對外賓鬧出這種笑話來：

> "斯大林在戰爭問題上的確有過一些錯誤。他對希特勒進攻蘇聯估計不足，不在邊境設防，不在波蘇邊界、波羅的海三國和烏克蘭設防，以致蘇德戰爭初期蘇聯吃了較多的虧。波羅的海三國不設防，致使列寧格勒遭受的損失大。烏克蘭不設防，致使德軍在南線輕易深入。" [1]

原來，蘇軍未在邊境設防？蘇德戰爭頭半年，蘇軍就有6百多萬將士被殲滅，敢情那是在大後方發生的啊？

事實恰與他瞎編的相反，正是因為斯大林放棄了原來的"斯大林防線"，沿著與納粹德國劃定的新邊界設防（那時波蘭已被蘇德瓜分，根本就沒有"波蘇邊界"了），而不是在縱深設防，才讓德軍發動進攻後，在三個作戰方向上都一舉包圍殲滅了大量蘇軍，得以長驅直入。虧毛自己還經歷過二次世界大戰，而且還是蘇聯在華別動隊的頭目，卻竟然連蘇軍初期為何兵敗如山倒都不知道，以為德軍長驅直入是因為蘇軍不設防！

至此不難勾勒出毛澤東的知識結構：

---

[1] 《毛澤東年譜（1949-1976）》，第五卷，48頁

1）現代（＝西方）文明常識（含自然科學常識）：徹底闕如。

2）民國時代各地出的爛報紙：這是青年毛澤東的主要學習內容。

3）各種劣等低質舊小說：這構成毛終生的重要學習內容。

4）儒家和道家的經典：這是清末民初士人的必讀書。

5）《二十四史》：這構成了他執政後的主要學習內容。他還反復讀了《資治通鑒》，著重從史書中揣摩學習王侯將相們用過的陰謀權術。

6）蘇聯人編纂的馬列主義教科書，主要是在延安時期看的，只限於哲學；1959 年盧山會議前後看過斯大林的《社會主義經濟問題》以及蘇聯的《政治經濟學》教科書；有可能瀏覽過幾本馬列經典中譯本，諸如《哥達綱領批判》、《反杜林論》、《唯物主義與經驗批判主義》等，但至今未見官方發表有關的讀書筆記。

他給毛岸英開的書單足可印證上述分析：

> "精忠岳傳 2，官場現形 4，子不語正續，3，三國志 4，高中外國史 3，高中本國史 2，中國經濟地理 1，大眾哲學 1，中國歷史教程 1，蘭花夢奇傳 1，峨嵋劍俠傳 4，小五義 6，續小五義 6，聊齋志異 4，水滸 4，薛剛反唐 1，儒林外史 2，何典 1，清史演義 2，洪秀全 2，俠義江湖 6。" [1]

現代人必然要納悶：毛為何會對那種垃圾小說感興趣，還要把它們當成太子的必讀書？看報又能學到什麼系統的學問？諷刺的是，那些東西雖然毫無學問可言，可對於毛的成功卻起了極大的作用，是他將"馬克思主義中國化"的本錢。

（六）知識殘廢在病態社會中如魚得水

---

[1] 張鐵民：《毛澤東給兒子開的書單》，《報刊薈萃》，2006 年 02 期

　　由上可知，毛澤東的知識結構有著非常醒目的特點，那就是極度"偏科"──徹底缺乏西方傳入的一切知識，而對舊文化包括顯性文化（儒教經典、史籍等）與隱性文化（亦即遊民文化經典、稗官小說等）則極度精通。這種極度畸形的知識結構，決定了他絕無可能理解建築於對西方社會的剖析之上的馬克思主義，但絲毫不妨礙他掌握列寧、斯大林發明的革命工藝學。那並不是什麼複雜抽象的理論，也不需要對西方社會和文化有任何瞭解，無非是如何建立黨組織，利用它去發動、組織、控制群眾，將民力化爲奪權戰爭資源，並加以極限開發利用。上面已經說了，這套政治技術可以從馬克思的理論框架中獨立出來，不必非得學會馬克思主義才能掌握，由蘇聯顧問和留蘇學生們的言傳身教即可。但它只是幹革命的基本手段，並不能解決具體的戰略戰術問題，後者只能用中國傳統的陰謀詭計去解決。

　　這就是毛澤東與與國際派"教條主義"者們最本質的區別。那些人雖然從莫斯科"揹回來幾麻袋教條"，卻不懂國產陰謀詭計。而毛的長處就在于他通過閱讀史書、垃圾小說、爛報紙，對社會各階層的人物心理和性格上的弱點極度熟悉，知道該怎麼去最有效地利用它們。上面提到的毛澤東自承去《東周列國志》中尋找顛覆別國的陰謀詭計就最能表明這一點。

　　在掌握列寧發明的基本革命技術後，再加上對傳統陰謀詭計的嫻熟運用，當然要構成極大主觀優勢，使得毛在黨內外權力鬥爭中勝出，最終贏得了中共革命勝利。這就是"把馬列主義的普遍真理與中國革命的具體實踐結合起來"的真諦，它說的其實是"把列寧發明的革命工藝學與中國原有的造反打天下、整人控制人的陰謀詭計結合起來"，從頭到尾都與馬克思主義委實沒有什麼相干，根本不是什麼"馬克思主義中國化"，而是毛的病態知識結構在病態社會中的歪打正著。

傅斯年早就看出這點來了，1945 年 7 月間，他與褚辅成、黄炎培、左舜生、章伯钧、冷遹一行等人到延安訪問，回來後對羅家倫說，"他認為當時延安的作風純粹是專制愚民的作風，也就是反自由、反民主的作風。他和毛澤東因為舊曾相識的關係，單獨聊了一夜。上天入地的談開了，談到中國的小說，他發現毛澤東對於坊間各種小說，連低級興趣的小說在內，都看得非常之熟。毛澤東從這些材料裡去研究民眾心理，去利用民眾心理的弱點，所以至多不過宋江一流。毛澤東和他漫步到禮堂裡，看見密密層層的錦旗，各處向毛獻的。孟真諷刺地贊道：'堂哉皇哉！'毛澤東有點感覺到。"[1]

正因為毛的畸形知識結構在革命戰爭中幫了他的大忙，而國際派揹回來的幾大麻袋教條什麼用處都沒有，毛才養成了對西方文化的輕蔑心理，甚至數典忘祖，認為"馬克思可用的東西不多了"。他的腦袋因此形成了一種高選擇的封閉系統，專對西方文化封閉，只對中國傳統文化糟粕開放，終身從中孜孜不倦地汲取營養，用於權術鬥爭，而隨著他在權力鬥爭中取得一個又一個的勝利，這種高選擇封閉便不斷得到強化，變得愈發牢不可破。

因此，毛澤東的確是任弼時說的"狹隘經驗主義者"，終生無法從自身的成功經驗中超越出來，沒有看到在成功奪取政權後，他面臨的不是傳統開國君主"坐江山"的快活歲月，而是全面改造中國，將中國建設成足以領導世界革命的社會主義強國，為他解放全人類提供強大的物質基礎。只有這才是仿效斯大林晉升為全世界無產階級領袖的正道。而實現這一遠大理想的祕方，從《精忠岳傳》、《官場現形記》、《子不語》、《蘭花夢奇傳》、《峨嵋劍俠傳》、《小五義》、《水滸》、《薛剛反唐》、《儒林外史》、

---

[1]《傅孟真先生年譜》，傅樂成著，轉引自《傅斯年傳》，焦润明著，人民出版社 2002 年出版。

《何典》、《清史演義》、《洪秀全》、《俠義江湖》一類垃圾讀物中是絕無可能找到的。

這就是他何以會在當國後無師自通地獲得狗雜種石破天（參見金庸《俠客行》）那傷人於無意之間的毒掌神功，無論什麼東西，碰上了都非死即傷。他非但悟不出，不懂西方專家治國那套，就絕無可能讓中國成為現代強國，而且就連兩千年前的賈誼都不如，始終沒有看到"打天下"與"治天下"需要的是完全不同的智能——"併兼者高詐力，安危者貴順權"，打天下需要的是"詐力"，而治天下則是順勢權變，"務在安之"。毛卻以馬上得之，以馬上治之，終生以詐力經營天下，比項羽也高明不到哪兒去。

要練就這毒掌神功，除了知識結構殘缺畸形外，還需要醒目的智力與人格缺陷。人的智力有各種定向。毛是非常罕見的造反天才，精通各種匪夷所思的整人控制人的陰謀詭計，卻是更罕見的治國白癡，徹底缺乏建設性才能。這兒的"建設"是廣義的，並不光指經濟建設，而是包括建立思想體系、制定各種可運作的制度、方案等等在內。徹底缺乏建設性才能就是毛最突出的特點，它是由一系列智力缺陷決定的。

二、毛澤東的智力缺陷

（一）缺乏抽象思維能力、理論能力甚至表達能力

毛的第一個智力缺陷深符民族傳統，只是他把它推到了最高最活的頂峰，那就是徹底缺乏抽象思維能力，不懂邏輯思維，沒有起碼的論證能力，只會以比喻代替，甚至沒有準確的表達能力，因而沒有創建構築理論體系的能力。

毛澤東是當仁不讓的比喻大王。他不但能用"人必須長個屁股"去論證創建革命根據地的必要性，更有本事從"掃帚不到，灰塵照例不會自己跑掉"（他忘了下雨颱風的時候）的自然現象中，推導出"凡是反動的東西，你不打，他就不倒"的政治學與社會學的一般性結論；以人必須有頭，來證明社會主義陣營必須奉蘇聯爲頭（大概咱們是任老大哥坐的屁股）；以"月經"來解釋資本主義社會周期性經濟危機（大概西方現已進入"今歲花期消息定，只愁風雨無憑準"的更年期，而偉大社會主義祖國則剛進入"早知潮有信，嫁與弄潮兒"的青春期））；以農民鋤草肥田的例子來證明鎮壓學術界異端的必要性；以"種牛痘、打預防針"來證明"引蛇出洞"、誘騙思想犯自動暴露的科學合理；通過自然界"不是東風壓倒西風，就是西風壓倒東風"，推論出"在路線問題上沒有調和的餘地"……。無論怎樣倒行逆施，他總是能找到一個生動的比喻來論證它的合理性。

這種"與中國革命具體實踐相結合"，從實用的角度來看當然很了不起，然而從思辨的角度來看却一錢不值。可悲的是，愚昧的國情，使得毛的話語成了億萬人民狂熱背誦的聖經，至今傳誦不衰，却沒人意識到它們是何等弱智。

不懂邏輯思維，使得毛澤東成了個狹隘經驗主義者，只會總結簡單經驗規律，不知道必須分析確定這些規律的成立條件與適用範圍，更不會觀察分析現象間的聯繫，通過推理預見行爲後果。因爲不知道人類有理性預見力，他才格外強調經驗，以爲沒有經驗便寸步難行，而經驗只能從盲目試驗招致的失敗中獲取，却完全不知道科學賦予了人類預見力，再不必用這種原始試錯法去瞎碰亂闖了。

毛的狹隘經驗論甚至極端到了把失敗當作成功的必要條件：

"你們在大搞技術革命的時候，尤其要記住這條真理。不試驗，不失敗，不會成功，凡事都要經過試驗，在失敗中取得經驗，然後才會成功。"[1]

他更為大躍進中"邊設計，邊施工"的反智主義盲動提供了"理論依據"：

"我們搞社會主義是邊建設邊學習的。搞社會主義，才有社會主義經驗，'未有先學養子而後嫁者也'。"[2]

因此，在他提倡的反智主義盲動引來災難後，他必定要往"沒有經驗"上賴，徹底否定人類的理性預見力：

"革命才開始的時候，沒有經驗是難免要犯錯誤的。去年刮'共產風'，也是一種'左'的錯誤。沒有經驗，會犯錯誤，碰釘子。不要碰得頭破血流還不肯回頭。"[3]

"'共產風'、瞎指揮、'大辦'、高徵購等，本來想搞得快些，結果反而慢了。引黃灌溉是瞎指揮，沒有經驗，不知道還會鹽鹼化。這些都屬於認識上的錯誤。"[4]

他只會告誡部下"不要碰得頭破血流還不肯回頭"，卻終生不懂，"碰得頭破血流"是他缺乏理性預見力的結果，並不是必然的。如果他尊重科學和科學家，凡事先作科學論證，"引黃灌溉導致土地鹽鹼化"的悲劇本來完全可以避免。於是他到死也不明白，"這些認識上的錯誤"統統來自於他基於"猿猴認識論"提出的"舉國試錯法"（詳見下文對《實踐論》的批判）。

---

[1] 《毛澤東年譜（1949-1976）》第四卷，350頁

[2] 《毛澤東年譜（1949-1976）》第五卷，12頁。

[3] 王任重日記摘錄。見《毛澤東在湖北》，中共黨史出版社1993年9月版，第12—14頁。

[4] 中央工作會議中心小組會議記錄，1962年8月9日，轉引自中共中央文獻研究室編《毛澤東傳（1949-1976）》，電子書（頁碼與紙質書不同，故不註出）。

一個連起碼思維能力都不具備的狹隘經驗主義者，如何還能冒充"思想家"？不幸的是，因為傳統社會衡量讀書人才能的唯一標準便是"寫文章"，致使許多近現代中國識字分子分不清"思維能力"、"理論能力"與"作文能力"，以為文章寫得好便是"理論家"或甚至"思想家"，於是因為毛澤東的文章寫得相當好（據說胡適曾稱讚毛澤東的文章是寫得最好的白話文），便以為他真是什麼思想家，看不到他非但沒有構建理論的抽象思維能力，就連準確表達自己的念頭的能力都欠缺。

例如在文革中，"凡是敵人反對的我們就要擁護，凡是敵人擁護的我們就要反對"被億萬人民反復背誦，然而却沒人能看出，毛連構建理論必需的起碼的準確表達能力都沒有。若那弱智表述能成立，則敵人反對自殺，我們就要擁護自殺，敵人擁護吃飯，我們就要反對吃飯，這是什麼瘋話？他本該說："凡是敵人怕我們做的事，我們就一定要去做；凡是敵人希望我們做的事，我們就決不能去做。"簡言之："不能幹親痛仇快的事，只能反其道而行之。"如此簡單的道理都沒本事說明白，您說有治沒治？

更絕的還是"從現在起，五十年內外到一百年內外"，莫非"五十年內外"不涵蓋"一百年內外"，而"黨政軍民學，東西南北中"的"學"不是"民"的一種？

這其實也算不了什麼，請看這段語錄：

> "究竟是單幹好，還是集體好，要由歷史作結論。蘇聯搞了四十多年，合作化也沒有搞好，糧食也沒有過關。"[1]

從這段話使用的論據來看，讀者一定會以為這是反對集體化的主張。可惜啊，這話是偉大領袖在 1962 年的北戴河中央工作會議上講的，而他召開那個會議，為的就是迎頭痛擊"單幹風"！

---

[1] 中央工作會議中心小組會議記錄，1962 年 8 月 20 日。轉引自《毛澤東傳（1949-1976）》，電子書

因此，毛澤東的"思想家"身份是驚人低下的民智玉成的。當代網絡寫手樊弓（美國數學教授）、林思雲、"隨便"與"魯肅"（據說都是理工科學者）的名作表明，中國識字分子們不懂邏輯推理論證，只會使用"比喻推導"或"比喻證明"。

例如樊弓教授用一元二次方程有兩個解來證明暴力革命可以有不同途徑與結果，用李四去赴張三的宴途中被劫匪殺害來證明八九學運領袖毫無過錯，用警察對飆車者罰款證明獨立知識分子不能批判偽民運，用他本人的汽車陷入泥潭、有人前來幫助推出證明"偽善也是善"，而批判偽民運就是"人格謀殺"；林思雲用好萊塢電影上捨身炸毀隕石的英雄事蹟證明"他們的正義不是我們的正義"，劫機撞毀世貿雙樓的恐怖分子是英雄，從鴨與雁的行為不同導出中國人與外國人的民族性格區別；隨便用"魚用腮呼吸，鳥用肺呼吸"來證明中國人與美國人是不同物種，因此決不能"像狗一樣地跟著外國人走"，建立民主制度；而魯肅用"物體的當前位置並不決定運動方向，x 的值並不決定 dx 的正負"來證明"民運那幫人顯然並不打算做全民一統的教育"，等等，等等。

這些寫手的政治立場與觀點各不相同，然而都一無例外地贏得了網民的狂熱喝彩。若非蘆某指出這些比附之荒唐，則到今天也無人能看出它們是何等拙劣的智力笑話。當代受過高等教育的海外華人讀者尚且如此，而況上世紀 20-70 年代的文盲工農乎？

（二）擅長空洞的模糊思維

毛的第二個突出的智力缺陷也富有中國特色，那就是模糊思維。這原是敝民族的優良傳統，但毛把它推到了最高最活的頂峰，成了"空洞思維"，也就是只有模糊零星念頭，毫無具體思想內容。

因為毛有不同身份，他這個智力缺陷也有三個不同層面的反映。在所有方面，他都是標準的"以其昏昏，使人昭昭，是不行的"。

作為思想家，他的"理論"是驚人的空洞。凡過來人都知道，偉大領袖一生就做了兩件事，其"平生得意之筆"便是史無前例的無產階級文化大革命，據說它是"無產階級專政下繼續革命的偉大理論"的實踐，目的是反修防修，打倒走資派，堅持毛主席的革命路線，確保紅色江山永不變色。但那偉大理論到底有些什麼內容，誰也說不上來。人類有史以來還從未見過如此空洞無物的"理論"。

作為政治家，毛的這一智力缺陷使得他徹底缺乏制度發明能力與設計能力，他是極為罕見的終生革命家，永遠不安於現狀，永遠被破舊立新、改天換地、創造奇蹟的強烈衝動煎熬，但有的只是對未來美好世界的朦朧憧憬與渴望。至於那理想社會到底是什麼樣兒，他腦袋裡只有一團霧，漫說具體的藍圖，就連個草草的粗線條勾勒都沒有。

這就是文革為何會變成毛平生最大的尷尬，彰顯了他那碩大的腦袋是何等驚人的空空如也：毛在發動文革時手訂的《十六條》規定，文革的任務是斗批改。1967 年"一月風暴"中，億萬民眾響應他的號召，起來推翻了"官僚主義者階級"，把黨政財文大權統統奪了過來。

至此，官僚集團的抵抗已被粉碎，場地已經騰出，"破舊"的"斗批"任務業已順利完成，下一步便是"立新"的"改"了，萬眾翹首，專盼毛下場揮毫，在那張白紙上畫上最新最美的圖畫，寫上最新最美的文字，把他腦袋裡的太平天國搬到世間來，化為具體的可靠的社會制度，以確保他的革命路線能被一代代接班人不走樣地傳下去。

　　然而毛翻出口袋底來卻什麼也沒有，吭哧了半天，最後只能推出個"三結合"的"革命委員會"來對付過去。就算那"新生革命政權"能實際運作，那也不過是改朝換代的權力鬥爭，毫無實現革命初衷的社會制度改造內容。一言以蔽之，他極度精通如何砸爛一個舊世界，卻絲毫不知道怎麼建立一個新世界，"專拆不蓋"就是毛澤東思想的活的靈魂。

　　作爲國務家，他只會提出某個戰略口號，爲全黨或全民指出努力方向，却從來沒有能力制定實現那目標的具體規劃、方案與步驟。"鼓足幹勁，力爭上游，多快好省地建設社會主義"的"社會主義建設總路綫"就是典型範例。

　　因爲這些嚴重的智力缺陷，毛這種政治家和國務家其實是"口號家"。他的專長，還是在每個歷史階段及時提出一個鼓舞人心、激勵士氣的口號。這在戰爭期間當然有巨大威力，但在和平時期用來治國就是笑話了。雖然威力不可同日而語，但從智力角度來看，他與部隊行軍中的快板鼓動員、球場上的啦啦隊毫無區別。

　　從這些事實立即便能看出斯大林與毛澤東智力水平的天壤之別。建設社會主義社會乃是人類最大膽的實驗，毫無先例可供參考，全靠實驗家們自己去摸索，而這是對他們的想象力、創造力特別是制度設計能力的嚴峻考驗。不管怎樣冷酷無情殘暴，斯大林畢竟還是設計出了一整套完備的制度，發展了列寧的建黨理論，卓有成效地將黨改建爲一個全能的權力組織網絡，把全民不留子遺一網打盡，牢牢攥在如來佛掌心中，造出了一個人類歷史上見所未見的嶄新的極權社會，還發明了史無前例的"計畫經濟"。這種技術發明能力，何嘗在毛澤東身上見過絲毫？

　　這些智力缺陷，決定了毛永遠需要一個教師爺，在革命的緊急關頭爲他撥正船頭，指引航向，在他當國後爲他提供建國藍圖，讓他照圖施工。而這就是斯大林死前的實際情況。中共執政前，所謂

"毛澤東思想"中毫無原生貨。"民主革命三大法寶"（建黨、建軍、建立革命統一戰綫）統統來自於蘇聯。蘇維埃革命不必說，就連新民主主義革命的總路綫（無產階級領導下的反帝反封的資產階級革命）也是布哈林在中共六大上爲我黨制定的，而那其實來源於托洛茨基的"不斷革命論"（permanent revolution，其中一個教義便是俄國的資產階級民主革命必須由無產階級領導）。

我已在舊作中指出，毛澤東的《新民主主義論》的基本內容其實是從張國燾那兒剽竊去的。張和毛澤東等人在草地的重大爭執，便是張認爲蘇維埃革命不符中國國情，業已失敗，應該改搞反帝反封的民主革命。張還提出當務之急是結成抗日統一戰綫，與 1935 年七、八月間召開的共產國際七大爲中共決定的策略改變暗合。中共在抗戰爆發後終于放弃蘇維埃革命，聲稱願爲三民主義奮鬥，也是莫斯科施壓的結果，並非毛的主動。相反，他在西安事變發生後力主殺蔣，甚至隱瞞斯大林的來電，給張學良發電，敦促他"幹到底膽大些"，"要趕快消滅敵人"，讓周恩來說服張學良對蔣"行最後手段"[1]。若不是莫斯科的干預使西安事變得到和平解決，則中共就算不被何應欽的討逆軍消滅，後來也根本就沒有上臺的希望。

縱觀整個所謂"民主革命"時期，毛唯一的獨特貢獻，就是所謂"農村包圍城市"，然而那是從施耐庵那兒學去的，並非原創。何況毛最初也曾熱衷攻打過大城市，只是在失敗後出于生存本能，全靠對馬列基本理論一無所知，受游民經典的指引，才走上了水泊梁山。他的心路歷程，與陳士榘說的那些文盲將軍受《水滸傳》感召上山落草完全一樣。將之提升爲"農村包圍城市"的"理論"則是陳伯達後來爲他幹的活。

建國初期就更不用說了，中共開頭完全是按蘇聯模式，亦步亦趨地實行"爬行主義"、"奴隸哲學"，不敢稍越雷池一步。整個

---

[1] 請參考拙著《國共僞造的歷史》，379-389頁，明鏡出版社，2010年

國家的體制不必說，就連毛最初確定從"新民主主義社會"過渡到社會主義社會究竟需要多長時間，也是按蘇聯經驗忠實拷貝下來的。

當然，作為有志於接替斯大林充當全人類導師的革命事業接班人，在學徒期間，偉大領袖也曾有過創新衝動，試圖在列寧－斯大林發明的權力框架之外"有所發現，有所發明，有所創造，有所前進"。據師哲披露，1949 年米高揚祕密訪華期間，毛曾向米披露了他的創造靈感：

"當毛主席講到群眾團體特別是青年問題時，著重介紹了我們的青年政策，說我們要建立三個青年組織，青年團、民聯、學聯。米高揚不理解爲什麼要分三種組織，就說：'這不是太分散了嗎？這樣做對你們有什麼好處？會不會鬧矛盾？'

主席一聽，很不高興，有點發火：'你知不知道中國有多少青年？我們有工人青年、農民青年、學生青年、社會青年等等。中國青年的人數比歐洲某些國家的總人口還要多的多，你怎麼能把他們都統在一個團裡呢？'

米高揚本來就聲稱他只帶了耳朵來，這一來，他就更不插話了，只是聽。"[1]

從這段軼事足可看出毛的思維是何等混亂──既然中國人那麼多，不能把所有的青年都統在一個團裡，那為何又能把更多的人民統在一黨專政之下？難道中國人口數沒有超過歐洲總人口數？更有趣的是，他連"權力組織"與"職業行會"都分不清，甚至似乎以為青年分為工人、農民、學生、無業人員（所謂"社會青年"）是中國特色，蘇聯沒有，因此有必要在中國按行業設立不同的青年組織，以進行"歸口領導"，實行他後來在文革中批判的"多中心即無中心論"。這種昏話出自一個終生堅持"黨的一元化領導"的共

---

[1] 師哲：《峰與谷──師哲回憶錄》，42-43 頁，紅旗出版社，1992 年。

黨政客之口，真不知道米高揚聽了作何感想。老米不過是個二流政客，然而其思路之實際，令毛那個妄想家黯然失色。

如所周知，毛的這個"有所發明"並未化為現實，中國的工人青年、農民青年、學生青年、社會青年等等全按蘇聯模式"統在一個團裡"，什麼"民聯"、"學聯"壓根兒就沒聽說過。學生會倒是各校都有，不過那跟工會一樣，只管發電影票組織舞會，從來不是權力組織。大約毛後來也發現那設想完全是搞笑，必然要引出米高揚預警過的問題，因此最後還是乖乖回到了師父劃定的框框內。

直到 1956 年蘇共開 20 大，赫魯曉夫作了祕密報告，毛才從迷信中解放出來，發現原來斯大林主義並非放之四海而皆準的真理，蘇聯模式原來也有弊病。毛覺得自己比師父高明，要踢開師父幹革命，搞自己的一套了。

可惜他不知道那一套究竟是什麼東西，於是只好請出"人民上帝"來做他的教師爺。在這點上，毛與列寧和斯大林截然不同。列寧直接就認為工人階級不可能自發掌握馬克思主義，必須由知識分子組成的"先鋒隊"從外部灌輸進去。布黨是"民之主兼民之師"，群眾只是被布黨嚴密控制並被極限開發利用的人力資源。而毛澤東確實真心誠意地"相信群眾，依靠群眾，尊重群眾的首創精神"，首次提出"從群眾中來，到群眾中去"，"先當群眾的學生，後當群眾的先生"，"群眾是真正的英雄，而我們自己往往是幼稚可笑的"，以為群眾的"集體智慧"會為他源源提供創造靈感。之所以如此，是因為他徹底缺乏創造力與想象力，因此不得不請"群眾先生"代他去解決一切難題，從請群眾代他煮"無米之炊"，繞過原始資本積累的難題，去實現工農業大躍進，完成國家工業化，到請群眾去代他設計、建立起一個與蘇式國家不同、人民群眾真的當家作主的新型國家。這種"以民為師"的"民粹主義"，不但未在馬列先輩中見過，在人類社會中也從未見過，它引出的災難性後果，當在有關章節介紹。

（三）見木不見林的"高聚焦隧道眼"

毛的第三個嚴重的智力缺陷並非傳統使然，而是他特有的，亦即"見葉（還不是木）不見林"的高聚焦隧道眼[1]，也就是他反復兜售的"綱舉目張論"。他反復做過解釋：所謂"綱"，就是漁網的繩子，所謂"目"，就是網眼，一提那繩子，所有的網眼就都張開了。據說人主治國，要做的就是全力去找那根繩子，找到後再令全民去"拔河"。此所以毛為何要先後"以鋼為綱"、"以糧為綱"、"以階級鬥爭為綱"。他還在《矛盾論》裡作了"學術"解釋，據說，那"綱"是所謂"主要矛盾"，而"目"則是次要矛盾，只要全力抓住那個主要矛盾並解決之，其他矛盾也就迎刃而解了，不幸的是，他一如既往地忘記了解釋其原理何在。

毛澤東此論，乃是最典型不過的"狹隘經驗論"，亦即從個人經驗中提取出一個普適的"宇宙根本規律"。毛的智力活動主要局限於"與人奮鬥其樂無窮"，不是搞定黨內外的人事關係，斗倒整垮政敵，建立對所有人的嚴格控制，便是指揮戰爭，而這兩種智力活動都會誘導出"綱式思維"。前段《鳳凰網》的《口述歷史》節目播放了該台對杜月笙故舊的採訪，那人說，杜月笙搞定江湖人事也是靠這一手——找到最關鍵的那個人，一提那個"綱"，整個網就起來了，一切問題迎刃而解。而在兩軍交戰時，找到並突破對方陣線的最薄弱點，則敵軍也會全線潰敗。

---

[1] "隧道眼"（tunnel vision）亦即管狀視野缺損，病人看到的世界如同從一個隧道裡看出去。

毛就是從這些狹隘經驗中，發現了這個"宇宙根本規律"，把它用為治國之道，在影響事物的諸多因素中，把最顯眼的那個單單挑出來，再令全黨全軍全國各族人民傾全力而上，去解決那"主要矛盾"，卻忘了辯證法第一條教義："世間一切事物都是互相聯繫，互相影響，互相制約的"。這種隧道眼的聚焦度之高，人類有史以來，未之見也。其具體應用將在"以鋼為綱"的章節中詳論。

（四）缺乏自我完善的智能

任弼時同志說，毛澤東是"狹隘經驗論"者。上文已經指出了他煉成此道的祕訣，沒說的是，毛澤東特有的智力障礙，是終生無法超出自己的成功經驗，獲得既往經驗之外的起碼見識。

中共從無到有、從小到大，最後成功地奪取了全國勝利。這奇跡使得毛在內心深處建立了牢不可破的幾條迷信：第一，"人的因素第一"與"思想工作第一"，無論是幹革命還是搞建設，都根本不用考慮客觀物質基礎，"在共產黨領導下，只要有了人，就什麼人間奇跡都能造出來"，決定戰爭勝負的是人而不是武器。第二，"群眾是真正的英雄"，無論是幹革命還是搞建設，只要"全心全意地相信群眾，依靠群眾，尊重群眾的首創精神"，就什麼難題都能解決。

這種"經驗拜物教"，使得毛輕蔑地拒絕一切違反自身經驗的常識，自行否定了更新知識儲備、開闊眼界、提升境界的一切可能，把自己成功地改造成了"智力鐘樓怪人"。

據赫魯曉夫回憶，蘇聯國防部長朱可夫曾在國際上宣佈，如果任何社會主義國家遭到任何帝國主義國家的襲擊，蘇聯就要立即回擊。毛在 1957 年去莫斯科開會時，曾在雙方友好會談中批評蘇聯，說這決定是錯誤的。赫魯曉夫告訴他，朱可夫那宣言並不代表他自己，是蘇共中央的集體決定。毛說，如果帝國主義進攻中國，蘇聯不該干預，中國人會自己對付，蘇聯只需倖存下來就行了。而且，如果蘇聯遭到攻擊，他們也不該反擊，而應該後撤。赫魯曉夫問他撤到何處，毛說，蘇聯在二次世界大戰中就一直撤到了斯大林格勒。所以，如果戰爭發生，蘇聯應該後撤到烏拉爾，在那兒堅持兩三年，中國做蘇聯的堅強後盾。

烏拉爾山是歐亞兩洲的分界線，蘇聯的精華全在歐洲部分，真要這麼做，就等於不戰而盡棄蘇聯的膏腴之地。赫魯曉夫因大驚失色，不得不以教訓的口吻告訴毛，未來的戰爭可不像上一次，可能只要幾天就結束了，此後就什麼也剩不下來。毛憑什麼認為蘇聯可以有兩三年的時間一直撤退到烏拉爾去？如果告訴敵人他們不反擊，那就等於邀請對方先發制人。因此，警告敵人一旦發動侵略就必遭慘痛報復，才是有效的嚇阻戰略。可惜毛根本聽不進去，赫魯曉夫實在無法理解。他仔細觀察了半天毛的神色，到最後也無法確定，毛到底是開玩笑還是認真的。

毛還對赫魯曉夫說，社會主義陣營比資本主義陣營有著明顯的優勢，中國、蘇聯和其他社會主義國家可以動員的兵力超過了敵人。赫魯曉夫告訴他，現在已經是熱核時代，雙方兵力對真正的實力和戰爭的結局並不起多大作用。但毛澤東還是根本聽不進去，對赫魯曉夫說，"你應該做的是挑逗美國人採取軍事行動。我會給你足夠的師來粉碎他們，比如100個師、200個師或者1000個師。"赫魯曉夫試圖解釋，一兩顆導彈就會讓中國所有的師化為灰燼，毛卻回答說，他是打遊擊起家的，他只習慣於步槍與刺刀起關鍵作用的戰鬥。

赫魯曉夫不能不感到："他雖然是像中國這樣一個偉大國家的領袖，可是他發表的那些見解和自鳴得意的判斷卻陳腐得不堪設想。"赫魯曉夫的同僚也有同感："我們都不理解我們的盟友——

一個我們已經覺察到想當世界共產主義運動領袖的人——在戰爭問題怎麼會持如此幼稚的觀點。"

　　文革爆發時，赫魯曉夫已經下臺了。他在廣播中聽到，中國外科醫生被迫在作手術前唸毛語錄，不由得驚詫道："在 20 世紀的今天，人類的足跡已經踏上了月球表面，怎麼可能一個國家還會相信巫醫和不可思議的怪誕偶像呢？"[1]他還不知道"靠毛澤東思想治好精神病"的奇跡呢。

　　這些軼事，最典型不過地說明了兩人的思維方式的南轅北轍。毛只會以自身的思維定式來理解遠遠超出他的狹隘視野的現代世界，他根本就不知道，也拒絕相信，蘇軍的一貫指導思想是境外作戰，蘇德戰爭初期發生的是萬般無奈的大潰退，並非主動撤退，卻以為斯大林也用游擊戰方式決定一個現代軍事強國的國防戰略，搞的也是"誘敵深入"。如果斯大林真是那麼蠢，"不計較一城一地得失"，"大踏步後退"，把高加索油田拱手讓給希特勒，那蘇聯也就徹底玩完了。

　　中蘇破裂原因固然很多，但在我看來與毛和赫魯曉夫思維方式不同、現代知識的有無與性格的衝突分不開。毛最突出的特點，是他不但知識陳舊偏枯，而且自願做了既往成功經驗的囚徒，終生不

---

[1] 赫魯曉夫著，趙紹棣等譯：《赫魯曉夫回憶錄》，462-463 頁，中國廣播電視出版社，1988 年 2 月；赫魯曉夫著，上海國際問題研究所、上海市政協編譯組譯：《最後的遺言——赫魯曉夫回憶錄續集》，東方出版社，1988 年 5 月，402-403 頁，427 頁。

曾試圖從中逃出來，睜開眼睛看現代世界，反而隨著年齡增長，越來越深地退回到線裝書的原始世界中去，最後竟然連壯年時代的常識都喪失了。在 30 年代，他還知道沒有飛機大炮就不可能打敗蔣介石，因此一定要北上到中蘇邊境，去取得蘇聯提供的"技術條件"，執政後卻被自己編造出來的神話愚弄，真的相信了"後發制人"與"人的因素第一"。

相比之下，赫魯曉夫的起點比毛低多了。他童年時代只上了四年學，投身革命後雖然上過技術學院，但一直忙於黨務，未能真正上課。然而他知道自己的缺陷，終身將未能受良好教育引為恨事，因此沒有失去自我完善能力，雖然談不上有多高明的見識，但起碼不像毛連現代常識都缺缺。因此，兩人的想法都很活躍，都喜歡衝動，心血一來潮就驅趕全民去實現他們的新穎想法，都察覺了斯大林模式的弊病，各自作了改革，都因此影響了國民經濟。但赫氏的改革雖然失敗了，他開闢的道路卻被戈爾巴喬夫、葉利欽甚至鄧小平等後來者接著走了下去，而毛澤東兩個獨出心裁的大手筆——大躍進與文革，卻都成了獨步古今中外的笑話。

（五）缺乏可行性概念

毛澤東的第五個嚴重智力缺陷，是沒有"可行性"概念。這似乎也是中國的傳統之一。古人留下來的策論，似乎只作必要性論證，也就是只論證採取某策會有些什麼好處，但一般不作可行性論證，反正我看過的那許多"疏"中（《治安疏》、《論貴粟疏》等等），似乎從不對其政策主張作可行性論證，提示古人沒有這一觀念。最典型的便是清廷關於是否嚴禁鴉片的廷爭，林則徐支持黃爵滋"今欲加重罪名，必先重治吸食"、將一年內無法戒斷的煙鬼統統處死的主張，兩人都論證了採納那主張的必要性，卻隻字未提其可行性，而那明擺著是不可行的。如此重大的疏忽都會發生在一個著名的能員幹吏身上，還得到清流的一致歡呼，最終被朝廷採納，這怪事似乎只能用古人缺乏可行性觀念來解釋。

這種智力缺陷，到毛手上便達到了最高最活的頂峰，堪稱前無古人，後無來者。毛澤東這輩子唯一考慮過客觀可能性的事，就是抗戰。他在讀蘇聯哲學教科書時在書上明確寫下："抗日戰爭的客觀條件與主觀條件都不足。"認為中共該做的還是趁機壯大自己

（詳見下）。在建設中，他連最起碼的可行性觀念都沒有，甚至乾脆否定世上有不可行的事存在。大躍進的幾乎每個口號都反映了這種"革命樂觀主義精神"："誰說雞毛不能上天"、"巧婦能為無米之炊"、"敢想敢說敢幹"、"不怕做不到，就怕想不到"、"人有多大膽，地有多大產"，等等。

哪怕是在大躍進中初吃苦頭，毛朦朧意識到了世上有"客觀可能性"這種東西之後，仍然不知道該怎麼去測定之。他在八屆六中全會上自承：

"過去，我也想過 1962 年搞到一億或一億二千萬噸，那時我只憂慮這些鋼誰用，只擔心需要不需要的問題，那時我還沒有考慮可能性的問題。現在看來，還有個能不能生產這些可能性的問題。今年搞 1070 萬噸，把大家累的個要死。因此對可能性發生問題，明年 3000 萬噸，後年 6000 萬噸，1962 年一億二千萬噸，這種可能，是虛假的可能，不是現實的可能性。現在

要提高客觀可能性，不提搞 3000 萬噸，把這盤子放小，只搞
1800-2000 萬噸。是否可能超過呢？到明年再看情況，2200-
2300 萬噸都可以，甚至更多點，行有餘力則超過嘛！提出的計
畫低點，讓實踐去超過。"[1]

一個大國領袖，居然在提出宏偉指標、發動全民奮戰去實現之
前，"沒有考慮可能性的問題"！更絕的是，他的改正之道，不是
先做資源與生產力調查，據此提出切實可行的指標，而是眉頭一
皺，計上心來，"把盤子放小"，給出一個他認為比較保守的數
字，希望"讓實踐去超過"，卻意識不到新"盤子"雖小了些，在
本質上卻與每年翻番，三年達到一億二千萬噸鋼的舊"盤子"毫無
二致，都是敲敲腦袋蹦出來的"虛假的可能"。這就是他的"沒有
調查就沒有發言權"。

這段話也印證了毛澤東保健醫李志綏大夫的證詞。據李說，大
煉鋼鐵那陣，毛曾幾次表示過懷疑：如果小高爐真能煉出鋼鐵來，
那西方人為何還要花錢辦昂貴的大工廠呢？他們又不是傻子，是不
是？為了解決這個困惑，他還特地跑到東北的大鋼廠去看鋼鐵是怎
樣煉成的。[2]

沒有哪段軼事能比這更生動地凸顯泥腿子大老粗的白痴治國之
道了——要等到"土高爐"在全國遍地開花後，毛才朦朧想到可行
性問題，卻連怎麼去判定有無可行性都不知道，要獨自一人苦苦思
索！如果是一個西方的庸人去坐他那位置，又豈會去為此類技術事
務獨自冥思苦想、思而不學則殆？只需責成某部下負責，成立個專

---

[1] 毛澤東在中共中央八屆六中全會上的講話，1958 年 12 月 9 日。轉引自李銳：
《"大躍進"親歷記（下卷）》，383 頁。

[2] Li Zhisui: *The Private Life of Chairman Mao*, Chatto & Windus, 1994, pp276,290-
291.

門的職能委員會，把冶金專家召集來調查研究一番，寫份報告出來就完了。連這都不懂，還配治國？

就連承認"客觀可能性"，他也不過是嘴上說說而已。哪怕在大饑荒中付出了幾千萬人的性命的"學費"，毛澤東仍然沒有學會任何東西。60年代他命令全國學習的大慶經驗中，主要的一條就是"有條件要上，沒有條件創造條件也要上"，其實就是"有無條件都要上"。發為詩歌，便成了"可上九天攬月，可下五洋捉鱉，世上無難事，只要肯登攀"。在文革中，毛更作出荒謬到匪夷所思的發明，竟然試圖將暴民造反制度化，以為那可以化為國家運轉常態。

毛不但否認世上有不可行的事，而且最討厭"潑冷水"的人。1957年"鳴放"初期，他召集新聞出版界負責人開會，大談出版事業，為增加紙張供應，他問輕工業部是否考慮多投資一點，說這是不會賠本的。文化部有人答道：已請示過總理，計算了一次，增加投資無可能。毛很不高興地打斷他的話說："人家談的是要紙，你說沒有紙，大家不要聽，不要說吧。"[1]把具有可行性觀念的人當成"右傾機會主義者"、"修正主義者"痛加整肅，就是中共建國之後所謂歷次"路線鬥爭"的實質。

（六）用"辯證思維"代替邏輯思維

毛澤東最後一個智力缺陷不是天資限制，而是自己努力的結果。他本來就沒有邏輯思維的能力和習慣，卻不幸迷上了"辯證法"的野狐禪，而且真誠地堅信哲學是"萬王之王"，是統治管領一切學科的"總學科"，套用項羽的表述，那不是"一科敵"，而

---

[1] 毛澤東：《和新聞出版界代表的談話》（一九五七年三月十日），《毛澤東思想萬歲》（1949-1957），電子書。

是"萬科敵"，套用韓信的表述便是"將將之學"，其實也就是他最愛拉的那根"網繩"（綱），是他"外行可以而且必須領導內行"的本錢，相當於傳統社會的《四書五經》，學好了便能當上無所不能的父母官：督促百姓完糧納稅，平冤決獄，治理黃河，領軍打仗，等等。他對所謂"對立統一規律"的迷戀，徹底摧毀了連庸人都有的常智，使得他非但看不出事物的本質，而且專幹自相矛盾的事。

例如他是個極罕見的畢生革命家，砸爛舊世界的革命激情永遠在胸膛裡沸騰，卻到死也弄不清革命是怎麼回事，不明白人們為何要幹革命，更不明白任何有成果（中性詞，並不一定是好的成果）的革命，都必須由"自下而上的革命"與"自上而下的革命"兩個階段組成。

人們之所以要起來幹革命，除了少數野心家外，大多數革命志士都是因為覺得舊制度太不合理，太黑暗，想建起一個新制度來代替。在此，砸爛舊世界不是目的，建設一個新世界才是目的。爲了達到這個目的，先得把受舊制度壓迫剝削的人民發動起來，把政權奪過來，這就叫"自下而上的革命"。

但奪取政權雖然是"革命的根本問題"（列寧語），卻不是革命的目的，改建社會、實行新制度才是革命的目的。爲此，革命黨人在奪得政權後，便充分發揮政權的強迫功能，實行一系列的社會改革，把他們原來設想的那個理想制度翻譯兌現爲社會現實存在，這就叫"自上而下的革命"。這個過程只可能是自上而下的，因為只有這樣才能建起一個能運轉的國家機器來。此所以列寧每到要幹革命就先去寫本書，那就是"先設計，後施工"，其實是從歐洲學去的。

當然，實際的革命過程，必然是個機會主義（此處用的是西方的意思，並無褒貶之意）的過程，也就是革命領袖見機行事，臨機應變，摸著石頭過河，絕無可能如機械工程一般，造出完全符合原設計的機器來。例如列寧在革命後建立起來的國家機器，與他在革命前夕寫的《國家與革命》中的設計藍圖相去何止十萬八千里，然而這機會主義的時時修正，並不能否定革命後的社會改造是一個自上而下的過程。上面已經說了，任何一個工程，無論是社會的還是機械的，都只有靠自上而下的指令才能完成。

簡言之，自下而上的革命只能奪取政權，不能改革社會。社會的改革只能靠政府自上而下的強迫命令完成。革命家與改良家的區別，只在於後者認為可以利用現政府，而前者認為改良的使命只能由新政府來完成。

毛澤東卻連這最簡單的道理都不懂，他當然是個毫無原則、出爾反爾、權慾薰心、什麼事都能幹出來的無恥政客，但同時也是個罕見的理想主義者，永遠為改天換地的激情煎熬。可惜他始終不明白：你可以依靠群眾去完成革命的前半截任務，但你絕無可能指望他們完成後半截。那社會改建工程藍圖必須由你提供。如果你什麼制度設計都沒有，就把他們轟起來造反，指望在奪權成功後，一個符合你的理想的新社會便能靠暴民的布朗運動自動建立起來，那革命就絕不會有任何成果，只能變成無休止的波瀾壯闊的蠢動，而這就是文革的實際過程。

這本是任何庸人都能看出來的事，毛澤東何以無法明白？那是因為他竭盡一切努力，高效摧毀了自己有限的天資。他的"辯證法"告訴他，本質相反的事可以互相轉化，因此，大亂必然轉化為大治，越亂越治，如果亂得史無前例的結棍邪乎，則亂出來的那個世道也就是無比完美的太平天國。

您說這是什麼瘋話？然而他卻是真誠相信這鬼話的。不僅如此，全國識字分子還無比堅定地跟著他相信這瘋話。任何一個過來人都能為此作證。即使不是過來人，去看看毛的著作與講話也就夠了，那裡面全是這種瘋話。

在毛澤東，亂治轉化不但如牛頓的蘋果落地一般，是一個自動發生的必然過程，而且互為前提，這就是"不破不立，不塞不流，不止不行"的高深道理。既然如此，那當然是"不亂不治，不治不亂"，如欲救國，必先禍國；如欲禍國，必先救國。這其實不是他的原創，是從老子"禍兮福之所倚，福兮禍之所伏。孰知其極？其無正。正復為奇，善復為妖"，"甚愛必大費，多藏必厚亡"之類教導那兒來的。

這就是他為何會發明出"抓革命，促生產"的治國之道來，連暴民造反必然影響生產的常識都要否認。我記得他主持制定的指導四清運動的《二十三條》與指導文革的《十六條》，似乎都把"生產上去了"當成判斷各單位運動取得勝利的指標。四清運動畢竟還是嚴格受控的運動，造成的恐怖氣氛確有可能會極大地煥發群眾的"社會主義建設熱情"，起到"促生產"的作用，然而若認為文革那種暴民造反能促進生產發展，那需要的就不是一般的腦袋了。

篤信"辯證法"，使得毛澤東專幹南轅北轍、緣木求魚的事。上面已經說過，蘇共 20 大上，赫魯曉夫代表蘇共政治局批判了斯大林，解放了毛的思想，他由此得知了蘇聯體制的毛病，那就是"優先發展重工業"使得國民經濟嚴重失衡，於是寫了《論十大關係》以及《關於正確處理人民內部矛盾的問題》，強調"統籌兼顧，適當安排"，那就是說，要保持國民經濟的均衡發展。雖然他沒有能力明白說出這點，更無能力指出達到目標的方法，但對他來說畢竟還是個認識上的重大突破。

可惜不久後他急於當世界領袖，使用"綱式思維"找到了富國強兵的捷徑，下令全國人民都去當煉鋼工人，這與他先前的主張完全相反。然而他立即便使用那萬能的"辯證法"作了合理性論證，在《工作方法六十條》中宣稱："不平衡是普遍的客觀規律。……不平衡是經常的、絕對的；平衡是暫時的、相對的。"[1] 甚至給部下下令："客觀事物的發展是不平衡的，平衡不斷被衝破是好事。不要按平衡辦事，按平衡辦事的單位就有問題。"[2]

這就是毛澤東的"辯證邏輯"——使用相反的手段去達到目的，亦即專用煉鋼轉爐燒製冰激凌，把絕對無法調和的事熬在一鍋裡。

上面已經說過，他唯一學會的外國把戲（不是西方把戲，是俄國把戲），便是建立一個把一切權力與資源都壟斷在自己手裡的政黨，然而他在藉此取得奪權戰爭的偉大勝利、並用一連串的整人運動把全民改造為黨的馴服工具之後，卻又去追求與手段截然相反的美好理想，聲稱："我們的目標，是想造成一個又有集中又有民主，又有紀律又有自由，又有統一意志、又有個人心情舒暢、生動活潑，那樣一種政治局面。"為此發動了文化大革命，與此同時卻又強調"一元化領導"，痛批"多中心即無中心論"，使得國家陷入他本人完全不知道如何收拾的莫名其妙的混亂中。

三、毛澤東的人格缺陷

除了上述智力缺陷外，毛澤東一系列人格缺陷也同樣醒目，同樣對他練成毒掌神功起到了極大的作用，而這與他在童年和少年時代受到的心理創傷分不開。多年後，毛向外人（不但是外家人，而

---

[1] 轉引自李銳：《大躍進親歷記》上卷，93頁。
[2] 轉引自薄一波：《若干重大決策與事件的回顧》上卷，中共黨史出版社，1991年，522頁。

且還是外國人）痛說革命家史時，話裡話外還流露出深深的怨恨，端的是苦大仇深。

據毛回憶，他的父親毛順生粗暴、專制、慳吝、刻薄、寡恩："我剛識了幾個字，父親就讓我開始給家裡記帳。他要我學珠算。既然我父親堅持，我就在晚上記起帳來。他是一個嚴格的監工，看不得我閒著；如果沒有帳要記，就叫我去做農活。他性情暴躁，常常打我和兩個弟弟。他一文錢也不給我們，給我們吃的又是最差的。"[1]

比打罵更具有持久傷害性的，是毛順生經常在別人面前羞辱他，嘲笑他的求知欲；罵他"懶惰"，"無用"，千方百計毀掉他的自尊自信[2]。毛的老師也經常責打他，以致逼得毛試圖離家逃到縣城去。

這種缺乏愛與尊重的家庭環境，很早就在毛的幼小的心田裡播下了仇恨的種子（他親口承認："我學會了恨他（毛順生）"[3]），過早地將毛投入了爾虞我詐、勾心鬥角的宮廷式鬥爭中，過早地教會了毛使用陰謀權術來改善自己的處境。

多年後，毛還不無得意甚至自以為幽默地憶起，他當年如何用倒背如流的儒家經典駁得他那半文盲父親張口結舌，如何與母親、兄弟們甚至長工結成"統一戰線"來"公開反抗"或是"間接打擊"毛順生那"執政黨"。他甚至學會了使用詭詐手段使得強者屈服，以離家出走嚇得私塾先生讓步，以跳水自殺威脅父親屈服，等等[4]。不難想象，這種烏煙瘴氣的家庭環境，對少年毛澤東的心理發育是何等不利。

---

[1] 《西行漫記》，106-107 頁

[2] 羅斯·特里爾：《毛澤東傳》，TXT 電子書，無頁碼。

[3] 《西行漫記》，108 頁。

[4] 同上。

　　進入青春期後，毛澤東與他父親的衝突更激烈了。毛順生想讓他去湘潭縣城的一家米店當學徒，可他卻想到"洋學堂"去上學。毛順生卻嘲笑挖苦他的這個願望，深深傷害了他。在這之後，他與父親有一段時間互不講話。

　　在母親娘家親戚的幫助下，毛到湘潭一個失業的法科學生家裡去自學，半年後卻又不得不回鄉務農。最後他七拼八湊從母親娘家親戚們和自家朋友們借夠了錢，足以支付毛順生雇長工來頂替他幹活的費用，才從父親那兒贖了身，到東山學堂去讀書。他離家時罔顧母親的建議，沒有向父親辭行。這種父子關係，何異於奴隸與奴隸主、娼妓與老鴇的關係？難怪毛澤東要說："我鬥爭的第一個資本家是我父親。"[1]

　　然而據《毛澤東傳》作者羅斯‧特里爾說，父子關係如此惡劣，並不光是毛順生的責任。毛的兩個弟弟們並不像他那樣與父親不睦，更沒像他那樣必須交錢贖身。相反，他們都因為父親的同意而受到了很好的教育。

　　清官難斷家務事，毛順生父子之間孰是孰非，不是外人可以妄言的。可以肯定的就是，愛在兒童心理發育中是不可或缺的。與母愛相比，父愛對於男孩的成長或許更為重要。在男童心目中，父親是第一個崇拜效仿對象，是生命中最早出現的第一權威，在實行"三從四德"的傳統男權社會中尤其如此。在天真無邪無知的兒時，持續遭到這第一權威的蔑視、羞辱乃至毒打，給幼小的心靈造成的傷害一定會扭曲心理發育，在心靈深處投下無從磨滅的厚重陰影，造成影響終生的心態失常。

　　有人曾比較過希特勒與斯大林的童年，發現兩人都曾受過父親的無視或虐待，都有所謂"俄狄浦斯情結"（Oedipus complex，即戀母憎父情結），天性都冷酷無情。類似地，許多犯罪分子都曾在

---

[1] 羅斯‧特里爾：《毛澤東傳》，TXT 電子書，無頁碼。

少年時代遭受過父親的虐待。因此，毛澤東表現出來的一系列的明顯的性格缺陷，完全可以從其少年時代尋出脈絡來。

（一）深重的自卑情結導致的反智主義偏執

毛澤東最主要的心理疾患，是深重的自卑情結（inferiority complex）。他的其他人格缺陷尤其是妄想型人格失常（詳見下），都可以看成是這一情結的衍生物。

自卑情結是一種心理失常，患者覺得在某些方面不如他人，或是達不到期待值，因而缺乏自信，懷疑或是不能肯定自身價值。這些感覺通常是下意識的。一般認為，這種心態失常會驅使患者去過度彌補，因而或是造成驚人的成就，或是引出極端的孤僻甚至反社會行為。原發性自卑情結扎根於兒童期感受到刺激，包括無力感、無助感，依賴感，等等，並可因與兄弟姐妹、情人以及成人比較而被強化。[1]

如上所述，毛澤東從少年時代起就遭受或自覺遭受父親的虐待與蔑視，一直持續到他離家求學為止。這種長期的持續的不良刺激，會在他的潛意識深處播下自卑的種子，造成心胸狹隘，對他人的態度格外敏感，甚至疑神疑鬼，傾向於受迫害妄想。另一方面，自我補償心理傷害的潛在動機，又使得他無窮吹脹自我，變成眼大心空的狂人。

在毛澤東離開家鄉後，這種不良刺激仍未結束。他在 17 歲甫入東山高等小學，便蒙受了對自尊心的強烈刺激：

"我以前從沒有見過這麼多孩子聚在一起。他們大多數是地主子弟，穿著講究；很少農民供得起子弟上這樣的學堂。我的

---

[1] 參見 http://en.wikipedia.org/wiki/Inferiority_complex；
http://www.sciencedaily.com/articles/i/inferiority_complex.htm

穿著比別人都寒酸。我只有一套像樣的短衫褲。學生是不穿大
褂的，只有教員才穿，而洋服只有'洋鬼子'才穿。我平常總
是穿一身破舊的衫褲，許多闊學生因此看不起我。可是在他們
當中我也有朋友，特別有兩個是我的好同志。其中一個現在是
作家，住在蘇聯。

　　人家不喜歡我也因為我不是湘鄉人。在這個學堂，是不是
湘鄉本地人是非常重要的，而且還要看是湘鄉哪一鄉來的。湘
鄉有上、中、下三里,而上下兩里純粹出於地域觀念而毆鬥不
休,彼此勢不兩立。我在這場鬥爭中採取中立的態度，因為我根
本不是本地人。結果三派都看不起我。我精神上感到很壓
抑。"[1]

到北大圖書館打工後，他再度蒙受了類似刺激：

　　"我的職位低微，大家都不理我。我的工作中有一項是登
記來圖書館讀報的人的姓名，可是對他們大多數人來說，我這
個人是不存在的。在那些來閱覽的人當中，我認出了一些有名
的新文化運動頭面人物的名字，如傅斯年、羅家倫等等，我對
他們極有興趣。我打算去和他們攀談政治和文化問題，可是他
們都是些大忙人，沒有時間聽一個圖書館助理員說南方話。"[2]

　　在中央蘇區與蘇聯留學生們發生的衝突，愈發強化了毛澤東原
有的心理疾患。他不但被架空，而且失去了話語權。國際共運本質
上是宗教運動，其領袖必須是"口銜天憲"的所謂"理論家"。在
動輒滔滔不絕引經據典的海龜面前，這位沒看過馬列原著的土包子
只能張口結舌，自慚形穢，自尊心多次受到強刺激。任弼時只是沒
點名地批評過他"狹隘經驗論"，就被他刻骨銘心地牢記終生，幾
十年後在盧山會議上還要反復提起。博古、李德等人告訴他的馬克

---

[1] 《西行漫記》，112-113頁。

[2] 同上，127頁。

思主義常識"山溝裡是沒有馬列主義的",以及凱豐在遵義會議上笑話他"你懂什麼馬列主義,頂多是看《孫子兵法》、《三國演義》打仗!"都極大地傷害了他的自尊心,以致他在得志後反復提起。

這一系列心理創傷,使得毛澤東產生了進攻性的自卑情結,表現為自尊心超強,過敏,胸襟狹隘、斤斤計較,睚眥必報、多疑善嫉、刻薄寡恩。

彭德懷曾是助他爬上去的最重要的死黨,在歷次權力鬥爭中都站在他一邊,是他得以先後架空朱德、張國燾等人的基本依靠力量,然而他對老彭卻毫無好感,早在 1945 年他就在背後說彭德懷:"此人剛愎自用,目空一切"[1]。在八屆七中全會上,毛澤東說:"彭德懷是恨死了我的。"[2] 還在中央常委會上硬逼著彭承認過去幾十年與他是"三分合作,七分不合作"。

張聞天原是他在長征之初密謀拉攏的對象,在遵義會議上對博古發難,為他進入中央書記處起了決定性作用,然而他只是因為懷疑張是林彪在會理會議前給中央寫信建議"毛周隨軍主持大計"的後臺,便終生莫名其妙地懷恨在心。早在進城前,他就曾對身邊的工作人員當面指著張說:"此人過去曾經想要我的命。"[3]

類似地,王稼祥不但與他共同密謀在遵義會議上推翻博古,助他奪得軍權,還在莫斯科為他向共產國際遊說,最後在 1938 年 8 月帶著季米特洛夫任命毛為中共領袖的指示回國,要王明等人不要再爭了[4],對他擊敗競爭對手、順利上臺居功厥偉。然而毛卻只記得當年王稼祥反對過他的事,甚至不惜在首次訪蘇期間向斯大林告御狀。據師哲說,斯大林有一次將他與周恩來和王稼祥單獨請到一個

---

[1] 師哲:《在歷史巨人身邊》,270 頁。

[2] 李銳:《盧山會議實錄(增訂本)》,電子書。

[3] 權延赤:《走下聖壇的周恩來》,中共中央黨校出版社,2004 年,330 頁。

[4] 李衛紅、徐元宮:《共產國際為什麼支持毛澤東為中共領袖——以俄羅斯解密檔案為根據的解讀》,《學習時報》,2011 年 1 月 10 日

房間裡，可能想作密談，不料毛又一次向斯大林講起他曾在十年內戰期間受過"錯誤路線"的打擊與排擠，突然指著王稼祥說："就是他們打擊我，他就是在蘇區犯錯誤的一個。"弄得王、周十分緊張。[1]

毛這個性格缺陷給他的部下留下了深刻印象，楊尚昆说："毛主席這個人，……歷史上誰反對了他，他都記得清清楚楚。""毛一直到'文化大革命'之前還講，最後在中央蘇區剩下的一個反對他的就是任弼時。（劉英插話：他真是記得清！）這個人在這方面是這樣的。所以任弼時如果他不死，'文化大革命'也非整死不可。"[2]

對同僚、部下的過去的一切忤犯刻骨銘心、耿耿於懷，構成了毛發動歷次"路線鬥爭"的感情動力，而對知識分子的嫉恨，則化為中國歷史上絕無僅有的反智主義國策。

1948 年，千家駒等人去西柏坡見毛澤東。毛問起千的姓名和經歷，千回答說"我是在大學教書的"。簡簡單單的一句話，卻引起了毛的一頓牢騷。毛說："哦，大學教授呵！我連大學都沒有上過，我只是中學畢業，在北京大學圖書館當一個小職員，一個月夯勃唧當八塊大洋，張申府就是我的頂頭上司。"[3]

毛對張懷恨在心，是因為他在北大圖書館打工時，張申府是管理他的圖書館助教。張有次拿了份書目交給毛繕寫。毛卻全部寫錯了，張只好又退給他重寫。如此區區一件小事，卻讓毛記恨了一生。張卻還不知道闖了禍，1945 年毛到重慶，請張吃飯，開頭還十分客氣，但當張把自己寫的一本書送給他時，他面上頓現不豫之

[1] 師哲：《在歷史巨人身邊》，435，451 頁，中央文獻出版社，1991 年。
[2] 張培森整理：《楊尚昆 1986 年談張聞天與毛澤東的關係演變》，《炎黃春秋》，2009 年第 3 期。
[3] 陸鏗：《千家駒傳奇及其與毛澤東的恩怨》，《言論》2002 年第 9 期

色，只不過因為張在那書的扉頁上題了："潤之吾兄指正。"中共建國後張受到批判，被禁止發表文章和從政。章士釗曾向毛求情，讓張出來工作。毛卻拒絕了，說："當初他是我的頂頭上司，怎麼安排呢？"[1]

毛澤東的這一系列遭遇，讓他養成了對知識分子偏執的憎恨仇視心理，在當國後便動用國家暴力，持續歧視與迫害知識分子：

"我歷來講，知識分子是最無知識的。"[2]

"對於資產階級教授們的學問，應以狗屁視之，等於烏有，鄙視，藐視，蔑視，等於英美西方世界的力量和學問應當鄙視藐視蔑視一樣。"[3]

"那些大學教授和大學生們只會啃書本（這是一項比較最容易的工作），他們一不會打仗，二不會革命，三不會做工，四不會耕田。他們的知識貧乏得很、講起這些來，一竅不通。他們中的很多人確有一項學問，就是反共反人民反革命，至今還是如此。他們也有'術'就是反革命的方法。所以我常說，知識分子和工農分子比較起來是最沒有學問的人。他們不自慚形穢，整天從書本到書本，從概念到概念。如此下去，除了幹反革命，搞資產階級復辟，培養修正主義以外，其他一樣也不會。"[4]

[1] 章立凡：《歷史塵封的哲人——記張申府先生》，《江淮文史》，2011 年 07 期
[2] 1957 年 7 月 9 日上海講話，《毛澤東選集》第 5 卷 452 頁。
[3] 《在成都會議上的講話提綱》，1958 年 3 月 22 日，《建國以來毛澤東文稿》第七冊，118 頁，PDF 電子書。
[4] 毛澤東：《對在京藝術院校施行半工（農）半讀一文的批語》，《建國以來毛澤東文稿》第十二冊，35 頁，中央文獻出版社，1998 年 1 月。

"老粗出人物。""自古以來，能幹的皇帝大多是老粗。""知識分子其實是最沒有知識的，現在他們認輸了。教授不如學生，學生不如農民。"[1]

由此出發，毛墮入反智主義泥塘，以其擁有的巨大權力與感召力，將蔑視與否定知識的反智主義化為全民意識形態，更將全面系統摧毀教育與科研化為國策：

"外行解決問題來得快，還是內行跟著外行跑。內行跟外行跑，恐怕是個原則。……許多事外行比內行高明。"[2]

"對科學家也不要迷信，對其科學要半信半疑。從古以來，青年人總是比老年人更好，學生比先生好。看戲的人總比演戲的人厲害，戲的改革主要靠觀眾，不是靠藝術家。"[3]

"請中央各工業交通部門各自收集材料，編印一本近三百年世界各國（包括中國）科學、技術發明家的通俗簡明小傳（小冊子）。看一看是否能夠證明：科學、技術發明大都出於被壓迫階級，即是說，出於那些社會地位較低、學問較少、條件較差、在開始時總是被人看不起、甚至受打擊、受折磨、受刑劉〈戮〉的那些人。這個工作，科學院和大學也應當做。"[4]

"外行領導內行，這是一般規律。差不多可以說，只有外行才能領導內行。去年右派、中間派都提出了這個問題，鬧得天翻地覆，說外行不能領導內行。只有外行才能領導內行。"[5]

---

[1] 轉引自高華：《從丁玲的命運看革命文藝生態中的文化、權力與政治》，《炎黃春秋》，2008 年 04 期

[2] 毛澤東在成都會議上的講話，1958 年 3 月，轉引自李銳：《"大躍進"親歷記》，上卷，204 頁

[3] 毛澤東在武昌會議上的講話，1958 年 4 月，同上，300 頁。

[4] 毛澤東：《卑賤者最聰明，高貴者最愚蠢》，1958 年 5 月 18 日；20 日，《建國以來毛澤東文稿》第七冊，236 頁。

[5] 毛澤東：《在八大二次會議上的講話》（一九五八年五月二十日下午），轉引自李銳：《"大躍進"親歷記》上卷，395 頁

　　"有同志說:'學問少的打倒學問多的,年紀小的打倒年紀大的',這是古今一條規律。經、史、子、集成了汗牛充棟,浩如煙海的狀況,就宣告它自己的滅亡,只有幾十萬分之一的人還去理它,其他的人根本不知道有那回事,這是一大解放,不勝謝天謝地之至。因此學校一律要搬到工廠和農村去,一律實行半工半讀,當然要分步驟,要分批分期,但是一定要去,不去就解散這類學校,以免貽患無窮。"[1]

　　"醫學教育要改革,根本用不著讀那麼多書。華佗讀的是幾年制?明朝李時珍讀的是幾年制?醫學教育用不著收什麼高中生、初中生,高小畢業生學三年就夠了。主要在實踐中學習提高。……書讀得越多越蠢。"[2]

反智主義是中國共產主義運動特有的現象,也是其最突出的特徵,並不見於蘇聯和其他蘇式國家。換言之,它不是從蘇聯進口的,完全是毛澤東的個人作品,是與毛相伴生、相終始的歷史現象。列寧和斯大林當然仇視"資產階級知識分子",不遺餘力地迫害他們,但並沒有遷怒到知識本身上去。相反,列寧的名言是:"只有用人類創造的全部知識財富武裝自己的頭腦,才能成為一個共產主義者。"他們的知識分子政策基本上是個政治決策,亦即不相信舊知識分子能為己所用,但從未否定過書本知識與專門技能的作用,盼望的是用自己培養出來的可靠的知識分子取代老一代。儘管這政策極為血腥殘暴,但它畢竟是一種有著明確的內在邏輯的理性決策。

　　毛澤東的反智主義則完全是一種心理病態的偏執發洩,毫無理性可言。即使是在 50 年代初期學蘇聯辦"工農速中"、"人民大

---

[1] 毛澤東:《卑賤者最聰明,高貴者最愚蠢》,1958 年 5 月 18 日;20 日,《建國以來毛澤東文稿》第七冊,236 頁

[2] 《毛澤東年譜(1949-1976)》,第五卷,505 頁,

學"那陣，他也從未像列寧那樣多次強調共產黨人迅速掌握為建設現代文明社會所需的一切文化知識的重要，從未流露過迅速培養自己的專家去取代舊知識分子的急切心情。自"反右"運動後，毛澤東就公開打出了反智主義的旗幟，"只有外行才能領導內行"成了國策，"大老粗"變成了一種尊稱，"卑賤者最聰明，高貴者最愚蠢"成了人人熟知的口號。

毛澤東執政之所以表現出這種奇特的獨有的反智主義偏執，完全是其深重的自卑情結使然。他自己就曾坦率承認過：

> "怕教授，進城以來相當怕，我也有一點怕；不是藐視他們，而是有無窮的恐懼。看人家一大堆學問，自己好像很少，什麼都不行。"[1]

本來就自覺心虛，待到在 1957 年受到某些"右派"言論諸如"現在是小知識分子領導大知識分子"、"外行不能領導內行"、"共產黨無學有術，知識分子有學無術"的刺激後，他深重的自卑情結便被觸發了，於是他在反右後就拋棄了蘇聯那一套，轉向反智主義。對此他也坦率地承認了：

> "有許多工程師，科學家看我們不起，我們有些人也看不起自己，硬說外行領導內行很難。要有點道理駁他。我說外行領導內行是一般規律。如梅蘭芳叫他當總統就不行，他只會唱戲。"[2]

這話呈現出有趣的思維錯亂——給出的例子恰好否定了"外行領導內行"的命題。

---

[1] 毛澤東在成都會議上的講話（一九五八年三月），轉引自李銳：《"大躍進"親歷記》上冊，255 頁。

[2] 毛澤東：《在八大二次會議上的講話》（一九五八年五月二十日下午），《毛澤東思想萬歲》（1958-1960），電子書。

　　然而令人悲哀的是，恰是毛對知識以及知識分子的入骨鄙視與惡毒嘲罵，以及他那“卑賤者最聰明”之類的阿諛，讓他贏得了工農大眾的歡心，成了他們心目中的人民領袖。中國幾千年尊重讀書人、尊重學問的深厚傳統就此掃地以盡，而體力勞動者與腦力勞動者之間的衝突也被人為推到了歷史上的頂峰。文革中出現的“臭老九”的普遍稱號，只有異族入主的所謂“元朝”的“九儒十丐”差相仿佛，後者還是當時文人的自嘲，並不曾真的化為普遍的社會歧視。這應該是中華文明遭受的毀滅性打擊之一吧。

（二）妄想型人格失常

　　毛澤東的第二個人格缺陷，是妄想型人格失常（paranoid personality disorder）。

　　妄想型人格失常是一種心理疾障，患者對挫折和失敗過分敏感，多疑，易於感到被人輕視，容易記仇，常將他人中性或友好的行動誤解為敵意或傲慢的舉動，拒絕原諒所受到的侮辱、傷害或輕視，專注於以無根據的陰謀論去解釋身邊乃至世界上發生的事件。[1]

　　對毛澤東自尊心超敏感，心胸狹隘、善於記仇的心理疾障，上文已經作了介紹。他同時也表現出了多疑成性的特點。楊尚昆說：“毛主席这个人非常多疑。”[2] 高崗的祕書也說：

　　　　“毛澤東這種多疑心態，早在延安時期就表現出來了，到晚年則更甚。在延安，一次到飛機場迎接一位從白區來的同志時，他私下對高崗說，誰知道他是裡紅外白，還是外紅裡白？是真共產黨，還是假共產黨？還有一次迎接潘漢年時，他也說

---

[1] 摘譯自 http://en.wikipedia.org/wiki/Paranoid_personality_disorder
[2] 《楊尚昆 1986 年談張聞天與毛澤東的關係演變》

過類似的話。1937 年 11 月，他看到陳雲和王明、康生一起乘飛機從蘇聯回延安，便疑心陳雲與王明是一條線上的⋯⋯"[1]

斯大林這毛病比毛似乎還突出，但希特勒似乎並無此特點。這毫不足奇：希特勒是通過和平選舉上臺的，而共黨領袖是從血海裡爬上寶座的。在那種無情的篩選中，杯弓蛇影、疑神疑鬼的心理疾患反而變成了"具有高度的革命警惕性"的主觀優勢，有利於他們在黨內外的權力鬥爭中勝出。毛與斯雖然同病，卻仍有自己獨特的滑稽之處。

首先是毛與斯在黨內的地位不同。列寧死時，斯大林不過是個二流人物。即使在擊敗托洛茨基、季諾維也夫、加米涅夫與布哈林等人，升為一把手後，他的地位仍然不鞏固。17 大有兩百多名代表沒投他的票，還有人去遊說基洛夫，讓他取代斯大林的位置。正因為此，斯大林才涉嫌暗殺了基洛夫，並以此為藉口發動大清洗，把幾乎所有的老布爾什維克都做成"間諜"幹掉。

毛澤東的情況則完全不同，無論是在黨內還是在黨外，他的權威都是不可挑戰的。在黨外，他建立了中國歷史上見所未見的最強大的政權，把每個子民都牢牢攥在手心裡，百姓根本沒有造反可能。在黨內，延安整風已經奠定了他的教主地位，因此他根本不必擔心。

然而毛給人最強烈的印象，卻是對自己的事業徹底缺乏必勝信念，因而終生生活在恐懼中，被想象中的牛鬼蛇神團團圍住，堅信政權一定會被他們推翻，因此如故李慎之先生說的那樣，"以小民為敵國"，采取一切措施去揭露並消滅各種各樣的假想敵。這種恐懼心態越老越甚，完成了"由此及彼，由表及裡"的泛化深化過

---

[1] 趙家梁、張曉霽：《半截墓碑下的往事——高崗在北京》，大風出版社，2008年版，111 頁。

程，亦即先從外圍小民開始，越整越多，最後整到最內圈中去，把自己完全搞成了孤家寡人。

早在 50 年代，偉大領袖此疾就已經很嚴重了，1955 年，他在《人民被日報》上公佈了胡風等人的私人通信和日記，在編者按中危言聳聽地說什麼：

"他們有長期的階級鬥爭經驗，他們會做各種形式的鬥爭——合法的鬥爭和非法的鬥爭。我們革命黨人必須懂得他們這一套，必須研究他們的策略，以便戰勝他們。切不可書生氣十足，把複雜的階級鬥爭看得太簡單了。"[1]

"胡風反革命集團"便成了建"國"以後他心理疾患第一次大發作的犧牲品，並由此株連到無數"肅反"犧牲者頭上去，虛構出來的危險又反過來嚇壞了他。所謂"反右鬥爭"也如此：本來是他的心理疾患使得"鳴放"成了"引蛇出洞"，而引出來的"蛇"又嚇壞了他，以致他修改了原來頗開明的《在最高國務會議上的講話》（亦即《關于正確處理人民內部矛盾的問題》），加上這些危言聳聽的話：

"在我國，……被推翻的地主買辦階級的殘餘還是存在，資產階級還是存在，小資產階級剛剛在改造。階級鬥爭並沒有結束。無產階級和資產階級之間的階級鬥爭，各派政治力量之間的階級鬥爭，無產階級和資產階級之間在意識形態方面的階級鬥爭，還是長時期的，曲折的，有時甚至是很激烈的。資產階級也要按照自己的世界觀改造世界，無產階級要按照自己的

---

[1] 毛澤東：《為〈人民日報〉發表〈關於胡風反革命集團的第三批材料〉寫的按語》（一九五五年六月），《建國以來毛澤東文稿》第五冊，154 頁

世界觀改造世界。在這一方面，社會主義和資本主義之間誰勝誰負的問題還沒有真正解決。"[1]

此後他又在全國宣傳會議上的講話中加上了這些話語：

"在我國，資產階級和小資產階級的思想，反馬克思主義的思想，還會長期存在。社會主義制度在我國已經基本建立。我們已經在生產資料所有制的改造方面，取得了基本勝利，但是在政治戰線和思想戰線方面，我們還沒有完全取得勝利。無產階級和資產階級之間在意識形態方面的誰勝誰負問題，還沒有真正解決。我們同資產階級和小資產階級的思想還要進行長期的鬥爭。不暸解這種情況，放棄思想鬥爭，那就是錯誤的。凡是錯誤的思想，凡是毒草，凡是牛鬼蛇神，都應該進行批判，決不能讓它們自由泛濫。"[2]

60 年代他這疾患就開始"由表及裡"，鋒芒對著自己人了：

"階級鬥爭、生產鬥爭和科學實驗，是建設社會主義強大國家的三項偉大革命運動，是使共產黨人免除官僚主義、避免修正主義和教條主義，永遠立于不敗之地的確實保證，是使無產階級能够和廣大勞動群眾聯合起來，實行民主專政的可靠保證。不然的話，讓地、富、反、壞、牛鬼蛇神一起跑了出來，而我們的幹部則不聞不問，有許多人甚至敵我不分，互相勾結，被敵人腐蝕侵襲，分化瓦解，拉出去，打進來，許多工人、農民和知識分子也被敵人軟硬兼施，照此辦理，那就不要很多時間，少則幾年，十幾年，多則幾十年，就不可避免地要

---

[1] 毛澤東：《關於正確處理人民內部矛盾的問題》（一九五七年二月二十七日），《建國以來毛澤東文稿》第六冊，344 頁。

[2] 毛澤東：《在中國共產黨全國宣傳工作會議上的講話》（一九五七年三月十二日），《建國以來毛澤東文稿》第六冊，393 頁。

出現全國性的反革命復辟，馬列主義的黨就一定會變成修正主義的黨，變成法西斯黨，整個中國就要改變顏色了。"[1]

到了 1964 年 6 月 8 日，形勢便在病人眼中變得極度黑暗：

"總之，我看我們這個國家有三分之一的權力不在我們手裡，掌握在敵人手裡。"[2]

到起草《五一六通知》時，就連中央也出赫魯曉夫了：

"混進黨裡、政府裡、軍隊裡和各種文化界的資產階級代表人物，是一批反革命的修正主義分子，一旦時機成熟，他們就會要奪取政權，由無產階級專政變爲資產階級專政。這些人物，有些已被我們識破了，有些則還沒有被識破，有些正在受到我們信用，被培養爲我們的接班人，例如赫魯曉夫那樣的人物，他們現正睡在我們的身旁，各級黨委必須充分注意這一點。"[3]

到了 1966 年初，偉大領袖便開始擔心政變，據敬愛的林副統帥在是年 5 月 18 日召開的政治局擴大會議上披露：

"毛主席最近幾個月，特別注意防止反革命政變，采取了很多錯施。羅瑞卿問題發生後，談過這個問題。這次彭真問題發生後，毛主席又找人談這個問題。調兵遣將，防止反革命政變，防止他們佔領我們的要害部位、電臺、廣播電臺。軍隊和公安系統都做了佈置。毛主席這幾個月就是做這個文章。這是沒有完全寫出來的文章，沒有印成文章的毛主席著作。我們就要學這個沒有印出來的毛主席著作。毛主席爲了這件事，多少天沒有睡好覺。這是很深刻很嚴重的問題。"

---

[1] 毛澤東：《轉發浙江省七個關於幹部參加勞動的好材料的批語》（一九六三年五月九日），《建國以來毛澤東文稿》第十冊，293 頁。

[2] 《毛澤東年譜（1949-1976）》第五卷，358 頁。

[3] 《對中央〈關於撤銷文化革命五人小組關於當前學術討論的匯報提綱通知稿〉的批語和修改》，《建國以來毛澤東文稿》第十二冊，43-44 頁

　　這可不是林副信口開河。那時毛澤東真給嚇得睡不著覺，據毛澤東的警衛隊長陳長江回憶：

　　　　"有一次我們很緊張，主席無論如何睡不著覺，走到門口問我：'你們哨兵帶槍和子彈沒有？有壞人，要提高警惕！'我告訴主席：'不僅帶了手槍、衝鋒槍和機槍，子彈也帶很多。我帶幾十個人，能對付一二百敵人。'主席點頭表示滿意。"[1]

　　1967年2月3日，毛澤東在接見阿爾巴尼亞代表團回顧"文革"發動過程時，也主動披露：

　　　　"公開發表北京市委改組的時候，我們增加了兩個衛戍師。……所以，你們才能到處走，我們也才能到處走。"[2]

　　這分明是瘋子受迫害妄想發作，然而林副卻接著大談古今中外政變史，證明偉大領袖並不是犯病，而是作了有充分歷史現實依據的偉大戰略部署，並向全黨大聲疾呼：

　　　　"這些歷史上的反動政變，應該引起我們驚心動魄，高度警惕。我們取得政權已經 16 年了，我們無產階級的政權會不會被顛覆，被篡奪？不注意，就會喪失。蘇聯被赫魯曉夫顛覆了。南斯拉夫早就變了。匈牙利出了個納吉，搞了十多天大災難，也是顛覆。這樣的事情多得很。現在毛主席注意這個問題，把我們一向不注意的問題提出來了，多次找負責同志談防止反革命政變問題。難道沒有事情，無緣無故這樣搞？不是，有很多迹象，'山雨欲來風滿樓'。《古文觀止》裡的《辨奸論》有這樣的話：'見微而知著'。'月暈而風，礎潤而雨'。壞事事先是有徵兆的。任何本質的東西，都由現象表現

----

[1] 陳長江：《毛澤東在文化大革命初期》，轉引自《二十世紀中國實錄》，4611頁。

[2] 王年一：《毛澤東同志發動"文化大革命"時對形勢的估計》，中國革命博物館黨史研究室編：《黨史研究資料》，第四集，1983。

出來。最近有很多鬼事，鬼現象，要引起注意。可能發生反革命政變，要殺人，要篡奪政權，要搞資産階級復辟，要把社會主義這一套搞掉。"

"他們想得逞，是不很容易的。他們可能得逞，也可能失敗。如果我們不注意，大家都是馬大哈，他們就會得逞。如果我們警惕，他們就不能得逞。他們想殺我們的腦袋，靠不住！假使他們要動手，搞反革命政變，我們就殺他們的腦袋。"

"正因爲形勢好，我們不能麻痹，要采取措施，防止發生事變。有人可能搞鬼，他們現在已經在搞鬼。野心家，大有人在。他們是資産階級的代表，想推翻我們無産階級政權，不能讓他們得逞。有一批王八蛋，他們想冒險，他們待機而動。他們想殺我們，我們就要鎮壓他們！"[1]

這些殺氣騰騰的話語，正常人一望即知乃是典型瘋話，然而偉大領袖卻非常贊賞，將之印發全黨，作爲文革動員的總綱領。毛還欽點陳伯達進駐《人民被日報》，由他親自執筆，把林副那個講話寫成《橫掃一切牛鬼蛇神》、《觸及人們靈魂的大革命》等社論，以瘋子的被迫害妄想吹響了文革進軍號。

只是對毛的心思揣摩得最好、用得最活的林副統帥卻萬萬沒想到，他爲了論證毛防範彭羅陸楊發動政變的正常性，引用了大量史事，卻引起了病人更大的疑心，對敬愛的江阿姨說：

"他是專講政變問題的。這個問題，像他這樣講法過去還沒有過。他的一些提法，我總感覺不安。"[2]

可見老人家真是病入膏肓：林副好心出來論證偉大領袖不是無緣無故害疑心病，反而成了專門研究古代政變史，因此居心叵測的

---

[1] 林彪：《在中共中央政治局擴大會議上的講話》，1966 年 5 月 18 日，http://www.360doc.com/content/07/0321/08/19446_406568.shtml

[2] 毛澤東：《給江青的信》，《建國以來毛澤東文稿》第十二册。71 頁

罪證！"伴君如伴虎"的原因，乃在於那君王是個嚴重的精神病人。

天下太太平平本無事，庸人無窮無盡自擾之，毛這種奇特的心虛情怯的僭主心態，最終"走向反面"。天天擔憂"千百萬人頭落地"，今天懷疑這人是睡在身邊的赫魯曉夫，明天說那人是匈牙利的納吉，反而逼反了原來無限忠於他的袍澤，讓他死在一生聲望的谷底。這與斯大林完全是兩回事。

（三）自戀型人格失常

毛的第三個人格缺陷也是從自卑情結中衍生出來的——潛意識對深在的自卑感作了過度補償，使之在表相上翻轉為過高的自我期許，虛驕的自尊心與超強的自信心，也使他徹底喪失了自我完善能力。

這在心理學上稱為"自戀型人格失常（narcissistic personality disorder），患者指望他人承認自己超凡出眾，希望自己是他人持續的關注、仰慕與肯定的對象，卻又沒有非凡的成就；沉浸在獲得偉大的成功、強大的魅力、權力與智力的幻想中；嫉妒別人，同時深信別人嫉妒自己；缺乏體察他人的感情或願望的能力；態度與舉止傲慢不遜，指望得到不現實的特殊待遇；等等。[1]

因為毛澤東確實取得了非凡的成就，讀者可能難以同意毛表現出了上述症狀。但這些症狀是相對而言的。毛奪權的成就固然非凡，但問題是他的野心、抱負和自我定位遠遠超出他的主觀能力和客觀條件。

---

[1] 譯自英文維基百科，Narcissistic personality disorder 條，
http://en.wikipedia.org/wiki/Narcissistic_personality_disorder

　　但凡百戰開國的君主，多是好大喜功、野心勃勃，這是為成功所必需的主觀素質，本無足怪，但毛的野心實在大到了滑稽的地步。他可以狂妄到宣稱："希特勒、蔣介石、美帝國主義不在話下，我們從來把美帝國主義看成紙老虎，美帝國主義可惜只有一個，再有十個也不在話下，遲早它是要滅亡的。"[1] 在口氣上，他確實是前無古人，後無來者，令"秦皇漢武，略輸文采，唐宗宋祖，稍遜風騷，一代天驕，成吉思汗，只識彎弓射大雕"。

　　毛的野心的出格之處，首先是喜歡豪賭，其賭性遠遠超過歷史上已知的大多數賭徒。我在《毛主席用兵真如神？》中一一列舉過毛的軍事冒險戰略，它們之所以沒有招致全黨全軍的覆滅，完全是不可思議的巧合使然，不能不令人懷疑冥冥之中自有天意。

　　這裡只舉一例就够了：西安事變爆發後，他竟然電告彭德懷等人："在敵主力向西安進時，我軍應奉行大的戰略，迂迴並擊破敵頭腦之南京政府。此方針應無疑義。"[2] 準備扔下根據地，從西北萬里迢迢打到南京去，還告訴張學良："敵之要害在南京與京漢、隴海線。若以二、三萬人的戰略迂迴部隊突擊京漢、隴海，取得決定性勝利，則大局立起變化。"[3] 幸虧西安吃緊，張學良命令紅軍增援，後來事變又迅速得到和平解決，這偉大的自殺戰略才未能付諸實現。

　　毛的賭博並不限於軍事冒險，他更愛搞邊緣政策，以不顧一切蠻幹、拼個魚死網破的痞子戰略與對方比勇氣，逼得對方為怕兩敗

---

[1] 在中共八大二次會議上的講話（一九五八年五月十七日下午），《毛澤東思想萬歲》（1958-1960），電子書。
[2] 《毛澤東軍事文集》，網絡版：
http://www.mzdthought.com/html/mxzz/mzdjswj/1/2005/0913/5577.html
[3] 《毛澤東致張學良電》，1936 年 12 月 17 日，《文獻與研究》，1986 年第 6 期。

俱傷、大局糜爛而讓步。這就是他的"置之死地而後生"，這是毛澤東賴以起家的謀略，當在《謀略家》卷中詳論。

在打天下時這麼幹還能理解，但在打下江山來後還嗜賭成癖，就完全成了一種無從理喻的偏執。據王力說，文革初，毛充分估計到反對文革的勢力相當大，在天安門城樓上跟他們說："一定要把文化大革命進行到底，要槍斃我和你們一起槍斃。"[1]這話充分表明，文革不過是他的一場豪賭，而他把江山和性命都押上去了。守成天子不做，卻要去孤注一擲，到底為什麼？真是超出了常人的理解範圍。

毛澤東的野心之滑稽，更在於所用的手段彰顯的大愚似詐。毛的遠大理想，是接斯大林的班，當上全世界無產階級與被壓迫人民的領袖。然而斯大林爬上那把交椅，雖然也靠國際共運教皇的道義資源，但主要還是靠傳統帝國主義的軍事擴張，亦即以強大武力不斷地把疆界往外推移，並把周邊國家統統化為帝國勢力範圍。最終成了所謂"社會主義陣營"的"天可汗"。這"文治"與武功兩手之中，槍杆子才是最重要的。對比一下二戰前後蘇聯的國際威望便足可洞見這一點。

毛卻反其道而行之，以中式"裂變"去代替蘇式"聚變"，使得他的野心最終成了笑話。這個問題當在《國務家·外交篇》中詳論。

毛澤東好大喜功的另一觸目特點，是其對"建功立業"的理解非常外在與膚淺，因此，他酷愛大手筆，沉溺于轟轟烈烈的大場面的美學迷醉之中不能自拔，對平庸的行政管理工作既無興趣又無才幹。這與斯大林完全是兩回事。斯大林不但是戰略大師，而且是非常能幹的行政管理人才。他是個有名的工作狂，每日批閱的文電車載斗量，時時親筆修改重要文告，公餘還要廣泛閱讀馬列典籍、歷

---

[1]《王力反思錄》，508頁。

史人物傳記等等，並詳加批點，而且記憶力驚人，連陳伯達的《人民公敵蔣介石》那種爛書都看過，而且記得內容。

毛澤東則基本不介入行政管理，每日除了鑽故紙堆外，便是構思轟轟烈烈的大手筆，最喜歡大躍進那種千軍萬馬齊上陣、村村點火、戶戶冒煙的大會戰。大約在他看來，天下最美的景象，便是人山人海，旌旗招展，萬馬奔騰。據李志綏回憶，毛對他說，國慶上天安門觀禮是受教育，而李首次看了也覺得很受教育。大躍進期間，他陪毛澤東南巡，沿途是望不到邊的"土高爐"集群，入夜火光燭天，大家都深受鼓舞，深感自己正在目睹在祖國大地上發生的歷史性變化。[1]

總之，在毛澤東，"改天換地"必須是直觀的、具體的、轟轟烈烈的、萬頭攢動的、聲勢浩大的。這就是他說的"人多議論多，熱氣高，幹勁大"，那其實是一種奇特的美學迷醉，重要的只是氣勢而非內容，更非結果，要的只是"天連五嶺銀鋤落，地動三河鐵臂搖"的宏大場面給他的強烈快感。

毛的自戀型人格失常，使得他出現了奇特的角色錯位。毛有非常強烈的"人民救星"的錯覺，認定他是人民的化身，他的意願天然代表了草根民眾的訴求。這種錯覺在布爾什維克領袖之中似乎見不到。列寧和斯大林的錯覺是他們代表了客觀規律，奉行的是特卡喬夫那一套，追根溯源是從盧梭那兒來的，亦即人民群眾不知道自己的真正利益何在，必須"強迫他們自由"。而毛澤東不但像傳統開國君主那樣，認定自己代表"天命"（只是改用"客觀規律"的現代表述），而且認定自己是勞苦大眾的化身，所想所為都是群眾的心意。

這荒唐的錯覺，使得他把自己的大手筆當成群眾自發的大手筆，認定人民群眾也跟他一樣，"蘊藏了一種極大的社會主義的積

---

[1] *The Private Life of Chairman Mao*, p 277-278

極性"，而人民領袖必須保護這種積極性，"氣可鼓而不可泄"，決不能給群眾潑冷水。這堅定的信仰，使得他在發現自己的大手筆闖了大禍之後，仍然遲遲不想糾正。這倒不能完全歸咎于他死要面子，諱疾忌醫，擇惡固執。據李志綏大夫說，廬山會議前，毛已經發現了大躍進造成的災難，但他生怕挫傷人民群眾的積極性，不想貿然制止[1]。我認為這的確符合毛的心理。當然，彭德懷的萬言書一上，他的動機就完全不同了。

毛澤東自戀型人格失常的又一表現，是拒諫飾非，完全沒有承認失敗的能力。這與斯大林有顯著區別。斯大林雖然是個人崇拜的發明者，自我期許也非常之高，自尊心與自信心也同樣超強，但並未因此失去正視失敗的能力。他特別強調從失敗中總結經驗教訓，多次引用列寧的有關語錄告誡全黨。他本人也確實能從重大失敗中汲取教訓。蘇聯衛國戰爭的過程，也就是他不斷吸取失敗教訓、戰勝自己的過程，從戰爭初期剛愎自用、外行領導內行瞎指揮，逐漸轉變為尊重內行，學會聽取專家意見，克制急於求成心理，耐心等待決戰時機成熟，最終成長為稱職的最高統帥。似乎可以說，如果斯大林沒有戰勝自己，完善自己的戰爭知識與技能，則蘇聯也就不可能戰勝德國。

毛澤東卻完全不是這麼回事。前面已經說過，他終生是個狹隘經驗主義者，永遠陶醉在既往的成功裡，把戰爭時期的成功經驗當成了放之萬事而皆准的宇宙根本規律。"故步自封"這個成語，好像就是老祖宗特地為他發明的。他既不承認有學習現代文化知識的必要，認定中國古籍裡有解決一切問題的祕方，又毫無勇氣承認失敗並從中總結教訓，豐富擴展自身的經驗積累，於是便永遠凍結在延安時期，再也無法長大了，其內心世界由少得可憐但無比堅定的幾條信條組成：人民是上帝，只要感動了他們，便什麼人間奇跡都

---

[1] *The Private Life of Chairman Mao*, p 291.

能造出來；哲學是萬王之王，只要掌握了"對立統一規律"，便是"抓住了牛鼻子"，獲得了外行領導內行的智識資格，能指導全民把國家建成一個現代化強國，等等。所謂大躍進就是這兩個信條的物化，然而它的慘敗卻沒讓偉大領袖學會任何東西，除了讓他記住"民以食為天"，提出"以糧為綱"，要農民把果樹砍了，魚塘填了，改種莊稼之外，他的基本信條毫未動搖，什麼都沒學會。

因此，在全民剛從死亡的深淵掙扎回來後，他立即又交給他們更複雜的社會改建任務。不僅如此，在九大開過之後，大躍進那套政策又在各地在不同程度上死灰復燃：什麼大會戰，什麼"以鋼為綱"，什麼"教育革命"等等又冒出來了。如果不是林彪事件再度使得派仗爆發，國家重新陷入混亂，只怕大躍進又要以全國規模興起，再度重創國民經濟。

毛澤東這個毛病，越到暮年便越嚴重，不是反復扳著指頭數"十次路線鬥爭"，宣揚他"與人奮鬥"的赫赫戰果，完全成了個絮絮叨叨的祥林嫂，就是越發鑽進故紙堆裡去，"熟讀唐人《封建論》，莫從子厚返文王"，把兩千年前的原始人法家當成現代人的效法榜樣，責令全國人民"評法批儒"，最後甚至把宋江那個虛構的古典小說形象當成近現代才有的"修正主義"者（"宋江投降，搞修正主義"），下令全國人民去把他批倒鬥臭！這時空倒錯之宏偉壯麗，令人不能不納悶他的腦袋到底出了什麼怪誕毛病，連王莽的復古都瞠乎其後。

虛榮心超強，使得毛澤東沒有接受甚至面對失敗的道德勇氣，於是文過飾非、諱疾忌醫、用更多更大的錯誤去掩蓋原先的錯誤，便成了他施政的主要關心所在。在這點上他連斯大林都不如。斯大林當然也文過飾非，更善於尋找替罪羊，但他畢竟知道國家領袖和政府必須對人民負責。二戰本是希特勒和他聯手發動的，但後來希特勒突然翻臉進攻蘇聯，完全出乎他的意料，蘇軍一潰千里，在戰爭頭5天內失去的領土就超過了尼古拉二世在兩年間失去的領土，戰爭頭半年內就損失了6百多萬將士。這空前的災難完全是斯大林錯判對手與形勢造成的，他自己也心中有數。1945年5月24日，在克里姆林宮舉行的慶功宴上，斯大林在祝酒詞中說：

> "我們的政府犯過的錯誤不只是幾個，1941-1942年我們處在絕望的形勢中……別的人民會說：見鬼去吧，你們辜負了我們的期望，我們要另外組織一個政府，它會與德國媾和，讓我們得到和平。……但俄羅斯人民沒有這麼做，他們沒有妥協，而是顯示了對我們的政府無條件的信任。我再說一遍：我們犯了錯誤，我們的軍隊被迫撤退，似乎失去了對事態的控制，……但俄羅斯人民有信心，堅持了下來，期望並等待我們將事態控制下來。為了俄羅斯人民顯示出來的對我們政府的這一信任，我們衷心地感謝你們。"[1]

毛澤東幾曾這麼做過？他何時像斯大林那樣，意識到自己對全民的責任，知道在犯了重大錯誤後必須向人民承認，並感謝人民的寬容？相反，他最大的心病，便是大躍進蠢動丟了他的臉，為此殫精竭慮，苦苦思考如何在死後還能堵住悠悠眾口，在歷史上留下"一貫正確"的光輝形象，把這當成了千年大計，最終找到了文革這種方式，發動全黨全軍全國各族人民，去把敢在他身後做祕密報告的赫魯曉夫抓出來，以絕後患。為了防患未然，確保青史留名，他便能把全國投入更大的災難。

至於自戀型人格失常的其他表現，諸如態度和舉止傲慢不遜，希望得到特殊待遇等等，對熟悉真實生活中的毛澤東的讀者應該不是新聞。毛自己從不遵守正常作息制度，為此要求中央其他領導跟著他轉，在處理完一天公事後，還得深更半夜應召前去毛的住處開

---

[1] 轉引自 Geoffrey Roberts: *Stalin's Wars: from World War to Cold War, 1939-1953*, p266, Yale University Press, 2006.

會或接受指示；毛不但從不迎送來訪的黨政要員，而且竟然穿著游泳褲在游泳池裡接待來訪的赫魯曉夫；1957 年在莫斯科召開的全世界共產黨和工人黨會議上，毛澤東是唯一一個坐著發言的代表。即使如此，他還因蘇聯人送來的不是活魚而是冰凍魚大發雷霆，下令警衛把魚"扔回去"。[1]

（四）逆反心理超強

逆反心理（psychological reactance）是一種激發出來的對人或規章制度的反應，通常發生在行為發出者覺得其行動自由受到威脅之時，其目的只是為了挑戰或嘲弄下禁令的權威，與行為本身的效用無關[2]。

這就是毛澤東第四個人格缺陷，動不動"老子就是不信邪"。楊尚昆和劉英（張聞天遺孀）回憶的這段往事，最能說明毛澤東的這個性格：

　　"在延安我覺得毛主席最忌恨洛甫的一件事，就是反對他同江青結婚。我是看到過洛甫寫給毛主席的那封信的，那時毛主席住在鳳凰山底下，他把羅瑞卿抓住寫那個抗日游擊戰爭的政治工作，他把這個信給羅瑞卿看了，羅就給我看了。洛甫那個態度很堅決的，不贊成他同江青結婚。以後不是經常毛主席開會就罵麼，說我無非是吃喝嫖賭，孫中山能夠，為什麼我不能夠？我看他最忌恨的是這件事。那時真正是中央的同志寫信給他表示的就是洛甫。（劉英插話：他那時是黨的負責人，因為好多老同志都有意見。當時在中央黨校學習的王世英，過去在外頭搞情報工作，說江青這個人在外邊桃色新聞太多，毛主席

---

[1]《走下神壇的毛澤東》，http://www.shuku.net/novels/maosh/maosh.html
[2] 摘譯自 http://en.wikipedia.org/wiki/Reactance_(psychology)

同她結婚對黨的影響不好。給中央寫了信，信上簽名的一大串。聞天告訴我，這樣他就寫了個信給毛主席送去了。毛主席看了信後把桌子一拍，老子就要同她結婚，誰管得了，後天就結。）"[1]

他的親密戰友與接班人林彪同志對此也深有感觸，特地在筆記裡寫下：

"你先說了東，他就偏說西。故當聽他先說才可一致。"[2]

毛澤東的逆反心理也給身邊人留下了一致印象。李志綏大夫曾披露，衛士越是勸阻毛澤東別幹什麼，他就偏要幹，不但在漂著糞便的珠江裡游泳游得興高采烈，而且偏要到有鯊魚出沒的海濱去游泳。衛士們不敢勸他，只好把打死的鯊魚放到他必經之地[3]。張玉鳳對毛澤東的評價是："他就是怪，你說是黑的，他偏要說白，他總喜歡對立。" 孟錦雲也說："主席的看法，老和我們不一樣，這個人很怪。"[4] 毛澤東甚至把這種逆反心理上升爲"理論"，聲稱："要敢於反潮流。反潮流是馬列主義的一個原則。"[5]

強烈的逆反傾向，使得毛澤東不但聽不進善意的建議和勸告，成了有史以來最能拒諫飾非的君王，而且酷愛顛覆既有共識、成見與習俗，熱衷於"把顛倒了的歷史再顛倒過來"。在他授意或影響下，御用史學家們刮起了翻案風，平反對象還不限於所謂"農民起義領袖"，更有若干歷史上早就蓋棺論定的反面君王。秦始皇、曹

---

[1] 《楊尚昆 1986 年談張聞天與毛澤東的關係演變》

[2] 李根清：《林彪"散記"中對毛澤東的思考》，《炎黃春秋雜誌》，2014年第11期

[3] *The Private Life of Chairman Mao*, p 174

[4] 郭金榮：《張玉鳳評毛澤東：你說黑他偏說白》，《家庭週報》2012年7月24日第21版

[5] 毛澤東：《對吳法憲檢討信的批語和批註》（一九七〇年十月十四日），《建國以來毛澤東文稿》第十三冊，138頁。

操、武則天等人，突然在他們筆下成了正面人物。待到批林批孔出臺，幾乎歷史上所有嗜殺的酷吏暴君，都成了據說是代表新興地主階級的"法家"。

這些作法隱含著顛倒的恥榮觀。毛在中共八大二次會議上說：

"范文瀾同志最近寫的文章《歷史研究必須厚今薄古》，我看了很高興，這是站起來說話了，這才像個樣子。這篇文章引了許多事實證明，厚今薄古是我國史學的傳統，引了司馬遷、司馬光，可惜沒有引秦始皇。秦始皇是厚今薄古的專家，他有'以古非今者族'的禁令。（林彪插話：秦始皇焚書坑儒。）秦始皇算什麼？他只坑了 460 個儒，我們坑了 46000 個儒。我們鎮反，還沒有殺掉一些反革命知識分子嗎？我與民主人士辯論過，你罵我們是秦始皇，不對，我們超過秦始皇一百倍。有人罵我們是獨裁統治，是秦始皇，我們一概承認，合乎實際。可惜的是，你們說得還不夠，往往要我們加以補充。"[1]

這段話很有意思，范文瀾對所謂"厚今薄古是我國史學的傳統"的無恥"證明"，可能也是奉旨之作，本身就是"反潮流"的胡說八道，而毛澤東自稱超過秦始皇一百倍，則流露出了他"不與古人同是非"的顛倒恥榮觀。在與斯諾的談話中，他表示了對他人意見的不屑一顧：

"我不怕說錯話。我是無法無天。這叫和尚打傘——無髮無天，沒有頭髮沒有天。"[2]

---

[1] 毛澤東在八大二次會議上的講話，轉引自李銳：《"大躍進"親歷記》上冊，332 頁

[2] 轉引自武文笑：《毛澤東外交生涯中的若干"最後一次"》，中國共產黨新聞網，http://dangshi.people.com.cn/n/2013/1202/c85037-23716975-2.html

　　這“無法無天”竟然包括“破馬克思”那“老祖宗”[1]在內：

　　“破除迷信，無法無天；破馬克思。”[2]

　　“破除迷信，不要怕教授，也不要怕馬克思。”

　　“不要被權威、名人嚇倒，不要被大學問家嚇倒。要敢想、敢說、敢作，不要不敢想、不敢說、不敢作。這種束手束腳的現像不好，要從這種現象裡解放出來。”[3]

就連他的醫生也未能倖免：

　　“我對醫生的話只聽一半，要他一半聽我。完全聽醫生的話病就多了，活不了。”[4]

　　毛澤東的逆反傾向與其深厚的反智主義情結結合在一起，化為國策，就是全黨全軍全國各族人民“破除迷信，解放思想”，“打破框框條條，破除清規戒律”，大無畏地藐視客觀規律乃至人類最普通的常識，因為它們必然是老生常談，尊重它們顯不出“獨有英雄驅虎豹，更無豪傑怕熊羆”的英雄氣概來。

---

[1] 這不是作者對毛的人身攻擊，是毛主動自覺地認祖歸宗。他曾在成都會議上坦然承認斯大林是他的老祖宗：“批判斯大林之後，使那些迷信的人清醒了一些。我們的同志應當認識到，老祖宗也有缺點，要加以分析，不要那麼迷信。對蘇聯經驗，一切好的應接受，不好的應拒絕。”——轉引自李銳：《“大躍進”親歷記》上卷，189 頁。此後又在讀蘇聯政治經濟學教科書的談話中口口聲聲稱馬列為老祖宗，如對鄧力群說：“馬克思這些老祖宗的書，必須讀，他們的基本原理必須遵守。”毛澤東：《讀蘇聯《政治經濟學教科書》下冊談話》，鄧力群編：《毛澤東讀社會主義政治經濟學批註和談話》（簡本）。

[2] 毛澤東《在中共八大二次會議上的講話提綱》（一九五八年五月），《建國以來毛澤東文稿》第七冊，194 頁。

[3] 以上語錄均見《在中共八大二次會議上的講話》，《毛澤東思想萬歲》（1958-1960）。

[4] 毛澤東《接見外賓關於保健的一段談話》（一九六四年六月二十四日），《毛澤東思想萬歲》（1961-1968），電子書。

　　很明顯，毛的超強的逆反心理，乃是他父親毛順生留給他的終生禮物。毛的童年青少年史，就是一部與父親那家庭第一權威對著幹並戰而勝之的英雄史詩。有過這種早期人生史的人，要是逆反心理沒有超強到偏執的地步，反倒不可思議了。

　　耐人尋味的是，儘管毛澤東痛恨鄙視他父親，後來他卻有意無意地進入了他的父親的角色。羅斯·特里爾說：

　　　　"毛順生試圖以粗暴的方式培養的'美德'確實深深地植入澤東的心靈深處。他不久就向別人說："怠惰者，生之墳墓。'儼然是他父親的再現。"

　　一位美國博士生在其學位論文中作出的觀察更深刻，只是我忘記了他的名字，無法給出來源。他說，堅持讓中學生下鄉務農，是毛特有的發明，不但世界史上從無先例，而且其他共黨國家也沒哪個這麼幹過，就連在中國也是毛亡政息。很明顯，這獨特的政策不能用共產意識形態來解釋，只能與毛澤東的個人經歷聯繫起來理解。少年毛澤東最大的苦惱，就是被父親逼著放棄學業去務農，幾次不得不含恨輟學。可等到他變成全民的大家長後，便在有意無意間扮演了他父親當年的角色，逼著全國青少年中斷學業去務農。

　　其實要說毛這種行為前無古人、後無來者也未必。傳統社會的媳婦從來是備受婆婆踐踏的可憐蟲。然而一旦她們熬成了婆，立即就將當年在婆婆手下受過的罪，連本帶利地加到媳婦頭上去。到底是什麼心理驅使這些人反串角色，去扮演自己當年切齒痛恨的蠻橫霸道的暴君呢？是翻轉了的逆反心理，還是出自報復動機？

　　這種行為讓人想起傳說中的慈禧語錄："誰讓我一時不痛快，我就要讓他一輩子不痛快。"即使老佛爺真說過這話，她老人家也真夠慈而且禧的了——她畢竟還知道冤有頭債有主，並未遷怒到別人頭上去。咱們的偉大領袖毛主席可是誰讓他一時不痛快，他就要讓全國人民一輩子不痛快。不僅如此，有的報復不管怎樣泛化，總還勉強可以理解，例如全國知識分子為輕慢過他的傅斯年、張申府等人頂缸，冤則冤矣，畢竟還是同屬臭老九。可全國中學生又不是毛順生轉世，憑什麼要變成他的復仇對象？

由此看來，報復理論似難成立。毛澤東這種奇特的心理偏執，大概還是扭曲翻轉了的逆反心理吧。要麼，他是在潛意識中覺得對不起乃翁，因而把全國青少年當成替身，綁上祭壇獻給冥冥之中的毛順生，以此補償當年忤逆其心願的過失，消弭留在彼此之間的遺恨？

不管真實答案如何，毛澤東複雜扭曲的內心世界，確實值得心理學家們去深入探索。

（五）人格分裂

毛澤東最後一個人格缺陷，是人格分裂，畢生生活在非常醒目的矛盾中，本身就是一種奇特的"對立統一"。例如他一面對西方文化持極度輕蔑的態度，認定中國古書裡有解決一切難題的祕訣，另一方面又號召"厚今薄古"、"破舊立新"，對傳統表示出更大的輕蔑。張奚若批評他"輕視過去，迷信將來"，他斥道：

> "'輕視過去'，輕視小腳，輕視辮子，難道不好？北京、開封的房子，我看了就不舒服，青島、長春的房子就好。我們不輕視過去，迷信將來，還有什麼希望？……'不愛古董'，這是比先進，還是比後進的問題，古董總落後一些嘛。我們除四害，把蒼蠅、蚊子消滅了，前無古人，後無來者；總是後來居上，不是'今不如古'。古董不可不好，也不可太好。北京拆牌樓，城門打洞，也哭鼻子。這是政治問題。"[1]

---

[1] 毛澤東在南寧會議上的講話，1958 年 1 月，轉引自李銳：《"大躍進"親歷記》上卷，70 頁

　　類似的話，他說了又說，在 1958 年召開的一次最高國務會議上，他歡呼若干城市的古城牆被拆除，引用唐代李華《弔古戰場文》中哀悼戰禍的句子，刻薄嘲笑那些為此傷心的人：“南京、濟南、長沙的城牆拆了我很高興，有些老人就傷心啊！‘傷心哉！秦歟？漢歟？將近代歟？’”[1] 簡直與摧毀了北宋文明的女真征服者一般得意。後來他更是下令全國人民與傳統徹底決裂，消滅傳統文化。1966 年，在他的親自發動與領導下，全國興起了轟轟烈烈的焚書鬥儒的人民戰爭，超過了秦始皇一萬倍。

　　又如後文將要講到的，他的政治理想就是“等貴賤，均貧富”。勞動人民當家作主，再也沒有高高在上的“官僚主義者階級”，只有忠實的“人民勤務員”。蘇聯模式之所以讓他感到幻滅，無非就是因為與他那朦朧模糊的理想國相距太遠。然而他自己卻絕不容許任何人與他平等，要求的是絕對服從，連意見分歧都要當成“路線鬥爭”。

　　對毛這個特點，楊尚昆看得清清楚楚，说：“毛主席這個人，他全部是在矛盾中活下來的。但是基本的是要保存他這個權，所以歷史上誰反對了他，他都記得清清楚楚。”[2]

　　到底是什麼深仇大恨？真是他哭訴的“我就受過壓，得過三次大的處分，被開除過黨籍，撤銷過軍職，不讓我指揮軍隊，不讓我參加黨的領導工作”，“我三次被趕出紅軍，十幾次受到嚴重警告、開除黨籍、調動工作、撤銷職務之類的處分”麼？[3]

　　否。五中全會後，毛一直是政治局委員、中革軍委委員、政府主席，一直都參加重大軍政決策會議，只是在寧都會議後被解除了

---

[1] 毛澤東：《在最高國務會議上的講話》（一九五八年一月二十八日），《毛澤東思想萬歲》（1958-1960），電子書。
[2] 《楊尚昆 1986 年談張聞天與毛澤東的關係演變》
[3] 胡哲峰、孫彥：《毛澤東談毛澤東》，中央黨校出版社，2008 年 10 月第一版。

一方面軍總政委之職。那還不算撤職，因為上級給足了他面子：先由中革軍委發佈命令，說毛"爲了蘇維埃工作的需要，暫回中央政府主持一切工作，所遺總政治委員一職，由周恩來同志代理"，兩周後才由臨時中央任命周兼任該職[1]。就這麼點微不足道的委屈，毛卻嚷嚷了幾十年，不但在崛起後把所有的上司都整得死去活來，甚至在米高揚 1949 年祕密訪問西柏坡時還向他告狀，造謠說自己幾乎被殺了。

然而就這麼一個心眼比雀屁眼兒還小的人，卻動輒號召："要發揚民主，要啟發人家批評，要聽人家的批評，自己要經得起批評，讓人講話，天不會塌下來，自己也不會垮臺。不讓人講話呢？那就難免有一天要垮臺。"[2]

這種人格分裂與性格矛盾，賦予他一種深刻的葉公好龍天性，百萬右派就是這天性的犧牲品。下文將要談到，57 年的"百花齊放，百家爭鳴"，開頭並不是深謀遠慮的"引蛇出洞"。真實的情況是，毛不滿於共黨鐵腕控制下的萬象蕭殺，想讓貓爪子之下的夜鶯唱出動聽的歌曲來。他更希望摸索出一種黨外監督機制，使得各級黨官成為"人民勤務員"，後者其實就是文革的發動原因之一。然而當知識分子真的被動員起來後，他又受不了了，於是便"因勢利導"，把原來頗有誠意的號召化為"誘敵深入"。

毛澤東這個人格缺陷，連他自己都意識到了。據黨媒披露，在上海會議大力提倡"海瑞精神"期間，毛澤東私下對人說："講海瑞，我很後悔。可能真正出了海瑞，我又受不了。"[3]

---

[1]《毛澤東年譜（1893-1949）》，電子書，無頁碼。

[2] 毛澤東：《在擴大的中央工作會議上的講話》（一九六二年一月三十日），《建國以來毛澤東文稿》第十冊，43 頁。

[3] 胡長明：《毛澤東:〈明史〉我看了最生氣》，《領導文萃》，2008 年 21 期

　　文革期間他又多次顯示出這種欲姦無膽、欲罷不能的德行。例如他在文革初期多次談起巴黎公社委員由普選產生，拿普通工人的工資，並隨時可以罷免，給人的印象是他要徹底砸碎國家機器，按巴黎公社模式重新塑造一個出來。這不但哄信了楊小凱等造反派，就連春橋、文元都上了當，把上海的新生紅色政權命名為"上海人民公社"，然而毛立刻又臨事而懼，弄出個不良不莠、根本無法運作的"三結合的革命委員會"出來。

　　類似地，"一月風暴"後，黨組織事實上已停止存在，國家由群眾組織管理，給人的感覺是毛準備放棄黨組織，去摸索一種新的權力機構。但最後他發現還是無法扔掉列寧的發明，於是轉過來宣稱"黨政軍民學，東西南北中，黨是領導一切的"。

　　這種葉公好龍的性格，使得毛出爾反爾，翻雲覆雨，大批響應他的號召或聽了他的慫恿的人反倒成了階級敵人。許多人因而認為那是毛處心積慮的"拖刀計"。其實這裡面到底有多少出於毛的人格缺陷，有多少出於毛的陰謀詭計，還真難以斷定。他把高崗煽動起來向劉少奇和周恩來發難，然後又倒過去整高崗就是典型例子：到底是因為斯大林告訴他中共內部有人向蘇聯主子通報黨內祕密，他懷疑是高崗幹的，想藉此誘騙高崗上當，好趁機除掉那裡通外國的奸細，還是他想搞掉劉、周而又半道縮手，轉而犧牲高崗？只有他自己才知道。

　　我想，只有明白毛的這些心理缺陷，才能實事求是、恰如其份地理解和評價作為思想家與國務家的毛澤東。

第三章 山溝裡出的 "馬列主義"

　　馬克思主義包括三個部份：科學社會主義理論、政治經濟學與哲學（即辯證唯物主義與歷史唯物主義）。毛澤東 "繼承、捍衛、發展" 的只有階級鬥爭理論、哲學以及 "共產主義遠大理想"。三者都是 "中國化了的馬克思主義"，亦即用傳統文化中的固有觀念去穿鑿一種純西洋學說。除此之外，毛毫無政治經濟學著作，在這方面完全是一張白紙。

　　這毫不足奇，限於文化水平與生活經驗，毛絕對不可能理解，《資本論》之所以是共產黨人的聖經（這是斯大林的話，斯大林本人反復閱讀過該書並詳加批點，有書為證），是因為所謂 "科學社會主義" 理論就是從那裡推導出來的——上過大學政治課的人都知道，馬克思認為社會主義必然取代資本主義，就是因為他認定生產資料的私人佔有制無法容納社會化的大生產，必然要妨礙生產力，引出無產階級革命，獲得所有制與生產方式的統一。一個對資本主義生產方式毫無感性和理性認識的第三世界小農，怎麼可能明白馬克思說什麼？何況馬克思還用了許多數學公式，而毛澤東的數學水平大概也就只到四則運算，絕無可能看懂最簡單的代數公式。

　　總之，因為知識缺陷與生活環境限定的視野，即使是毛的原始天資再高，他也不可能掌握馬克思主義，何況在中共當政前，中國根本就沒有幾本馬克思主義的譯著。

　　然而因為中文是一種表意語言，外來詞彙多用意譯而非音譯，因而具有 "望文即可生義" 的 "優點"，這才玉成了毛澤東的 "思想家" 地位，使得他在絲毫不瞭解馬克思主義的基本概念的情況下，仍能靠這 "優點" 去猜測它們的涵義，將其歪曲得面目全非。

在這個意義上，他倒確確實實把馬克思主義"中國化"了，蓋他說的與馬克思的完全是兩回事。

例如若毛是個英國人或俄國人，就絕不會鬧出上述"經驗主義"的經典笑話。在英語與俄語中，"經驗主義"分別為 empiricism 與 эмпиризм，而"經驗"分別為 experience 與 опыт。兩者的發音和寫法都完全不同。因此，一個不知道"經驗主義"是什麼意思的英國或俄國的大老粗，就不可能用日常生活所用的"經驗"一詞，去穿鑿哲學概念"經驗"，從而發明出"靠實際工作經驗去解決一切問題的做法就是經驗主義"的毛式笑話。這種智力笑話只可能在使用表意文字的中國鬧出來，絕對是中國特色。

類似地，凡是對西方思想史略有所知的人，看了毛澤東在《反對自由主義》中列舉的各種"自由主義"，恐怕都要駭而失笑：

"因為是熟人、同鄉、同學、知心朋友、親愛者、老同事、老部下，明知不對，也不同他們作原則上的爭論，任其下去，求得和平和親熱。或者輕描淡寫地說一頓，不作徹底解決，保持一團和氣。結果是有害于團體，也有害于個人。這是第一種。

不負責任的背後批評，不是積極地向組織建議。當面不說，背後亂說；開會不說，會後亂說。心目中沒有集體生活的原則，只有自由放任。這是第二種。

事不關己，高高掛起；明知不對，少說為佳；明哲保身，但求無過。這是第三種。……"[1]

這些對"自由主義"內涵的介紹，絕不亞於洪秀全把《聖經》裡的"上帝"當成"天上的皇帝"，"三位一體"解為"爺哥王"（"天父天兄天王"），而這就是"偉大的思想家"的"經典著

---

[1] 毛澤東：《反對自由主義》，1937 年 9 月 7 日，《毛澤東選集》第二卷，http://cpc.people.com.cn/GB/64184/64185/66616/4488939.html

作"！其影響之深遠，以至自由主義學者們至今在國內還要受到這樣的責難："當面不說，背後亂說；開會不說，會後亂說"有什麼值得鼓吹的？

客觀說來，這不光是毛的個人不幸，也為許多中國"知識分子"共有。網絡作家馬悲鳴就最是此道高手，在其大作中把"湯武革命"當成 revolution，把"周召共和"當成 republic，把"二踢脚"當成宇宙飛船的前驅，把楊朱的"不拔一毛以利天下"當成西方賴以立國的 individualism（通譯為"個人主義"），把"無產者"當成"無產階級"。連晚生毛半個多世紀並在美國度過了三十多年的大學畢業生都還會鬧出這種笑話來，我們又怎能苛責一個出生于前清的鄉村讀書人呢？

當然這麼說也不公平——馬悲鳴並沒有如毛澤東那樣，至今還在充當被人（甚至是無知洋人）頂禮膜拜的"第三里程碑"，所以還是有必要介紹毛對馬克思主義的誤會。

一、毛澤東的階級和階級鬥爭理論

（一）東西方截然不同的"階級鬥爭"

毛澤東最初學會的"馬克思主義"，只有"階級鬥爭"四個字，據他自己介紹：

> "記得我在 1920 年，第一次看了考茨基著的《階級鬥爭》，陳望道翻譯的《共產黨宣言》，和一個英國人作的《社會主義史》，我才知道人類自有史以來就有階級鬥爭，階級鬥爭是社會發展的原動力，初步地得到認識問題的方法論。可是這些書上，並沒有中國的湖南、湖北，也沒有中國的蔣介石和

陳獨秀。我只取了它四個字：'階級鬥爭'，老老實實地來開始研究實際的階級鬥爭。"[1]

看了三本書，就學會四個字，這也不足為奇。他那陳舊殘缺封閉的知識儲備，決定了他在讀了那些基於歐洲社會史提出的學說後，這四個字就是他靠望文生義能穿鑿出來的東西。他熟悉的是中國社會的不平等，以為那就是"階級對立"，而他諳熟的遊民文化經典中的造反斫殺，乃至他耳聞目睹的軍閥混戰，自然也都是"階級鬥爭"。

毛澤東不知道，"階級"觀念純屬西洋貨。自中世紀後期起，歐洲就從等級社會開始向階級社會過渡。處於同一等級的人開始產生階級意識，組織起來與國王、貴族或其他集團爭利。在 13 世紀初，英國貴族以武力強迫國王接受《大憲章》；在 17 世紀的英國內戰中，由"紳士"（gentry）組成的議會為抗稅組建軍隊，打敗並處死了國王；法國大革命因第三等級抗稅而引發，等等。這些都是典型的"階級鬥爭"，其特點是社會的某個或某些階級爲了維護本集團的利益而集體進行的暴力或非暴力的抗爭。出於類似目的，工匠、商人們也結成保障自己利益的各種行會。

但中國和歐洲完全不一樣，並不是階級社會而是官僚社會。所謂"官僚社會"，指的是社會的統治者是官僚集團。它不代表任何階級，只代表自己，不爲任何階級支持，只靠自我支持，自我無限延續統治（self-perpetuating），具有無限瘋長擴散、瘋狂掠奪社會財富的天然傾向，表現出與惡性腫瘤極高的相似性。它的產生、存在和壯大，與社會生產力、生產方式、生產關係等所謂"社會經濟基礎"毫不相干，並不隨這些因素改變，因此不符合馬克思的"階級"定義。無論是傳統社會的官吏，是過去執政的國民黨，還是如

---

[1]《關於農村調查》，1941 年 9 月 13 日，《毛澤東農村調查文集》，第 21、22 頁。

今執政的共產黨，都是官僚集團，都靠壟斷資源、控制經濟、以權力介入經濟活動、實行不等價交換來聚斂財富，實質上是一個暴力敲詐集團，與土匪山寨有規模與外在的典章制度之差，但並無本質之別。

在這種社會中，朝野無一人有階級意識，遑論抱成團與統治者或其他階級爭利，有的只是周期性的游民／農民暴亂。將它們視為"階級鬥爭"屬于搞笑活動，因為此類暴亂從來不為農民爭利益，反而以農民為主要糟害對象。論本質，暴亂遊民／農民與統治全社會的官僚集團並無不同，兩者的區別，只在於是否處在官僚社會體制內而已。

逸出體制以逃避官僚集團敲詐的人稱為"遊民"。隨著官僚集團的瘋長，掠奪社會財富的規模與程度隨之增加，體制外遊民也就越來越多，人數積累到一定程度後便上山落草，形成獨立於體制外的暴力敲詐集團，雙斧伐木，使得體制內的良民越發無以為生。當社會財富被掠奪罄盡後，體制外暴力敲詐集團因吸納了大量再也活不下去的良民而急劇膨脹，獲得了與朝廷逐鹿的實力，兩大集團搶奪肥羊的大規模武裝衝突就在全國範圍內爆發，這就是歷史上那些所謂的"農民起義"。

當大亂終於停息，新皇朝建立時，體制外敲詐集團被基本剷除，而新生官僚集團的數量也極大地減少了，再加上戰爭所致人口劇減，一定程度上緩解了糧食供需矛盾，於是所謂"太平盛世"降臨，開始了新一輪"治亂週期"。

這就是毛澤東眼中的"文明史"："階級鬥爭，一些階級勝利了，一些階級消滅了，這就是歷史，這就是幾千年來的文明史"。

（二）毛的"階級"劃分以財產為標準

由上可知，毛澤東所謂的"中國社會的階級鬥爭"與西方的階級鬥爭，相同者唯"鬥爭"二字而已，"階級"這兩個字則被他誤解得面目全非。他以望文生義的方式，把"無產階級"理解為"沒有財產的人"，把"資產階級"理解為"財產很多的人"，而"共產主義"當然是"主張財產共有的政治主張"。謂予不信，請看這些經典笑話：

"半無產階級。此處所謂半無產階級，包含：（一）絕大部分半自耕農，（二）貧農，（三）小手工業者，（四）店員，（五）小販等五種。……

無產階級。現代工業無產階級約二百萬人。……都市苦力工人的力量也很可注意。以碼頭搬運夫和人力車夫佔多數，糞夫清道夫等亦屬於這一類。他們除雙手外，別無長物，其經濟地位和產業工人相似，惟不及產業工人的集中和在生產上的重要。中國尚少新式的資本主義的農業。所謂農村無產階級，是指長工、月工、零工等雇農而言。此等雇農不僅無土地，無農具，又無絲毫資金，只得營工度日。其勞動時間之長，工資之少，待遇之薄，職業之不安定，超過其他工人。此種人在鄉村中是最感困難者，在農民運動中和貧農處於同一緊要的地位。

此外，還有數量不小的遊民無產者，為失了土地的農民和失了工作機會的手工業工人。他們是人類生活中最不安定者。他們在各地都有祕密組織，如閩粵的'三合會'，湘鄂黔蜀的'哥老會'，皖豫魯等省的'大刀會'，直隸及東三省的'在理會'，上海等處的'青幫'，都曾經是他們的政治和經濟鬥爭的互助團體。處置這一批人，是中國的困難的問題之一。這一批人很能勇敢奮鬥,但有破壞性,如引導得法,可以變成一種革命力量。"[1]

不難看出,毛澤東的"階級"完全以財產多寡劃分,與生產方式毫不相干。據此,他發明了"半無產階級"、"農村無產階級"與"遊民無產階級"等一系列全新概念。更有甚者,在此前發表的文章中,他竟把妓女也算成是無產階級(若算成"手工業者"還少搞笑些):

> "遊民無產階級為帝國主義軍閥地主階級之剝削壓迫及水旱天災因而失了土地的農人與失了工作機會的手工業工人,分為兵、匪、盜、丐、娼妓。……中國遊民無產階級人數說來嚇人,大概在二千萬以上。這一批人,很能勇敢奮鬥,引導得法,可以變為一種革命力量。"[2]

13 年後,他仍在堅持"農村的無產階級"的新發明:

> "中國無產階級中,現代產業工人約有二百五十萬至三百萬,城市小工業和手工業的雇傭勞動者和商店店員約有一千二百萬,農村的無產階級(即雇農)及其他城鄉無產者,尚有一個廣大的數目。"[3]

有趣的是,他熟悉中國歷史,卻竟未想到早在秦朝就有雇農了。《史記》說得清清楚楚:"陳涉少時,嘗與人傭耕,輟耕之壟上,悵恨久之,曰:'苟富貴無相忘。'傭者笑而應曰:'若為傭耕,何富貴也?'陳涉太息曰:'嗟呼!燕雀安知鴻鵠之志哉!'"可見陳涉是"農村的無產階級"。那麼,他領導的大澤鄉

---

[1] 毛澤東:《中國社會各階級的分析》,1926 年 12 月 1 日,《毛澤東選集》第一卷:http://cpc.people.com.cn/GB/64184/64185/66615/4488901.html

[2] 毛澤東:《中國農民中各階級的分析及其對於革命的態度》,《中國農民》第一期,一九二六年一月一日。

[3] 毛澤東:《中國革命和中國共產黨》,1939 年 12 月,《毛澤東選集》第二卷,http://cpc.people.com.cn/GB/64184/64185/66616/4488919.html

起義算不算"無產階級革命"？遊民同樣是古已有之。那麼，由遊民朱元璋領導的元末遊民暴動，又能不能稱為"遊民無產階級革命"呢？

《共產黨宣言》是毛澤東看過的少數幾本馬列經典之一，而且據說還是青年時代看的，"階級鬥爭"四個字就是他的閱讀心得，然而他居然也就看不見這段話：

"在當前同資產階級對立的一切階級中，只有無產階級是真正革命的階級。其餘的階級都隨著大工業的發展而日趨沒落和滅亡，無產階級卻是大工業本身的產物。"[1]

馬克思在此說得清清楚楚，無產階級是大工業本身的產物，雇農和兵匪盜丐娼能是大工業的產物麼？要麼，毛澤東看《共產黨宣言》時，還沒來得及知道工廠是什麼？這也有可能——長沙能有什麼"大工業"？不過，到了 1939 年還在堅持"農村無產階級"，恐怕就不能用"毛不知道工廠是什麼"來解釋了。

馬克思理論的初學者都該知道馬克思的這段語錄：

"至于講到我，無論是發現現代社會中有階級存在或發現各階級間的鬥爭，都不是我的功勞。在我以前很久，資產階級的歷史學家就已敘述過階級鬥爭的歷史發展，資產階級的經濟學家也已對各個階級作過經濟上的分析。我的新貢獻就是證明了下列幾點：（1）階級的存在僅僅同生產發展的一定歷史階段相聯繫；（2）階級鬥爭必然要導致無產階級專政；（3）這個專政不過是達到消滅一切階級和進入無階級社會的過渡。"[2]

---

[1] 馬克思、恩格斯：《共產黨宣言》，
https://www.marxists.org/chinese/Marx/01.htm
[2]《马克思致约·魏德迈（1852 年 3 月 5 日）》，《马克思恩格斯全集》，第二十八卷（下册），http://marxistsfr.org/chinese/PDF/Marx-Engels/me28b.pdf

馬克思在此講得清清楚楚，他的"階級"概念，並不光由其對生產資料的佔有程度決定，更是一個與社會生產力和生產方式密切聯繫的政治經濟學概念。某個特定的階級只有到生產發展的一定歷史階段才會出現，而它與生產力與生產方式密不可分。無產階級是先進生產力的代表，是在資本主義社會化大生產方式出現之後才形成的一個社會集團，其實就是"產業工人"的同義語。階級鬥爭是社會上不同階級之間的利害衝突；無產階級革命則是因爲生產資料的私有制再也無法容許社會生產力發展造成的，它必然導致共產主義天堂到來。這一切都是社會生產力發展導致的客觀事物，只能放在經濟基礎的背景下去考察。離開這個歷史背景，把不佔有生產資料而以出賣勞動力爲生當成"無產階級"的判據，就必然要鬧出毛澤東那種笑話。

還必須指出，恩格斯確實提到過"農村無產階級"。不過，他說得很清楚，那是資本主義大農場工作的農業工人，這種大農場是"毫無掩飾的資本主義企業"。因此，他說的"農村無產階級"與毛澤東所指的小生產者毫無共同之處[1]。

正因爲鬧出了理論笑話，《中國社會各階級的分析》一發表，蘇聯農民問題專家沃林（M.Volin）就在蘇俄顧問辦的《廣州》雜誌上撰文指出："一眼就可以看到一個明顯的錯誤：按毛的說法，中國社會已經過渡到了高一級的資本主義階段。"[2]

毛的這個誤會，就連博古那 20 多歲的知青都沒能瞞過。共產國際派到中國的顧問李德說：

"當然，毛也用一些他所熟悉的馬克思主義術語，但他的馬克思主義的知識是很膚淺的。這是我對他的印象，博古也同意這種看法，他還說了幾條理由：毛從來沒有在國外生活過，

---

[1] 《馬克思恩格斯選集》第 4 卷，人民出版社，1972 年，第 314 頁。
[2] 張戎、哈利戴：《毛澤東：鮮爲人知的故事》，開放出版社，2006 年，32 頁

不懂外語；中國又非常缺少馬克思主義著作，有限的基本至多也是第二手的，原著更是屈指可數。糟糕的是，毛用折衷主義的方法，曲解馬克思主義的概念，並加進其他的內容。例如他常常講無產階級，但是他所理解的無產階級不僅僅是產業工人，而且包括所有最貧窮的階層——雇農、半佃戶、手工業者、小商販、苦力，甚至乞丐。他的階級劃分，不是從‘社會生產的一定歷史地位’及其同生產資料一定的關係出發，而是從收入和生活水平出發。這種對馬克思主義階級概念的庸俗歪曲，在實踐中影響很深，例如上面引用的第二次蘇維埃代表大會的統計數字，就是這種影響的表現。這種歪曲使毛可以按照主觀判斷來確定不同階層的階級性質，並在實際上否定了工人階級的領導作用。無產階級政權和無產階級專政，他交替使用的這兩個概念，被他歸結爲共產黨的統治，而共產黨的統治在他看來又體現爲紅軍的力量，因爲他認爲，階級鬥爭主要是以內戰的形式進行的。

關于這個問題，我同博古和其他馬克思主義者交談了多次，我知道，他們對這一切是有認識的，但是他們却沒有與之鬥爭。他們不想由于這些‘理論’問題同毛澤東破裂，這當然也是符合共產國際執行委員會的路綫的。他們知道，毛在中央蘇區有著廣泛的群衆基礎，我們有時開玩笑說，他的影響是利用了‘民衆的激情’，其實倒不如說是基于長期共同進行武裝鬥爭的傳統。由於這種傳統毛同農民的關係非常密切，但對於沒有參加武裝鬥爭的‘城裡人’，則以白眼相待。因為他同工業城市的工人階級幾乎沒有什麼接觸，所以在他眼裡，蘇區以外共產黨人的英勇的地下鬥爭是無足輕重的。他認爲，只有農民軍隊的武裝鬥爭才有意義。他狂妄地以爲，只有他才能擔負起把他所理解的革命引向勝利的使命，所以在他看來，只要有利于他達到個人獨裁的目的，任何手段都可以採用。"[1]

李德在此準確地指出，毛澤東的"階級"觀念與馬列的"階級"觀念毫不相同，與"社會生產的一定歷史地位"毫不相干，只是"窮人""富人"的現代說法而已。他沒有指出的是，正是這導致了毛澤東與國際派各自主張的"農村包圍城市論"與"城市中心論"的分歧。

馬克思的歷史唯物主義認為，生產力決定生產關係，"社會生產關係，是隨著物質生產資料、生產力的變化和發展而變化和改變的。"[2]當生產關係再不能適應生產力的發展時，革命就會爆發，建立起新的生產關係，使得生產力獲得發展。所以，革命會不會爆發，取決於既存的生產關係是否適應生產力，並不以人的主觀意志為轉移。在《〈政治經濟學批判〉序言》中，他強調指出：

　　"無論哪一個社會形態，在它們所能容納的全部生產力發揮出來以前，是決不會滅亡的；而新的更高的生產關係，在它存在的物質條件在舊社會的胞胎裡成熟以前，是決不會出現的。"[3]

因此，無產階級革命之所以爆發，是因為資本主義社會的生產力已經發達到再不能為其生產關係容納了。而無產階級之所以是革命的領導者與主力軍，是因為他們是先進生產力的代表。

據此，無產階級革命應該在最先進的西方國家爆發。二月革命前的俄國從未有過資產階級革命，生產力非常落後，工業極不發達，根本不具備足以孕育新的生產關係的物質條件。忠於馬克思主義的孟什維克因此認為，俄國需要的是資產階級民主革命，不是列

---

[1] 奧托·布勞恩：《中國紀事》，現代史料編刊社，1980年，75-76頁。

[2]《馬克思恩格斯選集》第1卷，人民出版社，1995，345頁。

[3] 馬克思《〈政治經濟學批判〉序言》，《馬克思恩格斯選集》第2卷，第83頁

寧主張的社會主義革命。列寧也知道馬克思主義這一基本原理，但他認為，只要俄國打響第一槍，歐洲發達國家就會跟上來，世界革命成功後，再由它們援助俄國進行社會主義建設。

這完全是對馬克思主義基本原理的篡改。托洛茨基對馬克思主義的修正更出格，也比列寧更具理論水平。他提出了"不斷革命論"，認為俄國確實需要資產階級民主革命，但它只能由無產階級領導進行。可惜在布爾什維克掌權後，世界革命並未如列寧預期的那樣隨之爆發。於是斯大林只好提出"一國可以建成社會主義"理論，把馬克思主義修正得更加面目全非。

當時的中國遠比俄國落後，除了幾個沿海城市，基本上沒有工業。按上引馬克思語錄，這種社會更不具備建立社會主義社會的物質條件。然而莫斯科需要在中國製造革命以減輕西方壓力，現實需要壓倒了理論考慮。他們在指導中國革命時，同樣使用了托洛茨基的"不斷革命論"來繞過這一難題。布哈林為中共制定的六大政治路線確定，中國是"半殖民地半封建社會"，但革命的性質卻是無產階級領導下的資產階級民主革命。

既然無產階級是革命的領導者與主力軍，那共產黨當然只能在產業工人集中的城市幹革命，而絕不能"以農村包圍城市"，因為山溝裡有的只是中古時代的生產力，以及代表落後生產方式的小農。無論是馬還是列，都認定農民是一種落後勢力，頂多只能出於策略考慮，暫時拉來作"同盟軍"，但絕不能構成"無產階級先鋒隊"。馬克思和恩格斯明確地指出了這一點：

　　　"中間等級，即小工業家、小商人、手工業者、農民，他們同資產階級作鬥爭，都是為了維護他們這種中間等級的生存，以免於滅亡。所以，他們不是革命的，而是保守的。不僅如此，他們甚至是反動的，因為他們力圖使歷史的車輪倒轉。"[1]

這就是博古為何要教導毛澤東："山溝裡是沒有馬克思主義的"——山溝裡沒有大工業，當然也就沒有它的產物——無產階級那個"真正革命的階級"。

不能不承認，在這場爭論中，忠於馬克思教導的是國際派而不是毛澤東。難怪斯大林因為毛拒絕攻打大城市，靠城市的工人階級發動真正的無產階級革命而極度鄙視毛，對政治局委員們說："毛究竟是個什麼樣的人？他自稱是馬克思主義者，可是他連馬克思主義最基本的道理都不懂。也許他根本不想懂得這些道理。"[2]

毛終生不懂政治經濟學，直到 1959 年底他開始學習蘇聯《政治經濟學》教科書，才初次得知馬克思唯物史觀的 ABC，因此當年當然不知道國際派為何要堅持城市中心論。但從實際經驗中，他知道"秀才遇到兵，有理講不清"的樸素真理，堅信武力萬能：

> "每個共產黨員都應懂得這個真理：'槍桿子裡面出政權'。我們的原則是黨指揮槍，而決不容許槍指揮黨。但是有了槍確實又可以造黨，八路軍在華北就造了一個大黨。還可以造幹部，造學校，造文化，造民眾運動。延安的一切就是槍桿子造出來的。槍桿子裡面出一切東西。"[3]

既然一切東西都能用槍桿子造出來，無產階級及其先鋒隊當然也包括在其中。因此，他深信完全可以用槍桿子在中國這個和歐洲毫不相似、根本不具備無產階級、因而也就不具備無產階級革命條件的國家製造"無產階級革命"。

---

[1] 馬克思、恩格斯：《共產黨宣言》。

[2] 赫魯曉夫著、上海國際問題研究所。上海市政協編譯組譯：《最後的證言——赫魯曉夫回憶錄續集》，東方出版社，1988 年 5 月，374 頁

[3] 《戰爭和戰略問題》，《毛澤東軍事文集》第二卷，421 頁。

諷刺的是，不懂馬克思主義，反而成了毛澤東的優勢。他將雇農和貧農提升為"農村無產階級"與"半無產階級"，當成人民中的精英與革命的主力，甚至把"兵、匪、盜、丐、娼"也封為"遊民無產階級"，肯定他們"很能勇敢奮鬥"，是必須加以引導的龐大的革命力量，完全是對馬克思主義的嚴重歪曲。但如果馬列主義不被歪曲與庸俗化為毛思想，共黨革命也就絕不會在中國成功，因為連無產階級都沒有，這無米之炊還怎麼做法？全靠毛這一出於無知的重大理論誤會，才在生產力極度低下的中國人為造出了大量"無產階級"和"無產階級政黨"，最後以"農村包圍城市"的方式奪取了全國政權。

（三）毛的"階級"是個由貧富與思想改造決定的善惡觀念

李德沒有看到的另一個問題是，毛澤東的"階級"不但是"貧富"的分野，更是一個由貧富決定的道德觀念。"被剝削階級"與"剝削階級"既是"窮人"與"富人"，更分別對應於"善"與"惡"，"無產階級"則是"聖賢"、"活佛"的別名；"階級鬥爭"其實也就是"善惡之爭"；"造反有理"的"理"乃是道德上的正義性，不是科學決定的必然性；一個人是為善還是為惡，主要取決於他的主觀努力。

在此，毛使用了儒家和釋家的理論。孟子首倡"人皆可以為堯舜"，發明了"我善養吾浩然之氣"的儒家修養功夫，後世宋明理學諸如二程、王陽明等人把這發揮到了極致，認為人可以通過自身修養完善道德功夫，到達至善境界，變成聖人。其實程朱理學乃是佛家對儒家的滲透，佛家特別是禪宗的"悟道"、"解脫"對之啟發很大。而毛的"思想改造"理論基本上是從這兒來的。和佛家一樣，他認為人可以通過修練肉身成佛，從大字不識的農村痞子修練成"無產階級"。

第三章 山溝裡出的"馬列主義"

　　這就是毛澤東的"山溝裡出的馬列主義"。無產階級的出現與生產力無關，不需要社會化大生產，需要的只是個人的刻苦修煉。根據"人皆可以爲堯舜"的原理，不但"小資産階級知識分子"可以通過"一日三省吾身"的"思想改造"化爲"無產階級"，就連兵匪盜丐娼也能通過革命戰爭的鍛煉變成"無產階級革命家"。類似地，共產主義社會的建立並不需要豐厚的經濟基礎，需要的只是全民"鬥私批修"，"思想革命化"，把自己改造爲大公無私的共產主義新人。

　　這與馬克思階級理論實質相反。在馬克思，"無產階級"乃是與特定社會生產方式相聯繫的客觀社會存在，"大公無私"是它的客觀屬性，正如銀的導電率超過銅一般，和人爲修練沒什麼相干。類似地，"共產主義社會"乃是"科學規律"決定的必然到來的高級社會階段，乃是生產力高度發達的必然結果，並不是什麼靠主觀努力就可以到達的天國。

　　明乎此，則不難看出毛的這些思想是對歷史唯物主義的顛倒，本質是主觀唯心主義，準確來說其實是唯意志論，其特點是完全忽略了社會客觀存在，強調所謂"主觀能動性"（用林副的話來說就是"精神原子彈"），秉承了儒教"以道易天下"的傳統，把社會改造理解爲全民的道德完善問題。區別在于它對"善惡"的理解與儒家和佛家相反，却又不但把佛家提倡的苦修當成個人道德完善的途徑，而且把游民文化鼓吹的仇殺鬥毆當成爲靈魂淨化必不可少的洗禮。

　　這就是毛澤東何以在當國後還要堅持"以階級鬥爭爲綱"，他其實是把"階級鬥爭"當成了社會改造的基本的甚至是唯一的手段。在 1958 年中共中央在武昌召開的會議上，毛首次明確地提出了"政治思想上的階級的觀念"。他說：

　　"消滅階級有兩種情況：一種是經濟上的，容易消滅，我們可以說已經消滅了；但是作為政治思想上的階級（地主、富農、資產階級，包括他們的知識分子）不易消滅，還沒有消滅。""我看消滅階級這個問題讓它吊著，不忙宣佈為好，究竟何時宣佈才有利？恐怕基本上沒有害了，才能宣佈消滅。"[1]

　　所以，社會主義社會裡的階級不是由人們在社會生產中所佔的地位確定，卻是按人們的政治思想來劃分的。毛的這一發明，將馬克思的"社會存在決定社會意識"，顛倒為"社會意識決定社會存在"。更惡劣的是，馬克思說的"階級"不再是與生產資料與生產方式相聯繫的概念，不再是經濟標準確定的客觀存在，卻被毛"天才地、創造性地、全面地繼承、捍衛、發展"成了由統治者根據利害考慮任意宣佈的政治罪名。

　　由上可知，所謂毛澤東思想，完全是混合了游民文化、宋明理學和佛教的雜拌兒。它與馬列主義的聯繫，只在于毛借用了馬克思主義術語來裝中國的舊酒，發明了一種具有中國特色的政治宗教，並在實踐中把列寧－斯大林革命工藝學與傳統游民文化和儒道釋奇特地攪拌在一起，製造出了一種高效社會炸藥。這當然是一種思想，但恐怕不能說成是思想家的思想，正如當初把硫磺、芒硝、木炭等混在一起發明了黑色火藥的人不能算是化學家（chemist），只能稱爲煉丹術士（alchemist）一樣。

　　正因為此，毛才沒有看到，他的"階級鬥爭"理論確實是奪取政權的強大工具，但其強大的摧毀作用絕無可能用於建設。將百姓投入無窮無盡的鬥毆殘殺中，只可能將他們訓練為嗜血的猛獸，絕無可能把他們改造為"大公無私"、"毫不利己專門利人"的"共產主義新人"，而效法宋儒搞"鬥私批修"、"靈魂深處爆發革

---

[1] 毛澤東在武昌會議上的講話，轉引自李銳《"大躍進"親歷記（下卷）》，366頁。

命"也只能如前人一樣，製造出大批的偽君子。終其一生，毛都沒有認識到，用邪惡的手段去追求人間"至善"目的只能適得其反。

毛澤東的另一個自相矛盾，是他一面相信可以通過思想改造大批製造無產階級，一面又大搞成份論乃至血統論，不但把一切富人都視為本性難移的壞人，還將其子孫後代也入了另冊。其"理論依據"是："在階級社會中，每一個人都在一定的階級地位中生活，各種思想無不打上階級的烙印。"[1]

從這句話來看，毛的成份論似乎是從馬克思的"人們的社會存在決定了人們的社會意識"那兒來的。只是無論是馬克思還是毛澤東，都沒有真正理解這句話，不知道社會意識是怎麼形成的，

人性中包括社會性與生物性兩方面，社會性從社會環境影響而來，其中教育起到的作用最大，而生物性則是從娘肚子裡帶出來的本能。

所謂社會意識就是人的社會性的表現，其中最重要的一條是信仰，它主要靠後天教育（包括主動閱讀）建立，常與趨利避害，貪生怕死，好逸惡勞，貪圖享受，追歡逐樂等生物本能相反。信仰特別堅定的志士能戰勝生物本能，甚至能戰勝對死亡的恐懼而視死如歸。無論是抵抗金錢美女的誘惑，還是忍受酷刑折磨，除了先天造成的意志因素外，更靠從後天教育中獲得的信仰。

因為接受了教育，知識分子的人性受到的後天雕琢要遠比工農大眾的嚴重，其社會意識遠比後者強烈明確。換言之，知識分子更是"社會人"，而工農大眾更是"生物人"。前者更受後天建立起來的習慣影響，而後者更傾向於被生物本能支配。在過去，大多數知識分子都是富家子弟，他們投身革命並不是為了金錢美女，而是為信仰獻身。相比之下，缺乏教育使得工農幹部失去了建立堅定信

---

[1] 毛澤東：《實踐論》，https://www.marxists.org/chinese/maozedong/marxist.org-chinese-mao-193707.htm

仰的機會。這就決定了他們的平均素質要遠低於知青或知識分子出身的干部。他們參加革命一般不是出於信仰，多是出於無奈或是謀求更好出路。吳法憲就在回憶錄中承認他參加紅軍乃是為了當官。

可惜毛至死也沒有明白這簡單道理，這才會在臨終前還鬧出試圖將大位傳給當過工農兵的軟骨頭王洪文的笑話。在這點上，他的觀察思考能力還不如老軍頭陳士榘（原工程兵司令）。陳自己雖是工農幹部，却早就注意到了所謂"階級分析"的荒謬，曾對他兒子說：

> "我們過去什麼都講出身，越窮越貧越值得信任，越有錢越要劃清界限。但是我在革命那麼多年後發現，生在並不窮困反而有經濟實力家庭的革命者往往很大氣很規矩。你看總理就是這樣，羅榮桓也是這樣，因爲這樣的家庭有文化，教育出來的孩子也講規矩。羅帥是軍隊中罕見的受過正規大學教育的，他在青島大學讀過書，後來又進入武昌中山大學讀書。羅帥是1927年入黨的，在元帥中是入黨比較晚的，和我是同一年入黨，但是羅帥的起點比我高！在軍隊中他一直被尊敬地稱爲'政治元帥'。"[1]

事實確實如此，我黨那些革命先烈，什麼李大釗、蕭楚女、惲代英、方志敏，瞿秋白等等，全都是知識分子或知青，而叛徒恰是根據斯大林的指示特地提拔起來擔任領袖的產業工人諸如向忠發、顧順章、盧福坦等人。其中向忠發還是政治局主席（後改稱總書記），被捕後還沒受刑就主動把所有黨內機密都招供出來，以致周恩來慨歎他的節操還不如一個妓女。

更有甚者，從其階級鬥爭學說中，毛不但得出"財產越多越邪惡"的結論，還發現了"知識越多越反動"的定律，由此導出"文

---

[1] 金汕、陳義風著，陳人康口述：《一生緊隨毛澤東：回憶我的父親開國上將陳士榘》，http://vip.book.sina.com.cn/book/chapter_43083_29061.html

盲＝天生的革命家"的公式，使得學歷成了一種大眾必須千方百計
洗脫的原罪。根據偉大領袖 1968 年接見北京五大學生領袖的談話記
錄，在座的中央首長們自敬愛的林副統帥以下，爭相在偉大領袖毛
主席面前表白自己的學歷如何之短[1]。人類歷史上有過這種記錄，不
是絕後也定是空前了。這是毛對馬列主義的獨特貢獻。唯一可以與
之媲美的，便是野史所載金廢主完顏亮以陽物大小來作爲陟罰幹部
的依據。

（四）"山溝裡的馬列主義"至今氾濫成災

思維能力的窳陋與自我封閉，使得毛不但終生沒有察覺他對馬
克思"階級鬥爭"學說的根本誤解，更未意識到他奪權鬥爭的成功
其實證僞了馬克思的謬說，卻將奉行原教旨的國際派打爲"理論脫
離實際"的"教條主義者"，把自己封爲"把馬克思列寧主義的普
遍真理與中國革命的具體實踐結合起來"的創造性理論家，卻不知
道他真正做到的，是"把列寧革命工藝學與中國傳統的陰謀詭計結
合起來"，與"理論聯繫實際"毫不相干。其成功是他的病態知識
結構在病態社會中歪打正著的結果。

毛澤東不知道，這世上沒有什麼"脫離實際"的科學理論，在
自然科學與工程技術中沒有什麼"教條主義"者之說。世上不可能
有什麼"工程技術教條主義者"，真正掌握了理論卻不能用以解決
工程技術問題。如果哪種科學理論真的脫離了實際，它就不可能變
成學校傳授的書本知識，即使一度傳授也要終被淘汰，"米丘林－
李森科遺傳學"就是如此。

同樣地，自然科學規律最起碼的特點就是其普適性，沒有所謂
"普遍真理與具體實踐的矛盾"。 雖然有些理論有它的適用範圍，

---

[1] 韓愛晶：《毛主席召見五個半小時談話記》，《炎黃春秋》2013 年第 11 期。

如牛頓定律為基礎的經典力學理論，只適用於解決宏觀物體的常速運動問題，不能用來處理高速運動問題，也不適用於微觀世界，但那不是地域的限制。任何一個中學生都知道，無論是在中國還是外國，自然科學與工程技術的原理都是同一套。伽利略在意大利比薩斜塔上作的實驗，可以在西安大雁塔上準確重複。世上不可能有什麼"科學教條主義者"，在西方學會了自然科學，卻不能拿去解決中國的科學技術問題。"中國化的自然科學"只能是文盲笑話。

正因為科學是超越地域、國家、民族、文化而普遍成立的，需要"中國化"的學問就一定缺乏科學的必需性質。馬列主義需要"中國化"才能在中國應用，光這一事實本身就足以證明它們是偽科學。

然而毛澤東卻將這歷史的誤會推而廣之，擴散到一切領域中去，誤以為自然科學也有"普遍真理"與"具體實踐"的矛盾，有"理論脫離實際"的可能，因此在執政後強調"使用"、"實踐"，公開喊出"卑賤者最聰明，高貴者最愚蠢"響亮的反智主義口號，侮辱"肩不能挑，手不能提"的知識分子，輕視甚至廢止自然科學的基本理論教育，甚至要先進的知青去接受落後的貧下中農的"再教育"，試圖以"三大革命"代替正規教育，以史無前例的宏大氣魄在一切領域中動用國家暴力推行反文明化。

可悲的是，毛澤東的這些謬說在全民中造成了極大的認識混亂，許多識字分子至今尚未認識到所謂"理論聯繫實際"論的荒謬，遑論看出毛這一謬論與他的"共產主義理想"一樣，歸根結蒂都來自于他對馬克思唯物史觀的無知以及對其階級理論的誤解。

不過，儘管毛澤東的"階級和階級鬥爭學說"完全是對馬克思主義的歪曲，但平心而論，毛晚年提出的"黨內資產階級"論，雖然同樣違反了馬克思主義，但畢竟提示他開始朦朧地察覺，中國社會的主要問題是官僚階級存在造成的，而這一階級馬克思卻從未探討過。在這點上，毛的“繼續革命理論”不失為對馬克思主義的重大修正，後文當對此作進一步分析。

二、毛澤東的共產主義理論

　　“共產主義天堂”歷來是中共號召民眾、招募志士的理想綱領，但直到 1958 年，毛澤東才煞有介事地著手在中華大地上實施其抱負。在那宏偉計畫失敗後，他開始閱讀蘇聯人寫的《政治經濟學》教科書，逐步改變了原有的對共產主義的想象，使得它再不是一個政治經濟學觀念，與物質生產無關。與蘇聯的爭吵刺激加速了這個轉變過程。因此，他的“共產主義理論”先後有過重大變化，不同時期有不同內涵。只是因為他缺乏著述能力，只留下了零言碎語，須由研究者去耐心梳理。

（一）毛澤東最初的共產主義理想

　　毛最初的共產主義藍圖與馬克思的理論確有一致之處，那就是對物質生產與生活的重視。不同之處在於毛懷抱的是小農具體而微的發財夢想。按他最初的預計，中國只需十年左右即可實現共產主義，其關鍵指標是“吃飯不要錢”：

　　　　“大概十年左右，可能產品非常豐富，道德非常高尚，我們就可以從吃飯、穿衣、住房子上實行共產主義。公共食堂，吃飯不要錢，就是共產主義。”[1]

---

[1] 毛澤東在北戴河會議上的講話，1958 年 8 月 17 日，轉引自薄一波：《若干重大決策與事件的回顧》下卷，742 頁

"群眾是真正的英雄，而我們自己往往是幼稚可笑的。"毛澤東的"群眾先生"果然比他高明，繪出的享樂圖比他的要豐富具體得多，實現時間也短得多：

"各種工廠遍地起，處處煙囪如林立，工廠機器轟轟響，大小機器自己使，生產操作按電鈕，難分勞動和休息。能產鋼鐵能產布，能造化肥發電機，拖拉機汽車也會造，生產用品樣樣齊，果品罐頭范縣酒，何時需要何時有。電燈電話收音機，使用起來真便利，這樣的日子何時到，苦幹二年拿到手裡。"

"田間耕作用機器，灌溉自流用電力；糧食畝產好幾萬，堆大敢與泰山比；棉絮開放似雪野，花生多得不用提；豐收一年頂百季，人人喜得了不的。"

"新樂園真正強，四面八方是樓房，有大學有工廠，公園街上百花香，柏油馬路明又亮，汽車穿梭排成行，有電影有戲院，勞動以後去聽唱，冬天室內有暖氣，夏天開開電扇乘乘涼，生活真是大變樣，萬年幸福樂無疆。"

"各種生產用機器，勞動學習娛樂'三八制'；出門坐上電汽車，到處花香真噴鼻；室內室外公路電燈化，有事搖搖電話機，定時廣播有喇叭；飯前飯後開開收音機，北京上海好戲隨便聽聽它。"

"人人進入新樂園，吃喝穿用不要錢；雞鴨魚肉味道鮮，頓頓可吃四大盤；天天可以吃水果，各樣衣服穿不完；人人都說天堂好，天堂不如新樂園。"

"先生"的順口溜讓"學生"龍顏大悅，毛當即作了批示：

"此件很有意思，是一首詩，似乎也是可行的。時間似太促，只三年。也不要緊，三年完不成，順延可也。"[1]

---

[1] 毛澤東：《對〈山東范縣提出一九六〇年過渡到共產主義〉一文的批語》，1958 年 11 月 6 日，《建國以來毛澤東文稿》第七冊，494-497 頁。

這個批語以及順口溜在中共八屆六中全會上印發，化為全黨的努力目標。

李銳指出，這種“共產主義”，乃是古已有之的“小農共產主義”。毛自己也不諱言這一點。在中共中央八屆六中全會上，他特地將《三國志‧張魯傳》作為會議文件，並加了批註，為五斗米道作了總結：

> “張魯祖孫三世行五斗三世，行五斗米道。行五斗米道，‘民夷便樂’，可見大受群眾歡迎。其法，信教者出五斗米，以神道治病；置義舍（大路上的公共宿舍），吃飯不要錢（目的似乎是招來關中區域的流民）；修治道路（以犯輕微錯誤的人修路）；‘犯法者三原而後行刑’（以說服為主要方法）；‘不置長吏，皆以祭酒為治’，祭酒‘各領部眾，多者為治頭大祭酒’（近乎政社合一，勞武結合，但以小農經濟為基礎），這幾條，就是五斗米道的經濟、政治綱領。”

並解釋了現代共產黨人辦的人民公社爲什麽要去效法 1600 年前的五斗米道：

> “大約有一千六百年的時間了，貧農、下中農的生產、消費和人們的心情還是大體相同的，都是一窮二白。不同的是生產力於今進步許多了。解放以後，人們掌握了自己這塊天地了，在共產黨的領導之下。但一窮二白古今是接近的。所以這個《張魯傳》值得一看。”

> “歷代都有大小規模不同的眾多的農民革命鬥爭，其性質當然與現在馬克思主義革命運動根本不相同。但有相同的一點，就是極端貧苦農民廣大階層夢想平等、自由，擺脫貧困，豐衣足食。在一方面，帶有資產階級急進民主派的性質。另一方面，則帶有原始社會主義性質，表現在互助關係上。第三方面，帶有封建性質，表現在小農的私有制、上層建築的封建

制……。但帶有不自覺的原始社會主義色彩這一點就最貧苦的群眾來說，而不是就他們的領袖們（張角、張魯、黃巢、方臘、劉福通、韓林兒、李自成、朱元璋、洪秀全等等）來說，則是可以確定的。現在的人民公社運動，是有我國的歷史來源的。" [1]

儘管這指示寫得詞不達意，囉嗦重複，但意思還是明確的：人民公社就是五斗米道的傳承與發展。兩者的區別，只在於前者過於超前，"帶有資產階級急（激）進民主派的性質"，也未能脫離小農私有制。但在共產黨領導下，所有制問題業已解決，"五斗米道模式"也就可以大規模向全國推行了。

然而自從盤古開天地，三皇五帝到於今，用順口溜構建理論體系的思想家似乎還從未有過。至於把"五斗米道"當成"資產階級急進民主派加原始社會主義"，本身就是理論笑話。雖然毛澤東因為終生不懂馬列的階級學說與社會發展史，沒有也不可能意識到這一點（否則後來也不會鬧出"宋江投降，搞修正主義"的更大笑話來了），但只是強調"吃飯不要錢，看病不要錢，修治道路，政社合一 [2]，勞武結合就是共產主義"，那天堂好像也過於簡易了些。毛畢竟是"思想家"，似乎也知道這一點，於是又作了理論闡述：

"實際上，人民公社的集體所有制中，就已經包含有若干全民所有制的成分了。這種全民所有制，將在不斷發展中繼續增長，逐步地代替集體所有制。由集體所有制向全民所有制過渡，是一個過程，有些地方可能較快，三、四年內就可完成，有些地方，可能較慢，需要五、六年或者更長一些的時間。過

---

[1] 毛澤東：為印發《張魯傳》寫的批語，1958 年 12 月 7 日、10 日，《建國以來毛澤東文稿》第七冊，626 頁

[2] 毛過於無知，張魯搞的是政教合一，不是什麼政社合一。他辦的是社會福利事業，並不是蘇式農業合作社，與集體生產無關。

渡到了全民所有制，如國營工業那樣，它的性質還是社會主義的，各盡所能，按勞取酬。然後再經過多少年，社會產品極大地豐富了，全體人民的共產主義的思想覺悟和道德品質都極大地提高了，全民教育普及並且提高了，社會主義時期還不得不保存的舊社會遺留下來的工農差別、城鄉差別、腦力勞動與體力勞動的差別，都逐步地消失了，反映這些差別的不平等的資產階級法權的殘餘，也逐步地消失了，國家職能只是為了對付外部敵人的侵略，對內已經不起作用了，在這種時候，我國社會就將進入各盡所能，各取所需的共產主義時代。"[1]

所以，比起張魯來，毛的"共產主義"更有點"理論"氣息。他提出的實現共產主義的前提是：實行保障了"各盡所能，各取所需"的共產主義全民所有制；社會產品極大豐富；全民共產主義覺悟與道德品質極大提高，全民教育普及並提高：由此導致的三大差別與資產階級法權殘餘消失。

在這些條件中，所有制的轉變被列為第一條，而這就是人民公社主要的"優越性"所在。他主持制定的《鄭州會議關於人民公社問題的決議》指出：

"公社是實現兩個過渡的最好的形式。這兩個過渡是：一個，由社會主義的目前階段到完成階段的過渡即社會主義的集體所有制到全民所有制的過渡；另一個，由社會主義的全民所有制到共產主義的全民所有制的過渡。"[2]

---

[1] 毛澤東：《在中央關於在農村建立人民公社問題的決議稿上加寫的話》，1958年8月，《建國以來毛澤東文稿》第七冊，360頁。

[2] 毛澤東：《對〈鄭州會議關於人民公社若干問題的決議〉的修改和信件》，1958年11月10日，《建國以來毛澤東文稿》第七冊，515頁。

這就是他說的人民公社"一大二公的優越性"的"公"。為什麼全民所有制如此要緊？同一文件作了解釋——它能保證國家任意調撥企業產品：

> "人民公社的生產資料（土地、森林、水池、種子、肥料、牲畜、農具、農業機器、工業廠礦）和產品，應當逐步地增加全民所有的成分，即逐步增加生產資料的全民性部分和逐步增加產品能由國家調撥的部分，根據國家計畫生產，根據國家計畫調撥。"

毛還怕高幹們不明白，特地在第一次鄭州會議上的講話中強調指出：在社會主義向共產主義過渡中，"有一種起決定作用，即要能調撥，不能服從全國的調撥，不能算是全民所有制。全民所有制就是要產品調撥。"[1]

這就是"一平二調"的"共產風"來源。"平調"是當時的政治術語，指的是各級政府、甚至軍隊對農民財產的無償徵用。它給廣大農民帶來了史無前例的災難。

譚震林 1959 年 4 月 3 日向毛報告："去秋以來（山西省的）農副產品收購總額四億二千萬元，縣級扣留了一億八千萬元，公社級扣留了三千萬元，這筆錢主要用於鋼鐵虧損，縣和社辦工業投資，縣社舉辦的水利工程投資，購買了一批農業機械和修公路、小鐵路的投資。這種情況可能是全國性的，估計全國從農業社手上扣去的這樣性質的錢可能有二十到三十億元，如何還清這筆賬是一件大事。"[2]

薄一波指出，這還沒有把軍隊與各級黨政機關無償奪走的農民土地統計在內。以河北省為例，從 1959 年起，僅部隊和中央機關就

---

[1] 毛澤東：在第一次鄭州會議上的講話，李銳：《"大躍進"親歷記》，下卷，348、350 頁

[2] 轉引自薄一波：《若干重大決策和事件的回顧》下卷，763 頁。

向河北省要走了 107 萬畝土地。有些黨委要了地，還要種子、肥料、勞力，但收穫後全部拉走，還讓農民代交公糧（亦即土地稅）。據他估計，“大躍進”期間，全國農村每人被平調財物 48.89 元，而 1961 年農民平均年消費水平僅為 68 元。[1]

就連中共中央在 1960 年 11 月 15 日發的通知也不得不承認，中共各級幹部比土匪進村還霸道，“見錢就要，見物就調，見屋就拆，見糧就挑”。[2]

近年來的黨媒也承認，“一平二調”給人民帶來遠比日寇入侵更深重的災難：

“一平二調，首先收繳了農民的私有財產，引起農民的憤怒。時任山西省省委書記的陶魯笳在給毛澤東的信中說到當地農民流傳的順口溜：‘日本人是三光政策，公社化是五光政策。’當時，各地都曾流傳過‘三光’、‘五光’的說法，具體內容不一，比如雲南昆明的‘三光’是‘樓上樓下糧食光、家具光、雞蛋光’，廣西柳州的‘五光’是‘豬光、雞光、犁光、秤錘光、樹木光’。有一首民歌，形像地描述了農民當時的反感：‘電喇叭，電喇叭，你成天瞎哇哇。雞被抓，豬被殺，倉裡沒有米，鐵鍋也被砸，半碗稀粥照影影兒，你還哇哇個啥？’”[3]

歷史上還從未見過如此有恃無恐、堂而皇之、大規模“合法”洗劫農民的強盜。為什麼他們氣焰如此囂張，農民卻只能俯首帖耳聽任宰割？薄一波道破了其中奧妙：

“特別值得注意的是：政社合一後人民公社的行政命令，較之原來政府機關的行政命令要嚴厲得多，也方便得多，因為

---

[1] 同上，763、765 頁。

[2] 同上，757 頁。

[3] 林野王：《一平二調》，《南方都市報》，2007 年 11 月 21 日

社員吃飯在食堂，吃飯權操縱在幹部手上，如果碰上了不正派的幹部，你違抗命令，或執行命令不很合意，他就可以剝奪你的吃飯權，叫你以至全家挨餓。因此，有些地方的農民，談起‘共產風’時，說上級搞‘一平二調’，比老鷹抓小雞都容易。老鷹抓小雞，小雞還能叫幾聲，現在平調你的東西，誰也不敢吭一聲。"[1]

所以，為偉大領袖盛讚的"政社合一"，遠遠不如張魯的政教合一。人家五斗米道還能做到"民夷便樂"，偉大領袖的人間天堂裡卻始則雞飛狗跳，十室九空，終則餓殍遍道，哀鴻遍野。

說穿了，這種"共產主義"，在實踐中完全是"官府共百姓的產"，是歷史上從未見過的統治者全面地、系統地、高效地、大規模搶劫全民（絕不僅僅是馬克思說的"剝奪剝奪者"），乃是俄國布爾什維克黨人開創的優良傳統在中國的大發揚。

虧得毛澤東還說什麼："蘇聯的軍事共產主義，中心是餘糧收集制，共農民的產，你張三有 100 擔糧食，自己吃 50 擔，那另外的 50 擔拿出來，一個錢不給。這種軍事共產主義，我們歷來沒有搞過。"[2] 然而上述由他發起主導的駭人聽聞的公開搶劫，無論是論規模，還是論慘痛後果，都遠遠超過了其主子。

這種血腥粗暴的"共產主義天堂"，完全是對馬克思和恩格斯設想的"自由人的聯合體"的無情嘲弄。那倆憤青當年虛構"人間樂園"的推理依據，乃是國家和家庭都是私有制產物。私有制被廢除後，這些上層建築失去了經濟基礎，就開始自動消亡。而人類一旦從國家那強制機器下解放出來後，也就停止了"異化"，還原為自由人本身。類似地，作為自私心理的經濟基礎的私有制既已廢

---

[1] 轉引自薄一波：《若干重大決策和事件的回顧》下卷，763 頁
[2] 毛澤東在北戴河會議上的講話，1958 年 8 月 17 日，轉引自薄一波：《若干重大決策與事件的回顧》下卷，742-743 頁。

除，人類自然也就會結束"異化"，變成"願盡所能，只取所需"的聖人，化為"以勞動為生活第一需要"的工蜂。他們做夢也沒想到，後世化作實踐的"共產主義"竟然要靠一個空前強大的國家機器，去剝奪人民的一切自由選擇，任意無償徵用其勞動產品！兩位"社科幻作家"若泉下有知，不知是該哭還是笑？

實踐結果不論，毛的"共產主義理論"也充分暴露了其思維能力之窳陋。上引語錄表明，他認為，只要所有制改造完成，社會產品極大豐富，全民道德水平和教育水平極大提高，三大差別以及資產階級法權殘餘消滅，國家對內的職能就不復存在了。

然而他理解的"各盡所能，各取所需"，乃是由政府實行全國調撥。任何一個正常人都會想到，如果國家對內職能真的消亡了，喪失了調撥權力，則社會將立即陷入混亂與癱瘓。所以，只有國家具有空前強大的權力，才可能實現這種調撥。但掌握了這巨大權力的人，無論如何"鬥私批修""破私立公"，都只會變成他後來聲討的"官僚主義者階級"，是工人階級乃至一切勞動人民的死敵。

客觀說來，這毛病是毛的馬列祖宗留給所有後世弟子的，不是他一個人的錯。毛的獨創性貢獻，乃是提出了徹底顛覆了馬克思歷史唯物主義的所謂"窮過渡理論"。

（二）毛澤東後期的共產主義理論

如上所述，毛澤東一開頭也以"社會產品極大豐富"為實現共產主義的前提之一。他提出"多快好省"的社會主義建設總路線以及發動大躍進，就是為了追求社會產品的極大豐富，雖則那"社會產品"主要是鋼鐵。

　　但即使是那時，毛澤東仍然對物質繁榮持保留態度，他對“按需分配”的理解就與眾不同，在他看來，那其實只是維持百姓生存的最低限度的生理需要[1]：

　　　　“不能完全以生活水平來講，否則那些腐敗的皇帝和貴族早已是共產主義了。要講需要，要說熱量等於五百卡路里就夠了。做皇帝、諸侯，超過了就受不了。少了也不行。食物含有氮、氫、碳、氧、鎂、鉀、鈉、鍺、磷、氯，共產主義也只是以一定量的元素作營養。不能太多。”[2]

　　在大躍進受挫後，毛終於意識到了他的知識缺陷，開始臨渴掘井式惡補，在 1959 年底花了三个月和“秀才”们一道苦讀蘇聯人寫的《社會主義政治經濟學教科書》，終於弄懂了馬克思政治經濟學的初步概念，卻反倒因此萌生了對唯物史觀的懷疑：

　　　　“革命為什麼不首先在西方那些資本主義生產水平高、無產階級人數很多的國家成功，而首先在東方那些資本主義生產水平比較低、無產階級人數比較少的國家成功，例如俄國和中國，這個問題要好好研究。”

　　　　“在資本主義有了一定發展水平的條件下，經濟愈落後，從資本主義過渡到社會主義是愈容易，而不是愈困難。人愈窮，才愈要革命。西方資本主義國家的就業人數比較多，工資水平比較高，勞動者受資產階級的影響很深，在那些國家進行社會主義革命，現在看並不容易。這些國家……重要問題是人

---

[1] 關於 500 卡路里的文盲笑話已在前面指出，正常成人即使處於靜息狀態，維持基礎代謝也需要每日 1500 大卡熱量。此處忽略這笑話不計，光看他對馬克思“按需分配”的“需要”概念的理解之別致。

[2] 毛澤東在為八屆六中全會作準備的鄭州會議上的講話第二次講話（一九五八年十一月六日），《毛澤東思想萬歲》（1958-1960）

的改造。”“在目前的情況下，越往西越富，革命也越困難。”[1]

實際上，他已經明白說出了痛駁馬克思唯物史觀的話：

“一切革命的歷史都證明，並不是先有充分發展的新生產力，然後才改造落後的生產關係，而是要首先造成輿論，進行革命，奪取政權，才有可能消滅舊的生產關係。消滅了舊的生產關係，確立了新的生產關係，這樣就為新的生產力的發展開闢了道路。”[2]

毛終於看到了馬克思主義的“普遍真理”並不是“放之四海而皆准”的，進而得出了“輿論攻勢引出革命，革命改變上層建築，上層建築決定生產關係，生產關係決定生產力”的唯心史觀結論。

中蘇在 60 年代的交惡，給毛帶來了強大的衝擊，改變了他對“共產主義”的理解。由於馬克思主義否認民族利益、只承認階級利益，雙方都只能把對方革出教門，打為階級敵人。毛深信資本主義在蘇聯復辟了，對蘇聯“衛星上天，紅旗落地”倍感震驚，更加轉向歷史唯心主義。有趣的是，即使如此，他仍不知道馬克思的共產主義理論是從歷史唯物主義導出的，反而更加癡迷執著於馬克思的共產主義空想。

這結果便是“窮過渡”的理論出臺。雖然該“理論”如同“繼續革命理論”一樣，從未得到過毛的系統闡述，甚至從未形諸文字，但研究者從毛的片言隻語和治國實踐中，仍然可以代他總結出這不成文“理論”的基本內容。

“窮過渡”理論的第一個內容，就是那個“窮”字。馬克思主義認為，生產力既是社會發展的原動力，也是衡量社會進步的指

---

[1] 《毛澤東讀社會主義政治經濟學批註和談話(簡本)》，電子書，無頁碼。

[2] 《毛澤東文集》第八卷，
http://www.people.com.cn/GB/shizheng/8198/30446/30452/2195696.html

標。所以，所謂"歷史唯物主義"，其實也就是"唯生產力論"。
毛卻從蘇聯的"反面教訓"中，"發現"發達的生產力非但沒有促
使共產主義到來，反而引來了資本主義復辟。他從此對經濟建設喪
失了興趣，轉而痛批"唯生產力論"。在他眼中，生產力發達不但
不是先進社會的標誌，反而成了一種潛在的危險，反過來，貧窮也
不是落後而是先進的表現。

早在與蘇聯翻臉前，毛就已經表露了美化讚美貧窮的傾向：

"中國六億人口的顯著特點是一窮二白。這些看起來是壞
事，其實是好事。窮則思變，要幹，要革命。一張白紙，沒有
負擔，好寫最新最美的文字，好畫最新最美的畫圖。"[1]

"窮就要革命·，富的革命就困難。科學技術水平高的國
家，就驕傲得很。我們是一張白紙，正好寫字。"[2]

"列寧說過，'先進的亞洲，落後的歐洲'，這話說得
好，現在還是真理，還是適用的。現在我們先進，西歐落後。
將來印度、印尼也不弱。"[3]

這些話暴露了毛真正的師承。儒道釋都貶低物質享受和物質追
求，都有美化貧窮、認爲富裕通向罪惡的傾向，只是程度不等而
已。"君子憂道不憂貧"是孔子的著名號召。他的學生顏淵以"一
簞食，一瓢飲，人也不堪其憂，回也不改其樂"的"安貧樂道"被
聖人盛贊不已。從古到今，儒家從來把"貧窮"等于"善"，"富
裕"等于"惡"，在"道"與"貧"之間，先賢們從來毫不猶豫地
選擇前者。

---

[1] 毛澤東：《介紹一個合作社》，1958 年 4 月 15 日，《建國以來毛澤東文稿》
第七册，177-178 頁

[2] 毛澤東：《論十大關係》，1956 年 4 月 25 日，，《建國以來毛澤東文稿》第
六册，104 頁

[3] 毛澤東：在中共八大二次會議上的講話，1958 年 5 月 8 日。轉引自李銳：
《"大躍進"親歷記》上卷，331 頁。

　　這也是毛的選擇。在"發現"蘇聯"變修"後，他便開始"憂道不憂貧"，覺得最要緊的莫過于保持革命的純潔性。如果"衛星上天"要以"紅旗落地"爲代價，那還不如不上天，保持革命精神遠比發展生產重要。

　　這就是張春橋的名言"寧長社會主義的草，不長資本主義的苗"的由來。在文革中，"只抓生產，不抓革命"，"以生產壓革命"成了"資產階級反動路線"的表現。陳伯達失寵，就是因為不懂毛思想的神髓，在起草九大政治報告時強調運動結束後應該抓生產。

　　"窮過渡"理論的第二個內容，是"以階級鬥爭為綱"。毛反轉了馬克思"社會存在決定社會意識"的唯物史觀，以人們的社會意識去判定其社會存在，在私有制業已廢除、馬克思所說的階級已經消滅之後，發明出了"政治思想上的階級"。在中蘇破裂後，他放棄了原來狂熱鼓吹的"十年實現共產主義"的"速勝論"，改為主張"持久戰"，認為幾十年都沒有指望過渡到共產主義।

　　　　"在政治思想領域內，社會主義同資本主義之間誰勝誰負的鬥爭，需要一個很長的時間才能解決。幾十年內是不行的，需要一百年到幾百年的時間才能成功。在時間問題上，與其準備短些，寧可準備長些；在工作問題上，與其看得容易些，寧可看得困難些。這樣想，這樣做，較為有益，而較少受害。"[1]

　　既然過渡的主要困難"在政治思想領域內"，那對策當然只可能是"政治思想領域裡的階級鬥爭"。他據此宣佈階級鬥爭將貫穿於整個社會主義過渡階段中，為中共制定了"整個社會主義歷史階段的基本路線"：

---

[1] 對《關於赫魯曉夫的假共產主義及其在世界歷史上的教訓》稿的修改，（一九六四年七月），《建國以來毛澤東文稿》第十一冊，102頁。

　　"社會主義社會是一個相當長的歷史階段。在社會主義這個歷史階段中，還存在著階級、階級矛盾和階級鬥爭，存在著社會主義同資本主義兩條道路的鬥爭，存在著資本主義復闢的危險性。要認識這種鬥爭的長期性和複雜性。要提高警惕。要進行社會主義教育。要正確理解和處理階級矛盾和階級鬥爭問題，正確區別和處理敵我矛盾和人民內部矛盾。不然的話，我們這樣的社會主義國家，就會走向反面，就會變質，就會出現復辟。我們從現在起，必須年年講，月月講，天天講，使我們對這個問題，有比較清醒的認識，有一條馬克思列寧主義的路線。"[1]

　　所以，從社會主義過渡到共產主義再不是"大約十年"的事，而是一個充滿了資本主義復辟危險的漫長過程。爲了避免社會主義垮臺，必須進行"無產階級專政下繼續革命"，亦即不斷煽動仇恨，發動暴民向一切偏離毛思想的"黨內資産階級"造反，藉此保證黨官僚對領袖的絕對忠誠與順從。

　　"窮過渡"理論的第三個內容，就是"思想改造"或"思想革命化"。全民必須投身於所謂"階級鬥爭"的鬥毆殘殺，獲得鍛煉，提高"路線覺悟"，同時在毛著指導下自覺進行思想改造，"鬥私批修"，"破私立公"，完成靈魂淨化。這樣鬥到"一百年到幾百年的時間"，全民都實現了"思想革命化"，悉數肉身成佛，共產主義社會也就建立起來了，這就是他說的"重要問題是人的改造"的意思。

　　這與馬克思主義毫不相干。馬克思認爲，人們的社會存在決定了人們的社會意識。私有觀念來自于私有制。"共產主義新人"之

[1] 毛澤東：《在一九六二年八月北戴河中央工作會議和八屆十中全會上的講話》，轉引自林彪：《中共九大政治報告》，中文馬克思主義文庫，https://www.marxists.org/chinese/linbiao/marxist.org-chinese-linbiao-19690401.htm

所以大公無私，是因爲私有制被廢除，私心雜念失去了存在的社會
基礎，自然而然就人間蒸發了。所以，“無私”、“公正”、“平
等”等等都是自動出現的，並不是社會成員主動進行思想改造的結
果。

毛澤東卻反其道而行之，他發揚儒家“以道易天下”的道統，
認爲人們的社會意識可以決定其社會存在，把社會改造完全歸結爲
人的改造。在他眼中，共產主義社會不再是社會生產力發展的必然
導致的最先進的生產關係，而是由革命者通過不倦的主觀努力製造
出來的完美道德境界，與社會經濟基礎再無相干。它與儒教鼓吹的
“大同世界”在思路上非常相似。兩者都是與經濟繁榮毫不相干的
理想道德境界。到達這種道德境界的途徑，都是在聖賢思想指導下
進行的思想改造。毛的“鬥私批修”、“破私立公”、“滅資興
無”、“毫不利己，專門利人”等口號，與朱熹的“存天理，滅人
欲”毫無哲學上的實質區別：

> “爲仁者，所以全其心之德也。蓋心之全德，莫非天理，
> 而亦不能不壞於人欲。故爲仁者必有以勝私欲而復於禮，則事
> 皆天理，而本心之德復全於我矣。……日日克之，不以爲難，
> 則私欲淨盡，天理流行，而仁不可勝用矣。”[1]

“馬克思主義的第三個里程碑”卻冒出千年僵屍氣息，不亦怪
哉？

這當然不是說毛澤東是新儒家。姑不論儒家提倡仁愛，毛鼓吹
仇恨，兩者的佈道內容完全相反，相似者僅在於其唯心主義的思想
方式，即以思辨質量而言，兩者的高下也判若雲泥。毛思想的動人
奇葩是緣木求魚，一面號召“鬥私批修”、提倡“大公無私”、
“毫不利己，專門利人”，一面卻又煽動仇恨，鼓吹江湖式的鬥毆
殘殺，用《水滸傳》的手段去實現儒家式的“天下爲公”的“大

---

[1] 朱熹：《四書集注》。

道"，居然看不出他的所謂"階級鬥爭"只能敗壞人的心術，使得人的自私天性在險惡的病態生存環境下惡性膨脹，所謂"思想革命化"只會淪為全民政客化與土匪化。

窮過渡理論的最後一個內容，是消滅"三大差別"（工農、城鄉和腦體力勞動差別）與"資產階級法權殘餘"。對前者，早在 58 年，毛就提出人民公社不但要政社合一，而且要"工農兵學商、農林牧副漁並舉"，在文革前夕又作出《五七指示》，命令全國一切企事業單位都辦成微型社會；對後者，他早在 58 年就有過廢除工資制、恢復供給制的設想，還為此看上了讚美供給制的張春橋。在文革期間更是把商品制度、工資制度、按勞分配、貨幣交換視為"資產階級法權"，認為"這些跟舊社會沒有多少差別。所不同的是所有制變更了"，"只能在無產階級專政下加以限制"[1]。

這兩個對馬克思主義的"理論貢獻"，都說明毛是桃花源中人，不知有漢，無論魏晉，完全活在中古時代，連起碼的現代常識都沒有，遑論馬列的"社會科學理論"。

在馬克思幻想的共產主義社会中，高度發達的生產力使得物質極大豐富，勞動不再是人類的謀生手段，卻變成了賞心樂事。人們可以隨心所欲地幹自己喜歡幹的事，社會分工沒有必要再存在下去，它造成的三大差別也自然隨著消失。

所以，他設想的三大差別的消失，是生產力極大發展之後自然出現的，並不是統治者強行取消的。馬克思從未否認過社會分工的出現是社會發展史上一個劃時代的偉大進步，蓋他的政治經濟學來自于英國古典經濟學，而亞當‧斯密的一個重大發現，就是勞動分工極大地提高了生產率。

---

[1] 毛澤東關於理論問題的談話要點，1974 年 12 月，《建國以來毛澤東文稿》，第十三冊，413 頁。

就連毛澤東都知道馬克思這個觀點，在學習李達《社會學大綱》時，毛曾寫下心得：

"沒有必要的閒暇是不能出現哲學的，而這種閒暇由於社會進步到奴隸制。生產力發達了，剩餘產物增加了，社會分裂為奴隸主人與奴隸。前者由（於）剝削能夠解除勞動，有了時間，從事學問的研究，哲學方能出現。這是人類認識史上一個絕大的躍進。"[1]

更何況馬克思還強調指出："無論哪一個社會形態，在它們所能容納的全部生產力發揮出來以前，是決不會滅亡的；而新的更高的生產關係，在它存在的物質條件在舊社會的胞胎裡成熟以前，是決不會出現的。"[2]

然而毛澤東卻公然違反這一教導，悍然奉行反文明主義，動用權力去人為廢除職業分工，"消滅三大差別"，剷高就低，填平補齊，把知識分子降爲大老粗，把城市降爲農村，把工廠降爲"麻雀雖小，肝膽俱全"的農耕社會作坊。文革後期，工廠企業完全成了小而全的自給自足的"桃花源"：托兒所、幼兒園、學校、農場、民兵、文工團、醫務所、商店、理髮室等等一應俱全。社會分工雖然在個體水平沒有被取消，但在宏觀上在很大程度上被取消了。這些反文明反社會進步的反動主張與實踐，完全是蓄意摧毀社會生產力與文化教育事業，對中國經濟、文化、教育、衛生造成了巨大破壞。

有趣的是，早在 30 年代，毛澤東在閱讀蘇聯哲學教科書時就批判過他自己。他罵布哈林"履與足矛盾時，削足適履，正是布哈林

---

[1] 毛澤東：《讀李達著〈社會學大綱〉一書的批註》，載中共中央文獻研究室編：《毛澤東哲學批註集》，中央文獻出版社，1988 年 3 月，216 頁。
[2] 馬克思：《〈政治經濟學批判〉序言》，《馬克思恩格斯選集》第 2 卷，第 83 頁

的思想”，一本正經地說，正確的做法“不是扯高就低，而是克服落後，把低、落後提到先進水平。不是先進向落後看齊，而是落後趕上前去”[1]，其實他才是這種人。

毛發動“批判資產階級法權”運動，甚至動用無產階級專政的暴力去強行“限制”之，也是出於對馬克思的誤解鬧出來的理論笑話。

“資產階級法權”的概念，是馬克思在《哥達綱領批判》中提出的。該文寫得非常通俗易懂，凡是理解力正常的識字者都該理解，然而毛澤東卻就是有那本事誤解到其反面去。

馬克思在該文中說的“資產階級法權”，指的是在共產主義社會低級階段（即後來說的“社會主義社會”）實行的“各盡所能，按勞取酬”的分配原則。他將這原則視為“資產階級權利”，並不是說它是資產階級享有的權利，而是因為按勞取酬是用同一尺度（勞動量）去衡量勞動者的貢獻，但付出同等勞動的勞動者的主觀能力與實際需求並不一樣。在他看來，這只是形式上的平等，實質上並不平等，“所以，在這裡平等的權利按照原則仍然是資產階級的法權”，“要避免所有這些弊病，權利就不應當是平等的，而應當是不平等的”，換言之，只有實行同工不同酬，按需要分配勞動所得，才能實現真正的平等。

不意如此淺近明白的論述，毛澤東竟然看不懂，卻望文生義，把“資產階級法權”當成了“資產階級特權”一類東西，說出“這些跟舊社會沒有多少差別。所不同的是所有制變更了”的胡話來！

其實毛若對馬克思政治經濟學有點最起碼的理解，就該知道，社會主義與資本主義的分配原則有本質區別，因為勞動產品的“剩餘價值”再不會被資本家奪走了。馬克思之所以要將按勞取酬視為

---

[1] 毛澤東：《讀〈辯證法唯物論教程〉（中譯本第三版）一書的批註》，《毛澤東哲學批註集》，102-103 頁。

"資產階級的權利"，只不過是因為它和資本主義社會中的一切權利的實施原則相同，都是用相同尺度衡量實際情況不同的人們，並不是如毛澤東誤解的那樣，是因革命不徹底而殘存下來的資產階級特權，需要進一步消滅。

更何況馬克思立即就指出：

"但是這些弊病，在共產主義社會第一階段，在它經過長久的陣痛剛剛從資本主義社會裡產生出來的形態中，是不可避免的。權利永遠不能超出社會的經濟結構以及由經濟結構所制約的社會的文化發展。

在共產主義社會高級階段上，在迫使人們奴隸般地服從分工的情形已經消失，從而腦力勞動和體力勞動的對立也隨之消失之後；在勞動已經不僅僅是謀生的手段，而且本身成了生活的第一需要之後；在隨著個人的全面發展生產力也增長起來，而集體財富的一切源泉都充分湧流之後，———只有在那個時候，才能完全超出資產階級法權的狹隘眼界，社會才能在自己的旗幟上寫上：各盡所能，按需分配！"[1]

凡非文盲都能看懂這些話吧？他說得清清楚楚，所謂"資產階級法權"，在社會主義階段是不可避免的，因為"權利永遠不能超出社會的經濟結構以及由經濟結構所制約的社會的文化發展"。換用毛最愛用的語言來說，它的存在不以人的主觀意志為轉移，不是可以人為"批判"或"限制"的。只有等到生產力獲得極大發展，集體財富充分湧流，社會分工消失，腦體力勞動對立消失，勞動成為生活第一需要之後，這種"資產階級權利"才會消亡。這是一個由社會經濟基礎決定的水到渠成的自然過程，沒有揠苗助長的空間。

---

[1] 馬克思：《哥達綱領批判》，
https://marxists.anu.edu.au/chinese/Marx/marxist.org-chinese-marx-1875-4.htm

列寧在《國家與革命》中複述了馬克思的上述話語，並特地指出：

"如果不願陷入空想主義，那就不能認為，在推翻資本主義之後，人們立即就能學會不要任何權利準則而為社會勞動，況且資本主義的廢除不能立即為這種變更創造經濟前提。"

這就是馬克思的歷史唯物主義，亦即經濟基礎決定上層建築，不是毛澤東"人為努力決定上層建築再決定經濟基礎"的主觀唯心主義。

魯迅說："從噴泉裡出來的都是水，從血管裡出來的都是血。"思考者的思想，不可能脫離其哺育其成長的人文土壤產生出來。列寧提出"共產主義就是蘇維埃政權加電氣化"，毛澤東提出"公共食堂，吃飯不要錢就是共產主義"，這兩個著名公式都充分反映了思考者所處的政治經濟人文環境。列寧生長在羨慕嫉恨先進富裕的鄰居的歐亞結合部，提出來的公式自然流露出對先進科技的企盼。毛的公式則只會出現在一個餓怕了的落後農業國中。而他那"窮過渡理論"隱含的"原始社會就是共產主義"的新公式，則深符儒家懷舊復古的傳統，與王莽的復古改制異曲同工。

總之，毛澤東畢生浸淫在儒道釋以及遊民文化經典之中，對西方社會的政治經濟文化一無所知。無論他的原始天資如何，陳舊殘缺畸形偏枯的知識結構都沒有可能接納一種近代西洋學說。他能盡到的最大努力，就是"新瓶裝舊酒"，用《禮運‧大同篇》、《三國志‧張魯傳》、《桃花源記》、《大同書》去擬想"共產主義社會"[1]。他有別於孔子門人、張魯、陶潛、康有為等人的獨創性貢獻，只在於在配方中加入了遊民文化經典描繪的"階級鬥爭"，試

---

[1]《對〈《修養》的要害是背叛無產階級專政〉一文的批語和修改》，1967 年 5 月 4 日、6 日、7 日，《建國以來毛澤東文稿》第十二冊，323 頁。

圖用永不停息的江湖仇殺手段去構建儒家與道家混合而成的道德仙境。

歷史的悲劇在於，這種對馬克思主義匪夷所思的"創造性發展"，竟然在"更先進的東南亞"結出了豐碩成果。波爾布特發揚光大了毛澤東的"窮過渡"理論，一步就跨進了"共產主義天堂"，打造出了"民主柬埔寨"那個人類歷史上第一個消滅了社會分工，消滅了家庭，消滅了城鄉差別、工農差別、腦體力勞動差別與其他一切差別，消滅了貨幣、工資、商品交換、郵局、學校等一切"資產階級法權"的血淋淋的"桃花源"。這應該是中國人對於鄰國乃至於全人類作的最大的孽吧。

三、毛澤東關於"人民內部矛盾"的理論

毛澤東在世時，《關於正確處理人民內部矛盾的問題》被列為"毛主席四篇哲學論文"之一。雖然其中沒有什麼哲學思辨內容，但毛澤東本人非常珍視他對馬列主義的這個獨特貢獻。1957 年 2 月 27 日，他在最高國務會議作題為《如何處理人民內部的矛盾》的講話（《關於正確處理人民內部矛盾的問題》就是根據這個講話整理修改成文的），自豪地說：

> 歷史上，馬克思、恩格斯對於這個問題談得很少。列寧簡單地談到社會主義社會對抗消滅了，矛盾存在著。列寧已經說人民之間還有矛盾，但還來不及全面地分析這個問題。至於人民內部的矛盾，有沒有可能由非對抗性的矛盾轉化成對抗性的矛盾，應該說是有可能的。但是列寧那個時候還沒有可能來詳

細觀察這個問題。在斯大林時期，他在很長的時期內把這兩類矛盾混淆起來了。[1]

後來他又把"百花齊放，百家爭鳴"、"大躍進"與人民公社列為要為之"向全世界作戰"的"三件東西"，可見他對這個"理論"的重視。

毛澤東在這個問題上的模糊的零星念頭，成了他構建理想社會的靈感，由此而來的"四大"（大鳴、大放、大字報、大辯論）成了他發動文革的手段，所以有必要專門討論一下。

（一）"人民內部矛盾"說的產生背景、內容與流變

1956 年，東歐先後發生波匈事件，中國也發生了工人罷工、農民要求退社、學生罷課、遊行示威、請願等事件。毛澤東倍感震動，朦朧察覺到政府與人民間存在著矛盾，而這是他的馬列老祖宗沒有教過的問題。

這在馬恩很自然——他們從未想象過後世會有"社會主義國家"這種怪物。在那兩位社科幻作家想來，無產階級革命成功之日，也就是國家開始消亡之時，當然也就不存在政府與百姓之間的矛盾。列寧寫《國家與革命》之時也是社科幻小說的粉絲，掌權後只忙著鎮壓反革命。而建成了"社會主義社會"的斯大林則認為黨和政府代表了人民利益，兩者之間沒有什麼衝突。若有衝突發生，那就必然是"人民的敵人"的顛覆活動，只能無情鎮壓。

這個問題是共黨國家獨有的人為難題，至今無解。在民主國家，沒誰認為政府時時處處永遠代表全民的利益。大家都知道，在內政上，政府只能在一定時段內代表大多數選民的意願。因此，政府與百姓之間存在著矛盾衝突乃是天經地義，這種衝突司空見慣，

---

[1] 《毛澤東年譜（1949-1976）》第三卷，81-82 頁。

從來就沒人大驚小怪，覺得需要從理論上去鄭重其事地探討解決方法。實際上，設立議會就是為了解決各階級、階層之間的利害衝突。如果議會不能解決，自覺利益受損的那部分選民還可以訴諸遊行、示威、罷工、罷課等抗議活動，以期引起全社會注意，並對政府施加壓力。通過這一系列"粗調節"與"細調節"，社會便獲得了動態穩定。

共黨國家卻根本不是這麼回事。黨和政府乃是當仁不讓的"萬年人民代表"，永遠地完全徹底地代表全體人民的利益。官民之間的根本利益是一致的，沒有利害衝突發生的空間。這就是斯大林的論述前提，同樣也是毛澤東的論述前提。

然而不可思議的怪事就是發生了，毛澤東於是著手解決這理論難題，推出了所謂"兩類矛盾"說，其要旨是：

1、社會成員分為兩類：人民與敵人。"在建設社會主義的時期，一切贊成、擁護和參加社會主義建設事業的階級、階層和社會集團，都屬於人民的範圍；一切反抗社會主義革命和敵視、破壞社會主義建設的社會勢力和社會集團，都是人民的敵人。"

2、因此，社會主義社會中存在著兩類不同性質的矛盾：敵我矛盾以及人民內部矛盾。前者是對抗性的，後者是非對抗性的。在一定條件下，對抗性矛盾與非對抗性矛盾也可能發生互相轉化。

3、人民內部矛盾包括工人階級內部的矛盾，農民階級內部的矛盾，知識分子內部的矛盾，工農之間的矛盾，工人、農民同知識分子之間的矛盾，工人階級和其他勞動人民同民族資產階級之間的矛盾，民族資產階級內部的矛盾，以及人民政府同人民群眾之間的矛盾。後者包括國家利益、集體利益同個人利益之間的矛盾，民主同集中的矛盾，領導同被領導之間的矛盾，國家機關某些工作人員的官僚主義作風同群眾之間的矛盾。

4、敵我矛盾用鎮壓的方法解決，而人民內部矛盾是在人民利益根本一致的基礎上的矛盾，必須用"團結——批評——團結"的公式去解決，亦即從團結的願望出發，經過批評和鬥爭，達到新的團結。至於藝術和科學中的是非，則應當通過藝術界科學界的自由討論（亦即"百花齊放，百家爭鳴"）去解決。[1]

這是毛澤東在"反右鬥爭"後發表的主張，與此前的非正式主張有很大不同。"反右"前，他認為：

1、國內階級矛盾已經基本解決，社會的基本矛盾是生产关系同生产力之間、上层建筑同经济基础之間的矛盾，這些都表現為人民內部的矛盾。換言之，人民內部矛盾已經取代敵我矛盾成為社會的基本矛盾。

2、"民主"分為"大民主"與"小民主"兩種。兩者都是手段，前者指罷工、罷課、遊行示威、請願等，是用來對付敵人的，後者用於解決人民內部矛盾，指和風細雨的說服、批評、教育。

3、雖然"大民主"是用來對付敵人的手段，但在個別官僚主義十分嚴重的地方，應允許"大民主"，把罷工、罷課、遊行、示威、請願等，看作是克服人民內部矛盾，調整社會秩序的一種補充方法。[2]

這基本是傳統明君"虛懷納諫"那套，但在"反右鬥爭"後，這些話就收起來了。

大躍進以後，敵我矛盾又被視為社會的基本矛盾（所謂"以階級鬥爭為綱"）。雖然毛對社會基本矛盾的看法發生了反轉，但他並未放棄使用"大民主"來整肅官僚主義者的想法。自 60 年代起，

---

[1] 毛澤東：《關於正確處理人民內部矛盾的問題》，一九五七年二月二十七日，毛澤東文集第七卷，
http://cpc.people.com.cn/GB/64184/64185/189967/11568204.html
[2] 《毛澤東年譜（1949-1976）》第三卷，32，83-84，88 頁。

他藉助黨外力量來整肅黨官僚的念頭越來越明朗，越來越強烈。文革爆發後，本來被禁止的“大民主”被用作發動群眾、鬥倒“黨內資產階級”的基本手段。“大鳴大放大字報大辯論”以及罷工的權利被寫入新憲法。

（二）“兩類矛盾”說之謬

如前所述，共黨國家建立的都是官僚社會，由一個擁有無限權力、毫無制約的官僚階級統治著全民。這種社會的基本矛盾，當然只可能是統治階級與被統治的人民之間的矛盾。毛澤東看到並承認所謂“人民政府”與人民之間存在著矛盾，這在共黨國家的黨魁中堪稱絕無僅有。儘管他猶抱琵琶半遮面，把它列在諸多“人民內部矛盾”之後，但比起根本不承認政府與百姓之間有矛盾的現代中共來，這應該算是難得的了。

但唯一值得肯定的也就是這一點。除此之外，這個理論一無是處。

首先，它的立論前提是對人類文明進化的反動。毛澤東為了統治的方便，竟然把人民分裂為“內部”與“外部”，按原職業或思想言論，將一部分人民開除“民籍”，打成敵人，化作全社會凌辱、毒打、迫害甚至殘殺的對象，寫下了中國歷史上最殘酷、最黑暗、最可恥的一頁。

其次，它以“擁護還是反對社會主義”作為“人民”與“敵人”的劃分標準，實際上是以統治者的主觀好惡為標準。是“擁護”還是“反對”，完全由上司一言而決。因此，它非但不可能提升百姓的權利，反而倍增了官僚們對草民為所欲為的權力，使得他們成了草民順之者昌、逆之者亡的土皇帝。毛那個所謂公式裡的“批評或鬥爭”，絕對只可能是官府對百姓的，若是誰敢反過來，立即就要從“人民內部”跌到“外部”。

"反右鬥爭"就是這種野蠻犯罪行為的生動演示。"大右派"章伯鈞、羅隆基、儲安平的"反黨言論"分別為"政治設計院"、"平反委員會"和"黨天下"。下面就是他們當時的發言：

章伯鈞論"政治設計院"：

"我看政協、人大、民主黨派、人民團體，應該是政治上的四個設計院。應該多發揮這些設計院的作用。一些政治上的基本建設，要事先交他們討論，三個臭皮匠，合成一個諸葛亮。現在大學裡對黨委制很不滿，應該展開廣泛的討論，制度是可以補充的，因為大家都是走社會主義的路。這樣搞，民主生活的內容就會豐富起來。"

這是建議將那些橡皮圖章變成咨詢機構（類似於國外的智庫），以便黨在制定政策時集思廣益。談何"推翻共產黨"？若是採用了這個建議，後來哪還會有"大躍進"？

羅隆基談"平反委員會"：

他說，有人提出要黨提出保證，在他們對黨進行批評以後，不致在未來受到打擊報復。他認為要毛主席出來講話保證，那是笑話。但他提出解決這個問題的一個具體方案，這就是要由人民代表大會，和政治協商委員會成立一個委員會，這個委員會不但要檢查過去三反、五反、肅反運動中的成績，它還將公開聲明，鼓勵大家有什麼委屈都來申訴。這個委員會包括領導黨，也包括民主黨派和各方面的人士。他以為這樣作有三個好處：一、可以鼓勵大家提意見，各地知識分子就不會顧慮有話無處說，而是條條大路通北京了；二、過去的"五反"、"三反"、"肅反"雖然有很大的成績，但是也發生了副作用，使人不敢講話。人有擔心在這次的"放"和"鳴"以後，還有"收"和"整"。在過去運動中受了委屈的，要給他們"平反"，就可以使他們減少同黨和政府的隔膜。他還主張，"平反"的機構一定要同"三反"、"五反"、"肅反"的原領導機構分開。因為他認為這幾個運動過去是共產黨領導著搞的。"平反"時，除了領導黨以外，還應該由各民主黨派和無黨派人士參加，說明運動有成績，也為受了委屈的人解決問題。受委屈的人，不只各民主黨派有，其實共產黨內也有。

三、現在誰都不能保證在下級機關裡不發生打擊報復事件，有這個機構，敢於打擊報復的人，知所畏懼；受到打擊報復的人就有路可走，他們可以提出控告。他以為，這樣既檢查了肅反中的遺留問題，又配合了整風。因此，他還主張地方人代會和政協也應該成立這樣性質的委員會，使它成為一個系統。

這類似於設置古羅馬的"保民官"，是保障公民權利不受非法侵犯的最起碼的補救設施。何來"反對社會主義"？若是當局採納了他的建議，後來哪會有那麼多冤案，以致連國家主席都蒙冤慘死，求救無門？

儲安平批評"黨天下"：

"在國家大政上黨外人士都心心願願跟黨走，但跟黨走，是因為黨的理想偉大、政策正確，並不表示黨外人士就沒有自己的見解，沒有自尊心和對國家的責任感。這幾年來，很多黨員的才能和他們所擔任的職務很不相稱。沒有做好工作，而使國家受到損害，又不能使人心服，加劇了黨群關係的緊張，但其過不在那些黨員。而在黨為什麼要把不相稱的黨員安置在各種崗位上，黨這樣做，是不是'莫非王土'那樣的思想，從而形成了現在這樣一個一家天下的清一色的局面。我認為，這個'黨天下'的思想問題是一切宗派主義現象的最終根源。是黨和非黨之間矛盾的基本所在。"[1]

---

[1] 以上見《人民日報》1957年5月22日，5月23日，6月1日

　　這無非是勸告黨要有點選賢用能的氣度，不要靠飯桶黨員去包打天下，要充分發揮黨外人士的作用。談何推翻共產黨？若是採納了他的建議，後來哪會有那麼多外行領導內行造出來的災難？

　　然而就是這些溫和的獻策，中共都不能容忍，要誣陷入罪。直到幾十年後為右派"改正"，這三人仍未獲"改正"，作為典型的右派標本留了下來，以證明"反右"的必要性。這種"正確處理人民內部矛盾"的唯一結果，就是連古代的言論自由都沒有了，如毛對斯大林的批評那樣："那時的思想控制很嚴，勝過封建統治，一句批評的話都不能聽，而過去有的開明君主是能聽批評的。"[1]

　　第三，採用主觀隨意的敵我劃分標準，不但讓草民永遠生活在恐懼中，而且促成了"敵我"的"單向轉化"。一旦得罪領導，"人民"就可能轉瞬變成"敵人"，"敵人"則永無指望"回到人民的隊伍中來"。"一旦歸為臣虜，沈腰潘鬢消磨"，被打成"敵人"後，非但自己永無出頭之日，還要禍延子孫，坑得後代都成了"黑崽子"。這結果，就是"敵人"的隊伍越來越龐大，從最初的"地、富"，擴大為"地、富、反、壞"，然後又增為"地、富、反、壞、右"，最後發展成"地、富、反、壞、右、反動資本家、叛徒、特務、走資派"。

　　第四，即使略去上述弊病不計，假定"人民"不會因言獲罪，也不會以細故喪失"民籍"（與事實相反的虛擬語氣），那仍然無法達到毛消除"官僚主義"的目的，因為在這個所謂"理論"中找不到任何制度設計，能確保人民的財產不被官府無故侵奪（諸如大躍進中的"一平二調"與"共產風"，即官府將私人財產無償充公），在侵奪發生後，能得到及時制止與合理賠償。相反，章伯鈞、羅隆基對此問題提出了相應的制度設計，還遭到了無情整肅。

---

[1] 轉引自《閻明復回憶錄》，203 頁

第五，即使略去上述弊病不計，假定公民的"民籍"永無喪失之虞，"團結——批評——團結"也只反映了毛澤東的"思想工作萬能論"的道德空想主義，其脫離現實到了不食人間煙火的地步。例如大躍進中大量農民的房子被"平調"了，是不是做做思想工作，提高人民的覺悟，就可以解決他們的住宿問題？公社食堂餓死千家萬戶，是不是批評教育一番，就能讓死者復生？毛澤東這種"解決矛盾"的高招，遠不如現代中共"人民內部矛盾用人民幣解決"更現實，更人道。

最後還要指出，毛澤東並非提出"人民內部矛盾"這個概念的第一人。早在 1951 年 10 月 2 日，時任中華全國總工會副主席的李立三就向毛上書指出，在國營企業中公私利益是一致的，但在工人生活、勞動條件等方面有矛盾。不過，這是工人階級內部的矛盾，可以用公私兼顧的協調辦法解決。這類矛盾在"將來的社會主義時期各種對內政策上也還是一個主要問題"。然而李卻因此遭到毛的貶斥。

繼任的賴若愚在中共八大上發言，主張工會應該在黨的領導下積極開展自己的獨立活動，關懷和保護工人群眾的利益。雖然他得到劉少奇支持，卻遭到毛的整肅。工會的體制也從原來的垂直領導，改為由同級黨委領導為主，變成了各級黨委的下屬部門[1]。毛澤東連這種微不足道的分權制約都不能容忍，談何"正確處理人民內部矛盾"？

四、毛澤東的繼續革命理論

---

[1] 《閻明復回憶錄》，人民出版社，2015 年 6 月，309-325 頁

　　“毛主席無產階級專政下繼續革命的理論”的“要點”，最先見於 1967 年 11 月 6 日《人民日報》、《紅旗》雜誌、《解放軍報》聯合發表的紀念十月革命五十周年的編輯部文章《沿著十月社會主義革命開闢的道路前進》。此後直到文革在 1976 年結束，整整 9 年間，中共宣傳機器不遺餘力地它鼓吹造勢，把它當成了毛澤東對馬列主義作出的最大的理論貢獻。

　　該“理論”確實是毛澤東唯一具有原創性的“思想”，是毛澤東對國際共運的獨到貢獻。然而它與後來的“鄧小平理論”、“江澤民學說”、“胡錦濤發展觀”一樣，只有名稱，毫無具體內容。毛與鄧的“理論”與江、胡的區別，在於前兩人的“理論”都是未經系統闡述、更無嚴格論證的“念頭”，而後兩人的“理論”則徹底空空如也，連“念頭”都找不著。

　　所以，毛這一偉大理論的內容，還得靠老蘆這種有理論能力的同志去代他總結出來。好在文革就是毛“繼續革命理論”的大規模實踐，通過對這場運動以及毛的零星語錄的分析，不難看出這偉大理論（亦即“模糊念頭”）的實際內容，以及內在的不可解決的矛盾。

（一）何謂“繼續革命”？

　　“不斷革命”的口號是馬克思和恩格斯首先提出來的。馬恩認為，無產階級必須在革命鬥爭中堅持獨立立場，毫不妥協地爭取自己的利益，毫不間斷地進行革命，“直到無產階級奪得國家政權，直到無產者的聯合不僅在一個國家內而且在世界一切佔統治地位的國家內都發展到使這些國家的無產者間的競爭停止，至少是直到那些有決定意義的生產力集中到了無產者手裡的時候為止", "他們的戰斗口號應該是: '不斷革命'。"[1]

秉承這一思想並作了創造性發揮的理論家, 是列寧的親密戰友、十月革命的副統帥托洛茨基同志。他的"不斷革命論"最先是用來解決"在資本主義極不發達的俄國如何進行無產階級革命"的理論難題的。托洛茨基提出, 俄國確實需要俄國資產階級民主革命, 但它只能由無產階級領導進行。在革命成功後, 無產階級不能把政權交給資產階級, 只能嚴厲鎮壓他們。在斯大林提出"一國建成社會主義理論"後, 托洛茨基進一步發展了該理論, 認為俄國不能一國建成社會主義, 必須去西方發達國家搞搞震, 引起世界革命爆發。

毛澤東的"繼續革命"也是"不斷革命"的一種。但馬恩的"不斷革命"是有界限的, 就是到無產階級奪得政權, 實行了公有制為止, 而毛澤東的"繼續革命"卻是在無產階級專政下進行的。它的意思是, 在無產階級成功奪取了政權, 完成了所有制的社會主義改造後, 還要堅持不斷革命, 因為在社會主義向共產主義過渡的整個歷史階段中, "始終存在著階級、階級矛盾和階級鬥爭, 存在著社會主義同資本主義兩條道路的鬥爭, 存在著資本主義復闢的危險性, 存在著帝國主義、社會帝國主義(盧註: 指蘇聯)進行顛覆和侵略的威脅"。所以, 無產階級必須堅持革命, 直到共產主義到來。

在 1967 年 11 月 6 日"兩報一刊"聯合發表的編輯部文章中, 陳伯達和姚文元代毛澤東把這個理論的要點總結為六條:

(一)必須用馬克思列寧主義的對立統一的規律來觀察社會主義社會。

---

[1] 馬克思、恩格斯: 《中央委員會告共產主義者同盟書》, 《馬克思恩格斯全集》, 第七卷, https://marxists.anu.edu.au/chinese/PDF/Marx-Engels/me07.pdf

（二）社會主義社會是一個相當長的歷史階段。在社會主義這個歷史階段中，還存在著階級、階級矛盾和階級鬥爭，存在著社會主義同資本主義兩條道路的鬥爭，存在著資本主義復辟的危險性。

（三）無產階級專政下的階級鬥爭，在本質上，依然是政權問題。無產階級必須在上層建築其中包括各個文化領域中對資產階級實行全面的專政。

（四）社會上兩個階級、兩條道路的鬥爭，必然會反映到黨內來。黨內一小撮走資本主義道路的當權派，就是資產階級在黨內的代表人物。他們是一批反革命的修正主義分子，一旦時機成熟，他們就會要奪取政權，由無產階級專政變為資產階級專政。

（五）無產階級專政下繼續進行革命，最重要的，是要開展無產階級文化大革命。無產階級文化大革命，只能是群眾自己解放自己。

（六）無產階級文化大革命在思想領域中的根本綱領是"鬥私，批修"。[1]

這種"理論要點"，說了等於沒說。什麼是"修正主義"，什麼是"走資派"，判據是什麼，這些關鍵概念都毫無界定。所以，繼續革命到底有些什麼具體內容，還需要老蘆來解說。

（二）"繼續革命理論"的產生背景

據王力披露，毛澤東曾多次說，他很早就發現，從中央到地方，很多單位不查什麼問題都沒有，還是紅旗單位、模範單位，一查幾乎都是實行封建統治的獨立王國，土皇帝很多。他們都有天然的經濟特權和政治特權。土皇帝一句話就是法，一句話就能捉人放人，反對他就是反黨、反社會主義、反革命。黨和群眾之間已經有

---

[1] 轉引自《毛澤東傳（1949-1976）》，電子書。

了很深的鴻溝，而且鴻溝越來越深，再這樣下去，共產黨成了騎在人民頭上的老爺，就要被人民推翻。到底該怎麼辦？他什麼辦法都用了，整黨，不行；教育，不行；整風，不行；三反，不行；四清，還是不行。毛澤東為此憂慮得經常睡不著覺，最後實在沒有辦法了，才想出來把黨放在一邊，發動了文化大革命，讓群眾自下而上地揭發共產黨的黑暗面。雖然文革引出來的災難有目共睹，但毛澤東到死都認為他是為中國人民作了一件堪與中國民主革命媲美的大事。[1]

王力的介紹，與筆者本人的獨立思考不謀而合。1996 年，我在海外《華夏文摘》上發表了《文革：一場轟轟烈烈的大革命》，指出：

> 毛發動文革的根本原因，是試圖打碎蘇式國家機器，重建"新生紅色政權"。中共基本上是按蘇聯的模式來建黨建國的。一開始，毛就對斯大林"技術決定一切"，以"工農速中""人民大學"培養大批工農出身的技術幹部，靠他們來管理國家的路線很不滿意。限於經歷與教育，毛根本沒有如何建設管理現代國家的起碼概念，在他看來，工農基本群眾在這種以技術官僚為主體的"新社會"中毫無地位，不能"當家做主"，實在不能算是翻了身。隨著時間的推移，蘇聯模式越來越暴露出它的缺點：等級森嚴，效率低下，機構臃腫，一個享有特權的"官僚主義者階級"正在形成並越來越脫離群眾。這一切加重了毛根深蒂固的對城市的恐懼心理，使他越來越緬懷"進城"以前，特別是在延安的黃金時代。

> 更嚴重的是毛所"熟悉的東西快要閑起來了"，聲勢浩大的群眾運動已在大躍進中證明只能導致災難，而毛既無耐心又無興趣去學習從來就在他視野之外的經濟學、企業管理等索然

---

[1]《王力反思錄》，859-860 頁。原文混亂重複，筆者稍微作了文字整理。

乏味的東西，更不滿足于作一個單純的行政官僚。最令人警覺的是，以劉鄧為首的當權派一天天喪失革命鬥志，變成只知"技術治國"的行政官僚，而且，由於大躍進的失敗，毛的權威已受到懷疑，如果不採取斷然措施，從根本上解決問題，這種趨勢終將發展到無法遏制的地步，那時不僅毛本人，而且成千上萬由毛解放的人民群眾將在這個社會中找不到立足之地。

與蘇聯的爭吵的惡化更堅定了毛的信念。……由於教義的缺乏彈性，毛不能不把蘇聯革出教門。這樣做給毛帶來許多理論上與實際上的好處：把蘇聯看成是修正主義者，就證明了毛對蘇聯模式的懷疑的正確性———原來斯大林的技術官僚社會從一開始就是錯的，只是產生修正主義的溫床而已；對斯大林這把"刀子"的堅持則使對毛的個人崇拜制度化；"帝修反反華大合唱"的四面楚歌刺激了民族主義情緒，造成了黨內普遍的"臥薪嚐膽"、"發憤圖強"的悲壯氣氛，這種情緒最終演變為全民族的歇斯底里，使毛作為全黨全軍全國的領袖的地位得到空前的鞏固。與此同時，世界上第一個社會主義國家竟然"丟掉了列寧和斯大林這兩把刀"、蛻變為"社會帝國主義"，這一想象中的"觸目驚心的現實"也使毛倍感急需第二次革命、以及持續的"繼續革命"來"反修防修"，確保紅色江山永不變色。[1]

科研中常用的一個方法是"雙盲法"。王力在國內，處於半軟禁狀態，不可能看到我在海外電子週刊上發表的文章，而我更不可能在 5 年前就得知他在 2001 年發表的回憶錄，然而結果卻不謀而合。由此可見，王力對毛的意圖的介紹是可信的。

---

[1] 方蘇：《文革：一場轟轟烈烈的大革命》，《華夏文摘增刊》第八十四期，1996 年 4 月 21 日。

不僅如此，2010 年，中國媒體根據美國政府解密文件報導，1966 年 10 月間，張國燾向美國有關人員談過毛澤東發動文革的原因，並預測了文革走向。他認為，毛發起 "文化大革命" 有兩個方面的考慮，既帶有哲學的思考，也出於權力的考慮，但主要是前者。

張國燾認為，毛澤東有著超凡的魅力和政治能力，但他又是一位農民式的社會主義者，有著一種對於 "平等" 的渴望，一旦他發現自己建立的政權沒有提供這些，甚至反而有走向反面的趨勢時，隨著時間流逝所帶來的迫切感，便想採取劇烈的非常規的行為來達到目的，也就是防止 "變修"，這是 "文化大革命" 發動的一個重要原因。

張國燾認為，毛澤東在 "文化大革命" 中雖然保有了最高權力，但其主要目標卻沒有實現。鬥爭仍然存在，只不過改變了些許方式。毛澤東在 "文化大革命" 中是一位優秀的策略大師而非戰略家，他無法樹立一個具備超越性的主題並堅持不懈地貫徹之。張國燾斷定，毛澤東會繼續走 "革命" 的道路，但是這樣的道路將會失去效果，其最初設想的目標不會實現。[1]

上述三個判斷，是由三個身份和經歷完全不同的人，在互不知情的情況下獨立作出的，然而卻高度吻合。由此可以斷定，早在文革爆發前，甚至在中蘇交惡前，毛澤東就已經對蘇聯模式不滿，試圖創造自己的社會主義模式，其直接動因是 1956 年波蘭和匈牙利事件。中蘇交惡更促使他採取了一系列 "反修防修的重大戰略措施"，最終發動了文化大革命，並提出了 "繼續革命" 的口號以及上面介紹過的 "黨在社會主義整個歷史階段中的基本路線"。

---

[1] 黎津平：《張國燾跟美國人談"文革"：有些"接班人"將成負擔》。《文史博覽》2010 年第 2 期

（三）繼續革命的對象

毛澤東明確提出，繼續革命的對象就是黨內資產階級，或曰"走資本主義道路的當權派"：

> "搞社會主義革命，不知道資產階級在哪裡，就在共產黨內，黨內走資本主義道路的當權派。走資派還在走。"[1]

早在 60 年代，毛便開始抨擊這個階級了。1964 年，農機部長陳正人在參加"社教運動"之後給上級寫了份報告，首次提出"堅決實行無產階級不斷革命"：

> "特別值得重視的是：一部分老幹部在革命勝利有了政權以後，很容易脫離群眾的監督，掌管了一個單位就往往利用自己的當權地位違反黨的政策，以至發展到為所欲為。而像我們這些領導人，官僚主義又很嚴重，對下面這些嚴重情況又不能及時發現。這就是在奪取了政權之後一個十分嚴重的危險。過去我們也曾不斷檢討領導上的官僚主義，但是，究竟官僚主義有多大的危害，在我，就是從這一次比較認真地開始蹲點才逐漸明白過來的。我開始體會到，一個鞏固的社會主義企業建設的過程，只能是堅決實行無產階級不斷革命的過程，也是企業中的黨和工人階級不斷實現無產階級革命化的過程。這種過程，也必然是一個很長時期的不斷鬥爭的過程。而克服我們企業管理部門領導上的官僚主義，又是促進上述過程的前提條件。"

毛澤東在報告上作了批示，不但將"官僚主義者"劃爲一個階級，而且明確指出他們是資產階級分子，是與無產階級尖銳對立的階級敵人，是革命的對象：

---

[1] 毛主席重要指示，1975 年 10 月-1976 年 1 月，《建國以來毛澤東文稿》第十三冊，487 頁

　　"我也同意這種意見。官僚主義者階級與工人階級和貧下中農是兩個尖銳對立的階級。"

　　"管理也是社教。如果管理人員不到車間、小組搞'三同'，拜老師學一門至幾門手藝，那就一輩子會同工人階級處於尖銳的階級鬥爭狀態中，最後必然要被工人階級把他們當作資產階級打倒。不學會技術，長期當外行，管理也搞不好。以其昏昏，使人昭昭，是不行的。"

　　"這些人是已經變成或者正在變成吸工人血的資產階級分子，他們怎麼會認識足呢？這些人是鬥爭對象，革命對象，社教運動絕對不能依靠他們。我們能依靠的，只有那些同〔工〕人沒有仇恨，而又有革命精神的干部。"[1]

　　從理論上看，毛之所謂"黨內資產階級"，屬於他發明的"政治思想上的階級"，並不是社會學上的階級。前文已經指出，以正宗馬克思主義觀之，這是以人們的社會意識判定人們的社會存在，完全是唯心主義。所謂的"黨內資產階級"都是中共黨政幹部，那時在理論上並不擁有生產資料，從事的也不是資本主義生產，並未榨取工人勞動的"剩餘價值"。把他們打成資產階級的政治經濟學依據何在？

　　從實踐的角度來看，"無產階級專政下的繼續革命"毫無可操作性。首先就無法確定革命對象。劃定經典的資產階級有明確的硬指標——擁有私人企業。然而中共幹部那時在理論上並沒有擁有任何產業，又該如何定成份？若將其置換為"官僚主義者"，那就只是工作作風問題，似不便僅僅為此就將其打成階級敵人。"黨內走資本主義道路的當權派"就更是空洞的帽子——走什麼道路，歷來由毛決定，下面的幹部還不是緊跟中央亦步亦趨？

---

[1] 毛澤東《對陳正人關於社教蹲點情況報告的批語和批註》，1964 年 12 月 12 日，1965 年 1 月 15 日。《建國以來毛澤東文稿》第十一冊，265-266 頁。

因此，在實際操作中，"是否當權"就是群眾唯一可以使用的客觀指標，於是革命對象"走資本主義道路的當權派"就不可避免地簡化為"當權派"。這就必然導致全體幹部被打倒。而這就是文革初期實際上發生的事。

（四）繼續革命的任務與目標

繼續革命的任務就是"反修防修"。什麼是"修"？無論是毛澤東本人還是他的"秀才"們都從未對"修正主義"作過明確界定。據本人的穿鑿，那其實是毛對蘇聯社會主義模式的不滿，內容大概如下：

◇　對蘇式社會結構的不滿。毛覺得斯大林締造的特權階級騎在勞動人民頭上，做官當老爺，嚴重脫離群眾，這種新社會並未實現"人民當家作主"，而是"官僚主義者階級"當家。

◇　對"修正主義分子"喪失對"階級鬥爭"的持續熱情，"只顧低頭拉車，不顧抬頭看路"，只想搞生產，不想幹革命的趨勢極為惱怒；對"修正主義分子"忽視思想政治工作、主張"物質刺激"、"利潤掛帥"深惡痛絕。強調"政治掛帥"，規定"思想政治工作是一切企業工作的生命線"。

◇　懷疑"修正主義分子"試圖走資本主義道路，對外實行"三和一少"（"對帝國主義要和，對修正主義要和，對印度和各國反動派要和，對支持民族解放運動要少"，對內實行"三自一包"（"自留地，自由市場，自負盈虧，包產到戶"）。強調對帝修反持毫不妥協的強硬態度，對內堅持"割資本主義尾巴"的"窮過渡"。

◇　對"修正主義分子"好逸惡勞，貪圖享受，喪失艱苦樸素的清教徒作風不滿。認為官員應該能與人民群眾同吃同住同勞動，知道民間疾苦；懷念所謂"延安作風"，提倡"一不怕苦，二不怕死"。

◇ 對龐大的官僚機構不滿，希望削減到最小的程度。據王力披露，毛的想法是連中央書記處都不要，中央就留幾個人，再派出許多聯絡員與地方溝通，如戰爭期間他在陝北的總部一般。[1]

◇ 對斯大林建立的那種軍隊式管理國家，由中央發號施令，地方照辦，人民群眾處於被動服從的狀態不滿。主張"我們的目標，是想造成一個又有集中又有民主，又有紀律又有自由，又有統一意志、又有個人心情舒暢、生動活潑，那樣一種政治局面"[2]。認為應該充分發揮人民群眾敢想敢說敢干的主動精神，充分發揮地方和基層的積極性，為他建設理想國提供源源不斷的靈感。

文革就是"無產階級專政下繼續革命理論"的大規模實踐。在文革發動之初，毛澤東主持制定了《十六條》，規定文革的任務是"鬥批改"，亦即"鬥垮走資本主義道路的當權派，批判資產階級的反動學術'權威'，批判資產階級和一切剝削階級的意識形態，改革教育，改革文藝，改革一切不適應社會主義經濟基礎的上層建築，以利於鞏固和發展社會主義制度"[3]。

結合毛澤東沒有說出的話，文革作為規模最大的"繼續革命"的任務是：

1）搞掉劉鄧官僚集團及其權力基礎；

2）拋開黨委領導，由人民自己摸索出一個獨立于蘇聯模式的"人民真正當家作主"的共產主義樂園。這就是陳伯達、姚文元歸

---

[1] 王力：《王力反思錄》，446-447頁。

[2] 毛澤東：《一九五七年夏季的形勢》，1957年7月，《建國以來毛澤東文稿》第六冊，543-544頁。

[3] 轉引自《毛澤東傳（1949-1976）》，電子書

納的 "理論要點" 中強調的 "無產階級文化大革命只能是群眾自己
解放自己";

3）經過革命鬥爭洗禮，把全國人民特別是青年一代鍛煉改造爲
大公無私的堅定可靠的革命接班人，這就是上述 "理論要點" 中說
的 "根本綱領是 '鬥私，批修'"。

這其中最重要的任務，是建立一個體現這些理想的新型國家政
權。毛澤東也看到了這一點。1967 年 10 月 3 日，毛澤東在會見剛果
（布）總理努馬扎萊時，解釋了發動文革的目的：

> "文化大革命是要部分地改造我們的國家機器。" "我只
> 要求你（指幹部——引者注）一條：要把官僚架子放下，跟老
> 百姓、工人、農民、學生、戰士、下級一起，平等待人。不要
> 動不動就訓人。有道理爲什麼要訓人，可以解釋嘛，有道理爲
> 什麼要罵人？"

既然要改造國家機器，那就必須制定一系列可持續運轉的具體
制度。它們能夠消除原有官僚體系的弊病，確保人民能在日常工作
和生活中當家作主，不但能在遭到 "官僚主義者階級" 迫害時保護
自己，而且能對幹部進行日常監督，從此杜絕官僚主義者階級產
生。這就需要一系列科學的嚴密的政治制度設計。

然而恰恰在這個最關鍵的問題上，毛卻因其固有的 "空洞思
維" 的智識缺陷交了白卷。他對馬扎萊披露的 "部分地改造我們的
國家機器" 的具體措施竟然是：

> "這樣不行，老百姓不同意，也要批評你，當然不會因爲
> 這些打倒你。這次一年多的一個大批判運動，可把這些幹部嚇
> 一跳。" [1]

囿於自身見識，他無法想象出一種獨立於蘇聯模式的國家政權
模式，只能訴諸他最拿手的群眾運動，試圖將暴民造反制度化、常

---

[1] 轉引自《毛澤東傳（1949-1976）》，電子書。

規化，由革命群眾以"四大"（大鳴大放大字報大辯論，實際上是大鳴大放大字報大批判）的語言暴力與行動暴力，揭發、批判、揪鬥蛻化變質的黨官僚，確保幹部系統永不偏離毛的路線。

在這點上，毛澤東很像朱元璋：兩人都起自民間，都有强烈幻覺，都認定自己是貧苦人民的代表，是他們的大救星，都討厭官僚集團，都生方想法"揚民抑官"，都因爲這種强烈的使命感與正義感而倒行逆施，反給普通人民帶來巨大災難。

朱和毛的區別在于，朱還沒有喪失常識理性，本能地知道"造反"與"治國"不兩立，搞的改革無非就是用民間的長老來代替胥吏收錢糧，以及允許民告官等等。而毛却出自他的"極端民粹主義"，試圖將暴民造反變成國家的正常運作方式與全民的常規生活方式。

他居然不知道，連毫無權勢的百姓都不願意讓人羞辱，何況是一向作威作福的黨官們？而今毛却指望他們只是出于對自己的無限忠誠，就會心甘情願地放弃權力，乖乖讓群眾羞辱，被群眾打倒，變成異類，甚至變成萬劫不復的"階級敵人"！毛更忘記了，不由黨組織嚴密操控的群眾運動根本就是不可控的，什麼事都能幹出來，有誰會主動把小命交在暴民手裡？這戰略構想甚至比土高爐煉鋼還荒唐，相當于"土高爐煉製冰激淩"，徹底違反了人性。

這點連吳法憲都看出來了，吳法憲在回憶錄中說：

"在中央工作會議期間，毛澤東親自召集了一次全體會議，講了幾十分鐘的話，大致是講'無產階級文化大革命'的重要性，要求各級黨委和負責人挺身出來領導運動，不要害怕群眾，要到群眾中先做學生，後做先生，要引火燒身。

說實在的，聽了這些話，當時我就在心裡想，這樣引火燒身的人有嗎？誰能甘心情願讓群眾轟，讓群眾罵，讓群眾搞'噴氣式'，讓群眾挂牌游街、亂轟亂鬥，進行人身侮辱？！

又有誰能以身作則，站出來讓群眾鬥？就是中央文革小組的成員也未必能夠這樣做！以我的內心來說，我就不願意。但是，毛澤東又號召我們要這樣做。我真的不知道應該怎樣去應付以後即將發生的問題。我當時很有些彷徨不定，無所適從。"[1]

這本來是人類常識，是人都能想到，世上也就只有毛澤東想不到。而且，就算官僚們願意從事這種高危職業，他們在遭受群眾羞辱、批鬥甚至毒打之後，又還有什麼權威去指揮群眾從事日常生產或工作？

所以，缺乏具體可行的革命目標，使得文革註定要變成只有破壞、毫無建設的蠢動。其最觸目的特點，在于它和世界歷史上一切革命截然不同，竟然毫無社會重建內容。在這點上它甚至不如中共所謂"民主革命"。中共在革命成功後，按蘇聯模式全面改建了社會結構。文革卻只有單純的權力鬥爭，在奪權鬥爭勝利後竟然毫無制度更新。在踢開了一切絆腳石，掙脫了所有的束縛之後，毛終于獲得隨心所欲締造新社會的良機。可他卻什麼都沒幹，在把全民折騰得萬死千傷之後，便兩手空空撒手歸西。

（五）毛澤東遠不及旁人高明

論制度發明能力，毛澤東還不如劉少奇。1956 年，波蘭和匈牙利相繼發生人民革命，給中共高層帶來了極大的震動。毛澤東和劉少奇都對蘇聯模式作了反思。

毛拿出的解決方案是 1957 年的"大鳴大放"，亦即引入有限的黨外輿論監督。這一運動因他葉公好龍而惡變為"引蛇出洞"的"反右鬥爭"。到了文革，毛把 1957 年出現的"大民主"加以發展，用為打倒"黨內資產階級"的手段。上文已經指出了，大轟大

---

[1] 《歲月艱難：吳法憲回憶錄》，北星出版社，2006 年 11 月，602-603 頁

喻的群眾運動就是進行繼續革命的唯一方式。從頭到尾，毛沒有作出任何反修防修的制度改造。

相比之下，劉少奇還更有點政治洞察力與發明能力。1956 年 11 月 10 日，他在八屆二中全會上發表講話，提出：

> 社會主義國家的領導人員有可能成為特殊的統治階層，工人階級內和共產黨內都有可能產生工人貴族階層。要從教育與制度兩方面著手，防止將來產生一種站在人民頭上、脫離人民的特殊階層。

> 在教育方面，在小學、中學和大學的教科書裡面都要有進行這種教育的內容。在幹部中間要用整風的辦法進行教育。要批判特權思想、站在人民頭上的思想、社會沙文主義的思想、主觀主義和命令主義的思想、官僚主義思想。

> 在制度方面，要加強人民群眾對領導機關的監督，訂出一種群眾監督的制度，使我們的領導機關和領導人員接近人民群眾。要認真研究黨委、黨代會、人民代表大會、報紙等如何監督政府、監督我們的領導人員。脫離群眾、違反黨內民主、違反人民民主、領導者壓制民主，都是違反紀律，不能只是反領導才叫做違反紀律。

> 在工廠裡應該組織工人代表大會和工廠管理委員會。廠長應該由工人選舉，然後上面委任，或者上面委任之後由工人再選舉，看工人同意不同意。

> 國家領導人員的權力應該有一定的限制，什麼事情他有多大的權力，什麼事情不准他做，應該有一種限制。國家領導人員的生活水平應該接近人民的生活水平，不要過分懸殊。最高工資同最低工資不要相差過大。一些特權應該取消。從中央的人員到各級領導幹部，配售的東西基本上應該跟人民一樣，不

要特殊。警衛制度有些措施在人民中間引起不好影響，應該取消。

　　資產階級民主，特別是初期的一些辦法，比我們現在的辦法更進步一些。我們比那個時候不是更進步了，而是更退步了。例如瑞典的內閣首相搭公共汽車到首相辦公室去辦公；華盛頓作了八年總統，又退為平民。這樣的辦法，我們是不是也可以參考一下，也可以退為平民？當然我們不一定完全照辦，但恐怕有些東西，資產階級的有些制度也可以參考。

　　還應該注意國家的積累、社會的積累應該是多少，重工業與輕工業、農業發展的比例是否恰當。工業建設的速度要穩妥可靠。什麼叫穩妥可靠呢？就是群眾不至於上街遊行，不至於鬧事，還比較高興，能保持熱情和積極性。寧願慢一點，右傾一點。[1]

這是不是要比毛澤東的瞎胡鬧高明得多？　按照劉少奇的建議去制定相關制度，雖然仍不能打破官僚社會的基本格局，但總比毛的"繼續革命"付出那麼慘痛的代價卻一事無成好得多吧？

　　不過，比起鐵托同志來，少奇同志還真是缺乏創意。南斯拉夫被斯大林革出教門後，試圖創建一種有別於斯大林模式的共產社會，實行了"工人自治"與"社會管理"。全國所有的企業都實行集體所有制。企業自行決定生產計畫，自己安排銷售，自負盈虧，除了服從國家法令以及向國家納稅外，不受國家直接干預。企業由工人集體選出的工人委員會和管理委員會管理。廠長則由工人委員會登報招聘任命。

　　南斯拉夫的社會管理則分為市、縣、公社三級水平，在民主的基礎上實行居民自我管理。居民通過人民委員會實行自治，人民委

---

[1] 劉少奇：《要防止領導人員特殊化》，《黨建》，1988年11期。筆者作了文字整理。

員會下設各類專業委員會，吸收居民中的積極分子參加，解決各地的重大問題。市、縣、公社的財政是獨立的。國家的干預主要通過法令來進行[1]。

閻明復曾為中國訪問南斯拉夫的代表團擔任翻譯，兩次訪問南斯拉夫並參與考察。他的一個突出印象，就是南斯拉夫人彼此之間上上下下十分融洽。每到一地，無論是市長、工會主席還是普通工作人員，都很隨和樸素，沒有什麼等級之分。各地宴請也很簡單隨便，從不刻意安排主次座位，云云[2]。

因此，雖然南斯拉夫也不可避免地產生了為吉拉斯譴責的 "新階級"，但在按鐵托模式建起來的共產社會中，官僚階級至少沒有像在蘇聯、中國那樣，長成了不可遏制的巨無霸。

這些制度建設，豈是毛澤東大而無當的 "幹部參加勞動，工人參加管理" 的空泛口號可以相比的？毛澤東雖無發明能力，但總該有點模仿能力吧？他有如把人民群眾盲目地發動起來，去集體摸索創建新社會，不如自己去南斯拉夫取取經。可他卻把南斯拉夫譴責為 "現代修正主義"。

實際上，論體制，中國連蘇聯都不如。據閻明復介紹，蘇聯工廠的工會領導由會員選舉產生，改選時工會主席都很緊張，還需要遊說會員投他的票。工會的職責除了安排勞動競賽外，主要是監督工廠領導是否遵照國家的勞動法，付給工人應得工資，工人技術水平提高後，工廠是否相應提高了工資待遇。工會還要經常檢查工廠領導是否執行了勞動保護法規，為工人提供了足夠的勞動保護，等等。毛中國的 "領導階級" 何曾有過這種工會？那時的工會就只有兩個功能：給活人發電影票，給死人送花圈。

---

[1] 《閻明復回憶錄》，215-224 頁。

[2] 同上，191 頁。

（六）毛澤東的盲區，“繼續革命”的獨特方式及內在的悖論

文革之所以失敗，還不完全是因為毛澤東沒有制度發明能力，最主要的原因還是，他到死都沒悟出來，手段決定結果，那個“官僚主義者階級”正是他的“民主革命”一手創造出來的，這是以列寧革命工藝學的手段去幹革命的必然產物。

列寧革命工藝學的核心內容，是通過革命黨這個政治軍隊，把全民組織爲更大的政治軍隊，形成勢不可擋的巨大合力，去推翻強大的舊政權。在這種政治軍隊中，下級只能絕對服從上級，毫無個人自由意願存在的餘地，非此不足以保證戰鬥力。因此，黨民關係只能是絕對服從關係。這種政黨一旦執政後，必然要變成爲所欲爲的奴隸主等級，“新”社會只可能是“一元化”的奴隸社會。人民只可能作百依百順、俯首帖耳、一不怕苦、二不怕死的奴隸和炮灰，絕無可能同時“有民主，有自由，有個人心情舒暢，生動活潑”。

所以，毛看到的那個“官僚主義者階級”，其實就是各級黨組織的領導。要徹底打倒他們，就只能解散黨組織，從頭另建新社會。毛澤東也朦朧意識到了這一點，於是決定“把黨放在一邊”。在這個意義上，文革在整個國際共運中都是獨一無二的創舉。

早在上世紀初，列寧便發現，法國大革命那種自發的人民革命已經過時了。科技進步給統治者帶來了鎮壓人民的巨大優勢。因此，新時代的自發人民革命絕不會成功。哪怕沒有統治階級的鎮壓，自發的人民革命也是不可控的，正如誰也無法控制雪崩或火山爆發一樣。所以，革命必須由專業人士去製造，而這專業人士，便是集教會、黑社會組織和軍隊于一身的共產黨。它如同神經系統，用操控軍隊的方式操縱人民，把作布朗運動的暴民大雜燴變成可控

的定向流體，確保了人民革命收發隨心，控制自如，去實現革命設
計家們的原初意圖。

這就是列寧同志的建黨理論，是他對馬克思主義最偉大的貢
獻，沒有這一條，則馬克思主義永遠不會從空想變成可以操作的工
藝。國際共運此後的所有革命運動，都是按此模式進行的。

然而毛澤東發動文革時卻拋棄了這一經典模式。他既已決定對
黨組織開刀，當然就不可能再使用經典的受控革命手段，只能"踢
開黨委鬧革命"，靠造神運動為他製造出來的上帝聲望，直接發動
群眾起來造反。從審美的角度來說，此舉不能不讓人贊嘆其首創精
神，他老人家當真是世上幾百年，中國幾千年才能出一個的偉大的
造反天才。

文革的獨特之處在於：一方面，它不由黨組織操控，不是過去
"民主革命"或"大躍進"那種"運動群眾"，而是靠偉大領袖的
精神感召，以革命群眾為基本動力，具有濃厚的自發群眾運動性
質，另一方面，它並不完全按群眾運動的自發走向進行，始終受到
無產階級司令部的"宏觀調控"，嚴重偏離鬥爭大方向的言行（諸
如"經濟主義妖風"、"翻案風"等等），立刻就遭到嚴屬制裁。
這場人類歷史上獨一無二的"受控自發人民革命"，本身就是一種
"辯證法"現象。

文革初期將近兩年的時間內，全國黨政機關都癱瘓了，代之以
群眾組織。但它們並非列寧黨那種紀律嚴明、組織嚴密、令行禁止
的精英組織，而是類似西方議會政黨的鬆散的全民性俱樂部。誰願
加入就能加入，想離開就能離開，哪怕是在武鬥高潮中也如此，大
家都是自發地憑興趣玩票，組織對個體行動根本就沒有控制力。

既然如此，毛又是怎樣對運動進行宏觀調控的？靠與過去的組
織領導截然不同的"思想領導"，讓毛思想直接與革命群眾相結
合。"兩報一刊"定期發表的社論和不定期發佈的毛的最新指示取

代了紅頭文件，將毛的意圖告訴大家，"無產階級司令部"成員們也時時接見各地群衆組織代表，對運動的大方向給予具體指導，並解決各部委和各省的重大問題，用當時的行話來說，乃是"毛澤東思想直接和群衆見面"，沒有一個官僚系統作爲中轉機構。

這種奇特的"受控自發人民革命"類似于電磁場現象。偉大領袖是那磁體，不通過任何有形介質，就在真空中把電磁波傳播到神州大地每一個角落之中，而八億子民就如同無數指南針，根據那無形的磁力綫調整自己的定向。

由此可見，這場革命受控的前提乃是參加者的高度自律性，也就是無數磁針們根據"毛主席革命磁力綫"來決定自身定向的無限忠誠。從宏觀上來說，雖然文革延時遠遠超出了偉大領袖的預想，更沒有達到預期目標，但他靠自身的磁場仍然基本控制了運動走向，並沒有玩火自焚，讓這場自發革命革到自己頭上來。由此可見文革前的造神運動的鋪墊工作是何等關鍵。

即使如此，這種新穎的革命仍然是個自相否定的悖論。根據列寧主義，所謂"無產階級專政"就是"黨專政"。繼續革命既然以黨官僚為革命對象，那就意味著推翻黨專政（＝"無產階級專政"）。這樣，毛澤東的"無產階級專政下的繼續革命"就成了"在無產階級專政下革無產階級專政的命"。要想在體制內革體制的命，唯一的辦法只能是用毛的"領袖專政"去壓倒"黨專政"。

文革初期，"黨專政"也確實被毛的"領袖專政"推翻了，黨組織以及公檢法機關全都癱瘓。但毛一旦扔開那核心部隊，則革命也就失去了任由領袖指揮的可控性。爲了重獲這種可控性，他遲早又得重建黨專政，回到最初的原點，而這就是實際發生的事。

使得繼續革命無法繼續的另一原因，是毛之所以能用領袖專政壓倒黨專政，靠的是軍隊那最主要的專政工具。然而中共的黨與政都是軍隊造出來的，彼此之間有千絲萬縷的關係，要放過大小軍頭們而徹底清洗黨官僚，根本就是不可能的。於是毛便在此遇到了又一個無法解決的悖論：為了保證革命勝利，他必須清洗軍隊，但為了留下定海神針，他又絕不能碰軍隊。

這其間，毛也曾搖擺過。在武漢"七二〇事件"的強刺激下，他不但批准了"武漢地區黨內軍內一小撮走資派"的提法，而且竟然在1967年7月18日對周恩來、王力、謝富治、陳再道、鍾漢華等人說要武裝工人學生。8月4日，毛給江青寫信，認為75%以上的部隊幹部都是支持右派的，提出要武裝左派，好像部隊不可靠了，要搞第二武裝。但政客精明的生存本能旋即又壓倒了理想主義者的衝動。幾天後，他又給北京下指示，說"黨內軍內一小撮"的提法不策略[1]。最後倒打一耙，反把"反軍亂軍"的罪名扣到走狗頭上去。

毛澤東向現實屈服的結果，就是使"無產階級專政下的革命不可繼續"，變成他一個人的革命。一旦領袖專政不復存在時，黨專政就必然以百倍的瘋狂反撲過來。

（七）繼續革命的流產

上述悖論其實也有解決可能。文革初期的大好形勢，為毛提供了一個創造社會主義新模式的機會。可惜毛無法越出他的自身經歷與偏枯知識結構的限制，再折騰也只能在傳統權術與列寧主義中兜圈子，於是便錯過了大膽實驗的良機。

文革中的兩大派，頗有點像西方的兩大政黨。如所周知，西方兩大政黨都是鬆散的全民性組織，誰願參加就能參加，願退出就退出，根本沒有什麼組織紀律約束，兩派議員都是人民代表，按雙方同意的游戲規則進行文鬥，根據這一游戲規則密切監控對方，一旦

---

[1] 《王力反思錄》，650-651，810，812頁。

發現對方犯規便抓住大作文章，因而在很大程度上杜絕了以權謀私、貪污腐敗。

文革初期也有點這模樣：全國分裂成了勢均力敵兩大派，雖然一派是革命派，另一派是反革命派，但兩派在名義上都算"工人階級內部"，並非鎮壓與被鎮壓的關係，兩派都嚴格按照游戲規矩行事，並以此嚴密監控對方，那游戲規矩就是"忠于毛主席革命路綫"。文革完全可以看成是"忠誠大賽"，雙方比賽誰才是真正忠于毛主席的。正因爲此，毛不但沒有玩火自焚，他的威望反倒因這場自發人民革命空前提高了。西方兩派競爭促進了政體的廉潔，而東方兩派競爭促進了民間頌毛馬屁文化的空前繁榮。

如果毛是個有點起碼深度或有點西洋見識的思想家，則不難據此摸索出一條"人民當家作主"的"工農政權"的獨特道路來，那就是正式解散那個萬能的共產黨，只保留兩大派組織，讓兩者競選進入革命委員會，在忠于毛的大前提下管理自己。如此即能建立起一種馬恩列斯從未想象過的社會主義民主共和國，這種新式的"人民民主"類似于古希臘羅馬或美國南部邦聯實行的奴隸制民主，或改革前的南非實行的白人民主，亦即只有一部分人民享有公民權，傳統階級敵人則被徹底排除于民主之外。

如果毛這麼實驗過，那是否成功另說，光這在理論上標新立異的摸索的原創精神就足以讓他留名思想史了。可惜無論是從領袖還是從人民的角度來看，這種事都絕不會發生，于是毛便只能作爲一個權謀大師而不是作爲馬列主義理論家載入史冊。

前已指出，毛的精神視野是由兩方面的閱歷鑄就的，也就是在綫裝書的陳腐框架中填充了大量的權力鬥爭和革命戰爭經驗。他過去取得的一切成功，全靠黨組織那個得心應手的工具。相應地，他的政治經驗主要是如何巧妙操控指揮各級黨組織。於是，在"把黨放在一邊"、放棄了那個萬能工具後，他就遇到又一個悖論：賴以

發動推行革命的革命派（所謂造反派）他不能信任，而他能信任的
基本隊伍恰恰又是反革命派（所謂保守派）。

林副統帥教導我們："文化大革命就是革過去革過命的人的
命。"要打倒"黨內資產階級"，毛的依靠對象只能是原來黨天下
中的弱勢群體。然而在他眼中，造反派乃是"魚龍混雜，泥沙俱
下"（這是當時的流行用語）的大雜燴，攙雜了大量的"階級異己
分子"，也就是出身或成分不是那麼清白的同志。儘管他們往往比
出身好的同志還赤膽忠心，可毛絕對不會信任這些人，他覺得自己
的基本隊伍還是那些根正苗紅的老同志，可惜那些人都是既得利益
者，構成了保守派的中堅力量。

如果毛明確宣佈一切黨官都是革命對象，那問題就好辦了，旦
夕之間，所有的人都會變成造反派。但他又認為"廣大幹部是好的
或比較好的"，需要的只是教育而非打倒。這就是毛始終不敢宣佈
徹底砸爛舊的黨國機器，重新塑造新的國家機器的原因。這種欲言
又止的革命，用難聽的民間俗話來說，便是"養半截孩子"——胎
兒生出半截來，產婦便改了主意，不想再生下去了。

在這點上，他很像一個拔著自己的頭髮想把自己提上雲霄去的
痴漢：一方面，他對舊式革命製造出來的官僚機器深為不滿，試圖
直接訴諸人民，把官僚機器砸爛重塑；另一方面，他精通並賴以發
家的又是過去那套靠黨去"運動群眾"的戰略戰術，完全扔掉那套
得心應手的統治機器，必然讓他膽顫心驚。

毛解決這個悖論的辦法，是去調和不可能調和的事，推出一個
不良不娼、非驢非馬的根本無法運轉的怪胎來。他先號召"革命幹
部站出來亮相"，最後發展為"軍人、幹部和群眾三結合"。原來
"靠邊站"的老幹部紛紛響應毛的號召出場，學習偉大領袖的榜
樣，爭相打代理戰爭，操縱一派群眾組織保自己，去打倒政敵。

在全國陷入兩大派武鬥，而派頭頭們又不聽招呼之後，毛不得不半途而廢，著手重建黨組織，並強調"黨政軍民學，東西南北中，黨是領導一切的"，試圖重建黨的威望。就這樣，繞了一大圈，又回到了"黨天下"的舊格局裡，白白搭上了無數生命財產。

此外，缺乏西洋文明常識也決定了他和儒家一樣，把"分裂"等同于"失控"，天然熱愛"統一認識，統一政策，統一計畫，統一指揮，統一行動"[1]。他最愛賣弄的就是"對立統一規律"，但其實最不懂這所謂"規律"。在他，"相反"決不可能"相成"，只能是"相鬥相滅"，"對立"跟"統一"其實沒什麼相干，"一分爲二"其實是一方吃掉另一方的"對立消滅規律"。

因此，兩大派的形成不但出乎他的意外，而且爲他的"理論"無法解釋，讓他處于無限困惑之中，1967 年底，派鬥已在全國各地如火如荼地展開，他對來訪的阿爾巴尼亞人坦承：

> "有些事情，我們事先也沒有想到。每個機關、每個地方都分成了兩派，搞大規模武鬥，也沒有想過。等到事情出來以後，就看出了現象。"

那這現象背後的本質是什麼呢？他的直線腦殼，決定了他有眼如盲，居然看不見操縱兩大派武鬥的老幹部，永遠只知道往死老虎頭上賴：

> "這絕不是偶然的事，是尖銳的鬥爭。解放後包下來的國民黨、資產階級、地主階級、國民黨特務、反革命──這些就是他們武鬥的幕後指揮。"[2]

---

[1]《毛澤東思想年編》，1962 年 1 月 30 日，中國共產黨新聞網，
http://cpc.people.com.cn/GB/69112/70190/236641/16606270.html
[2] 毛澤東同阿中友好協會代表團談話記錄，1967 年 12 月 18 日，轉引自《毛澤東傳（1949-1976）》

最後他不得不動用權力甚至武力去強行壓制派鬥，直到臨死，他也沒能達到鬼子們中的大老粗高度，意識到派鬥其實是可以被引入建設性軌道的。

從群眾這邊來看，從兩大派對立進化爲"社會主義民主共和國"的可能性也不存在。和偉大領袖一樣，人民同樣將"對立"視爲"消滅與被消滅"的關係。最可笑的是，兩派的對立其實是利害衝突，但全國人民中竟然沒誰意識到這點，却把它看成是什麼超越于個人利益之上的"大是大非的原則之爭"。

這就是文革"民主"和西方式民主的本質區別：前者是"道義大賽"，後者則是明火執仗的爭權奪利。于是兩派鬥爭就只能是比賽誰更"革命化"，而這抽象的"革命化"除了用直觀外在形式表達對領袖忠誠（諸如"紅海洋"、像章、"忠字台"、"忠字歌"、"忠字舞"、"早請示，晚彙報"，等等）之外，便只能詮釋爲禁欲主義。雙方競相"鬥私批修"、"破私立公"、"滅資興無"，使得禁欲主義在文革時期達到了史無前例的高峰。

就這樣，破天荒第一次，中國人民有了機會管理自己，但他們做到的，却是如同里弄小脚偵緝隊一樣，去管制自己和對方對毛的忠誠度，以及物質和精神上的自虐水平。

總之，毛的個人悲劇在於，他能察覺現體制的毛病，不乏對理想國的朦朧嚮往，頗有孤注一擲的賭徒膽氣，更具備砸碎國家機器的翻江倒海的大神通，却不幸毫無發明能力，沒有足夠的智力去構想一個新社會的基本設計圖，終生是個狹隘經驗主義者，而既往經驗又都離不開蘇聯師父教會的那些。於是當他想自立門戶、獨闢蹊徑時，就只能指望"船到橋頭自然直"，人民群眾起來後，自然會發揮首創精神去代他發明出來，到時他只需加以採集提煉加工就是了。文革中的"新生事物"，大約只有知青下鄉是他的個人發明

（準確說來是毛順生的發明）。赤腳醫生、五七道路、五七幹校等等，全都不是他想出來而是"群眾先生"教他的。

更糟的是，他不但對要建立的新社會毫無起碼的制度設計，就連運動具體該怎麼進行、怎麼收場都毫無具體部署。這與從蘇聯學去的"土改"、"集體化"、"鎮反"、"肅反"等等完全是兩回事，倒有點像日本侵華戰爭，毫無通盤部署，腳踩西瓜皮，滑到哪裡算哪裡。歷史上還從未有過這種把全民轟起來，讓他們去"改革不合理規章制度"，好為偉大領袖提供新社會設計靈感的咄咄怪事。

這一次和大躍進不同的是，黨政機關徹底癱瘓，人民群眾真的給解放了。若他們真有什麼創造力，此時即是用武之時。可據我個人觀察，人民群眾確實不乏首創精神，可惜那是高度定向的：把批鬥對象扔進糞坑，讓他們遺臭萬年；吊在龍門吊或車間的行車上，讓他們如風中的樹葉一般搖搖擺擺；滾釘板、跪玻璃渣、披麻戴孝、脖子上用高強度的細鋼絲掛上沉重的鐵牌，等等，等等。

因為"理論"內在的自我否定，以及毛的深刻的葉公好龍本性，歷史上第一次"無產階級專政下繼續革命"就變成了史上最大的爛尾工程，只有"鬥批"，沒有"改"，應該完成的重大任務一項都沒完成。

第一項：把劉鄧官僚集團及其權力基礎搞掉。劉雖然給整死，但即使在毛死前，官僚集團便在林彪事件發生後開始復辟，在毛死後則全面復辟；

第二項：毀黨造黨，摸索出一個獨立于蘇聯模式的"人民真正當家作主"的共產主義樂園。這完全是夢話一句，人民在"解放"後遭到最嚴重、最普遍、為時最長的迫害正是發生在此期，冤獄遍於國中，毒刑氾濫海內（請參見本書《國務家》卷）。

第三項：經過革命鬥爭洗禮，把全國人民特別是青年一代鍛煉改造爲大公無私的堅定可靠的革命接班人。文革確實培育出來了一代新人，可惜全是土匪加政客，全民道德水平在此期內發生了空前大滑坡。

林彪事件的發生，宣告了文革的失敗。待到毛一死，官僚集團就全面復辟，最大規模的"繼續革命"嘗試便以徹底失敗告終。毛對此也心知肚明，在死前對心腹們說：

> "我一生幹了兩件事，一是與蔣介石鬥了那麼幾十年，把他趕到那麼幾個海島上去了，抗戰八年，把日本人請回老家去了。對這些事持異議的人不多，只有那麼幾個人，在我耳邊嘰嘰喳喳，無非是想讓我及早收回那幾個海島罷了。另一件事你們都知道，就是發動'文化大革命'。這事擁護的人不多，反對的人不少。這兩件事沒有完，這筆遺產得交給下一代。怎麼交？和平交不成就動盪中交，搞不好就得血雨腥風了。你們怎麼辦，只有天知道。"[1]

最後那句話透出的萬般無奈與無限淒涼，竟然出自那個全知全能的大救星之口，實在讓人啼笑皆非。其實，偉大的思想家若是具有足夠的理性思維能力，在運動前的那些不眠之夜中從頭到尾思索一番，就不難發現前文指出的"繼續革命"的內在悖論，決定了它絕無可能成功，那也就不必多此一舉了。

（八）"繼續革命"是毛為中共留下的致命負資產

如上所述，"黨內資產階級"的提法，是毛澤東在陳正人的報告首次提出的。儘管他的論述完全違反了馬克思主義原教旨，然而弔詭的是，無論是陳正人的觀察，還是他的批示都完全符合事實。

---

[1] 《中國共產黨執政四十年》，中共黨史資料出版社，1989年，409頁

他們都察覺到了黨內存在著一個騎在人民頭上為所欲為的官僚集團，與勞苦大眾處於尖銳對立狀態。

只是他們都缺乏反省與思辨能力，都看不出這個官僚集團正是中共自己製造出來的。如果中共不把權力集中自己手上，不控制一切資源，不消滅一切反對派和制約力量，不嚴格控制輿論，那就絕不會有那個為所欲為的統治集團。

他們更沒有意識到，傳統社會之所以不公，就是因為它是一個官僚社會而非西式階級社會。因此，近代中國必須完成的一個社會轉型，是把社會改造為西式階級社會。然而中共革命卻百倍強化了官僚社會的特徵。它造出來的新官僚集團與傳統官僚集團的區別，只在於它擁有的權力更大、更缺乏制衡，而且霸佔了社會的全部資源，因而也就更無法改造。在這個意義上，中共革命非但沒有促成中國社會的健康轉型，反倒使得社會大幅度倒退了。

正因為毛澤東始終跳不出的既有經驗認識的框框，他才會飲鴆止渴，以暴易暴，用更大規模的革命去糾正先前的革命的惡果。他始終看不到，列寧革命工藝學乃是製造官僚集團的最強大的方式，以此建立起來的國家絕對只能是官權至上的國家。即使群眾起來把舊官僚機器砸毀了，也不可能建立一個真正由群眾治理的國家，遑論通過暴民造反來治理國家。群眾運動只能按列寧的發明，由精英組織發動並加以操控，否則國家就只會進入無政府狀態，但在這過程中，精英又將權力富集于一身，于是勢必再度製造出個新的權勢集團來，成了狗咬尾巴團團轉。

他的另一個失誤，是"無設計，亂施工"，事前完全沒有看到"繼續革命"必然遇到的問題，於是不能不半途而廢，打虎不死，引來反噬，反而刺激了官僚集團，引發了中共大規模腐化。

林彪事件發生後，毛不得不向官僚集團讓步，先後以講話的方式為"二月逆流"、賀龍、"楊、余、傅"及羅瑞卿平反，承認鄧小平的問題屬於人民內部矛盾，被打倒的老幹部紛紛復出。這些人總結的沉痛教訓就是：失去權力乃是天下最痛苦的事，"有權不用，過期作廢"。因此，他們一上臺就以十倍的貪婪、百倍的瘋狂立黨爲私，第一件事就是大開走後門之風，把孩子從農村裡弄回來，塞到大學和部隊裡去（當時當兵是最風光地位最高的職業），接著又肆無忌憚地搞裙帶關係，把我黨改造成了父子黨、夫妻黨、裙帶黨、關係黨。自毛以下，所有黨魁除了周恩來一人外，都把老婆弄到臺上去招搖，什麼毛澤東夫人、林彪夫人、李先念夫人、朱德夫人……統統成了黨國大員，就連謝富治夫人也當了衛生部長，不但黃口小兒毛遠新成了一鎮諸侯，當上了瀋陽軍區政委，後又成了政治局聯絡員，就連什麼張玉鳳、王海容、唐文生也成了扼守天聽、傳達聖意的權臣……，當真是有史以來見所未見的烏烟瘴氣。

總之，黨官僚們總結出來的經驗教訓就是，一定要趁還在臺上之時，死命地撈，活到老，撈到老，撈不飽。等到毛澤東撒手咽氣，官僚集團立即反攻倒算，中央和地方的造反派統統入獄。更有甚者，毛澤東原來朦朧的恐懼反倒化爲現實，"走資派"真的瘋狂走起資來了。改革開放後，黨官僚們更是以百倍的瘋狂掠奪聚斂社會財富，迅速蛻化爲富可敵國的龐大的、世襲的壟斷官僚資產階級，構成了對毛"繼續革命偉大理論"最難堪最徹底的羞辱和諷刺。

據國內媒體報導：十八大以來受審的落馬省部級官員中，受賄金額過億的有：朱明國 1.41 億；周永康 1.3 億；金道銘 1.2 億；萬慶良 11 億；毛小兵 1.05 億；谷俊山涉案 300 多億元，其中貪污受賄達 6 個多億[1]。就連山西的區區一個交警隊長，也靠敲詐勒索、投機經營獲得了上億元資產[2]。今日的中國共產黨完全成了中國資產黨。所

---

[1] 彭元正：《感歎"金錢"的深刻和顏色》，中國石油企業，2016 年 11 期
[2] 王秀強：《一個"員警富豪"之死》，《人物畫報》，2010 年 24 期

以，毛澤東關於"黨內資產階級"的論述，儘管完全不符合馬克思主義，卻歪打正著，成了具有高度預見力的讖語。

這吊詭現象之所以發生，乃是因為馬克思是歐洲人，他的政治經濟學研究的只是實行公平競爭、等價交換的資本主義商品經濟，政治權力基本不在其中起作用。因此，他的歐洲隧道眼中只看得見資本，其"階級"的劃分也就只按對生產資料的佔有方式來進行，完全忽略了權力。然而這根本不是東方的社會財富分配方式。正如俄國和中國的經驗昭示的那樣，權力一旦介入商品經濟，就會變成最雄厚的"不可見資本"。統治者通過權力進行不等價交換，攫取的巨額利潤根本就不是所謂"剩餘價值"可以比擬的。

所以，毛澤東的"官僚主義者階級"的劃分，雖然從正宗馬克思主義的角度來看是個理論笑話，卻比馬克思主義更符合中國的實情，因而是對馬克思主義的重要修正。它表明，在中國劃分階級時，權力的佔有程度遠比經濟標準更重要。雖然毛因為缺乏理論素養與思維能力，未能明確指出這一點。但他先後使用的術語諸如"官僚主義者階級"、"走資本主義道路的當權派"等，畢竟都含有關鍵性內涵，那就是"官僚"與"當權派"。這個階級就是官僚階級，歷來是中國的統治階級，是危害中國幾千年的大蠹。毛締造的"新"中國與傳統中國的區別，只在於這個官僚階級成了個史無前例的毫無制衡、不可改造的巨無霸。

因此，如今在中國橫空出世的黨內資產階級的前身，就是那個毛澤東親手製造出來，後來又想加以抑制、整肅、清洗的官僚階級。在私有化與市場經濟被引入中國後，這個階級必然要最大限度地使用手中的"看不見的資本"，最大量的攫取社會財富，從政治貴族迅疾過渡到經濟貴族。追本溯源，罪魁禍首還是親手造出那個權貴集團的毛澤東本人。

然而膚淺的識字分子和工農大眾又怎會明白這淺顯的道理?他們只能看見毛時代的所謂"廉潔"與新時代的腐敗,只看得見毛時代基層中的平均主義與如今的貧富兩極分化。於是毛就成了先知先覺的上帝,而他的"繼續革命偉大理論"也在工農大眾中獲得了越來越強大的感召力。

這就為黨內權力鬥爭提供了強大的"理論武器"。將來中共不出野心家則已,一出必然要打出毛澤東的旗幟來,以"打倒黨內資產階級"為號召。毛澤東"繼續革命的偉大理論"終將變成懸在中共頭上的達摩克利斯之劍。

五、毛澤東的哲學思想

(一) 兩個毛澤東

毛澤東生前發表的哲學著作只有四篇:《矛盾論》、《實踐論》、《關於正確處理人民內部矛盾的問題》以及《人的正確思想是從哪裡來的》。《關於正確處理人民內部矛盾的問題》,是毛在最高國務會議上的講話修改稿,沒有什麼哲學內容,已在前文中作過評點。《人的正確思想是從哪裡來的》則是毛在中共中央文件《前十條》上加寫的話,不過是《實踐論》基本思想的重複。所以,毛的主要哲學著作也就是"兩論",在知識界、教育界影響最大的也就是它們。我黨"秀才"們為大慶油田總結的主要經驗之一,就是所謂"兩論起家"。

除此之外,毛澤東還留下了兩類生前未發表的哲學論述。一類是寫在哲學教科書上的學習心得,在他死後由中共中央文獻研究室整理編輯為《毛澤東哲學批註集》發表。另一類散見於他的內部講話與公文批示中。這些講話已發表的有鄧力群編《毛澤東讀社會主義政治經濟學批註和談話》，李銳著《"大躍進"親歷記》中所載的幾次會議上的講話，薄一波著《若干重大決策和事件的回顧》中披露的部份言論，以及《毛澤東年譜》中的摘要。文革期間造反派出版的《毛澤東思想萬歲》文集[1]也收集了許多毛澤東的內部談話，與上述出版物印證後可知都是真品，但至今未被中共當局公開承認，遑論正式出版。

閱讀毛生前未發表的哲學論述，一個感受就是，有兩個毛澤東——唯物論者毛澤東與唯心論者毛澤東。

前文已經指出，毛澤東在實質上是個主觀唯心主義者，他的"政治思想上的階級"論、"窮過渡論"、"繼續革命論"，無一不是"意識決定存在"的唯心論；與此同時，他卻又開口閉口"唯物主義"，"唯物辯證法"，動輒罵人"唯心主義"、"形而上學"。但那主要還是理論與實踐相互背反，並非赤裸裸的話語衝突。然而比較"兩論"與他未發表的言論就會發現，前者基本尚在馬列的窠臼內，後者則不乏唯意志論的調調。

唯物論者毛澤東：

"馬克思主義者認為人類的生產活動是最基本的實踐活動，是決定其它一切活動的東西。人的認識，主要地依賴於物質的生產活動，逐漸地了解自然的現象、自然的性質、自然的規律性、人和自然的關係；而且經過生產活動，也在各種不同程度上逐漸地認識了人和人的一定的相互關係。

---

[1] 《毛澤東思想萬歲》1968 年武漢版。本書引用的該書的毛語錄可在以下鏈接查到：

https://www.marxists.org/chinese/maozedong/1968/index.htm

"人們要想得到工作的勝利即得到預想的結果，一定要使自己的思想合於客觀外界的規律性，如果不合，就會在實踐中失敗。"[1]

"人們的社會存在，決定人們的思想。"[2]

唯心論者毛澤東：

"**精神一到，何事不成**。抗日戰爭中，人人努力，個個奮進，打上十年八年，沒有不能勝利的道理。"[3]

"看問題、研究問題，要有觀點，**用觀點來研究問題**，要學會用政治來帶業務。先講政治面貌，然後講工作面貌；**要有觀點來說明材料，不要被材料淹沒了。**"[4]

"思想上政治上的路線正確與否是**決定一切**的。"[5]

"思想上政治上的路線正確與否是決定一切的。**黨的路線正確就有一切，沒有人可以有人，沒有槍可以有槍，沒有政權可以有政權**。路線不正確，有了也可以丟掉。路線是個綱，綱舉目張。[6]

---

[1] 毛澤東：《實踐論——論認識和實踐的關係——知和行的關係》（一九三七年七月），《毛澤東選集》第一卷，
http://www.people.com.cn/GB/shizheng/8198/30446/30452/2195195.html

[2]《人的正確思想是從哪裡來的？》，《毛澤東文集》第八卷，
http://www.people.com.cn/GB/shizheng/8198/30446/30452/2195556.html 。

[3]《爲受國聯防疫團派遣在延安作防疫工作的蔣燦題詞》，轉引自《毛澤東年譜（1893-1949）》，電子書。

[4] 毛澤東在武漢會議上的講話，1958年4月，轉引自李銳：《"大躍進"親歷記》，上卷，301頁。

[5]《對葉群檢討信的批語和批註》（一九七〇年十月十五日），《建國以來毛澤東文稿》，第十三冊，143頁

[6]《在外地巡視期間同沿途各地負責人談話紀要》（一九七一年八月-九月），同上，242頁。

"在一個長過程中，在進入最後的質變以前，一定經過不斷的量變和許多的部分質變。**這裡有個主觀能動性的問題。**"[1]

爲醒目起見，我用黑體字標出了關鍵話語。接受過黨的教育的同志一眼就能看出，這些話乃是如假包換的唯心主義。

最可笑的是，他酷愛"主觀能動性"到了這步田地，竟然把它拉扯進"量變質變規律"中去。該"規律"首先是黑格爾"發現的"，由恩格斯引入馬克思主義，所舉的"例證"都是理化現象，諸如水溫升到沸點就發生汽化、碳氫化合物隨碳鏈加長而發生物理性質變化，等等。這些都是自然變化，與人的主觀能動性何干？毛澤東怎麼連這種低級錯誤都會犯？

當然，他是科盲，成天考慮的只是階級鬥爭。即便如此，這類錯誤仍然低級到無從原諒——他不是在《矛盾論》裡說過："對立統一的法則，是自然和社會的根本法則，因而也是思維的根本法則"麼，可在這兒怎麼就會忘了自然界呢？一個人怎麼連他引以為傲的"傑作"的重要結論都記不得？

這個例子，顯示了"兩論"與未發表論述之間又一醒目差別，那就是前者基本還按照論文的路數寫作，犯的錯誤也基本是馬列傳下來的，毛原創的昏話不多。後者則基本是毛原創的胡話大全，什麼笑話都能鬧出來。

"兩論"留待後文討論，這兒光看胡話：

"路遙知馬力，馬力是質，路遙是量。"[2]

所謂"量"和"質"，是同一類事物在數量和性質兩方面的表現。"路"和"馬"是兩類完全不同的事物。正常人只會分別考慮它們的量與質，對"路長"和"路質"，"馬的量（年齡、身高、

---

[1] 毛澤東：《讀蘇聯《政治經濟學教科書》下冊談話》，鄧力群編：《毛澤東讀社會主義政治經濟學批註和談話》（簡本），電子書。
[2] 《毛澤東哲學批註集》，52-53頁。

體重等等)",　"馬的質"（功率，速度等等）作出判斷。不意毛澤東卻把兩類完全不同的事物合成了某種東西。把"路長"當成它的量，把"馬力"當成它的質！這種腦袋，絕不是一般人能長出來的。

　　"把一切不同質的現象對立起來是有必要的。"[1]
　　請問該如何將鋁的氧化與歌唱家的演唱對立起來？

　　"一切矛盾都是不可調和的，哪裡有什麼可以調和的矛盾？只能說有對抗性的和非對抗性的矛盾，不能說有不可以調和的矛盾和可以調和的矛盾。"[2]

　　原來，非對抗性矛盾也是不可調和的！既然如此，請問它與對抗性矛盾有何區別？難道"對抗"不是"不可調和"的意思？用"團結——批評——團結"去解決人民內部矛盾，算不算"調和"？都已經"達到新的團結"了，還沒被調和？怪不得我和太太有時難免吵架，原來咱們結成的是"不可調和的非對抗性夫妻"，而那些離了婚的夫婦大概是"不可調和的對抗性夫妻"吧。

　　"一切差別的東西在一定條件下都是矛盾"，　"差別是世上一切事物，在一定條件下都是矛盾，故差別就是矛盾；這就是所謂具體的矛盾。"[3]

　　宇宙中的白矮星，與貝多芬的田園交響曲有著顯著差別，哪怕是白癡也不至於把兩者混起來，是不是？它們在一定條件下也是矛盾麼？在什麼條件下構成了什麼樣的對立統一體？又如何是"所謂具體的矛盾"？

　　"突變（生死都是突變）是宇宙最根本的規律。"[4]

---

[1] 同上，54頁。
[2] 鄧力群編：《毛澤東讀社會主義政治經濟學批註和談話》（簡本）。
[3] 《毛澤東哲學批註集》，201頁。
[4] 《在中共八大二次會議上的講話提綱》《建國以來毛澤東文稿》第七冊，201頁。

所以，發動"大躍進"，原來是按宇宙最根本的規律辦事，它也果然突變成了大饑荒。只是不知道為何直到近代綠色革命前，幾千年內糧食產量始終在漸變。估計是階級敵人顛覆了"宇宙最根本的規律"吧。

達爾文進化論的要旨，就是物種分化是通過漸變完成的，不同物種之間有逐漸過渡的中間環節。達爾文歷來為毛的馬列老祖宗高度肯定，不知道他們是否也如毛澤東的蘇聯哲學家師父一樣，認為那是"庸俗進化論"？

"突變優於量變。" [1]

知道知道，財迷不都做夢一夜發財，老光棍不都做夢瞬間失去處男身麼？如果突變沒有優越性，賭徒們怎會去賭場？可見這確實是宇宙真理。只是突變未必都是好事，一夜間輸光的賭徒都痛苦地知道這一點。即以主席而論，他老人家恐怕也不至於認為自殺的突變要優於逐漸衰老的量變吧？當然，大躍進引出突發的大饑荒，的確要比糧食緩慢增產優越得多。

"平衡的破壞優於平衡，但不要走向冒險主義。" [2]

這句話是他寫在提綱中的，講話時說的是：

"突變比量變好。但沒有量變，就不會有突變。沒有量變不行，否定量變，沒有根據地去搞突變，是冒險主義，在政治上要犯錯誤。平衡是由不平衡來的，平衡中就有不平衡，沒有不平衡就沒有平衡。平衡的破壞是躍進，平衡的破壞優於平衡，因不平衡而大傷腦筋是好事。" [3]

---

[1] 同上

[2] 同上

[3] 在八大二次會議上的講話（一九五八年五月二十日下午），轉引自李銳《"大躍進"親歷記》上卷，398頁。

短短一段話，自相殘殺之慘烈蔚為奇觀。他一面說量變是突變的前提，所以不能否定量變，一面又說突變優於量變。世上哪有結果優於原因的怪事？這是什麼蠢話？

既然反對冒險主義，主席似乎就該確定一下那限度在哪兒，告訴大家什麼是“安全的破壞平衡”，什麼是“危險的破壞平衡”。不給出明確的鑒別標準，光告訴大家不能否定量變有什麼用？何況他自己就在鼓吹突變與破壞平衡的優越性，說那是大躍進，實際上是在號召全黨競相瘋狂破壞平衡，那國民經濟還有不垮的？

“客觀事物的發展是不平衡的，平衡不斷被衝破是好事。不要按平衡辦事，按平衡辦事的單位就有問題。”[1]

公開命令全黨去破壞生產的平衡，一個國家領袖怎麼會熱昏愚蠢到這種常人無法理解、不可思議的程度？原來，這是他的偉大的辯證法揭示的“宇宙真理”：

“平衡、量變、團結是暫時的，相對的；不平衡、質變、分裂是永遠的絕對的。”[2]

他反復多次宣稱這一偉大發現，簡直成了祥林嫂：

“我們馬克思主義者認為，不平衡，矛盾，鬥爭，發展，是絕對的，而平衡，靜止，是相對的。所謂相對，就是暫時的，有條件的。”[3]

文革期間，我攻讀《毛澤東思想萬歲》時就對此嗤之以鼻：既然不平衡是永遠的絕對的，化學反應為何總要達到平衡態？高處的重物為何在失去平衡後一定要落下來，直到恢復平衡為止？溶質為

---

[1] 轉引自薄一波：《若干重大決策與事件的回顧》上卷，522 頁。

[2] 《在中共八大二次會議上的講話提綱》，《建國以來毛澤東文稿》第七冊，201 頁。

[3] 在中國共產黨第八屆中央委員會第二次全體會議上的講話，（一九五六年十一月十五日），《毛澤東選集》第五卷，人民出版社，1977 年，
https://www.marxists.org/chinese/maozedong/marxist.org-chinese-mao-19561115.htm

何要向濃度低的地方擴散，直到整個系統內的濃度相同為止？白衣服不洗為何要變成灰色的？熱量為何總是從高溫處向低溫處流動，直到溫度相等為止？電池處於閉路狀況時，電流為何要一直流到兩極電位相等為止？酸鹼相遇，為何正負離子一定要中和？……等等，等等。

總之，從不平衡到平衡，從來是天然趨勢，只會釋放能量，不需要輸入能量；而要想維持不平衡，就一定要從系統外輸入能量。這就是熱力學第二定律。如果不平衡真是絕對的，那我從高樓上跳出去就會懸在空中；穿的白襪衣就會永遠雪白；無論加多少鹽，湯也不會變鹹；"太陽出，冰山滴"就永遠不會出現；世上也就絕不會有熱傳導、電流、中和反應，等等，等等。

如此看來，似乎平衡才是永久的、絕對的，宇宙的"熱寂"是不可避免的？但我當時雖然不過是個高中生，卻也知道不能隨便說"一切"、"絕對"這類絕話，因為我既不是上帝，也不是白癡。毛澤東說這些話，不過是因為他根本不懂"一切"、"絕對"、"永久"是什麼意思，因而無知無畏罷了。

"質變是永久的絕對的"更搞笑，只有完全徹底的科盲才能說出來。真是如此，世上也就不會有什麼元素了——氫質變為氧，氧立即質變為鐵，鐵又立即質變為氦……"生命在每一個瞬間是它本身，同時又是別的什麼"，物質根本沒有同一性（identity），因而也就無從把握，不可認識。

"分裂是永久的絕對的"就更是白癡話語（或是瘋子話語，待考）。倘若此，則人類絕不會結成家庭與社會，遑論國家，至今處在萊布尼茨所謂"單子"狀態中，大家都是快樂的單身漢，頂多有點桑中之約，"暫時的、相對的"野合一下。而自然界也絕不會有什麼化合物。甭說化合物，就連單質都不會有，天地間（Oops，錯了，那時連地球都沒有了）只有分到不可再分的基本粒子。

然而主席他老人家是語不驚人死不休了，還有更結棍的：

"十五年趕上英國，我們是兩年基本上趕上。這是講總數，不是按人口，按人口平均趕上英國，就鋼鐵來說，要三億噸。英國五千萬人口，有兩千二百萬噸鋼，我們有七億人口，得要三億噸鋼。剛才講七億噸鋼，要三億噸鋼翻一番還要多一點，那可能要十五年，也許還要多一點。世界上的事情有這麼怪，不搞就不搞，一搞就很多，要麼就沒有，要麼就很多。你們不信這一條？比如我們打二十二年的仗，二十一年就是不勝利，而在二十二年這一年，就是一九四九年，就全國勝利了，叫突變。糧食也是一樣，搞了八年，七搞八搞還只有那麼一點。一九四九年糧食是二千一百億斤，去年三千七百億斤，在我們手裡搞了八年，只增加一千六百億斤，而今年一年就可以增加三千幾百億斤，可能到四千億斤。"[1]

按主席的宏偉規劃，全國鋼產量兩年趕上英國，人均鋼產量在15 年後將躍升為英國的兩倍多，總產量達到七億噸。可憐他老人家從未聽說過什麼 GDP，只好用鋼這個"綱"來衡量國民經濟，但不知 15 年後，咱們拿這七億噸鋼來幹什麼？

最搞笑的是"世界上的事情有這麼怪，不搞就不搞，一搞就很多，要麼就沒有，要麼就很多。你們不信這一條？"難怪老人家要據此發現"突變是宇宙最根本的規律"。我當然不敢不信這一條，可惜見到的卻是"不搞就不搞，一搞就餓死很多"。

"只有依量的變化質才能變化，也只有依質的變化，量才能變化。"[2]

---

[1] 毛澤東在第十五次最高國務會議上的講話，1958 年 9 月 8 日，《建國以來毛澤東文稿》第七冊，389 頁。
[2] 《毛澤東哲學批註集》，57 頁。

　　所以，質變與量變互為前提，兩者成了互鎖狀態，於是無論質
變量變，都根本不會發生了。任何一個高中生都知道，恩格斯所謂
"量變引起質變規律"根本不是這個意思，而是說量變先發生，在
一定範圍內都不會出現質變。要等量變到了一定的"度"時，質變
才會發生。毛澤東卻連這最簡單的意思都理解錯了，連恩格斯舉的
那個液體沸騰的"例證"都看不懂，莫非他這輩子沒燒過水？

　　　　"人多為王……長袖善舞，多財善賈。韓信將兵。"[1]
　　　　"量變了，一定會引起質變，會促進質變。我們的人民公社是
　　　'一大二公'，首先是'大'，接著必然提高'公'的水平，
　　　也就是說，量變必然帶來部分的質變。"[2]

　　所以，搞建設就是打群架，人多為王，韓信將兵，多多益善。
要向共產主義過渡，只需把公社做大。規模越大，人越多，共產水
平也就越高。把全國做成一個大公社，大概共產主義也就"突變"
實現了。主席的"辯證直線思維"，透出了山大王的沖天豪情，冒
著熱騰騰的農家熱炕氣息，更顯出了天真可愛的兒童稚態。

　　　　"社會主義經濟發展過程中，經常出現不按比例、不平衡
　　　的情況，要求我們按比例和綜合平衡。例如，經濟發展了，到
　　　處感到技術人員不夠，幹部太少，於是就出現幹部的需要和幹
　　　部的分配的矛盾，這就促進我們多辦學校，多培養幹部，來解
　　　決這個矛盾。"[3]

　　沒有鐵礦煤礦，還要大煉鋼鐵，"出現不按比例、不平衡的情
況"，於是就出現礦石的需要和礦石的供應的矛盾，這就促進大夥
兒砸鍋賣鐵，把鋤頭、鐮刀、犁耙等等一股腦兒砸碎，塞到土高爐
裡去，把一山山森林砍光，"來解決這個矛盾"。

---

[1]《毛澤東哲學批註集》，57頁。
[2] 鄧力群編：《毛澤東讀社會主義政治經濟學批註和談話》（簡本）。
[3] 鄧力群編：《毛澤東讀社會主義政治經濟學批註和談話》（簡本）。

"生產力和生產關係之間、生產關係和上層建築之間的矛盾和不平衡是絕對的。上層建築適應生產關係，生產關係適應生產力，或者說它們之間達到平衡，總是相對的。平衡和不平衡這個矛盾的兩個側面，不平衡是絕對的，平衡是相對的。如果只有平衡，沒有不平衡，生產力、生產關係、上層建築就不能發展了，就固定了。矛盾、鬥爭、分解是絕對的，統一、一致、團結是相對的，有條件的。有了這樣的觀點，就能夠正確認識我們的社會和其他事物；沒有這樣的觀點，認識就會停滯、僵化。"[1]

原來，生產關係與生產力相適應，生產力就不會發展了？這就是馬克思的歷史唯物主義？他說的好像恰好相反，是生產力決定生產關係，使得後者一定要適應自己，否則就要引起革命啊？主席怎麼連這麼簡單的意思都會理解到了反面去？

怪不得主席要跑步進入共產主義，原來是生怕生產關係與生產力之間達到平衡，害得生產力乃至上層建築等等"就不能發展了，就固定了"，所以要用人為建立的先進生產關係去"倒逼"落後的生產力。

我在前面分析毛澤東的智力缺陷時指出，毛澤東的智力缺陷並不全是天資低下，也有自己努力的結果。他本來就沒有邏輯思維的能力與習慣，還不幸迷上了"辯證法"那高效殘腦劑，真誠地堅信哲學是"萬軍之主"，是統治管領一切學科的"總學科"，因而卓有成效地摧毀了自己的天資。上面這些語錄就是證明。

不僅如此，辯證法還給了毛澤東一種特殊的"負才能"，讓他專門為違反起碼常識的難以置信的蠢事尋找理論依據，一旦找到後便心明眼亮，勝算在握，認定自己掌握了"宇宙根本規律"，而腦袋尚有三分清醒的部下都是十惡不赦"形而上學"、"唯心主

---

[1] 同上。

義"。最後大家都相信了他發現的"天道",規模空前的災難便再不可免了。

此外,這些語錄的作者看上去不大像"兩論"的作者,於是我們又發現了兩個毛澤東:"秀才"毛澤東與"工農兵哲學家"毛澤東。之所以用"秀才"而不用"理論家",乃是因為我黨從未出過理論家,只出過能寫文章的"秀才"。而"工農兵哲學家"則是毛的發明。50-60 年代間,毛澤東號召"工農兵學哲學用哲學",群眾中果然湧現了大批"工農兵哲學家"。報上登出來的那些學習心得,也就跟上列語錄差不多。這兩個不同的毛澤東,非正式的那個更鮮活,更生動,更富於娛樂性,也更真實。

(二)從二手貨裡蔥來的"兩論"

1)抄襲疑案

2011年第9期《炎黃春秋》刊登了南開大學教授劉澤華的文章,稱毛澤東的《矛盾論》涉嫌抄襲楊秀峰在 1935 年出版的《社會學大綱》[1]。此後他又發文補正,說毛涉嫌抄襲的是楊秀峰的《社會科學方法論》,不是他誤記的《社會學大綱》。他列出該書中關於矛盾的七個主要論點,幾乎涵蓋了《矛盾論》的全部內容,並引用梁中義著《珍貴的哲學文獻》一文,說楊秀峰有關矛盾問題的論述,"幾乎包括了現行哲學教科書中有關對立同一規律的全部內容,同兩年後毛澤東所寫的《矛盾論》也是相吻合的。"最後他引朋友的話,說毛"寫的可能是科普性質的讀物,引用了一些當時左翼思想

---

[1] 劉澤華:《我在"文革"中的思想歷程》,《炎黃春秋》2010年第 9 期。

界的公共知識",並推薦陳定學的文章《〈矛盾論〉是毛澤東的原創嗎?》。[1]

陳定學在該文中提出,毛澤東對唯物辯證法的了解,大都來源於蘇聯哲學教科書,而《矛盾論》中的主要觀點也大都是從蘇聯哲學教科書吸收、改寫而來的。

他介紹,有學者認為,毛澤東的《矛盾論》、《實踐論》是抄襲李達的《社會學大綱》。有人甚至說,《矛盾論》、《實踐論》中沒有一個論點不是從《社會學大綱》中來的。

最後他還提出,《矛盾論》的"作者極可能就是陳伯達,毛澤東稍作加工之後就變成了作者。""《矛盾論》中確實納入了艾思奇的不少觀點或意見。然而,文中並無註明,這難道不算抄襲嗎?"[2]

陳所說的蘇聯教科書,是西洛可夫等人著的《辯證法唯物論教程》,米定等人著的《新哲學大綱》以及米丁等著的《辯證唯物論與歷史唯物論(上冊)》。這三本書中,只有毛澤東對西洛可夫等人著的《辯證法唯物論教程》(下稱《教程》)和米丁等人著的《辯證唯物論與歷史唯物論(上冊)》(下稱"米著")的批註收在《毛澤東哲學批註集》中。

陳文引來了毛左的文革大批判,其中唯一值得理會的是奚兆永。他在《烏有之鄉》網站發文批判陳定學,指責陳篡改引文和出處,罵陳"顛倒是非,混淆黑白","故意把出處搞錯……就是妄圖阻止人們去對照原文,以免拆穿他進行無恥篡改的鬼把戲",大罵"有辱斯文,太下作了","只有文痞才會耍弄這樣一些極其卑劣的伎倆"。

---

[1] 劉澤華:《對"〈矛盾論〉有抄襲之嫌"一文的一點補正》
http://www.aisixiang.com/data/46345.html
[2] 陳定學:《〈矛盾論〉是毛澤東的原創嗎?》《炎黃春秋》2011年第12期,

除謾罵外，奚兆永也作了反駁，其要點是：

第一，"《矛盾論》原本是講義，要求其處處原創顯然有違常識。"

第二，《矛盾論》與蘇聯三本教科書有以下明顯區別：

A、《教程》論辯證法基本法則的章節的框架與《矛盾論》的不一樣。

B、《教程》"背離了列寧最強調的對立統一規律是辯證法的本質和核心的思想，把'由量到質及由質到量的轉變的法則'說成是'辯證法的根本法則'，而毛澤東則不同，他敏銳地看到列寧有關對立統一的論述的極端重要性，非常突出地把列寧的這一論述應用到《矛盾論》裡，非常集中地對對立統一規律進行了闡述和發揮。"

C、《教程》裡根本就沒有論述矛盾的普遍性，而《矛盾論》則引用恩格斯和列寧的語錄對矛盾的普遍性進行了闡述。[1]

奚兆永所謂"講義不存在抄襲"之說，完全是詭辯。誠然，教科書都是編纂的，不是原創，一般不給出參考書目。不過，這類書從無作者題名，只有編者題名，亦即只興寫"某某編"，英文用Editor。

然而毛澤東的"兩論"卻是作為理論專著，以他為唯一作者，出版給全國人民學習的。學術專著與教科書不同，一定要給出參考書目、注明材料與觀點來源，否則涉嫌欺世盜名，讓讀者以為全部觀點都是作者原創。毛澤東也確實部份這麼做了，兩本小冊子中引用的馬恩列斯語錄都註明了出處。但除此之外一律沒有註明觀點和材料來源，就連編寫時使用的參考書目都未給出。以致全國人民除了劉澤華等個別人外，都以為那上面的每句話都是毛澤東自己想出

---

[1] 《狂犬吠日，無損於太陽的光輝——駁劉澤華、陳定學等詆毀〈矛盾論〉的幾篇謗文》，http://zlk.wyzxsx.com/Article/sichao/2011/12/274843.html

來的，而這就是劉教授見到楊秀峰的講義時為何無比震驚。因此，用"原本是講義"為毛澤東辯護，完全是詭辯——大家談的是正式版本，不是原本；毛澤東是作者，不是編者。

奚兆永的"原創性"觀念也很搞笑。他認為，因為毛"一貫積極搜求和認真鑽研馬克思主義的經典著作，並且時刻注意總結中國革命的經驗教訓，在講課前又花了這麼多時間和精力認真備課和寫講義，力圖要把馬克思主義的普遍真理和中國革命的實踐結合起來"，所以，在毛"寫的講義裡顯然有屬於他自己的'原創'的東西"，"如果我們將其看作是兩篇富有創造性的哲學論文，那也是毫不過分的"。

原來，"創造性"就是"積極搜集鑽研馬列經典，認真備課寫講義"？就算是吧，毛澤東又為何不說明哪些是他"對（為）馬克思主義哲學武庫增添"的"一些新的東西"，哪些不是呢？為何就連奚兆永自己也說不出來？

所以，關鍵的問題還是，《矛盾論》是否如奚兆永所說，與那三本蘇聯教科書有明顯區別。正是在這個問題上，奚兆永做了手腳。他在小標題裡寫明了"三本教科書"，卻只敢拿西洛可夫等著《教程》說事，絕口不提米著。可惜，毛澤東對這兩本書的批註都收集在《毛澤東哲學批註集》中。將"兩論"與其中所收兩本書的摘錄比對一下，不難看出它們之間有無"明顯區別"。

2) 蘇聯教科書與"兩論"的母子關係

米著同樣是毛詳加批註的參考書，奚先生何以刻意迴避？答案很簡單：他說的那些"明顯區別"，根本就不存在於《矛盾論》與該書之間。

先看框架。《矛盾論》的框架與米著第四章第一節"對立體一致底法則"基本一樣，開頭也是"兩種發展觀"，毛基本照抄，只是將題目改成了"兩種宇宙觀",加入了中國例證。不同之處只在於,米著沒怎麼談"主要矛盾",而毛把《教程》裡的有關論述整合進去了。

再看是否強調對立統一規律。米丁也和毛澤東一樣,"敏銳地看到列寧有關對立統一的論述的極端重要性,非常突出地把列寧的這一論述應用到"他編寫的教科書裡,"非常集中地對對立統一規律進行了闡述和發揮。"而這些闡述和發揮都引起了毛的重視,關鍵地方都作了眉批。

米丁:"這種將統一體分解為二,在任何自然,歷史和精神生活底現象中看出內部的矛盾性來的見解,從古希臘哲學家赫拉克利圖(Heraclitus)時已為思想家所注意;鄔梁諾夫[1]指出這一見解是辯證法底實質,是它底基本的特質。馬克思、恩格斯、鄔梁諾夫底唯物辯證法,視對立底一致為辯證的發展底基本法則。這一法則底特殊表現就是存在於一切運動形式中的諸矛盾。""鄔氏說,'將統一體分裂為二而認證它底矛盾部份——這就是辯證法底實質'(前書。)鄔氏在他底哲學劄記中稱對立體底一致為辯證法底核心。"[2]

毛澤東眉批:"將一體分裂為二的見解,是辯證法的基本特質。"[3]

《矛盾論》:"列寧常稱這個法則為辯證法的本質,又稱之為辯證法的核心。"

最後看矛盾的普遍性。米丁也像毛澤東一樣,引用恩格斯和列寧的語錄,對矛盾的普遍性作了闡述:"對立底一致律是客觀世界和認識之最普遍的法則。""對立底一致律是辯證法底基本法則。

---

[1] 即"烏里楊諾夫(列寧的本姓)"的又一譯法。

[2] 中共中央文獻研究室編:《毛澤東哲學批註集》,中央文獻出版社,1988年3月,166,168頁

[3] 同上,166頁

對立底一致律，既是最普遍的法則，它就適用於客觀世界底一切現象，亦適用於認識底過程。"[1]

毛澤東眉批："是客觀世界和認識之普遍法則，一切過程都不能外。"

《矛盾論》："事物矛盾的法則，即對立統一的法則，是自然和社會的根本法則，因而也是思維的根本法則。"何其相似乃爾？

如果毛澤東在看這些教科書前，就已經熟知這些基本教義，那就不會在眉批中重複作者的話，只會寫下質疑，批判，或是加以引申，發揮出新意，如列寧的《哲學筆記》然。然而毛絕大部份眉批都不是內行的評語，而是初學者旨在記住教材重點的學習筆記。凡有發揮之處，多是添加中國的例證，那是學習心得，不是再創造。

就連《教程》中引用的恩格斯語錄"運動自身就是矛盾"，都引起毛的極大重視。他不但在下面畫了兩道橫線，加了密圈，還作了眉批，提醒自己那是恩格斯語錄："運動就是矛盾——恩格斯"[2]，一個熟悉馬列原著的人絕不會這麼做，這說明他是第一次見到那句話。以後這語錄就出現在《矛盾論》中。

> **运动就是矛盾**　观察事物的时候，情形就完全不同了。这
> **——恩格斯**　时我们马上会碰到矛盾，运动自身就是矛盾。……"[110]

毛澤東對"主要矛盾"的理解過程更能說明，他最初接觸到的馬列哲學著作，就是那兩本教科書。《教程》不光提出了"主要矛盾"這個術語，更給出了它的定義：

"爲了解答一切事物爲什麼發展這問題，單只確定過程之若干方面與屬性以及這些方面與屬性之單純的結合，那是不夠

---

[1] 同上，169 頁

[2] 同上，163 頁。

的。我們必須在任何現象之中，暴露出規定其發展之進行的根本的矛盾。"

"馬克思在那順次的週期的反復的恐慌所表現的、生產之社會性及私有形式間的、日益尖銳化的矛盾之中，看出了布爾喬亞制度的這個主要矛盾。……他並論證了布爾喬亞社會之其他一切矛盾，都由這個根本的矛盾發生出來。"

"伊里奇和斯達林，在其著作中，指摘出過渡期之根本的主要矛盾、（是）社會主義和資本主義的鬥爭……過渡的制度之全部發展中的其他一切矛盾，就受以上的主要矛盾所規定。"[1]

將這些論述整理一下，即可得出"主要矛盾"的定義："社會的主要矛盾（或稱根本矛盾），就是促使社會其他一切矛盾發生，並規定其發展進行的矛盾。"

而《矛盾論》則如是說："在複雜的事物的發展過程中，有許多的矛盾存在，其中必有一種是主要的矛盾，由於它的存在和發展規定或影響著其他矛盾的存在和發展。"

又一次何其相似乃爾！馬恩列斯可曾說過類似的話？如果說過，何以從未見他人（包括西洛可夫）引用？如果沒說，莫非是毛澤東的原創？為何與西洛可夫暗合如斯？

有趣的是，儘管西洛可夫說得如此清楚，毛開始還沒看懂。西洛可夫在解釋主要矛盾驅動過程發展時說：

"統一物的分裂，正確地摘發出過程的本身、過程的內容、過程的矛盾、過程之自己運動的源泉的主要矛盾。"[2]

---

[1] 同上，66，68，69頁
[2] 同上，72頁

這意思是說，統一體的分裂，激發了整個發展過程，以及其中的一切矛盾，包括主要矛盾，而主要矛盾則是驅使過程自己運動的原因。

可毛卻在眉批中寫道："所謂對立統一，就是統一物分裂為互相排斥的對立以及這些對立的相互聯結。這就是所謂主要矛盾，所謂自己運動的源泉。"把"對立統一"當成了"主要矛盾"。由此可見，他一開頭根本不明白這個概念的意思。

那兩本蘇聯哲學教科書，不但是《矛盾論》的藍本，也是《實踐論》的藍本。《實踐論》的基本框架其實是用兩本書的有關章節拼接起來的。

不光是框架雷同，內容也頗多吻合之處。《實踐論》對唯理論與經驗論的介紹，與《教程》十分相似。《實踐論》引用的那段列寧語錄："物質的抽象，自然規律的抽象，價值的抽像以及其它等等，一句話，一切科學的（正確的、鄭重的、非瞎說的）抽象，都更深刻、更正確、更完全地反映著自然。"《教程》上同樣有。[1]

類似地，《實踐論》上說的認識過程的兩部曲，與米著如出一轍。若干警句也能在米著上找到：

米著："生活，實踐底觀點應當看作認識論底第一的和基本的觀點。"

眉批："實踐之觀點是認識論第一的觀點。"[2]

《實踐論》："實踐的觀點是辯證唯物論的認識論之第一的和基本的觀點。"

米著："在社會人底實踐中，在他底有目標的活動中，包含著我人關於外界的概念底真理性底標度。"

---

[1] 同上，29 頁

[2] 同上，146 頁。

眉批："實踐是真理的標準。"[1]

《實踐論》:"真理的標準只能是社會的實踐。"

就連《實踐論》上引用的若干馬列語錄，毛澤東都是從米著上抄下來的。有圖為證:

斯达林的名言 基础之上实现出来的。"假若理论不跟革命的实践相联系，它就变成无目的空谈，同样的，假若实践不按照革命理论所指示的道路走去，它就成为盲目的行动了。"[103]（约塞夫著邬梁诺夫主义问题页十六——十七。）

毛的眉批表明，他是從米著上知道這句名言的。該語錄隨之出現在《實踐論》上，只是如今的版本改譯為:"理論若不和革命實踐聯繫起來，就會變成無對象的理論，同樣，實踐若不以革命理論為指南，就會變成盲目的實踐。"然而也有沒改動的。《實踐論》引用的列寧語錄"生活、實踐底觀點，應該是認識論底首先的和基本的觀點"，所屬格用"底"而不用"的"，正是米著譯者沈志遠的特徵用語，足證毛的抄襲。所以，列寧的其他語錄諸如"沒有革命的理論，就不會有革命的運動"，"實踐高於（理論的）認識"等，很可能也是從米著上抄下來的。

《教程》與《實踐論》也有類似的母子關係。《實踐論》上那個外來考察團先生們通過實踐形成認識的例子，就是《教程》的摹本，只不過原本舉的是蘇聯農民進廠後發生的認識變化而已。

就連後來選入《毛主席語錄》的那段膾炙人口的著名語錄也有母本。

---

[1] 同上，142頁。

《教程》："依實踐所證明：並不是我們感覺到什麼東西，就立刻開始理解它；反之，也不是理解到什麼東西，就不感覺到它；只有在理解了什麼東西時，才更準確，更深刻的感覺到。我們與曲解黨的一般方針的人們鬥爭時，不一定是在最初就把握著那事實的本質的。最初我們只覺得有些地方不對，往往不能徹底證實它。這只有在實踐的過程中，才開始理解到反對派的錯誤的體系。"[1]

眉批："實踐證明：感覺到的東西不能立刻理解他，只有在理解了的東西才更深刻更正確的感覺他。感覺是解決本質問題，只有在實踐過程才能暴露其本質而理解他。"

《實踐論》："我們的實踐證明：感覺到了的東西，我們不能立刻理解它，只有理解了的東西才更深刻地感覺它。感覺只解決現象問題，理論才解決本質問題。這些問題的解決，一點也不能離開實踐。"

實踐証明：感覺到的東西不能立刻理解他，只有在①理解了的東西才更深刻更正確的感覺他。感覺是解決現象問題，理解是解決本質問題，只有在實踐過程才能暴露其本質而理解他。

的界限互相分離的。依實踐所証明：並不是我們感覺到什麼東西，就立刻開始理解它；反之，也不是理解到什麼東西，就不感覺到它；只有在理解了什麼東西時，才更正確，更深刻的感覺到。我們與曲解黨的一般方針的人們鬥爭時，不一定是在最初就把握著那事實的本質的。最初我們只感到有些地方不對，往往不能徹底証實它，這只有在實踐的過程中，才開始理解到反對者的錯誤的體系。雖然那樣，但我們在最初仍然理解著，關於某一問題，左翼或

---

[1] 同上，29-30 頁。

對此雷同，不知奚先生當作何解釋？莫非也緣於毛對馬列的刻苦鑽研？

3) 蘇聯教科書是毛澤東的自學教材

毛澤東在批註蘇聯教科書時相當誠實，看懂之處便連寫"對""對"，"說得很好"，流露出會心的喜悅。看不懂之處便打上問號。河上肇《馬克思主義經濟學基礎理論》的政治經濟學部份，他完全看不懂，只有問號，毫無批語。而哲學部份他最吃力的是"否定之否定"，不但問號頻頻，還寫上眉批："爲什麼重演？"（課文介紹在否定之否定階段，事物在某種程度出現了肯定階段的重演）或是"不清楚"，"都沒有弄清楚"。有的段落涵義淺顯，但他看不懂時照樣打上問號，毫不自欺，也不怕"洋房子先生"們看見。

例如這段課文："絕對的知識固是不可能的，而知識之漸趨於完全和深刻，即是可能的。"[1] 據編者註，毛澤東不但在旁邊用紅鉛筆、黑鉛筆與毛筆打了三個重疊的問號，還在"固"字下打了問號。此話明白淺近之至，毛還不至於看不懂吧？但若那問號是表示質疑，就更駭人聽聞了——"馬列主義發展的第三個里程碑"竟然認為世上就是有絕對知識！然而"固"字下的問號就是在提示他不同意。

?①　　所以各个一定历史的瞬间中所得到的知识，是被限制着。絕对的知识固是不可能的，而知识之渐趋于完全和深刻，即是可能的。〔第 236 页〕

---

[1] 同上，38頁。

第三章 山溝裡出的"馬列主義"

　　這些證據表明，毛澤東當初就是通過這些二手貨來學習馬列主義的。上文已經指出，毛是從《教程》中學會"主要矛盾"的概念的。但他在學習《教程》介紹的"量變質變規律"時，卻始終沒明白那"規律"說的是什麼，在批註中鬧出了許多笑話。直到後來學習米著，他才基本理解了那"規律"的要旨，在書上寫了很長的心得體會（詳見後文）。

　　這些書也很可能就是他仔細看過的唯一的或主要的哲學著作。若是毛仔細看過馬列哲學原著，他的批註在哪裡？為何中共中央文獻研究室連毛對二手貨的批註都整理刊行，卻就是不出版毛對馬列原著的批註？而且，《毛澤東年譜（1893-1949）》上對毛的讀書活動記錄甚詳，連重要批註都記入，卻無隻言片語談到毛對馬列原著的閱讀與批註。這是為什麼？莫非有關單位串通一氣，下定決心，不怕犧牲，排除萬難，就是不讓毛主席天才地、創造性地、全面地繼承、捍衛和發展了的馬列主義與廣大革命群眾見面？

　　毛澤東曾向李達自承，他是到延安才研究哲學的[1]，那就是 1935 年 10 月以後的事。可惜馬恩的哲學著作不但涉及到許多德國古典哲學理論，諸如萊布尼茨、黑格爾、費爾巴哈等人的學說，而且用了大量西洋典故。毛對那些事一無所知，最恨的就是張聞天"言必稱希臘"，必然會被打入悶葫蘆。就連西式句法對他來說都是難以逾越的障礙——一個沒有閱讀西方書籍習慣的人，必然要迷失在冗長的複句中。毛澤東自己就承認過，他不喜歡看理論書，連通俗易懂的杜威主義都看不懂：

　　　　"我也不懂多少理論，不是教授，只是知道一些。教授要讀很多書。我書讀得少，是些什麼意思，大體懂一點。如杜威

---

[1] 彭勁秀：《"文革"期間兩位向毛澤東求救的老人》，共識網，http://www.21ccom.net/articles/rwcq/article_2013070687085.html

主義不懂，太複雜，簡單意思懂一點。柏格森主義、無政府主義、唯心論、哲學史，看過一些，沒有作過深入研究。"

"我也如此，讀書少，後來養成讀書興趣，一拿就是歷史、小說、筆記，這些較柔和。理論書太硬。《政治經濟學》我就沒讀過，陳伯達也沒有讀過。"[1]

只是他當時受夠了國際派"你懂什麼馬列主義,頂多是看《孫子兵法》、《三國演義》打仗！"的窩囊氣，為了理直氣壯地當黨領袖，必須儘快摘掉"馬列盲"帽子。毛後來也承認他是被國際派逼著學馬列的。陳伯達在 1958 年 3 月間召開的成都會議上發言，說"毛主席在民主革命時期有許多新語言"，毛當即插話道：

"這要感謝王明，是他逼出來的。……有了陳獨秀，有了王明，我們的事情就好辦了，說我們一貫右傾機會主義，狹隘經驗論，一點國際主義都沒有，就把我們逼出來了。只要有機會，我就射箭，明箭、暗箭都回射；說我一點馬克思主義都沒有嘛，《論策略》說得較完整，出賣我這一套。《矛盾論》、《實踐論》也是為此目的寫的。那時是多產作家，你一槍來，我一槍去。"[2]

在這種情況下，他當然只能如林副統帥說的"走捷徑"，自學教科書。這不但可以理解，而且是必然的。

4) 毛澤東是 "兩論" 的編者而非作者

奚兆永說，毛澤東在 "兩論" 裡引用了若干《教程》裡沒有的馬恩列斯語錄，說明他看過原著。然而那些語錄完全可以由 "秀才們" 提供。1959 年廬山會議整彭德懷，劉瀾濤及其助手們就編出了

---

[1] 李銳：《廬山會議實錄（增訂本）》，電子書。
[2] 毛澤東在成都會議上的插話（一九五八年三月），轉引自李銳：《"大躍進"親歷記》上卷，216 頁。

《馬克思列寧主義者應該如何對待革命的群眾運動》的語錄集。正因為這歷來是"秀才們"的任務，毛澤東才一度以為那又是秀才們弄的[1]。後來林彪集團要向張春橋發難，也讓陳伯達找"稱天才"的語錄，可見這完全是中共的傳統，其實是從蘇聯學來的。當年蘇斯洛夫就專門負責為黨魁講話找到對口語錄。

奚先生還說，毛澤東從來是自己動手寫文章。然而誰都知道，《毛選》上的文章在出版前都由龐大的工作團隊反復修改拋光過。過去版本上的敏感人物如高崗、彭德懷乃至劉少奇的名字統統消失，例如文革前出版的《毛主席語錄》中有毛在講話中引用劉少奇的話。文革爆發後，這些話很快就蒸發了。原來小紅書裡有個專題《思想意識修養》。少奇垮臺後，立即改為《糾正黨內錯誤思想》），莫非這些及時的刪除，也要老人家操心？

將上引批註"感覺到的東西不能立刻理解他，只有在理解了的東西才更深刻更正確的感覺他"與發表形式比較，立刻就能看出三個語法問題：A）"在"字多餘，而據編者註，這字偏偏是毛後加上去的，說明他根本沒意識到那是冗字。B）"它"寫成了"他"，這是傳統第三人稱的唯一寫法，直到新文化運動才造出了"她""它""牠"。C）"地"寫成"的"，這也是傳統寫法，直到新文化運動才分用"的地得"。莫非這些錯誤也是毛澤東自己糾正的？敢情他日理萬機，還要去關心第三人稱如今有哪些新字，而"的地得"又該用在什麼場合？

奚文也承認，已知《矛盾論》最後一次修改，是 1951 年 3 月 8 日（或之前不久）的事[2]，因為當時並未出版，還未必是最後一次改動。我曾見到"解放"前東北出的《毛澤東選集》，跟後來出版的

---

[1] 毛澤東：《機關槍和迫擊炮的來歷及其他》，1959 年 8 月 16 日，《建國以來毛澤東文稿》第八冊，451 頁。

[2] 轉引自逄先知：《毛澤東和他的祕書田家英》，電子書。

相比面目全非。《矛盾論》修改這麼長的時間，難道還能是原貌不成？在這漫長的過程中，由秀才們補充點對口語錄，作點文字加工，又有什麼不可能的？毛的詩詞都反復修改過，有不少改動還是他人建議的。詩詞都可以，文章為何不行？

　　毛澤東本人就留下了"秀才們"為他的文字把關的鐵證。1967年 6 月，中共中央政治研究室編印了《毛主席論教育》，送給他審批，他批示道："退陳伯達同志：此件內容，錯誤很多，應大加砍削，至少去掉三分之一。"將刪削修改的任務直接派給了陳伯達；而對天津大學"八·一三"紅衛兵在一九六七年五月編印的另一本《毛主席論教育》的小冊子，他連看都懶得看，乾脆把"美容"的全部工作交給了秀才們，批示道："陳伯達同志：這一本《論教育》，我未看，可能也收進一些壞東西，請你同文革小組幾位同志，連同你們編的那一本，一起審查一下，把壞的一概刪去，留下一半左右較正確的就行了。"[1]

　　就連決定黨國未來命運的重大指示，都可以出自"秀才"之手。據王力披露，1967 年 2 月間，毛澤東交代他，無產階級專政下繼續革命的道理，要把它歸納歸納，看有些什麼理論依據。他將毛澤東在兩次會議上的講的零言碎語"東一句，西一句，集中起來"，"把零散的思想集中起來，邏輯化，系統化"，編成一段語錄，寫在該年六月發表的《無產階級專政下革命的理論武器》社論中。雖然這條語錄編出來後未經毛過目便發表了，但它照樣在後來成了"社會主義歷史階段黨的基本路線"，被寫進中共九大、十大、十一大制定的黨章中[2]。如此重要的"最高指示"都可由他人整理編出，"兩論"上的某些重要觀點又為何不可？

---

[1] 毛澤東：對兩種《毛主席論教育》的批語 （一九六七年七月六日、十二月六日），《建國以來毛澤東文稿》第十二冊，371 頁

[2] 《王力反思錄》，797-798 頁。

其實，毛澤東自己當初就很心虛。他在 1965 年同斯諾談話時承認，"他們強迫我去講課，我沒有辦法"，《矛盾論》只是講義的一部分，他"花了幾個星期，蒐集了一些材料，主要是總結中國革命的經驗，每天晚上寫，白天睡覺，講課只講了兩個鐘頭。我講課的時候，不准他們看書，也不准他們做筆記，我把講義的大意講了一下。"[1]

"強迫"當然是毛澤東酷愛的誇張表述，未可當真。但天下哪有這種教學方式？他為何生怕學生記住講授內容？只有一個解釋：他是現蒸熱賣，對講授內容是否正確心中無底，生怕學生看書查對發現錯誤，更不想留下證據，授國際派以柄。

另一值得注意之處是，《矛盾論》只講了對立統一規律，他也承認那只是講義的一部份。那其餘的部份講的是什麼？是不是量變質變規律與否定之否定規律？為何至今不發表？會不會是錯誤太多，以致即使後來有了秀才團隊幫忙，仍然無法修補？

這或許就是他為何要請蘇聯專家幫忙吧。毛第一次與斯大林會談，就請斯大林派一位中央委員來，與俄語翻譯一起對文稿進行加工，並對中文原稿進行校訂。斯大林問"但是對您的著作進行校訂還需要幫助嗎？"他明確回答，"需要。"[2]

多年後他卻跟尤金說："為什麼當時我請斯大林派一個學者來看我的文章？是不是我那樣沒有信心，連文章都要請你們來看？沒有事情幹嗎？不是的，是請你們來中國看看，中國是真的馬克思主

---

[1] 毛澤東：《同斯諾的談話》（一九六五年一月九日），《毛澤東文集》第八卷，http://www.people.com.cn/GB/shizheng/8198/30446/30452/ 2195471.html
[2] 張木生譯、沈志華編注：《關於 1950 年中蘇條約談判的部分俄國檔案文獻》，《黨史研究資料》1998 年 5 期

義，還是半真半假的馬克思主義。"[1] 所以，照毛的說法，尤金只是個"忠誠審查官"，並沒有對毛著作出任何貢獻。

可惜尤金卻不是這麼說的。1950 年 10 月 4 日，尤金報告斯大林："我已就《毛澤東選集》整個三卷提出了 300 多條意見和修訂及各種文字上的修改。對於頭三卷，毛澤東已經詳細地研究了我的建議，並完全採納了我的建議。對於第三卷的修改意見，目前正由毛澤東審訂。"[2]

"300 多條意見和修訂"！毛自己承認，尤金是他特地請來為他這真馬克思主義者作證的，然而人家卻提出了那麼多意見和修訂，它們是不是針對"假馬克思主義"部分提出的啊？看來，至少在尤金眼中，毛這個"真馬克思主義者"摻了假，摻假比例還相當可觀。

據赫魯曉夫回憶，毛澤東曾經請斯大林派專家來替他的選集把關：

"毛澤東給斯大林寫了一封信，請求他推薦一名蘇聯的馬克思主義哲學家來中國編輯毛的著作。毛需要一個受過教育的人在出版前把他的著作編輯得像點兒樣，並在馬克思主義哲學方面找出錯誤。尤金被選中，並被派往中國。"[3]

如今黨媒竭力貶低尤金的作用，說他只為《毛選》俄文翻譯作文字把關。然而奇怪的是，《矛盾論》裡卻有著歐式句子，與毛澤東一貫的文風截然不同：

---

[1] 中華人民共和國外交部 中共中央文獻研究室編：《毛澤東外交文選》，中央文獻出版社，1994 年 12 月，，323 頁
[2] 《羅申轉呈毛澤東、尤金關於尤金留華事宜致斯大林電，沈志華編：《朝鮮戰爭：俄國檔案館的解密文件》，358 頁
[3] 赫魯曉夫著，趙紹棣等譯：《赫魯曉夫回憶錄》，中國廣播電視出版社，1988 年 2 月，460 頁。

“這是清楚的，單純的外部原因只能引起事物的機械的運動，即範圍的大小，數量的增減，不能說明事物何以有性質上的千差萬別及其互相變化。”

這分明是歐式複句的開頭，用英文來說就是“ It is clear that...”，俄文是“ Ясно, что...”。毛不懂外文，也不喜歡閱讀西方書籍，而且一貫強調中國氣派，絕無可能寫出這種西化句子來。他只會按中國人的表達習慣寫成：“很明顯，……”

“……否則暴露過程的本質成為不可能，這也是我們作研究工作時必須十分注意的。”

“成為不可能”也是鬼子的話，毛澤東只會寫“是不可能的”。

“人數比資產階級多得多、並和資產階級同時生長、但被資產階級統治著的無產階級，是一個新的力量。”

中國人不興在主語前加這麼長的定語，這分明是個外文主語從句的硬譯。毛澤東只會這麼寫：“無產階級是一個新生力量，它的人數比資產階級多得多，和資產階級同時生長，但被資產階級統治著。”

這些生硬的句子，不但毛寫不出來，毛的秀才團隊也寫不出來。這裡無非是兩種可能：要麼毛或他的助手從某本硬譯的蘇聯教科書上直接抄下來，要麼由尤金捉刀，再由師哲輩翻成生硬中文。

《兩論》不是毛獨力完成的最有力的證據，還是他關於“經驗主義”的說法前後不一。在《實踐論》中，他說：

“哲學上的‘唯理論’和‘經驗論’都不懂得認識的歷史性或辯證性，雖然各有片面的真理（對於唯物的唯理論和經驗論而言，非指唯心的唯理論和經驗論），但在認識論的全體上則都是錯誤的。”

所以，在《實踐論》中，經驗主義分為唯心與唯物兩種，與《教程》相應論述一致。

然而到 1959 年廬山會議批彭德懷，毛澤東卻說：

"……經驗主義是指馬赫唯心主義經驗論。《唯物主義與經驗批判主義》這本書，就是列寧批判馬赫的，不容易讀，然而必須讀。此書反對波格丹諾夫、盧那察爾斯基，他們悲觀失望。1905 年黨渙散，列寧自己長期研究多少年，才寫出來的。因為理論基礎不一致。"[1]

"經驗主義是指馬赫唯心主義經驗論"？《實踐論》裡說的"唯物的經驗論"哪兒去了？

越到後來，這"經驗主義"就越發成了糊塗賬，居然變成修正主義了：

"提法似應提反對修正主義，包括反對經驗主義和教條主義，二者都是修正馬列主義的，不要只提一項，放過另一項。"[2]

有誰聽說過經驗主義是修正馬列主義的？生於馬克思前兩百多年、被列寧稱為"英國唯物主義的真正始祖"[3]的培根不必說，就是馬赫又何嘗修正過馬列主義？人家是物理學家兼哲學家，開創的學派是在西方被稱為"邏輯實證主義"（logical positivism）的科學哲學。他之所以被列寧痛罵，不過是因為他的認識論風靡了俄國馬克思主義者。然而學界公認，馬赫主義是啟迪愛因斯坦相對論的靈感來源之一。

---

[1] 李銳：《廬山會議實錄（增訂本）》。

[2] 毛澤東：《對新華社關於報導學習無產階級專政理論問題請示報告的批語》（一九七五年四月二十三日），《建國以來毛澤東文稿》第十三冊，426 頁。

[3] 列寧著，中共中央馬克思恩格斯列寧斯大林著作編譯局譯：《哲學筆記》，人民出版社，1993 年 7 月第二版，27 頁

這當然是題外話，我想說的是，偉大領袖在《實踐論》中說的經驗主義還比較靠譜，為何後來會糊塗如斯？如果當初那段話是他已有的知識，怎麼可能忘記得如此乾淨？他老人家不是以過人的記憶力蜚聲黨內外麼？

綜上所述，竊以為，劉澤華提出的"抄襲楊秀峰"說可能性很小——楊那本書當時並未公開出版，毛不大可能看到，也沒有必要抄——有更權威的蘇聯哲學教科書可抄。兩人的雷同是抄襲共同的母本造成的。陳伯達或其他人捉刀代寫全文也可以排除——毛在那兩本蘇聯教科書上作的批註，有許多出現在"兩論"上。

迄今為止，所有的證據只證明蘇聯教科書與"兩論"有母子關係。摹本的初稿可能是他自己寫成的，在後來的修改過程中有可能得到"秀才"團隊的幫助，諸如補充對口語錄，刪除或改動明顯違反馬列的觀點，潤色文字等等，但要最終證明這一點，還有待于官方出示初稿照片。

即使毛沒有得到秀才團隊的幫助，"兩論"也絕對談不上原創，幾乎所有的重要觀點都有可以落實的來源，毛澤東只是個編者而非作者。在這方面，我覺得《毛澤東年譜（1893-1949）》的評價還比較客觀公允：

"這些批註，是寫作《實踐論》、《矛盾論》的直接準備。這些批註有幾個顯著特點：（一）緊密聯繫中國革命實際。……（二）注意對黨內錯誤路線的批判。……（三）用成語、典故、民諺等來解釋馬克思主義哲學基本觀點。……（四）對原著的觀點有重要的概括和發揮。"

必須承認，在自學馬列主義二手貨時，偉大領袖確實做到了林副統帥說的："帶著問題學，活學活用，學用結合，急用先學，立竿見影。"他當然對原著的個別觀點"有重要的概括和發揮"，不幸的是，我們將在後文看到，經過他的發揮，原著的錯誤被放得更大了。

（三）清理毛澤東哲學思想

馬列主義哲學包括辯證唯物主義與歷史唯物主義。辯證唯物主義又包括辯證法與唯物主義。毛澤東在不同程度上有正式或非正式的論述，下文逐一清理。

1）歷史唯物主義

毛澤東毫無歷史唯物主義論述，只有似是而非的"階級鬥爭"學說，對此上文已經作過剖析。倒是他的唯心史觀表述得非常精彩：

"事實證明，在資本主義有了一定發展水平的條件下，經濟愈落後，從資本主義過渡到社會主義是愈容易，而不是愈困難。人愈窮，才愈要革命。西方資本主義國家的就業人數比較多，工資水平比較高，勞動者受資產階級的影響很深，在那些國家進行社會主義改造，現在看並不容易。"

"從歷史上來看，許多先進的東西，往往不是出在先進的國家，而是出在比較落後的國家。例如馬克思主義，就不出在當時資本主義比較發展的英國，而出在資本主義只有中等發展水平的德國，這不是沒有理由的。"

"從世界的歷史來看，資產階級工業革命，不是在資產階級建立自己的國家以前，而是在這以後；資本主義的生產關係的大發展，也不是在上層建築革命以前，而是在這以後。都是先把上層建築改變了，生產關係搞好了，上了軌道了，才為生產力的大發展開闢了道路，為物質基礎的增強準備了條件。當然，生產關係的革命，是生產力的一定發展所引起的。但是，生產力的大發展，總是在生產關係改變以後。拿資本主義發展的歷史來說，……在英國，是資產階級革命（十七世紀）以後，才進行工業革命（十八世紀末到十九世紀初）。法國、德國、美國、日本，都是經過不同的形式，改變了上層建築、生產關係之後，資本主義工業才大大發展起來。"

"首先製造輿論，奪取政權，然後解決所有制問題，再大大發展生產力，這是一般規律。在無產階級革命奪取政權以前，不存在社會主義的生產關係，而資本主義的生產關係，在封建社會中已經初步成長起來。在這點上，無產階級革命和資產階級革命有所不同。但是，這個一般規律，對無產階級革命和資產階級革命都是適用的，基本上是一致的。"

"一切革命的歷史都證明，並不是先有充分發展的新生產力，然後才改造落後的生產關係，而是要首先造成輿論，進行革命，奪取政權，才有可能消滅舊的生產關係。消滅了舊的生產關係，確立了新的生產關係，這樣就為新的生產力的發展開闢了道路。" 1

這是毛澤東思辨質量最高的論述，是對馬恩唯物史觀有力的反駁，縱起馬恩於地下，諒他們也無法答辯。

可惜毛不知道，馬克思的"科學社會主義理論"的整個柱石就是歷史唯物主義。它就是共產黨人代表的那個"客觀規律"。顛覆了它，則其推論也就轟然坍塌，不但"共產主義社會"成了無本之木，無源之水，而且"無產階級革命"、"無產階級專政"、"共產黨領導"等等也全都失去了理論依據，毛澤東非但再不能冒充"偉大的馬克思主義者"，更失去了統治中國的"天命"。

---

1 鄧力群編：《毛澤東讀社會主義政治經濟學批註和談話（簡本）》。

2) 辯證唯物主義

A. 物質與精神

唯物主義認為物質第一性，精神第二性，意思是，物質先於精神出現，物質決定精神，精神產生於物質，不過是人腦這種特殊物質的屬性，但對物質可以有一定的反作用，等等。

前文已經指出，在實際運用中，毛是個唯心主義者，其階級和階級鬥爭理論、窮過渡、繼續革命理論等等，都是"意識決定存在"。但毛自己可能沒有意識到這點，是個"自在"而非"自為"的唯心家。當論及唯物論的基本教義時，除了前文給出的例子外，他多是機械背誦一切唯物家們的老生常談：

"世界是物質的，不是精神的。"[1]

"物質決定精神，不是精神決定物質。"

"思維和存在不能劃等號。存在是第一性的，思維是第二性的，人們的主觀運動的規律和外界的客觀運動的規律是同一的。"[2]

當然，他有時也免不了露出本性來，更強調"精神變物質"，在會見蒙哥馬利時說："精神力量產生物質力量。"[3]

不過，他畢竟不敢在理論上也率性而行，徹底突破唯物論窠臼。在讀蘇聯政治經濟教科書的談話中，他以人民大會堂從藍圖轉化為實物為例，說明思維可以反映客觀世界，也能轉化為客觀世界[4]，這仍是簡單重複列寧的"反映論"。

---

[1] 《毛澤東哲學批註集》，296 頁，下同。

[2] 《毛澤東讀社會主義政治經濟學批註和談話（簡本）》。

[3] 毛澤東：《同蒙哥馬利的談話》，《毛澤東思想萬歲》（1958-1960），該談話部份收入《毛澤東文集》第八卷，但這段語錄在未發表的後半截中。

[4] 《毛澤東讀社會主義政治經濟學批註和談話》（簡本）。

當然,他有時也有"突破",不幸的是,這種"突破"只暴露了他"科盲兼哲盲"的雙重身份。例如他對康生、陳伯達等人說:

> "恩格斯講必然王國到自由王國,講得不完全,講了一半,下面就不講了。'自由是必然的理解',只講了一半。單是理解就自由了?自由是必然的理解和必然的改造。"[1]

這話暴露了他既不懂什麼是哲學上的"必然",也不懂科學規律是怎麼回事。哲學上的所謂"必然",通俗地說就是"不可避免,不可改變"的意思。如果"必然"能"改造",那就再不是"必然"了。所謂科學規律就是這樣,同樣是不能改變的,人類只可能認識並利用它們,不可能"違反"它們,更不可能"改造"它們。所以,恩格斯說的並不錯,理解了自然規律,也就可以利用它們,從而獲得了自由。

可笑的是,自毛澤東以下,沒有一個黨國理論家明白這個常識,至今仍然如此。於是我們就時時在黨國理論刊物上看到"違反客觀規律就要受到懲罰"這種鄭重其事的胡話,卻沒哪個高中生斗膽問一聲:"客觀規律能違反嗎?能違反的還能是客觀規律麼?您能不能做個樣子給咱們看看,違反一下萬有引力定律?"

頭腦簡單的同志一般都深信唯物主義是真理,起碼"物質先於精神存在"這條錯不了——人類出現前哪有什麼精神?更別說生物在地球上出現之前了。他們不知道:

第一,我們可以說的,不過是"在人類可以感知的客觀世界中,物質的出現先於精神"。這個限制前提很重要,因為人類永遠不可能知道是否有一個或多個我們無法感知的客觀世界存在,不加上這個前提,所謂"唯物論者"就與主張"存在即被感知"的貝克萊大主教毫無實質區別。

---

[1] 《毛澤東年譜(1949-4976)》第五卷,389頁

第二，一切人造產品都是"先有理念後有實物"。柏拉圖早就指出，世上是先有"桌子"的理念，後有桌子的實物。這其實是不言而喻的——在第一張桌子問世前，發明家的腦子裡就有了桌子的模樣。如果沒有那理念，則世上絕不會有桌子。這在高科技發明就更明顯：坦克、潛水艇、飛機、核武器、導彈、宇宙飛船、電腦等等，都是先有藍圖，後有實物。

如果列寧的"反映論"成立，一切觀念都是客觀事物的反映，則人類根本不會有任何發明，也就沒有"反映"到人腦裡的種種人類產品的概念。至今人類仍跟深山裡的猴子一樣，連桌子是什麼模樣都不知道。

B. 認識論

《實踐論》是毛澤東正式發表的作品。因為抄襲蘇聯教科書，它介紹的馬列主義認識論倒沒有什麼出格之處，其錯誤與其老祖宗共享，出自於馬列的隧道眼。

該文的中心思想十分簡單：人類在實踐中，獲得了感性認識。然後使用邏輯手段將其整理加工為理性認識，再以理性認識去指導新的實踐，藉此檢驗認識是否正確，作相應的修正或補充，再用以指導新的實踐。人類的認識活動，就是這種"實踐——認識——實踐"的無窮循環：

> "通過實踐而發現真理，又通過實踐而證實真理和發展真理。從感性認識而能動地發展到理性認識，又從理性認識而能動地指導革命實踐，改造主觀世界和客觀世界。實踐、認識、再實踐、再認識，這種形式，循環往復以至無窮，而實踐和認識之每一循環的內容，都比較地進到了高一級的程度。這就是辯證唯物論的全部認識論，這就是辯證唯物論的知行統一觀。"

從表面來看，這話好像什麼錯誤都沒有，確實符合科學發展史——科學家們總是在觀察到一定的現象後，提出一個假說解釋這些現象，並據此假說預言未知現象。如果預言能被實驗證實，則假說就上升為定律。如果預言不成立，則科學家只能根據新的現象提出修正假說或是新假說，據此再作出預言，再去檢驗，直到找到一個比較符合客觀的解釋。一部科學發展史，就是這個過程的無限重複。

然而這相似不過是皮相的。馬列認識論忽略了一個決定性因素——大腦的理性認識能力。黑猩猩是最接近人類的靈長類，人家也有生存鬥爭的豐富實踐，據說還能發明和使用工具。然而讓它們去實踐一萬年，也絕無可能實踐出什麼“真知”來。如果將人類和黑猩猩的嬰兒放在完全等同的環境中一起撫養，他們長大後絕不會獲得同等水平的對客觀外界的認識。這原因很簡單——猿腦沒有人腦的理性認識能力，這區別是基因決定的。

由此可見，人腦天生就有先於經驗的理性認識能力。是這個，而不是社會實踐，才是起決定作用的“內因”。沒有這種能力，便只能“實踐——無認識——再實踐——再無認識……循環往復以至於無窮”。

康德早就指出，時空觀與邏輯思維是人腦與生俱來的固有思維框架。人類只能在這個框架內構建對客觀外界的認識。然而馬列哲學家卻將此斥為“唯心主義”，居然看不到人腦固有的理性認識能力也是一種客觀存在，與腦組織的特殊結構有關，其實是一種特殊物質的特殊功能。承認它在認識活動中的決定性作用，才是全面的唯物主義。

不同種系的動物的認識能力不一樣，不同民族之間乃至同一民族中不同個體間也不一樣。傳統中國人的社會實踐要比多數歐洲國家的居民悠久，然而咱們卻從未實踐出自然科學與社會科學體系來。毛澤東當國後，不遺餘力發動"群眾性技術革新與技術革命"，世界歷史上還從未有過如此波瀾壯闊的"群眾科技運動"，然而除了"雙輪雙鏵犂化"、"車子化"（在農村［包括山區］普遍使用手推車代替扁擔）、"滾珠軸承化"、"超聲波"、"高產衛星田"等無窮無盡的笑話外，從未在中國實踐出個英國式工業革命來。中國的工業化是在後毛時代才完成的，靠的是從國外引入資金和技術。

不同民族之間的理性認識能力差異，與"人猿相揖別"有本質不同，不是基因而是傳統決定的。人類的基因組 DNA 序列並無顯著差別，但後天教育卻可以造成理性認識能力的巨大差異。如同體力一樣，智力也有個發育過程。在這個過程中是否受到科學的思維訓練，將決定終生理性認識能力的高下。

這就是西方國家為何要開辦學校。它有兩個目的，一是向學生傳授前人獲得的理性認識；二是在這個過程中，激活學生固有的邏輯思維本能，教會他們如何主動運用並充分發展這一本能，使天資倍增。因此，學生在學校裡不僅學得知識，更建立了良好的思維習慣，獲得了充分的理性思維能力。這一套是絕無可能從簡單重複的生產勞動中學會的。工農大眾限於社會地位，無緣接受這種訓練，即使勞苦一生，也未必會獲得足夠的理性認識能力。

不幸的是，傳統中國讀書人唯一關心的就是"維穩"，唯一的學問就是調節人際關係的學問，對研究大自然毫無興趣，因而沒能像西方那樣，將與"修齊治平"無關的"奇技淫巧"視為學問，開辦學堂，一代代鑽研下去。儒生們關心的只是完善道德修養，從不覺得有必要考察人腦自身的思維特點，更不知道必須建立起一套訓練學生思維能力的教育系統來。無論是私塾還是書院，從事的都只是德育，沒有智育，更無體育。

第三章 山溝裡出的"馬列主義"

馬列認識論主要是列寧建立的。他與儒家毫無相干，其隧道眼卻與之有異曲同工之妙。儒家只看見道德，看不見科學。列寧當然知道科學的重要性，但他只看見認識，看不到思維能力；只看見認識來源於實踐，卻看不到理性認識能力只能來自於教育與訓練，於是居然胡說什麼："實踐高於（理論的）認識，因為它不僅具有普遍性的品格，而且還具有直接現實性的品格。"[1]

這屁話讓毛澤東如獲至寶。他本來就因為不懂馬列理論，在黨內權力鬥爭中缺乏話語權，能保住政治局委員的地位，全靠他在蘇區做出來的實際成績。早在學習蘇聯哲學教科書前，他就有了類似的感受。"讀書是學習，使用也是學習，而且是更重要的學習"的名言就是這麼來的。這話其實是對國際派說的，意思是：別看你們馬列的書看得多，我不看光用也同樣是學習。只要我領導革命成功了，哪怕我連一本馬列都沒看過，也是馬列理論家。

這也就是毛為何以實用主義的態度對待馬列，强調"精通的目的全在于應用"，其實是主張"以成敗論理論水平"。這就是他心目中的"實踐是檢驗真理的標準"，也是從未看過《資本論》的毛澤東和鄧小平居然有自己的"思想"和"理論"的緣故。這也是他爲何從不認錯——一旦承認失敗，那就意味著他的理論有問題，他也就失去了教皇的資格。

若刨除這些政治背景，光從邏輯上看這句話，立刻就能發現它愚蠢莫名。毛是說，世上起碼有兩類學習，一種是讀書，一種是使用，後一種學習方式比前一種更重要。這完全是弱智笑話：請問使用的是什麼？如果是書本知識，那麼"讀書"就成了"使用"的前提，不讀書也就無法使用，豈能說使用比讀書更重要？如果使用的不是書本知識，那到底是什麼？自己獨力發現的客觀規律？大煉鋼鐵古已有之，然而中國人煉了兩千年也不懂它的化學原理，因此絕

---

[1] 《列寧全集》第 55 卷，人民出版社 1990 年版，第 183 頁。

對不會發明出高級合金鋼。毛澤東正是因為不懂初三的化學常識還要胡亂"使用"，才會傻到去號召全民用爐溫連鐵的熔點都達不到的"土高爐"煉鋼，連公元前一千多年的希臘半島上的多利安人都不如。

可笑的是，我黨那些留蘇知青竟然連這粗淺道理都想不過來，居然不會去問毛澤東：如果不讀馬列的書，那又該怎麼個使用法？不學習某種理論而可以去使用它，完全是白痴話語。游民造反並非自我黨始，爲什麼兩千年下來造不出一個馬列主義者？

不過，即使他們想到了也不敢問，因為他們的老祖宗列寧也是這麼說的。既然實踐高於理論認識，那順理成章的結論當然就是，毛這個山溝裡鑽出來的實踐家高於莫斯科回來的理論家們。"兩論"就此成了毛打敗"教條主義者"們的強大法寶，幫助他奪得了中共的教主之位。

成功奪取全國更加強化了他的錯覺，待到反右鬥爭激活了他深重的反智主義情結後，他便公然喊出了"卑賤者最聰明，高貴者最愚蠢"的反文明口號。這在他大約不完全是媚俗取寵，更是堅定的信念。他深信一旦勞動人民翻身作主，無窮無盡的創造精神就會湧流出來。因為一切真知都只能來源於社會實踐，而工農大眾活躍在生產鬥爭第一線，實踐機會是最多的，當然也就應該是最聰明的人。

身為科盲，他既不知道科學與技術的區別，也不知道技術也有高低之分。而它們的不同性質，決定了工農大眾不可能是他一廂情願幻想的最聰明的人，可以作出無窮無盡的發明。

科學是探索客觀世界奧祕的學問，需要長期學習訓練才能掌握，此後才談得上作出新的發現。因為失去了受教育的機會，工農大眾與之無緣。

技術則是人類的功利發明，分為初階與高階兩種。用火、發明車輪、馴養家畜、用牛耕地、四大發明、中醫診治技術等等，都是原始初階技術。無論是發明它，還是學習、使用它，都不需要知道科學原理。這些技術的出現只能改善人類的生活，並不能增加人類對客觀世界的理解。人類再怎麼使用它們，都不會深化對客觀世界的認識。因為不需要接受系統教育，工農大眾倒是能作出這一類發明。不幸的是，方今之世，作出這類原始發明的空間已經基本沒有了。

另一種則是西方來的所謂高端技術。學習、使用和發明此類技術，都需要掌握有關的科學原理（一般是應用科學的原理），而使用此類技術也能促進科學研究作出重大發現，加深人類對客觀世界的理解。電子技術，電腦技術，激光技術，航天航空技術，西醫診治技術等等，都是這種高階技術。因為需要長期學習才能掌握必需的基礎知識，此類技術發明也與工農大眾無緣。可惜毛澤東那文科知青不懂這些，於是就有了大躍進與文革中的"群眾性技術革命與技術革新運動"。

後果更嚴重的是毛澤東的所謂"教育革命"。因為年輕時代沒有好好上學，毛澤東才會說出"學問才不是靠學校裡學來的"蠢話。他不知道，學問（尤其是自然科學的學問）就是只能從書本裡來，而學校是傳授書本知識的重要機構。"認識來源於實踐"這句話，只適用人類總體的認識發展史，並不適用於人類個體的認識過程。對個體來說，實踐只能產生感性認識，理性知識只能來自於書本。撇開教育體系，指望個體通過實踐獲得現代理性認識，其實是要求個體以一己之力，在幾十年的時間內，完成人類總體在幾千年中獲得的認識積累。

這就是為何愛因斯坦不過是個毫無社會實踐經驗的專利局職員，終生不曾做過一次科學實驗，卻能創立相對論，從根本上改變

了人類對客觀世界的認識。他靠的不是"實踐——認識——再實踐
——再認識"的機械循環，而是所謂的"思想實驗"這種出類拔萃
的理性思維能力。他使用想象力去進行的實驗，是在現實中無法做
到或未曾做過的實驗。這種能力不是科學家們從實踐中獲得的，而
是他們在頭腦中設計和構造出一套純粹的、理想化的儀器設備和研
究對象，並對它進行純粹的、理想化的實驗操作和控制，然後通過
對這種理想化對象的感知和描述，發現和獲取科學事實與自然規
律。而中國的"群眾性技術革命與技術革新運動"之所以變成"搗
亂——失敗——再搗亂——再失敗——直至國民經濟崩潰"的悲
劇，是因為統治者把本來不是工農能夠承擔的任務強加到他們頭上
去。

所以，只有愚而好自用的白癡，才會把人類總體與個體混起
來，以為個體要獲得正確的理性認識，就必須重演一遍人類總體的
認識過程，從而認定每個人的正確思想都只能從社會實踐中來，把
"學工學農學軍"、"投身三大革命實踐"當成在校學生的主課，
命令全部中學畢業生去農村的"廣闊天地"裡"大有作為"，使得
整整幾代人中斷學業，錯失深造機會，終生無望獲得足夠的理性認
識能力，給中國的科技文化教育事業帶來了毀滅性打擊。

更嚴重的是，毛澤東不但用這套荒謬理論去干擾破壞科技文化
教育事業，還將其應用到一切領域中，把它當成制定全國的方針、
政策與計畫的"哲學依據"：

> "方針、政策、計畫是否正確，不是理論的問題，而是實
> 踐的問題，橫直去做，做出結果出來了，就是正確。方針政策
> 是否反映了客觀實際，是要靠做。"[1]

所以，在毛澤東看來，制定國家大政方針、政策與計畫，不需
要也不應該事先在理論上探討必要性、可行性、潛在流弊等等，而

---

[1] 《毛澤東年譜（1949-1976）》第四卷，393 頁

應該"先實踐，再認識"。在此，他徹底否定了理性的預見能力與指導作用，發明了"舉國試錯體制"——憑想當然制定出宏偉規劃，再將全民充分發動起來，用全民的實踐去檢驗是否正確，出了問題再來改錯。

在毛澤東看來，這就是人類獲得正確認識的唯一方式，他在盧山會議上把這點說得非常清楚："世界上的人，自己不碰釘子，沒有經驗，總是不會轉彎。"[1] 所以，碰釘子是學會轉彎的前提，不可能事前預見並及時避免。只有碰得頭破血流後，人才有可能知道釘子的存在。

這種連猿猴都不如的認識論，就是毛時代以全民規模進行反智主義盲動的思想根源。毛澤東的治國史，就是"碰釘子——學轉彎——再碰釘子——再學轉彎——循環往復，直至毛蹬腿"的連續展開。它給中國帶來接二連三的巨大災難，也留下了無數笑話。

例如前文介紹過，毛澤東原來與城牆有仇，多次在黨內會議上號召拆城牆，甚至說："在北京拆牌樓，城門打洞，也哭鼻子。這是政治問題。"1958 年 3 月，他乘汽車參觀成都市容，見到城牆就質問部下：這個城牆為什麼還不拆除？既不好看又妨礙交通[2]。

然而到了 1963 年 10 月 11 日，他在聽取關於河北水災的匯報時，得知有些縣城由於有城牆，群眾沒有受更大損失，當即指示：城牆現在不是對付敵人而是對付水，我看還得搞。要把城牆和護村堤墊看成是生產資料，沒有它，耕牛、犁、耙等都要被沖跑。當部下談到正定縣群眾反對扒城牆時，毛澤東說：我們沒知識，不能再扒了，城牆是為了對付水，不是對付敵人。11 月 12 日，他進一步指示：城牆要普遍地修。城牆是個防衛武器，這種生產資料比牛、比

---

[1] 轉引自薄一波：《若干重大決策與事件的回顧》下卷，846 頁

[2] 《毛澤東年譜（1949-1976）》第三卷，308 頁。

人、比土地都重要，因為堤一潰，糧食被淹了，人、牛都沒得吃了。[1]

比起將萬頃良田化為鹽鹼地的"實踐出真知"來，從"普遍拆城牆"到"普遍修城牆"的"認識上的飛躍"只是個笑話。本書《國務家》卷將要介紹，毛澤東原來把河南提出的"以蓄為主，小型為主，群眾自辦為主"的水利方針當成"革命路線"推廣。待到1962年，他得知河南造出了一千多萬畝鹽鹼地後又下令：平原地區蓄水恐怕大部分不能搞，還是要打井。河南廢地太多，一千多萬畝，"以蓄為主"搞壞了[2]。

然而這種改錯只是個別的，毛澤東並沒有認識到，這種毫無理性指導的"試錯法"只是猿猴試錯法，以全民規模去試錯就必然製造出遍及全國的災難。大躍進的挫敗沒有教會他任何理性認識，讓他意識到那些災難統統來自他的"實踐出真知"。到了1963年，他還要叫賣他的"猿猴認識論"：

"人們在社會實踐中從事各項鬥爭，有了豐富的經驗，有成功的，有失敗的。無數客觀外界的現象通過人的眼、耳、鼻、舌、身這五個官能反映到自己的頭腦中來，開始是感性認識。這種感性認識的材料積累多了，就會產生一個飛躍，變成了理性認識，這就是思想。這是一個認識過程。這是整個認識過程的第一個階段，即由客觀物質到主觀精神的階段，由存在到思想的階段。這時候的精神、思想（包括理論、政策、計畫、辦法）是否正確地反映了客觀外界的規律，還是沒有證明的，還不能確定是否正確，然後又有認識過程的第二個階段，即由精神到物質的階段，由思想到存在的階段，這就是把第一個階段得到的認識放到社會實踐中去，看這些理論、政策、計

[1] 《毛澤東年譜（1949-1976）》第五卷，268-269，279頁。
[2] 《毛澤東年譜（1949-1976）》第五卷，94頁

畫、辦法等等是否能得到預期的成功。一般的說來，成功了的就是正確的，失敗了的就是錯誤的，特別是人類對自然界的鬥爭是如此。"[1]

上文已經說過了，就整個人類的認識史而言，這話並不錯。但現代人並不需要效法神農嚐百草，才能知道哪些植物有毒，更不能響應偉大領袖的號召，去親口"變革"氰化鉀以知道它的滋味；普通人哪怕終生無緣環遊地球，也能知道地球是圓的；在人類登月前，也不需要宇航員先到月球上走一圈，才能知道月球上的自然環境如何；科學家從事研究也不是什麼"從感性到理性的飛躍"，只會是從理性到理性。誠然，發現科學規律都從觀察現象開始，但這種觀察是在理性指導下有著明確目的的探索，並不是只能獲得感性認識的盲目嘗試；國務家制定理論、政策、計畫、辦法就更不能從感性認識出發，事先必須作周密的必要性、可行性、利弊、效益等方面的充分論證。像毛那樣用全社會的實踐去檢驗他憑感性認識"飛躍"出來的政策，屬於大規模犯罪行為。

然而毛澤東非但沒看到自己的誤區，反而還以為他比他的老祖宗高明，把他的猿猴認識論當成對馬列主義的創造性發展，對周培源、于光遠吹噓道：

　　"關於從實踐到感性認識，再從感性認識到理性認識的飛躍的道理，馬克思和恩格斯都沒有講清楚，列寧也沒有講清楚。列寧寫的《唯物主義和經驗批判主義》，只講清楚了唯物論，沒有完全講清楚認識論。這個道理中國的古人也沒有講清楚。什麼叫哲學？哲學就是認識論。"[2]

---

[1] 《人的正確思想是從哪裡來的？》，一九六三年五月，《毛澤東文集》第八卷，http://cpc.people.com.cn/GB/64184/64185/189968/11568280.html
[2] 《毛澤東年譜（1949-1976）》第五卷，396頁

"哲學就是認識論"的昏話不論,這段話暴露了毛澤東確實沒有獲得理性認識的能力,所以他至死也沒弄明白,他的反理性主義認識論只會妨礙任何個人或群體的認識活動,用為國策制定指南就更只會造成全國性災難。

可笑的是,毛澤東非常崇拜法家,在晚年還特地發動了"評法批儒"運動,他本人也非常精通韓非子總結的"法術勢"的陰謀權術,一部《韓非子》不知道看了多少遍,然而偏偏就沒看見或是理解這些話:"先物行,先理動之謂前識。前識者,無緣而妄意度也。"[1] 於是終生與"前識"無緣,永遠在"妄意度"。

總之,在毛澤東猿猴認識論指導下的"舉國試錯"充分表明,一種表面上看來毫無錯誤的理論,在被當成"全黨全軍全國人民一切工作的指針"後,會引出何等可怕的災難。這深刻的歷史教訓永遠值得我們深思。後世子孫必須學會"珍惜生命,遠離哲學家皇帝",看透"哲學治國"的荒唐。

3) 對立統一規律

这是恩格斯總結的辩证法三大規律之一。恩格斯在较早的《反杜林論》中只講了"量變質變規律"與"否定之否定規律"。只是在《自然辯證法》的未完成稿中,他才將"對立統一規律"列入。列寧和毛澤東則把"對立統一規律"視為"辯證法的核心和實質"。

該"規律"國內讀者都耳熟能詳,但熟視造成無睹,宣傳灌多了,感受難免麻痹,所以一般不會注意到它一系列的模糊混亂。實際上,該"規律"的所有基本概念,都是極度混亂、無法落實、毫無確定性的,因而也就根本沒有應用的可能。

---

[1] 《韓非子·喻老》

A."對立面"何所指?

這就是該"規律"的第一個含混不明之處。誰也不知道"組成矛盾的兩個對立面"是什麼:是事物的不同組分,是事物的不同性質,還是內在的相反的運動趨勢或發展傾向?

在黑格爾那裡,對立面指的是兩種對立的趨勢,他的名言是:"無論天上地下都沒有任何東西不在自身中包含著存在和無這兩者。"亦即一切事物內部都包含著"存在"與"毀滅"兩種趨勢。這其實不是什麼新思想。早在幾千年前,古印度人就將其神祇分為"創造","維持","毀滅"三位。在我看來,"維持"也就是黑格爾所謂"揚棄"——不斷地保留一部份,拋棄另一部份。這當然比只有個造物主的猶太教、基督教、回教高明得多,但畢竟什麼也沒教會你。

恩格斯將該"規律"稱為"對立的相互滲透的規律",解說道:

> "所謂的客觀辯證法是在整個自然界中起支配作用的,而所謂的主觀辯證法,即辯證的思維,不過是在自然界中到處發生作用的、對立中的運動的反映,這些對立通過自身的不斷的鬥爭和最終的互相轉化或向更高形式的轉化,來制約自然界的生活。"

所以,他之所謂"對立",指的是"運動的對立"。在自然界中,這種對立的例子如磁鐵和電的兩極性,以及由此導致的吸引和排斥;類似地,"一切化學過程都歸結為化學的吸引和排斥的過程":"在有機生命中,細胞核的形成同樣應看作活的蛋白質的極化,而且進化論證明了,從簡單的細胞開始,怎樣由於遺傳和適應的不斷鬥爭而一步一步地前進,一方面進化到最複雜的植物,另一方面進化到人"。在社會歷史中,"對立中的運動在居於主導地位的民族的一切危機時期表現得尤為明顯”，以致該民族會被逼著在兩個極端中作出選擇。[1]

恩格斯是個不懂裝懂的科盲，居然用電磁現象去類比細胞核，胡說什麼“細胞核的形成同樣應看作活的蛋白質的極化”；生物的進化是“由於遺傳和適應的不斷鬥爭而一步一步地前進”也是搞笑。任何一個看懂了《物種起源》的人，都知道進化的動力是自然選擇，並不是“遺傳和變異的不斷鬥爭”。遺傳和變異都是物種保存自己的手段——變異是為了調適，而遺傳則是把在生存競爭中表現出優勢的變異保留下來。鬥爭只發生在物種和環境之間以及物種之間，是謂“生存競爭”。恩格斯多次盛讚達爾文，卻連自己時時掛在嘴邊的進化論的要旨都不懂。

但不管怎樣，他所指的“對立”，基本還是從黑格爾那兒蕫來的，亦即兩種相反的運動或發展趨勢，它們鬥爭的結果，使得彼此發生轉化，或是向更高階段轉化。

在這點上，他倒還難得地清晰了一次，雖然仍是胡說八道：電場、磁場、化學反應、細胞核等等，都是“吸引力與排斥力”的對立！就算真是這樣吧，那請問這種鬥爭引出了什麼互相轉化或是向高級轉化？排斥力如何轉化為吸引力？反過來呢？其高級形式又是什麼？恩老匹夫作出斬釘截鐵的結論前，怎麼就不想想能否自圓其說？

列寧在《哲學筆記》中狂吹此規律，說它“是辯證法的實質（是辯證法的‘本質’”之一，是它的基本的特點或特徵之一，甚至可說是它的基本的特點和特徵）”。他給出的“對立統一”的例子是：

“在數學中，十和一，微分和積分。
在力學中，作用和反作用。

---

[1] 恩格斯：《自然辯證法》，電子書，無頁碼。

在物理學中，正電和負電。

在化學中，原子的化合和分解。

在社會科學中，階級鬥爭。

對立面的同一……就是承認（發現）自然界的（也包括精神的和社會的一切現象和過程具有矛盾著的、相互排斥的、對立的傾向。要認識在'自己運動'中，自生發展中和蓬勃生活中的世界一切過程，就要把這些過程當作對立面的統一來認識。發展是對立面的'鬥爭'。"[1]

所以，他說的"矛盾的對立面"，也是指兩種相反的傾向或趨勢。雖然因為無知，他舉出的數學與物理學例子都不能成立（正逆運算並非自然現象，而正負電也不是兩種相反的趨勢），但其他例子還勉強可算。

列寧雖然高度評價該規律，但除了《談談辯證法問題》的短文外，並沒有對該規律作出系統的專門論述。他和馬克思一樣，只是在政論中分析各種具體的"矛盾"。在這種場合，他們說的"矛盾"可不僅僅是事物或過程內部的兩種發展趨勢。例如商品的價值與使用價值據說是一對矛盾，然而它們並不是什麼相反的運動趨勢，也不會互相滲透，互相轉化。生產力和生產關係也同樣如此。

在將馬列哲學系統化、教科書化的過程中，蘇聯御用學者引入了許多新的"矛盾"概念，諸如先進與落後，質與量，絕對與相對，形式與內容，現實與可能，現象與本質等等。

至此，所謂"對立面"便陷入莫名混亂，再也沒有一個固定的同一的劃分標準。有時是指事物內部或過程中的兩種相反趨勢（例如運動與靜止，動力與阻力），有時是指事物內部具有相反性質的組分（例如具有負電荷的電子與正電荷的原子核，或是社會內部的

---

[1] 列寧：《談談辯證法問題》，《哲學筆記》，人民出版社 1990 年版，第 305-306 頁。

兩個敵對階級），有時指的卻又是事物的兩種不同性質（諸如新與舊，先進與落後，質與量），等等。最混亂的還是兩種不同性質，它們可以分別存在於兩個不同的事物，也可同時存在於同一事物。

將這混亂推到最高最活的頂峰的，是咱們的領袖毛澤東。《矛盾論》雖是論述該"規律"的專著，但上文已經說過，它基本是蘇聯教科書的摹本，舉出的矛盾的例子大致也就是蘇聯教本上那些："數學中的正數和負數，機械學中的作用和反作用，物理學中的陰電和陽電，化學中的化分和化合，社會科學中的生產力和生產關係、階級和階級的互相鬥爭，軍事學中的攻擊和防禦，哲學中的唯心論和唯物論、形而上學觀和辯證法觀等等"，其中暴露的思維毛病是從他的老祖宗那兒傳下來的，倒還沒有什麼獨到之處，鬧出什麼新笑話。但毛在其他場合的論述就是高標獨調了。他將該規律通俗地稱為"一分為二"，聲稱："世界上無論什麼事物，總是一分為二。"[1]"事物都是一分為二的。"[2]

那麼，怎麼個分法？請看實例演示：

"良藥苦口，同時卻利於病；忠言逆耳，同時卻利於行；羊肉好吃，無奈燙的（得）慌；玫瑰花兒可愛，刺多扎手；佳人卻可傾國；禍兮福所倚，福兮禍所伏；都是互相滲透、互相轉變的對立，一切對立都是這樣的。"[3]

上面這些例子中，只有"禍福"是兩種不同趨勢，可以互相"轉化"，也就是事物發展從一種結局變成了另一種結局。其他例子則完全是同一事物的不同性質，而且還是把人類的主觀感覺與事物的客觀性質混在一起：良藥苦口是主觀感受，治療作用是客觀效

---

[1] 毛澤東：《對周揚〈哲學社會科學工作者的戰鬥任務〉講話稿的批語和修改》，1963 年 11 月。《建國以來毛澤東文稿》第十冊，402-403 頁。

[2] 毛澤東：《培養無產階級的革命接班人》，1964 年 6 月 16 日，《建國以來毛澤東文稿》第十一冊，85 頁。

[3] 《毛澤東哲學批註集》，78 頁。

應：忠言逆耳是主觀感受，糾錯作用是客觀效應；羊肉的美味是主觀感受，溫度是客觀性質；美貌是主觀感受，傾國是客觀效應；花香是主觀感受，有刺是客觀性質。請問它們怎麼"互相滲透、互相轉變"？溫度變成美味，禍國變成美貌，花香轉化為刺多？這到底算什麼弱智笑話？

下列一系列"對立統一"也很有趣：

"調整生產節奏（多快好省，鼓足幹勁，力爭上游的總路線基礎上，波浪式的前進，急緩的對立統一，勞逸的對立統一，苦戰與休整的對立統一），兩個戰役之間必須要有一次休整、補充和練兵，這是規律，每種都互相轉化（急轉為緩，緩轉為急，勞轉為逸，逸轉為勞，戰斗轉為休整，休整轉為戰鬥，睡眠轉為起床，起床轉化為睡眠，開會轉化為散會，散會轉化為開會，團結轉化為鬥爭，鬥爭轉為團結，生產轉為消費，消費轉化為生產，播種轉化為收穫，收穫〔轉化〕為播種，春夏轉化為秋冬，生轉為死，死轉為生，女轉化為男，男轉化為女，壓迫者轉化被壓迫者，被壓迫者轉壓迫者（對前時的老壓迫者），戰爭轉為和平，和平轉為戰爭，量變轉化為質變，質變轉化〔為〕量變，有限轉為無限，無限轉為〔有〕限。如此等等），請同志們想一想，推而廣之，教育幹部。"[1]

這許許多多"矛盾"中，有的是兩種不同的事物（例如男女，壓迫者與被壓迫者），有的是同一過程的不同階段（例如春夏秋冬，起床睡覺），有的是不同性質的運動（戰爭和平，播種收穫，鬥爭團結，生產消費），有的是同一事物的不同存在狀態（生死），有的則是同一過程的程度區別（如勞逸，急緩）……。端的是五光十色，令人眼花繚亂。

---

[1] 毛澤東：《在成都會議上的講話提綱》，1958年3月，《建國以來毛澤東文稿》第七冊，114頁

不僅如此，"矛盾雙方"又是物質的不同組分：

> "宇宙從大的方面看來是無限的。宇宙從小的方面看來也是無限的。不但原子可分，原子核也可分，電子也可以分，而且可以無限地分割下去。"[1]

人類思想史上還難得見到如此精彩紛呈的、神鬼莫測的思維混亂。然而這鍋糊塗湯其來有自，毛澤東之所以對這"規律"情有獨鍾，是因為它模糊混亂的思維方式，恰與他陳腐雜亂的知識結構一拍即合，引起了他的強烈共鳴。毛之所謂"矛盾"，其實就是老子和董仲舒的"陰陽"。

古人通過比較不同對象，初步總結出其差別，諸如"日月"、"明暗"、"雌雄"、"高低"、"大小"、"多少"、"強弱"、"冷暖"等概念，用以粗略地定性描述事物。《道德經》所謂"有無相生，難易相成，長短相形，高下相傾，音聲相和，前後相隨"，除了"聲音"與"回聲"這對"矛盾"外，說的其實是"有無"、"難易"、"長短"、"高下"、"前後"這些性質，都是比較出來的，離開一方，也就無所謂另一方了。此乃今日連學童都該明白的常識。

道家將這些概念作了綜合，歸結為"陰陽"兩大範疇。凡是具有正面性質的都是"陽"，凡是具有負面性質的都是"陰"。這是一個遞進的抽象過程，抽象出來的性質不再附著於具體的觀察對象，而是具有了普遍性。"大小"、"強弱"之類概念已經超越了具體的比較對象，而囊括所有這些性質區別在內的"陰陽"涵蓋範圍就更廣了。

現代人一望即知，這對範疇其實是大雜燴。"日月"與"雌雄"屬於不同事物，而其他"陰陽"概念則是事物的性質區別，有

---

[1] 《關於人的認識問題》（一九六四年八月二十四日），《毛澤東文集》第八卷，http://www.people.com.cn/GB/shizheng/8198/30446/30452/2195474.html

的甚至只是同一性質在數量上、程度上的區別。例如，"明暗"是亮度的區別，"冷暖"是溫度的區別，"大小"是體積上的區別，"高低"是高度的區別，"多少"是數量區別，"強弱"是能量的區別，等等。把不同事物和物體的不同屬性乃至同一屬性的不同程度混為一談，綜合到同一個概念範疇中，屬於思維錯亂。但幾千年前的古人犯這類錯誤很自然，未便深責。

毛澤東那現代人卻把這混亂思維發揮到了極致，推廣到宇宙間的萬事萬物中去。因為沒有明確的同一的劃分標準，這"規律"也就不具有任何嚴肅應用的可能，唯一用途就是為詭辯家提供利器。

毛澤東將帝國主義一分為二的方式就是典型示範。對人事的"一分為二"通常以主觀價值標準進行，例如"好人""壞人"；"優點""缺點"；"成績""失誤"；"光明面""黑暗面"等等。然而若以此標準去分析帝國主義，立即就要遇到"帝國主義的光明面是什麼"的尷尬問題。於是毛澤東便改用"強弱"的客觀標準，將帝國主義一分為二為"戰略上的紙老虎，戰術上的真老虎"。無怪乎林副統帥要將辯證法稱為"變化法"，它更准確的稱呼，應該是"詭辯法"。

B. 何謂"轉化"？

毛澤東在《矛盾論》裡解釋道：

"同一性、統一性、一致性、互相滲透、互相貫通、互相依賴（或依存）、互相聯結或互相合作，這些不同的名詞都是一個意思，說的是如下兩種情形：第一、事物發展過程中的每一種矛盾的兩個方面，各以和它對立著的方面為自己存在的前提，雙方共處於一個統一體中；第二、矛盾著的雙方，依據一定的條件，各自向著其相反的方面轉化。這些就是所謂同一性。"

什麼叫"各自向著其相反的方面轉化"？毛也解釋了：

> "任何事物的內部都有其新舊兩個方面的矛盾，形成為一系列的曲折的鬥爭。鬥爭的結果，新的方面由小變大，上升為支配的東西；舊的方面則由大變小，變成逐步歸於滅亡的東西。而一當新的方面對於舊的方面取得支配地位的時候，舊事物的性質就變化為新事物的性質。"

原來，"對立面"的劃分標準是"新舊"，據說一切事物都是由這兩個對立面組成的。姑不說上舉某些無法轉化的"矛盾"，諸如帶刺玫瑰、滾燙的羊肉、傾城傾國的美女等"矛盾"都扯不上什麼"新舊"，就連那些能轉化的"矛盾"，諸如起床與睡覺，勞逸，急緩，春夏與秋冬，散會與開會，戰爭與和平等等，也跟"新舊"毫不沾邊。

能跟"新舊"拉上關係的"矛盾"，發生的"轉化"的性質也不一樣。例如"有土地的地主階級轉化為失掉土地的階級，而曾經是失掉土地的農民卻轉化為取得土地的小私有者"，這倒確實是"走向反面"，可無產階級與資產階級之間發生的"轉化"，卻又不是前者變成有產階級，後者變成無產階級，而是"被統治的無產階級經過革命轉化為統治者，原來是統治者的資產階級卻轉化為被統治者，轉化到對方原來所佔的地位"。有誰能知道這轉化到底是怎麼回事？

然而毛澤東就是能反復宣佈：

> "變即轉化，真老虎轉化為紙老虎，走向反面。一切事物都是如此，不獨社會現象而已。"[1]

[1] 毛澤東：《關於帝國主義和一切反動派是不是真老虎的問題》，1958年12月1日，《建國以來毛澤東文稿》第七冊，610頁

"世界上一切事物沒有不走向反面的。我國也將走向反面，然後又走向反面之反面，即正面。"[1]

"事物總是要走向反面的。"[2]

對這些瘋話，我早在舊作中批判過了：

"在社會宏觀水平上，所謂'矛盾轉化'，指的乃是對立面中弱小一方通過鬥爭變成強大一方，據說這就是'走向反面'，它的意思並不是無產階級變成資產階級，或是資產階級變成了無產階級，指的是統治者和被統治者對換位置。

但在個體水平卻又不是這麼回事：如果你是好人，但放鬆思想改造，內部正氣就會下降，邪氣上升，便'走向反面'，從好人變成了壞人。反過來，壞人若用毛澤東思想改造自己，用正確思想壓倒錯誤思想，那也可能'走向反面'，變成好人。

不管在哪個水平上，這都是糊塗賬一筆。那'事物總是要走向反面的'之說最扯淡。這麼說，凡是法治社會，遲早都要警匪倒轉，變成土匪世界？好人總是要變成壞人，壞人總是要變成好人，而且，這就和電子電路裡的所謂'無穩態電路'一樣，變過來變過去，翻來覆去，永無止歇？

把這'規律'運用到自然界裡去就更是笑話了。太陽和地球大概可以算'一對矛盾'吧？這倆傢伙鬥爭的結果，是不是有一天要強弱易手，主客易位，太陽反過來圍繞地球旋轉？自然界的狼和羊又怎麼個互相轉化法？

---

[1] 毛澤東：《關於國際形勢的講話提綱》，1959 年 12 月，《建國以來毛澤東文稿》第八冊，602 頁。

[2] 毛澤東：《給江青的信》，1966 年 7 月 8 日，《建國以來毛澤東文稿》第十二冊，72 頁。

太陽和地球、狼和羊好歹還能勉強配對，找不到對立面的又該怎麼辦？上面舉的那些事物，諸如物理學中的萬有引力，化學的單質和化合物等等，連反面都找不到，又怎麼個'走向反面'法？難道這還不是人類有史以來最為驚天動地的白痴蠢話？"[1]

這裡沒有指出的另一個重大問題是，毛澤東口中的"事物"的邊界到底在哪裡？資產階級與無產階級，到底是一個事物，還是兩個？按一般常識，似乎是兩個，然而在毛澤東口中，它們卻又是事物內部的兩個對立面。於是弄到後來，我們就連確定事物內外的界限都找不到了。

C. "內外"界限何在？

"唯物辯證法認為外因是變化的條件，內因是變化的根據，外因通過內因而起作用。雞蛋因得適當的溫度而變化為雞子，但溫度不能使石頭變為雞子，因為二者的根據是不同的。"

《矛盾論》裡的這段名言，當年人人倒背如流，至今恐怕還被許多老幫菜奉為至理名言。他們不曾意識到，與辯證法的所有重大概念一樣，這兒最關鍵的"內外"概念，根本就是無法確定的。

毛澤東口中的"事物"，也就是"矛盾"的同義語。《矛盾論》說，事物發展的原因，是事物內部的矛盾對立鬥爭使然，這就叫"內因"，而"一事物和他事物的互相聯繫和互相影響則是事物

---

[1] 蘆笛：《從唯物辯證法變成全民思維方式看國人的智力盲區》，《馬克思主義批判》，94-95 頁，Google Play，https://play.google.com/store/books/details/%E8%8A%A6%E7%AC%9B_%E9%9A%AC%E5%85%8B%E6%80%9D%E4%B8%BB%E4%B9%89%E6%89%B9%E5%88%A4?id=6V3xDwAAQBAJ&hl=en

發展的第二位的原因",這就叫"外因",它只能引起事物的機械運動,亦即範圍和數量的變化,不能引起質變。

然而上面已經指出了,按辯證法,根本就無法確定事物的"內外"。例如毛澤東把無產階級和資產階級視為同一事物內部的兩個對立面,兩者的鬥爭就是事物發展變化的內部原因。在鬥爭初期,資產階級是決定矛盾性質的主要方面。

然而毛澤東馬上就說:"一九二七年中國大資產階級戰敗了無產階級,是通過中國無產階級內部的(中國共產黨內部的)機會主義而起作用的。"在此,資產階級與無產階級之間的鬥爭,突然又變成事物的外部原因了。

因為無法界定"事物"的邊界,所謂"主要矛盾與次要矛盾"之說也成了糊塗賬一本。

例如中日民族矛盾是當時的主要矛盾,根據毛澤東的說法,它規定影響了其他矛盾的存在和發展。那麼,對國共這對矛盾來說,日本人到底是外因,還是內因?如果是前者,它就不可能規定影響後者的存在和發展,只會引起其機械運動狀態的變化。如果算成內因,倒可以避開這邏輯矛盾——日本人成了決定矛盾性質的主要方面。但如此一來,日本人也就和中國人一道,成了同一事物內部中的兩個對立面了,這算什麼屁話?哪怕是共產黨人也難以接受吧?

毛澤東自己就曾有過這種疑問。西洛可夫等人的《辯證唯物論教程》批判了波格丹諾夫的主張:"根本的東西,規定的東西,是制約內的矛盾之外物。他以為,主要矛盾是環境和體系間的矛盾"。毛澤東於此處批註:"問題:為什麼中國與日本的矛盾成為主要矛盾?"[1]

這疑問直指"主要矛盾論"與"內因決定論"的要害——中日矛盾是國際矛盾,或曰民族外部矛盾。這類矛盾屬於波格丹諾夫所

---

[1] 《毛澤東哲學批註集》,101頁。

謂"環境和體系間的矛盾",根據唯物辯證法,它絕不可能成為主要矛盾,然而根據共產黨人的理論,它卻又成了當時中國社會的主要矛盾。這裡暴露出來的思維錯亂之明顯,連毛澤東那思維重病號居然都看出來了。

這疑問也很真誠,必須承認,在獨對自己時,毛澤東還是相當誠實的,例如在讀李達《社會學大綱》的"可能性與現實性"一節時,他批道:"抗日戰爭的客觀條件與主觀條件都不足。"然後列出對策:"西安事變,保存軍力,遊擊戰爭,創辦學校,發行報紙。"[1] 坦承他根本不認為中國有戰勝日本的可能,中共該幹的還是趁機壯大自己,大發國難財。

然而在公開場合,他的態度就完全兩樣了。儘管他意識到"中日矛盾成為主要矛盾"的事實顛覆了"內因決定論",他仍能毫不猶豫地把這當成真理宣講。

撇開邏輯錯誤,所謂"外因只能引起數量和範圍的變化"也是無知胡說。毛澤東在《矛盾論》中照抄蘇聯教本,否認地理氣候對人類社會的影響,既不知道地理氣候等環境條件不但是生物進化的初始原因,導致了具有多樣化性狀的不同物種出現,甚至曾在史前引起生物滅絕,也不知道地理氣候對民族的生產方式,生活方式乃至民族性格都有著極為深刻的影響。

不知道前者不足怪——他是"不實踐就無真知"的科盲,然而不知道後者就說不過去了——他不是長征時曾路過藏族區麼?怎麼連地理氣候規定的藏民的特殊生活方式都沒注意到?而且,他在西北呆了那麼多年,居然也就不知道塞外的自然環境決定的遊牧民族的生活方式以及民族性格,與江南水鄉完全不同。這就是自然環境作為"外因",只能引起人口數量和活動範圍的變化?一個"思想家"居然連起碼的觀察思辨能力都沒有。

---

[1] 同上,262頁。

興許，對毛澤東這種特殊天才來說，這要求還是太高，那我們就針對他的吃飯手藝提問吧：不知道他口口聲聲"人們的社會存在決定人們的意識"，所說的"社會存在"，到底算是外因呢，還是內因？

D. "主要矛盾"的笑話

所謂"抓主要矛盾"已經成了中國識字分子（尤其是老幫菜）的思維套路與口頭禪。

《矛盾論》如是說：

　　"在複雜的事物的發展過程中，有許多的矛盾存在，其中必有一種是主要的矛盾，由於它的存在和發展規定或影響著其他矛盾的存在和發展。"

如前文所述，這話是從蘇聯課本上抄下來的，毛澤東只能承擔傳播錯誤思想的責任。其實那錯誤很明顯，有常智者稍加思索就能看出：從邏輯上來說，毛之所謂"主要矛盾"，必須是"次要矛盾"的發生原因。只有兩者之間是因果關係，後者的存在和發展才能被前者規定或影響，並隨著前者的解決而而消失。眾所周知，中日矛盾是抗戰時期中國社會的主要矛盾。那麼，日本侵華以前，國共矛盾和其他階級矛盾就不存在了麼？中日矛盾解決後，其他矛盾是否也隨之消失？

把這"規律"用於自然界就更是笑話了。宇宙間有許多矛盾存在，其中必有一種是主要的矛盾，由於它的存在發展規定或影響著其他矛盾的存在和發展，解決了它，也就解決了其他矛盾。請問那是什麼呀？如果辯證家們連這都不知道，那怎麼還有臉聲稱辯證法是統管自然科學與社會科學的超級學問，辯證法揭示的是宇宙的最根本的規律？

　　從邏輯上看，這更是一鍋糊塗湯，讓辯證家們在湯裡淹得神志不清，連最起碼的問題都答不上來。請問，這所謂主要矛盾，到底是事物發展變化的外部原因呢，還是內部原因？它好像是外因，因為主要矛盾和次要矛盾之間的關係似乎是"一事物和他事物的互相聯繫和互相影響"。但若是這樣，那麼它就只能引起次要矛盾機械運動狀態的簡單變化，絕不可能規定或影響次要矛盾的存在和發展。然而若主要矛盾是內因，那它就是事物內部的對立雙方中起決定作用的一面，與"矛盾的主要方面"又有何區別？

　　下面這段話則是毛的發揮：

　　　　"任何過程如果有多數矛盾存在的話，其中必定有一種是主要的，起著領導的、決定的作用，其他則處於次要和服從的地位。因此，研究任何過程，如果是存在著兩個以上矛盾的複雜過程的話，就要用全力找出它的主要矛盾。捉住了這個主要矛盾，一切問題就迎刃而解了。"

　　蘇聯教本上倒沒直接這麼說，是毛從西洛可夫等人這段話發揮出來的：

　　　　"馬克思在那順次的週期的反復的恐慌所表現的、生產之社會性及私有形式間的、日益尖銳化的矛盾之中，看出了布爾喬亞制度的這個主要矛盾。……他並論證了布爾喬亞社會之其他一切矛盾，都由這個根本的矛盾發生出來。"[1]

　　既然資本主義社會的其他一切矛盾都從其主要矛盾中發生出來，那麼，解決了這個矛盾，自然也就同時消除了其他的矛盾，這就是毛的"一切問題就迎刃而解了"的意思。

　　這話我其實已經在上面駁斥過了：中日矛盾並不是當時中國社會其他一切矛盾的來源，那些矛盾早在日本侵華前就存在了。在抗戰勝利後也並未"迎刃而解"，國共矛盾反而更加激化了。

---

[1] 同上，68頁

將這規律應用到自然科學裡就更是笑話。例如病人同時患有急性心力衰竭和骨質疏鬆、牛皮癬等疾病。毫無疑問，在此，急性心力衰竭是"主要矛盾"——不解決它，病人就會死。但是，難道這個"主要矛盾"規定或影響了骨質疏鬆、牛皮癬等"次要矛盾"的存在和發展？急性心力衰竭好轉或惡化，能對骨質疏鬆、牛皮癬有什麼影響？是不是糾正了急性心力衰竭，其他疾病也就迎刃而解了？

因為不斷有人在網上使用"主要矛盾"說困擾我，我多次批駁過這謬論，最後一次批駁時說：

"這白痴瘋話我已經用清晰易懂的學術語言破譯了，再重複一遍：

'所有要辦的事務中，必然有一件是辦成其他事務的充分必要條件，辦成了那件事，則其他事情也就辦成了。'

如果有誰要堅持這確實是真理，那我毫無辦法，只好認定該同志是毛一樣的白痴，對不起了。" [1]

毛澤東的"以鋼為綱"的國策制定依據就是這條。我們將在《國務家》卷看到，它不但給國民經濟帶來了毀滅性打擊，而且從思辨的角度來看絕對是白癡水平。

E. "對立統一規律"的"合理內核"

我已在舊作中指出，所謂"對立統一"並非一無是處。如果按黑格爾老兒的原意，將"矛盾"視為"兩個相反的趨勢或傾向"，那它確實存在於一個負熵系統中。一切自控系統包括生物體在內，都是這種系統。它要維持系統內的穩定（也就是對外的不平衡），

---

[1] 蘆笛：《從"唯物辯證法"變成全民思維方式看國人的智力盲區》，《馬克思主義批判》，99頁。

就必須具有兩個方向相反的機制。空調就是最簡單例子：必須有產熱與散熱兩套相反機制，才能維持溫度圍繞著調定點波動。

生物體是自然界裡最常見的負熵系統，必須有相互拮抗的兩套機制交替工作，才能維持系統的有序性。因此，現代生物學界確有人借用中國的"陰陽"術語來描述這兩種機制，最有名的例子就是環腺苷酸和環鳥苷酸分別作為傳遞"開動"和"刹車"信號的"信使"，啟動磷酸化或去磷酸化，由此又啟動"合成"、"分解"、"興奮"、"抑制"等等方向相反的生理生化反應，以保持機體內環境的穩定。這兩套相反相成的機制若是去除一方，系統內部就失去了平衡（亦即與外環境達到了平衡），死亡就是這種失衡的必然結果。

在人類社會中，民主國家效法這套，發明了兩黨政治，達到了系統內部的動態平衡。專制國家不搞這套，全靠強力壓倒弱者反抗，就永遠處於危機狀態中。[1]

但這種"矛盾"跟馬列講的有實質區別：首先，它只存在於負熵系統中，而此類系統在宇宙中是例外而非常例，因此並非"宇宙根本規律"。其次，"矛盾"雙方並不如馬列鼓吹的那樣，為爭奪控制權而作殊死鬥，相反，它們相反相成，為同一目的服務，其平衡處在嚴密的調節中。一旦一方打破平衡，上升成了"決定矛盾性質的主要方面"，機體就進入病態（諸如發燒，糖尿病，甲亢，等等），如同出了故障的空調一般。第三，它們彼此之間也不會發生什麼"互相滲透、互相轉化"，更不會"走向反面"。降低血糖的胰島素再怎麼也不會變成升高血糖的胰高血糖素，反過來也一樣。第四，這種"矛盾"與生命相終始，"矛盾解決"之日，就是死亡降臨之時，並不會因為矛盾解決而"上升到更高的形式"（除非真

---

[1] 蘆笛：《從"唯物辯證法"變成全民思維方式看國人的智力盲區》，《馬克思主義批判》，92-93 頁。

的有天堂。勿過,即使有,想來也不會有"細菌的天堂"吧,而細菌可是也有這兩套機制的,雖則很簡單)。

具有諷刺意味的是,恩格斯和列寧以削足適履的方式,把自然界某些現象硬套成"對立統一"的矛盾,卻徹底忽略了人類社會中真正存在著的"對立統一"現象。

審視人類歷史不難發現,私慾是支配人類行為的最主要的動機,而它卻具有鮮明的"二重性",也就是黑格爾辯證法所說的兩種相反的趨勢:一方面,它構成了人類所謂"生存鬥爭"的原動力,驅使人類為生存而結成社會,為改善生存條件而不斷發展生產力,為追歡逐樂而發明了文藝以及各種娛樂活動,創造出不斷發展的物質文明與精神文明;另一方面,貪慾也是人類社會中各種各樣的利害衝突的產生根源,因而具有潛在的傷害社會,毀滅文明甚至毀滅全人類的破壞力。

然而在這個最基本也最淺顯的問題上,馬列卻發生了令人驚詫的選擇性失明。他們完全無視私慾的存在,遑論它的兩重性,只看見生產力不斷發展,把它當成了牛頓式的"第一推動力",卻看不見生產力的無限發展是被人類私慾推動的。類似地,他們只看見階級鬥爭,卻看不見階級鬥爭同樣是私慾引起的。基於這種驚人的失明,他們一方面把階級和階級鬥爭的存在視為不公平,當成終將被人類消除的社會弊病,一方面卻又把階級鬥爭當成推動歷史發展的"火車頭",徹底忽略了"階級戰爭"對人類文明的巨大破壞力。

這結果,便是在否定私慾的正面作用的同時,鼓吹提倡發揮其負面作用。用這種南轅北轍的方式建立起來的"人間天堂",既剝奪了社會成員發家致富的權利,從而窒息了社會生產力的生機,又變相鼓勵他們靠整人滿足私慾,沉醉在"與人奮鬥,其樂無窮"的病態快感中,從而憑空製造出無數社會矛盾,毒化了人際關係。"辯證法大師"居然看不見、更不知道合理利用人類社會中確實存在著的"對立統一"現象，卻去奢談他們根本不懂的自然科學規律，不亦怪哉？

此外，無論是人類對客觀世界的認識，還是人類自身的內心世界，都充滿了矛盾。人類認識中的"辯證的矛盾"是康德最先發現的，人家早就解釋過了，那是無法解決的。而人類內心世界的種種矛盾衝突，則基本上是人的社會性與生物性導致的兩個相反趨勢的衝突（表現為理智與感情，"利"與"義"，等等）。它不存在於自然界中，也永無"解決"之日，與人類相終始，只能調節，不能破除。只有毛澤東那種科盲，才會以為可以用"鬥私批修"、"滅資興無"的思想改造徹底除去私欲。

所以，黑格爾老兒確實看到了點東西。不幸的是，他和恩格斯老匹夫一樣，都以為主宰人的主觀世界乃至人類社會的"規律"，也就是同一個主宰自然界的"宇宙根本規律"，於是兩人都把前者吹脹，投射到整個宇宙中去，以為自己看到的那個豹斑就是全宇宙，卻不知道所謂"社會科學"即使能成立，也僅僅是能有效服務於人類的功利設計，與支配大自然的客觀規律毫不搭界。

偉大領袖毛主席教導我們："一個蝦蟆坐在井裡說："天有一個井大。'這是不對的，因為天不止一個井大。如果它說："天的某一部分有一個井大。'這是對的，因為合乎事實。"

由此可以得出個經驗規則：但凡科盲而奢談"宇宙規律"者，必然是愚而好自用的狂人，一旦當國並掌握了無限權力，就必然要像毛澤東那樣，具有一種不期然而然的"狗雜種神功"，禍國殃民於無意之間。

4）量變質變規律

　　這個規律也是恩格斯從黑格爾那兒躉來的，主要寫在《反杜林論》裡，我已經在《恩格斯辯證法批判》中作過徹底批判。限於篇幅，在此只能重複要點：

　　"量"和"質"這對由亞里斯多德在遠古總結的範疇，到今天已經無法再在自然科學裡泛泛使用了。數學沒有物質內涵，因而也就不存在"質變"。自然科學的"量"則具有物質涵義，因而在不同領域裡根本不是一回事。"物理量"其實是"物理性質"的同義語，兩者的區別只在於前者是後者的數據化測量。而化學量乃是反應物質的摩爾數，並不是對化學性質的量度。其含義與物理量完全不同。在跨學科領域裡泛用內涵不明的"量"的概念，只會人為製造混亂。

　　"質"的概念也如此：它到底是指物質的物理性質，還是指化學性質？不把它確定下來，"量變引起質變"就是無法成形的烏龍。

　　如果"質"指的是物理性質，那麼，物理學中的"量變"與"質變"是同義語，所有的物理公式都是"一種質變引出另一種或幾種質變"的定量表述，例如阿基米德定律描述的是物體的體積改變引起浮力改變；歐姆定律描述的是電壓改變引起電流改變；牛頓第二定律描述的是作用力改變引起加速度改變……，等等。這些改變既是物理量的改變，同時也是物理性質的改變。任何一個中學生都知道這"馬吃燕麥，伏爾加河流入裡海"的永恆真理，實在不需要偉大的辯證家們再去發現。而且，這些"質變"多是漸變。即使是恩格斯說的物相變化也照樣有漸變：水不到沸點也會蒸發（否則潮濕的衣服永遠不會晾乾），那是漸變而非突變。

　　如果"質"指的是物質的同一性（identity），那麼，任何一個初中生都知道，物理變化不會改變物質的同一性，只有化學反應才能改變之，這就是物理與化學的分界線。除了原子核反應那個例外，物理量的改變並不會使一種物質變成另一種。恩格斯舉的物相變化的例子，只說明他連初中物理都沒掌握，居然不知道水、冰、汽是同一種物質。化學量的改變倒是能改變化學反應的速度，但化學反應本身也就是物質同一性的改變，其發生不能歸因於化學量。[1]

恩科盲弄不懂的東西，比他還盲的毛科盲就更不可能懂了，當然只能在漿糊桶裡打滾。他大概也有點自知之明，從未發表過論述此規律的正式文字，只在非正式場合說起。閱讀毛的哲學批註和後來的講話可以看出，毛對這個"規律"的理解如同他對共產主義的理解一樣，也是先後有過變化的。

他一開頭看西洛可夫那本書時，根本不明白"量"和"質"到底是什麼，對"新質規定了新量的發展"的理解特別可樂：

"睡得死，能力增加；精神疲勞，則產量減少。"[2]

所以，休息狀態在他看來就是"質"，而工作能力則是"量"，"睡得好"是"新質"，"精神疲勞"是"舊質"！

您能相信世上有這種大老粗哲學家麼？怪不得他要跟"秀才"們說："我是土哲學，你們是洋哲學"[3]，確實土得掉渣。

不但土，而且笨，其實他只需把"睡眠時間"當成"量"，把"精力"當成"質"，則庶幾可與恩老匹夫舉的那些例子異曲同工。

後來他還是不明白西洛可夫等人在說什麼，不知道量變是質變的前提，卻以為二者互為前提：

"只有依量的變化質才能變化，也只有依質的變化，量才能變化。"[4]

[1] 蘆笛：《馬克思主義批判》，110-140 頁。
[2] 《毛澤東哲學批註集》，53 頁。
[3] 關於哲學問題的講話（一九六四年八月十八日）《毛澤東思想萬歲》（1961-1968）
[4] 《毛澤東哲學批註集》，57 頁。

直到看米丁等人寫的教材時，他才總算慢慢學會了：

　　"在一定時期內，數量改變，質地不變。"[1]

　　"量的變化，在一定限度內，帶著同質事物不斷增長的性質。即是說在一定限度內，量雖變化，該事物仍爲該事物。只有在一定階段內，在一定條件下，量的發展才能求質的變化，事物此時就失去舊質而變到新質事物。這種質的變化過程同量的變化過程相反，量是漸漸的變，質是跳躍的變。"[2]

　　大躍進期間，他的"小資產階級狂熱性"發作，開始懷疑"量變是質變的前提"，痛恨漸變，盼望突變，鼓吹突變的"優越性"，為此完全拋棄了量變質變規律，把量變說成是暫時的，相對的，而質變是永遠的絕對的，甚至說突變是宇宙最根本的規律：

　　"突變（生死都是突變）是宇宙最根本的規律。"

　　"突變優於量變。"

　　"平衡、量變、團結是暫時的，相對的；不平衡、質變、分裂是永遠的絕對的。"[3]

　　但他的思想仍是一如既往地混亂，一邊鼓吹突變是宇宙最根本的規律，一邊卻又首倡"質量共變論"：

　　"不平衡是經常的，絕對的；平衡是暫時的，相對的。我國現在經濟上的平衡和不平衡的變化，是在總的量變過程中許多部分的質變。"[4]

　　"量變和質變是對立的統一。量變中有部分的質變，不能說量變的時候沒有質變；質變是通過量變完成的，不能說質變

---

[1] 同上，184頁。

[2] 同上，188-189頁。

[3] 《在中共八大二次會議上的講話提綱》《建國以來毛澤東文稿》第七冊，201頁。

[4] 毛澤東：《工作方法六十條（草案）》，1958年1月

中沒有量變。質變是飛躍，在這個時候，舊的量變中斷了，讓位於新的量變。在新的量變中，又有新的部分質變。"[1]

既然質變隨著量變部份進行，那就不是突變而是漸變了。突變的狂熱擁護者卻又同時鼓吹漸變論，真不知道他擁護的是什麼。在這個問題上，他可謂始於糊塗，終於糊塗，一輩子也沒整明白。不過，那"規律"本來也就是一塌糊塗，所以也無所謂了。

5) 否定之否定規律

恩格斯老匹夫從黑格爾老兒那兒薹來的這個爛"規律"，讓我們偉大的思想家吃夠了苦頭，受盡了折磨。看他在蘇聯教科書上留下的眉批，會令人情不自禁地大動悲憫之心，仿佛旁觀殘疾人挑重擔。

直到中共建政後，他還在苦苦琢磨這問題。1957 年，他去莫斯科開會，蘇聯大使、哲學家尤金陪同前往。在飛機上，他與尤金有這麼一段對話：

"毛主席笑笑，接著又問：'你說說，方才我們在機場；現在上了天，再過一會兒又要落地，這在哲學上該怎麼解釋？'尤金一個勁眨眼，終于作難地嘆道：'唉呀，這我可沒有研究過。''考住了？'毛主席將下唇吸入嘴裡輕吮一下，笑道：'我來答答試試看，請你鑒定鑒定。飛機停在機場是個肯定，飛上天空是個否定，再降落是個否定之否定……''妙，妙！'尤金撫掌喝彩，'完全可以這樣說明。'"[2]

這個哲學家尤金真是無恥之極——難道他真的看不出毛澤東的"否定之否定"講的完全是機械運動的簡單位移？毛自己就在《矛

---

[1] 鄧力群編：《毛澤東讀社會主義政治經濟學批註和談話》（簡本）。

[2] 散木：《蘇聯駐華大使尤金見證中蘇關係史中的曲折(下篇)》，《黨史博覽》，2012 年 11 期

盾論》中說過，外因只會引起機械運動狀態的簡單變化。如今毛卻將他和尤金上天落地，當成是事物內部矛盾引起的本質變化！這變化是不是以他們為一方、地球為對立的一方互相鬥爭的結果？

當然，身為駐華大使，為了兩黨兩國的友誼。尤金別無選擇，只能犧牲他的"學術良心"。其實他不妨這麼說：主席同志，您這個見解非常新穎，很有意思。不過我覺得，您首次訪蘇時說的"成天吃飯拉屎"才是運用這規律最高最活的頂峰。您看，吃飯是對食物的肯定，拉屎是對食物的否定，拉出的屎用為肥料，轉化為新的食物，這就是否定之否定。食物經過了兩次否定的質變，上升到更高的階段，事物的運動發展就是這樣螺旋式上升的。我個人覺得，您對這規律的活用，比恩格斯舉的麥子和飛蛾的例子要高明得不可勝計。

毛到了晚年後，覺得自己的成就遠遠超過了馬克思，教主地位也早就無人再敢覬覦，於是再無顧忌，說出了心裡話：

"恩格斯講了三個範疇，我就不相信那兩個範疇。對立統一是最基本的規律，質量互變是質和量的對立統一，否定之否定根本沒有。質量互變，否定之否定同對立統一規律平行的並列，這是三元論，不是一元論。最基本的是一個對立統一。質量互變就是質和量的對立統一。沒有什麼否定之否定，肯定、否定、肯定、否定……事物發展，每一個環節，既是肯定，又是否定。奴隸社會否定原始社會，對於封建社會，它又是肯定，封建社會對奴隸社會是否定，對資本主義社會又是肯定，資本主義社會對封建社會是否定，對社會主義社會又是肯定。"[1]

---

[1] 關於哲學問題的講話（一九六四年八月十八日）《毛澤東思想萬歲》；《毛澤東年譜（1949-4976）》第五卷，389頁

任何一個初中學童都該知道，"範疇"是邏輯學術語，指的是
"外延最大的概念"，而"規律"則是科學術語，指的是事物變化
時遵循的法則。毛澤東此處所謂"三個範疇"，指的是恩格斯總結
的"辯證法的三大規律"。這種低等常識錯誤，也只有毛澤東這種
"思想家"會犯。

"否定之否定根本沒有"，"沒有什麼否定之否定"，偉大領
袖真是深得我心。要是他再加上一句"什麼對立統一，什麼量變質
變，根本沒有！"那就十全十美了。而且，他老人家在"否定否定
之否定"時，一如既往地論而不證，沒能像我老人家那樣洋洋灑
灑，點水不漏地論證"否定之否定"完全是恩老匹夫靠詭辯吹出來
的烏龍。[1]

不過，考慮到他老人家的智力障礙，正常人似不便作此苛求，
否則有違人道主義慈善精神。那"三元論"的智力笑話非常搞笑—
—有幾個規律，就是幾元論，哲學上的"多元論" 原來是如此定義
的！物理學有 N 個定律，大概是"N 元論"了吧？

但這類問題對毛來說還是太高級了些，君不見他連"前一社會
發展階段是對后一階段的肯定"的胡話都能說出來，居然不知道
negation（否定）是相互的。所以，封建社會與奴隸社會是互為否定
關係，沒有什麼"奴隸社會對於封建社會是肯定"的白癡說法。一
個以辯證法為終身職業的思想家，卻到死都還整不明白哲學上的
"否定"是什麼意思，以為它與日常生活中使用的"否定"同義。
即使是我這熟讀毛著、早已見慣不驚的資深逆向毛粉，也難免要對
此微微揚起驚奇的眉毛。

6) 小結

---

[1] 蘆笛：《恩格斯辯證法批判》，《馬克思主義批判》，140-154 頁。

唯物辯證法的實質和核心，就是所有的重要概念與"規律"都毫無規定性，徹底缺乏自洽性，連起碼的自圓其說都做不到，非但對人類實踐毫無指導作用，還會干擾、妨礙合理邏輯思維方式的建立，具有無比強大的致愚作用，說它是高效摧毀人類智力的精神原子彈，恐怕也不為過。

作為"思想家"，毛澤東正式發表的論文基本是蘇聯教科書上抄卜來的二手貨，真正富於原創性的論述，還是在非正式場合發表的。不幸的是，除了否定歷史唯物主義的語錄有點思辨質量外，其他零言碎語都是垃圾，入《笑林廣記》則可，若當成"學術思想"讓人學習，那就只有中共"理論家"才有那面皮了。

六、毛澤東的經濟建設思想

前已述及，毛澤東絲毫不懂馬列主義的政治經濟學，在河上肇《馬克思主義經濟學基礎理論》的政治經濟學部份只留下了問號。但作為全知全能的國家元首，他必須制定經濟政策，所以當然也有"經濟思想"。這思想有個形成和變化的過程。按毛在 1960 年 4 月作的總結，他的經濟建設思想的形成經歷了兩個階段："我們學習蘇聯，開始由於不懂，採取搬過來的辦法，也很正常。現在進人第二階段了，不是照搬，而是有批判地學了，並且自己能創造了。"[1]

當國之初，毛澤東對怎麼治理國家一點概念都沒有。因此他別無選擇，只能從蘇聯請專家來，幫助中國制定經濟發展規劃。他本人也基本不介入經濟管理，而是把它留給了周恩來等人。因此國民經濟的恢復和發展還比較正常。

---

[1] 《毛澤東年譜（1949-1976）》第四卷，373 頁

　　轉折點是 1956 年到來的，隨著蘇聯的經濟問題暴露出來，毛對蘇聯模式的弊病作了思考，作了《論十大關係》的報告，其中與經濟有關的部分內容如下：

　　一、在重點建設重工業的同時，加重一點農業、輕工業投資比例。

　　二、在充分利用沿海的工業基地的同時，新的工業大部分應當擺在內地，使工業布局逐步平衡，並且利於備戰。

　　三、為了造原子彈，必須把軍政費用降到一個適當的比例，增加經濟建設費用。

　　四、兼顧國家和工廠，國家和工人，工廠和工人，國家和合作社，國家和農民，合作社和農民。

　　隨著工人的勞動生產率的提高，要逐步改善他們的勞動條件和集體福利，增加工資，解決在勞動和生活中的迫切問題。在統一領導下，賦予工廠一定的獨立性。

　　工農業品的交換應實行等價交換，按照正常價格統購農業品，供應工業品應薄利多銷。在合作社的收入中，國家拿多少，合作社拿多少，農民拿多少，以及怎樣拿法，都要規定得適當。

　　五、在鞏固中央統一領導的前提下，擴大一點地方的權力，給地方更多的獨立性，讓地方辦更多的事情。[1]

　　這些設想都是針對蘇聯模式的弊病提出來的。這些弊病並不是毛發現的，是蘇共領導在權力鬥爭中互相攻訐而暴露的。當時馬林科夫、赫魯曉夫等人爭吵的一個核心問題，就是是否應該堅持斯大林犧牲農業與消費品生產優先發展重工業的路線。毛澤東也承認，這些想法是因為"最近蘇聯方面暴露了他們在建設社會主義過程中的一些缺點和錯誤"，避免走他們走過的彎路而產生的。

---

[1] 毛澤東：《論十大關係》，1956 年 4 月 25 日，《建國以來毛澤東文稿》第六冊，83-93 頁

這些想法中不乏合理因素。但有著一系列問題：

第一，他提出的只是一些原則，如何掌握完全由他決定，並無具體制度保障這些原則不會被他的心血來潮改變。因此，他提出的改善工人福利、寬待農民等等，在他有生之年從未兌現過。相反，如前所述，農民在大躍進中還遭到了政府史無前例的掠奪。在大饑荒中，兩千萬工人被解僱並被送往農村，留下來的工人從此再未加過工資。

即使他不隨心所欲地改變政策，他的思考也只是給出了努力方向。不幸的是，他的智識缺陷決定了他頂多只能指出努力方向，制定的政策卻總是與那方向相反，靠群眾運動去實現“多快好省”就是個典範。

第二，他沒有看到，對窮國來說，最主要的問題是迅速完成資本積累，而以重工業為建設重點則與此南轅北轍。捨不得扔掉這個重點，甚至在大躍進中把資本完全投入到煉鋼中去，就只能妨礙國民經濟發展。最好的前途也就是像蘇聯那樣，重工業畸形發達，農業殘廢。

第三，同理，為了儘快完成資本積累，必須充分利用沿海發達地區。把資本投入到落後的內地屬於錯配資源，只會妨礙經濟發展。如改革開放經驗昭示的，待到沿海地帶充分發展起來後，經濟繁榮自然會向內地輻射擴散。

第四，他看到了蘇聯的計畫指令經濟使得地方完全喪失主動性，但這個問題是計畫經濟的痼疾，並不能靠中央放權來解決。張素華已經指出了：“中央只是把權力下放給地方政府，從來沒有下放給企業，所以中國經濟在實行市場經濟之前，總是存在一個怪圈：一放就亂，一亂就收，一收就死，死了再放。收了放，放了收，循環往復，多少年也沒能超出這個怪圈。”[1]

---

[1] 張素華：《變局——七千人大會始末》，中國青年出版社，2006年6月，78頁

　　不過，儘管有這些缺陷，它們畢竟還是正常人的想法。如果毛對經濟的認識從此就停留在這個水平，那就謝天謝地了。可惜好景不長，1957 年的莫斯科會議沖昏了他的頭腦。從蘇聯回來後，他幾次表達了對經濟建設的"戰略上的藐視"：

　　　　"和平時期的經濟建設，難道比打敗蔣介石的 800 萬軍隊還困難嗎？我不相信！"[1]

　　　　"搞工業，搞農業，難道比打仗還厲害些？我就不相信。搞經濟就那麼複雜，那麼多學問？"

　　　　"我也不懂工業，可說一竅不通，可是我不相信工業就是高不可攀。我同幾個搞工業的同志談過，我說，不要把它看得那樣嚴重，這是不正常的心理狀態。開始不懂，學過幾年也就懂了，有什麼了不起。"[2]

　　在這種革命樂觀主義精神的支配下，他決定發明一個中國經濟發展模式來引導社會主義陣營。根據他發現的"宇宙的根本規律"，他斷然否定了原來追求平衡發展的想法，轉而認定"平衡的破壞是躍進"，創造出了舉世無雙的中國模式——震驚世界的"大躍進"，其與蘇聯模式最大的區別，就是這段他早就說過的話：

　　　　"在世間一切事物中，人是第一個可寶貴的因素。在共產黨領導下，只要有了人，就什麼人間奇迹都能造出來。"[3]

　　這就是他的"經濟建設思想"的精髓，也就是後來林副統帥說的"在人和武器的關係中，人的因素第一"，具體展開爲：

　　　　"力量的來源就是人民群眾。不反映人民群眾的要求，哪一個人也不行。要在人民群眾那裡學得知識，制定政策，然後

---

[1] 《葉子龍回憶錄》，中央文獻出版社，2000年，213頁。
[2] 以上轉引自《"大躍進"親歷記》下卷，79，329 頁
[3] 毛澤東：《唯心歷史觀的破產》，《毛澤東選集》第四卷，
http://cpc.people.com.cn/GB/64184/64185/66618/4488973.html

再去教育人民群眾。所以要當先生，就得先當學生，沒有一個教師不是先當過學生的。而且就是當了教師之後，也還要向人民群眾學習，瞭解自己學生的情況。"[1]

"從群眾中來，到群眾中去。下決心長期下去蹲點，就能聽到群眾的呼聲，就能從實踐中逐步地認識客觀真理，變為主觀真理，然後再回到實踐中去，看是不是行得通。如果行不通，則必須重新向群眾的實踐請教。這樣就可以解決框框問題，即教條主義問題了，就可以不信迷信了。"

"我們不能走世界各國技術發展的老路，跟在別人後面一步一步地爬行。我們必須打破常規，儘量採用先進技術，在一個不太長的時期內，把我國建設成為一個社會主義的現代化強國。我們所說的大躍進，就是這個意思。難道這是做不到的嗎？是吹牛皮、放大炮嗎？不，是做得到的，既不是吹牛皮，也不是放大炮。"[2]

上述毛思想的準確解讀是：

1）人是世上最雄厚的甚至是唯一的資本，是決定性因素，由此演繹出"群眾是真正的英雄"，"卑賤者最聰明，高貴者最愚蠢"，人民群眾是社會主義建設藍圖的制訂者，是統治者制訂政策的靈感來源，是真正的國師爺。

2）黨領導下的人民戰爭是最大限度地提取這資本的手段。

3）有了資本和提取手段就足以創造任何奇蹟，這過程並不受物質條件和客觀規律的制約束縛。這是因為人民群眾的實踐其實就是

---

[1] 毛澤東《學習馬克思主義的認識論和辯證法》，（一九六三年——一九六五年），《毛澤東文集》，第八卷。

http://www.people.com.cn/GB/shizheng/8198/30446/30452/2195553.html，下同

[2] 毛澤東：《把我國建設成為社會主義的現代化強國》（一九六三年九月、一九六四年十二月），《毛澤東文集》第八卷，

http://www.people.com.cn/GB/shizheng/8198/30446/30452/2195537.html

"客觀規律"的同義語，人民群眾是政策是否符合客觀規律的終極裁判者；凡是群眾運動中產生的新生事物必然符合客觀規律；凡是"從群眾中來"的政策就是"主觀真理"。

4）因此，需要的只是發動群眾"敢想敢說敢幹"，亦即徹底忽略物資條件與客觀規律的限制（所謂"打破常規，破除迷信、解放思想"、"改革不合理的規章制度"、"反對爬行主義"等等，統統只能解讀為"打破客觀規律"），就能"從必然王國走向自由王國"，創造出不可能的人間奇迹。

5）因為群眾運動天然符合物質條件和客觀規律（這就是林副統帥"群眾運動天然是合理的"的來源），處於"自由王國"中，所以，物質條件和客觀規律對群眾運動的制約其實並不存在，膽敢提醒其存在的人就是"迷信洋教條的教條主義者"，就是在散布"停止的論點，悲觀的論點和無所作為的論點"，就是必須踢開的絆脚石。

據此思路，毛澤東推出了自己的一套，處處與蘇聯模式針鋒相對：針對蘇聯廠礦企業實行的"一長制"，他主張"黨委領導下的廠長負責制"；針對蘇聯對企業員工實行"物質刺激"，他主張用"政治思想工作"發動群眾；針對蘇聯企業實行的內行領導、技術治國，他主張"群眾路線"，大搞群眾運動包括"群眾性技術革新與技術革命運動"；針對蘇聯企業實行的科學管理，他主張"改革不合理的規章制度"（後來在文革期間上升為"反對資產階級管、卡、壓"）；針對蘇聯重點建設高效益的現代化大企業，他提出"土法上馬，大中小結合"。

這些想法由毛澤東自己總結成簡單口號："政治掛帥"，"政治工作是經濟工作的生命線"，基本操作方式就是"在黨委領導下大搞群眾運動"。

第三章 山溝裡出的"馬列主義"

不難看出，他對蘇聯建設模式的修正，與他過去對共產國際制訂的中國革命戰略修正如出一轍，都是以人民戰爭（遊擊戰，麻雀戰，地道戰等等）代替"正規戰"，所以他要將這些修正稱為"馬克思列寧主義的基本原理同我國革命的第二次結合"。

總之，在毛眼中，經濟其實就是政治，經濟建設與過去打仗毫無二致，"計畫經濟"並不需要理性的計畫，企業也不需要科學的管理，更不能考慮企業的經濟效益以及群眾的物質利益，只需使用過去那套，靠黨委把群眾發動起來，一哄而起，蜂擁而上，自然也就能"人定勝天"，"什麼人間奇跡都可以造出來"了。

用馬列行話來說，他這兒犯的錯誤是"狹隘經驗論"，不會"認識矛盾的特殊性"，不懂"不同質的矛盾要用不同質的方法去解決"，無視客觀規律與物資條件的限制，是信奉"精神萬能"的主觀唯心主義者，更準確地說是"唯意志論"信徒。

從傳統來看，這其實是"刀槍不入"的"義和團精神"借屍還魂，兩者都表現出幾乎一模一樣的反智主義精神。義和團前輩把洋槍洋炮視為洋鬼子的妖法，毛澤東把蘇聯的企業管理條例視為"洋教條"，號召全黨"破除迷信，解放思想"；義和團堅信自己的大刀長矛能夠戰勝鬼子的洋槍洋炮，毛澤東堅信靠"土法上馬"建起來的"小土群"能讓中國的鋼產量在幾年內一躍而為世界第一（詳見本書下冊）；義和團相信肉體凡胎能擋住子彈炮彈，毛澤東思想指引下的牛田洋軍墾戰士手挽手跳下為超強颱風襲擊的大海，用肉體凡胎去抵擋海嘯，保護大堤……。[1]

從思辨的角度來看，毛澤東的經濟建設思想來源於兩個偏執的錯覺，兩個都來自於他的戰爭經驗。

第一個是"拜人民教"。前已指出，列寧所創的革命工藝學的核心內容，就是通過革命黨這個政治軍隊，把人民組建成更大的政

[1] 曾維浩：《風雨牛田洋:歷史的創傷》，《雜文選刊》，2000年11期

治軍隊，形成巨大的合力，去推翻舊政權。毛應用這個工藝學取得奪權鬥爭勝利的過程，也就是他本人變成"拜人民教"的忠實信徒的過程。看過《愚公移山》的讀者都該記得，毛把人民當成能搬走兩座大山的上帝。他真是這麼相信的。中共革命的勝利也似乎證明了他的信仰確實是萬古不磨的真理。的確，共軍在淮海戰役的後勤給養靠的就是人民的推車扁擔。

可惜他卻看不到，列寧工藝確實是保證最大限度地榨取人民潛能的強有力手段，但它的工作原理，是把全民組織爲徹底喪失個人意志的政治軍隊。在使用這種令行禁止的政治軍隊建立起來的國家中，想要讓人民自由發揮"主觀能動作用"完全是緣木求魚。列寧工藝只能保證讓愚民最大限度地獻出體力、鮮血乃至生命，卻絕無可能讓他們發揮什麼"首創精神"，形成萬能的"集體智慧"，遑論"當家作主"。共產制度的本質正在于它只允許總司令一個大腦工作，因此其特點必然是高貴者愚蠢，卑賤者更愚蠢。

毛澤東的第二個錯覺是"朕即人民，朕即真理"。在他的領導下，中共從小到大，從弱到強，最終奪取了全國政權，造出了貌似不可能的奇跡。全黨因而一致認為他是真理化身，是全知全能的上帝，他自己當然也對此堅信不疑，認定他不但代表了"客觀規律"，而且所有的個人意願都是人民的心願，都得到了人民的積極擁護。

其實，毛澤東把"群眾實踐"看成檢驗真理的標準，甚至視為"客觀規律"本身，完全是循環論證。他從未意識到，除了文革外，在中共統治下沒有真正的群眾運動，只有運動群眾。在各級黨組織嚴格操控下發動起來的歷次群眾運動，從無群眾自由意願在內，無一不是長官意志的體現。他看到的"群眾中的積極性"不過是下級官員曲意迎合上意的積極性。群眾從來"被驅不異犬與雞"，根本沒有什麼"首創精神"。他看到的"群眾的首創精神",不過是下級官員爲了討好上司的即興創作,而那創造靈感還是來自于他本人的隧道眼觀察所得——"狗肉湯澆地" 來自于"農業八字憲法"的"肥"字訣,"合理移植"(把許多畝地的稻麥在收割前匆忙移植到一畝地去製造"衛星田")則來自于"密"字訣(詳見本書下冊《大躍進》章)。

因此,那一次又一次席捲全國的波瀾壯闊的群眾運動,無一不是他的個人意志作了億萬倍放大的表現。毛看到的"中國農村的社會主義高潮",只不過是黨組織奉命動員群眾的無窮威力的表現。將這種"高潮"化為自己的快感高潮,認定自己代表了人民意志;把這種"群眾實踐"視為"客觀真理",用它去檢驗自己的"主觀真理"是否正確,完全是一個正反饋的惡性循環:

毛的主觀意志——如意化為過火的群眾實踐——毛接收了經過宣傳機器扭曲放大的反饋信息後,以為自己的主觀意志符合客觀規律,甚至發現自己落在群眾後面,於是發出更加極端的命令……。如此循環往復,直至國民經濟崩潰。

這就是毛澤東"從群眾中來,到群眾中去"的真實循環過程,也是他為何最強調"尊重客觀規律",卻變成了歷史上最一廂情願地以夢想代替現實的唯意志論者——他看到的"宇宙真理",從來是他的夢幻經過官僚機器層層放大後,反射回來的鏡像。

總之,毛澤東在內心深處植入的牢不可破的"朕即人民"信念,最終演繹成了一個連等式:"我的個人意願=人民群眾的實踐=客觀真理"。經過後兩次置換,一個有史以來最偉大的主觀唯心主義者就被偷換成了"辯證唯物主義者",讓他終生活在心滿意足的自欺之中。當這種虛假自信通過黨組織的萬能杠杆放大到全國各地每個角落後,造成的災難無論論深度與廣度,當然都只會是史無前例的。

不僅如此，毛澤東的所謂"政治掛帥"，實際上是一種"政治宇宙觀"，亦即把一切問題包括經濟問題都當成政治問題。於是所有的經濟決策都成了政治決策，一切經濟運動都成了政治運動，對待它們的態度就成了政治立場問題。由此自上而下形成一種高壓下的恐怖氣氛，各級官員直到最基層的幹部都給籠罩在其中。他們為了自保或是向上爬，不能不拼命迎合上意，將日常生產與工作化為吹牛大賽。牛皮衛星越放越大，越吹越高，反饋回中央後又形成上述惡性循環，最後只能以空前的災難收場。

所以，所謂毛澤東的"經濟思想"，既非思想，又與經濟無關。赫魯曉夫一語道破了實質：

> "中國的經濟是根本沒有控制的。在毛的領導下，中國人愛怎麼解釋馬列主義就怎麼解釋馬列主義。他們不是堅持科學的經濟規律，而是根據口號辦事——除了口號沒有別的。"[1]

的確，舉凡毛澤東制定的經濟政策都是口號，除了口號沒有別的。

只是在大躍進失敗後，毛澤東才知道管理經濟並沒有喊口號那麼容易，甚至比幹革命還難，對部下老實承認：

> "過去不懂得管理經濟之複雜。革命是搗亂，而且敵人有隙可乘。"[2]

> "社會主義經濟，對於我們來說，還有許多未被認識的必然王國。拿我來說，經濟建設工作中間的許多問題，還不懂得。工業、商業，我就不大懂。〔別人比我懂，少奇同志比我懂，恩來同志比我懂，小平同志比我懂。陳雲同志，特別是他，懂得較多。〕對於農業，我懂得一點。但是也只是比較地懂得，還是懂得不多。我注意得較多的是制度方面的問題，生

---

[1] 《最後的遺言》，425 頁。
[2] 轉引自李銳：《廬山會議實錄（增訂本）》，電子書。

產關係方面的問題，至於生產力方面，我的知識很少。社會主義建設，從我們全黨來說，知識都非常不夠。"[1]

即使如此，他仍然到死都沒有放弃上述基本教條。"工業學大慶，農業學大寨"的基本精神就是上述那幾條教義。進入晚年後，他愈發走火入魔，竟然反對講求企業經濟效益，痛批"利潤掛帥"，不准"用經濟辦法管理經濟"，更把持此類主張的部下打成"反革命修正主義分子"，為此發動文革，將他的荒謬想法提升為"毛主席革命路線"，使得它們獲得了絕對不容質疑、更不容忤犯的宗教權威。

至此，毛澤東的"偽經濟思想"就變成了"反經濟思想"，其要義由下面這段話作了總結：

> "無產階級奪取政權以後，在經濟建設上，是政治統帥經濟，還是'用經濟辦法管理經濟'，是堅持無產階級政治掛帥，還是實行'利潤掛帥'，這是兩條根本對立的路線。毛主席領導我們進行社會主義建設，從來是把無產階級政治放在第一位，用政治統帥經濟，抓革命促生產，這是一條鞏固和加強無產階級專政的馬克思列寧主義路線。從蘇聯赫魯曉夫到中國赫魯曉夫劉少奇，從利別爾曼到孫冶方，都鼓吹'用經濟辦法管理經濟'，實行'利潤掛帥'，實際上是資產階級政治掛帥，用資產階級政治瓦解社會主義的經濟基礎，這是一條徹頭徹尾的復辟資本主義的反革命修正主義路線。"[2]

---

[1] 《毛澤東年譜（1949-1976）》第五卷，79頁，括號裡的話是毛澤東在印發該講話時刪去的。

[2] 吉林省革命委員會寫作小組：《社會主義建設與經濟學領域中的階級鬥爭——批判孫冶方的修正主義經濟理論》，《紅旗》一九七〇年第二期。

第四章 毛澤東的理想主義

一、毛澤東是真誠執著的理想主義者

評價毛澤東最常見的失誤，就是把毛完全看成權欲熏天的野心家，為了爭奪和保持權位，翻手為雲覆手為雨，無所不用其極的陰謀家，陰險毒辣的政客與私生活極度糜爛的偽君子。這當然不錯，但失於片面。

誠然，從單純的做人角度來看，毛澤東根本無世人所謂道德品質可言。國內媒體披露的一則軼事頗能說明問題。

毛澤東晚年和張玉鳳、孟錦雲等人看了部香港電影《雲中落繡鞋》。劇情是，一位富家小姐落在了枯井裡，失去知覺，生死難卜。小姐的父親懸賞請人下井救援，答應事成後將小姐許配給那人。兩位應徵青年約定，一人縋繩下井，把繩子繫在小姐腰上，另一位青年在井上把小姐拉上去。等人救上去後，再由小姐在兩人中自擇郎君。不料井上那個青年把小姐拉上去後卻起了歹意，他不但不把井下的青年拉上來，反用大石頭把井口封死，待小姐醒過來後，謊稱是他一人把小姐救上來的，騙得小姐嫁給了他。

看完電影後，毛澤東問孟錦雲，她覺得那兩個青年中哪個更好。孟錦雲的答覆當然是正常人的答覆。毛又問張玉鳳，張的答覆也跟孟一樣。不料毛卻說："我和你們的看法不一樣，我覺得，還是那個井上的青年更好些。"兩人大惑不解，毛解釋道：

"那個井下的青年對問題的考慮太簡單，他缺乏周密的思考，他應該想到井上的青年會使出這一招儿，還是那個井上的青年聰明噢！"[1]

這大概就是典型的東方政治家的道德觀：最大的惡德，是因為輕信被人暗算。而善於利用別人輕信暗算競爭對手的，就是聰明的好人。

明乎此，則不難理解毛澤東為何不受任何普世道德的約束，在權力鬥爭中什麼下作事都幹得出來，毫無起碼誠實可言。

據薄一波回憶，1936年春，中央代表劉少奇到天津主持北方局工作。他聽說北平草嵐子監獄裡關押著幾十個中共幹部，因為拒絕寫反共啟事而關押至今，便與柯慶施一道代表北方局向中央報告，建議立即採取措施，營救這批同志儘快出獄，可以按國民黨的規定，在反共啟事上簽字後即可出獄，"黨中央、毛主席和張聞天同志批准了他們的建議"。

在延安整風期間，毛澤東爲了打倒國際派，大力提拔"白區黨"。劉少奇和他的死黨彭真青雲直上。作為劉少奇的班底，薄一波也備受毛的青睞。召開七大時，薄一波本來只是作為候補中央委員提名。陳賡覺得薄一波是從監獄裡出來的，當黨員可以，當候補中委不合適，找周恩來和劉少奇反映。劉少奇向毛匯報。毛說，為什麼不可以當選為正式中委？提候補中委就不妥。毛澤東的意見在各代表團中進行了傳達。薄一波因此順利當選，37歲就當上了中央委員。[2]

---

[1] 郭金榮：《張玉鳳評毛澤東：你說黑他偏說白》，《家庭週報》2012年7月24日第21版
[2] 薄一波：《七十年奮鬥與思考》，中央黨史出版社，1996年10月，184-185，375頁。

但毛澤東在發動了文革後，為了徹底搞掉劉少奇的權力基礎，竟然批准中共中央於 1967 年 3 月 16 日印發《薄一波、劉瀾濤、安子文、楊獻珍等自首叛變材料的批示》和附件，把中共中央已定性為沒有問題的自首出獄重新定為"自首叛變"，將原北方局的 61 名高幹打為"叛徒集團"，投入監牢。他還在九大上說：

"比如劉少奇呀，什麼彭真、薄一波這些人，我們不知道他們不好，他們的政治歷史我們不清楚，也選進來了。經過'八大'到現在，搞得比較清楚了。在政治路線上，組織路線上，思想方面，都搞得比較清楚。"[1]

"文化大革命是幹什麼的？是階級鬥爭嘛。劉少奇說階級鬥爭熄滅論，他自己就不是熄滅，他要保護他那一堆叛徒、死黨。"[2]

這種人當然怎麼也沒法理解，水門事件為何會在美國掀起軒然大波。基辛格憶起毛當時與他的談話：

"他根本無法理解水門事件引起的喧囂；他輕蔑地把這整個事件看成是'放屁'。事情本身'不過是芝麻大小，而現在卻因此鬧得翻天覆地。反正我們不喜歡就是。'他看不出有什麼客觀理由要攻擊一位成績卓著的總統。"[3]

待到尼克松身敗名裂，黯然去職後，毛為了向美國民意示威，特地接見了尼克松的女兒朱莉和女婿戴維，向他們輕蔑地提起水門事件："不就是兩卷錄音帶嗎？有什麼了不起？當你手中剛好有一台錄音機的時候，錄下一次談話有什麼錯？誰讓你們美國有那麼多的錄音機！"戴維解釋道，這個問題很複雜，關係到西方政治。毛

---

[1] 在中國共產黨第九次全國代表大會上的講話，（一九六九年四月一日），《建國以來毛澤東文稿》，第十三冊，24 頁。
[2] 毛主席重要指示，（一九七五年十月——一九七六年一月），同上。
[3] 轉引自董保存：《釣魚台往事追蹤報告》，中央文獻出版社，人民網
http://history.people.com.cn/n/2013/0329/c200623-20962720.html

更加輕蔑地說："西方政治？那是假的。簡直假死了，也脆弱死了。兩卷錄音帶就能把一個帝國攪得天翻地覆，不是紙糊的是什麼？"[1]

大概是戴維激起了他的逆反精神，毛轉而對朱莉說："馬上寫封信給你爸爸，說我想念他。"隨後又補充道，"我這句話，可以登報。"戴維說，現在美國有很多人反對他岳父，還有人強烈要求審判他。毛答道："好，我馬上邀請他到中國來訪問。"然後加重語氣說："馬上。"毛澤東又轉向朱莉："信裡再加上一筆，說我等待你父親再次來中國。"[2]

因為"竊聽器事件"被整得死去活來的楊尚昆，若聽到偉大領袖毛主席這番話，不知作何感想？大概沒有哪件事能比這更生動地顯示了毛渾然天成、已入化境的雙重人格。

前文已經指出，毛澤東的一個重大人格缺陷，就是雙重人格。王力也注意到了這一點，說：

"文化大革命……確實是幾億人真心實意的要改變現狀，響應毛澤東親自發出的號召，解決黨脫離群眾的問題。毛澤東看到了問題的本質，但他沒有看到，為什麼不能解決，恰恰在於他總是把自己排除在這個本質問題之外。"[3]

他的意思是說：毛本人也有脫離群眾的可能，也需要人民監督，但毛卻把自己排除在外了，而這就是黨脫離群眾的問題始終無法解決的原因。

王力早在 1967 年就進了秦城，沒來得及聆聽偉大領袖的又一指示。林彪事件發生後，毛不得不向官僚集團讓步，老幹部紛紛復

---

[1] 周大偉：《1976:朱莉婭·尼克松的北京往事》，《南方周末》，2006 年 11 月 2 日

[2] 項東民、安熠輝：《1976 年毛澤東緣何邀請下台的尼克松訪華》，《黨史縱覽》，2009 年 08 期

[3]《王力反思錄》，860 頁

出。"還鄉團"回來後，第一件事就是大開走後門之風。四人幫瞅准了這個把柄，在 1975 年的"批林批孔運動"中"三箭齊發"，加上了個批走後門，不料卻惹惱了偉大領袖，5 月 3 日深夜，他在其住所召開了政治局會議，發表了最後一次長篇講話，禁止批走後門：

> "現在走後門的人有成百萬，也包括江青、張春橋你們自己在內，我也算一個。我送幾個女孩子到北京大學去上學了。她們當了 5 年工人，提出要去上大學，我沒辦法，給謝靜宜等人說了，他們不得不收。這些上大學的人，也不是壞人，上大學有什麼不好，為什麼要批？"[1]

前文已經說過，毛之所以發動文革，就是爲了打倒那個享受特權的"黨內資產階級"。他不但要求工廠幹部甘當普通勞動者，與工人實行三同（同吃同住同勞動），而且要求他們無怨無尤地接受群眾的"火燒"、"炮轟"乃至打倒，自己的享受卻遠遠超過了歷代帝王，不但在全國各地廣建行宮，而且出巡只坐行止毫無規律的專列，使得整個鐵道系統運作都陷入癱瘓。如今他不僅帶頭走後門，把幾個文盲小蜜送到全國最高學府北大去不說，還不准制止整個官僚集團的腐敗之風。這還能說他是個真誠的理想主義者麼？

而且，既有今日，何必當初？中共高層腐敗始於延安時期，而毛澤東正是始作俑者，他不但養尊處優，享受著"特供"，住在禁衛重重的土豪式深宮裡，還把海外華僑捐贈給八路軍的救護車改為專用的私車，成了延安唯一的"有車階級"。王實味看不下去中共森嚴的等級制度，在《野百合花》中批評了"衣分三色，食分五等"，就被打成"托派"，長期關押，最後被活活打死。

既然毛澤東後來不惜砸爛黨國，去打倒那個騎在人民頭上做官當老爺的"官僚主義者階級"，當初為何不接受王實味的善意批評，以身作則，防微杜漸，制定防止中共特權化的有效制度？

---

[1] 趙一楠：毛澤東最後一次長篇講話，《湘潮（上半月）》2011 年第 01 期

楊奎松教授的研究表明，50 年代，中共幹部的工資收入，最高與最低之間的差距達 36 倍。1946 年，民國政府公務員（除總統）之間的差距是 14 倍。西方國家公務員之間的差距是 8-10 倍，最多 20 倍左右（多半只是總統或首相個人的工資較高，有時會高出下一級行政主管一倍以上）。可見資本主義國家政府官員高低之間的收入差距，多半都遠小於中共建國後所推行的工資標準所規定的收入差距。[1] 其實楊奎松說的還只是城市。下過鄉的老知青都知道，農村是記工分，窮一點的地方一個工只有 1 毛錢，這樣算下來，1 個月也就是 3 元錢，收入差距要在百倍以上。

毛澤東多次講過，他不贊成拿稿費。可是，他從來沒有真正拒絕過拿稿費。到"文革"前，因為毛澤東總講這種話，稿費制度被取消了，然而因為毛澤東的特殊地位，到 1967 年，他的稿費收入已達數百萬元之巨[2]。中共刊物《黨史文苑》上載文披露，毛澤東以個人姓名在中國人民銀行中南海支行開設戶頭，多次從帳戶中提款送給章士釗、程思遠、張玉鳳、汪東興、江青等人。毛澤東著作的稿酬累計加上利息，"截止 2001 年 5 月底就達 1.3121 億元人民幣。"毛去世後"江青曾先後 5 次聲稱她有權繼承毛的遺產，並提出要提取 5 千萬元給兩個女兒和親屬"只不過由於"中央有個意見：毛澤東是屬於全黨的，毛澤東著作是全黨集體智慧的結晶，毛澤東留下的稿酬不是留給江青和親屬的。"這才挫敗了江青試圖私佔"全黨集體智慧的結晶"的陰謀。[3]

既然毛後來連工人的"八級工資制"都要當成"資產階級法權"剷除，當國後為何要將官僚集團的特權推到史無前例的頂峰？

---

[1] 楊奎松：《關於建國以來黨政幹部收入的問答》，《南方週末》2007 年 8 月 30 日

[2] 同上。

[3] 陳昌喜：《毛澤東億萬稿酬的爭議》，《黨史文苑》，2004 年 05 期

文革"破四舊"毀掉了無數"封資修黑貨"，許多青少年因為偷看"手抄本"而鋃鐺入獄，毛的案頭、床上卻到處放著古書，包括《金瓶梅》；文革十年間禁了一切傳統戲曲，他在長沙期間卻命令湖南花鼓劇團祕密演出古裝戲並在電視上播放，專供他一人觀賞；他不但命文化部文化部組織藝術家為他專門演唱古詩詞歌曲，錄製成磁帶供他一人反復玩賞，就連他做白內障手術前，都要播放昆曲《滿江紅》的唱片，真正成了"獨樂樂"[1]。對人對己的標準如此截然相反，難道還不是"內多慾而外仁義"？

所以，說毛縱橫捭闔，背信棄義，出爾反爾，是個毫無底線，毫無原則，卑鄙無恥的陰謀家，當然完全符合事實；說他是個滿口仁義道德，一肚子男盜女娼的偽君子，也絕非厚誣之辭。

但只看到毛澤東這一面，看不到他同時也是狂熱偏激的革命家，是個懷著強烈執著的追求的理想主義者，那麼真實的毛澤東就給簡化成了歷史上司空見慣的暴君與昏君。人們就無法理解毛澤東給中國造成的全面破壞和留下的影響深遠的厚重遺產，毛澤東的許多重大決策的行為動機也就無法解釋了。

文革就是這樣的重大歷史事件。抽去毛澤東的理想主義動機，它就必然變成一場單純的權力鬥爭。這種簡單圖解，根本就無法解釋毛為何要採取這種史無前例的"毀黨造黨"方式。毛在歷次"路線鬥爭"中擊敗無數政敵，包括執政後消滅高、饒、彭、黃、張、周，彭、羅、陸、楊、林、陳等人，都從未使用這種方式。毛逝世後，中共多次改朝換代，華國鋒清除四人幫，鄧小平除華，除胡、

[1] 夏遠生：《新中國建立後毛澤東回湖南側記》中國共產黨新聞網，http://cpc.people.com.cn/GB/68742/127229/127251/8575846.html；王穎《毛澤東的"君且去，休回顧"究竟為誰？》，中共中央文獻研究室，http://www.wxyjs.org.cn/jgylzywxyj/201310/t20131012_145271.htm；《聽著〈滿江紅〉給毛主席做白內障手術》，《南方日報》2013年11月26日

趙，每次都自上而下動了相當大的手術，但都沒有使用群眾運動而完滿解決。為什麼毛偏偏要發動文革來解決劉、鄧呢？

如果要堅持"權力鬥爭說"，那就只能要麼假定毛完全喪失理智，要麼假定毛已被完全架空，以致除了鋌而走險、孤注一擲之外無法重獲權力，後者正是各種野史津津樂道的話題。

然而毛如果真是在文革前被架空了，那他根本也就不可能發動文革。文革並非平地一聲雷，而是自 1962 年八屆十中全會起，經過一系列政治運動的累積鋪墊，才被最後推出的。如果中央真是劉鄧當家，他們為何要在這幾年中為文革進行這一系列的深謀遠慮的準備工作呢？

事實上，如今連官方都承認了，毛從來也就沒有真正"退居二線"，大事都由他一言而決。在六五年社教運動中，他和劉少奇發生意見衝突，輕蔑地罵劉："你有什麼了不起，我動一個小指頭就可以把你打倒！"[1] 此後他一句話就否定了劉少奇的"後十條（修正稿）"，代之以他自己制訂的"二十三條"。這個文件不僅花了整整一"條"的篇幅來為社教運動"正名"，逐項駁斥劉的"錯誤"，而且開宗明義就說："這次運動的重點，是整黨內走資本主義道路的當權派"，首次揭示了文革的目標。

1965 年底至 1966 年 5 月，毛開始向他的同志們發動突然襲擊。中共高層召開了幾次會議，整肅"彭羅陸楊"，許多政治局委員去開會時，竟然連會議議程是什麼都不知道。5 月間，中央政治局在北京召開擴大會議，整肅彭真。會議竟由遠在杭州的毛澤東一手遙控。劉少奇被迫主持會議，整肅他的頭名親信。毛主持起草的"五一六通知"寫好後拿到會上通過，不許改動一個字。這就是毛被"架空"？

---

[1] 劉源、何家棟：《"四清"疑團》，載王光美、劉源等著：《你所不知道的劉少奇》，河南人民出版社 2000 年，118 頁。

有的論者以毛澤東在發動文革時無比緊張，調兵遣將預防"政變"的舉措，證明劉少奇集團對毛進行了抵抗。其實那不過是毛受迫害妄想發作而已。如果這能用來做證據，那麼斯大林出於同樣的心理疾患，指控托洛茨基、季諾維也夫、加米涅夫、布哈林等人的叛國罪行也是真的了。

退一步說，假定毛真的被架空，此說仍無法解釋文革為什麼不在 1966 年結束。是年 8 月初，八屆十二中全會召開，劉少奇的皇儲位置被廢黜，林彪被確定為接班人。在 10 月間召開的中央工作會議上，劉、鄧都作了"深刻檢查"，此後兩人實際上處於停職反省狀態。至此，權力鬥爭大局已定，稍待時日，即可徹底整垮劉鄧。要翦除二人的黨羽亦非難事，靠康生和謝富治即可解決。即使真要發動群眾，也完全可以依靠造反派，使用"批林批孔"方式，用"革命大批判"把二人批倒批臭，使他們"永世不得翻身"。

然而毛卻在此後把文革進一步推向全國工礦企業，層層發動群眾起來造反，最後甚至號召全國造反派起來，把各級黨政機關、工廠、學校的"黨政財文大權"統統奪過去，以致全國碩果僅存、還在運作的黨委，只有中南海一家。

毛並不是不知道砸爛"黨天下"的巨大風險。據王力說，1966年"國慶節"，毛在天安門城樓上跟他們說："一定要把文化大革命進行到底，要槍斃我和你們一起槍斃。"[1] 如果毛只是爲了除去劉鄧及其死黨，有什麼必要義無反顧作此豪賭，如此大動干戈，連基層單位的黨支部都不放過？難道它們真是劉少奇的權力基礎麼？

所以，文革和"大躍進"一樣，都是毛澤東理想主義大發作。權力鬥爭當然是文革的重要內容，但並不是唯一的內容。發動文革是毛實現他的社會變革理想的最後的與最大膽的嘗試，權力鬥爭在

[1]《王力反思錄》，508 頁。

其中只是次要和從屬的，清除政敵只是為了掃除障礙，並將其用作"反面教員"來鍛煉和教育"革命接班人"。

人的內心世界是極度複雜的，毛澤東那種具有多重人格缺陷、處處充滿矛盾的人尤其如此。王力雖然看到了毛澤東的雙重人格，但還是不懂毛的心態。

毛澤東認為自己就是人民化身，是人民利益的天然代表，"朕即人民"，根本不存在人民監督問題。他對"人民勤務員"們提出的種種苛刻要求，根本就不適用於他自己——他從來就沒想到過這點，從來把自己放在規則之外，這對他來說，是再自然不過的思維定勢，因為他是"人民救星"，所想所做的一切都是為了人民利益，當然都是正當的。總之，他的私利就是人民的最高利益，因而也就是"天理大義"。

在一般人看來，說一套做一套是偽君子的典型表現，但毛澤東早就超越了這種世俗標準。在他看來，為了"人民利益"這個終極道德標準，採用任何手段、突破任何原則與底線都是正當的，合理的，必要的。

最能表明這一點的是，在倒林運動中，毛澤東一面公開宣講自己使用的陰謀詭計"打石頭，攙沙子，挖牆角"，並一一作了詳盡解釋，一面卻鄭重其事地教育全黨："要光明正大，不要搞陰謀詭計。"[1]

如此坦然無愧，說明他早就認定自己是超越於世俗標準的"人民化身"。所以，他當然是偽君子，但同時也是真誠的理想志士，因為他與眾不同，內心從無"利義衝突"，實現了"利與義"的完美

---

[1] 《汪東興回憶：毛澤東與林彪反革命集團的鬥爭》，當代中國出版社，2004年1月，亦見中華網，
http://news.china.com/zh_cn/history/ground/11028223/20050323/12188559.html；毛澤東在外地巡視期間同沿途各地負責人談話紀要（一九七一年八月——九月），《建國以來毛澤東文稿》第十三冊，246-247，242頁

統一。借用黑格爾的話，他是"自在的"而不是"自為的"偽君子，或曰"真誠的偽君子"，本身就是一種"辯證法"現象。

用英文單詞來描述，毛澤東不是 immoral，而是 amoral——他已經遠遠不是通常意義上的不道德，而是壓根兒就沒有是非觀念，遑論道德操守。對他來說，道德倫理只是對凡人的要求，"大救星"是超乎其上的。因此他才會如此坦然無愧地在教導全黨不要搞陰謀詭計的同時，詳盡解釋他使用的種種陰謀詭計，壓根兒不知道那是丟臉的勾當。

總之，毛澤東這個歷史人物的特殊之處在於，他的宗教信念和權勢欲一道，構成了主要行為動機，毛的理想主義在塑造中國的歷史中起到了至少和他的陰謀權術一樣重要的作用，前者在實踐中起到的破壞作用，往往要比後者大上千百倍。如果毛不是個特別執著的理想主義者，只是個歷史上司空見慣的陰謀家，那中國人民就有福了。毛之所以給中國帶來那麼大的災難，不是因為他像隋煬帝那樣暴戾恣睢，而是因為他是個內心永不滿足的理想主義革命家。中國不是毀滅在他的私慾中，而是毀滅在他的理想主義改造裡。無論是平庸官僚劉少奇還是鄧小平、陳雲，無論是誰在他的位置上，都決不會給中國帶來那麼大的災難。

因此，評價毛這個歷史人物時，不但要從他的權勢欲出發，要考慮他的智識缺陷與特殊的個性與心理特徵，更要看到他堅定激進的政治宗教信念。看不到這點，就不能理解在今日極度不平等的中國何以會出現懷毛思潮的大規模回潮，也就看不到毛澤東"思想"對草根人民的極大的感召力以及對未來中國具有的潛在的強大破壞力。

正因為此，本章以下論述其實已散見於前面各章中，但我覺得還是有必要集中重述一下。

二、毛澤東理想主義的來源

如前文所述，毛澤東的政治宗教信念十分簡單，就那麼幾條：

1）未來的中國一定是人人平等、"無處不均勻，無人不飽暖"的"大同世界"，而他就是給人民帶來那個太平天國的大救星；

2）人民群眾是全知全能的上帝，他則是楊秀清式的"天父代言人"；

3）人性是無限可塑的，可以通過思想改造徹底消滅私慾；改造好的人民可以無限地為社會主義革命和社會主義建設英勇獻身；

4）暴力革命和"階級鬥爭"是實現人間天國的必要手段。

除了第二條，其他信條都深深扎根於中國的人文土壤之中。前文已經指出，毛澤東的"共產主義天堂"與儒家的"大同世界"十分相似，都是與物質繁榮無關的一種完美道德境界，其主要特徵是社會成員全都是"大公無私"、"毫不利己，專門利人"的聖賢。而毛澤東之所以如此熱衷於全民的"思想革命化"，一再號召全民"鬥私批修"，也是因為他與儒家和佛家一樣，堅信人性無限可塑，私慾可以通過後天改造徹底破除。

有趣的是，他強調"政治掛帥"，主張"又紅又專"，反對"技術第一"、"物質刺激"，認為高度的"社會主義覺悟"能代替物質利益的刺激，讓人民永遠煥發出沖天的革命幹勁。這一套，像煞了傳統社會"清流士大夫"們的治國策，那些人也同樣強調"政治思想工作"（那時稱為"教化"），鄙薄物質追求和"奇技淫巧"，主張"立國之道，尚禮義不尚權謀；根本之圖，在人心不在技藝。但修我陸戰之備，不必爭利海中；但固我士卒之心，結以忠義，不必師洋人機巧。"

實際上，除了強調"階級鬥爭和無產階級專政"外，毛的"社會主義歷史階段的基本路線"，與晚清頑固派士大夫的治國主張沒有本質區別。兩者都出自老祖宗的"道德宇宙觀"，都把政治概念化爲絕對的無限的道德概念，都以善惡標準作爲裁判一切事物、尤其是社會進步的唯一標準，都與"物質生產進步就是社會進步"的馬克思主義基本觀點格格不入，都對物質進步帶來的享受長懷警惕戒備之心，覺得它們適足以敗壞世道人心（即毛澤東的"變修"）。

第四條表面上來自於蘇俄，然而骨子裡卻是源遠流長的遊民文化與佛教的奇特雜拌。早有西方漢學家指出，毛澤東的"不破不立"論是從佛家經典中來的。的確，佛陀一代高僧都主張"破邪而顯正"，"破" 就是破除眾生的貪嗔癡和虛妄分別顛倒邪見，"立"則是顯現眾生本具的清淨自性。不破除貪嗔癡等邪見，人的清淨本性也就無法顯現出來。

毛澤東的"鬥私批修"就是佛經與《水滸傳》的奇特雜拌。"鬥私"類似於佛家破除貪嗔癡等"心魔"，只是變成了剝削階級思想影響導致的私心雜念；"批修"的對象則類似佛家的"外魔"，只是變成了包括"黨內資產階級"在內的國內外一切"階級敵人"，必須用江湖上的鬥毆殘殺手段去收拾。所謂無產階級專政下的繼續革命，就是外向鬥倒鬥垮鬥臭鬥爛一切階級敵人，靠人力製造理想社會，內向實行苦修，最終達成"內外雙修"，在建立理想社會的過程中完成自身的道德完善。

至於"人民是上帝"的"極端民粹主義思想"，雖然似乎也可從《尚書》的"天視自我民視，天聽自我民聽"中尋出由頭，但我覺得還是他在使用組織、發動、操控群眾的過程中建立起來的樸素信仰——目睹被列寧黨動員起來的人民群眾在戰爭中顯示的排山倒海的合力，他難免要推而廣之，將這種威力延伸到一切領域中，在想象中塑造出全知全能的上帝形象，以致他竟然在當國後兩次交給人民群眾以空前重任：一次是迅速實現國家工業化和農業高產的"大躍進"，另一次是憑空創建一個獨立於蘇聯模式的社會主義天堂的文革。

這其中，個人的心理疾患也起到了重要作用。如前文所述，他有一種奇特的心理錯位，認定"朕即人民"，人民那個上帝和他是一而二、二而一的"兩位一體"。因為人民群眾是全知全能、永不會錯的上帝，他自己當然也就是全知全能、永不會錯的上帝。而且，因為"朕即人民"，他的心願也就是人民的心願，他的"社會主義積極性"，當然也就是"群眾中蘊藏了一種極大的社會主義積極性"。在此，他其實翻轉了《尚書》的話語，成了"我視即為民視，我聽即為民聽"。

必須指出，毛這種信念是相當真誠的。如同一切心理病人一般，他真的哄信了自己。可憐他終生悟不出兩個事實：

第一，人民群眾不過是社會的肌肉，而肌肉一般是沒有思維能力的。所以，他們當然在戰爭之類的破壞行動中威力無窮，但在和平歲月裡，這種群體合力實在沒有多少用武之地，因為現代工農業建設並非挖驪山墓，也不是修建大運河，需要的是資金和技術，不光是一把蠻力。

第二，上文已經指出，被剝奪了一切權利的人民根本沒有他夢想中的"主動精神"，更沒有什麼"社會主義積極性"。他看見的幻象，其實只是被官僚系統層層放大後反射回來的自己的主觀想象而已。

由此可見，毛澤東雖然貌似非常激進，極端地反傳統，但並沒有真正做到"與傳統觀念實行最徹底的決裂"。相反，他的大部份理想都是腐惡傳統的大規模借屍還魂。他的治國思想與晚清頑固派如出一轍就最能說明這一點，區別只在於那些人還缺乏"徹底的革命精神”，沒有痛恨貨幣、工資、商品交換到毛的程度，幻想真正做到“常使民無知、無欲，使夫智者不敢為也”；“絕聖棄智，絕仁棄義，絕巧棄利”，倒退到老子“小國寡民”的“桃花源”中去。

這當然不是說毛的理想只是舊傳統簡單的改頭換面。相反，我已經在前文指出了，同樣是“道德宇宙觀”，毛澤東的善惡標準與儒家截然相反。儒家主張以仁愛立國，而毛澤東則以仇恨立國。這就是毛思想這種政治宗教與正大宗教的本質區別，正大宗教強調的是“行善”，而毛教強調的是“除惡”，而那“惡”其實就是“富”的同義語。因此，毛眼中的“美德”常與普世倫理相反，強調的是“對敵人像嚴冬一般殘酷無情”，把心狠手辣視為“革命堅定性”，把“書生氣十足”、“心慈手軟”視為惡德，更把“調和”、“折中”、“妥協”當成“地主資產階級人性論”痛加批判。

只有在這個意義上，毛澤東的理想才是“激進”的與“反傳統”的，然而更準確地說，應該是“反文明”的，因為毛澤東這些想法同樣有著中國隱性傳統的深根。從“我花開後百花殺”到“天遣魔君殺不平，不平人殺不平人。不平又殺不平者，殺盡不平方太平”，以《水滸傳》為巔峰，中國歷來有著與顯性儒家文明分庭抗禮的隱性“江湖文明”（亦即遊民文化）。《水滸傳》是毛澤東終生捧讀不倦的聖經，當然不可能不在他的價值觀上打上深重烙印。因此，客觀說來，毛澤東思想應該是中國腐惡傳統的集大成。

正因為此，毛澤東的理想才具有了強大的生機。中國歷來是個官僚社會，這種社會的特點是朝野都徹底缺乏“權利”觀念，人民的基本權利得不到起碼保障，只能任由官府魚肉欺凌，因而以社會不公為最突出的弊病。這就是為何民間有那麼多的“不平人”。然而可悲的是，在西學東漸前，中國人一直沒有悟出癥結何在，卻只知道“不平人殺不平人”。無數次“農民起義”（亦即遊民暴亂）只是一次又一次地以新官僚體系取代舊官僚體系，人民的權利卻絲毫沒有得到改善。這種病態的社會，必然要哺育出《水滸傳》那種歷萬世而不朽的遊民文化經典。如陳士榘所言，它不但成了賤民們的精神慰藉，而且還在他們走投無路時，為他們指出了改變自身境遇的唯一道路。

在這種病態國情下，以“平等”為首要訴求的毛理想，當然要對草根百姓具有強大的感召力。它勝過《水滸傳》之處，是提供了一個“總體解決方案”，給出了一個“無處不均勻，無人不飽暖”的天國藍圖。而且，這據說是“客觀規律”（也就是“天命”或“天道”）決定的“歷史潮流”，不以人的主觀意志為轉移，當然要讓投身於其中的戰士們充滿了必勝信念。

毛澤東的感召力並不限於草根賤民。傳統士人篤信孔子的“不患寡而患不均”的教導，深受《禮記・禮運・大同篇》的影響，骨子裡或多或少都是個社會主義者，“五四”時什麼學說都有人鼓吹，但主旋律還是各種流派的社會主義，竟然無人鼓吹自由資本主義。就連國民黨也是個社會主義政黨。可見這傳統之深厚。此外，他們對由孟子發明、由朱熹、王陽明等大儒發揚光大的“人皆可以為堯舜”的“思想改造”也不陌生。蔣介石本人就是幾十年如一日，按王陽明的教導，主動自覺進行自我思想改造的典範。

因此，毛的理想在一定程度上也是中國讀書人的理想，至少他們不會像西方知識分子那樣，對洗腦本能地反感和厭惡。即使是生活在西方的某些華裔自由知識分子如林思雲先生，至今仍認為政府就是有權對人民進行“善意的思想改造”，何況是那個時代的讀書人？他們難以接受的，頂多也就是水泊梁山式的野蠻暴力罷了。

這就是毛澤東為何會被全民包括識字分子在內一度真誠地奉為精神導師。這並不完全是恐怖統治的結果。傅雷在聽了毛澤東《關於正確處理人民內部矛盾的問題》的講話錄音後，給兒子寫信道：
"他的馬克思主義是到了化境的，隨手拈來，都成妙諦，出之以極
自然的態度，無形中滲透聽眾的心。"[1]

我深信這不是違心吹捧，而是出自由衷傾慕發出的讚歎，是一
代知識分子的心聲。要等到文革吃足了苦頭後，他們才知道毛澤東
的理想主義是怎麼回事。

三、毛澤東理想主義的特點

（一）違反人性以及由此而來的虛偽性

這個特點是從毛澤東錯認的老祖宗馬克思那兒來的。馬克思主
義的威力，完全來自於它的道德感召力，後者又來自於馬的"共產
主義理想"在道德上的完美無缺。的確，世上再沒能比"各盡所
能，各取所需"的共產主義社會更理想、更完美的人類社會了。無
怪乎它要激勵著大批志士仁人為之拋頭顱，灑熱血，慷慨獻身。沒
有這些志士的忘我捐軀，國際共運也不至於在短短幾十年內就席捲
了十幾個國家。

可惜馬克思的隧道眼忽略了"可行性"這個關鍵問題。共產主
義社會的運作前提，是社會成員"願盡所能，只取所需"。若是他
們"不盡所能，取多於需"，則那理想社會立時崩潰。

早在共產主義運動初起時，明達之士就已經指出這點了。可對
這類嚴肅詰難，馬克思和恩格斯的答覆卻輕率得令人無法相信：

"有人反駁說，私有制一消滅，一切活動就會停止，懶惰
之風就會興起。

---

[1] 陳晉：《毛澤東的三篇口頭講話是怎樣成為經典文獻的》，《黨的文獻》，
2013 年 1 期

這樣說來，資產階級社會早就應該因懶惰而滅亡了，因為在這個社會裡是勞者不獲，獲者不勞的。所有這些顧慮，都可以歸結為這樣一個同義反復：一旦沒有資本，也就不再有僱傭勞動了。"[1]

這完全是詭辯。人家說的是"一旦沒有私有制，也就不再有生產積極性了"，與"一旦沒有資本，也就不再有雇傭勞動了"何干？如果硬要從這指東打西、強詞奪理中尋出合理思路來，那也似乎只能是：既然"勞者不獲，獲者不勞"的資本主義社會生產力能迅速發展，那實行"各盡所能，按需分配"（也就是變相的"勞者不獲，獲者不勞"）的共產主義社會當然也能迅速發展。

這也能算理性辯論？比今日憤青網戰的水平還低。如果資本主義社會真是"勞者不獲，獲者不勞"，那它怎麼還可能成為歷史上生產力發展最迅猛的階段？我在舊作中指出：

"馬恩在《共產黨宣言》秉認：'資產階級在它的不到 100 年的階級統治中所創造的生產力，比過去一切世代創造的全部生產力還要多，還要大。'可笑的是他們只看到了現象，卻從未能看出機制何在，那就是去除了權力對資本的壓制、盤剝與侵佔，以及道德對個人正當致富慾望的捆綁。"[2]

如果勞者不獲，其致富慾望無法滿足，個人創業精神還怎麼可能解放出來？而沒有蓬勃的私人創業精神，哪來社會生產力的迅速發展？諷刺的是，馬恩那段話，恰好說出了所有蘇式社會主義國家的通病："勞者不獲，獲者不勞"窒息了生產力的發展，社會無一例外地最終歸於困頓。而改革開放之所以能引出長達三十年的"中國奇跡"，就是因為政府在混到山窮水盡之後，終於允許百姓發財致富，容許私有制復活了。

---

[1] 馬克思、恩格斯：《共產黨宣言》。
[2] 蘆笛：《馬克思主義批判》，309頁。

　　倒是馬恩在談論共產主義社會的其他文字中作出的間接反駁還有點"水平"。據說，人們的社會存在，決定了人們的意識。人類的自私心理是私有制決定的。當私有制廢除後，自私心理失去了存在基礎，當然要隨之煙消雲散。那時人人都是大公無私的聖賢，豈會如資產階級庸俗想象的那樣只知索取，不願奉獻？

　　沒有什麼比這更能凸顯馬恩對科學的一無所知了。達爾文的《物種起源》是在他倆在世時推出的，還得到過他們的盛讚。但如果他們真看懂了那部巨著，立即就能看出，在這個問題上，所謂"存在決定意識"恰好說反了：不是私有制決定了自私心理，而是自私心理造出了私有制。

　　進化論揭示，"鷹擊長空，魚翔淺底，萬類霜天搶蛋糕"，自私是物種存在的方式，是保證物種存在並繁衍的前提。如果生物都"大公無私"，"毫不利己，專門利人"，那地球上根本也就不會出現任何生物。植物雖然不可能有意識地將資源佔為己有，但拼命搶佔空間、爭奪陽光、空氣和地下的營養就是其生存方式。而稍微高級一點的動物，都會本能地實行"私有制"。就連虎豹豺狼都有明確的"領域意識"，外來者若是入侵了它們自認的領地，立即就要遭到攻擊，靈長類就更不用說了。所謂"原始共產社會"也同樣有這套，不然部落之間也就不會發生血戰了。

　　當然，人類不同於其他動物，有明確的倫理道德規範，然而正如赫胥黎在《進化論與倫理學》（舊譯《天演論》）中指出的，這說到底仍然是為了群體更合理的生存，不過是為了避免社會毀於無窮盡的內鬥而限制私欲的無限擴張罷了。但後天培養的倫理道德不可能取代先天的自私本能，只能調節限制之。若是私欲被徹底壓制了，社會也就失去了生機，因為唯有私欲才是驅使生產力發展的第一推動力。

第四章 毛澤東的理想主義

明白了這些簡單道理，則不難立即看出馬克思主義完全是逆天行事的空想（fantasy）。如果馬克思和他的前驅聖西門、傅利葉一樣，只是糾集一夥志同道合者辦辦公社，那也不失為天真無害的夢想家。可惜他卻認定無產階級革命是實現這人間天堂的途徑，於是這道德上完美無缺的美好理想便必然要"走向反面"，成了無盡災難的根源。這道理也很淺顯：要用暴力強行取消私有制，改造人性，無異於血淋淋的削足適履，在付出無數生命財產的代價後，只會造出一個缺乏生機的病態社會。這就是"革命理想越崇高越反動"的"辯證法真理"。

其實就連毛澤東自己也看到了這一點。1960 年 4 月間，他在會見古巴代表團時談到免費醫療的問題時說，最好是半免費。如果全免費，沒有病的人就會有病[1]。1961 年 3 月，在政治局常委會討論《農村人民公社條例（草案）》時，他指出，實行糧食供給制會使社員喪失積極性———"勞動力少的戶跟勞動力多的戶吃糧都一樣，他橫直有的吃，所以就不積極；勞動力多的戶，他們想我幹也是白費了，所以也不積極了"[2]。他甚至主張降低社員的基本口糧，以此提高他們的生產積極性。1961 年 9 月間，他向部下指出，湖北孝感規定每人基本口糧三百六十斤，這不行。有了這些基本口糧，就可以不做工了。最好定一百八十斤，吃不飽就得努力。看來基本口糧高了不行[3]。

然而看到真實人性的表現，卻沒有讓毛澤東悟出共產主義社會的不可行，反而讓他更加痛恨"利潤掛帥，物質刺激"，更加堅信"思想工作萬能"，認定靠國家權力去"限制資產階級法權"是向共產主義過渡的必要措施。

---

[1] 《毛澤東年譜（1949-1976）》第四卷，381 頁。

[2] 同上，557 頁。

[3] 《毛澤東年譜（1949-1976）》第五卷，30 頁

　　1959 年 12 月間，他和秀才們一起學習蘇聯的《政治經濟學教科書》。當看到書上說：“工會的使命是要促使勞動者的物質生活與文化需要得到更充分的滿足”，毛澤東批評道：教科書不講工會的主要任務是發展生產，不講如何加強政治教育，只偏重講福利。此後他又在政治局擴大會議上說，《政治經濟學教科書》講要向共產主義過渡，但是它沒有措施。追逐個人名利的事不要搞。我們打了那樣多年的仗，沒有一個上將，還不是把蔣介石那個特級上將打倒了。對於資產階級法權要限制、改造。《政治經濟學教科書》到處強調物質刺激，為什麼？一定是沒有別的法寶了[1]。

　　毛澤東看不到，蘇聯人沒有的法寶，他同樣也找不到。共產主義理論的錯誤假設是否認了“人類是自私動物，非自私不足以保存物種”這條基本人性。它和金屬的導電率一樣，乃是不以人的主觀意志爲轉移的客觀性質。無視這種客觀性質，逆天行事，雖然有可能靠暴力把“理想社會”強行建起來，但暴力不可能取代私慾，持續推動它蓬勃發展。為了維持這種缺乏原動力的人造社會運轉，統治者便不得不有限地承認並照顧人的私慾，在公有制框架內實行“利潤掛帥，物質刺激”。若連這極度有限的動力都要當成“修正主義”剷除，那社會就只可能陷入困頓。

　　缺乏原動力還不是這種病態社會的唯一缺陷，將偽善化為全社會奉行的生活方式才是它的致命傷。蘇聯就是個光輝示範。布爾什特（bullshit）黨人用暴力實施了偉大革命導師列寧同志的光輝理想。不幸的是，從誕生那天起，這個地上天國在理論與實踐之間就有著天生的不可克服的致命矛盾：

　　第一、它據說是無產階級革命，所以絕對不能像資本主義國家那樣，國家領袖和各級幹部可以是富豪，只能是無產者。

---

[1] 《毛澤東年譜（1949-1976）》第四卷，276，304 頁

第二、無產階級據說是大公無私的，所以，在這無產階級天國中，所有的人特別是幹部隊伍都只能無私奉獻，絕對不能以權謀私。

第三、它旨在以消滅階級來消除人間的不平等，所以絕對不能在革命過程中製造出一個高居于平民之上的特權階級來。

可惜人類天生就是不平等的，才幹、體格、意志、性格、興趣等天賦因人而異，天差地別。要辦成任何事業，絕對只能以精英為骨幹，幹革命尤其如此。

所謂暴力革命，無非是統治者與革命黨人比賽控制人民的能力。革命黨人要想推翻統治者，就一定要比對方更能控制百姓，如此才能獲得更大的戰爭動員力。這就必須無情鎮壓反革命，消滅一切反對派、懾服中間派。革命隊伍若不能變成一支只有長官意志、毫無個人自由的軍隊，革命就不可能勝利。

列寧的“先鋒隊”黨就是按照精英主義建立起來的由鐵的紀律控制、等級森嚴的職業隊伍。在這隊伍中，下級只能絕對服從上級，根本就沒有任何自由意志可言，更談不上起碼的平等。這既保證了黨作爲奪權工具的强大戰鬥力，又爲野心家們提供了權位誘惑，促使他們爲了滿足權勢欲、爭相爲爬上去而爲革命立功。在革命過程中，共產黨人必然要按自身組織形式，把全社會改造為軍隊式等級社會，以實現對人民的全面控制，獲得最大的動員能力。

當共產黨掌握了政權，粉碎了一切抵抗，去除了一切制約，把國家一切物質與精神資源牢牢控制起來後，自私的人性就必然要以百倍的瘋狂表現出來，使得一小撮新貴成了歷史上見所未見的集政治、經濟、文化、軍事權力于一身的貴族。這樣，當人民群眾的理想主義激情消退後，他們就會發現自己不但沒有得到革命理想允諾的自由和平等，反倒生活在一個更加沒有自由平等的等級社會中。當初驅使他們投身革命的崇高理想，現在證明不過是人類能發明的最無恥的謊言，那些據說是"無私無畏的先鋒隊"，其實不過是有史以來最大的偽君子集群。

于是，維護這個謊言不被揭穿，便成了共黨社會的永恒難題，也使得統治者與人民天然處於敵對地位。比起舊統治者來，新貴們更加戰戰兢兢——經過"剝奪剝奪者"的革命洗禮的人民群眾，對被壓迫被剝削更加缺乏容忍。另一方面，新貴們是趟過重重血海登上大位的，手上沾滿了舊統治階級的鮮血，深知一旦失去政權後的悲慘下場。

這就是為何共黨社會的統治者都極度缺乏安全感，下意識中認定自己一定會被人民推翻，因此都"以小民為敵國"（李慎之語），把"治理國家"的主要內容理解為"全心全意地監視控制子民，確保他們決無二心"，將主要精力和國家資源花費在這一戰略目標上。

既把小民當敵國，那朝野之間當然就是個實力對比的問題。朝廷當然要最大限度地增強自己的實力，最大限度地剝奪敵人的能量。共黨國家都有一系列的"硬件"與"軟件"，確保人民沒有造反的可能和意願（詳見本書《國務家》卷）。這一套當然行之有奇效，但仍然無法長期維持群眾的革命激情。

毛以政治家的敏銳察覺到了這個問題。作爲永不熄火的天生革命家，他最怕的就是群眾喪失革命熱情。他似乎也察覺了上面三條總結的共產主義理論和實踐的內在矛盾，由此提出了他的獨特解決方案，那就是前面介紹過的"繼續革命偉大理論"：通過永無休止的"階級鬥爭"使人民永遠處在亢奮狀態，通過人爲消滅"資產階級法權"來實現真正的平等。在他的理想國中，只有他一個人高高在上當終極權威，沒有官僚系統作為次級統治者，只有接受普通工農監督的"人民勤務員"。這就能避免群眾普遍幻滅，讓他們永遠和黨心貼心。

　　這空想比馬克思的更加脫離現實，更加違反人性。前文已經指出了，從幹部來說，沒誰會僅僅出自對偉大領袖的無限崇拜，就主動自覺自願地接受革命群眾的大批判；從群眾來說，要他們狂熱一時不難，但若想指望他們光憑崇高的"階級覺悟"，就能一輩子無私奉獻，一不怕苦，二不怕死，無怨無悔，完全是癡人說夢。而且，大多數人本性並不兇殘，都只想安安寧寧地過小日子，遲早要厭倦那種無休無止、毫無意義的互相絞殺。

　　這結果，就是偉大領袖最愛說的"走向反面"。具有諷刺意義的是，中國人的"去政治化"（亦即某些海外政論家抨擊的"犬儒化"），正是在文革中啟動的。

　　文革前的青年一代都是充滿革命幹勁的熱血青年，但自 1968 年"清隊運動"之後，群眾中開始普遍出現政治冷感。待到毛行將就木之時，除了一小撮文革鍛造出來的土匪政客外，大部份原來狂熱的"革命群眾"都成了"犬儒"。當時民間流行的口號是："男的學木工，女的學裁縫"。我那時在工廠當工人，最盼望的就是單位上那幾個派頭頭去衝擊黨委。一旦這種事發生，我伲工人階級的盛大節日也就到來了。大家立即關了機器，歡天喜地、載歌載舞趕回宿舍或家裡去，打傢具的打傢具，裁衣服的裁衣服。對普通人來說，"革命造反"已經簡化為"額外假日"。

　　然而在會上發起言來，同志們個個是慷慨激昂的堅定的革命志士，大公無私的"共產主義新人"，開口閉口就是"世界上還有三分之一人民沒有得到解放"。毛的"思想革命化"，把所有的子民都教成了他那種"自在而非自為"的偽君子。每個人都精通兩套語言——官腔（亦即喬治‧奧威爾說的 Newspeak）與私房話，前者只能用在開會表態的場合，後者則供私人正常交流使用，誰都知道哪種場合該用哪套話語，一旦弄錯就是殺身大禍。做戲不但是生存的

前提，而且成了集體無意識本能。在中國歷史上還從未有過這種
"全民皆優伶"的時代。

（二）手段與目的相背反

1) 以暴力尋求公平

人類之所以要幹革命，無非是社會不公。而所謂社會不公，就
是有壓迫與剝削存在。這兩個詞大概是大陸人聽得最熟的，然而似
乎沒有多少人知道它們的真實涵義。所謂"壓迫"，就是權貴集團
憑藉權力（亦即隱藏的暴力）剝奪了人民的權利；而所謂"剝
削"，就是權貴集團動用權力介入社會生產，實行不等價交換，掠
奪弱勢群體理所應得的財富。毛時代過來的中國人都應該明白"壓
迫"的內容；而今日的中國人都應該知道"剝削"是怎麼回事。

這些社會弊病在中世紀歐洲也存在，然而經過所謂"資產階級
革命"後，已經在很大程度上得到了糾正。連馬克思都不能不承
認，資本主義社會的不平等，恰是因為所有的人都享有同等的權
利，而"權利，就它的本性來講，只在於使用同一的尺度"去衡量
"不同等的個人"，"要避免所有這些弊病，權利就不應當是平等
的，而應當是不平等的"[1]。

這"辯證法繞口令"說的是什麼？意思非常簡單，只是德國人
有故弄玄虛的民族頑症罷了。

舉個例子來解釋馬克思的意思吧：一個窮措大跟一個金融大
鱷，在理論上都享有同等的投資權利，但這種平等只是形式上的，
什麼實質意義都沒有，因為只有金融大鱷才有錢投資發財，窮措大
只能臨淵羨魚。馬克思認為，資本不能創造財富，只有勞動才能創

---

[1] 馬克思：《哥達綱領批判》，
https://marxists.anu.edu.au/chinese/Marx/marxist.org-chinese-marx-1875-4.htm

造財富，因此，那金融資本家完全是不勞而獲。這種形式上的平等，實際上是在資本面前的平等，掩蓋著實質上的不平等。要實行真正的平等，就只能按需分配，以"需要"代替"權利"。

這裡的邏輯混亂就懶得說了：馬克思一面反對使用同一尺度衡量不同個人，一面又主張用"需要"這個同一尺度去衡量不同的個人；這兒也不說資本是否真的不創造財富，或是"勞者不獲，獲者不勞"的按需分配是否真的比權利平等高明，只看按需分配是否可以通過暴力革命實現，而那又是什麼樣的平等。

前文已經論證過，列寧主義指引下的暴力革命，只可能建立史上最不公平的等級社會。這種社會實行的財富分配方式，只可能是人類能發明的最不公平的分配方式——"按權力分配"。

此時就算革命領袖願意實行"按需分配"，他的"需要"跟草民的能是一回事麼？偉大領袖毛主席不就是個樣板？草民可以在全國各地廣建行宮，讓專列拉著自己和小蜜們愛上哪兒就上哪兒，在鐵路幹綫上想走就走，想停就停，根本不用理會鐵道部的行車時刻表麼？上文已經指出，他老人家心目中的草民的"需要"，也就是每日 500 卡路里的能量，"超過了就受不了"，就是"腐敗的皇帝和貴族"。就算 500 卡路里能維持生存，這種"按需分配"，連"監獄"裡實行的都不如。

哪怕革命領袖是堯舜禹湯（或韋小寶之"烏生魚湯"），願意與普通百姓同吃同住同勞動，國家那麼大，他總不可能去施粥廠親自掌勺吧？分配物資的活兒當然只能讓大大小小的官僚去幹。此時掌握了那分配權的人就是最可怕的統治者，比地主資本家還可怕萬倍。您要得罪了資本家或是地主，無非是換個地方打工，而若是得罪了那 Lord Distributor（"分配老爺"），那就只有活活餓死的份兒。那時您連靠行賄改善關係的希望都沒有，因為連行賄的物資也得靠人家分配。

這可不是危言聳聽。我當年在國內作碩士生時，跟管複印機的人吵了一架，從此只能自己掏錢到街上去複印研究工作所需的參考文獻，蓋我每次拿去複印室複印，人家都根本不理我，在我苦苦哀求半天後，才冷冷地告訴我機器壞了。幸虧街上還有複印店，要是商品經濟給廢除了，只能靠分配，那我就永遠沒法複印了。

所以，人類可以實行的平等，也就只能是權利上的平等，暴力革命只可能製造更普遍、更嚴重的不平等，因為革命的過程就是消滅反對派的過程。統治者的權力一旦擺脫了反對派的制約與抗衡，就必然要壓制、侵奪人民的權利。沒有權利還要奢談平等，那就是監獄裡的平等——犯人們享受的待遇絕對平均，誰也用不著嫉妒誰，然而恐怕連瘋子也不至於把監獄當天堂。

在中國，這個問題就更加突出。中國從未有過歐洲式的“資產階級革命”，統治階級歷來是騎在人民頭上作威作福的官僚階級。因此，中國最需要的社會工程，是將官僚社會改造為西式階級社會，讓社會的所有成員都享受同等的權利。要達到這個目標，就必須逐步削減官僚階級的權力，增進人民的權利。

然而中共革命卻反其道而行之。按列寧模式建立起來的中共，本身就是一個有史以來最強大的權力集團。在當國前就剝奪了轄區內人民的一切權利，將每個百姓都無情地化為戰爭機器的齒輪與螺絲釘。就是憑著這空前的對人民控制操縱力，中共才能在奪權戰爭中勝出。在當國後，它當然要沿著輕車熟路走下去，把中國變成歷史上從未有過的奴隸社會。人民不但失去了所有的生產資料，就連世代享受的基本的擇業權、遷徙權都喪失了。到了 60 年代，人民就連自行決定髮型、頭髮長度、衣著顏色式樣乃至褲腳尺寸的最微不足道的權利都沒有，遑論自留地裡能種多少菜，家中能養幾隻雞。

就連毛澤東本人也不能不承認，很多單位都是實行封建統治的獨立王國，土皇帝很多。他們都有天然的經濟特權和政治特權。土皇帝一句話就是法，一句話就能捉人放人，反對他就是反黨、反社會主義、反革命[1]。

這種暗無天日的新社會，豈是"萬惡的舊社會"可以比擬的？

最令人哭笑不得的是，毛澤東自己明明看到了他的革命結出的苦果，據說還為此焦急憂慮得常常睡不著覺，可他還要再在那死路上瀟灑走一回，指望以暴民造反去限制官僚的權力。就算暴民造反能化為持續運作的國家制度吧，難道暴民專制能保障甚至提升公民的基本權利不成？至少，在舊官僚體系下的賤民，還不至於因為"站錯隊"就會被另一派毒打得九死一生。

而且，既然要限制官僚權力，他老人家為何又如此強調"一元化領導"，聲稱"黨政軍民學，東西南北中，黨是領導一切的"，痛批"反動的多中心論即無中心論"，生怕權力不捏在一小撮人的手裡？

所以，馬列毛都是緣木求魚，以毛尤甚。

2) 以權力消滅人欲

這是偉大領袖的獨家貢獻，未見諸馬列經典，蘇俄似乎也未實踐過，乃是毛澤東從朱熹的"存天理，滅人欲"那兒蕢來的。

當然，兩者還是有明顯區別的。第一，朱熹雖然沒有界定過他痛恨的"人欲"，但外延似乎並不廣，起碼不將民間娛樂活動包含在內。而毛澤東要滅的人欲幾乎包括了所有的人類慾望。第二，朱熹號召士人"存天理，滅人欲"，還是讓大家自己去滅，並不是動用國家權力去滅（他也沒那能力動用，因為他並非君師合一）。士大夫"滅人欲"的外在壓力，頂多也就是所謂"清議"的輿論，使得被譴責者"外慚清議，內疚神明"，自己收斂而已。而毛澤東則

---

[1]《王力反思錄》，859-860 頁。

是動用國家權力去強制實行"非禮勿視，非禮勿聽，非禮勿言，非禮勿動"。

儘管社會風氣從 1949 年"解放"以後就因受到官方強力控制而相當樸素，但真正的"清教徒暴政"，還是從 1962 年中共中央八屆十中全會後逐漸開始的。所有的"大洋古"影劇統統從銀幕上、舞臺上消失，有點起碼娛樂性的影劇小說都先後被禁。與此同時，官方媒體開始批判"毒草電影"與"毒草小說"。據官方媒體報導，被禁的"毒草電影"先後共有 600 多部[1]，其實那些東西都是馬屁文學，可官方仍然不能容忍。代替它們的是味同嚼蠟的《奪印》、《千萬不要忘記》、《年輕一代》以及現代戲。待到文革快要爆發時，所謂"故事片"已經完全沒有了故事，動不動就是一夥人打開小紅書，共同學習毛主席語錄。

待到文革爆發，就連那些電影也成了"大毒草"。直到"樣板戲"搬上銀幕前，整整三四年間，八億中國人民毫無任何娛樂。

與此同時，官府對著裝、髮型的要求越來越嚴苛。"破四舊"期間，毛澤東扶植起來的高幹子弟紅衛兵的"大破四舊"的一個重大內容，就是在街上把頭髮稍長的人攔下來，用推子在頭頂上犁一道深溝，或是把一個酒瓶塞到青年女郎的褲腿裡去。若是那酒瓶塞不進去，或是比較困難，紅衛兵就在褲腳上剪開兩個口子，把那褲子撕成四片，一直撕到髖部。

文革期間，人民的私生活受到空前嚴屬的全面管制，不但電影、戲劇、小說中的角兒們都是鰥寡孤獨，從不談戀愛，就連在真實生活中談戀愛都可能闖下大禍。那時"工人糾察隊"常在夜間出動，去公園裡抓"流氓"。躲在樹影裡親熱的戀人們若被抓到，就要被當成流氓痛打。總之，男女之愛完全從人民的日常生活中消失了，只能轉入地下，以祕而不宣的非法方式存在。

---

[1] 李詡：《文革後 600 部電影的解凍過程》，《新一代》，2005 年 9 期

不但性慾是大罪，就連其他慾望引起的一切"視聽言動"也犯禁。看"黃色小說"要闖禍（這"黃色小說"竟然可以包括文革前的語文教科書）；唱"黃色歌曲"（亦即文革前的電影歌曲）要闖禍；講吃講穿要闖禍（"講吃講穿是腐朽沒落的資產階級思想"。如果講的人年紀稍大一點的話，那就更嚴重，要變成"腐蝕毒害青少年的教唆犯"）；就連講講天氣都可能闖大禍，因為那可能被指責為"盼望變天"！

中國有史以來還從未見過如此霸道、如此暴虐、如此苛刻的禁慾主義。毛澤東的願景，似乎就是將子民悉數改造為沒有性別、沒有慾望、只知道吃苦送命的"工蜂"。

可惜"抽刀斷水水更流"，不管官方的權力有多大，人欲畢竟是不可能滅掉的，用暴力去強行壓制只能扭曲人性，以社會化大生產方式大量製造偽君子甚至變態狂。在我呆過的那個廠子裡，"捉姦"成了高尚娛樂。民兵連長率領手下抓到偷情男女後，第一件事就是"保護現場"，直到人保科長從家裡趕來觀賞完畢，才允許女方穿上衣服。過後他們還要把沾上精液的內褲帶回去仔細研究。

一般工人沒有資格參與這種娛樂活動，那就從小偷小摸中獲得滿足。文革確實做到了"與傳統觀念實行最徹底的決裂"，改變了"賊"這個概念在百姓心目中的內涵。民間的共識是，只有偷盜私有財物才是盜竊，偷盜國家財產的不是小偷，而是聰明能幹的英雄好漢。那時有兩個流行口號："外國有個加拿大，中國有個大家拿"；"若要富，搬到廠裡住"。本廠沒有偷過公家財產的人，大概只有內子一人。一位青工就是靠其出類拔萃的盜竊才幹才贏得了廠裡最漂亮的姑娘的芳心。盜竊之風一直刮到改革開放，工廠甚至為此設置了龐大的"經濟警察"隊伍，然而直到該廠倒閉，大規模的群眾盜竊活動從未被制止，因為經濟警察本身就在監守自盜。

因此，偉大領袖的"鬥私批修"，確實把百姓顛倒了的價值觀再顛倒過來了，造出了"喜看稻菽千重浪，遍地小偷下夕煙"的"全民皆賊"的壯麗情景。

3）以暴力改造人性

前文已經指出，毛澤東塑造"一代共產主義新人"的方式，是將全民投入"階級鬥爭"和"路線鬥爭"中，讓他們在其中"經風雨，見世面"，鍛煉出崇高的"路線覺悟"與"階級覺悟"，更加忠於革命忠於黨。

這偉大戰略古已有之，看過《水滸傳》的人都知道，它稱為"投名狀"——要讓新入夥的土匪永遠忠於山寨，不敢投靠官府，最有效的辦法就是讓他先去犯下命案，從此斷了後路，只能破釜沉舟幹到底了。這一招確實行之有奇效，中共的"土地革命"就是這偉大戰略的實施，而它也確實將廣大農民逼上了賊船。

然而毛澤東在當國後還要把這套推向全國，把它當成改造人性的手段，就完全是緣木求魚了。它當然有可能如過去那樣，逼迫出子民的忠心，卻絕無可能把他們變成"大公無私"的聖人。須知新時期的改造目標不光是子民的"三忠於四無限"[1]，還有選擇性培養某些普世道德的目的，而後者是絕無可能通過殘暴手段實現的。

前文已經說過，儘管毛澤東思想在本質上也是一種"道德宇宙觀"，然而其"善惡"標準卻與普世道德相反，以仇恨而不是以愛為"善"的核心內容，以殘忍無情而不是以溫情脈脈為美德，以粗暴放肆而不是以文質彬彬為正常禮儀，以凶惡好鬥而不是"溫良恭儉讓"為合格舉止……。然而可笑的是，這種"共產主義新道德"

---

[1] "三忠於"："忠於毛主席，忠於毛澤東思想，忠於毛主席的無產階級革命路線"；"四無限"：對毛、毛思想和毛路線"無限崇拜，無限敬仰，無限熱愛，無限忠誠"

居然也有著若干普世道德成份在內。如同文明社會一樣，"新社會"也提倡"助人為樂"、"對同志像春天般溫暖"、"做好事"、"人人為我，我為人人"。不僅如此，"新社會"對百姓的道德要求更高，要他們"大公無私"，"毫不利己，專門利人"，等等。

當然，這"新道德"並不普世，而是有鮮明的"階級性"的，那就是"愛憎分明"，"愛"只限於革命隊伍中，"一切革命隊伍裡的人，都要互相關心，互相愛護，互相幫助"；對階級敵人則只能有深仇大恨，越殘忍無情，心狠手毒，就越是新時代的聖人。毛澤東以為可以把人民分為"人民"和"敵人"兩類不同物種，對前者實行"民主"與"階級友愛"，對後者實行專政與殘忍。而這兩種美德，都可以在"激烈的階級鬥爭的大風大浪中"培養出來。

為此，他把蘇聯師父教的"發動群眾"那一手，與中國痞子造反的深厚傳統結合起來，創造了人類歷史上絕無僅有的"暴民民主"，讓人民在暴力犯罪行為中"當家作主"，實行多數暴政，將多數人民迫害少數人民的"階級鬥爭"制度化甚至生活方式化。

要把人民群眾發動起來投入"階級鬥爭"，就必須煽動他們對"階級敵人"的深仇大恨。因此，所謂"以階級鬥爭為綱"，就是以仇恨為綱，以整人為綱。

眾所周知，愛是締結一切人類社會的紐帶，而毛澤東的理想主義的核心卻是仇恨。以仇恨去建立"理想社會"，就只能造出一個歷史上從未有過的邪惡社會。國家以暴力建立了強大的逆淘汰機制，專門把那些心狠手辣、狹隘嫉妒、吹牛拍馬、捧上壓下的人渣選出來，當成"革命接班人"培養，把寬厚、誠實、正直、襟懷坦白、敢言直諫的耿直之士打成"階級敵人"或至少是"落後分子"，把黨組織變成了專門吸納渣滓的吸塵器，"把中國的國家機器變成一種互相殘殺，互相傾軋的絞肉機"[1]。

這結果，就是全民道德在這種殘酷鬥爭、無情打擊中徹底淪亡。它誘導、刺激、煽動、利用、促進了人性中最醜惡的那面諸如仇恨心、嫉妒心、殘忍、野蠻、惡毒、無情等等，使之得到空前爆發，從而實現了霍布士所說"人對人是狼"的理想境界。此乃吾族三千多年從未有過之大劫，使我孔子孟子痛哭于九原。

在這種緊張的社會空氣中，"誰是我們的敵人？誰是我們的朋友？"就成了永遠讓草民百姓心驚膽戰的問題。"人民民主專政"的美妙之處，是除了"地富反壞右"那些"死老虎"外，每個人似乎都是人民，然而每個人都不敢說他就是人民。不僅如此，每個人都可能在瞬間內化為敵人，要完成這個"矛盾轉化"或"突變"，只需開會席地而坐時，把《人民日報》墊在屁股下，或是把片刻不許離身的《毛主席語錄》放在褲袋而不是胸包裡，或是喊口號時太緊張，把"無產階級文化大革命勝利萬歲"喊成"資產階級文化大革命勝利萬歲"就行了。

更何況官方幾十年如一日，千方百計不遺餘力地提高人民的"階級鬥爭警惕性"，號召他們擦亮眼睛，揪出隱藏在身邊的階級敵人。於是哪怕是天生的正人君子，為了自身安全，也不能隨便對人仁慈，以防萬一那人將來成了"階級敵人"，連累自己變成"反革命集團"一員。那些指望靠害人青雲直上的小人就更別說了。

在這種情況下，人與人之間的關係當然只能是互相猜忌、互相提防、互相戒備。這種高度病態的社會，套用毛最熱愛的表述便是："敵人是具體的、絕對的、永恆的，人民則是抽象的、相對

---

[1] 《"571工程"紀要》，百度百科，
http://baike.baidu.com/view/9744910.htm?fromtitle=《五七一工程紀要》&type=syn

的、暫時的”，隨之而來的當然也就只能是“仇恨是具體的、絕對的、永恆的、而愛心則是抽象的、相對的、暫時的。”

仇恨一經煽起，它就再不會按偉大領袖指定的流向，只向“人民外部”流動了。草民遲早要從毛那兒學會如何劃分“政治思想上的階級”，把自己討厭或痛恨的人打成或誣陷為反黨反社會主義反毛澤東思想的十惡不赦的階級敵人，對他們仁慈就是犯罪，兇殘則是革命堅定性的表現。於是，人民中就只有無緣無故的仇恨與殘忍，缺的是哪怕有緣有故的愛護與關心。

文革爆發時，我和同學們都是天真無邪的中學生。兩年後，那些投身革命造反的同學無不迅速墮落為土匪加政客。我班最聰明的同學先是投身武鬥，參與搶劫國家財產，後被對立派抓住，在出賣了他的所有同志後，還被對方活活打死。另一位同學則因在武鬥中打死人而鋃鐺入獄，在鐵窗裡度過了一生最寶貴的歲月。

這就是毛澤東以暴力改造人性的實質——化人為獸。

（三）“走向反面”

由上可知，毛的理想的一個特點，是它非但不會實現，而且必然“走向反面”。這“走向反面”包括兩方面的意思，一是“物極必反”。與毛的“辯證法”不同，道家這句成語有很深刻的道理：無論是社會過於不公，還是違反人性太過度、太持久，都要引來人性的強烈反彈。二是“事與願違”。之所以如此，是因為手段決定結果。如果手段與目的相背反，那最終結果必然與原初目的相反。

關於第一點，前文已經說得夠多了：人性天生就是不完美的，因此，一個社會理想越完美，也就越偏離人性。如果一小撮理想主義者使用暴力，將其社會改造藍圖強制推行到全社會，那麼，它越是缺乏傳統依托，與人民既有生活方式、思維方式與行為準則相距越大，其實現的可能性也就越小，強行實現造出的怪胎也就越失真，其災難後果也就越嚴重。

所以，毛理想最具有毀滅性之處，恰在於它在道德上的完美無瑕。正因爲它的道德追求過于完美，偏離人性到了反人性的地步，因此，追求這種崇高理想便必然要變成最反動的實踐，在中國歷史上製造出最病態的社會來，不但人的逐利活動被當成罪惡譴責使社會失去了勃勃生機，陷入死樣怪氣的困境，而且保障實現個人欲望的基本權利（亦即所謂人權）被完全徹底地否認剝奪，導致了社會基本上由少數傻子（即真誠信徒）和大量偽君子組成。在正當致富的所有渠道被堵死後，人欲便只能以扭曲的方式實現。人們改善自己境遇的僅存途徑，就是靠坑害同類，博取上司的歡心爬上去，在按權力分配的社會中獲得一杯羹。這種全民陶醉在"與人奮鬥，其樂無窮"之中的變態社會，乃是人類能遇到的最大噩夢。

關於第二點，前文其實也作了解釋。毛式"馬列主義"其實是一套走火入魔的道德倫理價值體系，最大特點是它的極端性。毛把"善"和"惡"的對立絕對化到了極端。把"善"絕對化，抬高到高于一切的位置，必然導致"爲善行惡"，堅信爲了除惡佈善，什麼卑鄙下流的手段都可以采取；爲了"至善"的實現，犧牲人命不但是不可避免的，而且也是應該的。全民實踐這神聖原則的結果，就是統統化爲叢林中的凶猛野獸。靠一群什麼下作爛事都能幹出來的野獸建起來的人間天國能是什麼樣子，哪怕白癡也能想出來。

所以，理想主義未必如許多國人理解的那樣，都是好東西，如果世上沒有馬克思、列寧、斯大林、希特勒、墨索里尼、毛澤東、波爾布特那些理想主義者，這世界要善良太平得多。

美國《時代周刊》的封面曾刊登過一個柬埔寨姑娘因爲恐懼已經不會再微笑的臉。一位被採訪的百姓說："他（波爾布特）把自己的‘神聖目標’投在我們身上，自己也不想清楚到底是怎樣的，更沒有徵得我們的同意，我們到底想不想要那種生活。”

看看柬埔寨，中國人應該額手稱慶了——幸虧偉大領袖的魄力還不夠大，在大躍進失敗後便把“消滅家庭”、“消滅資產階級法權”的議論收了起來，只敢把他的壯麗理想拿去柬埔寨那“實驗田”裡進行“科學實驗”，沒再在神州大地上轟轟烈烈地鋪開。

四、毛澤東建立了中國歷史上最不平等的社會

大多數國人對毛澤東的理想主義其實並沒有什麼瞭解，然而由於近年來濁浪排空的全民腐敗，許多人都在緬懷毛澤東時代那個“人民當家作主的好時光”。據說，那時的中國社會是空前平等的，而今日中國之所出現尖銳的社會危機，據說就是因為走資派顛覆了毛創造出來的平等。就連某些海外“自由知識分子”也這麼看。

國人竟會將昨天的苦難忘記得如此徹底，以致千萬人的血淚竟然凝聚成了這麼一個荒誕的神話，暴露了國民普遍愚昧到了何等地步，以致無論贊毛還是反毛者都沒有看到，毛社會乃是中國歷史上最不平等最反動的社會，那還不光是它強佔了全部國家和民間資源，剝奪了人民的一切自由，還在於它是一個等級無比森嚴、繁苛、絕對不容許打破的等級社會。中國歷史上還從未有過這種反動社會，哪怕太平天國都要瞠乎其後。

所謂“等級”，乃是佔有不同份額的權力和財富、享有不同尊嚴和權威、其地位不可改變的社會集團。它的最大特點有兩條：第一，不同等級組成了一個權力階梯，社會財富、個人尊嚴、權威等等按權力分配。第二，等級之間壁壘森嚴，不許改變。不同等級之

間只可能向下流動，沒有"能級躍遷"可能。生於某個低賤等級的
人終生沒有希望進入上一等級。

古代典型的等級社會就是古印度的種姓制度。社會成員劃分為
五個等級，依次為婆羅門（宗教貴族）、剎帝利（世俗貴族和官
員）、吠舍（平民，包括農民、畜牧者和商人）、首陀羅（農民、
高級傭人、工匠）。這四個種姓之下是旃荼羅（"不可接觸的賤
民"，從事處理人和動物尸體的工作）。

這不同等級的不平等是全面的，下級只能絕對服從上級，"以
下犯上"被絕對禁止，若有發生則予以重罰。如果上級殺死下級，
則受的懲罰相對輕得多。例如高種姓殺死首陀羅，繳納點罰金就完
事。不同種姓之間絕對不許婚嫁，若有發生就以死刑伺候。因此，
種姓是絕對不可能改變的，生在什麼種姓就終生處在那個等級中。

中國歷史上也實行過這種等級社會，西周就不必說了。最有名
的還是東晉門閥制度。自魏朝創立了"九品中正"的幹部制度後，
流變至東晉就形成了所謂"門閥制度"，亦即社會上出現了一個
"統治等級"，稱之為"士族"，它構成了官吏的儲備池，亦即今
日"太子黨"的祖宗。朝廷按士族的門第選拔官員，官階與門第高
低成正相關。此外士族還享受免服徭役的特權（徭役是古代平民必
須進行的無償勞動，所有的公共工程從長城到大運河都是靠這種義
務勞動完成的，這一套作法被毛澤東充分發揚光大）。士族間通婚
也論門第，但那和印度種姓制度不同，只是習俗而非法律規定。

東晉最有名的豪門巨族就是王謝兩家，大官和大藝術家都是他
兩家出的，大官諸如籌畫或指揮著名淝水之戰的謝安、謝石、謝
玄，藝術家諸如王羲之、王獻之父子、謝道韞、謝靈運、謝朓（最
後兩人分別稱為大謝小謝，已經是南朝人了，但仍是豪門世家）。
所以劉禹錫才會寫詩曰："舊時王謝堂前燕，飛入尋常百姓家。"

這首詩家喻戶曉，可惜沒有多少人明白"王謝"為何會跟"尋常百姓"成了鮮明對照。

因為不利於統治，這等級制度到隋朝就再沒搞下去了，代之以費厄潑賴的開科取士，以科舉制亦即公務員考試選拔幹部。門第當然仍然起作用，但再不是過去那種決定因素了。此乃一大社會進步。比起當時的歐洲來，這應該算領先世界的一大政治發明，可謂中國的第五大發明。中世紀歐洲雖然君權從未到過古代中國的至高無上地位，但貴族和平民的分野也是不容逾越的，因而實行的也是等級制度。

從這個角度來看，我認為，世上沒有什麼"統治階級"，只有"統治等級"。印度的婆羅門和剎帝利、中世紀歐洲的貴族、中國東晉時期的士族、以及今日中國的太子黨都是這種"統治等級"，其特點就是上述兩條：第一，壟斷了統治權力。第二，成員沒有流動性，圈外人打破頭也鑽不進去。誰都看得出來，這種等級社會乃是人類歷史上最下流的一種爛社會。

階級社會則與等級社會不同。按馬克思的經典定義，階級乃是在不同程度上佔有生產資料、與一定生產方式相聯繫的社會集團。他認為，在資本主義社會中，人人在金錢面前平等，社會財富和權力按照資本分配，因此，資產階級必然要因為壟斷了生產資料而把持國家權力，變成所謂"統治階級"。

竊以為，馬克思的階級鬥爭學說有相當的道理，但過於簡化了，他沒有看到幾點：

第一，"按錢分配"其實是一種複雜的分配方式，綜合了資本、勞動、才能、貢獻、社會需求等分配標準在內。考慮到人性的缺陷，人類不可能想出比它弊端更少的分配方式。

第二，民主資本主義社會嚴格實行"權錢分離"，權力無法帶來金錢，金錢也不能買來權力，更不能剝奪他人的政治權利，頂多只能間接影響政府決策，而這還非常有限。把民主社會的資產階級看成是"統治階級"完全是笑話。

第三，階級和等級不同，並不是一成不變而是處於不斷流動的變化之中。昨為資本家，今日可能破產跳黃浦；昨之窮光蛋，今日可能變大亨，比爾‧蓋茨就是最極端的例子。在一個嚴格實行費厄潑賴的社會裡，機會是向大眾敞開的。這和等級社會完全兩樣。

第四，現代西方的階級社會都含有不同程度的真正的社會主義因素，亦即國家通過稅收適當劫富濟貧，國民貧富差距遠遠低於中國那個"社會主義國家"。

綜上所述，從等級社會進到階級社會，其實是人類歷史上一大進步，它提供了一種以動態方式逼近"形式平等"那個理想境界的現實道路。

那麼，隋朝以後的中國社會算是階級社會還是等級社會？它其實是兩者的混合，既有等級成分，又有階級成分。

審視等級社會的特點不難發現，它的形成機制就是"按權（＝拳）分配"，亦即以暴力為後盾的強制分配方式。因此，這種社會的最大特點是權錢合一，"富貴一體"。貴人必是富人，富人必是貴人。隋朝以後的傳統社會部分保留了這一特點，這就是"三年清知府，十萬雪花銀"的由來。但因為實行私有制以及科舉制，它也在一定程度上打破了等級壁壘，形成有限的權力流動，使得寒門士子也有可能出現大幅度能級躍遷。於是便形成了"貴人必富，富未必貴"的一定程度的權錢分離。從這個角度來看，中古以後的中國傳統社會應該算是等級和階級相揉合的複雜社會，並不能用馬克思的社會發展理論來簡單圖解。

毛共建立的社會則是歷史上從未有過的最嚴格的等級社會。其與中國歷史上有過的等級社會的最大區別，是它無遠弗屆，無微不至，絕非等級制度只局限於統治集團之內的東晉可比。它不但完全徹底地實行了"按拳分配",而且在全社會所有角落都實行等級制,把一切事物都作了無比嚴苛瑣細的等級劃分,什麼都能變成等級,什麼都能變成體現等級的"待遇",其堅決、徹底、全部、乾淨的程度,簡直讓人瞠目結舌。

按人分,毛時代可以粗分為三大等級,奴隸主(亦即黨官僚),"人民"和"階級敵人"。而每個等級內部又有無比嚴格繁雜的劃分。奴隸主實行幹部等級制,從 1 級到 13 級乃是高幹,各級在衣食住行上享受不同待遇,哪一級配住哪種賓館,坐什麼交通工具,坐軟臥還是硬臥,吃小灶還是中灶大灶,看的是《大參考》還是《小參考》……連資訊都成了一種按權力嚴格分配的特權,這在幾千年的中國歷史上還聞所未聞。

就連同級幹部也有尊卑之別:是"三八式"還是老紅軍,當初是哪個方面軍的,是野戰軍還是地下黨,是嫡系還是雜牌,家庭出身如何,是"知識分子幹部"還是工農幹部……等等,等等,其中名堂之複雜,遠遠超過了歐洲中世紀貴族的"紋章學"。

"人民"則按職業和財產從理論上劃分貴賤(亦即所謂"本人成分")。城市人民分為工人、城市貧民、手工業者、職員、自由職業者、小資產階級、小攤販、小商、房產主、資本家等。其中工人又分為產業工人、店員等,而資本家分為工業資本家和商業資本家。農村人民則分為富裕中農,中農,下中農,貧農,雇農。"階級敵人"也這樣,劃分為地、富、反、壞、右。

這些大級別決定了大尊卑,小級別決定了大尊卑之內的小尊卑。而這細微差別可以是生死攸關的。例如資本家在文革前一直算是人民的邊緣等級,但在文革中一度墮為階級敵人,備受迫害。這其間工業資本家和商業資本家的遭遇仍有一定差別,商業資本家遭的罪要超過工業資本家。

　　家庭出身也同樣是劃分貴賤的標準，分為"紅五類"與"黑六類"兩極，其間則是灰崽子。紅五類的家庭出身為革命幹部、革命烈士、革命軍人、工人、貧下中農，黑六類的出身則為地、富、反、壞、右、資。這裡的排行順序就是細微的尊卑秩序，紅五類的尊卑以革幹最高，而黑六類的以地主為最賤。紅衛兵理論上由紅五類組成，但實際完全由高幹子弟控制。

　　毛澤東的本事，是一面奢談"消除三大差別"，一面首次把人民的居住地域劃分出嚴格的三六九等來。中國人民在歷史上首次全體失去遷徙自由，統統變成種在原地生根開花的"植物人"。

　　城市和農村完全是兩個世界，分別代表"天堂"和地獄。哪怕是城市的"階級敵人"，我看日子也要比貧苦農村的貧下中農好過。農民鮮有送去勞改的，勞教就更沒聽說過了，因為那意味著晉級：幹活再累也累不過農村，還能享受定量糧，起碼在理論上沒有挨餓之虞。如果勞改／勞教結束後能"留隊生產"就更是跌進天堂裡去了，那能領工資，有勞保，豈是俺村老貧農膽敢奢望的？

　　就連城市也要嚴格劃分等級，分為直轄市、省轄市、地轄市、縣城、鎮等。不同級別的城市居民享受的福利、工資、文教衛生待遇都不同。大城市居民的工資、副食品供應、學校教育質量、醫療質量、文化娛樂水準都不是小城市可以望其項背的。就連在同一個城市中都這樣，省級醫院水準高於市級醫院，地級醫院水準高於縣級醫院，重點中學水準高於一般中學，等等，等等。

　　同一職業也如此，同是機械廠，有全民所有制和集體所有制，後者又分為"大集體"和"小集體"，工人工資福利勞保待遇完全不同。同是全民所有制也有貴賤之分，部級廠、省級廠、市級廠、地級廠、縣辦工廠工人待遇截然不同，此外還有"重工"、"輕工"、"重化工"、"輕化工"等多種名堂。

　　哪怕在同一工廠也不是同工同酬。"技工"和"普工"待遇不同，"正式工"和臨時工、合同工則有天壤之別。正式工永無解雇之虞，而且在理論上有晉級希望，合同工期滿就得失業，臨時工則可以隨時解雇，根本就沒有工會來為他們爭福利。

　　最能體現這套把戲的等級社會特點的，乃是低賤等級基本沒有升級可能。上述所有等級，除了八級工資制外，無論是人的等級、職業等級、地域等級，統統如此。你可以從上一等級輕而易舉地跌到下一級等級去，但一般沒有指望升級，特別是人民和"階級敵人"的生死之別更如此。

　　凡是過來人都知道，人民可以隨時隨地變成"階級敵人"，只需開大會時喊錯口號就夠了。但"階級敵人"則絕無可能變成人民。不但他們本人如此，後代也絕無希望變成紅崽子。

　　地域決定的高低貴賤也如此。誰都知道"跳農門"完全是人間奇跡。農村子弟只可能以上大學或當兵兩條路跳出農門。但農村教育質量比城市差到不能提，除非是罕見英才才能走這條路，何況文革期間大學停了好幾年。最常見的還是參軍，但必須提幹才有可能在轉業後分到城市裡，只有少數幸運兒才有這種福氣。因此，臨近復員的老兵乃是世上最可怕的兇猛動物，我英勇的人民解放軍不知道有多少軍官倒在這種怨氣滿腹的老兵的槍口下。

　　最能顯示這等級社會之下流的，還是等級竟然以遺傳方式代代相傳。生為階級敵人，子女就是低人一等的黑崽子；生為農民，子女就只能是農民；生為城裡人，子女就世世代代是城裡人。到後來竟然連大學畢業分配都實行"哪兒來的哪兒去"。鄉村來的學生，畢業後頂多只能回縣城，留在省城京城的希望是沒有的！此所以當年的支邊青年老了後要罵"獻完青春獻子孫"。當年滿腔熱血奔赴邊疆，做夢也沒想到從此把種子帶到那兒去，世世代代成了邊民。

毛共變成現代中共後，一個翻天覆地的社會進步就是初步打破了這最反動最下流的等級社會。如今中國的社會又向傳統社會回歸，變成了半等級半階級社會，實現了權和錢的部分分離。不足之處是人民仍然沒有重獲“封建社會”的人身自由，等級之間流動仍然障礙重重，更沒有實行費厄潑賴的幹部選拔制度。準確說來，現在的社會更像東晉社會，比之國府時代落後到不可勝計。

不過，咱們的起點實在太低，包袱實在太沉，所以，比起萬惡的毛社會來，現在完全算得上是光輝燦爛的新社會了。客觀說來，中國近現代史上唯一一次“解放”，是隨著 1979 年開始的改革開放發生的。此前的30年完全是人類社會發展史上罕見的大倒退。

五、毛澤東的理想是難以驅散的噩夢

既然馬列毛的理想給人類帶來了史無前例的災難，為何至今還有人篤信不疑？而且，隨著時間的推移，人民群眾還越來越懷念他們的偉大領袖毛主席，由衷盼望他再臨人世。正因為看出了這大勢，薄熙來才以毛澤東的衣缽傳人出現，撈取了大量政治資本，儼然成了當仁不讓的民間精神領袖。

前文反復指出，革命理想的感召力與吸引力，在於其道德上的“崇高”。人類和其他生物不同，既有天然的趨利避害的本能，又有著強烈的“善惡”觀。這兩者便構成了雙重道德標準：生物標準也就是自私自利的天然傾向，社會標準就是後天教育得來的自我約束。在一定範圍內，兩重標準之間的差距反映了社會的健康程度，差距越大社會便越呈病態。在個體，它變成了固有的“義”與“利”、“良心”和“誘惑”的永久性衝突。東西方社會都經歷過的所謂"個性解放"，其實就是降低原來過于嚴苛的社會道德標準的過程。

這種生物性與社會性之間的衝突構成了人性的永恒矛盾，由此導致某種"唯美主義"的道德追求。人類總是欣羨自己沒有的東西，副性徵構成了兩性吸引力就足以說明這一點。類似地，少數後天洗腦特別徹底的不怕死的勇士與公而忘私的堅韌卓絕的志士，從來是被生物本能主導的貪生怕死、自私自利的大眾由衷崇拜景仰對象。

這正是毛教的可怕吸引力所在：它訴諸人類固有的"崇高感"，不但針對不平等的社會提供了一個完美的烏托邦，而且爲個體提供了高尚的道德追求。這對一個百病叢生的社會裡的頭殼極度幼稚的民族具有特別大的感召力。

如前所述，傳統中國社會乃是官僚社會，最突出的特點就是人民沒有約束統治者的基本權利，統治階級仗恃手中權勢，欺壓剝削勞苦大眾無所不爲，把後者當成了任他們吞噬的綿羊。因此，當被壓迫、被剝削、被侮辱、被掠奪的人民奮起反抗這種不合理的社會制度時，有正義感的人都只會持同情態度。後人讀史時，也只會對那些奮起抗暴的英雄寄予高度同情，這就是爲何革命家們永遠不缺樸素正義感濃厚的憤青的支持。

可吊詭之處恰恰在于，當社會底層翻上來之時，正是人世間出現最可怕的不公之時，令被砸爛的舊社會的不公黯然失色。暴力革命必然"走向反面"的機制前文已經討論過——它必然剝奪人民已有的權利，製造出一個更加強大的權力集團，因而導致更大的社會不公。但惡果還遠不止此。

首先，被革命推翻的舊社會的主要弊病，乃是統治集團或階層把法律當成"統治者的意志"，單方面制定有利于自己獨吞社會財富的法律制度，以制度化的措施去掠奪人民。但在掠奪人民時，軍隊、警察、法庭等暴力威權設施只起到幕後威懾作用。在一般情況下，統治者並不直接使用暴力，因此一般只造成百姓日益貧困化，並不至于造成大量人口喪生。換言之，舊統治者一般只掠奪人民財富，並不屠殺人民（蘇共和毛共政權乃是歷史上的特殊例外）。

人民起來暴力反抗統治者可就是兩回事了，如文革生動證明的那樣，革命的直接受害者其實不是統治者也不是反抗者，而是夾在中間的老百姓。武裝暴亂必然造成大量無辜百姓生命財產的巨大損失。當然，與數千年來反復爆發的農民暴亂造成的巨大破壞相比，文革的災難大約還不足齒數吧。

其次，驅使革命者投身暴力革命的乃是仇恨，革命軍相對於反革命軍的主觀優勢也是深仇大恨。因此，一場暴力革命想成功，領袖們非得使用這"精神原子彈"不可，這就是林總當年爲何要在東北搞"兩憶三查"。而仇恨乃是人性中保留下來的獸性。暴力革命提供了一種絕妙的機會，使得在和平時期被壓制的獸性獲得空前解放。文革中發生的群衆暴行，和日軍在二戰中集體犯下的戰爭罪行，其發生機制有相通之處。獸性大規模釋放出來，必然要給全社會造成巨大災難。但因爲這種獸性提高了戰鬥力，有助于革命成功，它不但不會受到革命領袖的譴責制止，還會被當成"革命徹底性"加以肯定和提倡。因此，暴力革命實際上也就是"有計畫、有組織的大規模群體犯罪"的同義語。

最後，因爲社會不公，草根民衆被剝奪了受教育機會，對文明世界隔膜，知識欠缺，視野狹窄，心態不大正常，不但對統治者充滿嫉恨，也對文明和文化精英懷有嫉恨。當他們一旦因使用暴力獲得了支配他人生死存亡的巨大權力之後，盲目破壞欲便會如同山崩海嘯一般爆發出來，摧毀文明成果和文化精英。從項羽燒毀阿房宮、李自成燒毀紫禁城，直到文革前拆除北京城牆以及文革中紅衛兵"破四舊"，貫穿著一條醒目的紅綫。

這就是中國爲何會出現"越革命越黑暗"的歷史悲劇，那是因爲咱們看見辛亥革命還不夠，還要搞國民革命，搞了國民革命還不夠，還要搞毛共"民主革命"，搞了毛共"民主革命"還不夠，還要搞文化大革命，搞了文化大革命還不夠，還要搞新時代的民主革命……。每次淺薄的知青革命領袖們都決不會悟出到底是哪兒出了錯，卻認定那只是以前的革命不知怎的在哪兒出了錯，而自己要發動的新革命則絕對不會有這個問題，一定只會是"結束一切革命的最後一次革命"。

因此，悖論在于："往日窮人矮三分"是最值得同情的，而"今天要作頂天立地的人"則是最可怕的。

解決這個悖論的唯一辦法，是把窮人"提"起來，和大家一邊高，而不是讓他們"翻"起來，爬到衆人頭上去作主人。

歷史上能成功解決這問題的途徑無非是兩種："民主恩賜"，通過賢明君主被動或主動的讓步，將人民被剝奪的權利歸還給他們，逐漸消除社會不公，具體事例我已經在《重釋"民主恩賜"論》[1]中舉過了。另一種則是革命者見好就收，及時退讓，英國"光榮革命"就是最輝煌的例子：革命者取得優勢後並沒有"宜將剩勇追窮寇"，將革命進行到底，把保皇黨人斬盡殺絕，獨霸天下，而是適可而止，從外國迎回個空頭新國王來。造反派和保皇派共存共榮，靠文鬥來輪流執政，實現了分割社會財富的動態公平。

不幸的是，這不符合中國的國情民俗。無論是從人民還是從統治者的角度來看，中國的傳統都不允許這種事情發生。

從人民那邊來說，"不患寡而患不均"歷來是咱們的民族心理。"等貴賤，均貧富"不但是痞子們的千年造反動機，也從未被

---

[1] 蘆笛：《民主芻議》，42-45 頁。

https://docs.google.com/viewer?a=v&pid=explorer&chrome=true&srcid=0B4-LZKkC3a5HOGE0MDQ0NWItNjY5Zi00ZDc2LWI3ZjItYzMyMmJiN2I0ODA5

官方意識形態孔教正式駁倒。中國人歷來拒絕認識人性天生有惡的一面，不承認"世界大同"是違反人性的痴心妄想，更看不出越是崇高完美的理想，也就越偏離違反人性，實踐起來就越會給國家帶來巨大災難。因此，他們總是被完美的理想引誘，從來不會像歐美知識分子那樣先去作一番可行性的理論探索。這就決定了國人的理想主義從來是沒有可行性、只會誤己禍國的自傷利器。

更重要的問題費正清已經指出了，那就是傳統文化裡完全沒有"權利"這個觀念，它是從西方輸入的。直到如今，許多所謂"知識分子"還分不清"權力"和"權利"，更不知道平等只能是權利的平等，而遏制統治者濫用權力的唯一保障，就是確保公民的權利在任何情況下都不得被剝奪或侵犯。所以，公民享受的權利是否充分，是否確有保障，是衡量一個社會的健康程度、文明程度與先進程度的最重要的指標。因為不懂這些常識，儘管如今人民獲得了在毛時代根本不敢想象的許多權利，諸如創業權、私人產權、相當程度的擇業權與遷徙權、乃至一定程度的言論自由，等等，他們仍然懷念毛時代的"公平"，卻不知道那其實是囚犯享受的公平。

從統治者那邊來說，他們幾千年來一以貫之的傳統就是令人難以置信的貪婪與短視。當年李闖進攻北京，崇禎急招吳三桂的關寧鐵騎入關勤王，需要 100 萬兩餉銀，國庫裡卻只有 40 萬。崇禎急得要死，動員官員們捐金助餉，大臣們立即爭相哭窮，紛紛在門上貼"吉宅急售"，裝出窮到活不下去必須賣房的可憐模樣。皇帝無奈，只好請國丈周奎為皇親國戚作個表率，帶頭捐贈十萬兩銀子出來，但周國丈只肯拿出一萬兩來。皇帝要他捐兩萬，他寧死不捐。周皇后悄悄給了她爹五千兩，卻被他吞沒了兩千，只捐出去三千。等到李闖破了城，劉宗敏將所有的降官拷夾起來，日日夜夜以毒刑"追贓"，光從周奎家就追出銀子 50 多萬兩。

這就叫"望鄉台上打蓮花落"，乃是中國人特有的聰明才智。在這種國情民俗前，要指望中國官僚階級效法英國貴族，爲了長久生存而賦予公民基本權利，停止用權力瘋狂攫取社會財富，無異於與虎謀皮；而若要指望土豪們如當年英國的資產階級那樣，不走邪道走正道，不僅本階級一致主動抵制誘人的潛規則，搞西式公平競爭，而且還能精誠團結，抵制官府的威脅利誘，逼迫官府停止以權力介入經濟運作，恐怕也是癡人說夢。

總之，無論朝野雙方，在佔了上風時都絲毫不知克制自己，一定要把事情作絕。統治者在臺上時從來是貪得無厭，見了棺材都不掉淚，蛋糕之側決不容人垂涎，逼得人民除了扯旗造反外，再也沒有其他路子去改善境遇；而人民也只會有"不是做奴才，便是當響馬"的兩種極端應對方式。一旦佔了上風時，一定要使足順風船，斬草除根、犁庭掃穴。於是中國便永遠只能在"黑暗——革命——更黑暗——再革命——更更黑暗"的怪圈中打滾，循環往復以至于無窮。

"正是神都有事時，又來南國踏芳枝。青松怒向蒼天發，敗葉紛隨碧水馳。"如今，中國內外危機無比深重，毛澤東的亡靈再度呼之欲出。

毛澤東死後，爲了將國家從困頓中拔出來，鄧小平為百姓大幅度鬆綁，將許多被毛剝奪的基本人權歸還給他們，並引入了救命的市場經濟。然而官僚階級卻趁機將手中權力迅速變現，在短短三十年間就以雷霆萬鈞之勢，排山倒海之力，磅礴於全中國，傲然成為頂天立地的世襲壟斷官僚資產階級，將大部份社會財富無情地捲入囊中，造成了貧富兩極分化。

據 2011 年黨媒報導，中國 41.4%的財富掌握在 1%的家庭手中，財富集中度遠遠超過了美國，成為全球兩極分化最嚴重的國家之一。 2003 年年初，官方首次公佈中國近年的基尼係數，2008 年竟高達 0.491。2012 年雖有降低，仍為 0.474。另據世界銀行測算，歐洲與日本的基尼係數大多在 0.24 到 0.36 之間，而中國 2009 年的基尼係數高達 0.47，在所公佈的 135 個國家中名列第 36 位。2014 年 7 月 25 日，北京大學千人計畫學者謝宇教授向記者介紹，1995 年中國家庭淨財產的基尼係數為 0.45，2002 年為 0.55， 2012 年達到 0.73。目前，中國三成以上的社會財富被頂端 1% 的家庭所佔有，而底端 25% 的家庭僅擁有一成社會財富。[1]

儘管這個官僚階級是毛主席親自締造的，全國資源也是他老人家率領他們搶走的，他老人家殫精竭慮，為官僚資產階級後來大規模化公為私創造了一切充分必要條件。然而老百姓卻看不到這一點。他們更不知道，改革前的中國更不平等，只不過特權階級的奢侈腐化藏在紅牆後，如今只是將過去隱藏著的不平等外化了而已。因此，毛澤東的理想已經、必將在廣大草根民眾之中引起越來越強烈的共鳴。只待時機一到，中共因內訌失去對全局的掌控，偉大領袖殷勤佈下的遍地炸藥，就要再度把中國炸到九霄雲外去。

薄熙來事件表明，並不是只有我這局外旁觀者看到了這一點。毛澤東思想已經成了中共最大的負資產，是黨內野心家絕不會輕棄的雄厚賭本。新君習近平可能也朦朧察覺到了這個問題。他的對策似乎是因勢利導，爭取主動，自己來開發利用這負資源，接過毛澤東“煉鋼轉爐燒製冰激凌”的絕活，扮演新時代的大救星，不去觸碰提升民權、以民權抑制官權的共黨傳統禁區，卻專靠錦衣衛拿下貪官，以紓解民怨，化解新的毛共革命於無形。

然而前面已經論證過了，這只能是緣木求魚。連具有上帝權威的偉大領袖都栽倒的地方，習近平豈能無恙？只要人民沒有監督政

---

[1] 《〈中國民生發展報告 2014〉發佈：財富不平會自我強化》，中國經濟網，
http://cen.ce.cn/more/ 201407/25/t20140725_3232048.shtml

府的政治權利，哪怕習近平和他的錦衣衛是千手千眼觀世音，也絕無可能杜絕貪腐，於是中國就只能這樣一天天爛下去。

因此，逃出"黑暗——革命——更黑暗"的永恆惡性循環的希望，看來實在渺茫。在中國，文革其實是永遠不死的，不但當年的壓迫與被壓迫階級至今猶在，而且將繼續存在下去，號召並指引雙方發生暴力衝突的偉大革命導師的教導也是永世長存。偉大領袖不但能在生前毀黨造黨，在死後百年內照樣能這麼幹。上下幾千年，環顧太陽系，有此本事者，也就他一人而已。

唯其如此，偉大領袖毛主席乃是中國歷史上獨一無二的最偉大的罪人。論對子民的敲骨吸髓，秦始皇大概超過了他老人家吧，可老嬴的危害性也就只限於秦朝那短短的一瞬，秦亡政息，並沒有留下個永恆的道德榜樣來讓後人追隨。論"相對殺人量"（亦即以絕對殺人數除以［掌握的軍隊數量乘以控制的地區人口乘以屠殺的時段］），偉大領袖恐怕也比不了黃巢或張獻忠，但那些殺人魔王都是"人死病斷根"，並沒有在身後留下什麼光輝的革命理論繼續作孽。在死後還能繼續危害國家民族的罪人，中國歷史上也就僅此一人而已。

偉大領袖自己也知道這點，在給江青同志的信中，他信心滿滿地預言：

"中國如發生反共的右派政變，我斷定他們也是不得安寧的，很可能是短命的，因為代表９０％以上人民利益的一切革命者是不會容忍的。那時右派可能利用我的話得勢于一時，左派則一定會利用我的另一些話組織起來，將右派打倒。這次文化大革命，就是一次認真的演習。"[1]

---

[1] 毛澤東：給江青的信（一九六六年七月八日），《建國以來毛澤東文稿》第十二冊，73頁。

在我看來，這些預言說得非常準確。毛澤東的確是中國的民族魂，他的名字和他的思想將成爲中國人民心目中的偉大旗幟，召喚、鼓舞、激勵著一代又一代被侮辱、被損害、被踐踏的勞苦大衆起來反抗暴戾恣睢、敲骨吸髓的統治者。毛澤東提出的崇高、純潔、完美、至善的革命理想，將在未來激勵著一代又一代的中國人前仆後繼，去改天換地，把中國人民的千年夢想化爲地上天國。

謀略家毛澤東

第一章 毛氏謀略學概論

一、古今謀略異同

謀略在東方政治中起到了不可估量的作用，因而是中國歷史最悠久也最受崇拜的"學問"之一，歷來被國人視為大智慧。它才是真正的"萬人敵"，是兵法的兵法，也就是韓信說的"將將之道"，是關於如何控制人、利用人（包括遠比自己有才能的人）的"大學問"。不懂這門"學問"，則哪怕如韓信一般用兵如神，也只能被不善用兵的劉邦輕鬆拿下。

然而如同國學中的其他概念一樣，"謀略"這個概念十分含混模糊，常與"兵法"混為一談。竊以為，兩者不是一回事。兵法是軍事學著作，而所謂"謀略"主要用於政治領域。例如韓信是天才的軍事家，卻不是合格的謀略家。韓、劉的專業區別，也就是兵法與謀略的區別。古代研究討論謀略的專著，似乎只有《韓非子》。韓非在書中教君王如何運用"法、術、勢"去駕御臣下。在我看來，那才是國人說的"謀略"。

韓非所謂"法"，就是國君明文頒佈的法典："編之圖籍，設之於官府，而佈之於百姓。"它與現代法治國家的"法"有著根本區別，不是用來保護公民權利不受侵犯，而是為了強化君王的統治而設置的，也就是馬列說的"法律是統治者意志的體現，是統治的工具"。其操作要點是靠"慶賞"去激勵臣民為君主效力，用"刑罰"去懲戒抗命者，並震懾效尤。因此，它其實是"慶賞刑罰"的別名。

對所謂"術"，韓非給出的定義是："術者，藏之於胸中，以偶眾端而潛御群臣者也。故法莫如顯，而術不欲見。"這就是說，它不像法律那樣是公開的，而是一種在暗中操作的駕御群臣的祕術，亦即後世所稱的"權術"。

那麼，這種技術有些什麼操作內容？韓非說："術者，因任而授官，循名而責實，操生殺之柄，課君臣之能者也，此人主之所執也。"人主捏住生殺大權，去課督群臣，根據其績效信賞必罰，使得群臣拜服。

所謂"勢"，韓非的定義是："勢者，勝眾之資也用人。"也就是國君賴以控制並如意使用群臣的權勢和權威。他認為，光有法，並不能保證維持穩定的統治："抱法處勢則治，指法去勢則亂。"只有國君享有權威，法律才能起到維穩的作用。若是國君沒有權威，即使有了法，國家也難免陷入動亂。

由此可見，《韓非子》是為君王寫的，旨在教會他們怎樣用各種見不得人的手段牢牢控制臣下，加強自己的統治。對於還在覬覦權位的野心家們其實沒有太大幫助。與後人使用的花樣百出的權術相比，這些教誨相形失色。這也不足怪，韓非不過是個理論家，從無從政實踐，自然缺乏使用謀略的經驗，所以才鬥不過李斯，被人家的權術害死了。

在韓非死後的兩千多年裡，無論是內容還是範圍，謀略學都得到了極大的發展，再不只是一種帝王專用的御下祕術了。因此，有必要給出比較完整的定義。

現代意義上的謀略，指的是一種祕密的、綜合的、複雜的政治技術，其要訣在於控制和利用最多的人，藉此在權力鬥爭中勝出，並確保自己在奪得權位後牢固地把持之，使得旁人再不敢生覬覦之心。即使有人膽敢窺伺大位，也能被自己輕而易舉地粉碎。它之所以是一種祕密技術，是因為其遵循的原則違背了普世道德準則與行為規範，諸如光明正大、言行如一、富有愛心和感恩情懷、寬容、厚道、公正、誠實、忠誠、守信等等，因而不能宣之於口，以免有損使用者的道義權威。說穿了，所謂"謀略"，就是"陰謀詭計"。而所謂"謀略家"，其實也就是"陰謀家"。

謀略學之所以能在中國得到極大的發展，成為中國一直領先全世界的顯學與至高無上的學問，有著必然因素。中國一直是野心家們大有可為的廣闊天地，謀略是他們在爭奪權位時克敵制勝的法寶，在他們的權力鬥爭起到了舉足輕重的、有時甚至是決定性的作用。

相比之下，西方就沒有促進謀略學發育的沃土。西方的封建社會與中國的傳統社會截然不同，君王和貴族都是世襲的。當上一國之君或是一地的封君，靠的是純正的血統，無法靠詐力奪取。即使是王家絕了後，大臣也不會生"彼可取而代之"之心，只會根據先王的族譜，到國外去把血脈最近的貴族迎回來，立為新君。此所以歐洲的王家都是親戚。似乎可以說，歐洲只有一個王族，早就實行了"封建階級國際主義"。

歐洲歷史上也有農民暴亂，但從來沒誰藉此登上大位。即使是近代的"資產階級革命"也無法使平民建立可延續的王朝。在英國革命中，國王查理一世被砍了腦袋，克倫威爾靠軍隊的支持，當上了護國公，實際上比國王還威風。但他死後兒子繼位，沒幾天就被廢黜了。大臣們到國外請回查理一世的兒子來作國王。在法國革命中，國王路易 16 被砍了腦袋，軍界強人拿破崙當上了皇帝，還把他的親戚提攜成了各國的國王。然而隨著拿破崙倒台，不但波旁王朝在法國復辟，就連拿破崙時代出現的所有的新國王，除了瑞典國王貝爾納多特之外，也全都被推翻了。貝爾納多特王朝之所以能統治到今天，一是因為當初貝爾納多特元帥是瑞典國會選舉的王儲，並非拿破崙任命，二是因為老貝及時倒戈，加入了反法同盟，並為盟軍出了戰勝拿破崙的高招。這才見容於歐洲的王族們。

中國就完全不一樣了。儒家的"天命論"在維持統治與改朝換代中起到了極大的作用。它的要點是：

1）"德為聖人，尊為天子。"天子是代表天命的道德上的聖人。

2）"惟命不于常。道善則得之，不善則失之。"但天命無常，並非永恆不變。只有有道明君才享有天命，無道昏君就要喪失天命。

3）"民之所欲，天必從之。""四海困窮，天祿永終。"上天根據民意來決定天命。若是皇帝弄得四海困窮，上天就要永遠剝奪他的天祿。因此，皇帝必須愛護百姓，"如保赤子"。

4）君王獲得的天命自動轉移到子孫頭上去，直到後世皇帝搞到"四海困窮"，失去了上天的歡心。此時上天才會把天命轉移到民間某個"真命天子"及其子孫頭上去。這條不見諸經典，但它為兩千多年來朝野虔誠信奉。

因此，孔教的天命論，實行的是"道德與世襲相結合"。它有兩方面的積極意義，一是對君王起到了一定的震懾作用，讓他們為了保住天命，不敢太過分糟踐百姓，濫用民力；二是能確保皇朝的長期穩定。新君一旦一統天下，大眾就會認定他是真命天子，從此他的子孫也就自動成為天命代表人，全民對之無條件赤誠效忠。民間野心家們也不敢癡心妄想，違抗天命，遭受天譴。只有到了百姓實在活不下去，無法鎮壓的大亂爆發，上天顯示了"天命轉移"的種種徵兆之時，大眾才會逐漸放棄對他的末世子孫的效忠。

　　天命論的弊病，是它雖然將皇帝捧為不可抗拒、只能臣服的天命代表，但也主張“天命無常，惟有德者居之”，由此留下了“天命有可能降臨在普通人頭上”的極小概率空間。它構成了“引無數英雄競折腰”的誘惑源。四海升平倒沒事。一旦天下大亂，大眾難免就要懷疑“今上”失去了老天爺的恩寵，天命已經轉移到民間某個“真命天子”頭上去了。於是群雄並起，逐鹿中原，靠詐力奪取大位。

　　反復多次的暴力改朝換代，刺激著奪取權位的學問發達起來，並不斷豐富深化。但由於天命論的限制，謀略大顯神通之時，還是亂世群雄爭相奪位之際。在治世，它主要用在大臣的互相傾軋中，並不常用於君王維護統治。因為君王是大眾公認的天命代表，靠遺傳就能獲得駕御群臣的“勢”，自然也就沒有必要去學韓非傳授的那套御下祕術。

　　隨著中國在近代對外打開大門，謀略學便迎來了百花齊放的春天，其使用範圍得到了飛躍式的拓展。西學東漸破除了天命論，也就解除了它隱含的“只有天下大亂時，普通人才有可能做皇帝”的束縛，從而使得中國永久喪失了這一最有效的維穩軟件。

　　“天命”本是中國統治者唯一的的合法性來源。它一旦成了無稽的迷信後，統治者們也就失去了天然的合法性，統統成了僭主，隨時有被推翻的可能。天命論的轟毀，一方面解除了野心家們的顧慮，使得旨在奪取最高權力的鬥爭更容易爆發；另一方面，它也誘發或加重了現代君王的不安全感，使得他們鎮日生活在慄慄危懼中，生怕好不容易搶來的大位又被旁人奪去。

　　這結果，便是使得中國成了永久的潛在的危邦亂邦。而教人奪取和保持權位的謀略學在朝野雙方都獲得了廣大市場。如上所述，除非是亂世，過去謀略學只限於大臣之間的權力鬥爭，君王們並無修習必要。然而在失去了天命論的保護後，現代君王再也沒有了天然權威，就隨時可能被權臣推翻，因此，他們必須是高明的謀略家，才能維持統治。君臣之間、群臣之間持續不斷的權力鬥爭，就此變成了國家政治的主要內容。

這就是為何才幹和貢獻都遠超曹丕的袁世凱無法當上皇帝——再沒人相信他是真命天子了，他的袍澤們尤其不能容忍老上司斷了自己日後接任總統的念想。這也是辛亥造成中國持續動亂的國民心理原因。如果不是我黨從俄國引來了新式的天命論，很可能中國至今還在戰亂中。

這種新式天命論以“歷史潮流”或“客觀規律”的名稱登場。據說，我黨就是這“客觀規律”的代表者，由冥冥之中的“歷史潮流”決定了一定要永遠統治中國。

但與舊式天命論比起來，這種西式天命論的弊病更多。舊式天命只降臨在一個人身上。“天命”的這種個人歸屬性以及可遺傳性，確保了整整一個朝代的穩定。

新式天命卻由一群人去代表。它為共產黨號召動員人民群眾，奪取全國政權提供了威力無窮的精神武器，但沒有解決黨內誰才是天命代表的難題。在理論上，黨魁的位置向每個黨員開放，這就為黨內權力鬥爭造出了充分的空間，使得黨內政治成了謀略大賽。新時代的君王必須是謀略大師。不懂這套“統治藝術”，就不可能排眾而出，當上黨魁。而若是他的謀略不如臣僚，就會被臣下輕易推翻，如英明領袖華國鋒然。不僅如此，即使某人生前當穩了為大眾一致信服的天命代表，這天命也只是及身而止，並不能傳諸子孫。

這就是新式天命論相對於舊式天命論的致命缺陷——它有助於共產黨奪取全國政權，卻無助於黨內維穩。於是黨魁就必須同時對付黨外與黨內的雙重挑戰。即使在他生前成功擊敗了一切挑戰。他死後新一輪大規模權力鬥爭又將爆發。於是執政黨就成了永恆的潛在亂源，週期性爆發可能殃及草根平民的"接班人大戰"，使得過去"幾百年來一次"，變成了如今的"七八年來一次"。

這些難題，舊式天子根本就不會遇到。明朝的萬曆皇帝 30 年不出宮，不上朝，不見大臣，不郊不廟，以致新入內閣的廷臣連皇帝長什麼樣都不知道，然而因為沒有爆發大亂，也就沒誰敢懷疑他失去了天命，起來篡位。

"滄海橫流，方顯出英雄本色。"時代的需要，造就了毛澤東這個中國歷史上最偉大的權謀大師，不但靠權謀奪取了大位，靠權謀維持了統治，而且靠權謀當上"君師合一"的"神王"，成了集宗教權威與世俗權威于一身的穆罕默德式人物。這種人物，中國歷史上還從未有過。這就是土豪們何以變成毛粉——自身經歷決定了他們一定會為毛匪夷所思的陰謀詭計無限傾倒。這現象的出現，說明毛氏謀略早已超越了職業、階級、出身、政治立場與宗教信仰，魅力永存，世世代代永放光芒。

二、毛澤東"超凡的魅力"

前文介紹過，1966 年 10 月間，張國燾向美國有關人員談過毛澤東發動文革的原因，並預測了文革走向。在談話中，他承認，毛澤東有著超凡的魅力和政治能力。但他同時也指出，毛是一位優秀的策略大師而非戰略家，他無法樹立一個具備超越性的主題並堅持不懈地貫徹之。[1]。

---

[1] 黎津平：《張國燾跟美國人談"文革"：有些"接班人"將成負擔》。《文史博覽》2010 年第 2 期。

謀略家毛澤東

張主席是毛主席的手下敗將，如後來的林副統帥一般，被毛整得倉皇出逃。不過，他與林副不同，從來不是毛的下屬，而是毛遇到過的最強大的競爭對手，一度構成了毛最大的恐懼和擔憂。毛後來曾對人坦承，紅一、四方面軍在草地會師之際，是他一生最黑暗的日子[1]。

這樣一個曾與毛近身鬥智鬥勇的狠角色，在失敗多年、流亡異國後還給予毛如此高的評價，使用了"超凡的魅力和政治能力"、"優秀的策略大師"之類評語，可見他在這些方面確實是輸得心服口服。他不服氣的，似乎也就只有戰略制定能力而已。

很明顯，他說的"戰略"，並不是只為戰爭服務的軍事戰略，而是"具備超越性的主題"的一整套政治理論與制度構想。在這方面，張確實擊中了毛的要害。前文已經論述過，毛徹底缺乏構建政治理論與政治制度的能力，本書《國務家》卷還要指出，他同樣缺乏制定成功的外交戰略與經濟戰略能力。我在舊作中還指出過，在這些方面，毛主席確實不如張主席[2]。由此可見，張主席對毛主席的評價還是相當客觀的。毛擊敗張，靠的是"超凡的魅力和政治能力"，以及"優秀的策略"。

在此之前，張主席還對毛澤東作過如下評價：

"另一方面，毛澤東也並不是一個精明的獨裁者。他富想像力，反應也很靈敏；他的思維有時也會走到很離奇的境界，甚至流露神話式的言論。他缺乏組織才幹，遇事不願作精確的計算。他所表示的意見，有時是模糊不清的。他常用情感豐富的語氣，為他的'天才主張'作辯護。⋯⋯他所擬具的軍事命令大多是一些'訓令'，常用激動的語句，描述某一任務的重要，要求受令

---

[1] 金一南：《浴血榮光》，北京聯合出版公司，中國共產黨新聞網，
http://dangshi.people.com.cn/n/2012/0730/c85037-18629801-2.html
[2] 蘆笛：《國共偽造的歷史》，261-266 頁，明鏡出版社，2009 年

者迅速執行，而指示各個軍事單位分別負擔某些具體任務時，則常是很籠統的，似是讓各單位自行相機處理。"[1]

張主席的這些觀察，與筆者觀察到的毛澤東的智力缺陷十分吻合。如前所述，毛的思想流於空洞模糊的特點非常突出。而且，他在大躍進期間對"跑步進入共產主義"的憧憬與種種荒唐議論，也證實了"他的思維有時也會走到很離奇的境界，甚至流露神話式的言論"。

這裡需要指出的是，張主席認為毛主席既不是戰略家，又缺乏組織才幹。他所謂的"政治能力"既然不包括這兩方面的才能，那就只剩下"超凡的魅力"與"優秀的策略（謀略）"這兩條了。

那麼，什麼是張主席眼中的"超凡的魅力"？那當然不會是周恩來那種光芒四射的明星式個人魅力，而是對人民群眾的精神感召力。要成為偉大的人民領袖，這是必須具備的政治能力。

我已經在舊作中談過這個問題，這兒再展開談談。

所謂偉大的"人民領袖"，就是善於把大多數國民煽動起來，去為他指定的目標心甘情願地流血流汗乃至送命的政治家。20世紀是偉大領袖輩出的時代，西方的邱吉爾和羅斯福，希特勒和墨索里尼，東方的列寧、斯大林和毛澤東，都是這種善於發動群眾、利用群眾去實現自家的偉大目標的偉大領袖。

要成為偉大領袖，政治家必須做到以下幾條：

第一，他必須對群眾的普遍的心理、心情和語言習慣有深刻把握，並嫻熟地利用這些知識，建立起群眾對自己的親切認同感，提出非常高明的奮鬥口號或理想，使得他要爭取的群眾認定那就是自己想要的東西。此所謂"領袖與人民心貼心"。

第二，那口號或理想必須誘導出群眾的崇高感，使得他們認定自己是在跟著偉大領袖從事一種神聖高尚的事業。

---

1 張國燾：《我的回憶》第三冊，252-253頁，東方出版社，1998年。

第三，那口號或理想必須誘導出群眾的自豪感，使得他們認定自己非常了不起，是在書寫嶄新的歷史，改天換地。

第四，那口號或理想必須誘導出群眾的必勝信念，使得他們認定自己站在歷史潮流一邊，"我們的事業是正義的，而正義的事業是一定要勝利的"。

這四條是蘇聯人教會中共的，換張主席去也能基本做到。然而毛在這方面的天賦根本不是張可以相比的。此所以張要讚之為"超凡"。

毛的領袖魅力，首先來自於他非凡的語言才能。共黨的官兵多是文盲，農民就更不用說了，要俘獲他們的心，引起他們的認同感，首先講的話必須能讓他們聽懂，而毛雖然缺乏抽象思維的表達能力，在這方面卻絕對是大師，使用的語言非常通俗生動，極度富於煽動性，為其他共黨領袖遠遠不及。

在中國歷史上，好幾次愚民造反都是簡單歌謠煽動起來的，諸如："大楚興，陳勝王"，"蒼天已死，黃天當立。歲在甲子，天下大吉"，"石人一隻眼，挑動黃河天下反"，"迎闖王，不納糧"等等。

熟讀古書的毛澤東當然深知簡單口號的影響力，因此常把某個時期的中心任務編成順口溜或簡單對聯，諸如"打老蔣，保家鄉"、"軍隊向前進，生產長一寸。加強紀律性，革命無不勝"、"抗美援朝，保家衛國"、"援越抗美"、"軍民團結如一人，試看天下誰能敵"、"鬥私批修"、"深挖洞，廣積糧，不稱霸"、"埋葬帝修反，解放全人類"等等。

在發動群眾運動時，毛生怕文盲黨幹記不住，專門發明了"數字式口號（或運動名稱）"，諸如"三八作風"，"三好學生"，"三反五反"，"四清"，"一鬥二批三改"。他還發明了"九個指頭還是一個指頭"，"三七開"等名堂，用於描述形勢或是評價人物。毛澤東甚至把這套用到傳授他的"哲學思想"上去。直到今天，國內的"知識分子"們還一開口就是"一分為二"。看來他發明的這個詞要永遠留在漢語裡了。

毛最拿手的，還是使用淺顯生動的比喻，讓大老粗們一聽就懂，而且輕易不會忘記。我已經在前文指出了，這本是毛澤東思維能力缺陷，但因為符合國人喜歡用比喻代替推理的陋俗，反而構成了毛澤東相對於"洋房子先生"們的巨大優勢，使得毛澤東思想獲得了巨大的感召力，俘獲了千百萬工農群眾和"知識分子"，讓他變成眾望所歸的人民導師。似乎可以說，國際派敗在毛澤東手下的原因之一，便是他們從莫斯科揹回來的幾大麻袋教條根本不是毛澤東形象生動的市井比喻的對手。

邱會作在回憶錄中描述過博古在抗大給他們講課的情景：

"博古講課時講桌上下是大堆的書，有'洋'書本，也有延安土紙印的。他講課中不斷翻閱，大段大段地讀，有時讀了幾頁也不停口，他似乎不是在講課，而是在領讀馬列主義書本。

博古操一口很難懂的無錫話，講來講去都是馬克思、恩格斯、列寧、斯大林的名字和語錄，枯燥無味。幸好博古發了講義，多少知道他要講什麼。但他有時又不照講義講，喜歡列舉俄國革命的事例，他經常舉托洛茨基為反例，唸托洛茨基用俄語發音，常引起滿堂人捧腹大笑，博古不知為何？原來我們想起了在江西瑞金紅軍學校中誤把托洛茨基聽成'偷著吃雞'的笑話。我們工農幹部文化水平很低，只能通俗地進行啟蒙教育，只講高級理論不行。"[1]

當然，並不是所有的國際派都只會唸書。據說王明口若懸河，不用講稿就能即興演說，長篇引用馬列經典，滔滔不絕而又極有條

---

[1] 《邱會作回憶錄》，94頁，新世紀出版社，2011年。

理，極受抗戰初期投奔延安的知青們的歡迎。然而他就算再有魅力，也不過是周恩來式的明星魅力，不是毛澤東那種大救星的魅力。毛澤東只需用一個比喻，就能打倒他引用的一萬條馬列語錄。共產國際派來的顧問李德觀察到：

> "他（毛）喜歡引用民間的形象比喻，引用中國歷史上哲學家、軍事家和政治家的格言。……就連他那句關於紅辣椒的格言（蘆註，亦即"愛吃辣椒者最革命"）也是隨形勢而變化的。在雲南時，真正的革命者的標誌是生鴉片，因為當時發給紅軍戰士的津貼，不是銀洋而是鴉片。而在西康，革命者的標誌是虱子，在那裡我們幾乎讓虱子給吞吃了。類似這樣的格言和比喻，我們還可以隨意舉出一些例子，這暴露了他功利主義和實用主義的思維方法，但其效果還是明顯的，因爲它們畢竟適合了一定的具體情況。毛不僅在私人談話中或小範圍裡運用這些格言和比喻，而且還把它們引用到他的講話中，並以革命的激情從中引出令人銘記的口號。我自己就經常親眼看到，他是怎樣用這種辦法深深地影響了聽他講話的農民和士兵。"[1]

這些比喻的感染力非同小可，例如"翻身"這個詞將土改的"正義性"表達得如此生動形象，而又簡練易記，絕對是宣傳學裡的傑作。其他比喻諸如"脫褲子，割尾巴"（延安整風運動口號），"洗澡下樓"（四清運動口號）等等，雖然粗俗，但對文化水平極低的幹部群眾來說，卻生動易懂。後來農村幹部發明了"割資本主義尾巴"口號，就是它的感染力的證明。而"牛鬼蛇神"的比喻與太平天國的"清妖"一樣，鼓勵暴民們"放膽誅妖"。讓他們在虐殺"階級敵人"時心明眼亮，大義凜然，因為被殺的根本不是人。

---

[1] 奧托·布勞恩：《中國紀事》，74-75 頁，現代史料編刊社，1980 年。

第一章　毛氏謀略學概論

比喻也是毛用來文過飾非的絕佳手段。例如在 1959 年 7 月廬山會議期間，大躍進的惡果已經充分暴露出來。還在彭德懷給毛寫信前，毛就感到了暗潮湧動，生怕"成績偉大"的基本估計被推翻，在政治局委員和各組組長會議上說：

> 從具體事實來說，確實有些得不償失的事。但是總的來說，不能說得不償失。取得經驗總是要付學費的。全國大辦鋼鐵，賠了二十多億，全黨全民學了煉鋼鐵，算是出了學費。[1]

好一個"學費"！這世上也只有他想得出來。"全黨全民學了煉鋼鐵"，有什麼必要讓全黨全民去學？這"學習"的決定本身就荒謬絕倫，何況還是以"舉國試錯"的方式去"學習"，最後又學會了沒有？即使學會又如何？全黨全民統統去做煉鋼工人？真是張國燾說的"他的思維有時也會走到很離奇的境界，甚至流露神話式的言論"。

然而在不善於思維的國民聽來，這話貌似非常有理——哪家的孩子上學不出錢？黨幹們更愛聽這種推卸責任的話。從此，"交學費"便成了毛時代的官場流行語。黨幹們胡想蠻幹一通，造成巨額損失後，一定會用這話來交代過去。

比喻更是毛澤東為革命群眾樹立必勝信念的強大工具。"紙老虎"雖然始出於魯迅，但那不過是罵私敵的話，是毛澤東賦予了它"戰略上藐視敵人"的世界意義，以致 paper tiger 都被英語詞典收入（他貢獻的另一個英語詞彙是 running dog——走狗）。而"絞索"的比喻，這世上也只有他想得出來。

本書《國務家》卷將要介紹，1958 年 8 月 23 日，共軍按毛澤東的命令，對金門發動了猛烈炮擊，目的是對美國實行"戰爭邊緣政策"，製造緊張局勢，破壞赫魯曉夫謀求與美帝緩和的努力，並試探美帝會不會拋棄台灣。但美國立即顯示了保衛台灣的決心，毛澤

---

[1] 《毛澤東年譜（1949-1976）》第四卷，98 頁

東的冒險政策陷入危險的僵局。為了證明他的決策英明偉大，9 月 5
日，他在最高會議上說：

> 美國現在在我們這裡來了個 "大包乾" 制度，索性把金
> 門、馬祖，還有些什麼大擔島、二擔島、東院島一切包過去，
> 我看它就舒服了。它上了我們的絞索。臺灣也是個絞索，不過
> 要隔得遠一點。它要把金門這一套包括進去，那它的頭更接近
> 我們。

因為美軍將領決定使用核武器，毛澤東只能軟下來，於是他在
10 月 3 日的政治局常委擴大會議上說：

> 蔣介石是不願撤出金、馬的，我們也不是非登陸金、馬不
> 可。可以設想，讓金、馬留在蔣介石手裡如何？這樣做的好處
> 是：金、馬離大陸很近，我們可以通過這裡同國民黨保持接觸，
> 什麼時候需要就什麼時候打炮，什麼時候需要緊張一點就把絞
> 索拉緊一點，什麼時候需要緩和一下就把絞索放鬆一下，不死
> 不活地吊在那裡，可以作為對付美國人的一個手段。[1]

僅僅用了個比喻，毛澤東便舉重若輕地 "反敗為勝"，把他從
輕率冒險中狼狽後退說成了偉大勝利。

當然，只有在中國落後的文化環境中，這種語言才有強大的感
召力與生命力。拿到西方去就要變成笑話。哪怕是在蘇聯那種半東
方國家都沒戲。赫魯曉夫就怎麼也不能接受 "紙老虎" 論與 "絞
索" 論。本書《國務家》卷將要介紹，"紙老虎" 論就是當年中蘇
之間的重大分歧之一。

其實赫氏也才扎扎實實地上了四年的學，後來在學院學習時基
本在幹黨務，但他仍然無法接受中國人使用 "比喻思維" 得出的結
論，習慣的還是基於現實的理性分析。對阿 Q 式自欺欺人、"反敗
為勝" 的高招，他就更無法理解了。在金門危機虎頭蛇尾地消散

---

[1] 《毛澤東年譜（1949-1976）》第三卷，442, 456-457 頁

後，赫魯曉夫問毛澤東為何不把金門、馬祖拿下來。毛告訴他，如果中共軍隊佔領了這些島嶼，就會失去想叫蔣介石什麼時候不舒服就什麼時候不舒服的能力。赫魯曉夫的反應是：

> "這真是個奇怪的解釋，因為毛在允許蔣把部隊放在金門和馬祖的同時，他自己也就隨時可能受到敵人的侵犯。"[1]

不過，這恰是毛澤東那個"中國化了的馬克思主義者"的優勢所在。任何一個稍微喝了點洋墨水的人，都想不出也不會接受這種"理論"。此所以博古、張國燾、張聞天、王明等人一個個敗在毛的手下。

競爭對手們遠不如他的另一條，是缺乏他特有的討好工農大眾的才能。馬列主義乃是一種媚俗邪教，其基本教條就是無產階級是天命代表，是新時代的主人公。這就是馬列主義對工農大眾具有強大的感召力與動員力的基本原因。在這基本教義上，張國燾、國際派與毛並無分歧。

然而這些人卻缺乏毛天性中那種對暴亂的由衷喜愛。只有在大規模的群眾暴力中，毛澤東才能找到自己，這就是他的生存方式。因此，他永遠無條件地肯定並由衷欣賞工農大眾在淪為暴民時表現出來的一系列原始獸性，諸如野蠻、殘忍、血腥和無法無天等等。暴民行為越過火，越恐怖，他便越發開心。他在《湖南農民運動考察報告》流露出來對暴行的情不自禁的欽慕與歡賞，就充分暴露這一變態心理。

毛澤東的這一天性不僅使得他永遠站在"群眾路線"的馬列制高點上，讓他獲得了整垮政敵的理論優勢與巧妙手段，更讓他由此具備了對廣大群眾的強大感召力。

毛澤東相對於競爭對手們的另一優勢，是那些人沒有像毛澤東那樣在青少年時代受過知識分子的氣，沒有他的深重的反智情結，

---

[1] 《最後的證言——赫魯曉夫回憶錄續集》，404-405頁。

因而也就沒有從中萌生出來的媚俗神功。而毛澤東在其講話中流露出來的那種潑皮性格、蠻幹精神、反智主義口號與反文明主張最能引起愚民的激賞與共鳴。

例如在延安整風中，毛澤東在演講中當著王明等人的面，盡情發洩了他對國際派"理論家"們的嫉恨與怨毒：

> 他們一不會耕田，二不會做工，三不會打仗，四不會辦事……只要你認得了三五千字，學會了翻字典，手中又有一個什麼書，公家又給了你小米吃，你就可以搖頭晃腦的讀起來。書是不會走路的，也可以隨便把它打開或者關起。這是世界上最容易的事，這比大師傅煮飯容易得多，比他殺豬更容易。你要捉豬，豬會跑，殺它，它會叫，一本書擺在桌子上，既不會跑，又不會叫，隨你怎樣擺佈都可以。……那些將馬列主義當宗教教條看待的人，就是這種蒙昧無知的人。對於這種人，應該老實對他說，你的教條沒有什麼用處，說句不客氣的話，實在比屎還沒有用。我們看，狗屎可以肥田，人屎可以餵狗。教條呢，既不能肥田，又不能肥狗，有什麼用處呢？[1]

這在他既出了自青少年時代就積累下來的惡氣，無情羞辱了他痛恨的國際派，徹底掃蕩了他們的權威，剝去他們的最後一點個人尊嚴，從此"把尾巴夾起來"，又極大地奉承了工農幹部，讓他們極度開心。

對此雙重效果，毛當然心中有數，此後就多次使出這招來，什麼"所謂知識分子其實是比較沒有知識的"，什麼"只有外行能夠領導內行"，什麼"書讀得越多越蠢"，什麼"卑賤者最聰明，高貴者最愚蠢"等等，簡直成了口頭禪。另一方面，他又把社會不公造成的工農大眾的落後面當成他們的美德謳歌，把"大老粗"化為

---

[1] 邊區總學委編：《整頓三風二十二個文件》，延安，1942 年，轉引自高華：《紅太陽是怎樣升起的——延安整風運動的來龍去脈》，TXT 電子書。

一種美稱，將"手是黑的，腳上有牛屎"美化為靈魂聖潔的象徵……。

　　這種種反文明主張，雖然本質上為一切文明主流所不容，也是反馬列主義的，卻破除了工農大眾的自卑心理，讓他們破天荒第一次獲得了一種相對於其他階級特別是"臭老九"的心理優越感，從此揚眉吐氣。這就是人民大眾為何會喊出"毛主席為我們撐腰，我們為毛主席爭氣"。

　　對於知青出身的幹部，毛澤東則用賣弄國學來鎮住他們。毛澤東如《紅樓夢》上的寶二爺一樣"雜學旁收"，在講話時常常賣弄他的博學，把知青幹部們唬得一愣一愣的。李銳在參加了 1958 年成都會議後感歎道：

　　　　"寫文章、講話或談話時，引用經典故事、成語詩詞，這是毛澤東的多年習慣，常常是恰到好處，使人印象深刻，引發深思。延安七大時，講愚公移山的故事，當年起過多麼大的影響。3 月 22 日講話，講到要提高風格，振作精神，要勢如破竹，有高屋建瓴的氣概。'高屋建瓴'，典出何處？'建瓴'是什麼意思？可把大家難倒了。有次講話中，還提到昆明大觀樓的那幅（副）有名的 180 字的長對聯，背了幾句。這都引起一種'主席真是博古通今，高不可攀'的感覺。"[1]

　　其實上文早說過了，毛澤東只看線裝書，毫無現代常識，偶爾賣弄點小冊子上零星看來的洋貨，立即就要鬧笑話，談何"通今"？上文提到的"染匠發明青黴素"的笑話，就是在 3 月 22 日那個講話中鬧出來的；"博古"也未必，即使是對傳統文化，毛也是什麼都知道一點，什麼都不精，本書《詩人卷》列舉的那些笑話就是證明。毛靠隨機閱讀獲得的雜亂知識，只能用來"甲乙丙丁，開

---

[1] 李銳：《"大躍進"親歷記》上冊，246 頁

中藥鋪"，"裝腔作勢，藉以嚇人"而已。不過，要糊弄那個文盲黨，那也就夠了。

毛澤東最具有獨創性的製造領袖魅力的手段，還是他把"恩威並用，又打又拉"的權術用到了化境。古人早知以慶賞刑罰來建立權威，然而絕大多數獨裁者都是靠殺人立威，斯大林尤其如此。毛澤東卻發明了一種獨特權術，使得他不但能建立權威，而且從中獲得了一種特殊的領袖魅力。

過去我和某網友在網上討論過這個問題。他說：

"極權社會主義缺乏發展動力，始終是無產階級革命導師無法根本解決的難題。斯大林的方法是殺雞嚇猴，由專業屠夫殺雞給猴看，在'殺雞剪刀咔嚓響'的節奏中，猴們顫抖戰慄地拼命工作。這種方法的特點是高效，缺點是血腥而乏味。這也是很多充滿人道關懷的西方左派對斯大林無比厭惡的重要原因。毛主席的做法是褪毛雞給猴看，這種做法的特點是，猴們不僅害怕，還會莫名其妙的興奮，或'嗨'或'飄'，而且褪毛的方式、褪毛後的造型也是五花八門，花樣繁多，有極高美學價值。

如果說中國政治運動造成了大量死亡，充其量只是褪毛的火候沒有掌握好，不管數量如何巨大，也只能說是不慎誤傷所致。在理性至上、科學至上的現代西方社會，毛主席這種極具顛覆性的後現代政治美學，這種對理性、常識的質疑和批判，完全是一種'理性的超越'，裡面的美學內涵也因此迷倒了東西方無數'關在籠子裡'的政治家和無處發洩的熱血青年。整個文革過程，集喜劇、悲劇、鬧劇於一身，充滿離經叛道、懸疑魔幻、自虐自淫、張揚發洩，充滿矛盾、混亂，毛主席那荒誕不經、匪夷所思的怪招，直逼人類想像力的極限。"

我答道：

"過來人都知道情況確實如此。唯一需要補充的是，毛澤東和斯大林的區別是，前者使用專業人士高效殺雞，除了向特務機關告密外，猴們並不介入殺雞過程，而偉大領袖毛主席打的是人民戰爭。他本人或是錦衣衛們並不褪毛雞給猴看，而是把這任務全面承包給了猴們。從確定誰是雞，到動手抓，到血淋淋地褪毛，都由猴們自己決定。偉大領袖頂多只通過中央文革的親信告訴猴們中央的雞是誰，地方上的雞則基本由猴們先亂抓胡褪一氣。在雞毛一地之後，再由中央文革告訴大家哪隻雞的毛其實不該褪，於是猴們趕快撿起毛來，使膠水貼到那赤膊雞身上去。如果那赤膊雞不幸業已亡故，那就貼到他的骨灰盒上去。

因此，這行為藝術的演員不是偉大領袖毛主席，而是千千萬萬的人民群眾，那鬧劇、喜劇、悲劇是由全民共同登臺演出來的威武雄壯的活劇。毛主席不過是個導演而已。而且，他還不是一般意義上的導演，乃是'引而不發'的導演，既不需要劇本，也不作表演提示，只是吆喝一聲：'大家這就開始吧！怎麼演都行，八仙過海各顯神通，演得越威武雄壯越好！'這與斯大林那冷靜到毫無人味的'理性'治國可完全是兩回事。

這或許就是世界上特別是西方沒有什麼斯粉，而至今不乏毛粉的緣故吧。如這位網友所說，物以稀為貴。西方人並不稀罕冷靜的理性，膩透了高度專業化的社會分工，乍見毛這種荒誕無比因而新奇得出了格的群體鬧劇，當然難免要目搖神奪，浮想聯翩，熱血奔湧。"

這兒沒談到兩個問題，第一個問題是，在國際共運史上，毛澤東是發明肉體消滅權力競爭對手的第一人。早在斯大林發動大清洗之前六、七年，他就首創了"反AB團"的"肅反"運動，無情屠殺異己（詳後）。只是到了延安後，他才發明了更高明的手段。第二個問題是，毛發明的這種建立權威方式，具有遠比殺人多得多的綜合效益。在這方面，毛澤東的發明力遠遠超出了亦師亦父的斯大林。

斯大林對引起他的猜疑的人，從來是簡潔明快地一槍放倒。毛開頭也是這麼幹的，但他後來卻發現，其實不用殺人，光靠"整風"就能把潛在的競爭對手整得服服帖帖，終生不敢再起異心。而且，整人也用不著專業機構，更高明之道還是利用人性中卑劣的那面，諸如恐懼、嫉妒、猜疑、權慾、仇恨、自私等等，將群眾煽動起來，去羞辱、虐待乃至毒打他想整的人，把他們整得九死一生。比起殺人來，這麼做能有多方面的收益：

首先，毛置身幕後，用空泛的口號（例如延安整風是以"整頓三風"的名義、文革以"反修防修"的名義）掀起運動，先搞人人過關，再由心腹將打擊矛頭逐漸指向真正的靶子。在受害人在地獄裡煎熬的同時，毛還要高唱"懲前毖後，治病救人"，"一個不殺，大部不捉"，扮演寬容仁厚的君主。因為運動並不是以"打倒誰誰"的名義發動起來的，而毛又始終在扮演明君，受害人一般不知道毛才是罪魁禍首，常以為那些"過火行為"是下面幹的，只會怨恨打手們。

其次，被整的人並不都是毛的權力鬥爭對手，大多數還是對毛不夠恭順的桀驁不馴者。如果像斯大林那樣，把他們統統殺掉，那就勢必造成幹部隊伍極大減員。在中共建政後這麼幹還無妨，但在勝利前勢必嚴重影響奪權大計。因此，只要讓他們從此知道毛的厲害，牢牢記住"我若不聽話就要挨整"也就行了。這樣既能建立自己說一不二的權威，又能讓那些人為他所用。

鄧小平早就明白了這點，曾在文革後對人說：誰不聽毛澤東的話，他就想整一下，但是整到什麼程度，他還是有考慮的[1]。鄧沒有說出的，只是毛的“考慮”是什麼，那就是是否引起毛的猜忌，以及對他是否有用。被整對象只需不滿足這兩條中的任何一條，就只能被整死為止。

第三，毛澤東整人的名義非常高大上，據說是為了“懲前毖後，治病救人”，“幫助”被整的人克服自己身上的“教條主義”、“宗派主義”、“個人主義”等“剝削階級影響”（用毛的話來說是幫他們“洗澡”，除掉身上的污垢），其目的是“從團結的願望出發，經過批評或鬥爭”，幫助這些人成為“真正的馬列主義者”。在毛覺得整得差不多後，再出面“解放”他們。這些人在水深火熱之際突然絕處逢生，自然要對毛這大救星感激涕零。此所以延安整風的受害人無不恨康生入骨，卻對超脫地置身事外的毛毫無怨恨，甚至還有感激之心，從此對毛竭誠效忠。

這裡最有代表性的例子，就是許世友。據邱會作披露，1937年春，四方面軍高幹們被弄到“抗大”裡挨整。許世友、洪學智等人被整得受不了，祕密策劃搶走張國燾逃出延安，到陝南去召集四方面軍舊部，建立根據地，與延安分庭抗禮，事泄後被統統抓了起來[2]。

此事張國燾在回憶錄裡說過，情況比邱說的嚴重得多。據他說，毛澤東等人當時以“土匪主義”、“軍閥主義”的罪名整肅張國燾和四方面軍高幹。羅瑞卿、莫文驊等人率打手在抗大鬥爭四方面軍幹部，審問他們：“你亂殺過人嗎？”“私自打過土豪嗎？”“強姦過婦女嗎？”“說過什麼反中央的話或做過什麼反中央的事

---

[1] 程中原：《鄧小平怎樣走到中國政治舞臺的中央》，《黨政幹部參考》，2014年19期
[2] 《邱會作回憶錄》，新世紀出版社，2011年，95-98頁。

嗎？」引起四方面軍幹部極大反感。許世友、王建安等十幾位高幹領導著四五百名學生，企圖立即行動起來，脫離抗大。四方面軍因此被捕的有四十多人。這事極大地震動了延安，朱德和林彪還特地請張去抗大講話，平息風波。[1]

毛澤東意識到了事態的嚴重，大概覺得也整得差不多了，於是特地赦免了許世友的死刑，去牢房裡探望他，按照《三國演義》上"張飛義釋嚴顏"的套路，親自為許世友打開了腳鐐、手銬，感動得許世友向毛下跪，從此對毛赤誠效忠[2]。

所以，張國燾所謂毛澤東"超凡的魅力"，說到底也不過是權術而已。明乎此，則不難理解被毛澤東整得九死一生的周揚在出獄之後，為何對毛仍然毫無怨恨之心，據他兒子說：

> "父親一生對毛澤東崇拜之至，不管毛主席一生犯多大錯誤，他都只往好處揣摩毛的動機。早在 1976 年前後，估計他就和有些人討論過毛主席為什麼要發動'文革'的問題，他對我說，有人說是'帝王思想'，另一些人說是'急於建成社會主義的極左思想'，父親當時好像還沒想清楚。不過在他眼裡毛澤東仍是一個偉人，人無完人，偉人也一樣。毛澤東去世時，他流下了真心的眼淚。"[3]

能將權謀修煉到這種化境，古往今來可能也就僅此一人而已。

三、毛氏謀略解析

---

[1] 張國燾：《我的回憶》第三冊，東方出版社，1998 年，354-359 頁。

[2] 葉介甫：《許世友延安遭囚禁受審始末》，《世紀風采》，2009 年 9 期

[3] 周密：《走出秦城的父親周揚》，《報刊薈萃》，2011 年 7 期

如前所述，韓非子將謀略分為"法、術、勢"，第一條就是"法"。雖然法家的"法"是"統治者的意志的體現，是統治的工具"，與西方的旨在保護公民權利的法治完全是兩回事，但法家仍然主張"法"必須公開，並對一切人都嚴格按照同一標準實施。

這可完全不符合毛澤東的心思。他的名言是"我是無法無天。這叫和尚打傘——無髮無天"[1]。毛是個絕對的自我中心主義者，凡事只按自己的意願來，絕不受任何規矩約束。他治國的方式如同他的作息一般，毫無制度可言，只會讓臣下調整自己的作息制度去將就他。臣子們白天處理公務，半夜三更還得奉召去他的臥室謁見。

所以，毛澤東的謀略與韓非子的理論並不相符。高華先生在《紅太陽是怎樣升起的》中首次提出毛澤東的謀略包括"道、術、勢"，但未展開詳論。竊以為，毛的謀略確由三部分組成。按重要性應依次為"道、勢、術"。

（一）道

毛澤東的"道"，就是新時代的"天命"，但它比馬列發明的新式"天命"更高明。馬克思發明的天命（即所謂"客觀規律"或"歷史潮流"）是由一個階級來代表的，列寧把天命代表壓縮到一個黨，留下了頂層權力鬥爭的空間。斯大林同樣沒有解決這個問題，只能靠克格勃去除掉一切他疑為窺伺天命者。

在這個問題上，毛澤東"創造性地發展了馬克思主義"，乾脆指明了自己就是天命代表，杜絕了其他人的癡心妄想。新時代的天命，就是他的思想，或曰"毛澤東思想"。

---

[1] 毛澤東此話是 1970 年 12 月 18 日會見斯諾時講的，談話記錄後來作為中央文件發到縣團級。但《建國以來毛澤東文稿》收入該記錄時，刪去了這句話。

這一步連斯大林都沒跨過去。高華先生與何方先生都指出，共產世界的規矩是活人不能有"主義"[1]，除非是打倒對象（如"托洛茨基主義"）。"列寧主義"是列寧死後才使用起來的名稱。斯大林本人也恪守這規矩，雖然他確實發展了列寧主義，但他始終保持"偉大謙虛"，終身宣稱他只是列寧的學生。而毛澤東卻破了這規矩，發明了"毛澤東思想"。這個名稱當然是手下人替他發明的，但若沒有他和劉少奇的大力推動，也不會登堂入室，寫在中共的黨章上。

儘管如前所述，所謂"毛澤東思想"空洞混亂，根本不是一種具有起碼學術意義的思想，然而在權力鬥爭中，這個名稱本身就有著不可抗拒的強大威力。雖然"毛澤東思想"空空如也，根本不是什麼理論，但古人篤信的"天命"同樣空空如也，也根本不是什麼理論。在一個文盲國度，這些事實並不妨礙它們在政治鬥爭中發揮出強大威力。兩者的區別，只在于新式天命比舊式的用途更廣，威力更大。

如同過去的"天命"一樣，"毛澤東思想"這個名稱賦予了新時代的天子掌權的合法性。不僅如此，它更使得毛澤東合君王與教主為一身。他擁有的不但是教義解釋權，更是教義創立權。從此，毛澤東成了口銜天憲的教主，與他對抗，不但是與天命對抗，而且是叛教，只能自取滅亡。

正因為深知"毛澤東思想"在權力鬥爭中的無窮威力，鄧小平才會在第三次復出後試圖把它與毛澤東本人剝離開，發明了"毛澤東思想是全黨智慧的結晶"一說。之所以如此，是為了讓他本人的"鄧小平理論"取而代之，獲得類似的"天命＋教義"的威力。

---

[1] 高華：《紅太陽是怎樣升起的》；何方：《黨史筆記》

"天命"的另一表述方式是"毛主席革命路線"。這在黨內頂層權力鬥爭激化時使用得特別頻繁，目的是以黑白兩分法突出毛的政敵的叛教實質，以激起教徒的同仇共憤之心。

必須指出，發明"毛澤東思想"的名稱、並規定它為全黨指導思想這一事實本身，就是毛澤東謀略的偉大勝利。缺乏理論創建能力甚至缺乏對理論的理解能力，本來就是毛的智力缺陷之一。在這方面，他甚至不如從蘇聯歸來的知青們，那些人至少還能理解被斯大林簡化了的馬克思主義教條，而上文已經介紹過了，哪怕在他最喜愛的哲學領域裡，毛澤東也終生沒能弄懂"量變質變規律"、"否定之否定規律"那些簡單說教。所以，直到 40 年代初，教義解釋權都一直被國際派牢牢掌握在手中。而且，當時共產教的公認教主是斯大林。不經莫斯科批准，要從國際派手中奪取教義解釋權，不僅困難重重，而且風險極大，遑論在教義上標新立異，自立門戶。

然而毛澤東居然也就成功了。高華先生已經在其巨著《紅太陽是怎樣升起的》中作了詳盡介紹。簡單說來，毛澤東通過三個步驟，不但奪取了教義解釋權，而且讓自己變成了教主：

第一步，釜底抽薪。毛澤東提出"馬列主義中國化"的口號，指出在中國，真正的馬列主義必須是"中國化了的馬列主義"，那意思是國際派從莫斯科蕫來的馬列主義不是真貨，就此抽去了他們在黨內安身立命的根基。

這一招極為致命，而對方又無法抵禦。王明不得不承認馬克思主義必須中國化。但就算國際派對中國國情民俗的了解堪與毛相比，他們也決計沒有毛澤東的膽量，去推出自家的野狐禪。即使不考慮其對莫斯科的頂禮膜拜，他們也畢竟粗知馬列，絕對不敢像毛那樣，推出用農村征服城市的反馬列主義主張；而且，他們大概也知道"理論"是怎麼回事，不敢像毛那樣，靠謀略取勝，卻硬說那就是活學活用馬列，甚至創立了什麼"思想"。

第二步，偷梁換柱。強調"精通的目的全在於應用"，所謂"中國化的馬列主義"的唯一檢驗標準是實踐，也就是看誰制定的政策方針在奪權戰爭中更有效。這實際上是逼迫對方接受"以成敗論主義"的標準，使得毛可以用"謀略"去偷換"主義"。

毛澤東從來不看西方哲學家的著作，因此當然不知道，這其實是美國實用主義鼻祖威廉·詹姆士的"有用即是真理"。國際派即使知道也無奈何，因為列寧本人就主張"實踐高於認識"，而且，"實踐是檢驗真理的標準"這教義，也確實寫在他們讀過的蘇聯教科書中。

所以，這也是國際派無法抵禦的狠招，但若是接受了這一標準，也就等於接受了"成功的謀略就是中國化了的馬列主義"。而要比謀略，誰也比不過毛澤東。

第三步，推出"中國化的馬列主義"，也就是所謂"毛澤東思想"，登上教主的寶座。

國際派也無法阻攔這一趨勢，漫說毛澤東早就架空了他們，而且，既然接受了前兩步，當然也就只能接受毛澤東用陰謀詭計冒充理論，用謀略作為"思想"的基本內容。

說到底，毛澤東之所以能全面勝出，奪得"天命代表"的桂冠，是因為馬列主義根本就無法用來指導中國的農民革命，而毛的優勢，恰在於他絲毫不懂無用的馬列，卻非常精通對奪權戰爭極為有用的古今一切謀略。這就是他何以能用祖傳的"文韜武略"來冒充"理論"，而國際派為何又有苦說不出。

因此，正如少奇同志在七大上指出的那樣，全黨也只有毛澤東有那"理論上的勇氣"，去"成功地進行馬克思主義中國化這件艱巨的事業"：

　　"我們的毛澤東同志，不只是中國有史以來最偉大的革命家和政治家，而且是中國有史以來最偉大的理論家和科學家，他不但敢於率領全黨和全體人民進行翻天覆地的戰鬥，而且具有最高的理論上的修養和最大的理論上的勇氣，他在理論上敢於進行大膽的創造，拋棄馬克思主義理論中某些已經過時的、不適合於中國具體環境的個別原理和個別結論，而代之以適合於中國歷史環境的新原理和新結論，所以他能成功地進行馬克思主義中國化這件艱巨的事業。"[1]

（二）勢

　　韓非將"勢"稱為用人的"勝眾之資"，亦即懾服大眾的權威。毛澤東的"勢"，就是通過造神運動為自己製造出來的上帝一樣的權威。在中國歷史上，還從未有過哪個君王擁有過這種政教合一的精神權威，大概只有西藏的達賴喇嘛差相仿佛。

　　這種精神權威雖非物質力量，卻是不折不扣的"精神原子彈"，是毛澤東對全黨實行絕對控制的強大資本。據胡喬木披露，毛死後，陳雲曾問："假如中央常委的人，除毛主席外都是彭德懷，那麼局面會不會有所不同？"他認為，結局還是那樣，不會有什麼不同。他解釋說："反'冒進'不是一次實踐嗎？中央同志全都參加了，毛來了個反'反冒進'，結果搞得鴉雀無聲了。"[2]這就是"勢能勝眾"的表現。

　　毛澤東的"勢"的威力在文革中表現得最充分。文革是毛澤東違反絕大多數中央委員的意願發動的。如果毛沒有上帝般的精神權威，這根本就是不可能的。

---

[1] 劉少奇：《論黨》，《劉少奇選集》上卷，336-337頁
[2] 《胡喬木談中共黨史》，137-138頁。

　　然而遠不是所有的人都意識到了這一點。某些文革造反派頭頭至今尚在聲稱，他們曾在廣大人民群眾的支持下，打倒了各級"走資派"，奪了他們的權。民運理論家胡平先生就曾在《〈八九點鐘的太陽〉觀後感》一文中堅持這一說法。我當即指出，此說不符合歷史的真實。那權是偉大領袖授給他們的，並不是他們去奪來的。後來毛澤東改了主意，輕而易舉地就把權收回去了，而他們也乖乖配合交權，連想都沒敢想違背偉大領袖的意圖。

　　後來有位年輕網友問我，文革中毛澤東打倒劉少奇、鄧小平經歷過些什麼鬥爭。我告訴他，並沒有什麼鬥爭，毛澤東只是召開了八屆十一中全會，劉鄧就乖乖下台了。地方各級當權派也是這樣。他們並不是人民打倒的，更不是軍隊打倒的，而是毛發一聲話，他們便自行倒了，從頭到尾就沒有抵抗過。在這過程中，人民只是起到最佳群眾演員的作用。那位青年朋友怎麼也無法理解這種怪事。我告訴他，那就是造神運動的威力。當毛澤東具有上帝的權威後，他要誰倒，誰就不能不乖乖倒下，毫無反抗的餘地。然而那位年輕人還是無法理解。

　　其實文革過來人都知道。毛澤東的精神權威的強大威力，不僅在於他想整誰就能整誰，更在於他既敢製造天下大亂，又能迅速終止亂局。從 1967 年 1 月到 1968 年底，全國黨組織與政府機構都已不存在，公檢法被砸爛，人民完全生活在沒有威權機構管理的"自治"狀態中。雖然軍隊未亂，而且一直處在毛的嚴格操控下。但自 1967 年 7 月起，全面內戰爆發，大量武器流入民間。若是全民在此時發動武裝起義，靠共軍去鎮壓根本就是杯水車薪。然而毛澤東除了在個別地區外，根本就用不著出動軍隊，光靠自己的權威就壓住了全局，全民武裝起義非但沒有發生，而且在毛澤東覺得亂得差不多時，中央文革一聲令下，兩大派就乖乖按期交出武器。哪怕是在全世界範圍內，這也是絕無僅有的奇跡。古往今來，還沒誰建立起毛澤東那種足以鎮住全黨全軍全國人民的"勢"。

前已述及，韓非認為，獲得權柄是建立"勢"的前提："君執柄以處勢，故令行禁止。"這話可以理解為，要建立權威，先得奪取權柄，有權才有勢；而奪得權柄之後，最重要的是利用它來建立自己的權威，才能"抱法處勢"。

毛澤東就是按此途徑行動的。他首先利用長征中的特殊有利情勢，奪取了兵權。這是最基本、最關鍵的權力，也是毛澤東最重視的權力。他的名言"槍桿子裡面出政權"就表明了他深知沒有兵權，就沒有其他的權力，更談不上建立"勢"。終其一生，他都緊緊握住槍桿子不放，文革期間更是將調動一個排的兵力的權力都收歸自己。正是靠著槍桿子，他才在延安逐步奪取了黨權。掌權後他隨即發動延安整風，不但奪取了教義解釋權，還推出了"毛澤東偽思想"，取得了教義制定權，變成了教主。

但毛澤東並未到此止步。他深知，要讓全黨死心塌地地奉他為教主，永無二心，就必須開展造神運動。1970 年 12 月 18 日，他會見美國記者斯諾，在談到個人崇拜問題時就坦承了這一點：

> 總要有人崇拜嘛！你斯諾沒有人崇拜你，你就高興啦？你的文章、你的書寫出來沒有人讀你就高興啦？總要有點個人崇拜，你也有嘛。你們美國每個州長、每個總統、每個部長，沒有一批人崇拜他怎麼混得下去呢？ [1]

為了"混得下去"，他在全面掌握了權力後，立即就夥同劉少奇，大規模開展造神運動，把自己造成了"大救星"、"紅太陽"，從此獲得了"可以一人敵全黨"的至高無上的"勢"。

造神運動是斯大林的發明，毛澤東不過是從他那兒學來的，但也有自己獨特的貢獻。在造神運動中，他使出了高超的"文韜武

[1] 《毛澤東年譜（1949-1976）》第六卷，358 頁

略”，亦即“革命的兩手”。文的那手是召開《在延安文藝座談會上的講話》，規定文學家、藝術家們只能“歌頌光明”，並指令學習旨在證明他一貫正確的“整風文件”：武的那手則是“槍打出頭鳥”，將王實味設為“反面教員”（亦即用來“訓猴”的那隻被褪毛的活雞），由康生、彭真等人作打手，將“整風運動”推向普通人，人人坦白，個個“洗澡”，以“搶救”方式造成人人自危的普遍的恐怖氣氛。等到“猴”們被“熱水澡”燙到九死一生之際，再由大救星出面解脫他們。經過這正反兩方面的炮製後，文人們從此只敢頌聖，也只會頌聖，悉數變成功能單一的肉喇叭。當火候成熟後，再由劉少奇式正式推出毛澤東全知全能、永遠正確的上帝形象：

> “我們黨的歷史道路，就是我們黨的領袖毛澤東同志根據中國革命特點所早已闡明的歷史道路。毛澤東同志的道路，是最正確最完全地代表了我們黨的歷史，代表了中國民族與中國人民近代革命的歷史。”

> “過去有無數歷史事實證明：當著革命是在毛澤東同志及其思想的指導之下，革命就勝利，就發展；而當著革命是脫離了毛澤東同志及其思想的指導時，革命就失敗，就後退。”[1]

至此，黨幹與知識分子們當然只會萬眾一心地跟著唱讚美詩。上帝也就這樣造出來了。

不能不承認，毛澤東對人性的弱點真是明察秋毫。早在心理學家們發現“斯德哥爾摩綜合症”之前，他就無師自通地參透了“崇拜心理與恐懼相伴生”的心理學原理，並將這原理在造神運動中運用得出神入化。在大躍進引出大饑荒之後，毛自覺威信受損，再次大規模開展造神運動，使用的同樣是“革命的兩手”———在文人肉麻頌聖的同時，大搞“階級鬥爭”。文革期間，造神活動達到了頂

[1] 劉少奇：《論黨》，《劉少奇選集》上冊，341，334頁

峰，瀰漫民間的恐怖氣氛也達到了頂峰。恐怖造成崇拜，崇拜導致恐怖，兩者交互為用，不斷強化毛澤東的“勢”，將其送上了史無前例的頂峰。

（三）術

前文已經說過，韓非子的“術”，也就是後世說的“權術”。作為古今第一權謀大師，毛澤東在這個領域裡的貢獻，千車也載不盡，萬船也裝不完，即使寫本專著，也不可能一一列舉，只能舉其犖犖大端。

1）“人至痞則無敵”

毛澤東遠勝同儕的領袖天賦，是他骨子裡的潑皮狠勁，具體說來，就是沒有任何道德底線，尤其沒有所謂“責任倫理”觀念，為了達到個人目的，敢於並善於幹競爭對手不敢幹的事。這就是毛澤東擊敗黨內外所有對手的最主要的祕訣，具體來說有兩條。

一曰“邊緣政策”，亦即利用對方的心理弱點欺負對方，大佔便宜，造成既成事實後，再迫使對方接受。

例如在抗戰中，毛澤東頂住莫斯科的壓力，大打內戰，消滅國軍，壯大自己，始終有恃無恐，不怕國共破裂。他哪兒來的這底氣？在給周恩來的電報中，他講得清清楚楚：

> “蔣介石最怕的是內亂，是蘇聯，故我們可以這點欺負他。”[1]

這邊緣政策果然屢屢奏效，共軍內戰越打越大，到後來動輒殲滅國軍幾萬人，而國共始終沒有破裂。從表面上看，這似乎應了毛

---

[1] 《毛澤東關於國內形勢和應付投降、力爭時局好轉致周恩來》，1940 年 11 月 3 日，《皖南事變（資料選輯）》，38 頁，中共中央黨校出版社，1982 年。

澤東"以鬥爭求團結則團結存"的"辯證法"預言。其實不過是因為蔣介石害怕在外戰正酣之際還爆發內戰，內外夾擊之下必然亡國，因此不但不敢針鋒相對地還擊，甚至不敢聲張，以免暴露內亂的跡象，打擊舉國士氣以及友邦對中國的信心，長了日寇威風。

由此可見，這權術的實質，是把對方顧全大局的投鼠忌器之心，當成死穴猛捏。所謂"以鬥爭求團結則團結存"，說穿了其實是"只有不怕魚死，才能求得網破"，本質上是一種自傷訛詐。

毛就是靠這一手度過權位危機的。每逢他自覺有眾叛親離的危險時，他就必然要使出這一招來，每次對方都因害怕大局糜爛，乖乖屈服，違心認錯。而一旦認錯，那就成了毛澤東抓在手裡的小辮子，再也翻不起來了。

例如在 1959 年的廬山會議上，毛澤東因為張聞天發言支持了彭德懷，以為面臨著"文武合璧"的致命威脅，不惜以分裂黨、分裂軍隊來威脅全黨，揚言如果"人民解放軍跟你（指彭德懷）走，我就上山打遊擊"，"那我就走，到農村去，率領農民推翻政府"，甚至揚言去找蘇聯紅軍[1]，嚇得原來贊同彭德懷意見的大員們紛紛轉向，把彭、黃、張、周打成了反黨集團。

又如在 1967 年 2 月 16 日的政治局擴大會議上，陳毅、葉劍英、譚震林等所謂"四總四帥"發洩了對中央文革小組的不滿。陳毅還訴了延安整風中被整的苦，觸碰了毛澤東最敏感的神經。

兩天后毛召集緊急會議，再度用分家來訛詐反對者：

"你們要否定'文革'，辦不到！葉群同志你告訴林彪，他的地位也不穩啊，有人要奪他的權呢。讓他做好準備，這次'文革'失敗了，我和他就撤出北京，再上井岡山打遊擊。"

[1] 李銳：《廬山會議實錄（增訂本）》

"你們說陳伯達、江青不行，那就讓你陳毅來當'中央文革組長'吧！把陳伯達、江青逮捕、槍斃，讓康生去充軍！我也下臺，你們把王明請回來當主席嘛。"[1]

自傷訛詐再次奏效，"二月逆流"很快就乖乖消退了。政治局與中央書記處從此不復存在，由中央文革碰頭會取而代之。

大員們之所以乖乖屈服，是因為他們深知要是不認輸，毛真敢把船晃翻，讓大眾統統落水。在此之前，毛澤東已經多次為了個人權位，嚴重違反黨的紀律，在大敵當前、黨國危急存亡之秋，不顧大局糜爛搞內鬥（詳後）。反過來，毛的對手們就幹不出這種事來。所以，兩雄相逢痞者勝，誰顧全大局，心存忌憚，誰就要在無情的權力鬥爭中敗下陣來，身死人手為天下笑。

二曰無法無天。毛澤東以肆意踐踏黨紀國法自傲，曾得意地對斯諾說："我是無法無天"。這話準確地導出了他奪取權力、鞏固與維持統治的要訣。

高華先生與何方先生都指出，"延安整風"完全違反了黨章規定。本來共產國際早就下令讓中共"迅速召開七大"，還特地指示"不應花很長時間爭論過去 10 年內戰的問題"。中共中央政治局和書記處都作了召開七大的決定，1938 年 11 月初閉幕的六屆六中全會也作出召開七大的決議，各地選出的代表都到了延安。然而毛澤東卻硬是違反共產國家的指示與中央決議，拖延著不召開，以致代表們滯留延安長達 3 到 5 年，被投入"整風"與"搶救"（亦即鬥人或被鬥），以"統一認識"（亦即承認毛的教主地位）。

所謂"整風運動"完全是非法的篡黨奪權活動。儘管大多數政治局委員和中央委員都在延安，但毛澤東發動"整風"，根本就沒有通過政治局，更未經中央全會討論。完全是個人凌駕在黨組織上發號施令。他更非法凍結了政治局和書記處，以所謂"中央總學

---

[1] 王年一：《大動亂的年代》，207-211,216 頁，河南人民出版社，1988 年 12 月

委"取代之。彭真當時連中央委員都不是，卻當上了總學委副主任，負責審查政治局委員們[1]。等到"整風"和"搶救"把代表們整得服服帖帖了，毛有了必勝把握，才於 1945 年 4 月召開大會，順利當上了教主。從中央決定召開七大到大會最後召開，拖延了將近七年之久[2]，而從六大到七大，其間竟然隔了 17 年。

很明顯，如果毛澤東不無法無天地顛覆政治局，則黨史中就絕不會有"整風"這一章，毛澤東也就沒有可能稱心如意當上教主兼上帝。

毛澤東後來又大規模故伎重施，靠非法活動以少勝多，清洗了大多數中央委員。中共"八大"第一次會議是 1956 年 9 月間召開的，而"九大"拖到 1969 年 4 月才召開，其間相隔幾達 13 年。文革爆發後，從 1967 年 2 月到 1968 年年底，全國黨組織，上至政治局，下到基層支部，統統被毛澤東取消了，政治局和書記處被中央文革碰頭會取代，地方則由群眾組織管理。從黨的副主席劉少奇（劉名義上擔任黨的副主席直到 8 屆 12 中全會）到基層黨支部書記，都有被暴民批鬥毆打的危險。1968 年 10 月間召開的八屆十二中全會完全是個非法會議，原八屆中央委員、候補中央委員被定為"叛徒"、"特務"、"反黨分子"、"裡通外國"者高達 71%。第八屆中央委員 97 人中，除 11 中全會後去世 10 人外，獲准參加會議的只有 40 人，候補中央委員只有 9 人獲准參加會議，其餘與會者都是沒有資格出席中央全會的人，佔與會人員總數 133 人的 57%以上[3]。這次會議還創造了以黨的名義罷免劉少奇國家主席職務（按法律程序應由人大罷免）的奇跡。此後劉少奇被非法囚禁至死。直到毛將他懷疑的

---

[1] 《紅太陽是怎樣升起的？》
[2] 高華：《紅太陽是怎樣升起的？》；何方：《黨史筆記》
[3] 《劉少奇年譜》，電子書。

高幹都清洗完了，他才在 1969 年召開九大，為他非法顛覆黨中央領導作"合法"背書。

毋庸贅言，如果不是肆意踐踏黨紀國法，毛澤東絕無可能任意"毀黨造黨"，以一己之力無情砸碎龐大的黨國機器，再按一己意願重塑之。在他所有的權力鬥爭對手們中，沒有哪個能有這種潑皮狠勁與賭徒氣魄。

2) "不說假話辦不成大事"

這是林彪的心得之一[1]。敬愛的林副統帥不愧是毛主席的好學生，毛主席著作學得最好、用得最活，這話簡直就是為偉大領袖度身定做的。後文將要介紹，毛澤東不但靠造謠撒謊，先後擊敗張國燾與國際派，而且簡直成了強迫性撒謊症患者，事無大小都要撒謊，還能臉不變色心不跳，可能連他都相信了自己的謊言。

這裡只舉個無足輕重的例子。本書《國務家》卷將要介紹，抗戰勝利後，斯大林用把中共放進滿洲的威脅，逼得國府同意將旅順港租給蘇聯為軍事基地，為期 30 年。1949 年 1 月底，米高揚奉命來華傳達斯大林的旨意，主動承諾從旅順撤走駐軍。但毛澤東怕失去蘇聯保護，沒有同意。

1950 年初，周恩來到莫斯科與蘇聯談判另簽條約，蘇方同意於 1952 年底撤出旅順。但毛澤東仍怕失去蘇聯保護，令周恩來於 1952 年 9 月以換文方式修改條約，讓蘇軍在旅順港駐扎到蘇聯和中國都與日本簽訂和約為止。

1954 年，赫魯曉夫來華訪問，主動提出從旅順撤軍。毛澤東還是怕失去蘇聯人保護，開頭不同意，直到赫魯曉夫擔保如果中國遭

---

[1] 黃瑤：《葉群的性格與命運》，《黨史博覽》2013 年第 6 期。

受進攻，蘇軍一定會趕來救援，毛澤東才勉強同意了。此後旅順才回到了中國人手中。

1958 年 7 月間，毛澤東因為所謂 "長波電台" 與 "共同艦隊" 問題，對蘇聯大使尤金大發雷霆。赫魯曉夫趕到北京來向毛作解釋，說明蘇方的意思是想在華南與中方共同建設、共同利用長波電台，並詢問蘇軍潛艇能否在中國港口內停泊加油。為了證明他們已經放棄了斯大林的政策，並不是毛澤東指控的大國主義者，赫魯曉夫提到了交還旅順港的事。根據閻明復披露的會談記錄，兩人的有關對話如下：

赫魯曉夫：我們對斯大林的態度你們是清楚的。不過斯大林當時簽訂旅大協定是對的，考慮到後來對毛澤東同志有好處，因為那時的中國是國民黨的中國，是蔣介石。所以，我們的軍隊駐扎在東北和旅順口對你們也是有利的，起了一定的積極作用，問題是人民中國一勝利，就應該結束這種狀況。依我看，1954 年我們提出從旅順口撤軍的問題時，您對這樣做是否合適還提出過懷疑，您認為，蘇軍的存在將牽制美國的侵略意圖。我們曾請您研究一下這個問題，您答應考慮考慮。您考慮了，後來同意了我們的意見。

毛澤東：是的。[1]

然而毛澤東卻把這會談歪曲得面目全非。1960 年 8 月 19 日，他會見胡志明時說： "他們提出要建立共同艦隊，要共同建立長波電臺，還提出要把旅順交給蘇聯管，我們不同意。我們對他們所提的意見表示不同意，他們就不滿。" [2]

明明是 1954 年赫魯曉夫好不容易才說服了他，把旅順歸還給中國，在他口中卻變成了赫魯曉夫想在 1958 年奪走旅順！

---

[1] 閻明復：《閻明復回憶錄》，483 頁，人民出版社，2015 年 6 月
[2] 《毛澤東年譜（1949-1976）》第四卷，443-444 頁。

到了 1964 年 3 月，他在會見羅馬尼亞黨代表團時，事情又變成了這個樣子：

> "在 1958 年赫魯曉夫要搞所謂中蘇共同艦隊，要佔領我們全部海岸線。那個時候，赫魯曉夫為建立中蘇共同艦隊到中國來，我對他講，要麼是中國全部海岸線都交給你，要麼是中國全部海岸線由我管，要麼就是劃一部分給你，這三條隨便你選擇。赫魯曉夫說，要是全部交給蘇聯那你們幹什麼呀？我說，我總有工作做，我可以去打游擊。他說現代戰爭中打游擊不頂事。我說，那把一部分海岸線交給你，你們再回到旅順、大連好不好？他說已經撤了，再回去影響不好。我說，那中國的海岸線還是全部由中國管，蘇聯幫助我們建立海軍。赫魯曉夫不幹，他認為還是搞共同艦隊好。我說，不行，要麼全部交給你，要麼是全部由我管。這就鬧翻了。他是想控制中國。"[1]

您說，這人是不是有強迫性撒謊症？史家在採用他的證詞時須得格外小心，他的十句話裡能有一句是真的就不錯了。

3) 後發制人

"後發制人"是毛澤東從老子"將欲取之，必固與之"的教導中悟出、並多次向部下傳授的謀略。在中印衝突與中蘇論戰中，他都反復向部下強調過這個策略[2]，儘管中蘇衝突基本是他主動挑起的，根本談不上"後發制人"（詳見本書《國務家》卷）。

在實際運用中，"後發制人"其實包括以下幾種不同的策略：

A. "自衛反擊"

1　《十年論戰》，714-715 頁
2　《毛澤東年譜（1949-1976）》第五卷，193，261，263，337，435 頁

　　在抗戰中，共軍所有的 "反磨擦" 用的都是這一手：先擴張到國軍的轄區裡去，引起與國軍的局部衝突——開動宣傳機器，強烈抗議國軍前來 "磨擦"，同時佈下埋伏，引誘國軍入彀——大規模圍殲國軍——吞併國軍防區，將其化為根據地，與此同時裝成受害人呼天搶地，造足輿論，掩蓋真相（詳後）。

　　這種所謂 "後發制人"，實際上是以偽裝受害人來掩蓋主動侵犯的真相，以 "自衛反擊" 的名義主動進行內戰，實在談不上什麼 "後發制人"。

　　B. 引蛇出洞

　　由於毛的內心世界充滿矛盾，翻雲覆雨，反復無常，這是最難鑒定的一種策略。在我看來，它大概分為以下幾種表觀相似、初衷不同的策略。

　　① 真正的引蛇出洞

　　毛除去失寵的臣僚的一個慣技，就是在關鍵時刻含糊表態，或甚至批准了部下的報告，讓部下以為毛讚同其主張，於是就去執行。等到毛覺得對方表演得差不多了，可以抓小辮子了，立即翻臉不認人，抓住其 "錯誤" 大做文章，一舉打倒。

　　彭真就是這樣被拿下的。1965 年 11 月 10 日，上海《文匯報》登出姚文元寫的《評新編歷史劇〈海瑞罷官〉》，批判北京副市長吳晗，劍指北京市委。彭真時任北京市長兼文化革命五人小組組長，他不知道該文是江青在上海組織張春橋、姚文元等人寫出來的，為避免禍延自己，就於 1965 年 2 月 3 日制定了個《文化革命五人小組關於當前學術討論的彙報提綱（草案）》，企圖把運動限在學術討論範圍內。2 月 5 日，劉少奇主持召開的政治局常委會議同意這個《提綱》，並要五人小組去武漢向毛澤東彙報，最後由毛澤東決定。2 月 8 日，毛澤東在武昌聽取彭真等人彙報時，沒有對《提綱》

表示不同意見，而且還說：吳晗可以照樣當他的副市長，他就不緊張了，致使彭真等人以為他同意了這個文件。2 月 12 日，中共中央批轉了這個提綱[1]。

　　然而到了 4 月間，毛澤東卻將這提綱當成了彭真的罪行，專門組織一班人寫了著名的《五‧一六通知》，毛還親自動手多次修改之，給"提綱的作者們"戴上了"極端懷恨""無產階級左派反擊資產階級反動‘權威’的文章"，"對於一切牛鬼蛇神卻放手讓其出籠"的帽子[2]，就此一棍子把彭真打到了陰山背後，成了"彭羅陸楊反黨集團"的頭子。

　　劉少奇也是這樣中了暗算的，不過手法略有變化。文革剛發動時，毛澤東故意滯留南方，讓劉少奇留京主持工作，然後再來抓他的小辮子。

　　1966 年 6 月 1 日，滯留南方的毛澤東未經通知政治局，下令全國媒體發表北大聶元梓等人攻擊北大黨委的大字報。全國大中學生應聲一哄而起，大抓"反黨反社會主義黑幫"。

　　這突然襲擊造成的亂局，令留京主持工作的劉少奇猝不及防（據王光美說："這幾篇東西在報紙上一登，中央正常領導工作被打亂"，"大中學校的學生被狂熱地煽動起來，混亂情況到處出現。少奇同志和中央其他領導同志對此沒有思想準備"[3]）。為了穩住局面，他於 6 月 3 日主持召開政治局常委擴大會議，決定向北京市一些大中學派出工作組，毛澤東也同意。此後，劉少奇等人前往杭州兩次參加毛澤東主持召開的討論"文革"運動的會議。毛澤東雖對急於派出工作組表示了異議，但並未要求撤回工作組。

---

[1] 《毛澤東年譜（1949-1976）》第五卷，555-557 頁：《毛澤東傳 1949-1976）》，電子書。

[2] 同上，578 頁。

[3] 黃崢執筆：《王光美訪談錄》，中央文獻出版社，2006 年，電子版。

7 月 18 日，毛澤東回到北京，23 日，他提出派工作組是錯誤的，阻礙了運動。26 日，政治局擴大會議決定撤銷工作組，劉少奇、鄧小平承擔了責任。但毛澤東卻再也不饒了。8 月 1 日，毛主持召開了八屆十一中全會。4 日，他在會上向劉少奇洶洶發難，說："在前清時代，以後是北洋軍閥，後來是國民黨，都是鎮壓學生運動的。現在共產黨也鎮壓學生運動。……說得輕一些是方向性的問題，實際上是方向問題、路線問題，是路線錯誤，違反馬克思列寧主義的。……明明白白站在資產階級方面反對無產階級。……這是鎮壓，是恐怖，這個恐怖來自中央。"

劉少奇再度表示承擔責任，毛澤東卻粗暴斥責道："你在北京專政嘛，專得好！"他又說："講客氣一點，是方向性錯誤，實際上是站在資產階級立場，反對無產階級革命。為什麼天天講民主，民主來了，又那麼怕？"

劉少奇說："無非是下臺，不怕下臺，有五條不怕。"當葉劍英講到"我們有幾百萬軍隊，不怕什麼牛鬼蛇神"時，毛澤東說："牛鬼蛇神，在座的就有！"

次日，毛澤東寫了著名的《炮打司令部——我的一張大字報》，作為八屆十一中全會文件印發，8 月 17 日印發到縣團級。他在其中指責劉少奇："站在反動的資產階級立場上，實行資產階級專政，將無產階級轟轟烈烈的文化大革命運動打下去，顛倒是非，混淆黑白，圍剿革命派，壓制不同意見，實行白色恐怖，自以為得意，長資產階級的威風，滅無產階級的志氣，又何其毒也！"[1]劉少奇就此踏上了冤死的路。

---

[1] 以上據《毛澤東傳（1949-1976）》，電子書；宋毅軍：《艱難曲折的抗爭——劉少奇、鄧小平與"文革"初期的工作組》，中國共產黨新聞網，http://cpc.people.com.cn/GB/69112/73583/73600/5039897.html；《毛澤東年譜（1949-1976）》第五卷，601，603，609 頁

毛的這一毒招，主持日常工作的劉少奇無論怎麼對付，都必定動輒得咎：若是對運動放任自流，則大局若亂了，那他就難逃"瀆職"之罪，甚至可能背上"故意破壞運動"的罪名；若他想加以操控，那就成了"鎮壓群眾運動"。

② "因勢利導"的引蛇出洞

最為大眾熟知的"引蛇出洞，誘敵深入"就是 1957 年夏季開展的"反右運動"。但個人覺得，促使毛澤東決定大規模誘殲知識分子的動機，可能沒有一般理解的那麼直接。為獲得比較準確的理解，不妨回顧一下從"放"到"收"的全過程。

1956 年 4 月 28 日，毛澤東在政治局擴大會議上提出，"藝術問題上的百花齊放，學術問題上的百家爭鳴，我看這個應該成為我們的方針"[1]。1956 年 5 月 26 日，中宣部部長陸定一向知識分子作了題為《百花齊放，百家爭鳴》的講話，允諾"在文學藝術工作和科學研究工作中有獨立思考的自由，有辯論的自由，有創作和批評的自由，有發表自己的意見、堅持自己的意見和保留自己的意見的自由。"[2]

1957 年 5 月 1 日，《人民日報》發表中共中央 4 月 27 日《關於整風運動的指示》，決定在全黨開展以反對官僚主義、宗派主義和主觀主義為內容的整風運動，號召黨外人士"鳴放"，給共產黨和政府提意見，幫助共產黨整風。經過反復動員後，各界人士開始"大鳴大放"，向黨和政府提出批評或建議，被報刊及時發表。

5 月 15 日，毛澤東寫了《事情正在起變化》一文，聲稱："最近這個時期，在民主黨派中和高等學校中，右派表現得最堅決最猖狂。現在右派的進攻還沒有達到頂點。我們還要讓他們猖狂一個時

---

[1] 《毛澤東年譜（1949-1976）》第二卷，570-571 頁
[2] 陸定一：《百花齊放，百家爭鳴》，中國共產黨新聞網，http://cpc.people.com.cn/GB/64184/64186/66662/4493084.html

期，讓他們走到頂點。他們越猖狂，對於我們越有利益。人們說：怕釣魚，或者說：誘敵深入、聚而殲之。現在大批的魚自己浮到水面上來了，並不要釣。"[1]

6月8日，毛澤東起草《中共中央關於組織力量準備反擊右派分子進攻的指示》，下令："要注意組織左派和中派力量反擊右派分子的猖狂進攻，並推動左派，團結中派，反擊右派，將空氣完全轉變過來"，聲稱："這是一場大戰（戰場既在黨內，又在黨外），不打勝這一仗，社會主義是建不成的，並且有出匈牙利事件的某些危險。"同日，《人民日報》發表經毛審定的社論《這是為什麼？》，運動就此轉入"反右派鬥爭"[2]。右派分子們"鳴放"了一個月，換來了二十多年的地獄生涯。

毛澤東發動反右運動的動機是什麼？對此問題尚有爭議。一種是"陽謀"論，認為毛澤東的初衷就是蓄意"引蛇出洞"。此說其實是毛自己提出來的。他在 1957 年 7 月 1 日發表《文匯報的資產階級方向應當批判》一文中說：

"共產黨看出了資產階級與無產階級這一場階級鬥爭是不可避免的。讓資產階級及資產階級知識分子發動這一場戰爭，報紙在一個期間內，不登或少登正面意見，對資產階級反動右派的猖狂進攻不予回擊，一切整風的機關學校的黨組織，對於這種猖狂進攻在一個時期內也一概不予回擊，使群眾看得清清楚楚，什麼人的批評是善意的，什麼人的所謂批評是惡意的，從而聚集力量，等待時機成熟，實行反擊。有人說，這是陰謀。我們說，這是陽謀。因為事先告訴了敵人：牛鬼蛇神只有讓它們出籠，才好殲滅它們，毒草只有讓它們出土，才便於鋤掉。"[1]

李慎之先生和李銳先生都持這種看法。他們指出，早在 1957 年 1 月間，毛澤東就向各省市自治區黨委書記交了底："蘇共二十大的颱風一刮，中國也有那麼一些螞蟻出洞。""在一些教授中，也有各種怪議論，不要共產黨呀，共產黨領導不了他呀，社會主義不好呀，如此等等。他們有這麼一些思想，過去沒有講，百家爭鳴，讓他們講，這些話就出來了。""他們不搞什麼大民主，不到處張貼標語，還不曉得他們想幹什麼。他們一搞大民主，尾巴就抓住了。"[2]

竊以為，僅此並不能證明毛的初衷就是"釣魚"。毛凡事都有兩手準備。他在 1956 年 11 月 13 日八屆二中全會的總結講話中說，國內階級矛盾已經基本解決，但是應該注意仍然存在的一部分反革命分子的活動[3]。這話與"螞蟻出洞"是同一個意思，但那是在"階級鬥爭熄滅論"的前提下講的。

另一種說法則是"失算"論，以李志綏大夫的解釋最為言之成理。他認為，毛澤東低估了人民中的不滿，認為反革命已經很少了，像胡風那樣的人已經永遠閉上了嘴，其他知識分子只會響應毛的號召，去批評他想要整肅的人和事。毛產生這種錯覺很自然，因為他遇到的黨外人士都是脅肩諂笑之徒，聽到的都是肉麻歌頌。但在"鳴放"發動起來後，毛才發現知識分子的怨氣很深。他格外震怒，覺得知識分子們欺騙了他，於是加以無情鎮壓。[4]

---

[1] 《建國以來毛澤東文稿》，第六冊，531-532 頁。

[2] 李慎之：《風雨蒼黃五十年》；李銳：《毛澤東與反右派鬥爭》，《炎黃春秋》雜誌，2008 年第 7 期。毛的講話載於《毛澤東選集》第五卷，第 333－350 頁

[3] 《毛澤東年譜（1949-1976）》第三卷，155 頁。

[4] *The Private Life of Chairman Mao,* pp198-200

此說得到了近年出版的《閻明復回憶錄》的證實。該書披露，1957 年 4 月 15 日，伏羅希洛夫訪華，其時"大鳴大放"尚未開始。他在與毛會談時表示，蘇聯從上到下都不理解中共提出的"百花齊放，百家爭鳴"方針，不理解中國為何允許在報紙上發表大量的反共反社會主義甚至反蘇的言論，擔心這樣做會在中國引發匈牙利事件。毛澤東自信地回答，請蘇聯同志放心，中國不是匈牙利，中國共產黨和匈牙利社會主義工人黨的情況也不完全一樣。

5 月 24 日，伏羅希洛夫訪問越南和印尼後返回北京，此前"鳴放"已經開始，毛已經寫了《事情正在起變化》。他在與伏氏會談時承認：在雙百方針提出以前，以及在開展整風運動以前，我們的印象是，知識界的狀況用不著擔心，以為他們中間的絕大多數都掌握了馬列主義思想，站在唯物主義和社會主義的立場上。但是實際情況並不像我們想象的那樣平安無事。資產階級知識分子的右派代表和同情他們的人裝出一副忠實于社會主義的模樣，但實際上還是堅持資產階級立場和幻想復辟資本主義。如果說帝國主義分子、封建主義分子和買辦資產階級在人民的眼裡已經徹底破產了，那麼資產階級右派知識分子的代表現在群眾面前還沒有足夠地名譽掃地，還沒有暴露自己的思想本質。[1]

毛澤東在 1960 年 10 月會見斯諾時重複了類似說法。斯諾告訴他，西方主流說法認為，1957 年中共開始執行"雙百方針"，"是因為你們認為你們的黨的威信已經很鞏固了，不會有什麼反對的人，但運動開展後很快就發現許多反對你們的人，因此你們就把這個運動停止了"，毛雖然否認停止執行"雙百"方針，但也承認斯諾說的部分正確："運動如此深，運動如此大，我們未料到。"[2]

---

[1] 《閻明復回憶錄》，358-359 頁，362-363 頁。
[2] 《毛澤東年譜（1949-1976）》第四卷，470-471 頁，

查《毛澤東年譜》可知，從 1956 年 11 月起，毛澤東開始使用"人民內部矛盾"的概念。在 1957 年 1 月間召開的省市自治區黨委書記會議上，他承認"在學校裡頭也出了問題，好些地方學生鬧事。在一些教授中，也有各種怪議論"，但認為"建設時期，剩下一部分階級鬥爭，大量表現的是人民內部的矛盾。當前的少數人鬧事就反映了這種狀況。"

1957 年 2 月 27 日，毛在最高國務會議上作了題為《如何處理人民內部的矛盾》的講話，不但提出社會主義的基本矛盾都表現為人民內部矛盾，而且認為罷工、罷課、遊行示威、請願之類鬧事，不能說主要是因為反革命，不能都歸咎於匈牙利事件，而主要是因為我們工作中的缺點，我們不會教育，不會領導。應該把工人罷工，學生罷課，農民打扁擔，看作是我們改善工作，教育工人、農民、學生的一個過程。

1957 年 3 月 8 日，毛在最高國務會議上作總結發言時說，無論哪級政府和幹部有缺點錯誤，都應該批評，並且要成為一種習慣。批評對了當然很好，批評不對也沒有事，這就是言者無罪。人民範圍之內的事，人民是有批評的權利的。我們只是不把這個權利給反革命。他還重申：我們把罷工、罷課、遊行、示威、請願等，看作是克服人民內部矛盾，調整社會秩序的一種補充方法。

毛澤東甚至開明到接受了"外行不能領導內行"的批評。1957年 3 月 10 日，他在新聞出版界座談會上承認：說到辦報，共產黨不如黨外人士。辦學，搞出版，科學研究，都是這樣；說共產黨不能領導科學，這話有一半真理。現在我們是外行領導內行，搞的是行政領導、政治領導，至於具體的科學技術，共產黨是不懂的。這種行政領導的狀況，將來是要改變的。

類似地，他似乎也聽進了"教授治校"的合理建議。4月30日，他在最高國務會議上說，現在黨內外應改變成平等關係，不是形式上的而是真正的有職有權。以後無論哪個地方，誰當長的就歸他管。教授治校恐怕有道理。是否分兩個組織，一個校務委員會管行政，一個教授會議管教學。這些問題要研究。

當然，這些會議有黨外人士參加，不足以判斷毛的真實態度。但他在黨內也這麼說，而且還為此南巡，如他自己說的，"到處進行遊說，成了一個遊說家"。

3月17日，毛在天津市黨員幹部會議上說，現在有些人說，共產黨搞科學不行，大學裡頭教書不行，醫院裡頭當醫生不行，工廠裡頭當工程師、當技術人員不行。我說這個話講得對，講得合乎事實。但是他們這個話也是不全面的，講對了一半，還有一半不對。為什麼共產黨也能領導呢？我們以計畫去領導他們。此外，就是以政治去領導他們，就是以馬克思主義去領導他們。但是無論如何，我們現在是不會的。世界上的事情是可以學會的，我們現在要學。現在，大規模的、群眾性的階級鬥爭基本上結束，八大決議上面說了。我們全黨要來搞建設，要學科學，要學會在大學裡頭當教授，要學會在科研機關裡頭做實驗、研究科學，要學會當工程師、當技術人員、當醫生。要學會率領整個社會跟自然界作鬥爭，要把中國的面貌加以改變。

1957年3月19日，他在南京、上海黨員幹部會議上的講話提綱中寫道："如何解決矛盾，人民鬧事如何處理？第一類矛盾還存在，右的觀點要防止，但不要誇大。第二類矛盾顯著起來了"；"將罷工、罷課、遊行、示威、請願看作調整社會秩序的一種方法。"

4月4-6日，毛澤東在昕取上海、江蘇、浙江、安徽、福建四省一市關於思想動態的彙報時指示：現在我們勝利了，自己掌握政權，很容易強調專政，忽略民主的一面。鬧事鬧夠，壞花也放，形式上看來是右傾了一點。可是如果不如此，來一個不准鬧，草率收兵，開除，雖然簡單明瞭，痛快一時，但是這不是徹底解決問題的路線，與我們的群眾路線是不符合的。我心裡想，應該讓社會複雜些，各種對立物都有，我們的任務就是提高大家的科學知識。相當多的黨外話是對的，他們講話是考慮過的。有的講得不對，是不了解情況，如果一下子頂回去，就會處於被動。[1]

很明顯，毛在南巡中對黨員幹部乃至高幹說這些話，不大可能出於欺騙黨外人士的動機，更像他後來在文革中多次幹過的"吹風"。

直到 5 月 4 日，毛澤東還在中央文件上下令：

"最近兩個月以來，在各種有黨外人士參加的會議上和報紙刊物上所展開的關於人民內部矛盾的分析和對於黨政所犯錯誤缺點的批評，對於黨與人民政府改正錯誤，提高威信，極為有益，應當繼續展開，深入批判，不要停頓或間斷。其中有一些批評得不正確，或者在一篇批評中有些觀點不正確，當然應當予以反批評，不應當聽任錯誤思想流行，而不予回答（要研究回答的時機並採取分析的態度，要有充分說服力），但是大多數的批評是說得中肯的，對於加強團結，改善工作，極為有益。即使是錯誤的批評，也暴露了一部分人的面貌，利於我們在將來幫助他們進行思想改造。"[2]

"陽謀論"難以解釋的另一個事實是，毛非常珍視他發明的"人民內部矛盾"論與"雙百方針"。他後來說："一個百花齊放，一個人民公社，一個大躍進，……這三件要向全世界作戰，包括黨內大批反對派和懷疑派。"如果"百花齊放"只是個簡單的誘

---

[1] 以上據《毛澤東年譜（1949-1976）》第三卷，67，71，83-84，88，105，141，112。118，128，129-130 頁。
[2] 《毛澤東文集》第七卷，
http://www.people.com.cn/GB/shizheng/8198/30446/30452/2195994.html

敵之計，他怎麼會把它當成平生得意之筆呢？黨內又何來「大批反對派和懷疑派」？

所以，竊以為，李志綏的解釋是正確的。毛的初衷並非「引蛇出洞」，而是試圖建立某種溫和的黨外輿論監督。「整風」其實是流產了的文革，是毛在波匈事件發生後初次作出的社會改革嘗試。只是他嚴重高估了自己的容量，低估了民間的怨氣與黨內阻力，後兩者的合力積累到一定程度，就觸發了他深入骨髓的不安全感以及對知識分子的嫉恨，使得他將「開門整風」改為「誘敵深入」。

這就是毛後來為何要說，「階級鬥爭是客觀存在，不依人的意志為轉移的。⋯⋯只能因勢利導，奪取勝利」[1]。他的態度改變當發生在 5 月 4 日與 15 日之間。《事情正在起變化》的原題是《走向反面》[2]，意思是事態發展與他的預期相反，實際上是他自己來了個 180 度大轉彎。其中決定性的因素，恐怕還是他的心眼比雀屁眼還小。本書《思想家》卷已經介紹過「右派三大言論」：章伯鈞的「政治設計院」、羅隆基的「平反委員會」以及儲安平的「黨天下」論。凡心態正常的人都能看出，他們根本沒有推翻共黨的心思。

其實，「陽謀」論與「失算」論並不互斥。敝鄉農民有個順口溜：「大鳴大放，挖坑下象。」這就是運動的兩階段，第一個階段是毛的失算引來了大鳴大放，第二個階段則是毛蓄意挖坑下象。毛澤東之所以只強調「陽謀」這一段，乃是為了在全黨面前掩飾他的失算。

延安整風似乎也可視為「因勢利導的引蛇出洞」。1941 年 9 月 10 日，毛在政治局擴大會議上說：宗派主義現在也有。在延安，首長才吃得開，許多科學家，文學家都被人看不起。宗派主義是排擠

---

[1] 《建國以來毛澤東文稿》，第六冊，532 頁。
[2] 《毛澤東年譜（1949-1976）》第三卷，155 頁。

非黨幹部的一種風氣，即排外主義。同時也排內。1942 年 2 月 2 日，《解放日報》據此精神推出社論，批評宗派主義"對於黨內同志則輕視疏遠，少團結，少幫助。對於黨外幹部，則少瞭解，少關心。對'三三制'的實行，又是不堅決、不徹底"。3 月 14 日，《解放日報》再次發表社論，抨擊某些共產黨員的"孤立主義"錯誤，宣稱黨和黨外人士的關係問題，是黨的生死問題，也是革命的成敗問題。3 月 19 日，《解放日報》又發表《發揚民主作風》的社論，再度批判一部分黨員排外的宗派主義情緒，要求中共黨員"虛懷若谷"，"傾聽各種不同意見"。

受此開明空氣鼓舞，丁玲在《解放日報》發表了《三八節有感》。此後，《解放日報》文藝欄先後發表了王實味的《野百合花》、蕭軍的《論同志之"愛"與"耐"》、艾青的《瞭解作家，尊重作家》，以及羅烽的《還是雜文時代》。這些文章都在延安造成極大轟動，形成了空前"自由""民主"的氣氛。

然而毛澤東立即就對作家們加以鐵腕鎮壓。王實味被打成"托派特務"，先是被關押，後被活活打死。其他文藝人也被"熱水澡"燙得死去活來。[1]

這與後來的反右一模一樣，那麼，它到底是"真正的引蛇出洞"，還是"因勢利導的引蛇出洞"？我覺得還是後者。毛當時要收拾的主要敵人是國際派。他大概想從投奔延安的知青們那兒借力，但沒料到知青們對他建立的等級社會非常反感，而且憧憬著一個自由民主的新中國。很明顯，這離他要求的個人崇拜邪教的虔誠信徒的標準太遠。不把這些人整怕整服帖，他的"神國"就建不起來。於是他"因勢利導"，將"放"改為"收"，如同 1957 年一樣。實際上，文革已經是他第三次使出這招了，但這次他借來打倒劉少奇的青年學生已是狂熱的教徒，他不必再因勢利導了。

---

[1] 高華：《紅太陽是怎樣升起的》

③疑似"引蛇出洞"

一個為史家忽略的事實是，1959 年的"反右傾"運動也很像"引蛇出洞"。審視毛在廬山會議期間的言行，不難發現這一點。

1959 年 7 月 14 日，彭德懷給毛澤東寫信，談了他對"大躍進"的看法。7 月 16 日，毛澤東將彭的信加題為《彭德懷同志的意見書》，作為會議文件印發。

同日晚間，毛澤東召集劉少奇、周恩來等開會，說：現在有沒有右傾機會主義？我說有，我就是，我就是嫌右傾的朋友太少了。有好多同志是糊裡糊塗地往前闖，碰了釘子還不知道掉頭。現在事實上就是反冒進，只是不公開講，反冒進的司令就是我。

7 月 17 日下午，毛澤東同周小舟、胡喬木、田家英、李銳談話。毛說，昨天晚上我講了現在實際上是反冒進，反冒進的頭子就是我。他還談到經濟工作還是由陳雲掛帥好。

7 月 20 日晨，毛澤東在廬山住處聽取楊尚昆彙報各組討論的情況。毛講了四點意見：一、欠債是要還的，不能出了錯誤一推了之。去年犯了錯誤，每個人都有責任，首先是我。二、缺點還沒有完全改正，現在腰杆子還不硬，這是事實。不要回避這些事情，要實事求是。三、有些氣就是要泄，浮誇風、瞎指揮、貪多貪大這些氣就是要泄。四、我準備和那些"左派"，就是那些不願意承認錯誤、也不願意昕別人講他錯誤的人，那些不願意認真總結去年經驗教訓的人談一談，讓他們多昕取各方面的意見。

所以，他開頭是"反冒進"的，與彭德懷是一條戰壕裡的戰友。

然而到了 1959 年 7 月 23 日，毛卻在政治局擴大會議發表長篇講話，完全反轉了原來的立場，指責彭德懷等人"不講反冒進，可是有反冒進的味道，比如'有失有得'，'失'放在前面，這都是仔細斟酌了的。如果要戴高帽子，這回是資產階級動搖性，或降一等，是小資產階級動搖性，是右的性質，往往是受資產階級影響，在帝國主義、資產階級壓力之下，右起來的”，揚言“我就是人不犯我，我不犯人，人若犯我，我必犯人，人先犯我，我後犯人。這個原則，現在也不放棄”，甚至恐嚇部下：“假如辦 10 件事，9 件是壞的，都登在報上，一定滅亡，應當滅亡。那我就走，到農村去，率領農民推翻政府。你解放軍不跟我走，我就找紅軍去（蘆註：此話是針對彭德懷“要請蘇聯紅軍來”說的，“紅軍”指的是蘇聯紅軍），我就另外組織解放軍。我看解放軍會跟我走的。”

7 月 25 日下午，毛召集彭真、柯慶施、李井泉、陶鑄、王任重等開會。他講了四點：一、會議還要繼續展開，相互有什麼意見都講完，敞開來講。二、現在既要對事，也要對人。三、前一段主要是糾“左”，現在要反右，因為現在右傾抬頭了。四、要劃清界限，要跟動搖的、右傾的劃清界限。動搖的人還不是右派，距右派還有三十公里。

這些話是他給那幾個大躍進幹將們下的動員令，要他們去整肅彭德懷。“既要對事，也要對人”、“劃清界限”等等已經說得明明白白了。不過他還手下留情，說動搖的人還不是右派，並精確算出了兩者間的距離。

只是這寬宏大量很快就蒸發了。7 月 31 日，他在鞍鋼的報告上批示："印發各同志。⋯⋯反右傾，鼓幹勁，現在是時候了。機不可失，時不再來。看不到這一點，是瞎子。在廬山會議上提出反冒進，大潑其冷水，簡直是罪惡。”

所以，11 天前，他還自稱“反冒進的司令”，現在卻改口說反冒進“簡直是罪惡”了。

以後這“近似罪惡”便層層加碼。8 月 10 日，他在安徽省委關於張愷帆在無為縣下令解散食堂的報告上批示：

"印發各同志。右傾機會主義分子，中央委員會裡有，即軍事俱樂部的那些同志們；省級也有，例如安徽省委書記張愷帆。我懷疑這些人是混入黨內的投機分子。他們在由資本主義到社會主義的過渡時期中，站在資產階級立場，蓄謀破壞無產階級專政，分裂共產黨，在黨內組織派別，散佈他們的影響，渙散無產階級先鋒隊，另立他們的機會主義的黨。這個集團的主要成分，原是高崗陰謀反黨集團的重要成員，就是顯明證據之一。"[1]

到了 1959 年 12 月，彭德懷就成了赫魯曉夫支持的內部顛覆勢力，而他原來支持的"反冒進"也變成了蘇聯在中國的顛覆活動：

"高饒餘孽又在朋友支持下進行了一次顛覆活動。"[2]

這是怎麼回事？毛澤東開頭那些話，是不是誘敵深入，讓潛在的批評者暴露出來，好一網打盡？

這當然是一種可能，但概率不大，因為他最初是對劉少奇、周恩來等人自稱"反冒進司令"的。如果兩人中了誘敵之計，把真心話講出來，以兩人的地位，必然極大增強彭德懷的聲勢，不利於毛分化瓦解、孤立打擊彭德懷。他後來連持類似觀點的"秀才們"都放過了，不至於犯在高層打擊一大片的策略錯誤。畢竟，他那陣還不是文革時期的神。

所以，另一種可能性似乎更大：毛看了彭的信後，心中雖然不快，但也未到要翻臉整人的地步。他自己也知道老彭說的是實情，所以準備糾左。直到 7 月 20 日，他還是這個心思。

[1] 以上據《毛澤東年譜（1949-1976）》第四卷，104-105, 116, 126, 141-142 頁；李銳：《廬山會議實錄（增訂本）》，電子書。
[2] 毛澤東：《關於國際形勢的講話提綱》，（一九五九年十二月），《建國以來毛澤東文稿》，第八冊，600 頁

　　不幸的是，次日張聞天在小組會上作了長篇發言，首先否定了大躍進的"偉大成績"：

　　　　"指標太高，要求太急，比例失調，造成很大損失，發生了經濟上一系列的問題。"

然後點破了毛澤東特有的思維缺陷：

　　　　"重點應該是從思想作風、思想方法上去尋找原因。"

　　　　"主觀主義、片面性、違反客觀規律問題。好大喜功是好的，但也要合乎實際，否則欲速不達，好事變成了壞事。定指標不能憑願望，想當然。"

順手戳穿了毛澤東慣用的文過飾非的詭辯：

　　　　"領導經濟要政治掛帥是對的，但要根據客觀經濟規律辦事，光掛帥不行。要會算政治賬，一定也要算經濟賬，這是統一的。"

最後指出毛"虛懷納諫"的虛偽：

　　　　"黨內民主作風問題，主席常說要說服不能壓服，要歡迎提反面意見，要捨得一身剮，不怕殺頭，等等。光是不怕殺頭不行，問題還要領導上造成一種風氣、環境，使得下面敢於提意見。"[1]

　　毛澤東看了這些話若還能忍下去，那他就不是鼠肚雞腸的毛澤東了。而且，"主觀主義"的指控，恰是他在延安整風中用來整倒國際派的罪狀之一。何況張聞天可不是一般人，人家曾長期擔任黨的總書記。毛以己度人，以為過去的黨魁與如今的國防部長"文武合璧"，結成聯盟要推翻他。於是 23 日他就作了那個"找紅軍去"的講話，25 日更召集親信，要他們發動討彭戰役。

　　更加重他的受迫害妄想的是，7 月 26 日，他看到一位中高層幹部李雲仲寫給他的信，信中批評中共犯了"左"傾冒險主義的錯誤

[1] 《毛澤東年譜（1949-1976）》第四卷，109-111 頁

[1]，而這也是他當初搞倒國際派的罪名。7 月 29 日，他又看到赫魯曉夫對人民公社的含蓄批評[2]。這下病態幻想的原料全齊了：彭張不但下有爪牙，而且外有強援，裡應外合，同時發難，要推翻他的統治。他當然不會承認，大躍進那種規模空前的蠢動，當然要引起各方的類似反應。批評的相似只說明大躍進違反了人類常識，並不是批評者們彼此勾結的證明。於是彭張的末日就此註定。

所以，所謂"反右傾"運動疑似"引蛇出洞"，其實不是。它只表明了毛澤東胸襟狹隘、疑神疑鬼、毫無原則而已。

似是而非的"引蛇出洞"還有一種情況，但發生機制不同。下文將要介紹，毛澤東先是授意高崗扳倒劉少奇，後來見勢不妙便拋出高崗作替罪羊。這也貌似"引蛇出洞"，但整高並非毛的本意。總之，這類"疑似引蛇出洞"，其實應該歸於"出爾反爾"。

4）出爾反爾

這是毛澤東頻繁使用的權謀，或用於抵賴罪責，或倒打一耙，當作打倒政敵的罪名。毛在這方面的實踐實在太多，這裡僅舉幾例。

1966 年 8 月 5 日，毛澤東寫出《炮打司令部——我的一張大字報》，並把它作為正在召開的八屆十一中全會會議文件，發給與會者，正式發動了倒劉戰役。在大字報中，他除了指控劉少奇、鄧小平"站在反動的資產階級立場，實行資產階級專政，將無產階級轟轟烈烈的文化大革命運動打下去"之外，還算劉少奇的歷史舊賬，說他在 1964 年犯了"形'左'而實右的錯誤傾向"[3]。

---

[1] 同上，117 頁。
[2] 同上，124 頁。
[3] 《毛澤東年譜（1949-1976）》第五卷，607 頁

他在此說的，是劉少奇在 1964 年負責主持"四清運動"時，批轉了王光美在河北桃園大隊搞四清的經驗總結，此後又根據該報告，主持制定指導四清運動的中央文件《後十條（修正稿）》。然而劉少奇幹這些事，都是事先請示過偉大領袖的。

從一開頭，光美同志下鄉搞四清，就是在偉大領袖毛主席的親切關懷鼓勵下進行的。她每次回來，毛澤東都向她問情況，並多次說："根子在上面。"毛澤東還特地派其祕書和衛士跟著王光美一道去參加了下一期的四清工作隊[1]。據王光美說，毛澤東"看了'桃園經驗'很欣賞，推薦給江青看，毛主席多次鼓勵表揚我，還在中央會議上表揚了劉少奇，鼓勵我到各地去講。""毛主席要少奇同志根據桃園經驗修改《後十條》草案"[2]。

不僅如此，根據少奇同志的證詞，毛澤東還鼓勵他反右傾。1964 年 8 月 11 日，劉少奇在聽取廣東省委負責人彙報農村社會主義教育運動時指出：現在黨內嚴重右傾相當普遍。我過去怕講右傾，有顧慮，回去向主席彙報後，主席說不要怕"左"，半年總結一次。[3]

這當然只是劉氏夫婦的一面之詞，不過有檔案為證。1964 年 8 月 16 日，劉少奇給毛澤東寫了封信，提出了"集中優勢兵力打殲滅戰"的四清運動計畫，毛澤東於 18 日回信說：

> "八月十六日來信收到。我於昨天（十七日）看了一遍，覺得很好，完全贊成。今天（十八日）即與中央各同志商量，照此辦理，迅速實行。"[4]

[1] 《曲折發展的歲月》，537 頁；黃崢主編：《共和國主席劉少奇》，中共黨史出版社，1998 年，1282-1283 頁
[2] 轉引自叢進：《曲折發展的歲月》，541 頁，河南人民出版社，1989 年 12 月
[3] 《劉少奇年譜》下冊，電子書
[4] 《毛澤東年譜（1949-1976）》第五卷，386-387 頁

不僅如此，8 月 19 日，劉少奇將王光美的"桃園經驗"以及他為中央起草的轉發批語稿報送給毛澤東，27 日毛澤東批示："此件先印發此次到會各同志討論一下，如果大家同意，再發到全國去。我是同意陳伯達和少奇同志意見的。"[1] 所以，劉少奇的所謂"形左而實右"，其實是"奉旨犯罪"。

劉少奇的另一樁著名罪行是鼓吹"階級鬥爭熄滅論"。1969 年 4 月 1 日，敬愛的林副統帥在黨的九大代表中央作政治報告，其中說：

"劉少奇還繼續散佈'階級鬥爭熄滅論'、'馴服工具論'、'群眾落後論'、'入黨作官論'、'黨內和平論'、'公私溶化論'（即'吃小虧占大便宜'）等等反動謬論，就是妄圖腐蝕和瓦解我們的黨，使黨員越'養'越'修'，使馬克思列寧主義的黨'和平演變'為修正主義的黨，使無產階級專政'和平演變'為資產階級專政。"

直到 1975 年底，偉大領袖毛主席還諄諄教導我們：

"文化大革命是幹什麼的？是階級鬥爭嘛。劉少奇說階級鬥爭熄滅論，他自己就不是熄滅，他要保護他那一堆叛徒、死黨。"[2]

然而這"階級鬥爭熄滅論"真是劉少奇發明的麼？請看毛主席他老人家在 1956 年底至 1957 年初的多次指示：

現在天下基本上太平了，階級鬥爭基本上過去了，還有一部分沒有過去，那就是資產階級思想、小資產階級思想還存在，這是一個長期的鬥爭。（1956 年 11 月 8 日）

國內階級矛盾已經基本解決，但是應該注意仍然存在的一部分反革命分子的活動。（1956 年 11 月 13 日）

---

[1] 同上，394 頁
[2] 毛主席重要指示，（一九七五年十月——一九七六年一月），《建國以來毛澤東文稿》第十三冊，487 頁。

社會主義社會矛盾是存在的。基本的矛盾就是生產關係同生產力之間、上層建築同經濟基礎之間的矛盾，這些矛盾都是表現為人民內部的矛盾。（1957 年 2 月 27 日）

現在，大規模的、群眾性的階級鬥爭基本上結束，八大決議上面說了。……對於階級鬥爭基本結束而顯露出來的各種東西，各種不滿意，許多錯誤的議論，我們應該採取什麼方針?我們應該採取"百花齊放、百家爭鳴"的方針。（1957 年 3 月 17 日）

我們現在處在這麼一個時代，就是大規模的階級鬥爭基本上結束，社會主義改造基本完成，這是第八次代表大會作了結論的，這個結論是合乎情況的。……。去年上半年，階級鬥爭基本結束。所謂基本結束，就是說還有階級鬥爭，特別是表現在意識形態這一方。……剛才講有階級鬥爭，特別表現在意識形態上面的，我們是把它當作內部矛盾來處理的。（1957 年 3 月 18 日）[1]

所以，據他老人家說，那是黨的八大作的結論。不僅如此，在 1966 年 10 月 24 日的中央工作匯報會議上，康生說：八大報告中有階級鬥爭熄滅論，毛澤東答道："報告我們都看了的，大會通過的，不能單要他們兩人（指劉少奇和鄧小平）負責。"[2] 這還有點像個正派人。然而到了 1969 年開九大時，他就有那臉皮把這些話忘記得乾乾淨淨，虛構出一個"兩條路線鬥爭史"來。

類似地，九大政治報告還控訴了劉少奇鼓吹"和平民主新階段"的罪行：

---

[1] 《毛澤東年譜（1949-1976）》第三卷，25，32。83-84。112，113，115 頁
[2] 毛澤東在中央工作會議彙報會上的插話記錄，1966 年 10 月 24 日，轉引自《毛澤東傳（1949-1976）》，電子書。

"抗日戰爭勝利以後，正當美帝國主義武裝蔣介石反革命軍隊，準備向解放區大舉進攻的時候，劉少奇適應美蔣反動派的需要，拋出了所謂'中國走上了和平民主新階段'的投降主義路線，反對毛主席提出的'放手發動群眾，壯大人民力量，在我們黨的領導下，打敗侵略者，建設新中國'的總路線和對美蔣反動派的進攻採取'針鋒相對、寸土必爭'的方針。"[1]

然而這"投降主義路線"卻是偉大領袖本人提出來的。

1945 年 8 月 25 日，中共中央發表《對於目前時局的宣言》，指出："我全民族面前的重大任務是：鞏固國內團結，保證國內和平，實現民主，改善民生，以便在和平民主團結的基礎上，實現全國的統一，建設獨立自由與富強的新中國。"

次日，毛澤東在他起草的《中共中央關於同國民黨進行和平談判的通知》中說：國民黨"在內外壓力下，可能在談判後，有條件地承認我黨地位，我黨亦有條件地承認國民黨的地位，造成兩黨合作（加上民主同盟等）、和平發展的新階段"。

8 月 28 日，毛澤東在重慶機場對新聞記者的談話中講："本人此次來渝，系應國民政府主席蔣介石先生之邀請，商討團結建國大計。現在抗日戰爭已經勝利結束，中國即將進入和平建設時期，當前時機極為重要。目前最迫切者，為保證國內和平，實施民主政治，鞏固國內團結。"

9 月 13 日，毛澤東在對合眾社記者的談話中說："中國能夠從抗日戰爭階段過渡到和平建設的時期。相信這不僅是全中國人民的希望，而且是整個世界的希望"。

---

[1] 中共九大政治報告（一九六九年四月一日報告，四月十四日通過）
https://www.marxists.org/chinese/linbiao/marxist.orgchineselinbiao19690401.htm

9 月 18 日，毛澤東在參政會茶會上演說中又指出："今後當為和平發展、和平建國的新時代，必須團結統一，堅決避免內戰，除此方針之外，其他任何方針均屬錯誤。"

10 月 10 日，在國共雙方共同簽署的《國民黨政府與中共代表會談紀要》中寫道："關於和平建國的基本方針，一致認為：中國抗日戰爭，業已結束，和平建國的新階段，即將開始。"

1946 年 1 月 10 日，在以中共中央主席毛澤東名義頒佈的《中國共產黨中央委員會關於停止國內軍事衝突的通告》中也有"中國和平民主新階段即將從此開始"的提法。

2 月 1 日，《解放日報》報導的《延安權威人士在政協會議閉幕時發表的評論》中說："中國從此無疑的走上了和平民主建設的新階段，這是中國民主革命一次偉大的歷史的勝利。"

同日，劉少奇在《時局問題的報告》中說："中國已經走上和平民主的新階段。"同日，他在為中共中央起草的《關於目前形勢與任務的指示》中又寫："中國即走上了和平民主建設的新階段"。

不僅劉少奇一人，周恩來和朱德在此時期也都在不同場合講了中國"現在已經進入和平時期"一類的話。[1]

其實，"和平民主新階段"只是中共準備發動內戰期間的欺騙口號，毛澤東在 1959 年的廬山會議上就坦率承認了這一點：

"'和平民主新階段'是為了奪取政權的，哪怕一年兩年也好。結果我們爭得一年時間。如果再加一年，那就更好。"[2]

然而毛卻就是有那本事，在多年後把這當成劉少奇實行"反動路線"的罪證。

---

[1] 以上轉引自楊淑娟、黃見秋：《关于"和平民主新階段"的提法》，《北京大學學報（哲學社會科學版）》，1980，Vol 17（2），95

[2] 李銳：《廬山會議實錄（增訂本）》，電子書。

最有趣的還是，對同一本書，毛澤東的前後評價可以完全相反。早在 1937 年春夏，毛澤東就開始和劉少奇結盟對付國際派。此後劉一直是他最堅定、最主要的盟友。1939 年 4 月，毛特地將劉少奇從河南召回延安，參加政治局擴大會議，從 8 月 7 日至 12 日，劉少奇在延安馬列學院作《論共產黨員的修養》的演講，影射攻擊王明等人。毛為之大聲喝彩，稱讚其演講稿 "提倡正氣，反對邪氣"，下令在中共中央機關刊物《解放》週刊發表[1]。

然而到了 1970 年 12 月 18 日，毛澤東卻對斯諾說，劉少奇 "出的書黑《修養》不觸及帝國主義、封建主義、國民黨。……說不要奪取政權，共產黨不要奪取政權的，當個共產黨不奪取政權幹啥啊？！"[2]

不過，與高崗同志蒙受的冤屈比起來，少奇同志的遭遇還真算不了什麼。

高崗同志原是毛澤東的心腹愛將。毛到陝北後，為了抗衡國際派，大力提拔地方實力派。在短短四五年中，毛就把高崗從一個地方幹部提拔為西北局書記，與周恩來、劉少奇等大局書記平起平坐。在延安整風運動中，高崗是毛倚重的幹將之一，在總學委第一組中任毛澤東的副手，兼任中央反內奸鬥爭委員會委員[3]，在中共七大躍升為政治局委員。以後毛澤東又先後推舉高崗擔任東北局書記、中央人民政府副主席、軍委副主席等要職。

1952 年 11 月，毛澤東覺得周恩來權力太大，架空了他，特地將高崗從東北調入北京，任國家計委主席。新成立的國家計委人稱

---

[1] 吳黎平：《〈論共產黨員的修養〉出版的前前後後》，載《懷念劉少奇同志》，湖南人民出版社，1980 年，291-92 頁。
[2] 毛澤東：《會見斯諾的談話紀要》《建國以來毛澤東文稿》第十三冊，中央文獻出版社，1998 年 1 月，173-174 頁
[3] 《紅太陽是怎樣升起的》

"經濟內閣"，分去了國務院和國家財委的許多權力，使得周恩來的總理權力基本上收縮到只管外交。

毛澤東還向高崗推心置腹，多次向高發洩對劉少奇的不滿，說進城以後，劉少奇沒有做什麼工作，對他幫助不大；劉過去只搞過白區工作，沒有建設根據地的經驗；劉沒有搞過軍隊，軍隊不聽他的，不能掌握全局；劉左右搖擺，不怎麼穩；劉要架空他，許多事情不讓他知道，擅自以中央的名義發表講話、發文件，等等。毛澤東認為劉少奇不是合格的接班人，想讓他"挪挪位置"，甚至密令高崗在東北調查劉少奇 1929 年在奉天（今瀋陽）被捕後出獄的情形。

高崗由此認定毛澤東想更換接班人，便主動替毛遊說各大區領導，將毛與他講的那些"私房話"講給那些人聽，並在全國財經會議上"批薄射劉"，致使劉少奇的幹將薄一波被撤了財政部長的職務。

但此後毛試圖搞掉劉的另一幹將安子文，卻在"討安伐劉"的組織工作會議上掀起軒然大波，以致會議無法開下去。毛意識到劉少奇勢力已成，一時難以撼動。而高崗行動過於操切，過早地暴露了他的意圖，使他陷於被動，十分惱火。高崗南下串連林彪等人也引起了他的疑心病發作。於是他倒過來聯劉倒高，反手一掌就把高打了下去。高崗在背後說的劉少奇的壞話被揭發出來，作為他反黨的罪證，他又不敢說出那些話是毛講的，想到杭州見毛，卻又被毛無情拒絕，有苦說不出，只能飲恨自殺。[1]

5) "剝筍政策"

---

[1] 趙家梁、張曉霽：《半截墓碑下的往事──高崗在北京》，大風出版社，2008 年 7 月，TXT 電子書（無頁碼）；張秀山：《1954 年揭批高崗、饒漱石反黨分裂活動會議》，《百年潮》2007 年第 5 期。

1966 年 5 月 5 日，毛澤東會見阿爾巴尼亞黨政代表團時，對代表團長謝胡披露，他使用的權謀"就是剝筍政策，一層一層地剝掉，剩下的是好的，把壞的剝掉。從 1921 年到 1966 年四十五年了，我們就初步地剝了一遍，剝掉了不少反動的：陳獨秀、瞿秋白、李立三、王明、張國燾、張聞天、高崗、饒漱石、彭德懷、羅瑞卿、彭真等等前後幾十個中央委員，還有睡在我們身邊沒有發現的。" 1966 年 5 月 21 日，周恩來在擴大的中央政治局會議上傳達了這個講話[1]。

這其實就是毛在倒劉戰役中採用的策略。前已述及，劉少奇在延安整風前後，為捧毛打國際派立下了汗馬功勞，被毛提拔為皇儲。但中共建政後，劉少奇主張"鞏固新民主主義"，違反了毛的激進戰略，引起了毛的不滿。如前所述，毛曾對高崗說了劉的許多壞話，讓高崗去東北查閱敵偽檔案，並先後利用財經會議與組織會議"批薄射劉"、"討安伐劉"。在後者失敗後，毛因勢利導，反過來聯劉倒高。在中共八大期間，劉派"白區黨"的勢力得到極大的增強。

大躍進失敗後，劉少奇在七千人大會上作報告，當著毛的面大颳"黑暗風"。會後，"反右傾鬥爭"中被整肅的三百多萬幹部和黨員得到甄別平反[2]。在毛眼裡又成了"颳翻案風"。毛的對策是聲東擊西，在八屆十中全會上大講階級鬥爭，在意識形態上尋求突破口。

恰逢此時，司馬璐在香港登出了瞿秋白臨死前在監獄裡寫的《多餘的話》，給了毛發難的靈感，他本來就想把劉少奇打成叛徒，瞿秋白之事正好用來做文章。此時戚本禹寫的《評李秀成自

[1] 中共中央文獻研究室編：《周恩來年譜》下卷，32 頁，中央文獻出版社，1997 年。
[2] 薄一波：《若干重大決策與事件的回顧》下卷，871 頁

述》就成了他的重磅炸彈。他以此開始大搞"影射史學"，借古諷今，指桑罵槐。

據戚本禹交代，1963 年間，他覺得，當時"有一股很大的为彭德怀翻案的力量"，重演話劇《李秀成之死》是歌頌彭德怀，他必須起來作戰，便寫了《评李秀成自述》，以李秀成影射彭德懷，說李秀成晚節不終，影射彭晚年反毛也是"晚節不終"。

文章發表後引起了強烈反響，但大多數質疑者都未看出這其實是政治鬥爭，卻把它當成學術爭論，就事論事。這也毫不足奇：以李秀成影射彭德懷，當真是荒謬絕倫———彭德懷幾曾寫過悔過啟事？正常人便做夢也不會想到戚本禹罵的其實是老彭。

老辣如毛澤東，當然看得出這比附之荒唐。而且，彭德懷已是死老虎，再罵他又有什麼意思？毛要搞的是活老虎，於是便把這影射史學扭轉到更切題的"抓叛徒"上去。

是年底，江青找戚談話，說："你給黨做了重要的事情，主席表揚你，很滿意你寫的文章。主席認為黨內叛徒問題長期未能解決，你的文章提出這個問題，為黨立了一功。你可別驕傲，要繼續寫。可以請教康生的'九評'（指與蘇共論戰的九篇評論文章）寫作班子"。康生指點戚，不要跟著批評者的觀點跑，而要高屋建瓴，抓住要害予以反擊，務使對手無還手之力，如此才能置對手于死地。

在猾吏點撥下，戚本禹於次年推出《怎樣對待李秀成的投降變節行為？》，明確提出叛徒問題，從李秀成、汪精衛到彭德懷，從伯恩斯坦、考茨基到赫魯曉夫，大批特批，其勢洶洶，在全國引起更大震動。[1]

---

[1] 以上見雷頤：《"瞿秋白冤案"的起源與平反》，《炎黃春秋》2011 年第一期。

史學界的書呆子們還想爭辯，毛澤東的十六字御批卻已不脛而走，流傳民間。據官方後來披露，毛當時的批示是："忠王不忠，李秀成的自述是叛變的，為什麼要宣傳？白紙黑字，鐵證如山；晚節不終，不足為訓。"[1]毛還對周揚說："（《多餘的話》）看不下去，無非是向敵人告饒，自首叛變。為什麼不宣傳陳玉成而宣傳李秀成？為什麼不宣傳方志敏而宣傳瞿秋白？"甚至指責周揚是大地主階級出身，本性難改[2]。一錘定音，瞿秋白就此成了當代李秀成。

輿論造足後，毛就開始"剝筍"，其操作要訣是"先剪枝葉，再伐主幹"，一層層剝下去，在每個層次上都遵循這個原則。

在江青指使下，上海推出《評新編歷史劇〈海瑞罷官〉》，表面上對著吳晗，其實是清掃彭真的外圍。這就逼著彭真不得不出來保護他，就此落入毛的圈套，被打成"黑幫"。彭真是劉少奇的頭號幹將，打彭是清掃劉的外圍。毛再次下套，自己待在杭州，讓劉少奇去主持整彭的政治局擴大會議。連李雪峰都看出了其實劉才是毛"剝筍"的最終目標：

> "從會上看，劉少奇是同情彭真的，認為他有錯誤，但不同意這麼搞。看得出少奇有氣，壓力很大，表情不自然。他主持會議，等於反對他自己。"[3]

劉少奇大概也知道，若是他試圖保護彭真，立即就要把自己搭進去。於是他雖然萬般無奈，還是只能坐視他的心腹愛將覆滅。但即使如此，他也不過多苟延殘喘了幾個月。三個月後，他因"推行資產階級反動路線"被廢黜皇儲的位置。毛知道，"路線錯誤"並

[1] 轉引自盛巽昌：《毛澤東眼中的歷史人物》，上海辭書出版社，2005年，406頁
[2] 轉引自雷頤：《"瞿秋白冤案"的起源與平反》，《炎黃春秋》2011年第一期
[3] 李雪峰：《我所知道的"文革"發動內幕》，摘自《回首"文革"》，張化、蘇采青主編，中共黨史出版社出，2014年6月，人民網，http://history.people.com.cn/GB/14495943.html

不能致其死命，更不能剪除其爪牙，於是就拿紅衛兵從舊報紙上找到的安子文、薄一波等 61 人的自首啟事做文章，把劉系高幹統統打成叛徒，最後總算把高崗查到的敵偽檔案派上用場，把劉少奇也做成了叛徒。

就這樣，通過"萬里迂迴"，"千日做局"，毛的假想敵們被他"由此及彼，由表及裡"地一層層剝下去，從瞿秋白剝到彭真，從 "六十一人叛徒案" 剝到敬愛的叛徒、內奸、工賊劉主席。到最後，高崗當年指責的"白區黨"人物統統成了現代李秀成，被剝除罄盡。在這個意義上，文革完成的歷史任務，也就是高崗當年"出師未捷身先死"留下的未竟之業。

6) 突然襲擊

這是毛對假想敵發起最後一擊時使用的手段，受害人此前一直被蒙在鼓裡，直到毛的雷霆打到頭上來，才意識到末日到了。"彭羅陸楊"的落水特別有戲劇性。

楊尚昆是最先倒霉的。1965 年 10 月 29 日，周恩來、鄧小平、彭真根據毛澤東的指示，通知他中央決定免去他的中央辦公廳主任職務，調任廣東省委書記處書記。他如聞晴天霹靂，在日記裡寫下：

　　10 月 29 日　永遠不能忘記的一天

　　上午 10 時半，周、鄧、彭三人約我談話。這是一次不尋常的談話，十分值得記著，永遠不要忘記！

他隨即上書求見毛，毛同意了，見了他就問，你出去到哪裡？他說他到廣東去。毛於是裝模作樣地給他佈置了"調研任務"。然後問他："廣東那麼熱，你跑到那裡去幹什麼？現在既然已經決定了，你去兩年到三年，你把這個任務完成。先在珠江流域，以後我把你調到黃河流域搞個兩三年。主要是了解黨政機關是不是按照中央精神結合本地實際來進行工作的，更主要是條條下達的任務是不是打架。"楊尚昆只能答應努力去做[1]。那兩個問題，天下也只有毛澤東有臉問得出來。

楊尚昆畢竟還有個過渡。其他三人連個緩衝期都沒有。1965 年 12 月 8 日-16 日，毛澤東在上海主持召開中共中央政治局常委擴大會議。與會人員事前不知道會議的內容，開會時才知道是批判羅瑞卿[2]。據李雪峰說，羅當時正在雲南視察工作。12 月 10 日，中央要他馬上到上海開會，羅毫無思想準備，接到通知就飛到上海。一下飛機，接他的人就將他送去軟禁起來。羅才明白自己已經失去自由，非常生氣，又莫名其妙，不知道為什麼。他始終沒有參加批判他的會議。李井泉不知道羅倒了霉，還給羅送桔子。

彭真落水更富有諷刺意味。當時他還是中央祕書長的角色，管著整羅的事。3 月 18 日他還參加毛澤東在杭州召開的會議。會議中間他去接電話，回來報告毛，羅跳樓自殺把腿摔壞了。四月中旬政治局常委又在杭州召開擴大會議，連葉劍英都不知道會議議程，還問李雪峰：這個會議是幹什麼的？3 月不是剛開了會？結果會議還沒開，彭真的材料就出來了。[3]

就連劉少奇都是到了毛《炮打司令部》的大字報出來後才明白，原來他自己才是睡在毛身邊的赫魯曉夫。1970 年 12 月 18 日，毛澤東會見斯諾。斯諾問毛，劉少奇是不是反對十六條。毛澤東答："他模模糊糊。因為那時候我已經出了那張大字報了，他就不得了了。他實際上是堅決反對。"[4]

從此話中不難看出，毛的大字報出來前，劉還在"模模糊糊"地幫著毛數賣他的錢。即使在被打倒後，劉也沒料到會被整死，這

[1] 《楊尚昆日記》（下冊），中央文獻出版社，2001 年 9 月，682，686 頁。

[2] 《毛澤東傳（1949-1976）》，電子書

[3] 《我所知道的"文革"發動內幕》

[4] 《建國以來毛澤東文稿》第十三冊，中央文獻出版社，1998 年 1 月，174 頁。

才會在最後一次見毛時，請求辭去國家主席職務，帶妻兒去延安或回鄉種地。少奇同志連林立果殿下的覺悟都沒有，人家的小艦隊還能總結出毛的權謀的特點："他的整人哲學是一不做、二不休。他每整一個人都要把這個人置於死地而方休，一旦得罪就得罪到底、而且把全部壞事嫁禍於別人。"[1]

7)　"兩點論"

前文已經說過，無產階級革命領袖們與傳統帝王都是受命於天，但上天授命的方式有個根本區別。它授命給帝王，是因為帝王是它兒子，屬於私產授受，誰也無法與之競爭，而無產階級領袖則缺乏這種私相授受的優越性。他們之所以當皇帝，不是老天爺把家私交給了兒子，而是因為他們代表了真理。

這就給現代帝王帶來了個極大難題。傳統帝王不必永遠正確，犯錯誤並不能使他喪失與上天的血緣關係，所以他再下一萬份罪己詔，也決不會影響其權威甚至動搖其統治。但現代帝王絕對不能犯錯，否則立即便不再是真理化身了。這種特殊難題，使得無產階級革命領袖必須使用"辯證思維"（＝詭辯），而毛澤東就是這種辯證法的大師。

在針對時局作出"科學預言"時，毛特別強調"兩種傾向"，說如果只看到一種傾向，那就是一點論，就是片面性，就是"形而上學"。因此，看問題一定要看到兩個方面，充分分析事物的兩種傾向。

什麼是兩種傾向呢？那就是"戰爭仍有發生和不發生兩種可能性"，"中國出不出修正主義（當權），兩種可能：不出或出，早

---

[1]　《"571 工程"紀要_百度百科》

出或遲出。搞得好可能不早出。早出也好，走向反面"[1]一類信息量為零的廢話，這就叫全面，就叫具體問題具體分析，是馬克思主義的活的靈魂。用這兩點論去分析世上一切事物，那就永遠立於不敗之地，什麼都可以預言，什麼都可以證明。

前已述及，毛澤東在 1957 年發動"大鳴大放"時錯估了形勢，以為大部分知識分子都已被馴服。他在那段時期的講話的主要精神都是"階級鬥爭熄滅論"，反復指出人民內部矛盾已經上升為基本矛盾。但他仍然講了"螞蟻出洞"的可能。這就使得他立於不敗之地，在事態發展超出了他的預期後，仍可用那些話語來證明他明見萬里，不曾失算。

毛澤東不但使用"辯證法"來預言天下大勢，還嫻熟地用它來文過飾非，其用心之深遠，一般人根本想不到。在文革前夕寫給江青的信就是輝煌的範例。

1966 年 5 月 18 日，在中共中央發出《五一六通知》、正式在全國發動文革之後兩天，林彪在政治局擴大會議上作了著名講話。該講話不但把毛吹捧到史無前例的高度，而且大談政變，說為了粉碎彭（真）、羅（瑞卿）、陸（定一）、楊（尚昆）反黨集團，毛好幾個晚上沒睡好，作了軍事調動，以防他們發動政變云云。同年 7 月間，毛給江青寫了封信，信裡對林搞的規模空前的毛崇拜表示不以為然，說林是"為了打鬼，借助鍾馗"，為了倒劉才搞毛崇拜，說什麼"我歷來不相信，我那幾本小書，有那樣大的神通"，並撇清自己批發林的講話的責任，說什麼"我是被他們迫上梁山的，看來

---

[1] 毛澤東聽取賀龍、羅瑞卿、楊成武彙報備戰計畫時的講話記錄，1965 年 4 月 28 日、29 日；毛澤東在中共中央政治局常委擴大會議上的講話記錄，1966 年 4 月 22 日，轉引自《毛澤東傳（1949-1976）》，電子書。

不同意他們不行了。在重大問題上，違心地同意別人，在我一生還是第一次。"[1]

　　毛澤東寫這封信，是其機心深沉的表現。作為一個老奸巨猾的政客，他必須提防中央日後"出修正主義"，而他會因為發動了有史以來規模最大的造神運動，遭受中國赫魯曉夫的譴責。於是當文革即將全面鋪開，毛準備啟程返回北京鬥倒劉少奇前夜，他便寫下了那份"政治遺囑"，意在向後人表示他的偉大謙虛，說明自己完全是為了革命事業忍痛放棄原則，犧牲自己，並不是名欲熏心喪失理智。

　　為他始料未及的是，還在他生前，他親自選定的接班人就倉皇出逃了，於是這封信便提前派上了用場。中共中央在下發林彪反黨集團材料的同時，也傳達了毛的這封信，向全國人民證明了偉大領袖就是高瞻遠矚，洞察一切。

　　限於篇幅，其他權術諸如"利用矛盾，分化瓦解，各個擊破"、"借刀殺人"、"設置對立面"、"文過飾非"等等，只在下章中行文涉及時順便指出，不再列為單項介紹。

---

[1] 毛澤東：《給江青的信》，《建國以來毛澤東文稿》第 12 冊，71，72 頁。

第二章 毛氏謀略學的勝利

毛澤東政治生涯中的全部成就，都是靠謀略取得的。作為古今第一謀略大師，他先後取得了三個里程碑式的勝利：擊敗競爭對手，以"庶出"身份贏得斯大林批准，當上中共黨魁；在抗戰爆發後制定關鍵的戰略決策，百倍壯大自己，最終奪取了全國勝利；在"大躍進"失敗後，他面臨威望跌落的危險，通過造神運動和大搞"階級鬥爭"，扭轉局面，登上神壇，以一己之力砸碎黨國機器，並按自己的意願重塑之。

一、通向教主寶座之路

（一）掙得第一桶金

在臨時中央遷入蘇區前，毛澤東是說一不二的"蘇區王"。他既是"中華蘇維埃共和國"的政府主席，又是紅一方面軍總政委、前敵委員會書記，黨政軍的大權都緊緊地握在他手裡。

這對文人出身的毛澤東來說，是一個非凡的成就。從國共破裂後，毛澤東就開始堅定地相信"槍桿子裡出政權"，為此上了井岡山，那時他根本就不懂軍事，全靠政治局候補委員的身份"以黨領軍"，成立個"前敵委員會"，統管黨、政、軍。

好景不長，1928 年 3 月，中共湘南特委代表周魯到井岡山，貫徹執行中央指示，宣布開除毛澤東的中央臨時政治局候補委員，撤消現任省委委員；取消中共前敵委員會，成立單管軍中黨的機關、不能過問地方黨的師委，以何挺穎爲書記，毛澤東改任師長[1]。

毛澤東就任新職時，對部下承認："軍旅之事，未知（之）學也。"[2] 坦承他沒有學過軍事，不會打仗。多年後，他仍然在中共八大上承認當時不會打仗：

> "'開除黨籍'了又不能不安個職務，就讓我當師長。我這個人當師長，就不那麼能幹，沒有學過軍事，因為你是個黨外民主人士了，沒有辦法，我就當了一陣師長。"[3]

所謂"開除黨籍"是他編造出來的。而且，只過了一個多月，毛的隊伍就與朱德的部隊會合，兩支部隊合編為紅四軍，由毛澤東任黨代表兼軍委書記。到了 11 月間，他又當上紅四軍前委書記。1930 年紅一方面軍成立時，毛澤東當上一方面軍總政委，總前委書記，兼任統一指揮紅軍和地方政權的中國工農革命委員會主席，集黨權、軍權、政權於一身[4]。

但毛當初既然不懂軍事，那他又是怎麼去指揮部下，牢牢把持住軍權的？

首先，他充分利用發揮了自己政治優勢，堅持"黨指揮槍"，以黨的權威壓服軍頭們。這在 1929 年年底通過的古田會議決議中表現得相當充分。此前毛澤東因為大權獨攬，獨斷專行，引起同儕不滿，認為他實行家長制，在紅四軍第七次代表大會上批判了他的"集權制領導原則"，並選舉陳毅取代他擔任前委書記。毛澤東被迫離開紅四軍，到閩西去休養。只是在周恩來的干預下，他才官復

---

[1] 《毛澤東年譜（1893-1949）》，TXT 電子書。

[2] 《何長工回憶錄》，135 頁，解放軍出版社，1987 年 12 月

[3] 毛澤東：《關於第八屆中央委員會的選舉問題》，一九五六年九月十日，《毛澤東文集》第七卷，

http://cpc.people.com.cn/GB/64184/64185/189967/11568246.html

[4] 《毛澤東年譜（1893-1949）》

原職。復職後他就召開了第九次代表大會，大會通過了他本人起草了八個決議。決議強調政治工作，"肯定黨對紅軍的領導原則"，"厲行集中指導下的民主生活"，"批判了極端民主化思想和非組織觀點等錯誤傾向"[1]。所有這些，其實都是為他那政治領導人與"黨的化身"造勢。

其次是結黨營私，培植親信，尤其是與林彪結成了長期的特殊關係。據邱會作說，長征中的中央領導人有兩個特殊，一是帶老婆，二是可以行軍坐擔架。這些人並不是一定要抬著才能走，而是一種待遇。毛澤東在長征中一直受到林彪的特別保護和照顧。過草地前，林特地送了八個人的擔架班和一頭壯實的騾子為毛服務，還把他自己的運輸員都送給了毛[2]。

毛不僅籠絡林彪那種有才幹的人，而且任人唯親，就連道德品質極差的李韶九、劉士奇等人都加以提拔重用。另一方面又排斥異己。毛澤東的老部下何篤才只因在紅四軍第七次代表大會上反對過他，便被當成犯了錯誤的幹部調出紅一軍團，降級使用，後來又被當成 AB 團殺掉。何曾對黃克誠說，毛澤東這個人很了不起。論本事，還沒有一個人能超過毛澤東；論政治主張，毛澤東的政治主張毫無疑問是最正確的。他不反對毛澤東的政治路線，而是反對毛澤東的組織路線。毛澤東過於信用順從自己的人，對持不同意見的人不能一視同仁，不及朱老總寬厚坦誠。何篤才還舉例說，像李韶九這個人，品質很壞，就是因為會順從，騙取了信任，因而受到重用，被賦予很大的權力。結果，幹壞了事情也不被追究，像這樣的組織路線，何以能服人？[3]

---

[1] 《毛澤東年譜（1893-1949）》
[2] 《邱會作回憶錄》（上），64、73頁，新世紀出版社，2011年。
[3] 《黃克誠自述》，100-101頁，人民出版社，1994年。

　　第三則是殺人立威，肉體消滅異己。早在斯大林發動大清洗之前，毛澤東便率先發明了用莫須有的罪名屠殺競爭對手。東固根據地的創始人李文林和江西省委巡視員江漢波一道，主張執行中共六大通過的土地問題決議案，只沒收豪紳地主土地，反對毛澤東提出的"沒收一切土地"的極左主張，就被毛澤東扣上"富農分子"的帽子，江漢波被開除黨籍，李文林被調出主力部隊，後來被冤殺[1]。

　　毛澤東隨即發動了"反AB團鬥爭"，大肆屠殺異己，光在紅一方面軍中就殺掉了4,400多名"AB團"，逼反了紅二十軍，引發了"富田事件"。毛澤東擔任中央局代書記後，加緊"肅反"，先以談判為名誘捕了二十軍兵變領導人，將其全體處決，又將該軍調入紅一、三軍團的埋伏圈，將其包圍繳械，軍長、政委以下700多名副排長以上幹部悉數被屠，殘部編入紅七軍。中央蘇區先後有7萬多人在反AB團鬥爭中被冤殺[2]。

　　多年後，毛澤東自己也承認："肅反時我犯了錯誤，第一次肅反肅錯了人。"[3]但在當時，殺人立威絕對有效，張國燾同志也是靠這手在鄂豫皖蘇區建立權威的。

　　第四則是向革命軍閥學習打仗的本領。我已經在舊作中指出，毛澤東從朱德那兒學會了游擊戰術，在朱德與彭德懷的幫助下，拋棄了他從宋江那兒學來的"固定區域的割據"的苟安戰略，找到了創建根據地的正確的道路[4]。在學會了武藝後，繼續造"勢"就更加順理成章了。

---

[1] 《前委開除江漢波黨籍決議》（1930年4月4日），載江西省檔案館：《中央革命根據地史料選編》上冊，576－577頁，江西人民出版社，1983年；高華："'肅AB團'事件的歷史考察》，《二十一世紀》，1999年8月號

[2] 《"肅AB團"事件的歷史考察》。

[3] 毛澤東：《關於第八屆中央委員會的選舉問題》，一九五六年九月十日，《毛澤東文集》第七卷。

[4] 《毛主席用兵真如神？》50-58頁。

　　總而言之，毛澤東在中央蘇區崛起，主要靠的還是他遠離中央的優勢，在地方上得以扮演黨的化身，挾黨威領導指揮職業軍人，靠殺人建立個人權威。當時這麼幹的，還有鄂豫皖蘇區的張國燾和湘鄂西蘇區的夏曦。毛、張與夏的區別，在於他們都較快地學會了軍事（張可能比毛學得更快更好些），並不光靠殺人。而夏就只有殺人一手，因此最後死得不明不白。

　　臨時中央遷入蘇區後，挾黨威以令部將就不再靈光了。但是，毛澤東原始股東的身份，使得他日後可以自稱武裝鬥爭的開創者與革命根據地的締造人。如同朱德成了紅軍之父一樣，"朱毛紅軍"的創始人身份，也是毛雄厚的政治資本。就是這身份引起了莫斯科的注意，使得斯大林對他加以青眼。在莫斯科的干預下，博古等國際派被迫停止了針對毛澤東的"反羅明路線鬥爭"[1]，在 1934 年召開的五中全會上，毛澤東被選入政治局。共產國際還為毛澤東在莫斯科出了文集。1935 年 8 月 7 日，王明代表中共在共產國際七大上作關於中國革命形勢與黨的任務的報告，將毛澤東列為十三個中共領導人中的第一名[2]。

　　很明顯，如果毛澤東沒有這雄厚的原始政治資本，得不到莫斯科的庇護，他很可能會在紅軍長征時被留在蘇區，即使不像瞿秋白那樣喪命，也就錯過了趁難崛起的大好時機。

（二）趁難崛起

　　"滄海橫流，方顯出英雄本色。"毛澤東是發國難財的高手，舉凡共產黨或國家遇到危難之日，就是他趁機漁利之時。對他來

---

[1] 《王明、康生致中共中央政治局信》（1934 年 4 月 20 日），轉引自高華：《紅太陽是怎樣升起的》，下同。

[2] 參見王明：《論反帝統一戰線問題》（1935 年 8 月 7 日），載《王明言論選輯》，449 頁。

說，"危機"真成了危險中的發跡機會，為此他不惜推波助瀾，加重危難，以便亂中奪權。

例如在第五次反圍剿中，紅軍節節敗退。喪失了大片根據地。當此危難之際，毛澤東竟然在一方面軍老部下中煽動對軍委領導的不滿，蓄意破壞博古、周恩來和李德的威信，人為製造指揮困難，鼓勵將領們對軍委決定陽奉陰違[1]。他還利用當時中共實行的"懲辦主義"，趁機收買人心。蕭勁光不戰而棄戰略重鎮黎川，致使大局崩壞，難以逆轉，為此受到軍法審判。毛卻派賀子珍去為蕭打氣，跟他說，黎川失守是整個指揮部署的問題，你應該撤退，做得對。蕭獲刑五年，可只蹲了一個月的牢就被毛放了出來，調去當教員[2]。類似地，長征開始後，在湘江戰役中，三十四師被全殲，師長周子昆和他妻子卻逃了回來，李德大發雷霆，要槍斃周子昆，毛澤東卻庇護了他[3]。

據李德說，在第五次反圍剿後期，毛澤東表現得很克制。他參加中革軍委會議的次數越來越少，到後期幾乎完全引退了。卻在暗中進行宗派鬥爭。他先把王稼祥拉了過去，然後又把張聞天拉過去，結成了宗派領導。隨著時間推移，他們把其他政治局委員、特別是軍隊指揮員拉到了他們一邊[4]。

這時國民黨幫了毛澤東的大忙。中共中央原來通過上海局的祕密電台與莫斯科保持電訊聯繫，但在 1934 年 6 月間，上海局負責人被捕叛變，電台被破獲，共產國際和中共中央的電訊聯繫從此中斷，莫斯科再也無法干預中共的高層人事變動了[5]。據李德說，這正

---

[1] 奧托·布勞恩：《中國紀事》，93、95 頁。

[2] 《毛澤東年譜（1893-1949）》，TXT 電子書。

[3] 《長征：前所未聞的故事》，TXT 電子書

[4] 《中國紀事》，96，103 頁

[5] 《中國紀事》，107-108 頁；金一南：《苦難輝煌》，中國共產黨新聞網，http://cpc.people.com.cn/GB/64162/82819/144410/8708509.html

中毛澤東的下懷，他更加放手進行反對黨的宗派活動。但他對博古
使用了驕敵之計。長征前夕，項英找李德作徹夜長談，他對富田事
件記憶猶新，以此對李德作了明顯暗示，警告李德不能忽視毛澤東
反對最高領導的派別鬥爭。毛暫時的克制不過是出於策略上的考
慮。他告訴李德，毛澤東可能依靠軍隊中的領導幹部，奪取軍隊和
黨的領導權。李德同意項英的看法，但他幾天後將此話轉告博古
時，博古卻不當回事。他說，關於黨的政治路線和軍事問題上都已
不存在任何分歧了。而且，毛澤東和他談過，說他並不想人為製造
一場會把中央紅軍推向危險境地的領導危機[1]。

博古太天真了，就在他說這話時，被索爾茲伯里稱為"擔架上
的陰謀"正在緊張進行著。毛澤東和王稼祥、張聞天躺在擔架上，
在一起行軍，一起宿營，毛澤東向他們分析了李德犯的戰略戰術錯
誤，說服了兩人，三人達成了共識，準備盡早要求開會，解決軍事
領導權問題[2]。

《毛澤東年譜》也承認了此事[3]。李德還說，毛澤東不顧行軍紀
律，一會兒呆在這個軍團，一會兒呆在那個軍團，煽動將領們的不
滿，遊說他們接受他的思想[4]。

據師哲說，毛澤東後來對他披露過當時的考慮：

"他（毛澤東）說：張聞天在中央、在相當一部分人中間
是頗有影響的人物，不只因為他的地位和身份，而且還有他個
人本身的因素。毛主席說，正因為考慮到張聞天當時在黨內的
地位和影響，在長征路上，他才用很大的耐心，隱忍着種種痛
苦，極力接近張聞天，苦口婆心地開導他、說服他，陳述自己

1 《中國紀事》，117-118 頁。
2 哈里森·索爾茲伯里：《長征：前所未聞的故事》，TXT 電子書
3 《毛澤東年譜（1893-1949）》，TXT 電子書
4 《中國紀事》，119-120 頁。

對某些重大問題的觀點和想法。毛澤東還說，這是因為只要能說服和爭取到張聞天，問題就解決了一大半。通過張聞天再影響、說服別人就容易得多了。這個方針果然靈驗，從某種程度上說，遵義會議之所以能夠成功地召開，就是因為這一方針所取得的實效。"[1]

師哲未解釋毛澤東"隱忍著"什麼"種種痛苦"，我想無非是毛澤東傲岸自雄，極度鄙視張聞天（1940 年 3 月，周恩來從莫斯科回來，傳達共產國際領導人曼努伊爾斯基的話，說張聞天是中共的理論家。毛大發脾氣，說什麼理論家，背了幾麻袋教條回來[2]），而正是這個他看不起的人進入蘇區後當上了"人民委員會"主席，架空了他那個"執委會主席"。只是因為張那時擁有"理論家"的教義解釋權，所以毛不能不暫時"忍辱負重"，與張結盟，以便利用國際派內部矛盾，分化瓦解，各個擊破。

張聞天之所以願與毛澤東結盟，是因為他自己也有野心。博古原來不過是個團幹部，資歷與學識都無法跟他那"紅色教授"相比，卻成了總書記。他後來在延安整風中交代，說覺得受到了博古的排擠，"我當時感覺得我已經處於無權的地位，我心裡很不滿意。記得在出發前有一天，澤東同志同我閒談，我把這些不滿意完全向他坦白了。從此，我同澤東同志接近起來。他要我同他和王稼祥同志住在一起——這樣就形成了以毛澤東同志為首的反對李德、博古領導的'中央隊'三人集團"[3]。

根據《毛澤東年譜》，紅軍離開中央蘇區後，在渡過湘江時遭到重創，由出發時的八萬餘人銳減為三萬餘人。過了湘江後，毛澤

---

[1] 師哲：《在歷史巨人身邊》，175-176 頁

[2] 劉英：《在歷史的激流中——劉英回憶錄》，中共黨史出版社，1992 年，127 頁

[3] 轉引自張戎、喬·哈利戴：《毛澤東：鮮為人知的故事》，TXT 電子書。

東向中央提出討論軍事失敗的問題。1935 年 1 月 15-17 日，遵義會議召開。毛澤東在會上作了長篇發言，批評秦邦憲在向大會報告中談到的第五次反"圍剿"失敗的主要原因是敵強我弱等觀點，認爲第五次反"圍剿"失敗的主要原因是軍事指揮上和戰略戰術上的錯誤。毛澤東的意見，得到大多數與會者的支持。會議主要根據毛澤東發言的內容，委托張聞天起草《中央關于反對敵人五次"圍剿"的總結的決議》，會議增選毛澤東爲政治局常委，取消三人團，取消秦邦憲、李德的最高軍事指揮權，決定仍由中央軍委主要負責人朱德、周恩來指揮軍事，周恩來爲黨內委托的對于指揮軍事下最後決心的負責者。會後中央常委分工，毛澤東爲周恩來在軍事指揮上的幫助者[1]。

　　毛澤東的緊張活動終於奏效，他一擊成功，擠進了最高層決策圈。然而按列寧的"民主集中制"原則，這個所謂"政治局擴大會議"不過是個非法政變。中共至今尚無法準確說出與會者有哪些人。據李德說，與會者約有 35-40 人，除政治局委員外，尚包括臨時革命政府委員、總參工作人員和軍團和師的指揮員與政委，有 2/3 到 3/4 的與會者不是中央委員，遑論政治局委員，然而這些人不但參加討論，還參加了表決。他將此事與中共八屆十二中全會相提並論，認為兩者都是毛澤東施加的以多壓少的恐怖手段。[2]

　　張國燾也在紅一、四方面軍會師後指出了這一點。他說，張聞天、秦邦憲、王稼祥、朱德都不是中共六大選舉出來的中央委員，他們的中央委員和政治局委員職位不是選舉出來的，而是委任的。所以，五中全會，尤其是在遵義召開的所謂政治局擴大會議的決議

[1] 《毛澤東年譜（1893-1949）》，TXT 電子書
[2] 《中國紀事》，128 頁。

是無效的，因為這些決議不是由選舉的、而是由委任的中央委員和政治局委員，在遵義甚至是由非中央委員和非政治局委員作出的[1]。

從程序上看，他說的完全正確：中央委員會只能由全國黨代會選舉產生，而政治局委員只能從中央委員中選出。國際派在開六大時還只是旁聽大會的留學生，連代表都不是，憑什麼當上中央委員甚至政治局委員？由這樣的"政治局委員"、"中央委員"以及"擴大"進來的非中央委員作出的決議，當然是無效的。

不過，這是後來發生的爭議，當時無人提出這個問題。於是毛澤東加緊了非法奪權活動。他先幫助張聞天奪取了黨權。據《毛澤東年譜》，紅軍到達川、滇、黔邊界的鶏鳴三省村時。毛澤東同周恩來談張聞天提出的變換中共中央領導的問題。隨後，中央政治局常委分工由張聞天接替博古在黨內負總的責任。再佔遵義後，毛澤東又當上了前敵政治委員。

此後毛澤東向中央提出，鑒于作戰情況瞬息萬變，指揮需要集中，提議成立三人團全權指揮軍事。在渡烏江之前，中央決定由毛澤東、周恩來、王稼祥組成三人團，是為新三人團[2]。

至此，毛澤東總算在實際上掌握了軍權。在這個過程中，他遵循了"飯要一口口地吃"的原則，步步推進，一次解決一個問題。首先，他肯定了中央的政治路線是正確的，但軍事指揮錯誤，這樣就避免與全體國際派為敵，把打擊對象局限於負責軍事指揮的三人團，以"集體領導"的名義取消了由博古、李德、周恩來組成的老三人團，剝奪了博古和李德的指揮權，把周恩來爭取過來；以後他又推舉盟友張聞天奪了博古的總書記位置；最後又以軍情瞬息萬變必須實行集中領導的理由，推翻了他原來主張的集體領導，以新三

---

[1] 《我的回憶》，第三冊，256-259頁；《中國紀事》，176-177頁。
[2] 以上據《毛澤東年譜（1893-1949）》

人團代替舊三人團。這三人中，王稼祥不懂軍事，周恩來性格弱勢，以毛之強悍專橫，當然要變成事實上的領導核心。

然而剛剛奪來的軍權並不穩固。毛澤東的指揮毫無章法，在接連打了兩個敗仗後，毛似乎完全沒有了主意，指揮部隊在貴州沒完沒了地打圈圈（所謂"四渡赤水出奇兵"），致使部隊大量減員。全靠彭德懷建議，毛澤東才停止如無頭蒼蠅一般亂撞，下令紅軍進入雲南。此後他又不切實際地想在雲南建立根據地。全靠林彪棒喝，毛才放棄了此念，揮師北上，進入四川與四方面軍會合。

紅軍一佔遵義時有 3.7 萬人，與四方面軍會合時只剩下 1.5-1.8 萬人，減員約 2 萬。而紅軍在再佔遵義後，除了土城、魯班場與會理三個敗仗外基本沒打過仗，因此，大部份減員都是行軍造成的，以四渡赤水期間損失最鉅。儘管數字沒有湘江戰役高，但損失的幾乎都是戰鬥骨幹，而湘江戰役損失的絕大部分是出發前剛擴充的新兵和挑夫。因此，四渡赤水應是紅一方面軍長征中受到的最沉重的打擊，而它完全是毛瞎指揮造成的。

毛的表現，令他新籠絡上的盟友王稼祥、張聞天大失所望。張聞天甚至悲觀失望到想離開紅軍，並一度考慮以林彪、彭德懷和劉伯承取代三人團。只是因為博古和李德不同意在危急時刻再度更換領導人，毛澤東才沒被解除兵權。但他的瞎指揮造出了"不打仗又死那麼多人"的人間奇跡，激起了全軍上下的不滿。不但三軍團楊尚昆、劉少奇等人發電報給軍委提意見，就連毛一手提拔的心腹愛將林彪都受不了，不但在私下串連彭德懷，還上書中央，請朱毛周隨軍主持大計，請彭德懷出任前敵指揮。就連李德指揮的第五次反圍剿，也不曾激起將領們如此強烈的腹誹與公開抗議。[1]

毛澤東度過這空前嚴重的權位危機的辦法，是他後來多次強調的"硬著頭皮頂住"。

---

[1] 請參考《毛主席用兵真如神？》172-184 頁

第二章 毛氏謀略學的勝利

　　張聞天夫人劉英當時是中央縱隊祕書長。據她說，王稼祥向張聞天反映，說老打圈圈不打仗，可不是辦法，要求開會討論這個問題。軍隊裡意見也不少，說只走路不打仗，部隊沒有打垮倒要拖垮了。彭德懷向張聞天反映了部隊的情緒，再加上林彪上書請彭德懷任前敵指揮，張聞天便召開了會理會議討論此事。劉英回憶道：

　　"會議由聞天主持。他先請王稼祥講，王稼祥說還是你先講吧。這樣，聞天就簡略地把他聽到的各處反映，對軍事指揮上的不同意見提出來，請大家討論。彭德懷把意見倒了出來，林彪也講了。在這之前已有林彪的信，加上會上這些意見，毛主席聽了大發脾氣，批判彭德懷右傾，說林的信是彭鼓動起來的。我印象中會上爭得面紅耳赤，搞得很僵。

　　會議從五月十二日開起，一共開了兩三天。我記得第一天會議下來，聞天叫我邀林、彭到瓦房子裡來同他和毛主席住在一起。那裡已經用門板攔好了鋪。我想，聞天的意思是可以緩和氣氛，便於談心溝通思想。

　　我走進草棚子裡，他們正談得熱鬧。聽到林彪說：'老彭，還是你行，前方還是你來指揮。'彭德懷說：'我不幹。'

　　……最後聞天做結論，肯定毛主席的軍事指揮是正確的，批評了林彪和彭德懷，決定部隊繼續北進，到川西北創建新蘇區。"[1]

　　由此可見，毛澤東保住權位的要訣，首先是堅決不讓步，死不認錯，寧肯魚死網破，也絕不下臺，比賽誰的意志更堅定。其次是擒賊擒王，集中火力打擊最能構成威脅的人物。儘管老彭不是後台，但他在軍中威望僅次於朱德，可不是國際派那種不足懼的文人。而且，林彪建議讓老彭取代毛澤東作前敵指揮。毛聲稱彭是煽

---

[1]　《在歷史的激流中──劉英回憶錄》，71-72 頁。

動奪權事件的後台，彭為了避嫌，就不會同意擔任這職務了。張聞天眼見僵局形成，毛又絕不會讓步，擔憂危境中的紅軍再也經受不起又一次領導危機，或許還怕武人首倡更換黨的領導人從此形成"槍指揮黨"的傳統，於是顧全大局，違心支持了毛澤東。若是毛的態度稍微軟一些，或是張更強勢些，抑或國際派達成了倒毛的堅定共識，由王稼祥而不是彭、林發難，結局就會不一樣了。

不過，從黨和紅軍的前途來看，張聞天作出了正確決定。若是撤了毛的職，以他的性格必然不肯善罷甘休，肯定又要重演他顛覆博古、李德那一套，鬧得烏煙瘴氣，很可能使得本已危機重重的中央紅軍徹底毀滅。博古和李德反對在此關鍵時刻再度換馬，或許就是因為知道了毛的潑皮狠勁。因此，毛度過這次權位危機，靠的還是自傷訛詐。

（三）以非常手段度過"一生最黑暗的日子"

關於此事，我已經在舊作中做過詳細論述[1]，此處只作簡介。

兩個方面軍會師後，毛澤東遇到了他一生中最強大的競爭對手。國燾同志與毛都是建黨元老，但毛歷來是邊緣人物，而張歷來是中樞人物。張受過比毛澤東更完備的教育。他不但是黨魁中唯一見過列寧的人，而且在大革命中處於漩渦中心，算得上是決策圈裡的風雲人物，與各派領袖諸如孫中山、太上皇鮑羅廷、汪精衛、蔣介石、胡漢民、譚延闓等人都有過交往。重大的歷史事件他都曾參與幕後策劃。如果說我黨早期的精神領袖是陳獨秀，那實際領袖就

---

[1] 《國共偽造的歷史》，254-320 頁。本小節中引用的史料除了個別加註者外，均可在該書中找到出處，故不再逐一註明。

是張國燾。他後來從延安出逃，去重慶歸順國府，周恩來去勸阻，跟他說：“這個黨是你創建的，你不能離開啊！”[1]並非誇張之詞。

“雙龍會”舉行時，張國燾相對毛澤東具有一系列優勢：他不但是政治局委員，而且是共產國際主席團候補委員。其率領的紅四方面軍兵強馬壯，人數約為中央紅軍的三倍，而且控制了川邊的廣大地域。中央紅軍只是寄居的客軍，給養全靠他們供給。

更重要的是，張國燾可不是只會背書、在軍中毫無淵源的國際派。他能力很強，在紅四方面軍中享有絕對權威，深受將士擁戴。而毛澤東雖然是一方面軍的創建人之一，但他專橫霸道，用人唯親，誅鋤異己，弄得眾叛親離，不久前才僥倖度過了彭德懷、林彪的逼宮。後來中央率一、三軍團出逃後，被他們扔下的紅一方面軍幹部，諸如何長工、李卓然、邵式平、羅炳輝等人，在另立中央的大會上帶頭控訴毛澤東[2]，而這些人都是毛的老部下，說明毛澤東不得人心到了何等地步。

在面臨一生中最嚴峻的挑戰時，毛澤東有三個選擇：1）聯合國際派對付張國燾；2）聯合張對付國際派；3）在兩派之間不偏不倚，保持中立。毛決定聯合國際派，反對共同的強大威脅張國燾。這選擇絕對正確：如果毛和張聯手搞掉國際派，則張無論聲望、資歷、理論素養、實力都要遠遠壓倒毛，論實際才幹也不遜於他。他不但沒希望做一把手，還要擔心張把他搞掉。所以，他只能“隱忍著種種痛苦”，和國際派聯手反張。搞倒張國燾後，要收拾國際派易事耳——他們毫無實力，全靠莫斯科支持。而若在兩派間保持中立，那就會被張國燾各個擊破。

---

[1] 韓璐：《被歷史誤會的人：叛黨者張國燾的是與非》，《文史參考》，2011年第11期
[2] 宋侃夫口述、齊特整理：《歷史是這樣的——紅四方面軍電臺始末》，刪節本載於《百年潮》，2010年第四期。此處引用的人名只見於全本，筆者通過私人通訊獲得。

因此，早在兩軍會師前，國際派便和毛結成同盟，將張當成最大的敵人，制定了對付他的三項方針：1）封鎖消息，對張這位政治局委員隱瞞既往挫敗以及中央內部分歧，尤其是遵義會議決議。2）先發制人，譴責張的"西北聯邦政府"和四方面軍的"軍閥習氣"。3）和張只談軍事不談政治，以封官籠絡他後迅速北上。

但這些謀略都未見效。一方面軍中有許多人對毛不滿，張國燾來後便去向他吐苦水，連林彪都動念另投明主。所以，儘管毛和國際派對張百般封鎖消息，他仍然得知了遵義會議的情況。譴責張國燾反而引來他的激烈反彈。他指出，所有的蘇區都喪失了，紅軍遭受了重大損失，退到了藏族地區。這些事實無法否定。蘇維埃運動遭受挫折，既不能說成是因為敵人飛機大炮的厲害，也不能只當作軍事失敗，而是因為蘇維埃運動不合時宜，未被廣大群眾接受。遵義會議肯定中央政治路線正確，卻說軍事路線錯了，這是倒果為因。換言之，是中央政治路線錯誤導致軍事失敗。

張國燾說的雖然是事實，卻犯了策略大錯。前文已經介紹過，所謂"正確路線"就是"天命"的同義語。指責中央政治路線錯了，就等於否定中央的合法性，勢必把自己變成全體國際派的死敵。毛澤東之所以成了中央政治路線的最堅定的捍衛者，在與張爭論中是最主要的發言者，就是因為他看到了這一點。要等到後來延安整風，其時張國燾早已叛逃了，他才拾起張氏唾餘，指控過去中央犯了政治路線和軍事路線錯誤。

封官安撫也未奏效。毛澤東和張聞天等人商量後，決定把周恩來擔任的紅軍總政委一職讓給張。然而張並不滿足，提出了中央組織上的合法性問題，進而質疑五中全會與遵義會議的有效性。這一擊雖然致命，卻又是策略上的大錯———如果中央委員會與政治局只能由六大選舉的中央委員組成，那國際派就將統統被趕出中央。這就使得張國燾成了眾矢之的。毛澤東又看到了這一點，在爭論中發言最多。儘管如此，毛和國際派還是不得不作了讓步，補選了四方面軍陳昌浩、周純全二人為政治局委員。

至此，毛澤東等人節節失利，毛更看到了黯淡的前景。他深知"有了槍確實又可以造黨"，"槍桿子裡面出一切東西"。張國燾不但人多槍多，如今又成了軍委的總負責，已經開始用自己的人馬往政治局裡摻沙子。再和他混下去，政治局遲早要改姓張。無論是比實力，還是搞合法的黨內鬥爭，張國燾都註定要勝出。當此非常之局，必須出之以非常手段，打得贏就打，打不贏就逃。

於是毛澤東便捏造了"張國燾要武力解決中央"的彌天大謊，把前敵部隊總指揮徐向前和政委陳昌浩蒙在鼓裡，欺騙中央和他一起率紅一、三軍團星夜出逃，不但扔下了一方面軍的五、九軍團，扔下了數百名傷病員，未作交代就撤去了由三軍團承擔的對敵警戒任務，使四方面軍的某些駐地完全暴露在敵人的威脅之下，還偷走了前指的作戰地圖，帶走了負責電訊偵察敵情的二局人員，嚴重危及被他們拋棄的兄弟部隊的安全。

不僅如此，毛澤東還把紅軍改名"陝甘支隊"，藉以迷惑國軍，讓他們誤以為那不過是一支偏師，中央還和主力在一起。陝甘支隊以毛為政委，司令是彭德懷，副司令是林彪，但公開佈告只用彭德懷和楊尚昆署名。毛特地交代楊尚昆，以他們兩人出面，讓國民黨以為只是三軍團出來了。這完全是借刀殺人之計。

毛澤東當時並不知道陝北有個蘇區。他原來的打算是逃往蘇聯邊界，"得到國際的指導與幫助，整頓休養兵力，擴大隊伍"，更新裝備，再以"更大規模更大力量打過來"。但走到甘肅哈達鋪時意外得知陝北有個根據地，於是逃過了死在冰天雪地的沙漠中的厄運。

更走運的是，莫斯科派張浩（林育英）來華恢復與中共的電訊聯繫，張浩在陝北找到了中共。毛澤東立即抓住這良機，串通張浩假傳聖旨，"為了打鬼，借助鍾馗"，盜用共產國際的名義，迫使張國燾投降。

本來，與莫斯科的電訊聯繫早在 1934 年 6 月間就中斷了，莫斯科根本不知道紅一、四方面軍分裂的事，派張浩來華只是送新的密電碼。毛澤東卻說服了張浩，讓他謊稱"共產國際派我來解決一、四方面軍的問題"，"國際甚望與一、三軍團建立直接的關係"，"共產國際完全同意中國黨中央的政治路線"，"中央紅軍的萬里長征是勝利了"，要張國燾成立直屬國際的"西南局代表團"，將與陝北中央的爭論上交給國際解決。

張國燾果然上當，在接應了紅二方面軍後揮師北上，與一方面軍共同發動旨在"打通蘇聯"的寧夏戰役。毛澤東趁機派彭德懷作前敵總指揮，架空了紅軍總司令部，掌握了軍權。更糟糕的是，四方面軍的 30 軍、9 軍、5 軍兩萬多人渡過黃河後，渡口迅即被國軍攻佔，該部被隔斷在黃河以西，這就是"西路軍"。

寧夏戰役失敗後，全體紅軍陷入絕境。毛澤東準備第二次長征，卻對西路軍隱瞞了這消息，要他們就地創建根據地，實際上是把該軍當成誘餌，將國軍主力引向河西，以便河東紅軍向東突圍。

在西安事變爆發後，毛又根據談判的臨時需要，令該軍忽行忽止，忽東忽西，致使該軍錯過西進到新疆接取蘇聯軍火的時機，陷入馬家軍的重圍。在西路軍兩次求援時，毛都無情拒絕了，直至該軍陷入絕境後才象徵性地派出援軍，還生怕把援軍也搭進去，要他們到黃河邊就止步，最終導致西路軍毀滅。

在國共第二次合作開始後，毛澤東又借將紅軍改編為八路軍之機，將紅軍各部混編，使其互相牽制，並強調黨的領導，廣泛實行政委制度，將各級政治部和軍中特工組織的職權都提得很高，派親信充當此類監軍，完成了對軍隊的絕對控制[1]。被削了軍權的張國燾只能淪為羞辱批鬥對象。

在毛鬥倒張國燾的過程中，用兵變謊言欺騙中央出逃是最關鍵的一步。正如李德指出的，毛是紅軍分裂的唯一受益者。他不但藉此擺脫了張國燾的威脅，而且成了護衛黨中央的一方面軍的獨一無二和無可爭議的領袖，成了政治局內說一不二的實力派，使得他從此可以用中央的名義說話。的確，甫到陝北，毛澤東就當上了西北革命軍事委員會主席，周恩來反而成了他的副手。斯諾在 1936 年訪問陝北時，就看出了毛澤東在中共裡地位最高，在所有的領袖中只為他在《西行漫記》中用專章立了傳。

李德沒有指出的是，通過此舉，毛澤東把政治局委員們綁在了自己的戰車上。雖然博古和張聞天事後悟出了所謂"兵變"是謊言，是張聞天所說的"非布爾什維克的態度"，但出逃已成事實，他們從此不得不與毛齊心協力地整肅張國燾。

毛的第二個謊言也非常關鍵，張國燾以為張浩真是傳達聖旨的天使，承認了毛的正統，這就等於承認他另立中央是分裂黨的犯罪活動，此後再無翻身之日。

總之，毛澤東在權力鬥爭中鹹魚翻身、反敗為勝的偉大勝利，證明了"不說假話辦不成大事"的謀略學定律。

（四）當上教主

在奪權鬥爭中，毛澤東善於以己之長，制人之短。當年在中央蘇區，他高出於同儕的是黨內職務。因此，那時他搞的是"以黨領軍"，亦即"黨指揮槍"。這個優勢在中央進入蘇區後喪失。他沒有莫斯科的背景，無法奪取黨權，便趁中共與莫斯科失去電訊聯繫

---

[1] 張國燾：《我的回憶》，第三冊，283 頁

的大好時機，逐步奪取了軍權。軍權被張國燾奪去後，他以欺騙中央私逃的非常方式化解了這一危機，使得他的子弟兵一、三軍團成了中央唯一的保護神。此後他搞的就是"以槍篡黨"，亦即"槍指揮黨"。紅軍東征和西征，都是他的決定。黨魁張聞天不過是個虛君。毛後來曾坦承："中國的事，歷來如此，有槍為大。"[1]

但共產黨是個宗教組織，光有實力還不行，還必須當上紅衣主教，而這就需要教廷的批准。他採取了兩個辦法來奪取這個位置，一是壟斷中央與外地的電訊聯繫。據張國燾說：

> "當時毛澤東最注意的是控制通訊機構，已達到封鎖消息的目的——（一）所有中共中央與莫斯科來往的密電；（二）中共與西安方面的聯絡，諸如國民黨南京政府人員，張學良、楊虎城等部以及其他派系和人員的通信等；（三）軍委會與紅軍各地部隊的聯繫，凡一切命令指示、人員調動和軍事情報等等，概由毛澤東一個人包辦。這件事的完成，可以說毛澤東處心積慮已久，西安事變還未結束的時候，他表現得更加急進，遷往延安的事，又幫助他在技術上掌握這些控制。"[2]

英國思想家培根的名言是："知識就是權力。"毛澤東大概是中共領袖中最先意識到信息這種"軟實力"的強大威力的。壟斷了與莫斯科的電訊，使得他在事實上成了莫斯科的代言人，無論是下達的上級意圖，還是上達的下情，都經過他個人的選擇與加工。這一招可謂高明之至。

另一招是把王稼祥送到莫斯科去，代他向共產國際遊說。經過一年的遊說後，王稼祥於 1938 年 8 月返回延安，帶來了共產國際總書記季米特洛夫的口信："您應當告訴大家，必須支持毛澤東為中

---

[1] 《毛澤東軍事年譜》，廣西人民出版社，1991 年，276 頁。
[2] 張國燾：《我的回憶》，第三冊，345-346 頁。

國共產黨的領袖。他是在實際鬥爭中鍛煉出來的領袖。王明等人，就不要再爭了！"[1]

　　儘管對於這個"口信"是否真實還有爭議[2]，但它令毛澤東如虎添翼。他充分利用了這最新聖旨，迅即召開政治局會議，作出重大組織安排，將宿敵項英領導的東南局置於中央直接領導之下，讓新盟友劉少奇身兼北方局與中原局書記[3]。在隨後召開的六屆六中全會上，毛澤東首次在黨中央全會上做政治報告，在報告中大肆吹捧國民黨與蔣介石：

　　　　"國民黨有光明前途"；"抗戰的發動與堅持，離開國民黨是不能設想的。國民黨有它光榮的歷史，……今天又在領導著偉大的抗日戰爭。它有三民主義的歷史傳統，有孫中山先生蔣介石先生前後兩個偉大的領袖，有廣大忠忱愛國的黨員。所有這些，都是國人不可忽視的，這些都是中國歷史發展的結果"；"一切抗日民族統一戰線的組織成分，應該贊助政府，並在政府領導之下，動員全民族實行起來，共產黨員應該成為執行這些任務的模範"；"號召全國，全體一致誠心誠意的擁護蔣委員長，擁護國民政府，擁護國共合作，擁護全國團結，反對敵人所施任何不利於蔣委員長，國民政府，國共合作與全國團結的行為"。[4]

　　這些話完全違反了他此前在洛川會議上的主張（詳後），其主旨與王明推行的"一切經過統一戰線"毫無不同。但毛澤東知道，

---

[1] 李衛紅、徐元宮：《共產國際為什麼支持毛澤東為中共領袖──以俄羅斯解密檔案為根據的解讀》，《學習時報》，2011 年 1 月 10 日

[2] 詳見《紅太陽是怎樣升起的》

[3] 《周恩來年譜》，419 頁

[4] 毛澤東：〈論新階段〉（1938 年 10 月 12─14 日），中央檔案館編：《中共中央文件選集》，第 11 冊，595，605，606-607 頁，中央黨校出版社，1991 年 3 月

這是莫斯科愛聽的話。果然，莫斯科很快就轉載了毛澤東這個報告，並再度發表專文介紹毛澤東的生平[1]，這就等於為毛的黨魁位置作了公開背書。

通過這一系列運作，毛澤東在六屆六中全會確立了他的領袖地位。康生、陳雲、彭德懷等人都表示推戴，就連王明也不得不表示，自己今後要像眾星拱月那樣拱衛在毛身邊[2]。

換了其他人，到此地步就會順勢召開七大。前已述及，召開七大不但是共產國際的指示，政治局也早就作了決定，而且也是六屆六中全會的決議之一。如果七大在此時召開，毛澤東當選為總書記應無問題。但他卻拖延下去，原因無非是兩個：首先，他不滿足于只做普通黨魁，瞄準的是教主的位置；其次，當年他在紅四軍第七次代表大會上落選，從此落下個心病，連林彪都把這點看得清清楚楚，在筆記中寫下，毛澤東的"最大憂慮在表決時能占多數否"[3]

為了獲得完勝，毛澤東發奮讀書。從 1937 到 1939 年，他埋頭苦讀上文介紹過的蘇聯哲學教科書，在此基礎上寫出了《矛盾論》與《實踐論》。有了這點抄來的東西墊底，他便自以為是"多產作家"了，開始對王明"射箭，明箭、暗箭都回射"，"你一槍來，我一槍去"[4]。實際上，這兩本小冊子（《實踐論》連小冊子都算不上）的主要作用，只是給所謂"毛澤東思想"塗上一層"理論"油彩而已。

毛澤東真正的"理論武器"，還是他讀了十遍的斯大林主編的《聯共（布）黨史簡明教程》。高華先生已在《紅太陽是怎樣升起的》中對此作了介紹。它開了毛的"天目"，對毛的啟迪作用之

[1] 楊奎松：《毛澤東與莫斯科的恩恩怨怨》，79頁，江西人民出版社，1999年
[2] 同上。
[3] 《林彪"散記"中對毛澤東的思考》
[4] 毛澤東在成都會議上的插話（一九五八年三月），轉引自李銳：《"大躍進"親歷記》上卷，216頁。

大，再怎麼強調都不過分。似乎可以說，沒有這本書，就沒有所謂
"毛澤東思想"的出台。該書虛構的布黨內部"路線鬥爭史"從此
成了毛的黨內鬥爭話語框架。直到臨死，他都還在嘮嘮叨叨地訴說
"十次路線鬥爭史"。

前文已經破解過了，所謂"路線"，就是"天命"的另一種說
法。斯大林發明的"路線鬥爭史"的主旨，就是"把一切功勞歸於
自己，把一切錯誤推給別人"。革命取得的一切勝利，都是在自己
這個天命代表的指引下取得的，遭受的所有挫敗，都是形形色色的
敵人破壞的結果。因此，路線鬥爭史雄辯地證明，只有自己才是天
命代表，而反對自己或自己反對的一切人，都是反抗天命的反動
派。

為了證明這預設結論，就必須篡改編造歷史，"不說假話辦不
成大事"。毛澤東以《聯共黨史》為藍本，照貓畫虎，挑選、裁剪
甚至改竄過去的黨內文件，編出了一本《六大以來》作為整風學習
文件，在此基礎上推出了《聯共黨史》的中國版——《關於若干歷
史問題的決議》。該決議隱瞞了他在井岡山實行的"沒收一切土
地"的極左土地政策，隱瞞了他在蘇區首創濫殺同志的血腥"肅
反"，隱瞞了他才是"左傾冒險主義"的始作俑者，早在李立三還
在犯右傾錯誤時，他就宣稱"革命高潮快要到來"，提出了一年內
奪取江西全省的盲動路線。在立三路線出籠後，他更是該路線的狂
熱推行者，在他決定的第二次打長沙失敗後，還想打南昌、九江，
"爭取江西首先勝利"[1]等一系列嚴重錯誤，把自己裝扮成全知全
能、一貫正確、永遠正確的天才。

必須指出，雖然大部分"路線鬥爭史"都是偽史，但並不是所
有的毛澤東的貢獻都是編造的。後文將要介紹，毛澤東對中共上台
作出的最大貢獻，是他在洛川會議上推出的"抗日戰略"。全靠毛

---

[1] 請參見拙著《毛主席用兵真如神？》，83-95頁

澤東掌舵，中共的實力才在抗戰爆發一年後就出現了爆炸式增長。
彭德懷指出：

> "到 1938 年秋六中全會時，八路軍已發展到 25 萬人，成
> 立了許多暫編、新編、教導旅。這些從未通過國民黨，如要通
> 過它，一個也不會准。"[1]

所以，彭德懷和其他人在六屆六中全會上對毛的擁戴，應該是
真心實意的。毛澤東的"勢"也有績效的客觀基礎。

1941 年 6 月 22 日，納粹德國進攻蘇聯，蘇軍兵敗如山倒，莫斯
科自顧不暇，再也顧不上管中共的閒事。毛澤東抓住了這千載難逢
之機，發起了與國際派的決戰。1941 年 9 月，他召開政治局會議，
首先拾起張國燾的唾餘，攻擊博古和張聞天，指控五中全會選出的
中央犯了"左傾機會主義"的政治路線錯誤。在馴服了兩人後，又
將矛頭指向王明，指控他在抗戰後主張"一切經過統一戰線，一切
服從統一戰線"是犯了"右傾投降主義"錯誤。

此前毛澤東已經充分利用他作為黨魁的權力，逐漸剝奪了國際
派的權力，尤其是輿論控制權，由他提拔的新進接管。張聞天、博
古、王明等人都已被貶去任閒職，又失去了莫斯科的支持，只能束
手待斃。王明此時才知道毛澤東的狠辣，被整得病倒，再也無法出
席會議。政治局會議以毛澤東全面勝出告終[2]。

毛澤東"宜將剩勇追窮寇"，隨即凍結了政治局與書記處，代
之以"總學委"，由他的新盟友劉少奇及其死黨彭真以及從國際派
中投降過來的康生協助操控。在完成了這一系列靜悄悄的政變後，
他於 1942 年 2 月 1 日正式發動了"整風"。

---

[1] 《彭德懷自述》，人民出版社，1981 年 11 月。網絡版：
http://bbs.jconline.cn/cgi-bin/view.cgi?forum=2&topic=22500
[2] 以上據《紅太陽是怎樣升起的》

第二章 毛氏謀略學的勝利

　　前已述及，這場運動與後來的文革表現出極高的相似性，兩者都是"橫掃一切牛鬼蛇神"，從高層到中下層，除了"無產階級司令部"的成員們（延安整風是以劉少奇為代表的白區黨以及以高崗為代表的陝北黨，文革期間則是以林彪為代表的軍方以及中央文革小組），廣大幹部都被"觸及靈魂"甚至皮肉。但大部分受害人都在運動後期得到解脫。

　　毛澤東之所以要違反統戰謀略常規，搞這種"打擊一大片"，我想，其目的並不限於權力鬥爭，而是按毛澤東思想改造全黨的面貌。延安整風是為了將原來的"群雄黨"改為"一個黨，一個領袖，一個思想"的毛家黨。至於毛之所以要在高層擊敗競爭對手後，還要把基層幹部群眾也捲進來，則是為了在群眾中徹底搞臭他們，讓他們"永世不得翻身"。

　　然而就連王明也沒看明白這點。據劉英說，整風運動發動後，張聞天奉召停止在外地的社會調查，回延安參加運動，他和劉英去看過一次正在養病的王明。王明對張聞天說：這次整風，主要是懲我們莫斯科回來的同志，尤其是你。王明還說，自己太不懂人情世故了，什麼話都隨便說，所以遭了毛主席的忌，毛主席此人實在太厲害，真是睚眥必報。[1]

　　王明可能沒看出，毛整人的程度是按對方的能量計算的，因此，他比張聞天更遭毛的忌。他雖然自 1941 年 9 月起即稱病請假，再不參加會議，但毛仍然對他實行缺席批判。在 1943 年秋召開的一次中央機關幹部會上，許多人揭發批判王明。與會的王明夫人孟慶樹聽了後跑上台抗議，說大家的發言是誣蔑，要求用擔架把王明抬來澄清事實。她在台上叫嚷了一陣無人理睬，跑下臺來往毛澤東膝上一撲，痛哭流涕，口口聲聲要毛主席主持公道。劉英那天開會就坐在毛旁邊，"看到毛主席一動不動，知道這一回毛主席下了決

---

[1] 《在歷史的激流中》，127 頁。

心，對王明不再遷就了"[1]。如果孟慶樹明白毛的打算，她也就用不著抱膝呼冤了。

延安整風完成了對黨的改造，共產國際又已在 1943 年解散，毛澤東可以放心地推出他那"中國化的馬列主義"，並將其規定為全黨的指導思想了。

二、奪取全國勝利

（一）抗戰

筆者已經在《毛主席用兵真如神？》中指出，毛澤東對中共奪取全國政權最偉大的貢獻，是在抗戰期間作出的。偉大領袖毛主席以他英明的戰略眼光，力排眾議，確定了中共的"抗戰"實質上是"取內戰形式的民族革命戰爭"[2]，為我黨制定了將內戰巧妙地偽裝為外戰的新時期奪權戰略，使得我黨的力量瘋狂擴張，配合日本友軍，極大地削弱和打擊了真正的敵人國民黨，奠定了戰後與國民黨爭天下的基本格局。他為我黨立下的這一殊勳偉業，奠定了他在黨內不容置疑、不容挑戰的領袖地位。

作為謀略家，這才是毛真正的平生得意之筆。鄧小平在毛澤東逝世後復出時曾對外實說，如果沒有毛主席，我們黨至今還要在黑暗中摸索，我看指的就是這一條。很難設想，如果不是偉大領袖在這關鍵時期掌舵，我黨會有上臺的一天。不過，必須指出，這是謀

---

[1] 同上，128 頁。
[2] 《毛澤東關於國內形勢和應付投降、力爭時局好轉致周恩來》，1940 年 11 月 3 日，《皖南事變（資料選輯）》38-39 頁。

略而不是兵法的勝利，是超凡入聖的陰謀詭計而不是什麼軍事才能取得的輝煌成就。

1937 年 8 月，中共中央在洛川召開政治局擴大會議，由張聞天與毛澤東在會上做了報告，為全黨提出了中共"抗日"政策的總方針。在其報告中，毛澤東作出了對局勢的基本估計：國民黨的反動本質並未改變，仍然是中共的死敵。蔣介石只是消極抗戰，必然要在受到日軍重大打擊後對日投降，消滅中共。即使蔣介石堅持抗戰，共軍改編為國軍後，也必然被國府視為異己，被送到前線去做炮灰而損失殆盡。日本軍事實力非常強大，國軍不堪一擊。若將中共弱小的軍隊投入抗戰，必然被比國軍厲害得多的飛機大炮輕易消滅。由於中日實力對比懸殊，若蔣介石堅持抗戰，則大片領土必將淪亡，甚至有全國被日軍佔領的危險。

據此，毛澤東為我黨制定了如下戰略：

第一，國府是敵人而不是盟軍，決不能因統一戰線的建立而混淆階級陣線。國民黨是表面上的盟友，實際上的敵人。抗戰實質上是新時期具有特殊形式的內戰。決不能放鬆對國府這階級敵人的警惕性，要從推翻國府的統治、最終奪取全國政權的長遠目標著眼，立足於國共合作隨時破裂的可能性，積極投入這場新型內戰，千方百計削弱和打擊國府，否則就是右傾投降主義。

第二，紅軍只在表面上接受國府改編，但絕不服從中央政府的軍令政令，一定要保持"絕對的獨立"，也就是政治上、組織上、軍事上、經濟上全面的獨立自主。換言之，中共控制的軍隊是只服從中共指揮、為黨謀利的黨軍，而非保衛國家民族的國防軍，中共控制的地域是獨立的國中之國。在國府統治區域內，中共則應祕密活動，以抗日積極分子的合法身份出場，設法從國民黨內部奪取領導權。

　　第三，由於日軍只能佔領大城市和重要交通線，因此，紅軍的基本任務，就是千方百計避免與日軍作戰，以"挺進敵後抗日"的名義，分散滲透到廣大的敵後真空地帶去，收編被日本人擊潰的國軍，招兵買馬，擴大私人武裝，建立中共政權，將廣大人民組織於我黨的鐵腕控制之下，使得絕大部分淪陷區域都化為中共領地。如果全國淪陷了，日軍便在事實上代替紅軍，為中共打下了天下。

　　以上三條雖然是我代毛澤東作出的清晰總結，但在舊作中，我對每條都給出了大量公開發表的中央文件、毛澤東和其他中央首長的年譜記載、指示與講話作為證據[1]。

　　這是毛澤東在抗戰初期制定的戰略，在短期內就顯出了神效。山西的赤化就是個生動例證。1937 年 11 月初，薄一波奉閻錫山之命，帶領"抗日決死隊"去晉東南，合法佔領了太行和太嶽的大部份地區。他本人出任山西第三區專員公署專員，管轄 13 個縣。他動用第三專署專員權力，將各縣縣長改由共產黨員擔任。到 1938 年初，山西全省的 105 個縣有 70 個縣的縣長由中共操控的犧盟會和決死隊的幹部充任，其中絕大多數為共產黨員。到 1939 年夏，由共產黨領導的山西新軍已發展到 50 個團，其中正規團 46 個，遊擊支隊 4 個，主力部隊約 5 萬人，實際兵力和武器數量都超過了閻錫山的舊軍；加上分佈於晉東南、晉西北和晉西南地區的地方武裝達到近 10 萬人[2]。薄一波只花了兩年多一點的時間，就以和平演變的方式，創建了比當年的全部蘇區面積還要大的根據地。最妙的是，它是用閻老西的錢和槍組建起來的。

　　又如七七事變後僅三月，聶榮臻率八路軍一一五師一部以五臺山為中心開闢晉察冀根據地。11 月成立晉察冀軍區，1938 年 1 月成

---

[1] 參見《毛主席用兵真如神？》，273-287 頁
[2] 薄一波：《七十年奮鬥與思考》，209，250，253-256 頁。

立了晉察冀邊區行政委員會。後發展為包括山西、河北、察哈爾、熱河、遼寧等省各一部的廣大地區，有 108 縣，人口 2500 餘萬[1]。

這是中共"抗戰"的第一個階段，實行的是"分兵以搶佔地盤"。中共在這個階段建立的敵後根據地，主要是日軍為他們清空的真空地帶（隨著日軍推進，地方政權逃散後留在敵後的權力真空地區）。

待到真空地帶佔領完了，中共的"抗戰"就進入"集中以打擊國軍"的第二個階段，大量消滅國軍，奪取國軍的敵後根據地。這就是所謂"反磨擦"，或曰"打退反共高潮"。

在 1939 年 5 月 5 日的延安後方留守兵團軍事會議上，毛說，"中國的事，歷來如此，有槍為大"，強調要鞏固邊區必須堅持一個方針，兩條原則：一個方針就是"一步不讓"。兩條原則的第一條是"人不犯我，我不犯人"；第二條是"人若犯我，我必犯人"。否則人家磨擦來，你不磨擦去，他便得寸進尺。所以，不管誰來進犯我們，都當漢奸打，堅持我們的立場，決不動搖[2]。

對所謂"人不犯我，我不犯人"，他後來作了明確解釋，那就是："如其對我不進攻，我則步步發展，待其攻時才大舉反擊。以保持有利原則。"[3]具體操作是：事前謀劃好要攻佔哪些國軍防區，確定哪部國軍是消滅對象，哪部國軍可用又打又拉的革命兩手拉攏過來，或至少使之保持中立，然後再不斷蠶食或直接攻佔選定的地盤。一旦到手，便將它化為針插不進、水潑不入的獨立王國。無論是國府向該地區委任官員或是派入軍隊，都是"進犯我們，都當漢奸打"，都要堅持"一步不讓"的方針。

---

[1] 李春峰：《1940 年晉察冀邊區民主大選舉運動》，《文史精華》，2014 年 11 期

[2] 《毛澤東軍事年譜》，276 頁。

[3] 《毛澤東軍事年譜》，318 頁。

毛反復強調在武力擴張中要"有理有利有節"——"有理"，就是事先看好要侵佔的地盤，千方百計巧取豪奪之，激化雙方矛盾，直至對方忍無可忍，以武力反擊或試圖收復失地，共軍便全速開動宣傳機器，惡人先告狀，作出一副受害人狀，將忠勇抗戰的國軍誣為"反共分子"、"頑固派"；"有利"，就是事先選定有利的戰場，誘敵深入，以重兵圍殲之，在國軍主力被殲後迅速擴大戰果，佔領周邊地區；"有節"，則是在地盤擴大到預設指標後，便開始"呼籲和平"，作出"相忍為國"的崇高狀來。國府為避免大局崩壞，國家淪亡，也只好默認現狀。

中共通過"反磨擦鬥爭"，不但奪取了國軍在華北的絕大部分駐防區域，而且還在蘇北消滅了韓德勤指揮的抗日國軍，奪取了其駐防地域，建立了華中根據地。1940年12月4日毛在政治局會議上作總結，承認："去年反磨擦鬥爭取得了很大勝利，創立了華中各處的根據地，我軍擴大到五十萬人。日本的方針是承認汪精衛，打倒蔣政權"，"我們在日軍進攻時和靠近日軍的地區可以大發展，因此對蔣之辦法是先斬後奏，斬而不奏"[1] 在此，他明確指示共軍的"發展"必須與日軍進攻協同一致，或與日軍夾擊國軍，或跟在日軍後面接收地盤。

總而言之，共軍在此期建立的根據地，統統是從國軍手上搶過來的，原來都是國軍的敵後抗日根據地。在這個過程中，日軍或起到了策應的作用，或坐山觀虎鬥。所以，中共的"敵後抗戰"，完全是偽裝了的內戰。

要將內戰偽裝成外戰，必須滿足兩個條件，第一個條件是不能暴露中共假抗日、真內戰的面目。為此必須充分發揮宣傳機器的強大威力，以攻為守，賊喊捉賊，在不斷發起輿論攻勢的掩蓋之下發動內戰，還從頭到尾裝成受害人，聲稱自己只是"自衛反擊"。毛

---

[1] 《毛澤東軍事年譜》，335頁

澤東將這欺騙視聽的功夫發揮得出神入化，消滅蘇北的韓德勤部就是如此。

早在 1940 年 5 月底，他就命令新四軍充分利用日本友軍的援助，策應日軍打擊國軍："應利用敵攻河南，湯恩伯、李品仙大部被牽制機會，加速整理部隊，消滅可能消滅的韓德勤、沈鴻烈反共軍。"[1]制定了消滅韓德勤所部，搶奪其建立的敵後根據地的戰爭計畫。

劉少奇、陳毅依計行事，不斷向蘇北擴張，蠶食鯨吞韓德勤的防區。韓德勤忍無可忍，在 10 月初下令反擊，部隊卻落入了共軍在黃橋佈下的圈套。國軍第 89 軍及獨立六旅等部 16 個團共 1.1 萬餘人被殲，33800 餘人被俘。共軍攻佔海安、東台、東溝、宜林、阜寧、鹽城等地，將蘇北與蘇中的中共根據地連成一片[2]。大批的國軍將士抗過了日軍屠殺，卻死在共軍手中。他們在敵後慘淡經營多年的根據地，也被共軍奪走了。

在這個過程中，毛澤東始終使用了"惡人先告狀"的韜略。他不但在黃橋戰役爆發前，令陳毅、周恩來等人反覆向蔣介石控告韓德勤"大舉壓迫陳毅蘇北部隊"，而且在黃橋戰役後，他明知"韓德勤大敗乞和"，還要周恩來去要求蔣介石"制止韓之進攻"，同時命令"黃克誠應以增援陳毅為由，派部進至東台與陳會合，以主力佔領興化以東之廣大地區"，甚至命令將黃橋戰役俘虜的"最重要俘虜官酌留數人不放，以為他日韓德勤向我進攻之人證"——為日後再度進攻韓德勤預先製造"自衛證據"[3]。

中共的宣傳戰爭的威力，在"皖南事變"後發揮得最為淋漓盡致。事變的起因，是因為共軍不打日本人，卻專門消滅國軍。國民

1　《毛澤東軍事年譜》，314 頁

2　《陳毅年譜》，304-307 頁。

3　《毛澤東軍事年譜》，322 頁。

政府乃要求八路軍和新四軍"全部開入舊黃河河道以北之冀察兩省和晉東北及冀魯交界地區"[1]，試圖逼共抗日，只允許他們向東四省發展，去收復失地。然而中共非但拒絕服從這一抗日軍令，還繼在蘇北發動黃橋戰役後，又發動曹甸戰役，大舉消滅韓德勤軍。國民黨忍無可忍，遂命令八路軍及新四軍之各部隊，限電到一個月內，全部開到上述地區內[2]。

然而中共頑固拒絕北上抗日，毛澤東甚至還與周恩來商量策劃發動全面內戰，"從五十萬人中至少調精兵二十萬分路打入彼後方"。他還親自給季米特洛夫和曼努伊斯基寫了一封長信，請共產國際考慮他集中 15 萬精兵打到國民黨後方去的先發制人的軍事計畫[3]。

因為中共頑固抗命，蔣介石只好下令將期限後延，要求八路軍和新四軍分別在 12 月底和次年 1 月底移至黃河以北，而新四軍皖南部隊則在 12 月底以前先開到長江以北，國府並為皖南的新四軍安排好了渡江北上的通道。然而毛澤東以己度人，生怕新四軍跳進國軍的伏擊圈，批准了項英的計畫，非但不走國軍安排好的北上通道，還"先對南面包圍我之頑軍佯示威脅，吸引頑方注意，然後突然東進轉向蘇南"。此前共軍發動了圍殲韓德勤殘部的曹甸戰役，國軍怕項英所部前去增援，就在茂林地區攔截並殲滅了項英所部七千多人。這就是所謂"皖南事變"[4]。

[1] 南京中國第二歷史檔案館藏檔，國民政府軍令部戰史會檔案 9 廿五）973。轉引自楊奎松：《國民黨的"聯共"與"反共"》，419 頁。
[2] 《何應欽、白崇禧致朱彭總副司令、葉挺軍長電》（1940 年 10 月 19 日），《中華民國重要史料初編》第五編，504-506 頁。
[3] 《毛澤東軍事年譜》，326 頁；《毛澤東致季米特洛夫、曼努伊斯基的信》，1940 年 11 月 4 日。轉引自楊奎松：《抗戰期間共產國際與中共關係文獻資料述評》，載《社會科學》，2006 年第 2 期。
[4] 參考文獻請看《毛主席用兵真如神？》，317-323 頁。

這事變完全是中共自取其咎，而且，共軍也不過損失了區區七千人，而光是在黃橋戰役與曹甸戰役中，新四軍就消滅了國軍兩萬餘人。可毛澤東卻因此完全進入歇斯底里狀態。他一面接連向部下下令，宣稱“中央決定政治上、軍事上立即準備大舉反攻”，“中央決定在政治上、軍事上迅速準備作全面大反攻。只有猛烈堅決的全面反攻，方能打退蔣介石的挑釁與進攻，必須不怕決裂，猛烈反擊之”[1]，並同意彭德懷的建議，“如立即取攻勢，即須調動華北兵力，而一經調動即須有決心打到四川去（非打到四川不能奪取陝甘），即須有決心同蔣介石打到底”，一面令周恩來會見蘇聯使館武官崔可夫，強烈要求蘇聯停止對國府的軍援，立即準備“公開援助我們”，特別是設法“援助我們奪取蘭州”，以便通過蘭州接通蘇聯，接取援助[2]。

只是因為斯大林不想被拖下水，拒絕了毛的要求。而日本人又突然向河南國軍發動了大舉進攻，毛澤東驚喜地發現，“日本人不願意我們去華北。東條公開說：‘華北是日本人的根據地，蔣介石要驅逐華中共產軍去華北，破壞日本利益’”[3]，他才放棄了大舉進攻國軍後方的計畫，改為策應日本友軍，趁機攻佔國軍在河南的防地。

然而這些都是毛澤東的密謀，在公開宣傳裡，中共利用皖南事變，把自己偽裝成了無端受害的抗日志士。鋪天蓋地的宣傳甚至哄

---

[1] 《毛澤東軍事年譜》，342-343頁；《毛澤東年譜（1893-1949）》，TXT版電子書。

[2] 《毛澤東關于時局發展情況給周恩來的通報》（1941年1月30日）；《毛澤東關於請問崔可夫蘇聯何時可以公開援助我們給周恩來電》（1941年1月30日），轉引自楊奎松：《皖南事變的發生、善後及結果》；楊奎松：《毛澤東與莫斯科的恩恩怨怨》，109頁，江蘇人民出版社。

[3] 毛澤東：《關於蔣介石政治動向的估計》，1941年2月7日，《中共中央文件選集》，第13冊，46頁，中共中央黨校出版社，1991年。

信了英美使團。羅斯福聽信了斯諾與卡爾遜的報告，警告蔣介石要想獲得美援就不能打內戰，不管是誰挑起的都不行。華盛頓打算把準備給中國的五千萬美金貸款壓下來，等中國不打內戰了再說。英國大使科爾就皖南事變給倫敦的報告強烈偏向中共，他還直言不諱地對蔣介石說，如果內戰爆發，不管是誰挑起的，英國都不會支持蔣[1]。

中共的宣傳攻勢之所以奏效，是因為毛澤東捏住了蔣介石的七寸，他看出"蔣及國民黨雖然其勢洶洶的舉行進攻，實則他們很怕內戰，很怕根本破裂國共合作"[2]。正是這個原因，使得國府一直不敢公佈共軍大舉消滅國軍的事實，生怕內戰爆發，國亡無日，只好吃啞巴虧。朱德道破了這一點："他們不做聲，我們也不做聲。他們打敗了不做聲，我們勝利了，何必那樣來宣傳呢！"[3]

將內戰偽裝為外戰的第二個必要條件，是日本友軍的默契配合。從上面披露的史實中就不難看出，日軍確實是共軍的事實友軍，在必要時刻對共軍施以援手。皖南事變爆發後，日軍突然向河南國軍發動大規模進攻的原因，上引毛澤東的電報已經說清楚了：日本人怕國軍"逼共抗日"的策略奏效，共軍被驅趕過黃河以北，不能再在華中與國軍打內戰，"破壞日本利益"，所以要進攻河南國軍，解除共軍被迫北上的威脅。而毛澤東之所以在國難當頭還豪情滿懷，策劃出動15萬-20萬精兵打到國府大後方，絲毫不怕日軍抄其後路，當然是有原因的。

最近東京福祉大學的遠藤譽教授出版了專著《毛澤東：與日軍合作的男人》。根據西方媒體介紹，作者根據日本外務省的解密檔

---

[1] 張戎、哈利戴：《毛澤東：鮮為人知的故事》，TXT電子書。

[2] 《中共中央關於粉碎蔣介石進攻的戰略部署的指示》，1940年12月31日，《皖南事變（資料選輯）》，127頁。

[3] 轉引自張戎、哈利戴：《毛澤東：鮮為人知的故事》，144頁。

案與日本間諜的回憶錄，披露了在抗戰期間，毛澤東向上海和香港派遣中共特務袁殊、潘漢年等與日本特務機構"岩井公館"和"梅機關"接觸。潘漢年向日方提供國民黨的軍事情報，而日方為此向潘漢年提供的活動經費高達每月兩千港幣，相當於當時一個香港公務員五年的收入，潘漢年還試圖代表中共與日軍簽訂停戰協定。

美國之音還報道，抗戰期間曾任中國新聞社記者的老報人顧雪雍在《我所知道的中共"五方特務"袁殊》一文中寫道，潘漢年和岩井英一會見之後，隨後在中共另一位特工袁殊的陪同下，會見了日軍派駐中國的最高特務機關"梅機關"首腦影佐幀昭。岩井和影佐知道潘漢年不是一般情報員而是毛澤東的特使，因此對潘漢年特別重視，不但給他發了特別通行證，讓他以"胡越明"的化名按月領取大量活動經費，還在當時上海最高檔的匯中飯店開了房間給他居住。

同一報道還介紹了中國軍網"軍事解密"系列對中共"紅色特工"袁殊的介紹。據稱，在日方為潘漢年舉辦歡迎盛宴後會談三天，雙方達成了重要默契，並寫了會談紀要。潘漢年與日本間諜機構會談紀要主要內容是：日軍與中共部隊停止一切軍事行動，互相和平共處；中共負責保護鐵路交通安全，不得破壞；中共可到日佔區採購戰略物資；對中共開放長江封鎖線，中共人員物資可順利在長江兩岸通行，等等。這些默契，使日軍和中共雙方均獲得極大好處：日軍得以抽調大量兵力進攻國軍和東南亞盟國軍隊；中共則不再擔心日寇掃蕩，開始在日佔區後方擴大根據地，大大擴張了地盤和軍力，為後來推翻國民黨政府奠定了基礎。[1]

---

[1] 東方：《惡謀（上）：聯日反蔣的"建國偉業"》，
http://www.voachinese.com/a/maozedongcollaborationjapanpart120170105/3664710.
html；童倩：《日本學者：中共與日軍共謀對抗國軍》，
http://www.bbc.com/zhongwen/simp/world/2015/12/151225_japan_professor_book

這些報道與已知史實一致。太平洋戰爭爆發後，毛開始把各地幹部召到延安去，以"利用時間，休養兵力，恢復元氣"，只在嘴上抗日："但八路軍新四軍之戰績，應廣為宣傳，尤其對海外的宣傳，應當加強。"[1] 1943 年 1 月 1 日，中共中央更下令將華北及華中根據地營級以上的幹部都送到延安去"保存培養"[2]

營級以上的幹部都送到延安去"保存培養"，還打什麼仗？從1941 年年底到中共七大，除了豫湘桂戰役爆發後一段時間內忙著趁火打劫搶奪國軍防區外，華北共軍實際上是處在停戰狀態，只有華中共軍還在打內戰。毛澤東利用這段休戰期，發動延安整風，徹底整垮整服其競爭對手，建立了他在黨內的絕對權威。蘇聯駐延安的情報人員弗拉基米洛夫在其日記中對此作了大量記述，指出："實際上，八路軍和新四軍自 1941 年起就停止了對日作戰。最後一次大規模的對日戰鬥發生在 1940 年（即大家知道的百團大戰）。"[3]

為什麼毛澤東想停戰就能單方面停戰，甚至把幹部抽調一空？他何以如此有恃無恐？為什麼不怕日軍趁其空虛大舉掃蕩，一舉拔除共軍根據地？這個史實本身，就是他和日軍達成了停戰協議的間接證據。

周佛海 1943 年 3 月間的日記也記載了中共特務馮少白去見他的情景。馮少白是由他姑夫邵式軍引見的。邵對周佛海說，中共對重慶不滿，想與汪偽政府合作。過去曾派潘漢年在上海與李士群接洽，但因李在政治上無力量，想與周佛海接洽，願與南京合作，促成和平統一。此後馮少白會見了周佛海，兩人密談了一個小時。馮

---

[1] 《中央關於太平洋戰爭爆發後敵後抗日根據地工作的指示（1941 年 12 月 17日）》，《中共中央文件選集》，第 13 冊，264 頁。

[2] 《中共中央關於徵調敵後大批幹部來陝甘寧邊區保留培養的決定》，1943 年 1月 1 日，《中共中央文件選集》，第 14 冊，3-4 頁，中共中央黨校出版社，1992 年。

[3] 弗拉基米洛夫：《延安日記》，282 頁。

聲稱，他來上海是奉毛澤東的命令，只有最上層三四人知道，見到周非常高興，即當返回延安報告，云云。陳公博聽說此事後也很注意，準備也與馮少白見面密談[1]。

所有這些證據都表明，多名中共密使曾與日本特務和漢奸頭目勾結，向其提供情報並談判停戰。鑒於中共在太平洋戰爭爆發後實際處於停戰狀態，可以推知雙方確實達成了祕密協議。

然而"知乎"網上有人還要說，遠藤譽教授的書，充其量只證明潘漢年與日本特務勾結，並不能證明毛澤東與日本人有勾結，正如國民黨下層有人與日本人勾結，不等於蔣介石想投降日本一般。

持此論者似乎完全不知道共產黨與國民黨在組織紀律上的天差地別，更不知道中共對潘漢年的審查結論。根據 50 年代任中央調查部副部長兼國務院總理辦公室副主任的羅青長的證詞，他們查閱了1939 年 3 月到 1948 年 8 月潘漢年與中央來往電報和有關記錄文件，發現"根據檔案材料，當時潘漢年所做的工作，如打入日寇內部，利用李士群等，中央都是知道的，檔案中都有記載。而且當時採取革命的兩面政策，中央也有指示，是完全允許的。中央對他的工作也都是肯定的"。

據此，中共另一特務頭子李克農於 1955 年 4 月 29 日向中央政治局和書記處寫了正式報告，提出了有力的五大反證，其中與敵偽祕密來往有關的三條是：

"（一）是中央一再有打入敵偽組織，利用漢奸、叛徒、特務進行情報工作的指示。（二）潘利用袁殊、胡均鶴、李士群，利用日本駐港副領事刻戶根木和小泉都有正式報告。（三）潘漢年提供了決策情報：（1）關於德國進攻蘇聯時間的準確情報，他在 1941 年 6 月 13 日報告說蘇德戰爭一觸即發，延安於 6 月 20 日收到。（2）蘇德戰爭爆發後，日軍究竟是南

---

[1] 《周佛海日記全編》（下），中國文聯出版社，2003 年，713，715，716 頁。

進還是北進的情報。（3）太平洋戰爭爆發的情報。這是當時延安，毛主席、黨中央都是極為關注的問題，是起了決策作用的戰略情報，得到了中央的好評。"[1]

日本人若是不能從潘漢年那兒得到國民黨的重大戰略情報，怎麼可能如此單向地慷慨大方，不但向他洩露至關重要的戰略情報，還給他發活動經費？為什麼日本人會對延安如此推心置腹，以致連己方的戰略決策都會坦誠相告？交換情報到了這種毫無保留的地步，只可能發生在盟友之間，而且還不是一般的盟友，是類似英美那種關係特別密切的盟友。

不僅如此，上述軍網"軍事解密"系列介紹的日本間諜機構同意與中共通商一事，也得到了證實。弗拉基米洛夫在 1943 年 1 月 29 日的日記中寫道：

"解放區出現一片怪現象。中共的部隊中也同樣出現了這種怪現象。它們全都在盡可能地與淪陷區的日軍做生意。到處都在做非法的鴉片生意。例如，在柴陵，遠在後方的第 120 師師部，撥出一間房子來加工原料，製成鴉片後就從這裡運往市場。實際上晉西北各縣都充斥著五花八門的日貨。這些貨物都是由淪陷區倉庫直接供應的。在第 120 師師部裡，討論的中心不是戰鬥任務、作戰和其他軍事問題，而是怎麼做買賣和賺錢。

這一切都是奉命行事的。例如，已嚴令八路軍和新四軍各部隊不得對日本人採取任何有力的作戰活動。一句話，就是不准打仗，遭到攻擊就往後撤，有可能就休戰。"[2]

邱會作也證實了中共與日偽大做生意。他在回憶錄中說，約在 1939 年 11 月間，山東分局給中共中央的報告提出，從膠東進口日

---

[1] 羅青長：《潘漢年冤案的歷史教訓》，《上海黨史與黨建》1996 年第 1 期。
[2] 弗拉基米洛夫：《延安日記》，103-104 頁。

貨，可以取得大量稅收，建議中央派一批財經幹部到山東建立稅收工作，每月可為中共中央籌到 5-10 萬法幣。毛、周、李富春等人對此極感興趣，派邱會作率近百人的財經工作團去山東，後來去了豫皖蘇邊區，"湯恩伯大量進口日貨的通道被我們控制，我們立即組織淮上地區的稅收，開闢財政來源。在淮上一年多的時間裡，我們的稅收工作，每月能搞到數萬元，甚至十餘萬元。"[1]

向淪陷區傾銷鴉片，並大量進口日貨，從中抽取關稅，這就是中共的"大生產運動"，它真的實現了毛澤東允諾的"自己動手，豐衣足食"。據邱會作說，1937 年他在抗大，幾乎天天吃不飽飯。在離開延安 4 年後，他又回到延安進黨校學習，發現"延安一切都變了，變化最大的是大家都豐衣足食，物質生活豐富，精神狀態很好。延安保存了很大一批幹部，大家都在精神煥發地攻讀馬列主義，整風學習"，黨校不僅有飯吃，而且吃得比較好[2]。

所以，所謂謀略學，也就是厚黑學，講究的是臉厚心黑。毛澤東不但在中國歷史上寫下了最黑的一頁，還以最厚的臉皮騙到"最偉大的民族英雄"的美稱，世世代代為後人歌頌。玩弄陰謀權術到了這種化境，絕對獨步古今。

（二）內戰

由於毛澤東的上述謀略，抗戰勝利後，中共已經壯大為擁有百萬正規軍和兩百萬民兵、統治著上億人口、佔據了大部分華北與華中地區的強大力量，獲得了與國民黨爭天下的雄厚本錢。蘇軍入侵東北後，為中共提供了大片根據地、大批輕重武器、強大軍工生產

---

[1] 《邱會作回憶錄》，114-117頁。

[2] 同上，124頁。

能力以及理想的戰略後方，為我黨注入了打敗國府的硬實力，使得國共實力對比發生了不可逆轉的傾斜，國民黨的敗局便於此註定。在此情勢下，無論是誰去當黨魁，結局都不會有什麼兩樣。

不僅如此，我已在舊作中指出，凡是正確的重大戰略決策都是旁人作出的，比如抗戰勝利後決定派出重兵搶佔東北，在全國實行"向南防禦，向北發展"的兩大決策，都是劉少奇主持中央工作時作出的，而關於集中三野和二野的兵力，在中原地區與國軍進行戰略決戰，將其主力消滅在江北的決策，則是粟裕的建議。毛澤東非但沒有顯示什麼軍事才能，而且好大喜功，熱衷於賭博式的冒險，屢出餿招。

例如蘇聯出兵東北使得他完全喪失理智，下令發動全面內戰，推出了比"立三路線"還宏大百倍的計畫，要求各解放區佔領同蒲路北段、平綏路東段、北寧路、平漢路北段、隴海路東段、正太路、津浦路、膠濟路等十餘條鐵路，發動上海、北平、天津、唐山、保定、石家莊城內人民的武裝起義，以配合攻城部隊奪取這些城市[1]。幸虧斯大林來電制止了他這自殺計畫。此後他先是想獨佔東北，下令林彪阻擊出關國軍，後又令其死守四平，招致東北共軍大敗。1946 年 6 月間，他決定發動全面內戰，制定了"北線奪取三路四城，南線三軍奪取津浦線"的冒險計畫，致使陳毅所部大敗，晉察冀共軍遭受重創。1947 年 8、9 月間，他決定發動全國反攻，下令劉鄧大軍千里躍進大別山，將這支能征慣戰的野戰大軍化為毫無用處的游擊兵團，最終被虐致殘。此後他還不吸取教訓，又想將華東野戰軍虐待致殘，令其渡江南下冒險，幸虧粟裕上疏，為他制定了正確的決戰戰略，才使得中共的奪權戰爭從此漸入佳境[2]。

---

[1] 《中國人民解放軍全國解放戰爭史》第一卷，56 頁，軍事科學出版社，1997。

[2] 《毛主席用兵真如神？》，366-372，427-490 頁。

第二章 毛氏謀略學的勝利

這些事實表明，毛澤東非但沒有官方宣傳吹噓的過人的軍事才能，反倒還以其"左傾冒險主義"的固有天性，頻繁破壞中共的奪權戰爭。當然，這不是說毛澤東對中共奪權戰爭只有負貢獻。他雖非合格的戰略家，卻是天才的謀略家。在消滅國軍主力的三大戰役中，他在這方面的"才能"得到了充分發揮。在很大程度上，共軍贏得三大戰役。有如說軍事學上的勝利，不如說是毛氏謀略學的偉大勝利，平津戰役尤其如此。

三大戰役前，國軍雖迭遭共軍打擊，但主力尚未殘破，還可與共軍抗衡。最大的問題是兵力分布太廣，因而其戰略態勢處于被動。而且，國軍兵力當時的配置使用很不合理，四個重兵集團，一在東北（衛立煌集團），一在華北（傅作義集團），一在西北（胡宗南集團），一在中原（後來的劉峙－杜聿明集團）。其他三個集團都在與共軍的四個主力野戰軍交戰，只有華北集團處于閑置狀態。傅作義坐擁60余萬大軍，面對的不過是共軍三個兵團[1]，因此實際上構成了國軍的戰略預備隊。

在此龐大的戰略預備隊投閑置散、無所事事之際，其他戰場的兵力卻十分吃緊，國共雙方其實都如此。若是將此預備隊投入任何一個主戰場，都會給戰局帶來決定性的影響。

蔣介石看出了這步棋。在大眾心目中，國共兩黨用兵的區別，似乎就是國府只知道死守地盤，而共軍則不計一城一地得失，大踏步進退。這當然有一定事實依據。但一般人沒看到的是，國民黨是執政黨，政府守土有責，又實行了憲政，必須對國民大會負責，因此不能罔顧民意，輕易拋弃防地。陳誠在東北打了敗仗後，國防部長白崇禧在國民大會作軍事報告時，全體代表不約而同大喊："殺

---

[1] 《聶榮臻回憶錄》，697頁。

陳誠以謝國人！」[1] 因此，要老蔣如共軍那樣，只考慮保存國軍實力而不顧百姓死活，也確實有難處。

其實，蔣介石並非咱們想象的那個飯桶，論戰略眼光恐怕並不比毛差。他遠不如毛的，是不會玩弄陰謀詭計，更缺乏對部下的控制能力。1948 年 3 月間，他決心放弃東北，令東北集團撤至錦州。若這計畫能按時實施，則國軍兩個集團就連在一起，可以集中兵力作戰，東北國軍也不至于被全殲。然而衛立煌却抗命不從，蔣介石竟然奈何不得。雙方爭執不休，直到 9 月間遼沈戰役開始，國府竟然什麼決策都沒有拿出來。遼沈戰役開始後，衛立煌又百般破壞搗亂，再加上廖耀湘畏敵如虎，終至全軍覆沒[2]。

衛立煌為什麼要這麼幹？過去坊間早就紛傳衛立煌是共諜，連黨媒都說，衛立煌是"遼瀋戰役最大的臥底"[3]。衛立煌的孫子衛智雖然出來否認此事，給出的"證據"却是衛立煌的自辯詞："东北之戰，完全由蔣三到瀋陽親自主持策定，雖經各將領一致陳述意見，認為不可，但蔣一意孤行，終至全軍覆沒。"[4] 可惜粗知歷史的人都知道，衛立煌的自辯詞完全說反了，是他而不是蔣一意孤行，終至全軍覆沒。老蔣的錯，是沒有及時換下衛立煌，終止其顛覆活動。

最近何新撰文介紹，中共元老張鼎丞的女兒向他披露，楊尚昆曾對她說："衛立煌是共產黨員，衛是我，葉帥和李克農三人介紹加入中國共產黨的。"據說，毛澤東決定先打錦州而林彪不敢，並

[1] 杜聿明：《遼瀋戰役概述》，《遼瀋戰役親歷記》，7頁。
[2] 詳見拙著《毛主席用兵真如神？》，495-512 頁
[3] 呂春：《衛立煌:遼沈戰役的"臥底"》，《黨史縱覽》，2008年 04 期
[4] 劉暢：《衛智向本刊記者講述 祖父衛立煌不是臥底》，《環球人物》，2013年 12 期

不是因為毛澤東的戰略眼光高出了林彪，而是因為後者不知道有東北國軍最高統帥衛立煌作內應[1]。

東北雖然丟了，大局仍未完全糜爛。若是國府將傅作義集團的60萬大軍及時撤出華北，投入華中地區，拊華野後背，與劉峙集團南北策應，夾擊共軍，必將給正在全力進行淮海戰役的華野與中野以沉重打擊，于是華東國軍也就沒有必要撤出徐州，淮海戰役的結局就會完全兩樣。即使不能全殲或重創華野與中野，國軍的華北與華東兩個重兵集團會合後，即可立足于南宋格局，確保淮河以南，力爭中原，至不濟還可退守江南。

毛澤東看出了這步棋，很怕傅作義集團南撤。1948年11月17日，中央軍委發給東野、東北局與華北局的電報就說，"蔣系"24個師從華北海運江南，是蔣介石今天唯一可以使用的機動兵力。不論他將這個兵力使用于防守江南，還是先使用于淮海戰場，接出徐州劉峙集團主力，然後集中約90個師的兵力布防長江下游兩岸，對于延緩蔣介石反動統治的最後崩潰，自會起較大作用。因此，"我們的計畫應當放在他可能調動一點上"，目的是抑留蔣、傅兩系于華北，就地殲滅。[2]

但問題是，共軍根本沒有兵力阻擋傅集團南撤。當時華北是共軍實力最薄弱的地區，共軍又普遍養成了害怕傅作義的心理。1948年2月23日，毛澤東致電聶榮臻、蕭克等人，要他們堅決克服幹部中怕傅作義的錯誤思想[3]。連朱德都不得不承認："在作戰上他（傅作義——引者注）學了日本人的一些辦法，也學了我們的一套，在華北方面他的力量現在遠比我們大，所以傅作義是比較不好打

---

[1] 何新：《張九九揭祕——衛立煌之謎（修訂版）》，
https://m.sohu.com/n/476464611/?wscrid=95360_7
[2] 《中國人民解放軍全國解放戰爭史》，第四卷，399頁
[3] 《毛澤東年譜（1893-1949）》，TXT電子書。

的。"[1] 因此，傅作義集團若是南撤，毛澤東只能乾瞪眼。既然不能武力制止，那就只有靠厚黑學，想法從內部攻破堡壘，而這才是毛真正的拿手好戲。

遼沈戰役結束次日，國防部召開作戰會議，緊急商討華北作戰方針。國防部長何應欽提出兩個方案，一案是趁華東野戰軍正集中兵力準備舉行淮海戰役、濟南防守兵力空虛的有利時機，令傅作義部南下襲取濟南，以後即在山東地區作戰。此案的好處是既可撤出華北部隊，又可牽制華野，使其不能全力進行淮海戰役，從而減輕徐州剿總劉峙集團的壓力，不利因素是從平津地區南下濟南，要經過近千里的淪共區，沿途會遭到較大損失；另一案則是將傅作義全軍南撤，第一步海運青島，第二步再海運江南。[2]

老蔣同意南撤，于次日電召傅作義進京。殊不料傅作義"另有打算：他的根據地在綏遠[3]，他的軍事實力還完整無缺，而且他已有與中共和談的心思，所以在南京會議上，巧妙地同蔣介石唱反調，向蔣介石大肆吹噓，說整個華北尚有大軍六十多萬，自己又有守城經驗，能戰能守，華北大好河山豈能放弃。蔣介石聽後有些猶豫了，張治中又主張放弃華北撤到江南，傅作義則始終堅持要據守華北。結果蔣介石還是依了傅作義，因爲他還有依靠傅作義固守平津的幻想。"[4]

傅作義之所以動念叛蔣，是因爲私心太重。他覺得老蔣大勢已去，跟老蔣幹再沒前途了，于是想另投明主。這人對共黨毫無起碼認知，却拿民國那套"反正"醜劇來套時事，以爲他只需發個通電

---

[1] 《中國人民解放軍全國解放戰爭史》第四卷，372 頁。關于華北剿總的兵力，該書說的是 50 余萬人，此處采用《聶榮臻回憶錄》提供的數字。

[2] 《中國人民解放軍全國解放戰爭史》，第四卷，382 頁。

[3] 今內蒙自治區中西部。

[4] 杜任之：《和平解放北平之經過》，《平津戰役親歷記（原國民黨將領的回憶）》，中國文史出版社，1989 年，326-327 頁

"易幟"，便能如張學良當年一般，不但能保留私人軍隊，還能在新政府裡分一杯羹。他覺得若按蔣介石的方案部署，主動放弃北平，退守天津、塘沽一綫，那就沒有向共軍獻出古都之功了。若是不能抵禦共軍，必須從海道南撤，到了江南後，他肯定要受到蔣介石的嫡系排擠，因此不如另投新主。

基於這私心，傅作義通過共諜女兒傅冬菊，祕密致電中共，要求和談[1]，此舉立即給了毛一個誘騙傅作義上鈎、藉此將國軍抑留在平津一帶的機會。毛次日即致電林彪等人，告知此事，說"我們擬利用此機會穩定傅作義不走，以便迅速解決中央軍"，要東野提前入關，"突然包圍唐山、塘沽、天津三處敵人，不使逃跑，並爭取使中央軍不戰投降"[2]。對毛來說，與傅作義暗通款曲的全部目的，就是以此穩住傅作義，令他滯留在北平。只要老傅心存幻想，由他指揮的 60 萬大軍也就會停留在華北不走，待四野入關後，要加以包圍殲滅易事耳。

爲達到這個目的，毛故意遲遲不給傅作義回答。傅冬菊奉父命與地下黨負責人約好面談的時間地點，屆時却無人如約而來[3]。老傅不知道，毛定下的"基本方針是徹底解除他們的武裝"，"決不允許這些人保存其反動力量，談判和分化只是達到殲滅他們的一種手段"。傅"本人可赦免戰犯罪，保存私人財產，住在北平或外邊由他自定。他的部屬的生命家財不予侵犯，除此之外，不能再允許給他什麼東西，亦不能稱爲起義"[4]。毛要的是無條件投降，而且還必須是顏面掃地的投降，哪會容他與中共平等談判？

---

[1] 王克俊：《北平和平解放的經過》，《平津戰役親歷記》，281 頁。
[2] 《毛澤東年譜（1893-1949）》，電子書。
[3] 王克俊：《北平和平解放的經過》，《平津戰役親歷記》，281 頁。
[4] 《中國人民解放軍全國解放戰爭史》第四卷，472，476 頁。

　　就在傅作義傻等之際，四野在 12 月中下旬大舉入關，然後才開始與傅作義談判。毛的算盤是：“我們應試圖利用傅作義及其集團內大批幹部對于自己的生命財產危險的恐懼（傅作義是戰犯，傅集團內某些人是華北人民十分痛恨的），以考慮允許減輕對于傅作義及其幹部的懲處和允許他們保存其私人財產爲條件，而以傅作義下令全軍放下武器爲交換條件。”“但我們第一個目的是解決中央軍。你們應向傅的代表試探，傅是否有命令中央軍繳械的權力，如果他沒有此種權力，則可向他提出讓路給我軍進城解決中央軍。”[1]

　　老傅這才發現，雙方條件相差太遠，因而心存悔意。蔣介石要傅作義“暫守平津，控制海口”，“以一部兵力守備北平，以主力確保津沽”，“在華北不能支持時，就經海上南撤”，此後又兩次派軍政要員赴北平，要他以主力保守塘沽、大沽和天津，確實控制海口[2]。傅作義卻把自家的基本隊伍部署在北平以西，將其他部隊部署在北平城內及北平以東。如此則既可以用非嫡系部隊爲他擋住入關的四野，又可借共軍圍城，脅迫非嫡系部隊隨同他一道投降，自家的嫡系部隊則放在北平以西，若是中共不接納他，則他還可以逃往綏遠，保留私人軍隊。

　　然而傅想跟毛那個不世出的陰謀詭計大師玩這套，當然只能喝了老毛的洗腳水，老共哪會由他反悔？12 月 26/27 日，中央軍委甚至指示林彪等人：“不要放走傅作義談判代表，並應停止其與傅作義通電。”[3] 連這種下作手段都能使出來，目的就是讓傅作義面前始終有個釣餌在晃動，而却又始終不讓他看明白那釣鈎上穿的究竟是什麼好玩意。

---

[1] 《毛澤東年譜（1893-1949）》，TXT 電子書。

[2] 《中國人民解放軍全國解放戰爭史》第四卷，383-384 頁

[3] 《中國人民解放軍全國解放戰爭史》第四卷，449 頁。

何况老傅的周圍也早就被共諜滲透到超飽和的程度了。1948 年 10 月間，老傅想使出當年閃擊張家口的那招來，突襲中共中央所在地石家莊，還沒發兵，消息便被中共發表在新華社電訊以及報紙上，嚇得他半途而廢（這大概是毛抄襲《三國演義》中的空城計，其實當時石家莊相當空虛，傅作義若堅持打下去，定能一擊成功）。如今老傅的部署又豈能逃過中共的耳目？因此，他自作聰明調動的部隊當然只能 "落入解放軍的環圍"。

在此期間，老蔣連續派大員飛往北平，敦促傅作義南撤，並許諾只要南撤，則有美軍援助；南撤後，將任命傅作義為華東南軍政長官，等等，但均為傅作義拒絕。[1]

毛澤東等到共軍打下了新保安與張家口，並包圍了天津，斷了傅作義的逃路後，才在 49 年元旦那天指示林彪："新保安、張家口之敵被殲以後，傅作義及其在北平直系部屬之地位已經起了變化，只有在此時，才能真正談得上我們和傅作義拉攏並使傅部為我所用。"[2]

到此地步，傅作義只得派代表周北峰與中人張東蓀與 1949 年 1 月 7 日祕密出城，到薊縣與聶榮臻、林彪、羅榮桓等人會談。張東蓀向聶榮臻等人傳達了傅作義的要求：（一）北平、天津、塘沽、綏遠一齊解決；（二）要平、津以後能有其他報紙 （意即不只是中共一家報）；（三）政府中要有進步人士；（四）軍隊不用投降或在城內繳槍的方式，采取調出城外分駐各地用整編等方式解決[3]。

---

[1] 《平津戰役親歷記》286-287 頁；《中國人民解放軍全國解放戰爭史》第四卷，474 頁。

[2] 《中國人民解放軍全國解放戰爭史》第四冊，473 頁；《毛澤東年譜（1893-1949）》，TXT 電子書。

[3] 同上。

次日，林彪、聶榮臻將這些條件電告中央軍委，毛十分惱怒，于9日回電："傅作義派人出來談判，具有欺騙人民的作用。"[1] 但表示可按傅方代表提議，傅方軍隊調出平、津兩城，遵照共軍命令開赴指定地點改編，同時還教林、聶怎麼去推搪傅作義那些光明正大的條件：

> "你們應回答如下幾點：……政府中有進步人士，平、津報紙不只中共一家，是中共民主綱領中原來就有的，故不成爲問題。"[2]

毛澤東應付這些要求的厚黑功夫令人嘆爲觀止："政府中有進步人士"，當然有，即使在文革期間也有"愛國人士"；"平津報紙不只中共一家"，現在也不止中共一家，"國民黨革命委員會"不是有份什麼《團結報》麼？還有網絡版呢。

傅作義得知中共答覆後，通過中共特工向林、聶提出，部隊出城改編的時間與其他技術細節尚待雙方具體商定。毛聞訊大怒，認爲傅"借詞推托，企圖拖延時間，實則別有陰謀"，企圖"迫我就範"；傅不但撒謊欺騙中共，還"提出什麼報紙及政府用人等事，好像他們是代表人民說話，向我們要求民主權利"，要傅命令天津守軍于13日全部開出城聽候處理，否則共軍將于14日攻擊天津。[3]

老傅還在猶豫，共軍當即打下了天津，示之以威。至此，傅作法自斃：逃無法逃，戰也不能戰。直到此時，蔣介石還在勸他離開北平，于1月16日電傅作義，謂天津失守，死守塘沽已無意義，著侯鏡如兵團火速由海上撤走。最後希望傅作義早日脫離險地，飛回南京，共肩時艱，以報黨國[4]。但傅還是沒聽老蔣的話，最後竟裹脅

---

[1] 藍英年：《話說張東蓀》，《同舟共進》，2010年02期。
[2] 《毛澤東年譜（1893-1949）》，TXT電子書。
[3] 同上。
[4] 方正之：《平津戰役記略》，《平津戰役親歷記（原國民黨將領的回憶）》，22，30頁。

全軍（包括由他指揮的原中央軍部隊），以"出城改編"的名義"體面"投降。

可惜我黨連一點面子都不給他留。1949年2月2日，就在共軍舉行入城式前一天，《人民日報》還按照毛的指示，特地發表了毛於此前以林彪、羅榮桓的名義寫的命令傅作義投降的最後通牒，歷數傅的"反革命罪行"，無情折辱之，以出集寧戰敗的惡氣，並明明白白地告訴老傅，他不過是個戰爭罪犯，可指望的不過是我黨的"寬大處理"。[1]

據《毛澤東年譜》，那通牒是毛于1月15日寫的，但傅作義根本沒見到那通牒就同意投降了。只是在共軍進城那天，他才從報上得知，當下氣得半死[2]，但此時人爲刀俎我爲魚肉，悔也來不及了。打了三百殺威棒後，毛又以寬宏大量的仁君面目出場，與他談話，于是世上又多了一個"斯德哥爾摩綜合征"患者。

淮海戰役實際上是由中共特工打贏的，或者說是由國防部故意輸掉的。每個環節都是間諜戰的偉大勝利，堪稱舉世無雙，應該列入間諜戰史而不是軍事史。筆者已對此作過介紹，此處不贅[3]。總而言之，毛澤東對"解放戰爭"作出的貢獻，基本上都是謀略學的勝利。

除此之外，毛澤東對所謂"解放戰爭"還有一個無人可以取代的獨特的貢獻，也可視爲謀略學的成就，但絕不是軍事學上的成就，我也在《毛主席用兵真如神？》中指出了，那就是他通過延安整風把自己造成了神，加強了中共那個宗教軍隊的戰鬥力。

前文反復指出，國際共運實質上是一種宗教運動，共產黨是一種邪教組織，其領導的軍隊具有無比濃厚的意識形態色彩。這種意

---

[1] 《毛澤東年譜（1893-1949）》，TXT電子書。

[2] 郝在今：《"布衣將軍"傅作義》，《同舟共進》月刊，2008年第9期。

[3] 《毛主席用兵真如神？》，493-494頁。

識形態有別於其他世俗政治思想的特點是：它不但允諾信徒們一個極樂世界，更讓他們堅信自己是"替天行道"，是站在"歷史潮流"、"客觀規律"一邊，在為人類歷史上最美好、同時也是必勝的正義事業奮鬥。這個宗教優勢在毛上臺前即已存在，但只有延安整風才賦予中共事業以濃厚的東方民間宗教特色，為那摩登邪教的完善化與本土化，提供了最後的也是最重要的必需要素——一個活著的全知全能的神，救苦救難的大救星。

至此，中共革命在很大程度上洗去了它的"國際"特色，變得更像其前驅太平天國革命，而一不怕苦、二不怕死的共軍戰士也變得更像悍勇絕倫的太平軍戰士，從而更符合中國深厚的草根文化傳統，獲得了巨大的活力。毋庸贅言，堅信有一個萬能的神在指點他們從勝利走向勝利的迷信軍隊，其士氣當然要遠遠高出士兵不知道為何而戰的國軍。

毛在黨內絕對權威的確立，也使得中共完成了向政治軍隊的徹底轉變，從20-30年代的"群雄黨"，變成了40年代的"一人黨"，使得它如同軍隊一樣，只有一個說一不二、下屬必須絕對服從的最高統帥。因此，共軍雖然分為各個"山頭"，散佈於華北、東北各地，但全軍高度統一，各部根據最高統帥的命令密切配合，互相策應，實行了"一元化領導"，使得毛指揮百萬大軍如臂使手，屈伸如意，而國軍則派系重重，四分五裂，老蔣連頑固抗命的衛立煌都奈何不得，當然只能一敗塗地。所以，國共的較量，在很大程度上也是最高領袖對部下的控制能力的較量，而這正是謀略學最主要的內容。

毛澤東對於中共奪取全國勝利的最後一個貢獻，屬於"減去負數"效應。毛和其他中共大員的區別是，此人心胸褊狹，痞性十足，品質極差。出於嫉妒心理與名利心，他可以不顧大局胡來一氣，敢於並善於自傷訛詐，以把船弄翻威脅同僚屈服。如前所述，他在第五次圍剿的危急時刻，出於對國際派的嫉恨，竟然煽動將領對軍令陽奉陰違；在紅軍突破湘江傷亡過半的危難關頭，他竟然忙著祕密串聯顛覆中央領導，借此擠進書記處；在紅軍發生重大戰略爭論時，他生怕張國燾奪去他的權位，不惜捏造兵變謊言，欺騙中央與他一同出逃，造成紅軍分裂。

這些事，其他人包括張國燾在內，都是幹不出來的。他們或多或少還有點大局觀念，講究點共產黨的"責任倫理"。例如博古雖在遵義會議上被毛奪了軍權，但在張聞天來串連他奪毛的軍權時，他仍為了避免紅軍分裂而表示不同意；張聞天後來也因為同樣原因，在會理會議上表態支持毛。即使是張國燾也罷，他因被毛等人拋棄，一氣之下另立中央，但在毛指使張浩假傳聖旨，聲稱"共產國際完全同意中國黨中央的政治路線"後，他明知去陝北有坐牢的危險[1]，仍然乖乖取消中央的名號北上。哪怕是在西路軍陷入危局時，他還致電西路軍將領，強調："軍委對西路軍的指示是一貫正確的，對西路軍是充分注意到的"，"如果還有過去認為中央路綫不正確而殘存著對領導的懷疑，是不應有的"，"應當在部隊中，特別在幹部中，提高黨中央和軍委的威信。"[2]

不難想見，如果毛沒有在黨內確立其絕對權威，而是始終鬱鬱不得志，那麼，以他建黨元老之身，在軍隊裡又有著雄厚的潛勢力，將會在黨內形成何等可怕的破壞力，為中共革命事業帶來多大的損失。這種破壞力無人可以望其項背，不管是張國燾還是王明，都不會像他那樣在失意時不顧大局胡來一氣，充其量只會去投奔國府或蘇聯。

因此，毛澤東稱心如意地當上了中共的"黨神"，從此能夠將無比充沛的破壞搗亂的能量以及無窮無盡的陰謀詭計悉數使到國府

---

[1] 徐向前：《歷史的回顧》，497頁。

[2] 同上，538頁。

頭上去，對中共確實是萬幸。要明白這一點，只需看看他後來因為當不上國際共運領袖，就不惜反出共產陣營，聯美反蘇，致使原來蒸蒸日上的國際共運遭受沉重打擊，此後又因自覺大權旁落，不惜發動文革，以一己之力砸碎黨國機器顯示出來的意志與魄力就夠了。

三、毀黨造黨，登上神壇

（一）毛澤東的心病

毛澤東在晚年還來了個謀略學的大手筆，那就是以一己之力，砸爛了龐大的黨國機器，然後又重新塑造之。雖然如前所述，由於毛的智識缺陷，文革成了只有破壞、毫無建設的爛尾工程，但從權術操作的難度來看，毛就算終生只有此舉，也就足以成為古今第一謀略大師了。

在《思想家》卷中，我著重談了毛澤東發動文革的理想主義考慮，沒談的是，除了締造一個理想世界的朦朧衝動外，他還有著更迫切的個人理由，而這一點王若水先生已經指出過了：確保未來沒有一個中國赫魯曉夫出來發動"去毛化"。若是未來中國真的出了個赫魯曉夫，那毛澤東一手製造的大饑荒，肯定要被他用作炸毀神壇的高效炸藥。為了防止這噩夢在他身後發生，毛澤東必須發動文革，以確保他犯下的那些驚天動地的愚蠢錯誤永遠不被後人得知。

毛澤東這擔憂確有根據，隨著大饑荒肆虐中華大地，他的威望跌到了谷底。

其實還在 1959 年的廬山會議召開前，毛澤東就已經發現大躍進的問題了。1959 年 4 月 29 日，他給省、地、縣、社、生產隊、生產小隊六級幹部寫了一封《黨內通信》。這封信經過大員們討論後，於5月3日由中共中央辦公廳正式發出，有些內容頗中時弊：

"包產一定要落實。根本不要管上級規定的那一套指標。不管這些，只管現實可能性。例如，去年畝產實際只有三百斤的，今年能增產一百斤、二百斤，也就很好了。吹上八百斤、一千斤、一千二百斤，甚至更多，吹牛而已，實在辦不到，有何益處呢？"

"密植問題。不可太稀，不可太密。許多青年幹部和某些上級機關缺少經驗，一個勁兒要密。有些人竟說愈密愈好。不對。老農懷疑，中年人也有懷疑的。這三種人開一個會，得出一個適當密度，那就好了。既然要包產，密植問題就得由生產隊、生產小隊商量決定。上面死硬的密植命令，不但無用，而且害人不淺。因此，根本不要下這種死硬的命令。"

"講真話問題。包產能包多少，就講能包多少，不講經過努力實在做不到而又勉強講做得到的假話。收穫多少，就講多少，不可以講不合實際情況的假話。對各項增產措施，對實行八字憲法，每項都不可講假話。"[1]

這些話，說明他已經開始從離奇的熱昏狀況中醒過來了。只是他在以雷霆萬鈞之勢、排山倒海之力掀起了全黨歇斯底里之後，又試圖以這種軟語商量的方式去糾偏，又豈會奏效？農民之所以踴躍投入大躍進，並不是如毛幻想的那樣，是出自于什麼莫須有的"社會主義積極性"，而是被基層幹部用鞭子抽起來的。當時農村中"大辯論"（批鬥會）如火如荼，公社幹部打人成風，許多社員被打死打傷。連劉少奇都在1962年承認："这四年的經驗教訓多得

[1] 毛澤東：《黨內通信》，（一九五九年四月二十九日、五月二日），《建國以來毛澤東文稿》第八冊，235-238頁；《毛澤東年譜（1949-1976）》第四冊，34-35頁

很，……主要是混我為敵。下面不按照法律，縣、公社甚至大隊用長期拘留、勞改、勞教等辦法，不知折磨死了多少人。"[1] 在這種恐怖氣氛下，有誰還敢"根本不要管上級規定的那一套指標"？用現代網絡語來說，毛以為他這封信能夠糾偏，完全是"圖樣圖森破"（too young, too simple）。

所以，這封信的唯一用途，也就是多年後讓毛左們用它來證明，是劉少奇、鄧小平而不是毛澤東發動了大躍進。有的毛左甚至造出離奇的謠言，說這封信被劉鄧扣押了，沒能與廣大農村幹部見面，云云。

其實就算這封信真能起到剎車作用，那也立即就被毛本人抵消了。信件發出兩個多月後，廬山會議就召開了。彭德懷在會上批評了大躍進，於是毛澤東明知犯了大錯，仍然發動了"反右傾鬥爭"。

當然，毛澤東這麼做，也有不得已的苦衷。前文反復指出，黨皇的天命是"客觀真理"。當初毛澤東搶到黨皇的大位，靠的就是指責王明、博古、張聞天等人犯了路線錯誤，而他代表了真理。所以，他決不能犯錯，否則就再不能代表"真理"了。一旦犯了大錯後，就只能"硬著頭皮頂住"，死不認錯。

在 1959 年 8 月 17 日召開的中共中央工作會議上，他把這道理說得清清楚楚。他說，我看是一個反對派的問題，看問題不同。在這種時候，可是不能輕易地把陣地讓出來，在這種時候講謙虛我看是不行的，我這個時候不謙虛了，因為那是危險的[2]。

所謂"不讓出陣地"，就是堅持把錯誤路線推行到底。於是他非但沒為大躍進剎車，"魏武揮鞭"還更加意氣風發了。

---

[1] 《劉少奇年譜》下冊，電子書。
[2] 《毛澤東年譜（1949-1976）》第四卷，159-160 頁。

11 月 16 日，他批轉了華東協作區會議紀要，紀要提出，一九六○年要力爭更大的躍進；人民公社用五到十年的時間由基本隊有制過渡到基本社有制；工業生產在一九六○年一定能夠獲得繼續大躍進；要將反右傾鬥爭進行到底。今冬在農村進行一次廣泛深入的社會主義教育。1960 年 1 月 9 日，他在政治局擴大會議上提出，要在十年內搞到一億噸鋼，爭取超過。會議認為，一九五九年的大躍進是全面的躍進，一九六○年還將是一個大躍進年，可能比一九五九年形勢更好。會議確定的八年的總目標是，基本實現四個現代化，建立起完整的工業體系，同時要基本上完成集體所有制到社會主義全民所有制的過渡，在分配制度上逐步增加共產主義的因素；會議要求本年內大辦公共食堂，試辦和推廣城市人民公社。同月，毛還表彰了一對青年夫婦帶著三個孩子全家養了二百零七頭豬的鬼話，認為這個辦法好，發展快，養得多，應當推廣。1960 年 3 月間，他更對華東六省一市的第一書記下令，要將城鄉公共食堂普遍化；當年還要普遍建立城市人民公社。[1]

1960 年 11 月，毛開始承認農村發生了饑荒，但他拒絕承認那是"大躍進"的結果，卻試圖把責任賴到"階級敵人"頭上去，把"壞人當權，打人死人，糧食減產，吃不飽飯"，歸結於"民主革命尚未完成，封建勢力大大作怪，對社會主義更加仇視，破壞社會主義的生產關係和生產力"[2]。

毛的對策就是所謂"民主革命補課"，抓"漏劃的地富反壞"。1960 年 12 月 6 日，周恩來代中央草擬文電，針對山東、河南、甘肅、貴州等幾個餓死人最多的省份，指出："其中某些反革命的破壞行為顯然是封建勢力在地方篡奪領導，實行絕望性的、破

---

[1] 同上，239-240，305，304，313，343 頁。
[2] 《毛澤東年譜（1949-1976）》第四卷，178 頁

壞性的報復", "這是農村中階級鬥爭的最激烈表現"[1]。年底，毛澤東批轉了信陽地委關於"全區民主革命補課的群眾運動高潮已經出現"的報告，下令"全國三類社都應照此執行"[2]，讓備受蹂躪的農村雪上加霜。

直到 1961 年 2 月，毛才意識到這頭皮再也無法硬下去了，對部下說：還是要給農民自留地。再搞下去，就是你們所說的餓、病、逃、荒、死。次月，他才肯承認廬山會議加重了災難，在政治局常委擴大會議上說：廬山會議之後一反右，有人講真實話，講困難，講存在的問題，講客觀實際情況等等，都被認為是右的東西。結果造成一種空氣，不敢講真實情況了。例如河南本來糧食產量只有二百四十億斤，他們說有四百多億斤，這都是反右反出來的。鄭州會議的召開，是為了反"左"，如果繼續反下去，那就好了。誰知道彭德懷在中間插了一手，我們就反右。右是應該反的，反右是正確的。但是帶來一個高估產、高徵購、高分配[3]。

即使如此，他還是鴨子死了嘴硬到底，死不承認整彭德懷等人整錯了。在 1961 年 6 月 12 日的中央工作會議上，他說，廬山會議後，我們錯在什麼地方呢？錯就錯在不該把關於彭、黃、張、周的決議傳達到縣以下，應該傳達到縣為止，在十幾萬人的小範圍內傳達就行了。搞下去就整出了許多"右傾機會主義分子"。現在看是犯了錯誤，把好人、講老實話的人整成了"右傾機會主義分子"，甚至整成了"反革命分子"[4]。

[1] 《周恩來年譜（1949—1976）》中卷，中央文獻出版社，1997 年，377 頁。

[2] 《毛澤東年譜（1949-1976）》第四卷，512-513 頁。

[3] 同上，538-539，547-548 頁。

[4] 同上，600 頁

　　所以，整彭黃張周沒錯，錯只錯在傳達範圍。這就是毛澤東的
"堅守陣地"——可以為下層平反，但絕不能為錯整的潛在的權力
鬥爭對手平反，"因為那是危險的"。

　　然而即使以毛澤東的絕對權力，也難以一手掩盡天下耳目。
1962年初召開的七千人大會的與會者們普遍認為，真正的災難始於
廬山會議。有人說，1958年刮"共產風"，是刮了農民的皮肉；
1960年刮"共產風"就刮了農民的骨頭。山東省委書記陶魯笳給出
了具體數字，證明"一平二調"主要發生在廬山會議以後："1958
－1960年，全省平調總數共計8.1億多，其中6億多是1959年9月
－1960年6月。"更有人指出，廬山會議以後，因為當時實際工作
中主要傾向是"左"，所以不僅在縣以下不應該反右，就是在縣以
上各級領導機關中也不應該反右，而應該反"左"。報告的起草委
員會在討論時，也都認為犯錯誤的關鍵時期是在1959年的廬山會議
或1960年[1]。

　　惟其如此，毛澤東的聲望才跌到了谷底。1961年各地在討論
《農業六十條》時，在傳達5月北京會議時，幾級幹部都提出一個十
分尖銳的問題：究竟"三面紅旗"對不對？有人問：這幾年到底是
個什麼經驗教訓，究竟是什麼原因造成現在這個樣子？為什麼浮
誇？為什麼造假？有人問：缺點錯誤究竟是什麼性質？為什麼有相
當普遍的人不敢講話？對於"共產風"，中央一再糾正，為什麼糾
正不了？甚至有人質疑"連續三年遭受嚴重的自然災害"是產生困
難原因的說法，問"天災"和"人禍"到底哪一個是主要原因。更
有人問：社會主義是怎麼一回事？如何搞社會主義？在我們來講，
並沒有解決。社會主義並不能什麼問題都可以解決，過去是否強調
主觀能動性多了？

---

[1] 張素華：《變局——七千人大會始末》，82，83，178，107頁

更嚴重的是，不少人認為"大躍進"以來的錯誤，中央是有責任的，越是高級幹部，這樣的想法越多。而幾年來，只是地方在做自我批評，尤其是縣以下處分了很多人，這是人們氣不壯的原因之一[1]。

事情嚴重到了這個地步，以致1961年11月，鄧小平向各中央局下達徵糧指標時，竟然遭到了大員們的消極抵抗。陶鑄最後提出將全國地委書記召來開會，"打通思想"，其實是將矛盾下交，讓中央直接去對付地方。毛澤東此時也知道不能再採取鴕鳥政策了，於是決定將縣太爺以上的幹部都弄到北京去開會總結經驗，鼓足幹勁，統一思想[2]。這就是1962年1月11日－2月7日召開的擴大的中央工作會議，史稱"七千人大會"。

自中共成立以來，還從未出過這種地方對中央實行消極抵抗的事，與大躍進期間各地踴躍響應中央號召、競放"衛星"的景象形成鮮明對照，顯示了黨中央威信的空前跌落。

不僅如此，在七千人大會上，與會者更提出了許多尖銳的意見。

有的暗示是路線錯誤，例如西北地區有人提出："左"的錯誤時間這樣長，這樣嚴重，為什麼這樣難於糾正，原因何在？應該說清楚。浮誇風為什麼這樣大，這樣普遍？不和政治上、組織上聯繫起來是不可能的。還有人問：不實事求是的作風，為什麼成為全黨性的？華北地區有人提出：說缺點錯誤不是路線性的，是執行中的問題，為什麼全國都推行錯了？這幾年造成的損失，不次於三次"左"傾路線造成的損失。

更嚴重的是追究責任，矛頭直指中央。有人說全國到底非正常死亡了多少人，死了多少牲口，這筆賬應算清楚。過去提公共食堂

---

[1] 同上，16-17頁。

[2] 同上，19-21頁。

是社會主義的陣地，社會主義的心臟，兩條路線鬥爭的焦點。現在食堂雖然大部分解散了，但這些提法究竟對不對？是中央錯了，還是地方錯了，應講清楚。湖北省委書記張體學提出：死官僚在中央、省、地三級，不要在下邊找。1961 年中央提出反對死官僚時，挨整的往往是縣以下的幹部，包括縣委書記。湖北的同志對此表示不滿。中南局第一書記陶鑄認為，錯誤的責任主要在上邊，中央各部門負責人不在大會上做檢討，也應做書面檢討，中央書記處的檢討，是不深刻的。

彭真甚至點名要毛澤東檢討。他在報告起草委員會中說，我們的錯誤，首先是中央書記處負責，包括主席、少奇和中央常委的同志，該包括就包括，有多少錯誤就是多少錯誤。毛主席也不是什麼錯誤都沒有，三五年過渡、食堂都是毛主席批的。我們對毛主席不是花崗岩，也是水成岩。毛主席的威信不是珠穆朗瑪峰也是泰山，拿走幾噸土，還是那麼高。現在黨內有一種傾向，不敢提意見，不敢檢討錯誤，一檢討就垮臺。如果毛主席的百分之一、千分之一的錯誤不檢討，將給我們黨留下惡劣影響。省、市要不要把責任擔起來？擔起來對下面沒有好處，得不到教訓。從毛主席直到支部書記，各有各的帳。書記處最大錯誤是沒有調查研究[1]。

隨著毛的威信跌落谷底，劉少奇的威信扶搖直上。

劉少奇從來是毛忠實馴順的擁躉，當年延安整風，毛就是靠與他的“白區黨”聯姻，才把國際派徹底打下去的。在中共七大上，他在關於修改黨章的報告（《論黨》）中對毛作的空前吹捧，其肉麻程度並不亞於後來的林副統帥。毛也酬以厚報，對他青眼有加，直到進城前夕，毛澤東對來訪的張東蓀介紹劉少奇時，還說他是“我們黨裡犯錯誤最少的人”[2]。

---

[1] 同上，70-71,108 頁。

[2] 轉引自戴晴：《在如來佛掌中》，香港中文大學出版社，2009 年，46 頁

後來劉在"鞏固新民主主義秩序"問題上失歡於毛，也不過是因為他忠於毛原來的想法，而毛中途變卦而已，並非與毛對著幹。高崗奉旨倒劉反被毛拋棄後，劉少奇仍然堅持在會上作自我檢查，其恭謹膽怯之狀可見一斑。

在大躍進中，劉少奇一直是毛的瘋狂政策的積極擁躉。1958 年 9 月間，劉在河北徐水縣視察，當聽到下級匯報給山藥灌狗肉湯能讓畝產增至 120 萬斤時，指示："那你們可以養狗啊！狗很容易繁殖嘛！"[1] 同月，他到江蘇視察，在常熟縣和平人民公社參觀中稻豐產實驗田，他問黨委書記：畝產可以打多少？回答說：可以打一萬斤。劉問道："一萬斤，還能再多嗎？你們這裡條件好，再搞一搞深翻，還能多打些。"他還進一步作出綱領性指示："應該把豐產田的經驗推廣，集中使用人力和物力來種好田地。這樣再過幾年，就可以用三分之一的地種糧食，三分之一種樹，三分之一休閒。""種得少，種得好，但是收得多，這是農業經濟上一個帶根本性的問題，希望各地好好算一算賬，認真研究一下這個問題。"[2]

不僅如此，在 1959 年廬山會議上整肅彭德懷時，劉少奇及其死黨彭真是跳得最高、牙齒露得最長的打手[3]。

但自 1960 年下半年開始，劉少奇開始認識到形勢的嚴重，與毛逐漸發生分歧。1960 年 6 月 10 日，他首次質疑毛的"成績是九個指頭，缺點、錯誤是一個指頭"論，說："現在是一個指頭，將來可以慢慢擴大到兩個指頭，三個指頭"。在 1961 年 3 月召開的中央工作會議上，他主動承認"中央有些政策，決定前缺乏很好的調查研究，根據不夠，決定以後，又沒有檢查執行情況，發現問題，及時

---

[1] 《人民日報》，1958 年 9 月 18 日
[2] 《人民日報》，1958 年 9 月 30 日
[3] 《廬山會議實錄（增訂本）》，電子書。

糾正"[1]。1961年5月31日他在中央工作會議總結講話中指出："湖南農民有一句話，他們說是'三分天災，七分人禍'。……從全國範圍來講，有些地方，天災是主要的原因，但這恐怕不是大多數；在大多數地方，我們工作中間的，缺點錯誤是主要原因。""我們在執行總路線、組織人民公社、組織躍進的工作中間，有很多的缺點錯誤，甚至有嚴重的缺點錯誤。最近不僅農業減產，工業生產也落下來了。如果不是嚴重問題，為什麼會這樣減產？為什麼要後退？難道都是天老爺的關係？""我們現在是來總結經驗，好在我們現在能夠回頭，能夠總結經驗，能夠改過來，還不是路線錯誤。但是，如果現在我們還不回頭，還要堅持，那就不是路線錯誤也要走到路線錯誤上去。"[2]

他甚至遮遮掩掩地表示了對"三面紅旗"的懷疑。1961年7月17日，他在瀋陽說："三面紅旗可以讓人家懷疑幾年。"7月19日，他在哈爾濱又說"有人懷疑三面紅旗是可以理解的。" 1961年8月28日，他在廬山會議上插話，認為"整個國家要破產、垮臺，國民經濟要崩潰"。"如果搞不好，我們要跌下臺"。

更重要的是，他借在京主持日常工作之機，採納了陳雲建議，從國外緊急進口糧食，以舒緩空前嚴重的糧食危機；決定減少城鎮人口；促成中央通過了"調整、鞏固、充實、提高"的八字方針，決定開放自由市場，放寬對農民的自留地的限制，最終解散那個災難之源——公共食堂[3]。按照周恩來的回憶，真正的調整，是從1961年下半年開始的[4]。這些具體措施，使得形勢開始好轉，劉少奇的威信也開始在黨內上升。

---

[1] 《劉少奇年譜》下冊，電子書
[2] 《劉少奇選集》下卷，人民出版社，1985年12月，336-337頁
[3] 以上據高華：《大饑荒與四清運動的起源》，《二十一世紀》雙月刊，2000年8月號。
[4] 轉引自張素華：《變局——七千人大會始末》，12頁

在七千人大會上，因為地方幹部反應強烈，提了許多意見，劉少奇在代表中央作報告時，對此作了口頭說明。他在費盡心思維護毛澤東的威信時，仍然說了些實話：

> "全國總起來講，缺點和成績的關係，……恐怕是三個指頭和七個指頭的關係。還有些地區，缺點和錯誤不止是三個指頭。……我到湖南的一個地方，農民說是'三分天災，七分人禍'。你不承認，人家就不服。全國有一部分地區可以說缺點和錯誤是主要的，成績不是主要的。"

這就犯了忌諱了，誰不知道當初毛澤東整彭德懷，翻來覆去講的就是"成績是九個指頭"？

然而在黨內，這句大大打了折扣的實話卻引起熱烈歡迎。據《人民日報》記者金鳳回憶，當時《人民日報》農村部 17 級以上幹部正在輪訓，領導回來傳達劉少奇在七千人大會上的講話，當他們聽到劉少奇講"三分天災，七分人禍"那一句話時，出現了"異乎尋常的熱烈反應。起先，大家一下子仿佛怔住了，接著，便爆發出經久不息的響亮的掌聲。那掌聲大約響了有五分鐘，不，十分鐘吧，連服務員都跑進屋裡來了，以為出了什麼大事"。金鳳說，那句話把不少共產黨員的心撥熱了[1]！

劉少奇的這些話更犯了毛的忌諱：

> "三面紅旗，我們現在都不取消，都繼續保持，繼續為三面紅旗而奮鬥。現在，有些問題還看得不那麼清楚，但是再經過五年、十年以後，我們再來總結經驗，那時候就可以更進一步地作出結論。"[2]

---

[1] 同上，131-132 頁
[2] 劉少奇：在擴大的中央工作會議上的講話，（一九六二年一月二十七日），《劉少奇選集》下冊，421，422，426 頁。

其實他是費盡心思維護主子的發明。然而在偉大領袖聽來，這完全是劉宣告自己準備效法赫魯曉夫，在他身後砍倒"三面紅旗"。四年多後文革爆發，主張可以去毛澤東那"泰山"頭上動土的彭真率先倒霉，而當場出來批駁彭真的陳伯達和周恩來卻成了依靠對象，主動出來高舉毛澤東思想偉大紅旗的林彪則代替劉少奇作了皇儲。這些事實，間接證明了七千人大會就是毛劉關係的轉折點，劉開始變成睡在毛身邊的赫魯曉夫，恐怕就是從那一刻起。

然而與會者卻不知道毛的心病，劉少奇的講話成了大會的重頭戲，反響非常強烈。很多與會者十分激動，認為講得好。時任中央黨校副校長的楊獻珍高興地對人說，劉少奇的報告"把問題講透了"；薄一波認為劉少奇說那些話具有"大無畏的革命勇氣"；吳冷西也認為具有"非常的膽略"。大會上不少人表示：少奇同志的講話，使人真正心悅誠服。

相比之下，毛澤東在大會上的講話黯然失色。有的親歷者回憶，當時覺得毛主席應該多談一談過去幾年的經驗教訓，因為死了那麼多的人嘛，談一談社會主義的經濟建設到底應該怎麼搞。還有的說："希望他講講我們不敢講的，講得比劉少奇再深入、再進一步。"就連鄧力群也說："毛澤東的講話當時聽了不過癮，覺得很一般。"[1]

劉少奇卻不知道自己觸犯了毛的心病，他對歷史的敬畏似乎壓倒了對毛的敬畏，多次表達了他對未來歷史記載的擔憂。

七千人大會剛結束，他在宣佈罷免安徽第一書記曾希聖時說：（安徽死人）是個歷史事實，過了十年、八年，還可以總結的，五十年以後還要講的。死了這樣多人，生產力有這樣大的破壞，受了這樣一個挫折，歷史上不寫，省志上不寫，不可能的。

---

[1] 《變局——七千人大會始末》，131，138，161頁。

　　七千人大會閉幕後，劉少奇在整理他的口頭報告時激動地說：
“大躍進”錯誤嚴重，這次總結經驗是第一次。以後每年要回過頭
來總結一次。總結一次，修改一次，一直搞它 10 年，最後做到這個
總結符合實際，真正接受經驗教訓，不再犯“大躍進”的錯誤為
止。他還說，歷史上人相食，是要上書的，是要下“罪己詔”的。
我當主席時，出了這種事情！這些沉痛的話令在場的人十分震動[1]。

　　1962 年 3 月 17 日，劉在召見公安部門負責人時，嚴厲批評了過
往 4 年中“混友為敵”、迫害無辜百姓的錯誤，要他們“認真檢查，
徹底揭露”，說“今天不揭，明天還要揭；你自己不揭，別人要
揭；活人不揭，死後下一代也要揭”[2]。

　　劉少奇甚至當面對毛澤東說出了這話。1962 年夏，毛澤東在中
南海游泳池當面批評劉少奇：“你急什麼？壓不住陣腳了？為什麼
不頂住？”“西樓說得一片黑暗，你急什麼？”“三面紅旗也否
了，地也分了，你頂不住？我死了以後怎麼辦！”劉少奇激動之
下，竟然對毛澤東說：“餓死這麼多人，歷史要寫上你我的，人相
食，要上書的！”[3]

　　這些話，一次又一次地戳在毛的心病上。諷刺的是，毛澤東也
同樣怕歷史記載，不過他的對策是防患未然，釜底抽薪，確保自己
一手造成的災難永遠不會進入歷史。惟其如此，劉少奇說這些話，
就成了自掘墳墓。

　　然而劉少奇對此惘然無覺，當此危急存亡之秋，似乎也容不得
他那個主持中央日常工作的負責人多想。七千人大會之後，他發現
當年預算中有 30 億元赤字。如把 1958 年至 1961 年財政收入中的水

1 《變局》，238-239，285 頁。
2 《劉少奇年譜》下冊，電子書。
3 王光美、劉源等著，郭家寬編：《你所不知道的劉少奇》，河南人民出版社，
2000 年 7 月，90 頁

分扣除，赤字還要更大。以當時的財政收入，這是一個很大的虧空。

　　為此，劉少奇在 2 月 21 日－23 日在中南海西樓主持召開了政治局常委擴大會議（後稱"西樓會議"）。23 日，陳雲在會上指出，當前經濟困難有五個主要表現：農業有很大減產；基本建設規模超過了國家財力物力的可能性；用多發鈔票彌補財政赤字的做法導致了通貨膨脹；出現了相當嚴重的投機倒把現象；城市人民的生活水平下降，並提出解決這些困難的六項措施[1]。

　　劉少奇倍感形勢嚴重，在會上說："中央工作會議（即"七千人大會"）對困難情況透底不夠，有問題不願揭，怕說漆黑一團！還它個本來面目，怕什麼？說漆黑一團，可以讓人悲觀，也可以激發人們向困難作鬥爭的勇氣！""現在處於恢復時期，但與一九四九年後的三年情況不一樣，是個不正常的時期，帶有非常時期的性質，不能用平常的辦法，要用非常的辦法，把調整經濟的措施貫徹下去。"[2]　甚至自稱"非常時期大總統"[3]。

　　此後劉少奇採取的"非常的辦法"，也就是陳雲在西樓會議上以及後繼會議上提出的建議：將 1963 到 1972 年的經濟計畫分為兩段，前面為恢復階段，後面為發展階段。前一段大約 3 到 5 年，後一段工業也應該適當放慢速度；減少城市人口，進行"精兵簡政"；採取各種辦法，回籠過量發行的紙幣；盡力保證城市人民最低生活需要；集中力量用於農業增產，激勵農民從事農業活動積極性；計畫機關要充分重視農業和通貨膨脹問題，等等。周恩來用一副對聯

---

[1] 《陳雲年譜》下卷，110 頁。

[2] 《劉少奇年譜》下冊，電子書

[3] 《變局》，285 頁。

概括了主旨："先抓吃穿用；實現農輕重"，橫批："綜合平衡"
[1]。

其實，陳雲那位"經濟奇才"的救急高招實在沒什麼了不起，而且有的措施頗不光彩，說白了無非是火燒眉毛，且顧眼下，老實承認工農業已經破產，當務之急不是搞建設而是善後救災，扔下工業，抓緊農業，將大量工廠"關、停、併、轉"；聽任農民自生自滅，只求保住城市不餓死人，為此向農村傾倒政府無糧供應的城市人口，在 1961 和 1962 年兩年內，將兩千多萬城鎮人口趕回農村[2]，讓他們在鄉下自行掙命；靠"選擇性通脹"大量回籠貨幣。我在回憶錄中寫道：

> 一開頭，自由市場有自由而無市場，什麼都沒賣的。慢慢地，東西就開始有了，後來連小吃攤子都出現了，只是所有的東西的價錢都是天文數字。我有一次曾見到一個小販賣香煙。他那煙不是一盒盒地賣，也不是一枝枝地賣，而是一口口地賣，五毛錢（那是災荒前一盒最好的香煙價）抽一口。不幸的是來了一個顧客，他大概練過令狐沖的功夫，一口氣就吸到了根。兩人由吵到打，等到小販捂著流血的鼻子從地下爬起來，定睛一看不覺捶胸大慟：他的貨早讓人趁亂搶光了。因為饑餓，社會治安也不及從前了。市場上最常見的景觀之一，就是一個餓急了的人一把抓起一個饅頭或包子，一邊跑一邊往嘴裡大口大口地送。因為太虛弱跑不動，他馬上就會給人抓住。然而不管旁人怎樣拳打足踢（在中國，打小偷是人民的愛好。直到近年怯懦的人民給崛起的黑社會嚇壞了，才忍痛放棄了這一高尚的娛樂活動），他都只顧忙著把手中的食物吞下去。

---

[1] 《陳雲年譜》下卷，110，114 頁
[2] 薄一波：《若干重大決策與事件的回顧》下卷，1060 頁

　　比起政府賣的東西來，自由市場的價錢是小菜一碟。實際上，是官家首先開始賣高價食物的。以中國人特有的聰明才智，他們只改動了一個字，將高價食物稱之為"高級點"、"高級糖"。我牢牢地記得，一盒上海出的"牛奶乳化糖"，大約有十粒劣質糖果，就要賣兩塊五。一盒芝麻酥，裡面有五個直徑略大於乒乓球的餅子，就要賣五塊錢。與此同時，飯館裡也開始賣高級飯、高級菜，一碗麵條就得三四元。而當時一個二級工（最常見的級別）的工資才三十多元錢。八十年代早期我見到李先念同志的講話，他回顧這段歷史時非常自豪，說是通過賣高級食物，國家成功地回籠了大量的貨幣。

這完全是蓄意搶劫百姓。不過，即使是高價食物也比沒有食物強，更何況從我的親身經歷來看，自由市場的出現確實有助於減輕饑荒。幾十年後回顧歷史，不能不說，這是非常時期必須採取的非常手段。正如少奇同志在 1962 年 5 月 7 日的中央工作會議上指出的，如果今年再不採取措施，到明年形勢就更壞。目前這個趨勢不扭轉，發展下去，我看是一個很壞的趨勢，國民經濟要崩潰。11日，他又在會議的總結講話中強調："目前的經濟形勢到底怎麼樣？我看，應該說是一個很困難的形勢。從經濟上看，總的講，不是大好形勢，沒有大好形勢，而是一種困難的形勢。"[1] 正是這種敢於直面現實的態度，使得劉少奇、陳雲等人拿出了卓有成效的應急手段。經濟形勢開始好轉。

　　然而毛的感覺卻與平民完全兩樣。在他看來，對大好形勢的否定，就是對他的平生得意之筆"三面紅旗"的否定，也就是對毛澤東思想的否定，絕對突破了毛的耐受極限。後來在 1962 年 8 月間召開的中央工作會議上，他把這點講得很明白："你們壓了我幾年了

---

[1] 《劉少奇年譜》下冊，電子書。

嘛，你們黑暗講了幾年了嘛，說集體沒有優越性了，這不是壓我？”[1]

　　所謂“集體沒有優越性”，是當時安徽等地農村實行了“包產到戶”的自救行動。鄧子恢在 1962 年 5 月的中央工作會議上對這種做法表示認可。同期，田家英在湖南調查時，發現一些地方的農民普遍要求包產到戶或分田到戶，他因此產生了用包產到戶和分田到戶渡過困難的想法。回到北京時，毛澤東還在外地，他立即向劉少奇彙報，剛開了個頭，劉少奇就接過去說，“現在情況已經明瞭了”。接著他提出分田到戶的意見。劉少奇對當時國內形勢的估計比較嚴峻。他說：這樣下去，無產階級專政要垮臺，我現在一天也不敢離開北京。田家英問劉少奇，他關於分田到戶的意見可不可以報告主席。劉少奇說，可以。毛在 7 月 6 日回京後，陳雲又向他提出分田到戶的建議。7 月 8 日，毛澤東召見劉少奇、周恩來、鄧小平、陳伯達、田家英等人，否決了包產到戶[2]。而據王光美說，鄧子恢、陳雲和田家英讚同這種作法，劉少奇雖然內心同意，但未直接表態，只是請田家英催促在外地的毛澤東早點回京決定此事。毛回京後卻斥責劉壓不住陣腳[3]。這斥責也有點道理——形勢畢竟沒有危急到劉不能離京的地步。

　　更令毛澤東惱怒的是，1962 年 4 月 27 日，鄧小平根據七千人大會的精神，主持制定了《關於加速進行黨員、幹部甄別工作的通知》，指示在縣以下的基層幹部，凡是在拔白旗、反右傾、整風整社、民主革命補課運動中批判和處分完全錯了的，要“一律平反”，即使有輕微錯誤的，“也不留尾巴”，事實上是一風吹。通

---

[1] 毛澤東：《中央工作會議上的發言》，1962 年 8 月 9 日，轉引自《你所不知道的劉少奇》，99 頁。

[2] 中共中央文獻研究室編：《毛澤東傳（1949-1976）》，電子書。

[3] 《王光美訪談錄》。

知下發後，各地加快了平反的步伐，截止 1962 年 8 月，總共甄別平反黨員、幹部和群眾 600 多萬人。受此影響，縣以上的平反工作也在加速進行。如各省委、各部委的不少所謂 "右傾" 分子也都得到平反。此外，中央統戰部也提出了對 1957 年劃成的右派進行甄別的問題，國家機關黨委對此還進行了試點。

最令毛感到恐懼的，還是彭德懷 6 月 16 日、8 月 22 日先後給他和中央寫信，請中央對他所犯的錯誤進行全面審查，以作出正確處理。而且，七千人大會之後，一些參加江蘇省委擴大會議的代表呼籲中央為彭德懷平反；另有許多基層黨組織成員對七千人大會不承認犯了路線錯誤表示不滿[1]。

在毛眼中，這是劉少奇帶頭颳 "黑暗風，翻案風，單幹風"，徹底否定他的革命路線。文革的種子就此播下，毛澤東要反擊了。

（二）毛澤東的 "王者歸來"

1）舒緩怨氣

還在七千人大會召開前，毛澤東就開始化解逆境。他的第一招是以退為進。開大會的決定是他作出的。原來陶鑄倡議的只是開個地委書記以上的會議，但他聽完鄧小平的匯報後，說乾脆把縣委書記都找來，開一個縣委書記以上的五級幹部會議，總結 "大躍進" 以來的工作經驗，鼓足幹勁。總結經驗是講清道理，好壞經驗都要講清楚。這幾年各省只講自己錯，不講中央錯，這不符合事實，要用這次大會講清楚，不要怕鬼。幾年來中央在工作上犯了什麼錯誤，要講。中央的賬要交代清楚。我們交了心，才能要求他們交心。錯誤的責任，第一是中央，第二是省。中央第一是改，第二是

---

[1] 《毛澤東年譜（1949-1976）》第五卷，99-100 頁；《變局》，270-271，275 頁。

檢討。對地方只要求改，可以不做檢討。他準備在大會上講話，中央各同志也講一講，把會議當作小整風，把大家的思想統一起來。[1]

這說明毛澤明白基層怨氣很大，乾脆把膿包主動挑破，以便瞭解下情，看清形勢，查明各級幹部對自己的態度（用我黨的行話說就是"查明階級隊伍"），同時給基層幹部一個發洩怨氣的機會，再因勢利導加以化解。

這應該說是"後發制人"策略的變化使用。本此精神，他幾次作出了打破常規的決定，首先是把大會的報告初稿發給與會者討論，再由報告起草委員會根據反饋加以修改，最後報政治局通過，再作報告。除了向大會提交正式報告外，還必須由劉少奇作口頭說明[2]。這一系列作法都違反了黨內常規。

七千人大會不過是個擴大的中央工作會議，代表並無表決資格。即使是黨代會，代表們也不過是表決機器，對大會提交的報告只能暢談學習心得。而報告者也只會照本宣科，唸一遍早就通過了的報告。這些都是斯大林定下來的規矩，而毛澤東卻完全打破了，實行了空前的"黨內民主"。這說明他深知形勢嚴重，才採取了這一系列非常措施。

更異乎尋常的是，在大會通過了劉少奇的報告後，會議本該結束，毛澤東又突然決定延長會期，把大會改為"出氣會"。這是因為毛澤東發現地縣級的幹部怨氣很大，決定來個"大鳴大放"，讓下面把怨氣發洩出來，讓省部級幹部當他的替罪羊。為此，他在大會上講話，大談了一番"民主集中制"的重要，而自己又如何以身作則：

　　"黨委的領導，是集體領導，不是第一書記個人獨斷。在黨委會內部只應當實行民主集中制。第一書記同其他書記和委

---

[1] 《變局》，20-21 頁
[2] 同上，127,129 頁

員之間的關係是少數服從多數。拿中央常委或者政治局來說，常常有這樣的事情，我講的話，不管是對的還是不對的，只要大家不贊成，我就得服從他們的意見，因為他們是多數。"

這還不光是吹噓自己的民主作風，更是巧妙地推卸責任，告訴會眾，大躍進那些熱昏政策都是集體決定的。

然後他不點名地指責某些省委書記壓制民主，聽不得相反意見，聲稱"有了錯誤，一定要作自我批評，要讓人家講話，讓人批評"，接著率先垂範，作了"自我批評"：

"去年六月十二號，在中央北京工作會議的最後一天，我講了自己的缺點和錯誤。我說，請同志們傳達到各省、各地方去。事後知道，許多地方沒有傳達。似乎我的錯誤就可以隱瞞，而且應當隱瞞。同志們，不能隱瞞。凡是中央犯的錯誤，直接的歸我負責，間接的我也有份，因為我是中央主席。我不是要別人推卸責任，其他一些同志也有責任，但是第一個負責的應當是我。"[1]

那麼，在 1961 年 6 月 12 日中央工作會議上，他作了什麼檢查？最主要的一條前面已經引用過了，就是"不該把關於彭、黃、張、周的決議傳達到縣以下"，此外還有鄭州會議時間太短，此後開了幾次會都沒有集中解決"一平二調"的問題等零碎[2]。而在這次講話中他非但絕口不提他犯了什麼錯誤，只是空洞抽象地"承擔責任"，還聲稱"錯誤層層有份"：

"我們這幾年工作中的缺點、錯誤，第一筆賬，首先是中央負責，中央又是我首先負責；第二筆賬，是省委、市委、自治區黨委的；第三筆賬，是地委一級的；第四筆賬，是縣委一

---

[1] 毛澤東：《在擴大的中央會議上的講話》，1962 年 1 月 30 日，《建國以來毛澤東文稿》第十冊，24 頁

[2] 《毛澤東年譜（1949-1976）》第四卷，600 -603 頁

級的;第五筆賬,就算到企業黨委、公社黨委了。總之,各有
各的賬。"[1]

在害死了幾千萬人後,這就是他的"檢討"。

然而這虛偽的表示卻感動得臣僚們涕泗橫流。據張素華介紹,
當時會上有這樣的評價:"毛主席絕對正確,有些事辦錯了,也是
歪嘴和尚念錯經,是下面的錯。"福建有人當場表示,"聽了主席
的講話,只有一條意見,就是他老人家不該做檢討,我們把工作做
壞了,為什麼叫他老人家檢討呢?說到這裡,流了眼淚。會上的很
多同志也感動得流下眼淚。" 還有一些地委書記、縣委書記激動地
說:"主席都檢討了,我們還有什麼說的?"[2]

這一下,中央局書記、省委書記和部長們不能不虛心聽取下屬
批評,認真檢討了。毛澤東也知道這些人是代他受過,當晚就把各
中央局第一書記召到他的住處,講了一些安撫性的話。次日各中央
局書記就將毛澤東的講話傳達到省委書記和中央各部部長。這些正
在被煎熬的部長和書記們,聽後心裡有了底:原來毛主席是理解他
們的,自然也就心甘情願地主動承擔責任。張素華介紹了這段史實
後,情不自禁地讚歎道:"什麼叫領導藝術?毛澤東的工作方法,
叫人不能不服。"[3]

就這樣,毛澤東不用下罪己詔,就舉重若輕地化解了(更準確
地說是轉移了)黨內中下層幹部中可能存在著的對他的怨恨。

2) 反客為主

通過七千人大會的戰略偵察,毛澤東摸清了"階級陣線",如
上所述,因為對捍衛領袖權威的不同態度,他把林彪、周恩來、陳

[1] 《建國以來毛澤東文稿》第十冊,42頁。
[2] 《變局》,167-168頁。
[3] 《變局》,157-158頁

伯達劃入未來的"無產階級司令部"，把劉少奇、彭真等人劃入
"資產階級司令部"。陳雲雖然比這倆人"右"多了（他才是真正
"颳單幹風和黑暗風"的人，主張的還不是包產到戶，而是分田單
幹），但他沒在大會上發言，因此逃過了文革的劫難。光是這個事
實，就足以證明毛澤東打倒劉少奇等人完全是權力鬥爭，而緣起就
是七千人大會。

查明敵友後，毛澤東的第二招，就是化被動為主動，奪得先
手。這高招就是大講階級鬥爭。

1962 年 8 月 6 日，毛澤東在中央工作會議上發表關於"階級、形
勢、矛盾"問題的講話，之後又六次在中心小組會上發言，批判所
謂"單幹風"、"翻案風"、"黑暗風"[1]。他不點名地指責劉少
奇，說一部分同志，又似乎看成是一片黑暗了，沒有什麼好多光明
了。引得一些同志思想混亂，喪失前途，喪失信心。既然是一片黑
暗，那任務的提法就不同，就證明社會主義不行， 因而就要全部單
幹[2]。劉少奇只得在會上作了檢討，承認對困難"估計過分了"。但
他生怕大講階級鬥爭又弄出個反右來，讓剛剛有點恢復的農村經濟
再遭打擊，於是在中心會議上提出，一講階級和階級鬥爭就聯繫很
廣，什麼問題都聯繫上了，比如自留地多少，生產責任制、包工包
產等等。他提出，會議精神的傳達應該規定個範圍[3]，試圖以此限制
其對農村經濟的打擊。毛澤東也知道農村的經濟形勢，被迫同意了
這意見。

在此後召開的八屆十中全會上，毛澤東再次大講階級鬥爭，聲
稱："在由資本主義到共產主義過渡的整個歷史時期，存在著無產
階級和資產階級之間的階級鬥爭，存在著社會主義和資本主義這兩

---

[1] 《劉少奇年譜》下冊，電子書。

[2] 《毛澤東年譜（1949-1976）》第五冊，128,139 頁。

[3] 《劉少奇年譜》下冊，電子書

條道路的鬥爭。"[1] 並再次痛批"單幹風"、"翻案風"和"黑暗風"。

這一招高明之至,一石數鳥:

首先,它搶佔了馬列的道義制高點。階級和階級鬥爭是馬列主義的基本教義,主張大講階級鬥爭的人,具有天然的"政治正確"。通過提出這口號,毛澤東奪回了主動權,將自己置於發難與裁判的統帥地位,而其他人頂多只能像劉少奇那樣柔性抵抗,不敢光明正大地抵制,否則就會要變成叛教徒。

其次,通過拋出"階級敵人"作為替代仇恨對象,將全黨的注意力從經濟工作上轉移到"對敵鬥爭"上去,無人再去思考經濟政策的問題(諸如是否還需要堅持"三面紅旗"等),遑論追究大饑荒的責任。

第三,它讓毛澤東揚長避短,發揮他整人的興趣與職業專長,不必再去管理他永遠弄不懂的經濟事務(毛自己承認:"對講階級、階級鬥爭,我有興趣。不講階級,不講階級鬥爭,就沒有勁了。"[2])。眾所周知,共產黨的政治就是整人,而根據"政治是統帥,是靈魂,是一切經濟工作的生命線"的教義,他這個負責整人的"政治統帥"管的才是大事。

第四,同理,它讓毛澤東贏得了黨心。正如劉源指出的,中共的各級幹部幾乎都是階級鬥爭專家與獲勝的佼佼者,經濟工作的外行,"以經濟建設為中心"本來就讓他們有失落感與吃力感,大躍進的慘敗又加深了他們的受挫感。而"提起階級鬥爭,這些行家裡

---

[1] 《毛澤東年譜(1949-1976)》第五卷,128-129,157-158頁,

[2] 中央工作會議中心小組會議記錄,1962年8月20日。轉引自《毛澤東傳(1949-1976)》,電子書。

手無不熱血沸騰，何況振臂一呼者，是統領他們‘從勝利走向勝利’的毛澤東，肯定一呼百應”[1]。

第五，它把埋頭替毛擦屁股、堵窟窿的劉少奇等人置於被動地位——按共產黨的“職業道德”，經濟工作失誤只是認識問題，喪失對敵鬥爭的警惕性則是立場問題，於是他們恢復經濟的努力非但不是功勞，反倒還成了毛捏在手中的“辮子”。毛澤東以後就是以此打倒劉少奇的。

正因為此，劉少奇只能在會上表示贊成毛澤東的意見。但他又再度作了柔性抵抗，提出會議精神的傳達應該有個範圍，不向下面傳達，免得把什麼都聯繫到階級鬥爭上來分析，也免得把全黨的力量都用去對付階級鬥爭。毛澤東鑒於實際形勢，被迫接受了劉少奇等的意見，規定這次會議的精神只傳達到行政十七級以上幹部，並要求全黨不要放鬆經濟工作，要把工作放在第一位。這樣，就使全會結束後，經濟調整工作能夠基本上按照原定計畫進行[2]。

待到人民剛剛從死亡邊緣掙扎回來，不等經濟完全復甦，毛澤東便在 1963 年 3 月發動了“五反運動”（“反對貪污盜竊、反對投機倒把、反對鋪張浪費、反對分散主義、反對官僚主義”，又稱“社會主義教育運動”）。同年 5 月，中共中央發佈《前十條》，在農村開展“清工分，清帳目，清財務，清倉庫”，後來擴大為“清政治，清經濟，清組織，清思想”，簡稱“四清運動”，目的是“反修防修”，堅持社會主義道路。

與此同時，全國城鄉持續開展了“階級教育運動”。“憶苦思甜”從此化為中國人民的生活方式，一直到文革結束後才終止。受過專業訓練的老工人和老貧農被請到各種各樣的“憶苦會”上去，聲淚俱下地痛說革命家史，憶偽造的“舊社會”之苦，思虛構的

---

[1] 《你所不知道的劉少奇》，95 頁。

[2] 《劉少奇年譜》下冊，電子書。

"新社會"之甜，其中最有名的是"從水牢裡活著出來的人"冷月英[1]。各地開辦了形形色色的"階級教育展覽館"，以四川大邑縣的"劉文彩地主莊園"最為著名。各種各樣的文藝作品被創作出來渲染"阶级教育"主題，其中最著名的是泥塑《收租院》[2]。

這所謂的"階級教育"的本質就是仇恨教育，當時的口號是"不忘階級苦，牢記血淚仇"，"對敵人像嚴冬一樣殘酷無情"。黨媒開足馬力，把人類固有的同情心、憐憫心當成"地主資產階級人性論"批倒批臭，把"妥協"、"調和"、"折中"等譴責為變節投敵；把心狠手辣、殘酷無情歌頌為"立場堅定"、"忠於毛主席"的實際表現。這場強力洗腦運動，將絕大多數青少年高效化為嗜血的豺狼，為毛澤東訓練出了整整一代瘋狂的打手，其特點是為了忠於毛主席而殺人不眨眼。如果沒有這高密度大劑量的洗腦訓練，紅衛兵運動是不可能開展起來的。

從 1963 年開始，黨媒開展了鋪天蓋地的大批判，先後批判了幾乎所有文化領域裡有影響的理論和作品。先後被送上絞架的有邵荃麟提出的"寫中間人物論"，"現實主義深化論"等文學理論；《北國江南》、《早春二月》、《舞臺姐妹》、《紅日》、《兵臨城下》、《革命家庭》、《林家鋪子》、《聶耳》、《怒潮》、《不夜城》、《兩家人》、《球迷》、《逆風千里》、《抓壯丁》等影片；《李慧娘》、《謝瑤環》等戲劇；《三家巷》、《苦鬥》等小說；吳晗、翦伯贊等人提出的"抽象繼承論"，"讓步政策論"等史學理論；楊獻珍提出的"合二而一論"的哲學理論；孫冶

---

[1] 佚名：《劉文彩"水牢"是假的》，《政府法制》，2000 年 02 期，責編：張曉麗
[2] 李響：《一代"政治標本"的塑造史：〈收租院〉與劉文彩沉浮》，《文史參考》，2011 年 07 期

方的經濟理論，等等[1]。這些大批判越演越烈，造出了"資產階級反黨反社會主義黑線專政"的緊張氣氛，為文革做足了烘托與鋪墊，以姚文元文章《評新編歷史劇〈海瑞罷官〉》為高峰，使得全社會水到渠成地融入了文革狂潮。

3) 狂熱造神

在七千人大會上，敬愛的林副統帥看出了偉大領袖毛主席與敬愛的叛徒、內奸、工賊劉主席之間的裂隙，敏捷地打入了楔子。他在大會上發表了演說，首先堅定捍衛、熱情歌頌了毛的平生得意之筆"三面紅旗"，然後針對毛的心病，聲稱"國家在某些方面發生了一些困難……是多方面造成的。特大的自然災害，連續的自然災害，有些地方遭受到毀滅性的自然災害"，"我們工作上也有一些錯誤。可是這只是工作上的錯誤，而不是路線上的錯誤"。

他還創造性地發展了毛澤東的文過飾非神功，把毛發明的"交學費論"發展為"練兵論"：

> "我們的軍隊現在不打仗，也經常要打槍、打炮，打了不少的炮彈、子彈，飛機、坦克、兵艦上花了不少的汽油。人就在那裡練，而且弄得很疲勞，半夜起來練，練了之後還不是那個人？一點物質都沒有增加，相反還消耗了很多物質。付了學費，學到了本事，本事就能夠轉化為物質，不是轉化為原來所消耗的那個相等的物質，而是幾倍、幾十倍、幾百倍增加了的物質。所以，我們要看到，我們付出一點學費是值得的。"

個人覺得，這比"交學費論"更振振有詞。林副主席真是毛主席著作學得最好，用得最活，青出於藍而勝於藍。

---

[1] 李振霞：《60年代意識形態領域的錯誤批判與"文化大革命"的發動》，《新東方》，2001年02期

最令毛龍顏大悅的，還是這些馬屁：

　　"事實證明，這些困難，在某些方面，在某種程度上，恰恰是由於我們沒有照著毛主席的指示、毛主席的警告、毛主席的思想去做。如果聽毛主席的話，體會毛主席的精神，那麼，彎路會少走得多，今天的困難會要小得多。"

　　"我個人幾十年來體會到，毛主席最突出的優點是實際。他總比較人家實際一些，總是八九不離十的。他總是在實際的周圍，圍繞著實際，不脫離實際。……我深深感覺到，我們的工作搞得好一些的時候，是毛主席的思想能夠順利貫徹的時候，毛主席思想不受干擾的時候。如果毛主席的意見受不到尊重，或者受到很大的干擾的時候，事情就要出毛病。我們黨幾十年來的歷史，就是這麼一個歷史。"[1]

　　處於威望低谷中的毛澤東逢此雪中送炭，當然喜動顏色。對在大會上講話的所有中央領導，他都未作任何評價，唯獨林彪講完後，他卻破格誇獎，說："林彪同志講了一篇很好的講話，關於黨的路線，關於黨的軍事方針。我希望把它整理一下。給你一個星期、半個月搞出來。還有少奇同志的口頭報告，口說無憑，也請他整理一下。他已經答應了。"此後他在審閱林彪講話整理稿後，又致信田家英、羅瑞卿，盛讚這"是一篇很好、很有分量的文章，看了很高興"[2]。

　　毛在誇獎林彪的同時也提到了少奇同志的講話，卻未讚一字，反而說什麼"口說無憑"。這迥然有別的態度，預示了兩人在日後的不同遭遇。

---

[1] 《建國以來重要文獻選編》第 15 冊，中央文獻出版社 1997 年 1 月，102-108 頁。

[2] 《毛澤東傳（1949-1976）》電子書

　　雖然沒有毛林合謀的證據，但林彪在此關鍵時刻出來捧毛，確實符合毛澤東的急迫需要。1970 年 12 月 18 日，他會見美國記者斯諾，在回答為何要搞個人崇拜時坦承：“這是為了反對劉少奇。過去是為了反對蔣介石，後來是為了反對劉少奇。”他還說：“那個時候的黨權、宣傳工作的權、各個省的黨權、各個地方的權，比如北京市委的權，我也管不了了。所以那個時候我說無所謂個人崇拜，倒是需要一點個人崇拜。”[1]

　　所謂“被架空”當然是他一貫的危言聳聽。不過，這話確實說出了他的盤算。為了擺脫大躍進失敗的不利影響，應付他假想中的劉少奇的挑戰，他必須使出當年延安整風那一手來，利用權力造“勢”，使得政敵毫無還手之力。林彪在 60 年代扮演的角色，恰與劉少奇在 40 年代的一模一樣。從兩樁歷史事件如此雷同，又都發生在毛急需鞏固權位的關鍵時刻來看，似乎可以相當有把握的說，林彪以其政治敏感，捕捉到了“得一人而得天下”的下注時機，為毛澤東及時送上了他急需的“番天印”。

　　實際上，在取代彭德懷主持中央軍委工作後不久，林彪就開始造神了。1959 年 9 月，他在軍委擴大會議上提出，學毛著“是學習馬列主義的捷徑”。“毛澤東同志全面地、創造性地發展了馬克思列寧主義，綜合了前人的成果，加上了新的內容。我們學習毛澤東同志的著作容易學，學了馬上可以用。這是一本萬利的事情。”

　　1960 年的軍委擴大會議上，林彪又提出了“頂峰論”。他說，“現代的馬列主義是什麼？就是我們毛主席的思想。他今天在世界上是站在最高峰，站在現時代思想的最頂峰。”

---

[1] 《建國以來毛澤東文稿》第十三冊，176，174 頁

1961 年 1 月，林彪更指示部隊，學習毛澤東著作"要帶著問題學，活學活用，學用結合，急用先學，立竿見影，在用字上狠下功夫。"[1]

1963 年，林彪主持制定的解放軍政治工作條例說：

　　毛澤東同志是當代偉大的馬克思列寧主義者。毛澤東思想是在帝國主義走向崩潰、社會主義走向勝利的時代，在中國革命的具體實踐中，在黨和人民的集體奮鬥中，應用馬克思列寧主義的普遍真理，創造性地發展了馬克思列寧主義。毛澤東思想是反對帝國主義的強大的思想武器，是反對現代修正主義和教條主義的強大的思想武器。[2]

這些還只是師法劉少奇的故伎，林彪自己的獨創是"毛主席語錄"。根據他的指示，從 1961 年 5 月 1 日起，《解放軍報》每天在報頭上刊登毛澤東語錄。1964 年 5 月，解放軍總政治部根據林彪的授意，又將毛澤東語錄彙編成冊，編輯出版了《毛主席語錄》，發給全軍官兵，掀起學"語錄"的熱潮。

這真是個深符中國傳統的天才發明。諳熟中國傳統文化的偉大領袖馬上看出了它的意義：孔子"述而不作"，之所以能當上"萬世師表"，靠的也就是一本薄薄的語錄——《論語》。要在一個文盲國家成為聖人，還真不能靠康德的《三大批判》那種巨著，洪秀全天王的打油詩都比它們更能掌握群眾。林副為偉大領袖編出了新時代的《論語》，為把毛澤東捧上神壇立下的歷史性功勛，再怎麼評價都不過分。

毛澤東敏銳地看到了兩者的聯繫。1965 年 11 月 15 日，他在蚌埠同安徽省委領導談話時，找人拿出一本《毛主席語錄》給大家看，說，這個本子不錯。這本書共有 23 章，夠了，比孔夫子的著作還

---

[1] 以上據王海光：《折戟沉沙溫都爾汗》，九州出版社出版，電子書。
[2] 轉引自《變局》，148 頁

多，老子的文章也只有 5000 字，還沒有這個本子這麼多。馬恩列斯文章太長，我主張寫短文章。當安徽的同志表示群眾很歡迎這本書，最好一個生產隊發一本時，毛澤東說，好嘛，向中央辦公廳要，提不通，到下次中央工作會議上再提[1]。

對林副的吹捧，毛澤東及時地給予鼓勵。60 年代初，他對大多數中央領導人都有所批評，唯獨對林彪褒贊有加，尤其讚賞林發明的"四個第一"（"人的因素第一、政治工作第一、思想工作第一、活的思想第一"）以及林代他總結的"三八作風"（"堅定正確的政治方向，艱苦樸素的工作作風，靈活機動的戰略戰術"，"團結、緊張、嚴肅、活潑"）。

1961 年 6 月，毛澤東在一次會議上表揚林彪說："最近林彪同志下連隊做調查研究，瞭解到很多情況，發現了我們部隊建設中一些重要問題，提出了幾個很好的部隊建設措施。"

1963 年 2 月，毛澤東在聽取中印邊境反擊戰彙報時說，"看來我們的軍隊還是要抓政治工作，抓四個第一，抓三大民主，加強薄弱環節，搞好黨的建設。"[2]

1963 年 12 月 16 日，毛澤東在給林彪等軍隊將領的信中又一次高度評價了林彪的做法，"自從林彪同志提出四個第一、三八作風之後，軍隊的軍事、政治工作都有一個新的發展，軍隊政治工作就更加理論化，也更加具體化了。"[3]

毛澤東在 1964 年 2 月的一次講話中，再次讚揚林彪的做法。他說："四個第一好。我們從前也未想到四個第一，這是個創造。誰

---

[1] 轉引自《變局》，149 頁。

[2] 以上轉引自《折戟沉沙溫都爾汗》

[3] 《毛澤東年譜（1949-1976）》第五卷，294 頁

說我們中國人沒有發明創造？四個第一就是創造。我們從前是靠解放軍，以後仍然要靠解放軍。"[1]

毛澤東更發出"全國學習解放軍"的指示。1964 年 2 月 1 日，《人民日報》發表社論《全國都要學習解放軍》，號召全國人民學習解放軍的"四個第一"、"三八作風"，更加無產階級化。

這樣，毛林互相吹噓，默契配合，一如當年毛劉在延安的二人轉一般。只是這次由於林副發明了小紅書，又提出了特別適合中國普遍文化水平的學習方法，尤其是"背警句"的方法，新時代的造神運動遠比延安時代的有效與狂熱。

隨著小紅書從軍隊流入社會，"背警句"成了全民的生活習慣，毛語錄成了古希臘神廟中的神諭（Oracle），毛澤東的神龕也就在草民心中牢固地建立起來了。凡是那個時代的過來人，但凡識文斷字者，沒誰背不出幾段語錄的。幾乎所有的過來人包括筆者在內，精神世界都曾受過它們的嚴重污染。有的"警句"諸如"凡是反動的東西，你不打，它就不倒，這也和掃地一樣，掃帚不到，灰塵照例不會自己跑掉"，"凡是敵人反對的我們就要擁護，凡是敵人擁護的我們就要反對"，"革命不是請客吃飯，不是做文章，不是繪畫繡花，不能那樣雅緻，那樣從容不迫，文質彬彬，那樣溫良恭儉讓。革命是暴動，是一個階級推翻另一個階級的暴烈的行動"，等等，不僅在狂熱的文革時代激勵著紅衛兵變成了嗜血的豺狼，而且至今還是許多人包括某些海外"民運人士"的指針。

4) "以夷制華"

據說毛澤東非常欣賞柳宗元的《敵戒》，多次向高幹們推薦。筆者雖未查到出處，但傾向於相信此說為真，因為毛確實是最善於

---

[1] 同上，482 頁

從敵人中獲取最大利益的權謀高手，而《敵戒》的中心思想就是
"有敵有益論"：

> "皆知敵之仇，而不知為益之尤；皆知敵之害，而不知為
> 利之大。秦有六國，兢兢以強；六國既除，訑訑乃亡。"

大意是：大家都仇恨敵人，知道敵人的害處，卻不知道有敵人
的利益實在太大了。秦有六國作為敵國時，兢兢業業以求強大，待
到滅了六國便自以為得意，很快就滅亡了。

類似地，毛澤東多次強調過"設置對立面很重要"。這兒僅舉
兩例。1957年2月，他說：

> 我們的危險就在革命成功了，四方無事，天下太平了。只
> 允許香花，不允許毒草，這種觀念是不對的。香花是從同毒草
> 作鬥爭中出來的。

1958年5月，他又說：

> 我們允許反社會主義的毒草長出來，在人民面前建立對立
> 面，以便讓人民從比較中看得清清楚楚，激起眾憤，群起而鋤
> 之，藉以鍛煉群眾的鬥爭本領，開闢社會主義的百花齊放的廣
> 闊天地。[1]

毛澤東高於柳宗元之處有二：一是柳說的是真實存在的敵人，
而毛則是主張人為設置假想敵；二是柳只知道敵人的存在能激勵己
方士氣（這其實不是新發現，孟子早就說過"無敵國外患者，國恒
亡"），而毛澤東不但知道這一點，更精通"以假敵打真敵"的
"腐屍毒"神功（參考文獻：金庸著《天龍八部》）。通過樹立虛
構的敵人，並煽起全民對他的仇恨，毛就能將其與他真正的政敵捆
綁在一起，輕易地打倒之，"中國赫魯曉夫"就是這樣出世的。

後文將要講到，其實毛澤東開頭認定中蘇不會破裂，直到 1964
年 10 月，他都還在堅持這一認定。他與蘇聯鬧，本意也不是想決

---

[1] 《毛澤東年譜（1949-1976）》第三卷，77，348頁

裂，而是故伎重施，"以鬥爭求團結"，用自傷訛詐術迫使赫魯曉夫乖乖把國際共運領袖的寶座讓給他，所謂教義爭吵完全是藉口。但赫魯曉夫下台後，蘇共新領導廢除了他的改革，大幅度向斯大林路線回歸，毛澤東反而不幹了，執意要與蘇聯決裂。1965年2月初，柯西金借訪問越南路過北京之機，最後一次試圖修復中蘇關係。儘管他十分誠懇，卻遭到了毛的無情嘲諷與羞辱（詳見本書《國務家》卷）。這是因為毛發現，將蘇聯設置為假想敵的好處實在太多了，他再也捨不得扔掉這個黨內權力鬥爭的強大武器。

"蘇修"的用處，最初是用來喚起全黨的同仇敵愾之心，緊緊團結在他周圍。前已述及，七千人大會期間，彭真想在"珠穆朗瑪峰"頭上動土，周恩來當即駁斥道：

> 在目前困難時期，要頂住，承擔責任，全世界都指望我們。主觀上的錯誤，要著重講違反毛澤東思想，個別問題是我們供給材料、情況有問題，應由我們負責，不能叫毛主席負責。如果不違反"三面紅旗"的思想、毛澤東思想，的確成績會大些。……現在不是弱了，而是強了。過去幾年是浮腫，幸虧主席糾正得早，否則栽得跟頭更大，要中風。現在的問題是要爭取時機，不怨天，不尤人，發憤圖強，埋頭苦幹。不吹，不務虛名，要謙虛謹慎，驕傲總是危險。主席早發現問題，早有準備，是我們犯錯誤，他一人無法挽住狂瀾。現在要全黨一心一德，加強集中統一，聽"梢公"的話，聽中央的話。中央聽毛主席的話。這是當前工作中的主要問題，不解決，寸步難行。[1]

這與林彪講話的主旨一樣，只是沒有林彪那麼肉麻。而且，周從來沒有當一把手的野心。他這麼說，一來是早就從因"反冒進"被毛整肅的痛苦經驗中得知了毛的厲害，深知若批了毛的逆鱗，將

---

[1] 轉引自《變局》，109-110頁

來不得好死；二來也是鑒於"反修鬥爭"造成的危局——跟美帝蘇修都鬧翻了，自己內部再鬧起來，豈不是要內外交困，國亡無日？他那句"全世界都指望我們"就是這個意思。

毛澤東充分利用了這種心理，不惜造謠惑眾，百般妖魔化蘇修，通過煽動民族主義情緒喚起全黨全民對領袖的認同。1964 年 7 月 16 日，他在會見巴基斯坦商業部部長時造謠說，"蘇聯還逼我們還債"[1]，從此發明了"蘇修逼債卡脖子"一說，並廣泛流佈民間，讓老修當了他的替罪羊。在八屆十中全會上，他又造謠說："修正主義壓我們。從一九五八年夏季開始，要封鎖我們的沿海，要搞共同艦隊。"[2]

在巧妙煽起了舉國悲情氣氛後，蘇修不但成了大饑荒的罪魁禍首，而且成了"亡我之心不死"的民族大敵。無論是赫魯曉夫還是蘇聯，都不再與真實的存在有任何關係，而是"異化"成了毛隨心所欲使用的"腐屍毒"。劉少奇一旦被貼上這標籤，就等於被判處了政治死刑。

將蘇修妖魔化的另一個巨大好處是"出口轉內銷"，用這個"反面教員"來證明"階級敵人人還在，心不死"，以"千百萬人頭就要落地"的災難前景恐嚇全黨，讓自己穩固佔據政治制高點，使得"以階級鬥爭為綱"更加理直氣壯，證明被無情消滅的政敵死有餘辜。

就這樣，通過一系列的巧妙運作，毛澤東完成了他的"王者歸來"。在一手製造了中國歷史上、或許也是人類歷史上規模最大、為禍最烈的大饑荒之後，他反而登上了榮耀的頂峰，從延安時代造

---

[1] 《毛澤東年譜（1949-1976）》第五卷，376 頁。
[2] 毛澤東在中共八屆十中全會全體會議上的講話記錄，1962 年 9 月 24 日，轉引自《毛澤東傳（1949-1976）》電子書。

出來的"黨神"變成了全國的"國神",而且頗有變成"世界神"的模樣。從謀略的角度來看,不能不承認,這的確是奇跡。

(三)倒劉

1)翻臉

隨著"社會主義教育運動"進行,毛澤東自己開始颳起"黑暗風"來,在政治局常委會上說:"我看我們這個國家有三分之一的權力不掌握在我們手裡,掌握在敵人手裡。"[1]

情況既然如此嚴重,當然全黨就只能全力以赴地解決這個生死攸關的問題。毛澤東又一次以他強大的煽惑力風魔了全黨,讓所有的人都生活在他的魔咒之下。原來對搞階級鬥爭缺乏熱情的劉少奇也成了積極分子。1964年8月5日,中共中央書記處會議決定:第二個指導四清運動的中央文件《後十條》的修改由劉少奇主持;中央成立"四清"、"五反"指揮部,由劉少奇掛帥[2]。

劉少奇根據毛澤東對"敵情"的基本估計,基於王光美在河北桃園大隊蹲點總結出來的《桃園經驗》,制定了工作隊"祕密扎根串連,集中優勢兵力打殲滅戰"的方針。這也是題中應有之義:既然全國三分之一的單位都爛掉了,那派去清理任何一個單位黨組織的工作隊,遇到"反革命兩面政權"的概率都有三分之一,當然不能輕易依靠,只能先祕密摸底不是?

前文講過,對劉少奇"集中兵力打殲滅戰"的主張,毛澤東原來的態度是"覺得很好,完全同意",他還批准了將王光美的"桃園經驗"下發全國。但幾個月後,毛澤東卻翻臉指責劉"形左實右",推翻了劉制定的《後十條(修正稿)》,自己主持制定了

---

[1] 《毛澤東年譜(1949-1976)》第五卷,358頁。

[2] 《劉少奇年譜》下冊,電子書。

《二十三條》，規定"運動的重點是整黨內走資本主義道路的當權派"。這是因為劉少奇過於張揚，加重了毛的嫉恨。

1964 年 6 月到 8 月間，劉少奇偕王光美先後到天津、濟南、合肥、南京、上海、鄭州、武漢、長沙、廣州、南寧、昆明等地視察，他一路發表講話，王光美則一路作報告，介紹她的桃園經驗。在視察中，劉少奇嚴厲批評了許多地方領導人，指責他們右傾，"脾氣大得很，他在山東已經發了脾氣，到合肥發了大脾氣"[1]，多次強調沒有經過蹲點調查的人，沒有資格當地委書記、省委書記[2]。

他甚至還要組織部長安子文下文，規定"不下去不能當中央委員，不能當省、地委書記，不能當部長、司局長"。不久後，180 多位正副部長、1000 多位司局長就都下去了。毛澤東知道後，酸溜溜地在幾個省講："我多次叫你們下去蹲點，你們不聽。少奇一句話，你們都下去了，還是少奇厲害。"[3]

劉的這些言行犯了雙重忌諱，首先是顯示了他在黨內說一不二的權威，其次是讓毛懷疑那是說他沒有資格當中央委員。毛澤東從未蹲過點，而劉少奇則在 1961 年 4-5 月間去湖南蹲點 40 多天[4]。

不僅如此，劉少奇還在一個大熱天將許多高幹集中到人民大會堂講話。他背著雙手在臺上走來走去地講，講了一通幹部蹲點的必要性、重要性後，便要求大家向王光美學習："王光美下去了，不是就發現了許多新問題嗎？她還寫出東西來了，總結了許多新經驗，很有意思。我看大家還是下去吧，趕快下去！"說到這兒，劉少奇看了一眼身邊的周恩來，然後又對大家說："誰要是不下去，就

[1] 江渭清：《七十年征程——江渭清回憶錄》，江蘇人民出版社，1996 年，483 頁
[2] 郭德宏、林小波著：《四清運動實錄》，136頁，浙江人民出版社，2005 年 1 月
[3] 《你所不知道的劉少奇》，111頁。
[4] 《劉少奇年譜》下冊

把他趕下去！"隨後，他又講了一些更重的犯忌的話："不蹲點不能做中央委員"、"開調查會過時了"、"基層幹部不會在會上講真話"等等。黨內幹部都知道，"開調查會"是毛澤東提倡的工作方法。如今劉少奇卻說這一套"過時了"[1]。

據王力說，江青為此去向毛哭訴，說斯大林死了赫魯曉夫作祕密報告，現在你還沒死就有人作公開報告了，因為劉少奇在動員社教運動的講話中說對毛著也不能教條主義，開調查會過時了，不蹲點不能作中央委員，不能進書記處，等等。毛因此大怒，準備整劉。陳伯達聽到風聲，和彭真、陶鑄一起去勸劉作自我批評，劉作了檢討，才暫時躲過大難[2]。

劉源根據劉少奇告訴他的情況，以及文革後他向安子文作的訪談，介紹了毛劉在1964年年底至1965年初的中央工作會議上發生的衝突。劉少奇提出主要矛盾是四清與四不清的矛盾，性質是人民內部矛盾跟敵我矛盾交叉在一起。毛則認為運動的重點是整黨內走資本主義道路的當權派。劉少奇說，一講到派，人就太多了，不是到處都有敵我矛盾。毛澤東因劉少奇的質疑而大怒，次日拿著黨章和憲法到會場興師問罪："一個不叫我開會（指鄧小平），一個不叫我講話（指劉少奇）。為什麼剝奪《黨章》、《憲法》給我的權利？"他甚至對劉少奇說："你有什麼了不起，我動一個小指頭就可以把你打倒！"

毛劉反目，使得中共高層十分緊張。安子文請出開國元勛們從中緩解，陶鑄、安子文也到劉宅給劉提意見，劉主動向朱德、賀龍、陳毅、林彪等徵求意見，開了黨的生活會，徵求和聽取批評。政治局開會時，劉又檢討說，對主席不夠尊重。毛說："這不是尊

[1] 顧保孜：《毛澤東正值神州有事時》，人民文學出版社，2013年7月
[2] 《王力反思錄》，371-373頁，香港北星出版社，2001年。

重不尊重的問題，而是馬克思主義同修正主義的問題。在原則問題上，我是從來不讓步的。"[1]

由此可見，毛澤東此時已經將劉少奇確定為修正主義分子，所以直接拒絕了劉的道歉，表示再也不會饒恕他了。

從曾志的回憶也可看出，毛對劉的惱怒已經到了不加掩飾的地步。她說，1964 年底的中央工作會議期間，劉少奇讓李雪峰出面召集了個會議，請王光美介紹桃園經驗。絕大多數與會者都去聽了。江青在屏風後走來走去，看樣子對此不滿意。

過後她和陶鑄去看《紅燈記》，在休息室裡見到毛，毛問陶鑄："你們的會開完了嗎？我還沒參加呢就散會啦？有人就是往我的頭上拉屎尿！我雖退到二線，還是可以講些話的嘛！"她和陶鑄都隱約感到那是說劉少奇。毛又斬釘截鐵地命令，已經走了的代表趕快回來。於是參加中央工作會議的各省書記又被召回來，由毛親自講話，毛嚴肅地說："社教只講四清，沒有階級立場，沒有階級分析。關鍵的是要清查新生的資產階級，新生資產階級有的在黨內，也有的在黨外；有在台上的，也有在台下的；有前台的，也有後台的。"與會者不知道他的意思，但都感到問題嚴重。

過後她與陶鑄去參加毛的壽宴。入席前，毛突然扭頭對坐在身邊的李富春說："你們什麼事情都不向我講，你們搞獨立王國！"室內氣氛頓時緊張起來。她和陶鑄相信那決不是批評李富春。毛在席間話說得特別多，很多話是"話裡有話"，諸如"有人搞獨立王國，尾巴翹得很高"。室內鴉雀無聲，根本沒有壽宴的氣氛，只聽毛一人在那兒嬉笑斥責。[2]

---

[1] 《你所不知道的劉少奇》，115-119 頁
[2] 曾志：《一個革命的倖存者——曾志回憶實錄》下冊，廣東人民出版社，1998年 7 月，431-433 頁

　　至此，毛澤東倒劉的決心已經下定，劉少奇倒台後，他幾次向外賓承認過這一點。1967 年 1 月間，他對一個外國黨代表團說：

　　　　"同劉少奇同志的這個鬥爭是從一九六四年夏天開始的。一九六五年制定的二十三條就是這場鬥爭的結果。"[1]

　　類似的話他後來又先後對巴盧庫與斯諾說過。然而，儘管毛已經下了決心，他真的動一個小指頭就能打倒劉嗎？

　　前文已經介紹過，中共原來由"紅區黨"與"白區黨"組成。在延安整風中，毛澤東爲了打國際派，將劉少奇的白區黨人馬越級提拔到中央。劉的幹將彭真猶如後來的中央文革，在旦夕間靠整人飛黃騰達，而劉的派系更是在七大後急劇膨脹，成了黨內第一大山頭。50 年代毛開始對劉少奇不滿，想把他換下來，爲此密令高崗去查閱東北的敵僞檔案，但當高崗揣摩聖意主動發動了倒劉活動，卻遭到劉周的有力反擊。毛發現劉的勢力難以撼動，反手把高崗打下去。在中共八大上，劉系白區黨的勢力更加膨脹，雖然毛把林彪提成了中央副主席，但劉系人馬也佔據了要津。在 1959 年的反右傾鬥爭中，紅區黨的勢力遭到進一步打擊。

　　所以，此前的歷次黨內鬥爭中，毛基本上是藉助白區黨打紅區黨。劉派因此坐大。和 50 年代比起來，劉的勢力更加強大了。如今他要倒過來清算白區黨，就不能不出之以非常手段，這就是史無前例的無產階級文化大革命。

2) 政變

　　從權力鬥爭的角度來看，文革可以稱為"和平政變"，所謂"和平"不是"非暴力"而是"非武力"的意思，亦即沒有動用軍

---

[1] 毛澤東同一個外國黨代表團談話記錄，1967 年 1 月 17 日，轉引自《毛澤東傳（1949-1976）》，電子書

隊，而是靠群眾的暴力語言與暴力行為推翻國家元首。這是毛澤東的天才發明，是他對謀略學的獨特貢獻，古今中外並無二例。

如前所述，文革爆發前，毛就已經開始了倒劉運作，以"引蛇出洞"和"剝筍政策"的謀略先拿下彭真，後在八屆十一中全會上廢了劉少奇的皇儲，以林彪取代之。

然而劉少奇的罪狀，說下大天來，也就是派出工作組，在大中學裡實行了"五十多天的白色恐怖"。因此，毛實在沒有理由一舉結果了他，只能降級使用。在八屆十一中全會上選出的政治局中，劉仍然是中央副主席，政治局常委，只是排名從第二位降到了第八位，而與劉一道推行錯誤路線的鄧小平，排名反而從原來的第七位升至第六位[1]。更不用說劉少奇的白區黨高幹派系未被觸及。很明顯，靠常規的黨內鬥爭是難以徹底結果劉少奇的。

毛澤東的對策是借用黨外力量。前已提及，這其實是繼延安整風與 1957 年"大鳴大放"之後的第三次嘗試，但這次他使用的是經過密集洗腦的狂熱的衝鋒隊——紅衛兵。1966 年 8 月 1 日，他給清華大學附中的紅衛兵組織寫了一封信，贊揚他们的"革命造反精神"，鄭重表示"我向你們表示熱烈的支持"，"不論在北京，在全國，在文化大革命運動中，凡是同你們採取同樣革命態度的人們，我們一律給予熱烈的支持。"[2]"這封信沒有送出，但作為八屆十一中全會文件印發了，社會上迅速傳佈開來。大、中學校中，高舉'革命造反'大旗的紅衛兵組織，立刻風起雲湧般普遍成立起來。"[3]

毛趁熱打鐵，從 1966 年 8 月到 11 月，他連續接見了八次來自全國各地的大中學生，不但把"中央有兩個司令部"的信息傳達到全

1　《毛澤東傳（1949-1976）》，電子書

2　《建國以來毛澤東文稿》第十二冊，87-88 頁。

3　《毛澤東傳（1949-1976）》，電子書。

國各地，將各地大中學生統統煽起來造反，而且使得造神運動達到了空前狂熱的頂峰。

然而最先響應毛的號召成立的紅衛兵由高幹子弟組成，實際上是受各級黨委操控的御林軍。他們的所謂"造反"，就是實行"紅色恐怖"，毒打搶劫殺害傳統的"階級敵人"，並開展"大破四舊"的文化滅絕戰爭。雖然在社會上造成了普遍的恐怖氣氛，但其鬥爭大方向是保衛而不是打倒各級黨委，與毛的意願不符。

毛因勢利導，巧妙地將運動納入了他的軌道。在中央文革小組的煽動與指點下，各地大學、中學都成立了與官辦紅衛兵針鋒相對的造反派紅衛兵組織。1966 年 10 月 2 日，《人民日報》發表《紅旗》雜誌一九六六年第十三期社論，在中共黨史上首次提出了"徹底批判資產階級反動路線"的口號（過去只有"左／右傾機會主義路線"的提法）。御用紅衛兵犯下的罪行被當作"資產階級反動路線"批判，他們激起的民憤化作了群眾運動的巨大動力。在短期內，不但造反派紅衛兵的勢力迅速壓倒並取代了"保皇"紅衛兵，就連許多黨政機關的工作人員都成了造反派。鬥爭矛頭終於指向從中央到地方的各級黨委。

在暴民鋪天蓋地的攻勢下，劉、鄧先是處於停職反省狀態，繼而連人身自由都喪失了。這些處理都絲毫未經組織手續，甚至連個中央會議都沒有舉行過。只是在劉少奇被軟禁了一年多後，在全國黨組織實際上已經不復存在的情況下，毛才召開了個與八大毫無傳承關係的"八屆十二中全會"，不但將劉永遠開除出黨，而且竟然在黨的會議上宣佈撤銷他的黨外職務。

不僅如此，毛澤東還拿造反派從民國報紙上找到的自首啟事做文章，炮製了"六十一人叛徒集團案"，徹底清洗了劉少奇的班底。未經中央會議研究、討論和作出決定，毛澤東即發動"全面奪權"[1]。1967 年 1 月 22 日,《人民日報》發表社論《無產階級革命派大聯合,奪走資本主義道路當權派的權!》,全國黨政機關被造反派奪權後,實際上已經不復存在。2 月間,毛澤東以"二月逆流"為藉口,整肅了"四總四帥",政治局也停止存在,由"中央文革碰頭會"取代。

直到 1968 年 8 月間,新政府革命委員會才在全國所有的省和自治區建立起來,而直到 1968 年 11 月召開的八屆十二中全會後,各地才開始"整黨建黨",重建或恢復黨組織。這個工作直到 1969 年 4 月九大召開前才完成。至此,毛澤東在一手砸碎了整個黨國機器之後,又按自己的意願重新建立了它。

凡此種種,即使按中共的黨章來看也是非法的,只能視為政變。毛澤東也承認,若不借用紅衛兵的力量(他指的其實是造反派),就絕無可能實行這政變:

> "我們的一些事,完全沒辦法。我們政府、中央、公安部毫無辦法,紅衛兵、群眾一起來,就有辦法了。幾十年我們不清楚的事,紅衛兵一鬧就清楚了。""你不借紅衛兵的力量,什麼法子也沒有,一萬年也不行。"[2]

雖然範圍與規模有極大的差別,毛在文革中的操作程序與延安整風差不多,那就是先煽動暴民把所有當權派一網打盡,讓他們被革命群眾"炮轟"、"火燒"、"油炸",再從容決定應該"解放"誰。能獲毛的青睞者或是根本就不必進入這程序,或是很快就能獲救,而毛不饒恕的人就只能被活活整死。這要比斯大林命令祕密警察槍斃政敵要高明得多,因為檔案中永遠找不到毛下令處決他

---

[1] 《毛澤東傳(1949-1976)》,電子書。

[2] 毛澤東同剛果(布)政府保安代表團談話記錄,1967 年 5 月 16 日,轉引自《毛澤東傳(1949-1976)》。

們的證據。這些人都是死於"革命群眾""自發採取"的"革命行動"，連兇手都無法找到。

這種靠暴民實行全國政變的非常韜略，也只有毛澤東能用，他人沒有效顰可能。文革中的群眾運動的威力大概給趙紫陽留下了深刻印象，以致他在八九學運期間試圖效法毛澤東，靠民意來對抗老鄧，反而弄巧成拙，自速其禍。他沒看到，毛之所以敢這麼幹，靠的還是旁人沒有的"道、勢、術"。

"道"就是毛澤東思想的"群眾路線"，其要旨就是用林副統帥說的"群眾運動天然是合理的"。黨魁們若要對抗群眾運動，就勢必變成叛教徒，劉少奇被整肅的罪名就是他"鎮壓學生運動"。當毛發動的群眾運動的鬥爭矛頭指向所有的高幹時，他們就被放在一個兩難的位置上：對抗群眾運動就要被打倒，不對抗就得蒙受批鬥、羞辱與折磨。逃脫這困境的唯一出路，就是毛施以援手。若是這援手真的來了，他們當然只會對毛感激涕零。

"勢"就是造神運動造出來的毛的上帝般的權威，以及毛為暴民造出來的革命權威。這兩種勢互相強化，造反派發自內心的對毛的歌頌，使得毛的聲望達到了登峰造極的地步，而毛對"革命小將"吹捧，也使得他們獲得 了類似欽差大臣的權威。當時幾個十七八歲的中學生，"串連"到了內地的小城市，發一聲話就能號令全城的革命群眾，將該市所有的當權派戴上高帽子遊街示眾。這種權勢根本不是今日的人可以想象的。

"術"除了前文已經提到的權術外，最主要的一條，是毛牢牢握住了軍權。有槍桿子握在手裡，毛就不怕全國大亂，雖然由於他空前絕後的"勢"，這最後手段並沒有使出來。

（四）倒林

中共九大象徵著毛澤東的成功頂點。如果他到此止步，不再折騰，或是開完會就死了，那他的聲望就不會再度跌落到谷底。毛澤東打倒林彪是戰術上的傑作，戰略上的敗筆，贏得了戰役，卻失去了戰爭。林彪雖然橫死異國，但毛也蒙受了再也無力修復的重創。

關於林彪事件，我已經在舊作《試解林副統帥倉惶出逃之謎》中討論過[1]。這裡只補充介紹該書出版後出現的史料，並著重論述毛澤東用過的謀略。凡是該文中給出了出處的史料就不再註明。

九大閉幕才一年多，毛澤東就決定搞掉他親手選定並在黨章上載明的接班人林彪同志，原因是林副重蹈劉少奇的覆轍，引起了毛的猜忌。

文革乃是毛徹底搞掉劉鄧的權力基礎的政治權力再分配。在全國黨政組織癱瘓後，為了控制危局，毛不得不實行全國軍管。後來雖然成立了革命委員會，但都是軍人當第一把手，使得中國一度成了軍人統治的國家，而這些軍人多半是林彪派系的人。這是因為在 1967 年所謂"二月逆流"中，毛整肅了老帥們，當然不能再用這些人的袍澤，遑論賀龍那種慘死者的部下。

毛的權宜措施，為林提供了積極利用的空間，造成了林彪派系的空前膨脹。黨的九大成了軍隊代表最多的一次黨代會，選出的 21 名政治局委員中，林彪派系佔了 7 名之多。毛本人早就察覺了這一點。據李志綏的回憶，早在九大之前，毛就對身邊全是軍人而極不自在。而據王力說，早在 1967 年 2 月 10 日，毛澤東就在政治局常委擴大會議上表示過對林彪的不滿，不點名地指責林彪同劉少奇一樣，不向他報告，對他實行封鎖[2]。

在這種情況下，毛感到林彪對他構成了遠比劉少奇更實在、更可怕的潛在威脅。偏偏林彪還不知韜晦，竟然在 1969 年 10 月 18 日

---

[1] 載蘆笛：《毛澤東的近臣和女人》，明鏡出版社，2010 年，42-163 頁。
[2] 《王力反思錄》下冊，772 頁

下達所謂《林副主席指示第一號令》，調動全軍進入戰備狀態。因為葉群插手，該件在次日才送給毛審批，令毛極度不快，把那文件燒了[1]。

林犯了毛之大忌諱尚不自知，又在九屆二中全會上引起了毛更大的猜疑。

全會召開前，張春橋反對在新憲法中寫上"以毛澤東思想為一切工作的指導方針"，主張在"毛主席天才地、創造性地、全面地繼承、捍衛和發展了馬克思列寧主義"那句話中，刪去"天才地、創造性地、全面地"三個狀語，引起陳伯達、吳法憲和李作鵬的激烈反對。林彪以為抓到了張春橋的把柄，在九屆二中全會上的講話中，不點名地作了批駁，將張打成了"極端的反革命分子"：

"這次憲法修改草案，表現出這樣的特點，就是突出毛主席和毛澤東思想在全國的領導地位。肯定毛主席的偉大領袖、國家元首、最高統帥的這種地位；肯定毛澤東思想作為全國人民的指導思想，是全國一切工作的指導方針。這一點非常重要，非常重要。用憲法的形式把這些固定下來非常好，非常好！很好！可以說是憲法的靈魂。是三十條中間在我看來最重要的一條。""這個領導地位，就成為國內國外除極端的反革命分子以外，不能不承認的。"[2]

我們說毛主席是天才，我還是堅持這個觀點。有人說毛主席對馬列主義沒有發展，這是形而上學的……不符合馬列主義起碼原則，值得我們同志們深思的，尤其在中央的同志值得深

---

[1] 《毛澤東傳（1949-1976）》
[2] 林彪在中共九屆二中全會開幕式上的講話記錄，1970 年 8 月 23 日。轉引自《毛澤東傳（1949-1976）》

思。最高的一聲號令，一股風吹下去，就可能把整個事情改變面貌。[1]

李作鵬和邱會作都說，林彪講了一個多小時的話，"天才"這段話只是一帶而過，講得含含糊糊，當時也沒多少人留意。但在分組討論中，陳伯達和汪東興在華北組發言後，會議氣氛頓時就變了。

陳伯達說，有人把"毛主席天才地、創造性地、全面地繼承、捍衛和發展了馬克思列寧主義"說成是一種諷刺，有人反對在憲法上寫"毛澤東思想是一切工作的指導方針"，有人利用毛主席的偉大謙虛，妄圖貶低毛主席，貶低毛澤東思想。而汪東興在發言中不但表示完全同意陳伯達的發言，還特地建議在新憲法中恢復設國家主席一章，說有人不僅不希望毛主席當國家主席，連毛澤東思想都不要[2]。

這些發言印成會議簡報散發後，頓時群情洶洶。汪東興是大內總管，最熟悉毛澤東的意圖，會眾當然以為他是奉旨發言，以為張春橋要倒霉了。老幹部們本來就痛恨文革新貴，此時為了表示對毛主席的赤膽忠心，紛紛表態要揪人，"一時間，全會的氣氛驟然緊張起來。各組的發言都集中到要查明、'揪出'反對毛主席的壞人的問題上"[3]。

林彪及其死黨不知道，那三個狀語是毛在起草九大新黨章以及修改憲法時刪去的[4]，並非張春橋的主張。毛之所以要這麼做，倒不是出於"偉大謙虛"，而是要剝奪林彪的政治資本。林彪以捧毛而青雲直上。毛要削弱他的政治資本，當然就得為造神活動適度降

---

[1] 《李作鵬回憶錄》下冊，北星出版社，2011年4月，660頁
[2] 以上據《李作鵬回憶錄》下冊，660、662-663頁；《邱會作回憶錄》下冊，2011年1月，693-694、702頁
[3] 《毛澤東傳（1949-1976）》，電子書。
[4] 同上。

溫。辭去"天才"的封號，也就委婉地否定了林彪歷史性功勛。葉群對這點倒是看得很清楚，她在中南組声泪俱下地说："林彪同志在很多會議上都講了毛主席是最偉大的天才，說毛主席比馬克思、列寧知道的多，懂得的多。難道這些話都要收回嗎？——堅決不收回，刀擱在脖子上也不收回！"[1]

全會沸騰的情緒，極大地震動了毛，他一則懷疑林彪要"搶班奪權"，再則發現會眾對文革新貴積怨很深。他最忌諱的是"清君側"，此時自然把張春橋當成了蠆錯，於是使出慣技，寫了《我的一點意見》，痛批"天才論"是"唯心論的先驗論"（他方便地忘記了，在斯大林逝世後，他寫的悼文第一句話就是"當代最偉大的天才"[2]），拿下陳伯達，迫使林的部下黃、吳、葉、李、邱作了檢查。

奇怪的是，林彪也就只輕描淡寫地說了"天才"一事。對是否設國家主席，他只是附和其他政治局常委的意見，支持毛出任國家主席，但並未在講話中提到此事。林系幹將也主要是就"天才"問題向張春橋發難，連官修《毛澤東傳（1949-1976）》都只能說："吳法憲、李作鵬、邱會作等也拿著（陳伯達找出的馬恩列斯論）'天才'語錄，在西南、西北等組的會上作煽動性發言。一些中央委員和候補中央委員還聯名寫信給毛澤東和林彪，擁護毛澤東當國家主席。"很明顯，這些中央委員和候補委員中並沒有林彪死黨，否則傳記作者一定會將其作為他們的罪狀。

設國家主席的建議是汪東興在華北組提出來的，而據他自己說："本來，毛主席關於不設國家主席一職的一系列指示，我是很

---

[1] 同上。
[2] 毛澤東：《最偉大的友誼》，《建國以來毛澤東文稿》第四冊，103 頁

清楚的，有的指示還是我傳達的。”[1] 如果提議設國家主席是陰謀，那汪的嫌疑更大。然而毛卻網開一面，讓他寫了個檢查就放過他了，什麼處分都沒給，卻把“設國家主席”當成林彪派系的主要罪狀（另一條是“天才論”）。

這就出來個疑問：汪東興力主設置國家主席，是不是奉毛之命，為林彪挖了一個坑？這歷史懸案已無可能查明。已知事實只是，在後來的批林批孔運動中，“想當國家主席”成了林彪“搶班奪權”的罪行，這完全是誣陷，他的本意只是想借“天才”問題把張春橋打下去。

會後，毛發動了“批陳整風”，指責陳伯達“採取了突然襲擊，煽風點火，製造謠言，欺騙同志的惡劣手段，進行分裂黨的陰謀活動”。黃吳葉李邱反復作了檢查都無法過關，毛的批語還越來越嚴厲，例如在吳法憲的檢討上批：“作為一個共產黨人，為什麼這樣缺乏正大光明的氣概。由幾個人發難，企圖欺騙二百多個中央委員，有黨以來，沒有見過。”甚至厲聲面斥黃永勝、吳法憲、李作鵬、邱會作：“你們已經到了懸崖的邊沿了！是跳下去？還是推下去？還是拉回來的問題。能不能拉回來全看你們自己了！”[2] 這一系列動作都是敲山震虎，逼林彪寫檢討。

逼部下寫檢討是毛的常規權術之一。一旦寫了，就成了他捏在手裡的小辮子，隨時可以亮出來。有劉少奇的前車之鑒，林彪知道檢討救不了自己，就是頂著不寫。而毛又不好公開逼他寫，雙方的關係越來越僵。

1971 年 8 月 15 日，毛澤東開始南巡，沿途向方面大員們“吹風”，直接就宣佈林是不可挽救的：“犯了大的原則的錯誤，犯了

---

[1] 《汪東興回憶——毛澤東與林彪反革命集團的鬥爭》，當代中國出版社，1997年 11 月版，第 45 頁。

[2] 《毛澤東傳（1949-1976）》，電子書。

路線方向錯誤，改也難。"甚至向他們宣講他使用的陰謀詭計"打石頭，摻沙子，挖牆角"，還不厭其詳地一一加以解說："打石頭"是三塊：批陳伯達關於"稱天才"的材料，批發三十八軍報告和濟南軍區反驕破滿報告，在文件批示上批評軍委座談會不批陳；"摻沙子"是往中央軍委辦事組裡派親信；"挖牆角"則是改組北京軍區。

毛澤東為什麼這麼做？我認為是一箭雙雕：既是向各路諸侯下達倒林戰役動員令，又是打草驚蛇之計。

林副恐怕是毛搞倒的所有假想敵中最難抓辮子的一個，他歷史清白，從未被捕過，無法如劉少奇那樣做成"叛徒"，又根本沒有主持過國家日常領導工作。既然不做事，當然也就不可能犯錯誤，與承擔黨國日常領導工作的劉鄧周等人完全不同。而且，他深知毛猜忌成癖，從來奉行"（1）主先臣後（切勿臣先搶先）；（2）主倡臣和（切勿臣倡或不和）；（3）主勞臣逸（視察之類）"，"不建言、不批評、不報壞消息"，"有個永遠不犯錯誤的辦法，就是不提不同主張，永遠不會出亂子，聽命。"[1] 因此，他所有的講話都深得毛的真傳，根本就抓不到不符合毛思想、毛路線的把柄。

更難辦的是，不但林本人的歷史和現行革命言行滑不留手，而且全黨全軍全國各族人民都知道，林彪同志是毛主席自己親手選定的接班人。

自1966年8月黨的8屆11中全會召開起，整整5年時間，無產階級司令部控制下的媒體為敬愛的林副造足了勢，用馬克思－恩格斯、列寧－斯大林的關係類比毛林，說林是毛考察了幾十年才親自選定的接班人，是"最最忠於毛主席，毛主席的著作學得最好、用得最活的偉大領袖最親密的戰友和親自選定的接班人"，這一條不但寫進了黨章，而且寫入憲法草案，深入人心。中共黨史上還從未

---

[1]《林彪"散記"中對毛澤東的思考》。

有過這種事。造神運動在把毛澤東造成上帝的同時，也讓林彪獲得了劉少奇從未有過的"副上帝"權威。如今卻為了普通百姓根本整不明白的"主張毛主席稱天才"和"想作國家主席"的莫須有罪狀，要把敬愛的副統帥往死裡整，說得過去麼？

總之，"造雙神運動"既使得林無法公開反毛，也使得毛難以公開倒林。要明白後面這點，只需看看毛為了證明"到底是誰對不起誰"，被迫向全國人民公佈那痛罵他的《571工程紀要》就夠了。

林彪大概也看到了這一點，發現自己和正統帥處於同一難題之中，彼此都讓造神運動捆住了手腳，將死了軍，於是決定軟頂到底，就是不悔罪，但也不自衛，看毛能拿他怎麼辦。他讓祕書代他為葉群寫個"說到底，壞不到哪裡去"的條幅[1]，就是這心態的流露。

偉大領袖破解這消極抵抗之計，是"驚蛇出洞"——冬眠的蛇拒絕出洞，那就打草鞭樹，嚇得他自行竄出來。人一驚恐，就容易幹出蠢事來，到時要抓把柄就不難了。這就是他一路發佈倒林號令的目的——他其實希望林彪聽到那些話，作出激烈反應，然後他再因勢利導，抓住辮子，理直氣壯地整倒林。

此策果然奏效了，可惜卻是以毛從未料到的方式奏效的。廬山會議後，林立果知道他爸業已失寵，因為熟知毛的狠辣而陷入恐慌之中。為了逃脫劉少奇一家的悲慘命運，他糾集一夥心腹，成立了個空談俱樂部，密謀暗殺毛澤東，卻從無勇氣將那種種匪夷所思的計畫付諸實施。

1971年9月上旬，林立果得知了毛的南巡講話，知道林彪的末日已近，想讓林彪去廣州，實在不行就逃往香港。9月7日，他將此打算告訴與父母同在北戴河度假的林立衡（豆豆）。林彪開頭很可能並不知道林立果的祕密活動，但至遲於9月7日，他已經得知了內

---

[1] 同上。

情，並至少採取默許態度。因此，林立衡無法說動她爹制止林立果，只能求助於警衛幹部，希望他們能把林彪攔下來。9 月 12 日晚間 9:20 左右，林立衡通過 8341 部隊副團長張宏向張耀祠報告，林立果和葉群準備挾持林彪逃往廣州，不行就去香港，還要出動空軍轟炸中南海，暗殺毛澤東。

周恩來聞報後，於晚間 11 點半給葉群打電話，詢問山海關是否有專機。葉群說是林立果坐去的，林彪次日想上天去轉一轉。周問去哪兒。葉答想去大連。周以天氣為由，勸葉不要飛了，並說他想去看看林彪。與此大致同時，周宇馳打電話向林立果通報，周恩來派吳法憲去西郊機場查問林立果私調飛機的事。基於這些信息，林彪判斷兒子的密謀業已暴露，周恩來可能要來逮捕他，於是當機立斷，決定立即逃往蘇聯。

林彪一行出奔之前，林立衡一直在瘋狂勸說張宏履行諾言，攔阻林彪一行。但張宏奉命放走林彪，拒絕採取任何行動，還要林立衡也跟著林彪一道上飛機。直到林彪的座車開出別墅後，張才裝模作樣地率部下跟追。因為周恩來未下令採取任何有效攔阻措施（諸如封鎖機場，調回飛機，或乾脆逮捕機師），林彪一行得以登上飛機，於 9 月 13 日零點 32 分起飛，於凌晨兩點多飛越中蒙邊界。因為可能遭到了駐蒙蘇軍攔截，飛機在溫都爾汗野外迫降，在滑行過程中失事，機毀人亡。

毛決定放走林彪，是因為他以為林彪要逃到廣州去。他正苦於找不到整肅林彪的藉口，巴不得林自己跳出來表演。沒想到林彪卻決定逃往蘇聯。此後，林立果的"小艦隊"的祕密活動曝光，中共黨史上爆出了空前醜聞。而因為"造雙神"運動，他不能不將這些醜事向百姓通報，從而暴露了這位全知全能、洞察一切的上帝有眼無珠，看錯了人。毛被迫為過去錯整了的一些高幹平反，甚至被迫公佈了《571 工程紀要》，其中對毛的犀利抨擊，使得許多人開始覺醒，而毛的聲望也遭到空前的打擊。

這個沉重打擊使得他大病一場，1972 年 2 月 12 日凌晨突然休克，經搶救才脫險[1]。但他再也沒能從這個打擊中恢復過來，四年後便撒手歸西。

必須指出，以上所說，除了"逃往蘇聯是林彪的決定"是猜測外，其餘都是基於已知線索嚴謹推導出來的結論，在本質上不屬於猜測。當然，這些結論真要成為無可置辯的史實，還需要檔案材料證據。只是有的事（例如逃亡蘇聯究竟是誰的決定）則成了永遠無法查明的歷史懸案。

我們可以確鑿地說的，就是實行"黨天下"的現代極權制度，遠不如實行"家天下"的傳統專制制度。在傳統社會，君主要廢掉皇儲，話一句耳。幾曾見過像毛這樣，連立儲廢儲都要鬧得驚天動地，不但把全民投入十年動亂，重創了國家民族元氣，還把自己折騰得五癆七傷，到最後也沒能解決這問題，死後屍骨未寒，愛妻與侄子便銀鐺入獄。從這個角度來看，中國的偉大領袖還不如實行家天下的朝鮮慈父領袖高明。

---

[1] 《毛澤東傳（1949-1976）》，電子書。

第三章 毛氏謀略的局限

一、內戰內行，外戰外行

魯迅說：“搗鬼有術，也有效，然而有限，所以以此成大事者，古來無有。”這話有正有誤。我在本卷開頭已經解釋過了，所謂“謀略”，不過是“陰謀詭計”的雅稱而已，與魯迅所謂“搗鬼”應該是同義詞。然而如前所述，毛澤東是中國歷史上罕見的謀略大師，其一生的基本成就都是謀略學的偉大成就，乃是以搗鬼成大事的典範。

不過魯迅此話也有說對了的地方，就是毛的謀略功夫雖然出神入化，仍然有著明顯的局限，表現出了“內戰內行，外戰外行”的鮮明特點。

例如無論是在國內還是在黨內，毛澤東都是統戰大師，靠“團結多數，孤立少數，分化瓦解，各個擊破”的手段，以一人之力先征服全黨，後征服全國。《571工程紀要》的作者們對此作了相當準確的總結：

> 他們所謂打擊一小撮保護一大批不過是每次集中火力打擊一派，各個擊破。
>
> 他們今天利用這個打擊那個；明天利用那個打擊這個。今天一小撮，明天一小撮，加起來就是一大批。
>
> 他利用封建帝王的統治權術，不僅挑動幹部鬥幹部、群眾鬥群眾，而且挑動軍隊鬥軍隊、黨員鬥黨員，是中國武鬥的最大宣導者。

他們製造矛盾，製造分裂，以達到他們分而治之、各個擊破，鞏固維持他們的統治地位的目的。

他知道同時向所有人進攻，那就等於自取滅亡，所以他今天拉那個打這個，明天拉這個打那個；每個時期都拉一股力量，打另一股力量。今天甜言密（蜜）語那些拉的人，明天就加以莫須有的罪名置於死地；今天是他的座上賓，明天就成了他階下囚。從幾十年的歷史看，究竟有哪一個人開始被他捧起來的人，到後來不曾被判處政治上死刑？有哪一股政治力量能與他共事始終。

的確如此，如前所述，毛澤東在黨內發跡，就是先拉著張聞天、王稼祥反對博古和李德，後來則拉著國際派打張國燾。在延安整風期間，他拉著劉少奇的白區黨以及他本人的紅區黨勢力，降伏了國際派以及紅區黨內桀驁不馴的將領。以後他又拉著林彪派系，把劉少奇的白區黨勢力打下去。他的整個政治生涯，就是利用矛盾，分化瓦解，各個擊破，以少勝多的無數次重複。

在黨外也是這樣。在抗戰期間，毛澤東利用抗戰的口號，不但極大地壯大了中共的勢力，而且在全國擴大了影響，從國統區吸引了大量愛國知青，充實壯大了基本幹部隊伍。到了抗戰後期，他又推出《新民主主義論》、《論聯合政府》等文章，以一個貌似非常開明的政治綱領，將社會各階級和階層，包括開明士紳和民族資產階級，統統吸引過去。待到上臺後便食言而肥，發動了一個又一個的殘民運動迫害他們（詳見本書《國務家》卷）。以每次運動都只打擊5-10%的方式，挨個把幾乎半國人收拾了至少一次，卻依然贏得了大多數人的擁戴。這不能不說是謀略學上的奇跡。

然而正如《國務家》卷將要介紹的，中共的國際統戰卻全軍盡墨，一敗塗地。毛澤東主導下的外交，是中國歷史上最失敗的外交，或許也是世界史上最失敗的外交，其特點是“我們的敵人遍天下"——幾乎所有的國家都成了中國與之不同戴天的仇敵：發達國家成了"帝"，大多數共產國家成了"修"，相當多的第三世界國家成了"反"，而中國肩負的歷史使命，就是去埋葬它們。

最窩心的還是，毛澤東不顧國力，向幾乎所有的鄰國都贈送領土和金錢，卻非但沒有把它們收買過來，還把它們基本上都變成了敵國，僅巴基斯坦與尼泊爾例外。總之，毛澤東在國際上施展謀略的結果，就是"團結一小撮，結怨一大片"。

又如前文反覆指出的，自傷訛詐是毛澤東在權力鬥爭中取勝的最重要的謀略之一。無論是在抗戰中對付蔣介石，還是對付黨內政敵，他都以"只有不怕魚死，才能求得網破"的"辯證法"來迫使對方屈服，這就是他說的"以鬥爭求團結則團結存，以退讓求團結則團結亡"的真實涵義。

但無論是對美帝還是對蘇修，玩這一手卻不靈了。本書下冊將要介紹，1958 年金門危機之所以爆發，是毛澤東"以戰爭邊緣政策對付美國的戰爭邊緣政策"的結果。然而他的輕率冒險並沒有換來美帝的退讓，反而使得中國毫無必要地蒙受了核戰爭的威脅。到最後從戰爭邊緣灰溜溜地退下來的，不是美帝而是中國。

對蘇修也是這樣。赫魯曉夫主政後，一改斯大林的作風，對毛澤東非常尊重。毛澤東因此起了輕侮之心，總結出了"對他們的辦法，最好是臭罵一頓"的"成功經驗"，用獨創的"臭罵外交術"去迫使他讓步。最後激怒了赫氏，雙方失和，蘇聯單方面撕毀合同，撤走專家。兩國關係進入惡性互動，最終破裂。

在中蘇破裂之後，毛澤東利用"敵之利"，企圖以挑起外患的方式來增強國內團結。在九大召開前夕主動挑起邊境衝突。他本來只想打個邊境戰爭，沒成想釁端一開，就再由不得他了。蘇聯社會帝國主義不僅在新疆實施武力報復，而且策劃對中國實行先發制人的核打擊。全靠萬惡美帝出來救駕，中國才倖免浩劫。

　　國際舞臺上有的是毛澤東式的賭徒，但都比毛澤東成功。希特勒就是一個。二戰前，他靠邊緣政策訛詐英法，不但違反凡爾賽條約重新武裝德國，派兵進入萊茵蘭非武裝區，而且先後吞併了奧地利和捷克斯洛伐克。在此過程中，英法都取綏靖政策，以讓步謀求和平。直到他進攻波蘭，英法意識到他貪得無厭，才對之宣戰。但在此前希特勒已經佔足了便宜，不但重建了陸軍，還極大地擴張了領土與資源。僅以軍備而言，他在二戰初期使用的坦克，就有許多是捷克的斯科達工廠生產的。若英法在當初採取了遏制政策，起碼這些武器不會輕易落到德國人手裡。

　　赫魯曉夫也是個賭徒。1962 年，為了幫助古巴防範美國入侵，他下令把中程導彈祕密運入古巴。此舉完全是冒險。自美國國務卿門羅在 1823 年宣佈門羅主義以來，拉丁美洲從來是美國的後院。赫氏把核導彈運到美國隔壁，對美國安全構成極大威脅。若被美國人發現，他們會採取什麼樣的激烈行動是難以預測的。

　　美國人果然發現了此事。10 月 22 日，肯尼迪總統宣佈封鎖古巴。赫魯曉夫否認此事，聲稱蘇聯不遵守封鎖。一時間雙方劍拔弩張，北約與華約同時動員，大戰一觸即發。幸虧雙方最後達成了祕密協議：蘇聯撤走在古巴的導彈，而美國答應在幾個月內撤走其部署在土耳其的導彈，並公開承諾不入侵古巴，世界在最後一刻躲過了核大戰。

　　赫魯曉夫的賭博冒了極大的風險，但他還是佔了便宜。只是肯尼迪為了保全他在北約中的威信，只公開保證不入侵古巴，沒有宣佈將從土耳其撤走導彈，並要求蘇方對此保密。於是外界不知道美國也作了讓步。儘管如此，赫魯曉夫仍然達到了保衛古巴的目的。卡斯特羅不但向美國大量輸出難民，而且到處在世界上包括南美搞事，成了美國的眼中釘，但歷屆美國政府都信守諾言，從未入侵古巴。若無赫氏此博，卡斯特羅政權也不至於倖存至今。

毛澤東也曾是幸運的賭徒。如前所述，中共之所以能把內戰巧妙地化裝為外戰，在抗戰中崛起，靠的主要就是毛"以鬥爭求團結"的邊緣政策。但他在國際舞臺上的幾次賭博都幾乎召來亡國滅種的大禍，不得不以鎩羽告終。這是為什麼？為什麼在國內戰無不勝的毛澤東思想，出了國門就失靈了呢？

二、毛氏謀略學是狹隘經驗論

前文反復指出，毛澤東沒有邏輯思維能力，是個終身不改的狹隘經驗主義者。他能從經驗裡總結出"理性認識"，卻不知道審視那些經驗規律的成立範圍，以為它們是放之四海而皆準的普適真理。他的文韜武略在國際舞臺上碰壁，是他的"猿猴認識論"的必然結果。

前已述及，毛澤東的自傷訛詐術，很可能是在青少年時代總結出來的。他與其父毛順生關係很糟，在一次劇烈吵鬧中，他跑到池塘旁邊，威脅他父親如果再過來一步，他就要跳下去。這家暴於是以雙方妥協結束。毛澤東發現："我從這件事認識到，我如果公開反抗，保衛自己的權利，我父親就軟了下來；可是如果我仍溫順馴服，他反而打罵我更厲害"[1]。

從這狹隘經驗出發，毛從感性認識"飛躍"到了"理性認識"，總結出了一個一般規律："以鬥爭求團結則團結存，以退讓求團結則團結亡。"這規律果然在他日後的權力鬥爭中屢試不爽，於是在他心目中也就成了辯證法的"宇宙真理"。

---

[1] 《西行漫記》，108 頁

　　然而毛澤東卻忽略了這自傷訛詐奏效的前提：他與毛順生是父子關係，兩者處於一個無法分裂的共同體中。類似地，毛澤東在抗戰期間可以大舉消滅國軍，而蔣介石只能吃啞巴虧，是因為外敵入侵，使得國民黨別無選擇，不得不與共產黨在一個共同體中共存。這個前提一旦去除，則自傷訛詐根本就不可能奏效。

　　毛澤東在黨內靠潑皮狠勁懾服全黨，靠的同樣是這一條：共產黨是一個禍福與共的共同體，能遇到的最大災難就是窩裡反。一旦這個利益共同體崩解，則誰都沒有好處。

　　正因為此，當彭德懷與張聞天在 1959 年的廬山會議上批評大躍進後，毛自以為權位受到威脅，便在政治局擴大會議上威脅全黨："那我就走，到農村去，率領農民推翻政府。你解放軍不跟我走，我就找紅軍去，我就另外組織解放軍。我看解放軍會跟我走的。"嚇得陶鑄寫信給黃克誠，要他"斷然站出來與之（彭）劃清界線，幫助德懷同志挖掘思想，切實認識錯誤，改正錯誤"，懇切地勸告黃克誠：

　　　　"你我都讀過一點所謂古聖賢之書，一個人立身於世，不
　　　　講求操守是很可悲的。尤其我們作為一個黨員，對黨的忠誠等
　　　　於舊社會一個女人嫁了人一樣，一定要'從一而終'，決不可
　　　　'移情別戀'，否則便不能稱為'貞節'。"[1]

　　他用夫妻這個共同體比喻黨這個共同體，形象地說明了黨這個利益集團之內"一榮俱榮，一損俱損"的利害關係。唯一不準確的是，夫婦尚可離婚，而共產黨可沒有"自由離婚"一說。所以，黨的團結，對全黨來說都是生死攸關的大事。為了不至於全體落水，當毛澤東威脅要把船晃翻時，其他人權衡利害，當然只會站在他那邊，支持他整肅政敵。

---

[1] 《廬山會議實錄（增訂本）》

　　但對外玩這套就不靈了，那時的中美在經濟上毫無聯繫，無論從哪個方面來看，都不處於同一個共同體之中。在這種情況下要去效法美國搞邊緣政策，除非中國有著與美國相當的核毀滅力。若是人家能毀滅了你，自身卻毫髮無損，在此情況下還想去嚇得對方讓步，那就是自速其禍。這原是市井庸人也想得過來的事。

　　中蘇原來倒是處在同一利害共同體中。毛澤東開頭似乎沒有看到這一點。他對蘇實行"臭罵外交術"，主要是基於膚淺觀察，從蘇聯與其他國家的關係中類推出中蘇關係。1960 年 7 月 5 日，他對部下說：

　　　　分歧從蘇共二十大起，看來鬥爭要發展下去，決裂是不可能的，他不敢。他對美國、南斯拉夫都不敢決裂[1]。

　　除此之外，尚有幾分一廂情願：

　　　　中蘇也不可能分裂，不會分裂，首先我們不分裂，你搞撤退大使，我不搞。（1961 年 12 月 26 日）[2]

　　後來他總算看到了中蘇有共同的利害關係，據此作出了一系列科學預言：

　　　　我看中蘇長期分裂不可能，中蘇一破裂，美國就不同它和平共處了，那時我們再團結嘛。（1963 年 2 月 25 日）

　　　　在這個開會時間問題上，蘇共領導的章法亂了，因此指揮棒也不靈了，因為大多數黨都怕開分裂主義的會。實際上蘇共領導自己也怕開這種會，因為分裂對他們沒有好處。（1964 年 4 月 30 日）

　　　　中蘇兩國不會分裂，分裂不了，誰要想分裂是不行的。（1964 年 10 月 16 日）[3]

---

[1] 《毛澤東年譜（1949-1976）》第四卷，429 頁

[2] 《毛澤東年譜（1949-1976）》第五卷，64 頁

[3] 《毛澤東年譜（1949-1976）》第五卷，197，344-345，419 頁。

處在他的隧道眼管狀視野之外的，是一個簡單的事實：無論是赫魯曉夫，還是勃列日涅夫，都不是毛順生，中蘇關係不是不可割斷的血緣關係，頂多只能算權宜婚姻。雖然雙方在許多方面利害一致，但若一方不珍惜這種關係，恃寵而驕，索求無厭，還反復折騰對方，使得對方覺得合作的害處大過了益處，那就難免要離婚。一旦蕭郎成了路人後，還要去擅啟邊釁，那就是玩火，因為自家實力不如人，若對方覺得可以毀滅你而不至於為己方造成太大損失，就會毫不容情地動手。

所以，毛澤東從狹隘經驗中總結出來的"宇宙真理"，除了暴露了他的思維的粗放疏陋外，還彰顯了他的野心的滑稽之處——不自量力。他不知道，必須有一定資本才配進賭場，否則只會變成對方的訛詐對象。這就是他與希特勒那個賭徒的本質區別——野心與能力之間橫亙著萬里長城。兩人的野心或許差不多，賭性也差不多，只是無論是論本人的智力還是論本國的國力，他都是"螞蟻緣槐誇大國，蚍蜉撼樹談何易"，"斥鷃每聞欺大鳥，昆雞長笑老鷹非"，最後都只能"走向反面"，毫無必要地陷國家於危局之中。

毛澤東的國際統戰落得個完敗的下場，原因也同樣是這個：範圍不同，工作前提也就不同了。無論是毛澤東還是周恩來，都以為外交就是統戰，無非是把戰場從國內搬到到國際上去罷了，因而把"結成最廣泛的反美（後來是反蘇）統一戰線"當成外交的目標，卻看不出這兩者未必相等，和平時期尤其如此。最本質的區別，是國際的"統戰對象"與國內的統戰對象有著截然不同的選擇空間。

國內的統戰對象與中共處在同一國家中，沒有什麼選擇的自由，無論是否願意，都得與中共爭奪同一蛋糕的份額。因此中共可以誘之以利，脅之以威：你若服從我，我可以讓你在將來分享點權力；你若膽敢反抗我，我就毫不留情地滅了你。

　　然而國際舞臺上就滿不是這麼回事了。毛周不可能以分享權力的承諾去拉攏第三世界國家——人家的國家元首在理論上與毛澤東平級，毛周沒那個權力去提拔他們。反過來，毛周也不可能滅了他們。即使人家不去投靠更強大的靠山，中共也不敢冒天下之大不韙——"國與國之間不論大小一律平等"的信念早已成為普世價值觀。中國與周邊國家再不是過去的天朝與藩屬的不平等關係，既不可能廢黜人家的國家元首，另封一個國王，更不可能"躬行天討"，派出"天兵"去"征腐惡"。

　　在這種情況下，引誘其他國家的手段就只剩下了領土和／或金錢。當這些物質手段用完後，人家若是翻臉不認人，毛周還不是只有乾瞪眼。印度、緬甸、越南等國走的就是這條路。別說是毛澤東，連斯大林那種真正的"天可汗"都奈何不得鐵托，何況是毛澤東？

　　偉大領袖毛主席教導我們："一個蝦蟆坐在井裡說：'天有一個井大。'這是不對的，因為天不止一個井大。如果它說：'天的某一部分有一個井大。'這是對的，因為合乎事實。"毛澤東的謀略是中國那塊帝王之土上長出來的奇葩，只能在本土上欣欣向榮，移植到國外去就只能枯萎。希望那些經受過毛澤東思想教育的海外華人能從歷史經驗中吸取教訓，少在海外把毛澤東的龜孫子兵法使出來。

詩人毛澤東

第一章 格律謬誤觀止

一、謬誤舉例

國內對毛澤東詩詞歷來備極讚美。然而如果去除權力崇拜和/或感情傾向的附加值，光從藝術角度來客觀公允地審視它們，則略有傳統文學素養的讀者都不難看出，毛澤東詩詞的最大特點是良莠不齊，有的作品頗佳，有的則不堪入目，簡直不像是同一個人寫出來的。大體說來，他的早期作品勝過晚期作品，詞作勝過詩作，詞作中小令又勝過長調。但無論是早期還是晚期的作品，都表現出幾個比較恒定的特點：一是格律錯誤的發生率遠遠高出古代二三流詩人的作品，二是聯句水平普遍偏低，對仗能力較差。三是不懂謀篇佈局，不知起承轉合，因而不乏佳句，可惜全篇俱佳的作品很少見。這三個特點都提示他駕馭文字的才能十分有限。

在這些問題中，格律謬誤相當嚴重，無論是押韻還是平仄，都有許多嚴重問題。下文分別按詩詞討論。

（一）近體詩

近體詩包括絕句和律詩，格律要求比較高，顯然超出了毛澤東的文字駕馭能力。因此除了個別例外，毛澤東留下來的近體詩一無足觀，不如他的詞作。多數詩都不押韻，而若干詩的平仄則完全背離了格律。

例如這首最著名的《七律・人民解放軍佔領南京》：

鍾山風雨起蒼黃（下平七陽）

百萬雄師過大江（上平三江）

虎踞龍盤今勝昔

天翻地覆慨而慷（下平七陽）

宜將剩勇追窮寇

不可沽名學霸王（下平七陽）

天若有情天亦老

人間正道是滄桑（下平七陽）

須知近體詩只能按韻書押。有些字即使按現代發音讀來韻母相同，但若不在韻書的同一個韻部裡，就不能算押韻。爲說明這點，我在括號中列出了各韻腳所屬的韻目，讀者一看即可知該詩用了兩個不同的韻腳。這在古風或詞中尚可，但在近體詩中不行。用專業眼光來看，只能視爲不押韻的打油詩。

另一首膾炙人口的“名篇”也犯了類似錯誤：

七律・長征

紅軍不怕遠征難（上平 14 寒）

萬水千山只等閒（上平 15 刪）

五嶺逶迤騰巨浪

烏蒙磅礴走泥丸（上平 14 寒）

金沙水拍雲崖暖

大渡橋橫鐵索寒（上平 14 寒）

更喜岷山千里雪

三軍過後盡開顏（上平 15 刪）

除了不押韻外，此詩遣詞用語也很差勁。它專說大話，以為那
就是氣勢，可惜"騰細浪，走泥丸"實在彆扭——哪怕是在同溫層
上看，烏蒙山也絕無可能變成"泥丸"的樣子。以"雲崖暖"對
"鐵索寒"，對仗倒是顧上了，可惜那"暖"字用得非常生硬，毫
無真實感受的現實基礎，一望即知是爲了對仗硬湊上去的。

下面這首也有類似毛病：

七律·和柳亞子先生

飲茶粵海未能忘（下平七陽），

索句渝洲葉正黃（下平七陽）。

三十一年還舊國，

落花時節讀華章（下平七陽）。

牢騷太盛防腸斷，

風物長宜放眼量（下平七陽）。

莫道昆明池水淺，

觀魚勝過富春江（上平三江）。

除了不押韻外，對句寫作也十分糟糕。"三十一年"根本就對
不上"落花時節"，而"太盛"與"長宜"也對不上。"防腸斷"
雖勉強可對"放眼量"，但用語太鄙俗，且跡近詛咒，實在不該寫
在答友人的詩作裡。

下面這首也不押韻，而且作者絲毫不知佈局謀篇，帝子乘風下
山後就走失了，再未出頭露面，卻由作者莫名其妙地出來發言，好
在用語典雅，對仗也算工穩，與其他律詩相比，堪稱佳作了：

詩人毛澤東

七律・答友人

九嶷山上白雲飛（上平五微），
帝子乘風下翠微（上平五微）。
斑竹一枝千滴淚，
紅霞萬朵百重衣（上平五微）。
洞庭波湧連天雪，
長島人歌動地詩（上平四支）。
我欲因之夢寥廓，
芙蓉國裡盡朝暉（上平五微）。

不過，與下面這些慘不忍睹的打油詩比起來，上面的這幾首詩可算佳什了：

五律・看山

三上北高峰（上平二冬），
杭州一望空（上平一東）。
飛鳳亭邊樹，
桃花嶺上風（上平一東）。
熱來尋扇子，
冷去對佳人（上平十一真）。
一片飄颻下，
歡迎有晚鶯（下平十蒸）。

五個韻腳分屬四個韻目，堪稱"打一槍換一個地方"。而且，以"人"（ren）去押"鶯"（ying），甚至去押"峰"（feng）、"空"（kong），哪怕是用普通話唸都通不過，就連文盲農民也未必會說出這種順口溜來。不僅如此，此詩的平仄也完全錯了，寫成了：

平仄仄平平，平平仄仄平
平仄平平仄，平平仄仄平
仄平平仄仄，仄仄平平平
仄仄平平仄，平平仄仄平

第一句與第二句本該是"平平仄仄平，仄仄平平平"，卻寫成了"平仄仄平平，平平仄仄平"，使得第二句與第四句的平仄完全相同，犯了大忌，徹底顛覆了近體詩的格律。

除了嚴重的格律錯誤外，此詩的遣詞造句也非常之爛，那"熱來尋扇子，冷去對佳人"完全是俚語，只見於民間大老粗們對歌的場合，而且非常彆扭：前一句雖然鄙俗，倒能理解，"冷去對佳人"則完全不知所云。那"冷去"分明是爲了對"熱來"硬湊上去的。和它比起來，幾年前網友們寫的搞笑門神對"熱臉熱貼熱屁股，冷月冷照冷水灘"似乎還要更高明些。

正因為寫得太爛，才有學者認為，"細審這首所謂的'五律'，實乃格律迥異的兩條聯語和一首絕句隨意組合而成，根本不能構成一首完整的律詩"，並因此懷疑這首最早發表在我黨權威雜誌（《黨的文獻》1997 年第 6 期）、並被其他不同版本毛澤東詩詞集收錄的《五律·看山》及另外兩首劣質毛詩《五絕·呈郭老》和《七律·讀〈封建論〉呈郭老》是偽作[1]。

這位學者所說的那首《七律·讀〈封建論〉呈郭老》是：

勸君少罵秦始皇，焚坑事業要商量。
祖龍魂死秦猶在，孔學名高實秕糠。

---

[1] 鄧遂夫：《〈呈郭老〉詩二首的真偽》，《博覽群書》2002 年 第 02 期

詩人毛澤東

百代都行秦政法，十批不是好文章。

熟讀唐人封建論，莫從子厚返文王。

鄧遂夫先生認為，這首七律"開頭兩句，本屬首句入韻的仄起式，卻莫名其妙地從第三句開始忽然變了一種格律，直到最後兩句才又忽然變回來。而且除了變回來的兩句基本合律之外，其他句子在平仄上簡直錯誤百出。粗略統計，總共才八句計五十六字的一首七律，其不合平仄者竟達十七處之多（由改變格律而造成的"失粘"等差錯還忽略不計）"。

其實首句的平仄就錯了，犯了啟功先生定義的"孤平"。而且，若是論"變調"，似乎恰是尾聯變糟了，致使頸聯與尾聯的平仄雷同，再次完全破壞了近體詩的規矩：

仄平仄仄平仄仄，平平仄仄仄平平。
仄平平仄平平仄，仄仄平平仄仄平。
仄仄平平平仄仄，平平仄仄仄平平。
仄仄平平平仄仄，仄平仄仄仄平平。

最搞笑的是"文章"與"文王"，不但平仄完全一樣，而且還有重字。無怪乎這位先生要懷疑是偽作："像這樣古今罕見的'偽劣'之作，又怎麼可能出自毛澤東之手呢？"

儘管《五律・看山》和《七律・讀〈封建論〉呈郭老》有毛澤東手跡為證，但鄧仍認為："雖然後來有毛澤東的手稿見載，我對此仍有懷疑。一則因為，毛澤東手稿屬實，不一定就證明是他所作。因為毛澤東在工作之餘，向來有書寫前人詩句的習慣。"

他列舉的另一條理由是，毛主席他老人家在致陳毅的信中諄諄教導過我們："律詩要講究平仄，不講平仄，即非律詩。"依愚見，這才是最有力的理由：他老人家立下的規矩，自己當然只會帶頭奉行。所以，明明寫了顛覆詩詞格律的打油詩，還要冠以"七律""五律"的名號欺世盜名，不會是他老人家做得出來的爛事。

鬧到這個份上，權威機構中共中央文獻研究室毛澤東研究組只好出來說話。2002 年 2 月 25 日，該組在《北京日報》上發表了《〈呈郭老〉確是毛澤東的詩作》一文，列舉了大量證據，證明收入《建國以來毛澤東文稿》的《七律·讀〈封建論〉呈郭老》確是毛澤東的詩作："我們還查到 1973 年 8 月 7 日周恩來寫給毛澤東的一封親筆信。信中說：'江青同志在昨晚政治局會議上已將主席讀柳子厚的封建論和呈郭老的詩以及有關問題給我們傳達了，我們也議論了一下。'毛澤東圈閱了這封信。這表明，毛澤東認同了'呈郭老的詩'是他寫的。周恩來的這封親筆信保存在中央檔案館。"：

研究組還出示了張玉鳳以及一名曾經擔任過中央辦公廳機要譯電員的工作人員的證詞，證明這首"詩"確實是毛澤東本人的作品。

至於為何《五律·看山》和《七律·讀〈封建論〉呈郭老》未按格律詩的規則寫作，研究組是這樣解釋的：

"在舊體詩詞的格律問題上，毛澤東主張 '律詩要講平仄，不講平仄，即非律詩' （1965 年 7 月 21 日毛澤東致陳毅的信）。但在研究毛澤東詩詞的格律問題時，又不能不注意到毛澤東在詩詞創作上，有時不拘守格律、甚至寫古風式律詩的情況。例如，他留下過多幅手跡的《五律·看山》，以及這首《七律·讀〈封建論〉呈郭老》，就是古風式律詩。"

研究組開頭倒痛快，承認了毛澤東言行不一，一面強調寫律詩必須嚴守格律，一面卻又"有時不拘守格律"。可惜說到後來卻又改口，詭稱毛寫的是什麼"古風式律詩"。這自相矛盾的話語，將我這愚頑之人打入了悶葫蘆：那麼，到底"古風式律詩"是不是律詩？按照毛澤東定下的標準，當然不是，因為它不講平仄。所以，看來"古風式律詩"只能理解為"不是律詩"或"非律詩"。既然如此，毛澤東為何又要在標題中寫上"七律"、"五律"的字樣呢？由此可見，如在其他一切領域中那樣，毛澤東從來言行背反，專為他人制定規矩，自己卻從來不遵守，明知不是律詩，還要註明"五律"、"七律"，厚顏欺世盜名。

五律·喜聞捷報

秋風度河上，大野入蒼穹（上平一東）。
佳令隨人至，明月傍雲生（下平八庚）。
故里鴻音絕，妻兒信未通（上平一東）。
滿宇頻翹望，凱歌奏邊城（下平八庚）。

用"生"，"城"（韻母都是 eng）去押"穹"、"通"（韻母都是 ong），乃是連說順口溜的文盲都不會犯的錯誤。同樣地，這詩的平仄也出了大錯：

平平仄平仄，仄仄仄平平
平仄平平仄，平仄仄平平
仄仄平平仄，平平仄仄平
仄仄平平仄，仄平仄平平

不難看出，第二句與第四句的平仄句式又是雷同的，再度犯了大忌。

這詩的遣詞用語稍比上一首好些，可惜仍是毛病多多，"故里鴻音絕，妻兒信未通"的對句稱為"合掌"，也就是上下聯講的是同一件事，乃是對仗大忌。而且，"音"是名詞，"未"是副詞，根本就對不上。

這首也夠嗆：

五律　張冠道中

朝霧彌瓊宇，征馬嘶北風（上平一東）。
露濕塵難染，霜籠鴉不驚（下平八庚）。
戎衣猶鐵甲，鬢眉等銀冰（下平十蒸）。
踟躕張冠道，恍若塞上行（下平八庚）。

四個韻腳分押了三個韻目。而且，以"風"（feng）去押"驚"、"冰"、"行"（韻母都是 ing），即使是現代漢語也難得通過。

這詩的平仄更是爛到無法想象：

平仄平平仄，平仄平仄平
仄仄平平仄，平仄平仄平
平平平仄仄，平仄平仄平
平平平仄仄，仄仄仄仄平

這種格律我從未見過，不但第二句與第四句的平仄完全相同，而且末句除了韻腳外，竟然全是仄聲！這還不是什麼"孤平"，是古往今來絕無僅有的"無平"。

比起上面兩首來，此詩的遣詞用語要好得多，不過也只是相對而言。若讀者看過王維、老杜或哪怕只是王灣的五律，立刻就可洞見作者煉字功力之低下。這首詩本是寫景的，可惜毛非但寫不出"細草微風岸，危檣獨夜舟。星垂平野闊，月湧大江流"那種雄渾蒼勁的名句，就連"潮平兩岸闊，風正一帆懸。海日生殘夜，江春入舊年"都沒本事寫出來。那"霜籠鴉不驚"的"籠"字用得很牽強，而“鴉不驚”也十分彆扭：到底是烏鴉被凍得無法動彈了，還是莊敬自強，處變不驚？這對描繪北國寒冬有何渲染烘托作用？完全是湊韻腳。類似地，“鬚眉等銀冰”的“等”字完全是爲了與“猶”對仗而勉強用上的。若改成“盡”字，恐怕效果要好得多。

正因為這兩首詩寫得實在爛，又有學者懷疑不是毛的作品，並從歷史、地理和毛澤東的詩風等多方面進行了考證，認為誤收了他人之作[1]。有人甚至將此上升到“講政治”的高度，認為將這兩首詩收入《毛澤東詩詞集》，“造成了現在這個有損詩人毛澤東詩名清譽的局面。”[2]。

有的文史學者更提出，由中央文獻研究室編輯出版的《毛澤東詩詞集》中首次公開發表的 6 首所謂近體詩《五律·張冠道中》、《五律·喜聞捷報》、《七絕二首·紀念魯迅先生八十壽辰》、《七律·有所思》、《七絕·賈誼》、《七律·詠賈誼》“均系‘不講平仄’的律詩不像律詩、古風不像古風的作品（毛澤東寫過古風，風格完全不同），這顯然不是偶然的巧合。唯一合理的解釋是：這 6 篇作品均系假託毛澤東之名的偽作。至於這些偽作如何竄入毛澤東名下，則需另作研究了。”[3]

指控如此嚴重，權威不得不出來說話了。中共中央文獻研究室第一編研部編審、毛澤東詩詞研究會常務副會長吳正裕對兩首五律“如何竄入毛澤東名下”做出了如下解釋[4]：

---

[1] 丁毅、景方：《〈毛澤東詩詞集〉誤收他人之作》，《上海大學學報(社會科學版)》1998 年第 5 期

[2] 彭明道：《不要損害毛澤東詩名清譽——〈張冠道中〉及〈喜聞捷報〉探微》，《粵海風》2002 年第 4 期

[3] 《馮錫剛：假作真時真亦假——毛澤東詩詞真偽談》，《同舟共進》2010 年第 1 期

[4] 吳正裕：《〈毛澤東詩詞集〉所收兩首五律之真偽考辨》，《華中科技大學學報(社會科學版)》2006 年第 3 期

"毛澤東在 1947 年轉戰陝北時創作的兩首五律《張冠道中》和《喜聞捷報》，經考證，所據抄件系按手稿照錄。查閱了有關資料，並到陝北作了實地調查。"

至於詩中的失對、失粘、出韻，吳會長是這樣解釋的：

"從這兩首詩的三要素即平仄、對仗、押韻來看，基本符合五律要求。說基本合律，是因為兩詩若按律詩的正軌來看，還有不合律之處：《張冠道中》首聯、頸聯平仄失對，末句犯孤平；《喜聞捷報》頷聯平仄失對，頸聯與尾聯之間平仄失粘；兩詩押韻從寬，按傳統說法是'出韻'。"

這位會長比較搞笑，在短短一段話內就將周伯通老爺子的"左右互搏術"使得出神入化，既說"基本合律"，又指出那麼多不合律之處，說它們有悖"律詩的正軌"！興許，他的意思是"基本不合律"吧？即使如此，仍然遠不到位，那兩首詩不是不合律，是徹底顛覆了詩律。

吳會長還告誡大家："不要因這兩首詩失對、失粘、出韻，就對毛詩加以貶低。著名學者王力說：'失對'、'失粘'的'失'字是後代的詩人說出來的，'失'是不合格意思，而唐人並不把不對不粘的情形認為這樣嚴重，因此，有些詩論家並不叫做'失對'、'失粘'，只稱為'拗對'、'拗粘'。"

原來，換個名稱，實質也就變了？這倒讓我想起孔乙己的"竊書不能算偷"。

最後當然只能是往"古風"上賴：

"他（王力）說有一種古風式的律詩，'這種律詩，字數和普通律詩相同，對仗的規矩也和普通律詩相同，只是句子的平仄不依照或不完全依照律詩的格式，粘對也不完全合律'"

"王力的這些論述，使我們認識到，毛澤東的這兩首詩，可以稱之為古風式的律詩。"

又是"古風式律詩"！看來，無論毛詩的毛病有多嚴重，都可用此語搪塞過去。

先來看看王力先生是怎麼說的吧。他認為，律詩有三個要素：字數合律、對仗合律、平仄合律，據此提出了簡單的判別方法："如果三個要素具備，就是純粹的律詩；如果只具備前兩個要素，就是古風式的律詩，亦稱拗律；如果只具備第一個要素，就不算是律詩，只是字數偶然相同而已。"[1] 姑不說這只是王先生一家之言，學界對此向無共識。就是王本人的態度也模棱兩可。他把某些詩稱為古風式律詩，似乎認為屬於律詩，卻又放到"古體詩"一章中討論，似乎又認為它們屬於古詩[2]。

竊以為，王先生少數了一個要素：韻腳。如果不押韻，哪怕字數、對仗、平仄都合律，那仍然不是詩，遑論律詩。而上舉毛詩"出韻"的例子比比皆是，這種連打油詩都不如的非韻文，不知還能算"古風式律詩"否？此其一。

其二，所謂"古風式律詩"，不過是古詩發展為近體詩過程中出現的過渡體，因而兼具兩者的特色，跟現代人寫詩無關。若是今人學寫近體詩學得非驢非馬，就把進化過程中一度出現的過渡體抬出來遮醜，難免強詞奪理之嫌。

其三，是古風還是律詩，除了格律外，風格也是判據。上舉毛的那些"古風式律詩"，敢問到底有哪首有古風的古樸氣息？

最後，前面已經說過了，關鍵問題是：判斷毛澤東的詩是否律詩，究竟該不該尊重作者自己提出的標準？毛澤東曾幾次強調"不講平仄，即非律詩"。竊以為，這話確實是真理，一句頂一萬句——"律詩"的"律"字，點出了這種詩體的關鍵內涵。如果表述為

[1] 王力：《漢語詩律學》第二版，437頁，上海教育出版社，2003年
[2] 蘭香梅：《杜甫"大拗"律詩的聲律分析——兼談杜甫拗律的歸屬》，《杜甫研究學刊》2004年第3期

邏輯定義，那就是：“律詩是遵守格律的詩。”不講格律，當然可以是詩，但不是律詩。崇拜者們為何要悍然否定毛主席的英明主張呢？

對於兩首詩嚴重“出韻”的問題，會長如是說：

> “同這兩首詩的押韻情況一樣，毛澤東還有 5 首詩詞是用湖南方音押韻的，這是證明這兩首詩為毛澤東作品的重要依據。”“毛澤東創作詩詞用韻有一大特點，也是他的一個習慣，就是有時用湖南方音押韻。造成他這個用韻習慣的原因，據分析主要是湖南方言中沒有韻母是 ong 及 iong 的語音。”

對此主張，《中華詩詞會》恐怕要一千個不答應、一萬個不答應：

> “方言不能作為國家、民族的代表語言。即如《平水韻》也是以當時流行最普遍的‘官話’為依據，並未囊括當時所有的方言，如按方言劃韻，就不可能有全國統一的韻書，這既有悖於國家大政方針，也有悖於廣大詩詞作者讀者的願望，是任何國家任何民族所不能採取的。”[1]

這裡所說“國家大政方針”是什麼，我還真猜不出來，估計是偉大領袖生前關心的“國家的統一，民族的團結”吧。吳會長是不是認為，他老人家百年之後，我們就不必關心這“國家大政方針”了？要麼，還須補充一條：“平民不可，領袖隨意”？

湖南名人多的是，有哪個寫過這種爛詩？曾國藩、左宗棠寫過嗎？汪精衛是廣東人，詩詞寫得好極，為何他就能不受方言干擾？

其實，屢屢用鄉音押韻這一事實本身，就足以證明毛澤東一生從未看過一部韻書，很可能連世上有這種書都不知道，這才會對詩

---

[1] 中華詩詞編輯部：《中華新韻(十四韻)》，《中華詩詞》2004 年 5 期

韻與方音的區別一無所知，一錯再錯，至死方休。不意這知識缺陷，卻被專家們拿來當作遁詞乃至頌詞！

　　七律　咏賈誼

　　少年倜儻廊廟才，壯志未酬事堪哀。
　　胸羅文章兵百萬，膽照華國樹千臺。
　　雄英無計傾聖主，高節終竟受疑猜。
　　千古同惜長沙傅，空白汨羅步塵埃。

這首詩韻倒是難得地押對了，可惜平仄又是爛到難以置信：

　　仄平仄仄平仄平，仄仄仄平仄平平
　　平平平平平仄仄，仄仄平仄仄平平
　　平平平仄平仄仄，平平平仄仄平平
　　平仄平仄平平仄，平仄仄平仄平平

　　它的絕豔之處，是第二、四、六、八句全是同一個"仄仄仄平平"的基本句式（這還不計第二句的"兩仄夾一平"之拗），絲毫不與"平平仄仄平"的句式交叉。自古以來還從未有人這麼寫過，端的是千古絕唱。若是別人寫出這種爛詩來，我只能毫不猶豫地判定該人絲毫不懂詩詞格律，然而這可是毛澤東的大作。他應該懂這一套，而且也確實寫過些符合平仄的律詩，那怎麼又會連起碼的ABC都不懂，要炮製出這種好傢伙來呢？這到底是怎麼回事？

　　此詩的對仗也不敢恭維。"胸羅文章兵百萬，膽照華國樹千臺"，那"樹"底是名詞還是動詞？如果是名詞，能用"臺"來作量詞麼？如果是動詞，又豈能對"兵"那個名詞？而且，"萬"是數詞，豈能對"臺"那個量詞/名詞？"雄英無計傾聖主，高節終竟受疑猜"就更糟糕:"無計"對"終竟","聖主"對"疑猜",這種臭對,大約只有含淚余大師能寫出來。

最值得注意的,還是此詩不但毫無時代氣息,而且毫無新意,唱的完全是舊文人懷才不遇的陳詞濫調。熟悉傳統文學的讀者都知道,此類作品可謂汗牛充棟,其與這首作品的區別,只在於那些老掉牙的濫調的水平要高出萬倍不止,起碼人家不會寫這種連起碼格律都不懂的打油詩。

七律·弔羅榮桓同志

記得當年草上飛(上平五微),
紅軍隊裡每相違(上平五微)。
長征不是難堪日,
戰錦方為大問題(上平八齊)。
斥鷃每聞欺大鳥,
昆雞長笑老鷹非(上平五微)。
君今不幸離人世,
國有疑難可問誰(上平四支)?

此詩居然遵守了基本的平仄格律,再沒鬧出前面那種驚世駭俗的笑話,算是一大進步吧。可惜五個韻腳竟然分屬三個韻目,對仗也實在太爛:"戰錦"是動賓結構,不能對"長征"那種形名結構組成的名詞。如果倒裝為"錦戰"或"錦役"倒還可行。"難堪日"對"大問題"端為神來之筆。兩者連音節的構成方式都不一樣,前者是"難堪-日",而後者是"大-問題"。哪怕是文盲,也不至於以為"難堪"可以與"大"對,而"日"可以與"問題"對吧?可惜這還不是獨一無二,還有個"欺-大鳥"與"老鷹-非"不讓它專美於前。

詩人毛澤東

七律・憶重慶談判
　　1942 年秋

有田有地皆吾主，
無法無天是爾民（上平十一真）。
重慶有官皆墨吏，
延安無土不黃金（下平十二金）。
炸橋挖路爲團結，
奪地爭城是鬥爭（下平八庚）。
遍地哀鴻遍地血，
無非一念救蒼生（下平八庚）。

　　這詩我早在文革中就看到過，當時不相信是真的，因爲水平實在太低。但現在卻登在《中國共產黨新聞網》上[1]，經檢索才知道，該詩最早發表於 1949 年 3 月 13 日上海《亞報》。此後以不同標題先後收入了不同版本的毛澤東詩集。

　　此外，各種版本的字句也不盡一致。"有田有地皆吾土"一作"有田有地吾爲主"；"無法無天是爾民"一作"無法無天是爲民"；"延安無土不黃金"一作"延安無屎不黃金"；"遍地哀鴻遍地血"一作"遍地哀鴻滿城血"[2]。其中"延安無屎不黃金"與我當年所見版本一致，且更符合熟讀《何典》的偉大領袖的風格。不過，《中國共產黨新聞網》是國內最權威的媒體，標題與字句似乎都該以該網爲準。

---

[1] http://cpc.people.com.cn/GB/69112/70190/70199/4763342.html
[2] 張仲舉：《1957 年前毛澤東詩詞的發表與研究概況述評》，《延安大學學報(社會科學版)》2001 年 4 期

蹊蹺的是，該網註明該詩為 1942 年作，其時如何"憶重慶談判"？只能說《中國共產黨新聞網》的主辦人對黨史實在陌生，竟然連重慶談判是哪年的事都不知道，所以連這再醒目不過的紕漏都竟然視而不見。

本詩除了四個韻腳分押三個韻外，格律上雖有小疵，問題倒也不大。對句雖然毫無美感，從字面上來說也還過得去。也有學者認為，該詩"格律不嚴，有'孤平'和'拗句'"[1]。很明顯，他是用啟功先生"兩仄夾一平即為孤平"的標準來衡量的。但若用王力先生的"孤平"定義，則此詩中並無孤平。

我認為，該詩的主要特點還是全詩毫無章法，無一字扣住重慶談判的主題，每聯都在各自為戰，堪稱"霰彈槍"：首聯用地主的口氣講話，描寫地主和農民的對立；頷聯突然改用自己的口氣吹噓延安相對於重慶的聖潔；頸聯承認我黨在國難深重之際大打內戰，似是用反語諷刺我黨"團結"口號的虛偽；尾聯則描寫戰爭給人民帶來的災難。這四聯之間毫無起承轉合與內在呼應，根本看不出作者要敘述什麼事，或是想表達什麼有頭緒的感慨。雖然尾聯流露了偉大領袖的救世主情懷，而且坦承"遍地哀鴻遍地血"的慘禍是他"救蒼生"的"一念"引出來的，似在引咎自責，但這感慨卻與前頭毫無呼應，而是從天外突兀飛來。從這個意義上來說，此詩可作為寫詩毫無章法的反面教材，供初學者引為鑒戒。

話說回來，若如毛澤東那樣，無押韻能力還想寫詩，則"突破束縛"亂寫一氣，可能反倒比硬湊韻腳強。下邊這首"七律"就是證明：

七律•讀報有感

---

[1] 安建設：《略論毛澤東的七言律詩》，《黨的文獻》2002 年 5 期

托洛斯基返故居，不戰不和欲何如？

青雲飄下能言鳥，黑海翻起憤怒魚。

愛麗舍宮唇發黑，戴維營裡面施朱。

新聞歲歲尋常出，獨有今年出得殊。

這首打油詩我在文革中也見過，當時同樣以為是偽託，因為實難相信毛會寫出如此劣作。不過它也登在《中國共產黨新聞網》上，可見是真的。

不僅如此，該詩還被多種版本的毛澤東詩詞集收錄，並受到多位專家學者讚譽。據中共中央文獻研究室副主任陳晉介紹，1959 年10 月至 1960 年 6 月，毛澤東先後寫了四首《七律•讀報有感》[1]，並在政治局擴大會議上印發，"在黨的高層會議上正式印發自己的作品，這也是第一次。毛澤東從此踏上了直接作詩議政、以詩為旗的'突圍'心路。"

"托洛斯基返故居"就是這四首《讀報有感》之一。另外三首是：

> 反蘇憶昔鬧群蛙，今日欣看大反華。
>
> 惡煞腐心興鼓吹，兇神張口吐煙霞。
>
> 神州豈止千重惡，赤縣原藏萬種邪。
>
> 遍找全球侵略者，僅餘此地一孤家。

> 托洛斯基到遠東，不和不戰逞英雄。
>
> 列寧竟撇頭顧後，葉督該拘大鷲峰。
>
> 敢向鄰居試螳臂，只緣自己是狂蜂。

---

[1] 陳晉：《"突圍"心路——毛澤東晚年詩詞辨析》，《黨的文獻》2003 年第 3期

第一章 格律謬誤觀止

人人盡說西方好，獨惜神州出蠢蟲。

西海如今出聖人，塗脂抹粉上豪門。
不知說了啥些事，但記西方是友朋。
舉世勞民尊匪盜，萬年宇宙絕紛爭。
列寧火焰成灰燼，人類從此入大同。

平仄不論，這四首打油詩再次顯示了毛澤東缺乏對仗能力，
"神州豈止千重惡，赤縣原藏萬種邪"犯"合掌"（上下兩句同義
反復）；"列寧竟撇頭顧後，葉督該拘大鷲峰"更臭，以帶有官銜
的"葉督"對"列寧"的單純姓氏，以"大鷲"之形名結構對"頭
顧"的重複結構，以名詞"峰"對副詞"後"，連門神對都不如。
不過，和"不知說了啥些事，但記西方是友朋"比起來，它們大概
堪稱佳句了。

與粗鄙不堪入目的格調相比，格律謬誤反倒是小事了。這四首
痞子順口溜都是嘲罵赫魯曉夫的。"反蘇憶昔鬧群蛙"那首，是罵
帝修反掀起的"反華大合唱"與當年的反蘇一樣。"西海如今出聖
人"那首，是發洩對赫魯曉夫訪美的怨毒嫉恨。"托洛斯基到遠
東"那首最惡劣，竟然把赫魯曉夫罵成葉名琛。

葉名琛是清朝官員，以對英夷持頑固態度而博得皇帝賞識，在
咸豐年間升為兩廣總督。第二次鴉片戰爭期間，英法聯軍攻陷廣
州，把葉名琛抓到印度加爾各答去。據說他自號"海上蘇武"，吃完
自己帶去的食物後"恥食英粟"，絕粒而死。他愚頑禍國，招來英軍
後卻毫無作為，被薛福成抨擊，說他"不戰，不和，不守，不死，不
降，不走"[1]。

---

[1] 蘆笛：《百年蠢動——從林則徐到孫中山》，明鏡出版社，2010 年，178-183
頁。

詩人毛澤東

在毛澤東眼中，赫魯曉夫主張"三和兩全"（詳見本書《國務家》卷），就是當代葉名琛，只該被美帝抓去餓死，仇恨赫氏到了詛咒他不得好死的地步。而"敢向鄰居試螳臂，只緣自己是狂蜂"只表明，他毫無自知之明，竟然意識不到他才是葉名琛式愚頑禍國之輩；後來他挑起中蘇邊境戰爭，完全就是狂蜂向鄰居試螳臂。

所以，這些由人身攻擊和自吹自擂堆積而成的痞子爛話，實在不值評論，不意竟有專家認為，"托洛斯基返故居"那首"格律較為講求，為四首讀報詩的壓軸之作：頷頸兩聯或出以比興，或出以直陳，構思巧妙，律對精嚴。"[1]

既然如此，我們就來看看這首壓軸之作妙在何處。其它三首就免了。畢竟，爬梳垃圾並非賞心樂事，而且幹多了只怕敗壞了自家品味。近墨者黑，可不慎歟？

本"詩"罵的是赫魯曉夫在戴維營與艾森豪威爾總統會談，以及去巴黎與英美法三國元首舉行峰會。毛澤東因為被擯諸局外，妒忌之下，斥赫氏為托洛茨基，百般侮辱之。

可憐毛澤東絲毫不懂馬列主義與國際共運史，不知道托氏主張發動世界範圍內的"不斷革命"，比毛師承的斯大林更左。托氏之所以提出"不戰不和"的主張，是因為當時布黨無力抵抗入侵的德軍，他又不同意列寧割地求和的主張，因而想出了這一廂情願的餿招[2]，與赫魯曉夫為避免核戰爭提出的"三和兩全"毫無類似之處。毛純粹出於無知，才會作此荒唐比附，而且連托氏的姓都寫錯了[3]（當然也可能是因為湖南人 C 與 S 不分，看來鄉音已成掩飾不識字

---

[1] 馮錫剛：《也談毛澤東的七言律詩——兼與安建設同志商榷》，《黨的文獻》2003 年 03 期

[2] 參見蘆笛：《野蠻的俄羅斯》，明鏡出版社，2010 年，116-119 頁

[3] 這四首"詩"也收在《毛澤東年譜（1949-1976）》第四卷中（243，294 頁），但均作"托洛茨基"，估計是編者作了校改。

的最佳藉口）。當然，這比附不及另外那首把赫氏罵成葉名琛荒唐。

這且不論。光從格律來看，本"詩"倒是難得地顧上了押韻，通篇用的是"上平六魚"，或許是因為這些字恰在湖南鄉音中押韻吧。然而這比不押還糟，那"黑海翻起憤怒魚"完全是古今第一奇句——它讓人想起了滿鍋亂跳的"釜底游魚"。我還真不知道低等動物是否有情感活動。就算天下真有憤怒的魚，那又有何懾人氣勢？除非是鯊魚。但莫非可以用吃人的鯊魚來比喻憤怒的革命群眾？硬湊韻腳到此地步，嘆觀止矣。這就是專家說的"構思巧妙"的"比興"。

民初章士釗等人提倡國學，辦的《學衡》雜誌登載了若干古詩。魯迅因寫了篇《估〈學衡〉》，嘲笑道：

> "《漁丈人行》的起首道：'楚王無道殺伍奢。覆巢之下無完家。'這'無完家'雖比'無完卵'新奇，但未免頗有語病。假如'家'就是鳥巢，那便犯了複，而且'之下'二字沒有著落，倘說是人家，則掉下來的鳥巢未免太沉重了。除了大鵬金翅鳥（出《說岳全傳》），斷沒有這樣的大巢，能夠壓破彼等的房子。倘說是因為押韻，不得不然，那我敢說：這是'掛腳韻'。押韻至於如此，則翻開《詩韻合璧》的'六麻'來，寫道'無完蛇''無完瓜''無完叉'，都無所不可的。"

准此，則對於"憤怒魚"的"掛腳韻"，似乎也可以說："押韻至於如此"，則翻開韻書的上平"六魚"來，寫道"憤怒豬"、"憤怒驢"、"憤怒車"、"憤怒蔬"，"都無所不可的"，只怕還要比原作精準得多——憤怒魚誰都沒見過，但憤怒豬與憤怒驢則保證供應。

當然，黑海裡不可能翻起這兩者，正如不可能翻起憤怒魚一般，但若作者真有星點才氣，這又有何難？改為「黑土奔來怒吼豬」就是了。真要這麼改，只怕還能點石成金，化腐朽為神奇——誰都知道赫魯曉夫的老家在烏克蘭，而烏克蘭是著名的黑土地帶。赫氏既矮胖，又長了一雙豬眼，且動輒大發雷霆。比之為從黑土地裡跑出來的怒吼豬，與青雲飄下的能言鳥恰成絕對，而且對赫氏的侮辱要嚴重得多，有助於消解偉大的未遂世界領袖的滿腹怨毒。

此「詩」的平仄與對仗也同樣不敢恭維。「不戰不和」若改為「不和不戰」，則平仄要妥帖得多。「黑海翻起憤怒魚」（仄仄平仄仄仄平）雖然湊出了韻腳，卻造出個所謂「孤平」句（亦即除韻腳外，句中只有一個平聲字），犯了大忌。若是改為「翻騰」可破此弊，但無法與「飄下」對仗。不過，此聯本來也就不對仗——「能言」如何與「憤怒」對？頸聯同樣也有問題，以「愛麗舍宮」與「戴維營裡」對，實際上是以「宮」一字去對「營裡」兩字，參差錯落，倒也有致。這就是專家說的「律對精嚴」。

其實毛若有些許文字功力，這又有何難？只需改為「愛麗舍中唇發黑，戴維營裡面施朱」即可。「愛麗舍」既是宮殿譯名，那「舍」字又有「屋舍」之意，恰與「營」相對。

以上例子表明，嚴格按照格律寫詩，對毛澤東來說意味著巨大的困難，常為他貧弱的文字駕馭能力不堪承載，這其實就是他抱怨舊詩詞「束縛思想」的真意——如古人留下的詩詞表明的，格律只對才短者構成束縛。像毛那種連押韻的本事都沒有的詩人，在古代文人中還真難找到。不必說二三流詩人，就連一般文人雅集，也要搞點「分韻賦詩」，還從未見過毛這種「大膽沖決網羅」者。

（二）詞

　　寫詩沒本事押韻，填詞總該可以了吧？與近體詩（律詩和絕句）相比，詞的押韻有這些特點：第一，平聲字和仄聲字都可以作韻腳。第二，韻母相近的不同韻目中的字被合併在同一個韻部裡，因此漢字被分為十九韻部，這就意味著倍增了同一韻腳的漢字數目，押韻時可供挑選的字要比寫詩時多得多。第三，除了入聲字被單獨歸入五部，不與平聲合併外，其餘十四個韻部都含有平聲字與上聲去聲字。但這不是說同一部的字就可以毫無限制地用來作韻腳。相反，有的詞只能押平聲韻，有的只能押仄聲韻，而有的是平仄混押。

　　只許押平聲韻者如：

　　　　憶江南·懷舊
　　　　　李煜

　　　　多少恨，
　　　　昨夜夢魂中（第一部一東）。
　　　　還似舊時游上苑，
　　　　車如流水馬如龍（第一部二冬），
　　　　花月正春風（第一部一東）。

　　此詞的韻腳為"中"、"龍"、"風"，都是平聲，但在韻書裡分屬兩個韻目，因此不能用來寫律詩或絕句。然而在詞韻中，它們被合併在同一個部裡，填詞時可以用來押韻。因此，就押韻而言，填詞要比寫詩受的束縛小得多。

　　與律詩和絕句一樣，填詞也要遵守平仄規定。何處用平，何處用仄，何處不限，都是規定好了的。標明這些具體規定的書稱為詞譜。例如在《白香詞譜》中，上面這首詞的平仄規定是：

　　○⊙●

⊙●●○△

⊙●⊙○○●●

⊙○⊙●●○△

⊙●●○△

○表示平聲，●表示仄聲，⊙表示可平可仄，三角形表示韻腳，△表示平聲韻，而▲表示仄聲韻。

有的詞只許押仄聲韻，如世傳為李白寫的"百代詞曲之祖"的《憶秦娥·思秋》：

簫声咽，

○⊙▲（仄韵）

秦娥夢斷秦樓月。

○○○⊙●○○▲（協仄韵）

秦樓月，

○○▲（叠三字）

年年柳色，

⊙○⊙●（句）

灞陵傷別。

●○○▲（協仄韵）

樂游原上清秋節，

⊙○⊙●●○○▲（協仄韵）

咸陽古道音塵絕。

⊙○⊙●○○▲（協仄韵）

音塵絕，

○○▲（叠三字）

西風殘照，

⊙○⊙● （句）

漢家陵闕。

●○○▲ （協仄韻）

括號內的"句"字告訴你，那兒並不要求押韻，而"仄韻"則是說仄韻從該處開始，"協仄韻"相當於"押仄韻"，而"疊三字"則是告訴你，此處必須重複前句末尾的三個字。

查《詞林正韻》可知，這首詞的韻腳在詩韻裡並不屬於同一韻目，其中"闕"字乃"入聲六月"，而其他字則屬"入聲九屑"，但作為詞韻使用時，它們都歸在第十八部中。順便說一下，用入聲韻寫出來的詞，有一種特殊的淒涼嗚咽效果或是悲壯感，前者如李清照的若干詞作，後者如辛棄疾與陳亮唱和的賀新郎。

平仄混押的詞則如蘇東坡豪放曠達俊逸優美的《西江月》（就連小序都寫得美極）：

> 頃在黃州，春夜行蘄水中。過酒家，飲酒醉，乘月至一溪橋上，解鞍曲肱醉臥少休。及覺已曉，亂山攢擁、流水鏘然，疑非塵世也。書此語橋柱上。

> 照野瀰瀰淺浪，
> 橫空隱隱層霄。
> 障泥未解玉驄驕，
> 我欲醉眠芳草。

> 可惜一溪風月，
> 莫教踏碎瓊瑤。
> 解鞍欹枕綠楊橋，
> 杜宇一聲春曉。

此詞上下闋的字數與格律完全一樣，都是：

⊙●⊙○⊙● （句）

⊙○⊙●○△ （平韵）

⊙○⊙●●○△ （协平韵）

⊙●⊙○⊙▲ （換协仄韵）

　　第二、三、四句都必須押韻，但第二、三句押平韻，第四句則必須押同一韻部中的仄聲韻，因此在該處的括號中註明了"換協仄韻"，這兒的"換"字表示必須換韻，而"協"則表示必須是同一韻部的字，只是換成仄聲而已。"霄"、"驕"、"瑤"、"橋"屬"下平二蕭"，都是平聲，但"草"與"曉"都是仄聲，分屬去聲十八嘯與上聲十七篠。但在詞韻書中，它們都屬於第八部。

　　由此可見，無論是平仄還是韻腳，詞的要求都要比律詩寬鬆得多，因此就連寫稗官野史的草根文人施耐庵都能做到。例如宋江在潯陽酒樓上題的反詩《西江月》：

自幼曾攻經史，
長成亦有權謀。
恰如猛虎臥荒丘，
潛伏爪牙忍受。

不幸刺文雙頰，
哪堪配在江州。
他年若得報冤仇，
血染潯陽江口！

此處的"謀"、"丘"、"州"、"仇"屬於"下平十一尤",而"受"和"口"屬於"上聲二十五有",但都屬於詞韻的第十二部,押得非常妥帖,平仄也對。

可惜毛澤東連這點本事都沒有,不信請看他寫的兩首《西江月》:

西江月・秋收起義

軍叫工農革命,
旗*號*鐮*刀斧*頭(十二部下平十一尤)。
匡廬一帶不停留(十二部下平十一尤),
要向瀟湘直進(六部去聲十二震)。

地主重重壓迫,
農民個個同仇(十二部下平十一尤)。
秋收時節暮雲愁(十二部下平十一尤),
霹靂一聲暴動(一部上聲一董)。

這兒的平聲韻倒是都押上了,可惜兩個仄聲韻一個是第六部,另一個則是第一部,其韻母與"頭""留""仇""愁"八杆子打不著,連文盲說順口溜時都絕對不會用上。我到現在也想不明白:第十二部裡有那麼多仄聲字,隨便用哪個都比這倆強,例如"要向瀟湘直進"完全可以寫成"直向瀟湘惡鬥"或是"直指瀟湘窮寇",而"霹靂一聲暴動"可以改為"霹靂一聲怒吼"或是"霹靂一聲雷驟",毛澤東為何就是想不起來?他的詩詞可是反復改動過的,改了那麼多次,還是這個文盲樣子,當真令人咄咄稱奇。

詩人毛澤東

　　此外，他連如此寬鬆的平仄要求都無力遵循，上面用斜體字標出的"號"與"刀斧"等字都用錯了平仄。我在上面給出的詞譜是《白香詞譜》，查對了《欽定詞譜》後，結論也是一樣。

　　《西江月‧井岡山》就更糟糕了，仄聲字不押韻還不說，連平聲字都不押韻（為篇幅亦為醒目計，以下不再註明韻腳在詩韻中屬於哪一目，只註明它們在詞韻中屬於哪一部）：

　　　　山上旌旗在望
　　　　山頭鼓角相聞（6 部）
　　　　敵軍圍困萬千重（1 部）
　　　　我自巋然不動（1 部）

　　　　早已森嚴壁壘
　　　　更加眾志成城（11 部）
　　　　黃洋界上炮聲隆（1 部）
　　　　報導敵軍宵遁（6 部）

　　《西江月》本該只押一個韻，他卻用了三個，四個平聲韻腳，只有"重"與"隆"同屬第一部，"文"與"城"非但不跟它們押韻，就連彼此都不押韻，凡七齡學童都知道，文（wen）是所謂"前鼻韻"，而"城"（cheng）是所謂"后鼻韻"，兩者的發音區別之大，只怕連五音不全的四川人都聽得出來，而毛那湖南人居然也就用上了！

　　由此可知，毛最常見的問題，是把 in 與 ing，en，eng 和 ong 等韻母混為一談，常用這些字去互相"押韻"，卻不知道含有這些韻母的字既在詩韻裡不屬於同部，填詞時也不能通押。

　　早在青年時代，毛這個毛病就很明顯了。例如《虞美人》，據《白香詞譜》，詞譜如下：

⊙○⊙●○○▲（仄韵）

⊙●○○▲（協仄韵）

⊙○⊙●●○△（換平韵）

⊙●●○⊙●●○△（協平韵）

⊙○⊙●○○▲（三換仄韵）

⊙●○○▲（協三仄韵）

⊙○⊙●●○△（四換平韵）

⊙●●○⊙●●○△（協四平韵）

　　此詞上下片的字數與格律完全一樣，在詞的發生史上屬於早期出現的詞牌。其特點是每句都押韻，但每兩句必須換韻，從仄韻開始，換為平韻，如此交替出現，其典範作品便是李煜那膾炙人口的《虞美人‧感舊》：

　　　　春花秋月何時了（8部），
　　　　往事知多少（8部）。
　　　　小樓昨夜又東風（1部），
　　　　故國不堪回首月明中（1部）。

　　　　雕欄玉砌應猶在（5部），
　　　　只是朱顏改（5部）。
　　　　問君能有幾多愁（12部）？
　　　　恰似一江春水向東流（12部）。

　　每兩句彼此押韻，而且每兩句都換韻，仄韻與平韻交替出現，造成一種特殊的音樂美與節奏感。

　　青年毛澤東寫的效顰之作雖然也有幾分纏綿悱惻的氣息，卻沒有李後主的才氣搞定韻律：

虞美人・枕上

堆來枕上愁何狀（2 部）？
江海翻波浪（2 部）。
夜長天色怎難明（11 部）？
無奈披衣起坐數寒星（11 部）。

曉來百念皆灰盡（6 部），
倦極身無憑（11 部）。
一鈎殘月向西流（12 部），
對此不拋眼泪也無由（12 部）

　　由此可知，毛對“狀”、“浪”（韻母為 ang），“流”、
“由”（韻母為 iou）的感覺還是正常的，如說順口溜的大老粗一
般，本能地知道它們押韻，卻不幸以為“盡”（jin）與“憑”
（ping）押韻。在另一版本中，“數寒星”寫作“薄寒中”，有可
能是毛早期的版本。倘若此，則以“中”（zhong）去押“明”
（ming）就更是謬以萬里了。

　　但這種謬誤在毛並不稀罕，正如上舉《西江月》中他誤以為
“聞”、“重”、“動”、“城”、“隆”和“遁”等字押韻一
般。但凡用了含有這幾個韻母的字，毛就必定要出錯，例如《臨江
仙・給丁玲同志》：

　　　　壁上紅旗飄落照，
　　　　西風漫捲孤城（11 部）。
　　　　保安人物一時新（6 部）。
　　　　洞中開宴會，
　　　　招待出牢人（6 部）。

纖筆一枝誰與似？
三千毛瑟精兵（11 部）。
陣圖開向隴山東（1 部）。
昨天文小姐，
今日武將軍（6 部）。

按詞譜規定（為篇幅計，不再列出詞譜），此詞本該一韻到底，他卻用了三個韻部，再度誤以為“新”、“人”、“軍”與“兵”、“城”、“東”押韻。

又如《清平樂·會昌》：

東方欲曉（8 部），
莫道君行早（8 部）。
踏遍青山人未老（8 部），
風景這邊獨好（8 部）。

會昌城外高峰（1 部），
顛連直接東溟（11 部）。
戰士指看南粵，
更加鬱鬱蔥蔥（1 部）。

再一次用“溟”去與“峰”、“蔥”押韻。上文已經說過了，這是領袖使用湖南鄉音押韻的特權，平民不得妄議。但問題是，其他字照樣會出錯，例如《如夢令·元旦》：

寧化、清流、歸化（10 部），
路隘林深苔滑（18 部）。
今日向何方，

直指武夷山下（10 部）。
山下山下（10 部），
風展紅旗如畫（10 部）。

《菩薩蠻・大柏地》：

赤橙黃綠青藍紫（3 部），
誰持彩練當空舞（4 部）？
雨後復斜陽（2 部），
關山陣陣蒼（2 部）。

當年鏖戰急（17 部），
彈洞前村壁（17 部）。
裝點此關山（7 部），
今朝更好看（7 部）。

頭兩句根本不押韻。《清平樂・六盤山》也如此：

天高雲淡（14 部），
望斷南飛雁（7 部）。
不到長城非好漢（7 部），
屈指行程二萬（7 部）。

六盤山上高峰（1 部），
紅旗漫捲西風（1 部）。
今日長纓在手，
何時縛住蒼龍（1 部）？

早在上高中時，我便發現了這些問題。儘管當時極度崇拜毛，但也實在無法相信那是他不肯為格律束縛所致。我也曾猜想那大概是湖南口音。但有的詞的韻腳錯得實在離譜，根本無法用湖南口音解釋過去。例如上面那首《西江月・秋收起義》，即使是湖南人，也不至於認為"頭，留，仇，愁"與"進、動"押韻吧？

《蝶戀花・答李淑一》也如此。胡適曾在 1959 年 3 月 11 日的日記中寫道：

> "看見大陸上所謂'文物出版社'刻印的毛澤東《詩詞十九首》，共九葉。真有點肉麻！其中最末一首即是'全國文人'大捧的'蝶戀花'詞，沒有一句通的！……我請趙元任看此詞押的舞、虎、雨，如何能與'有'韻字相押。他也說，湖南韻也無如此通韻法。"[1]

胡適忒也把細了，居然請教到據說精通各地鄉談的趙元任先生那兒去。其實就算湖南韻有如此通韻法又便如何？那又不是寫作湖南花鼓戲，豈能按地方口音來？否則還要韻書和詞譜幹什麼？

那麼，胡適先生提到的那首《蝶戀花》犯了什麼毛病？從詞譜可知，該詞必須每句都押仄韻，而且必須一韻到底，中途不得換韻。其典範之作是：

蝶戀花・春景
　　蘇軾

花褪殘紅青杏小（8 部）。
燕子飛時，綠水人家繞（8 部）。
枝上柳綿吹又少（8 部）。
天涯何處無芳草（8 部）。

---

1 《胡適全集》，第 34 卷，安徽教育出版社，2003 年 9 月，第 545—546 頁。

　　墙裡秋千墙外道（8 部）。
　　墙外行人，墙裡佳人笑（8 部）。
　　笑漸不聞聲漸悄（8 部）。
　　多情却被無情惱（8 部）。

而毛氏寫的卻是：

　　我失驕楊君失柳（12 部）
　　楊柳輕颺，直上重霄九（12 部）
　　問訊吳剛何所有（12 部）
　　吳剛捧出*桂*花酒（12 部）

　　寂寞嫦娥舒廣袖（12 部）
　　萬里長空，且為忠魂舞（4 部）
　　忽報人間曾伏虎（4 部）
　　淚飛頓作傾盆雨（4 部）

　　不難看出，此詞之最後三句突然換了韻，而這韻腳無論是用普通話還是湖南話來讀（據鄉談專家趙元任的澄清），都與前面的韻腳毫不相干。更難堪的是，就連任意換韻，作者都沒本事把它弄得稍微“稱頭”（川話，意為“像樣”）一點。下闋第一句還在押上闋的韻，下一句卻突然換了韻，而這兩句都是描寫嫦娥舞蹈的，於是便從中突兀斷裂。無怪乎胡適要斥之為“沒有一句通的”。

　　毛其實也心知肚明，在對其詩詞的自註中，他對該詞作的註釋是："上下兩韵，不可改，只得仍之"[1]，坦承他也知道上下闋用了兩個韻不妥，想改卻又沒本事，只得濫竽充數。

　　此詞的平仄也有一個地方出了錯，那就是"桂花酒"的"桂"字，以斜體字排出。校之《欽定詞譜》可知，這詞牌的變體雖多，但從無如此用者。錯誤雖只有一個，卻偏偏出在要緊處，使得全句十分拗口，喪失了音韻美。

　　不僅如此，對比蘇軾的經典之作，不難看出毛氏缺乏謀篇佈局的能力。蘇詞上闋寫的是周遭的景色，下闋才轉入某個特定的單相思情景，起承轉合十分分明。而毛詞的上下闋則完全是"渾然一體"，"一氣呵成"，根本沒有分片的必要。若要強分，恐怕也只能將最後兩句分為下闋。

　　小令如此，長調就更是這樣。本文所列的平仄錯誤，都是綜合參考了《白香詞譜》與《欽定詞譜》，在諸多異體中挑選了最寬鬆的標準而指出的。例如我原來按《白香詞譜》的規定查出許多錯誤，但在查閱了《欽定詞譜》後又根據更寬鬆的標準取消了。因此，凡是本文指出的平仄錯誤，都為兩部詞譜所不容。

　　　念奴嬌‧崑崙

　　　橫空出世，莽崑崙，閱盡人間春色（17 部）。
　　　飛起玉龍三百萬，攪得周天寒徹（18 部）。
　　　夏日消溶，江河橫溢，人或為魚鱉（18 部）。
　　　千秋功罪，誰人曾與評說（18 部）？

---

[1] 毛澤東：《對〈毛主席詩詞十九首〉的批註》，1958 年 12 月 21 日，
http://cpc.people.com.cn/GB/69112/70190/70197/70361/4769677.html

而*今*我謂崑崙：不要這*高*，不要*這*多雪（18 部）。
安得*倚*天抽寶劍，把汝裁爲三截（18 部）。
一截*遺*歐，一*截*贈美，一截還東國（17 部）。
太平*世*界，寰球同此凉熱（18 部）。

此詞本該一韻到底，卻交叉用了兩個韻部。此外，本詞還有若干平仄錯誤，已用斜體字一一標出。

念奴嬌・鳥兒問答

*鯤*鵬*展*翅，九*萬*里，翻動*扶*搖羊角（16 部）。
背負青天朝下看，都是人間城郭（16 部）。
炮火連天，彈痕遍地，嚇倒蓬間雀（16 部）。
怎麽*得*了，哎呀*我*要飛躍（16 部）。

借問君去何方？*雀*兒答道：*有仙*山瓊閣（16 部）。
不見前年秋月朗，訂了三家條約（16 部）。
還有吃的，土豆燒熟了，再加牛肉（15 部）。
不須*放*屁，試看天地翻覆（15 部）。

此詞的錯誤同前，一是押韻錯了，本該一韻到底，卻在最後兩句換了韻，弄得上下闋完全不一致。二是有諸多平仄錯誤，已用斜體字標明。最惡劣的還是，作者居然擅自改動了下闋第三句的點斷位置。該句的點斷應是「四字，四字，五字」，如上闋第三句然。但作者若按規矩來，並與上闋保持一致，就成了「還有吃的，土豆燒熟，了再加牛肉」，那就完全不通了。他本可改成「還有吃的，土豆熟了，再略加牛肉」，卻連這點雕蟲小技都不會，因此無奈之下，只好不顧一切地改變點斷位置，再次創作出千古絕唱。

當然，此乃徹頭徹尾的打油詩，連"放屁"都寫進去了，似乎再無較真必要。但竊以為，這種粗鄙惡俗不堪的謾罵，根本就不該大費周章去填成"詞"，只宜用白話寫順口溜，反倒更生動搞笑。記得我四五歲時跟街上的孩子們學會的兒歌，似乎就要比毛此類傑作要天然、質樸、生動、有趣得多：

> 趕馬的老大哥，
> 望著馬逼笑呵呵：
> 要吃茶，
> 有馬撒，
> 要吃湯圓有馬屙。

在五十年代，城市還在很大程度上保留著中世紀的面貌，馬車是城內的重要運輸工具。我那陣子常和玩伴們一道，追著馬車齊聲朗誦這首傑作，有幾次吊在車尾上還念念有詞，幾乎讓惱怒的趕車大叔用馬鞭劈頭蓋臉地抽了。

這當然是題外話。不過，我真的覺得，兒童創作出來的這類詩歌雖然鄙俗，但如風行水上，自然成文，比毛氏挖空心思，硬套上個不倫不類的"詞牌"去惡毒罵人，要流暢生動自然得多了。更何況在毛在初稿中寫的是"不須放屁，請君充我荒腹"（有手稿為證），直接就是以鯤鵬自命，要一口吞下蘇修那隻蓬間雀，其病態妄想根本就不是嘲笑趕馬大哥的頑童可以比擬的。只有到了毛手上，高雅優美的傳統詩詞才會被糟蹋得如此慘不忍睹。

問題還在於毛專門喜歡用詩詞打地溝油，越到晚年打得越猛。下面這首的爆笑程度也不弱：

賀新郎·讀史

人*猿*相揖別（18部）。

只*幾個*，石頭磨過，小兒時節（18部）。

銅鐵爐中翻火焰，爲問何時<u>猜</u>得（17部）？

□不過，<u>幾千寒熱</u>（18部）。

人世難逢開口笑，上疆*場*，彼此彎弓月（18部）。

流遍了，<u>郊原血</u>（18部）。

一篇讀罷頭飛雪（18部），

但<u>記得</u>，斑斑點點，幾行陳迹（17部）。

五帝三皇神聖事，騙了無涯過客（17部）。

有多少，風流人物（18部）？

盜跖莊屩流譽後，更陳王，奮起揮黃鉞（18部）。

歌未竟，<u>東</u>方白（17部）。

　　此詞犯的錯誤與“放屁詞”類似，一是不押韻，二是平仄弗調。韻腳之錯亂，遠遠超過了上面那首放屁詞，簡直跟劉姥姥頭上的插花一般，令人眼花繚亂。平仄若按《白香詞譜》，則出錯的字數非常之多，但爲避吹毛求疵之嫌，我參照《欽定詞譜》收的各種異體，盡可能網開三面，將能解脫的錯誤都予以解脫，致使出錯率從原來的 11 個字降低到了用斜體字標出的 4 個字（其餘 7 字用下面劃綫標出）。即使大爲減少，仍然很了不起了。

　　最爆笑的還是，這詞的上下闋除首句外，字數基本一樣，但毛大概是老糊塗了，竟然在上闋第四句中少填了一個字，變成了“不過幾千寒熱”（我用□的符號標出），於是便自創了一種獨特的詞牌，大概可以稱爲《減字賀新郎》吧。它與《減字木蘭花》之類衍生詞牌的區別，只在於變得格外詰屈聱牙。爲說明這一點，我重新點斷了該詞以便吟詠。略懂音韻學的人一讀便知此錯是何等嚴重。

第一章 格律謬誤觀止

　　與低下粗俗的格調相比，此詞嚴重的格律錯誤反而成了小問題。它如同宣講"一個人有動脈靜脈"的生理常識的最高指示一般，說的是淺白的人類進化史，依次為從猿到人、石器時代、青銅器時代與鐵器時代，然後便是幾千年的"階級鬥爭"，再將古代著名匪首歌頌一通。您說這該有多無聊？難道能是詞的主題？可惜毛還要賣弄他的"氣勢"，於是便使出"只幾個石頭磨過"的大口大氣來，惡俗到令人忍無可忍。其佈局更是混亂至極：於進化史中突然插入"一篇讀罷頭飛雪"的作者個人經歷，再扯到三皇五帝，然後又回到前面提到過的"階級鬥爭"上來，最後卻又來一句"歌未盡，東方白"，再回到個人經歷上去，其錯亂令人目不暇給。

　　毛有的詞押韻倒無問題，但平仄不對。下面就是幾個例子。據兩本詞譜均判為平仄錯誤的字以斜體字標出，據《白香詞譜》定為錯誤、但可被《欽定詞譜》解脫者則以下面劃綫標出：

賀新郎·別友

　　揮手從茲去。
　　更*哪*堪，淒然相向，苦情重訴。
　　眼角眉梢都似恨，熱淚欲零還住。
　　知誤會前番書語。
　　過眼滔滔雲共霧，算人間知己吾和汝。
　　人有病，天知否？

　　今朝霜重東門路，
　　照橫塘，半天殘月，淒清如許。
　　汽笛一聲腸已斷，從此天涯孤旅。
　　憑割斷愁絲恨縷。

詩人毛澤東

要似崑崙崩絕壁，又*恰像*颱*風掃*寰宇。
重比翼，和雲翥。

　　水調歌頭・游泳

才飲長沙水，又食武昌魚。
萬*里*長*江*橫渡，極目楚天舒。
不管風吹浪打，勝似閒庭信步，今日得寬餘。
子在川*上曰*：逝者*如*斯夫！

風檣動，*龜蛇*靜，起宏圖。
一橋*飛*架南北，天塹變通途。
更立西江石壁，截斷巫山雲雨，高峽出平湖。
神女應無恙，當*驚*世*界*殊。
　　水調歌頭・重上井岡山

久有*凌*雲志，重上井岡山。
千*里*來尋故地，舊貌變新顏。
到處鶯歌燕舞，更有潺潺流水，高路入雲端。
過了黃洋界，險處不須看。

風雷動，旌旗奮，是人寰。
三十八*年*過去，彈指一揮間。
可上九天攬月，可下五洋捉鱉，談笑凱歌還。
世上無難事，只要肯登攀。

二、談所謂 "大膽突破"

上文歷數毛氏詩詞的格律謬誤，讀者或許要以為我這人是所謂 "形式主義者" 或 "教條主義者"。其實竊以為，光是突破詩詞格律，倒也並無太大關係，最重要的還是詩詞本身要寫得好。換言之，詩詞的氣勢、意境、想象力、韻味、用語等等，才是決定詩詞的藝術價值（因而也就是生命力）的更重要的因素。平心而論，毛有的詞雖有格律錯誤，但藝術價值並未受到影響。例如下面這首詞雖於平仄略有小疵，仍可看得下去：

漁家傲·反第二次大 "圍剿"

> 白雲山頭雲欲立，
> 白雲山下呼聲急，
> 枯木朽株齊努力。
> 槍林逼，
> 飛將軍自重霄入。
>
> 七百里驅十五日，
> 贛水蒼茫閩山碧，
> 橫掃千軍如捲席。
> 有人泣，
> 為營步步嗟何及！

只是記得曾有網人歪解此詞，寫成 "槍臨逼，毛將軍透紅綃入"，於是便成了淫詩。😊

而且，有時突破格律束縛也是必要的。《蝶戀花·從汀州向長沙》似乎就是如此：

> 六月天兵征腐惡（16部），
> 萬丈長纓，要把鯤鵬縛（16部）。
> 贛水那邊紅一角（16部），
> 偏師借重黃公略（16部）。
>
> 百萬工農齊踴躍（16部），
> 席捲江西，直搗湘和鄂（16部）。
> 國際悲歌歌一曲（15部），
> 狂飆爲我從天落（16部）。

此詞平仄無礙，可惜按規定必須每句都押韻，而第七句卻沒能押上。不過，若是換用 16 部中的字，就怎麼也沒有原句的氣勢。或許，毛就是爲此才突破韻律的限制吧？

又如《漁家傲·反第一次大"圍剿"》。查詞譜可知，該詞上下片的字數與格律完全相同，仄韻一韻到底，不得換韻，而且每句都押，然而毛卻寫成這樣：

> 萬木霜天紅爛漫（7部），
> 天兵怒氣沖霄漢（7部）。
> 霧滿龍岡千嶂暗（14部），
> 齊聲喚（7部），
> 前頭捉了張輝瓚（7部）。
>
> 二十萬軍重入贛（14部），
> 風烟滾滾來天半（7部）。

喚起工農千百萬（7 部），

同心幹（7 部），

不周山下紅旗亂（7 部）。

此詞有兩句不押韻："暗"與"贛"，但後者是地名，無法改變，而"暗"字若換成第七部的仄韻，則難以再現原來的險惡氣氛。另外，"二十萬軍"的"十"字該用仄聲，但那是歷史數據，如地名一般，不宜改動。所以，這首詞與上一首"征腐惡"一般，似乎都可以視為爲了表達力而不惜突破格律限制的例子。

可惜除了這幾例之外，本文舉出的格律錯誤都不屬於這種情形。即使沒有格律謬誤，那些詩詞本身寫得也實在太差勁，再加上格律錯誤就更是雙倍的劣作。這些謬誤的出現，根本就不是為了更好地表現而突破格律限制，完全是毛缺乏詩才的結果。

然而無產階級馬屁家們就是死也不承認這個事實。為了替毛遮醜，他們不惜巧言偽說，發明了種種"理論"，試圖洗白煤炭。

一曰"大膽突破"。西南大學教授、中國毛澤東詩詞研究會副會長、國務院特殊津貼獲得者、碩士研究生導師胡國強說：

"毛澤東詩詞精于我國傳統詩詞格律而又不受格律束縛，有所變革，有所創新，做到了古為今用，推陳出新，運化無痕。"[1]

我們已經看到毛澤東是如何"精于我國傳統詩詞格律"的，他懂的，也就只是平仄和對仗而已，一輩子連本韻書都沒看過，連湖南方音與詩韻有重大區別都懵然無知。我們也已看到他如何"運化無痕"——用"大問題"對"難堪日"，用"老鷹非"對"欺大

---

[1] 胡國強：《論毛澤東詩詞對我國傳統詩詞格律的變革與創新》，《民辦高等教育研究》，2014 年 第 01 期。

鳥", 用"戴維營裡"對"愛麗舍宮"。"枯木朽株齊努力",
"黑海翻起憤怒魚"之類奇葩就更不用說了。

中共中央黨校哲學教研部教授、博士生導師胡為雄說：

"賦詩, 寫景言情, 抒發意氣, 別有境界, 獨出心裁, 用
字講究, 大體押韻, 吟來上口, 即是好詩。格律是人制訂的,
制訂者未必自己能完全遵守。人是自己立個菩薩自己拜, 但也
有不拜的時候。"[1]

前文已經指出了, 這是以捧毛為名, 行反對毛主席教導之實。
毛澤東曾老大不客氣地跟陳毅說："不講平仄, 即非律詩。""我
看你於此道, 同我一樣, 還未入門。"毛澤東對詞學專家冒廣生先
生說的更乾脆："不論平仄, 不講葉韻, 還算什麼格律詩詞。"[2]

須知詩詞格律是普遍規範, 不能胡亂"突破"。現代人當然可
以去探索新格律——連古人都能自度詞曲, 今人又有何不可？但若
要作出大幅度"突破"（例如徹底改變律詩的平仄分佈, 或在《賀
新郎》中填漏一個字, 從而從整體上顛覆了原來的詞牌）, 那就必
須說明那是自創的, 註明"新體律詩"或"減字賀新郎"。不能掛
羊頭賣狗肉, 誤導學子。

更何況我已經反覆指出了, 在大多數情況下, 毛澤東所謂"突
破", 不過是無法無天亂來一氣, 非但沒有增加表達能力, 反而降
低了它。他晚年完全是在寫罵人的打油詩, 其粗鄙笨拙的程度甚至
超過四五歲的頑童, 卻還要掛個什麼"念奴嬌"之類招牌, 簡直是
對傳統文學的放肆侮辱。

二曰"不以韻損意"。著名文史學者馮錫剛在評論毛澤東律詩
時說：

---

[1] 胡為雄：《毛澤東兩首五律詩真偽之辨平議》,《毛澤東思想研究》2014 年
第 1 期
[2] 舒湮：《一九五七年夏季我又見到了毛主席》,《文匯月刊》1989 年 9 期

　　“毛澤東的絕筆是《七律·讀〈封建論〉呈郭老》，雖無
詩意可言，但在形式上畢竟還是一首基本講求平仄和對仗的格
律詩（僅在首句的二四這個位置上平仄互置，多半是不以律損
意所致）”[1]

　　上文已指出，該“詩”不但首句犯了孤平，而且頸聯與尾聯平
仄雷同，“文章”與“文王”兩個詞甚至擺在類似的位置上，徹底
顛覆了律詩格律，這還叫“基本講求平仄”？用“秦猶在”去對
“賽秕糠”，也叫“基本講求對仗”？

　　“不以律損意”？敢問那“意”在何處？貶孔揚嬴的政治立意
不論，純藝術的詩意，諸如意境、韻味等等又在哪裡？連“秕糠”
的粗鄙侮辱都用上了，還配稱為詩麼？專家刻意吹捧這種低級趣
味，是不是鼓勵青年人群起效法，用“撕逼”、“草泥馬”之類爛
話來寫溫柔敦厚的近體詩？

　　“《蝶戀花·答李淑一》下闋的後三句換了韻部。這對於
尋章摘句的人來說自然是大忌，毛澤東的自註是：上下兩韻不
可改，只得任之。這就是說，寧可違律也不願損意。”

　　這詞的毛病已經在上面指出了，格律不論，尚有章法突兀斷裂
和想象貧乏等毛病，有何詩意可言？原來，毛那句自註，不是自嘆
才短，卻是“寧可違律也不願損意”？那敢問“熱來尋扇子，冷去
對佳人”的“冷”字，是不是為了對那個“熱”字硬塞進去的？
“黑海翻起憤怒魚”的千古笑話，是不是為了對“青雲飄下能言
鳥”而生造出來的？前文列舉的許許多多“門神對”與“掛腳
韻”，算不算“以律損意”？既然沒本事作對子，那就乾脆別用，
以免削足適履，造出許多彆扭句子來。李白不是也寫過通篇毫無對
句的律詩麼？那才叫“不以律損意”。

---

[1] 馮錫剛：《也談“毛詩”中的真偽 兼與鄧遂夫先生商榷》，《博覽群書》2002
年 第2期，下同。

　　三曰"不可刻舟求劍"。有位讀者說："詩是爲了唱而寫的。韻書是爲了詩唱起來好聽寫的。漢語言的聲調在變化，漢語的民族共同語也與早先不同。在古代依照古代韻書作詩，依照當時民族共同語吟唱一定好聽。今天做同樣的事情却不好聽了"，因此，他認爲，指出毛詩詞的格律謬誤，是"奉陳規陋見爲圭臬"。

　　此論貌似有理，其實只說明論者尚未掌握漢語特點，這才既不懂古典詩詞固有的音樂美是怎麼回事，以爲只有歌曲才會讓人覺得"好聽"，又不知道詩詞格律的由來，誤以爲那是爲了歌唱制定的。

　　其實以漢語爲母語的讀者都該知道，漢語最大的特點是兩個，一是單音節語言，二是因之具有四聲。這兩個特點就是近體詩詞的音樂美來源。古人之所以要制定詩詞格律，是因爲按格律寫出來的詩詞，既押韻，又因字數（約等於音節）與平仄按一定規則分佈形成了詩句的抑揚頓挫，從而造成了詩詞特有的節奏感與聲調起伏，在吟誦時朗朗上口，鏗鏘悅耳。當詩詞譜成歌曲後，原作的音樂美能保留下來的只有韻腳，原有的節奏感與聲調起伏都被曲子取代了。

　　所以，與作者的想象相反，近體詩詞不是古樂府，大部份並非歌詞，是爲了"吟哦"而不是爲了"歌唱"寫出來的。我在前面已經指出，用入聲韻寫作的詞具有一種特殊的纏綿悱惻或頓挫沉鬱感，這種特殊的音樂美只有在吟誦時才能表現出來。這就是古人爲何要研究音韻學，並據此發展出了一整套詩詞格律。違反這一套，必然要失去詩詞在吟誦時的音樂美，降低作品的藝術價值。

　　例如"必須押韻"就是最起碼的格律。做不到這條，作品也就不會有音樂美，古今中外莫不如此。別說受過教育的人，就連文盲都知道這一點。以上舉頑童兒歌爲例，我當年的小夥伴完全是文盲，但也本能地知道以押韻造出音樂美，以三言、五言與七言的句式造出節奏感。像毛澤東那種終生浸淫於線裝書的人卻居然不懂這一套，要時時寫出"拗口不溜"來，還要被人捧到天上去，豈非咄咄怪事？

然而無恥階級馬屁家們就是要否認許多毛詩詞不押韻，除了發明前已批駁過的"方音押韻有理"論外，尚有"仿古從今不悖"論：

> "毛澤東詩詞用韻有兩種情況。一是恪守平水韻和《詞林正韻》，即使今天讀起來不甚和諧，亦姑且從之，我們不妨稱之為'仿古'。一是以現代漢語押韻，雖在平水韻和《詞林正韻》中不屬同一韻目、同一韻部，但今天讀起來流暢上口，我們不妨稱之為'從今'。在今日的詩壇上理應'仿古'、'從今'並行不悖，而從'仿古'過渡到'從今'，以'從今'為我們的目標。"[1]

這位專家不知何所見而云然。上文舉出的病詩病詞，都既沒有"恪守平水韻和《詞林正韻》"，又沒有"以現代漢語押韻"，既未"仿古"，又未"從今"，除了據說以方言押韻外，什麼規矩都找不出來，而這恰是各地農民創作順口溜的特點。趙樹理的《李有才板話》上就有許多生動例子，我看比毛的那些打油詩好得多。而且人家還沒冠以"七律"、"七絕"或詞牌名。

誠然，韻書與詞譜都受時空限制，不能刻舟求劍。實際上，古代詩詞與古文似乎已成拉丁文那種活化石。由於胡人的影響，現代普通話發音已嚴重偏離了當年的所謂"中原音韻"。按韻書寫出來的詩詞按普通話唸未必押韻，反之亦然。而且，今日之四聲也不再是古之四聲，入聲字已經從北方話中消失了。

---

[1] 星漢：《毛澤東對詩詞格律的突破》，《新疆師範大學學報(哲學社會科學版)》1997年第3期

　　但這變化並未給予毛澤東賣假古董的權利，正如不能爲了冒充有學問，就去寫語病百出的拉丁文一般。如果有誰這麼做，則任何人都可以而且應該指出其文法錯誤，以免誤導學子。毛的詩詞對文學愛好者起到的誤導作用相當大，許多人是從它們開始去接觸傳統文學的，因此很有必要撥亂反正。

　　不懂詩詞格律或沒有才力遵循它們也不打緊，那就老老實實去寫新詩、順口溜甚至散文好了。這世上並沒誰用槍逼著毛澤東去寫詩填詞。既然要註明"五律"、"七律"或詞牌，那就不能賣三鹿奶粉。既然賣了，當然別人就有權打假，指出其中的偽劣假冒成份。

　　其實連毛澤東自己都承認，他只是稍懂一點長短句，從未學過五律，對律詩還未入門，"因律詩要講究平仄，不講平仄，即非律詩"[1]。連他本人都這麼說，辯護者們還來什麼勁呢？

---

[1] 毛澤東：《給陳毅的信》，1965 年 7 月 21 日，《毛澤東文集》第八卷，http://jd.sjtu.edu.cn/www/llxx/2006-10-09/1160368070d1870.html

第二章 毛澤東的詩才

一、什麼是真正的氣勢

撇開格律問題，只考慮詩詞的音樂美之外的藝術價值，毛詩詞的水平又如何？許多人最強烈的印象就是它們的氣勢很大，而這就是他們崇拜或喜歡毛詩詞的原因。之所以有這種錯覺，是因為他們不知道什麼是真正的氣勢。

在我看來，詩詞的所謂"氣勢"可大致分為三類：一類由作者描寫的自然景色顯示出來，讓讀者覺得那景色很雄峻；第二類則是作者本人抒情或言志時表現出來，讓讀者感受到作者宏大的胸懷與氣魄。第三類則既寫景狀物，又抒情言志，其上乘者情景交融，相得益彰，倍增了藝術感染力。

當然，如王國維所說："一切景語皆情中語。"藝術本來就是主觀感受，即使是單純的寫景，那景色也是從具有特定情懷的作者眼中看出來的。因此，這分類只能是相對而言。無論是寫景還是抒懷，詩詞的氣勢都是自然形成的，豪放於無意中出之，其實是天性的自然流露，並不能靠刻意堆積大話造出來。而毛澤東許多詩詞令人反胃，恰恰因為它們乃是大話簍子。以古人真正雄壯豪邁的傑作與之對比，不難洞見兩者的區別。

以寫景論，杜甫的《望嶽》就是典範：

> 岱宗夫如何？齊魯青未了。
> 造化鍾神秀，陰陽割昏曉。

蕩胸生層雲，決眥入歸鳥。

會當凌絕頂，一覽眾山小。

　　作者以誇張的手法，將泰山描寫為分隔開白天與黑夜、遠遠高出群峰的高山。他本人未說什麼大話，但一股雄渾氣勢撲面而來，其筆力之雄健裂帛穿石。

　　又如李白的《渡荊門送別》：

渡遠荊門外，來從楚國游。

山隨平野盡，江入大荒流。

月下飛天鏡，雲生結海樓。

仍憐故鄉水，萬里送行舟。

　　同樣有一種雄渾氣勢，並非作者刻意求之而是生動自然地流出。尾聯筆鋒一轉，流露了對家鄉的深情厚誼，更令人對作者產生一種親切感，覺得他富於人情味，並非高不可攀的大英雄或甚至是活神仙。

　　以詞而論，上面舉過的蘇軾的《西江月》，全詞中無一句大言壯語，只有對月下景色溫柔的描寫，流露出作者對大自然的熱愛，而"我醉欲眠芳草"與"解鞍欹枕綠楊橋"則生動地透露了作者豪放不拘、率性而行的氣派，結句"杜宇一聲春曉"表現出一種驚喜感，餘韻裊裊，不絕如縷，讀完後美感仍然久久留在心中。

　　又如辛棄疾的《水龍吟·過南劍雙溪樓》：

舉頭西北浮雲，倚天萬里須長劍。

人言此地，夜深長見，斗牛光焰。

我覺山高，潭空水冷，月明星淡。

待燃犀下看，憑闌卻怕，風雷怒，魚龍慘。

峽束滄江對起，過危樓、欲飛還斂。

元龍老矣，不妨高臥，冰壺涼簟。

千古興亡，百年悲笑，一時登覽。

問何人又卸，片帆沙岸，繫斜陽纜？

　　此詞意境氣勢雄峻，格調悲涼。雖然作者基本上只寫景，並沒有直接抒發志向，卻於不經意間流露了慷慨激昂的壯士胸襟。末尾筆鋒一轉，推開一步，給人留下韻味無窮的懸想，這才是真正的宏大氣勢，不是聲嘶力竭的大話簍子。

　　毛的詩詞中基本沒有單純寫景的作品，多為寫景與言志相結合。在這方面，他早期確有佳作，有的景色描寫相當不錯，而且情景交融。例如《沁園春·長沙》上闋之"萬山紅遍，層林盡染；漫江碧透，百舸爭流。鷹擊長空，魚翔淺底，萬類霜天競自由"，不但用語典雅，而且繪出了一幅相當生動優美的南國秋景，下闋則回憶當年與同學們的壯遊，豪氣流於字裡行間。《菩薩蠻·黃鶴樓》之"茫茫九派流中國，沉沉一線穿南北。煙雨莽蒼蒼，龜蛇鎖大江"描繪出煙雨濛濛的景色，意境悲壯蒼涼，為結句"把酒酹滔滔，心潮逐浪高"作了充分鋪墊。

　　可惜除了這些難得例外，即使是在早期，毛也少有全篇俱佳的詞作，氣勢宏大的景色描寫只見於個別句子，全詞則不可避免地為無謂的大話敗壞。例如《漁家傲·反第一次大"圍剿"》，本來，"霧滿龍岡千嶂暗"描繪了險惡的戰爭風雲，"風煙滾滾來天半"烘托出騰騰殺氣，都非常生動遒勁。可惜這自然體現出來的氣勢卻被強行塞入的大話"天兵怒氣沖霄漢"敗壞了，於是就變成了孤零零的佳句。《沁園春·雪》也是這樣，"北國風光，千里冰封，萬里雪飄。望長城內外，惟餘莽莽；大河上下，頓失滔滔"極有氣勢，然而這藝術效果立即就被"山舞銀蛇，原馳蠟象，欲與天公試比高"顛覆，本來宏大的氣勢變成了一種狂妄與傲慢。

越到後來，這趨勢就越發嚴重，於是許多作品便連個別佳句都沒有了，《十六字令》三首、《七律·長征》、《念奴嬌·崑崙》、《浪淘沙·北戴河》、《五律·張冠道中》、《五律·喜聞捷報》、《五律·望山》的景色描寫無一而非敗筆，貫穿著一個主旋律——對大自然的輕蔑。毛是所謂的"革命樂觀主義者"（亦即唯意志論者），充滿了"人定勝天"的"征服大自然"豪情。

這豪情發揮到極致，大自然就在毛的筆下變成了類似"美帝紙老虎"的敵人，必須"在戰略上藐視"。因此，透迤的五嶺不過是細浪，磅礴的烏蒙山只是泥丸，巍峨羣山不過是銀蛇，秦晉高原也只是蠟象，最後就連地球也成了"小小寰球"。在毛筆下，大自然成了矮化折辱對象，就連崑崙山也淪為土豪劣紳的浮財，有待山大王去操刀宰割，分送給歐美與日本。

毛至死也沒意識到，他刻意營造出來的這種"豪情勝慨"，其實只反映了無知與狂妄。於是這"以輕狂傲慢為豪邁"的趨勢便越演越烈，最後到了"只幾個石頭磨過，小兒時節""銅鐵爐中翻火焰，為問何時猜得，不過幾千寒熱"的肉麻地步。天地間再沒有什麼東西是值得他尊重的。

其實，這種小人得志的狂妄"氣勢"（全等於口氣）早就有過先例了。明朝開國皇帝朱元璋是叫花子出身，當過和尚，原來是文盲，一點文化是後來由文臣教會的。人家是大老粗出身，可一樣寫詩，《御製文集》中就收錄了100多首，同樣是"口氣磅礴"，例如這首《詠燕子磯》：

燕子磯兮一秤砣，長江作秤又如何？
天邊曉月是鉤掛，稱我江山有幾多！

第二章 毛澤東的詩才

　　此詩將長江比作秤桿，把燕子磯那塊巨石比作秤砣，天邊曉月當成秤鉤，用來秤大明江山的分量。其君臨天下的氣度，奇思妙想的比喻，明白曉暢的言詞，豪情壯志與自然景觀的巧妙融合，至少不比毛澤東的詩詞差吧？更重要的還是，人家沒標示什麼「七絕」。

　　又如這首《野臥》，寫得既氣魄非凡，又生動不同凡響：

　　　　天為帳幕地為氈，日月星辰伴我眠。
　　　　夜間不敢長伸腳，恐踏山河社稷穿。

　　這首詩的口氣（亦即俗眼中的「氣勢」）比毛的還大。其強過毛詩之處，倒也不在這點上，而是朱還知道愛惜山河，不像毛要去操刀宰割崑崙，直接以大自然為敵。雖然有此區別，兩人這種靠貶低大自然來無限吹脹自己，都讓自家變成了漫畫式人物，只能給人一種荒唐感與滑稽感，宛如見到白自在白老爺子一般（典出金庸《俠客行》）。看一眼辛棄疾的作品便可明白朱元璋和毛澤東的毛病出在哪裡：

　　　　沁園春·再到期思卜築

　　　　一水西來，千丈晴虹，十里翠屏。
　　　　喜草堂經歲，重來杜老；
　　　　斜川好景，不負淵明。
　　　　老鶴高飛，一枝投宿，長笑蝸牛戴屋行。
　　　　平章了，待十分佳處，著個茅亭。

　　　　青山意氣崢嶸，
　　　　似為我歸來嫵媚生。

詩人毛澤東

解頻教花鳥，前歌後舞；
更催雲水，暮送朝迎。
酒聖詩豪，可能無勢？我乃而今駕馭卿。
清溪上，被山靈却笑，白髮歸耕。

沁園春

靈山齊庵賦，時築偃湖未成。

叠嶂西馳，萬馬回旋，衆山欲東。
正驚湍直下，跳珠倒濺；
小橋橫截，缺月初弓。
老合投閒，天教多事，檢校長身十萬松。
吾廬小，在龍蛇影外，風雨聲中。

爭先見面重重，
看爽氣朝來三數峰。
似謝家子弟，衣冠磊落；
相如庭戶，車騎雍容。
我覺其間，雄深雅健，如對文章太史公。
新堤路，問偃湖何日，烟水濛濛？

　　作者使用擬人的藝術手法，在第一首詞中讓青山因為他歸來而喜出望外，嫵媚頓生，令花鳥和雲水前來迎送；在第二首詞中讓老天派他去檢閱松林，而青山爭著和他見面。兩首詞都表現了"酒聖詩豪"駕馭山水的豪情，但並不如毛那些大話一樣，令人反感或是覺得滑稽，而是體現了作者的豪放氣度與曠達胸襟。這是因為他並未用大言壯語去折辱矮化大自然，却處處流露了對它的滿懷深情，甚至把它當成了惺惺相惜的知己（在另一首詞中，他寫道："我見青山多嫵媚，料青山見我應如是。情與貌，略相似。"），更以雄奇瑰麗的想象與優美豪邁的語言令人沉醉入迷、一唱三歎——能從青山的氣勢中看出與《史記》筆力之相通處者，古往今來唯此一人而已。

毛澤東不知道，貶低矮化大自然無助於表現英雄氣概。相反，氣勢往往表現在對山水的描繪中。這是因為"一切景語皆情中語"，筆下山水的氣勢，不可避免地要反映作者本人的胸襟與筆力。筆下山水氣派越大，則作者的筆力也就越雄健，氣度也就越恢弘，上引古人的傑作無不如此，就連毛本人成功的景色描寫也是這樣。他的早期作品不必說，就連後期作品中罕見的佳句，諸如"云橫九派浮黃鶴，浪下三吳起白煙"、"洞庭波湧連天雪，長島人歌動地詩"等也如此。由此可見，以貶低大自然來反襯自己的偉大，只能適得其反。

寫景如此，抒懷言志又何嘗不如此？貶低矮化敵人並非襯托自己的英雄形象的正道。相反，適當渲染對方的氣勢，反倒能讓讀者覺得"魔高一尺，道高一丈"，"強中更有強中手"。例如《漁家傲·反第一次大圍剿》中"二十萬軍重入贛，風煙滾滾來天半"，渲染的是強敵壓境、大戰行將爆發時的險惡局勢，卻讓讀者看到了作者臨危不亂、指揮若定的英雄氣概。

可惜此類佳什很少，最常見的還是無限吹脹自己、貶低醜化敵人自吹自擂。到了後期，毛竟然出之以村夫村婦式惡罵，用動物名稱去羞辱他討厭的一切人：自己是英雄豪傑，是展翅九萬里的鯤鵬，是孫大聖，而帝國主義是虎豹熊羆，修正主義是漫天雪中凍死的蒼蠅，是白骨精，是行將被自己一口吞下的蓬間雀，甚至連"要掃除一切害人蟲，全無敵"的口號都喊出來了。

詩人毛澤東

這類無視現實到了病態妄想程度的無聊謾罵，非但與"氣勢"無緣，反倒成了對自己的刻薄諷刺："斥鷃每聞欺大鳥，昆雞長笑老鷹非"，難道不是極為準確地描述了當時的中蘇之爭與中美之爭？論國力，當時的中國無論是對美國還是對蘇聯，都絕對是斥鷃與鯤鵬、昆雞與老鷹之比，卻還要不自量力去與對方較勁，幾次險些招致對方的核打擊。而"埋葬帝修反，解放全人類"的口號豈不正是"螞蟻緣槐誇大國，蚍蜉撼樹談何易"？與全世界為敵的胡鬧，使中國遭受了空前孤立，在國際上到處碰壁，"小小寰球，有幾個蒼蠅碰壁，嗡嗡叫，幾聲淒厲，幾聲抽泣"，難道又不是對這種淒涼處境的逼真寫照？

毛有的作品倒沒有靠貶低敵人來烘托自己的偉大，卻不幸全靠堆砌豪言壯語來人為製造"氣勢"，最典型的作品便是《七律·人民解放軍佔領南京》。那詩之所以讓人覺得氣派大，靠的是把"風雨"、"百萬"、"雄師"、"大江"、"虎"、"龍"，"天翻地覆"、"慷慨"等"大字眼"堆在一起。又如《水調歌頭·重上井岡山》堆積了一系列的豪言壯語："久有凌雲志"、"可上九天攬月，可下五洋捉鱉，談笑凱歌還，世上無難事，只要肯登攀"，完全成了標語口號彙編。

從藝術的角度來看，這種表現手法很笨拙，毫無含英咀華的餘韻，缺少恢弘的內涵與深厚的底蘊，類似於暴虎馮河的粗漢揎拳擄袖亮臉，又如俗婦濃施粉黛，哄俗眼猶可，稍微有點藝術素養的人看了，便難免覺得張牙舞爪、外強中乾。當然，它也有個好處，就是便於速成。

經過文革的老傢伙都知道，文革期間曾流傳各種版本的"未發表的毛主席詩詞"，其中大部分為毛詩業餘愛好者們所作（已落實者有陳明遠），比如下面這些詩句：

　　"千鈞霹靂開新宇，萬里東風掃殘雲。"
　　"敢同惡鬼爭高下，不向狂魔讓寸分。"
　　"先烈回眸應笑慰，擎旗自有後來人。"
　　"豬圈豈生千里馬，花盆難養萬年松。"

　　當年薄熙來與胡溫叫板，還以詩言志、以詩志行，吟誦了那合掌對句："敢同惡鬼爭高下，不向狂魔讓寸分"，可見影響之大。

　　客觀說來，這些詩句完全可以亂真。雖然作者是普通人，但他們對毛詩的特點把握得很准，氣魄、文風、情趣都很像毛澤東。例如"豬圈豈生千里馬，花盆難養萬年松"，一看即知是模仿毛《七律冬雲》中的"獨有英雄驅虎豹，更無豪傑怕熊羆"，但比後者還高明，因為沒像後者犯合掌之忌。這個現象本身就說明，毛詩的"氣勢"（＝口氣）十分廉價易學，可以為初通詩詞的文青迅速掌握，批量製造。

　　文青的仿作可以亂真，專業人士的作品就要比毛的高明得多。例如下面這首當年流傳全國的《水調歌頭·讀林彪〈人民戰爭勝利萬歲〉有感》：

　　　　掌上千秋史，胸中百萬兵。
　　　　眼底六洲風雨，筆下有雷聲。
　　　　喚醒蜇龍飛起，撲滅魔炎魅火，揮劍斬長鯨。
　　　　春滿人間世，日照大旗紅。

　　　　抒慷慨，寫鏖戰，記長征。
　　　　天章雲錦，織出革命之豪情。
　　　　細檢詩壇李杜，詞苑蘇辛佳什，未有此奇雄。
　　　　攜卷登山唱，流韻壯東風。

詩人毛澤東

據馮錫剛先生介紹，"因詞作大氣磅礴，章法嫻熟，智者如龔育之輩，雖對其詞義不合毛之口吻而表示懷疑，然亦認為'寫得有氣派，藝術上也是高水準的'"，認為"似也可信"。直到龔育之在武漢東湖向毛彙報"中央文化革命五人小組"關於當前學術討論的提綱（即"二月提綱"）間隙，當面向毛求證，偽毛詩才被識破。後來查清，此詞作者乃山東大學教授高亨[1]。

子曰："過猶不及。"又曰："《關雎》樂而不淫，哀而不傷。"說的就是藝術創作必須把握分寸，無論是過溫還是過火，都只會讓人生厭，無藝術感染力可言。所以，"豪放派"在表達時其實也如所謂"婉約派"一樣，也得講究"含蓄蘊藉"，鋒芒內斂，靠渾厚的內力取勝，而不能劍拔弩張，過於直白顯露，更不能一味自吹自擂喊口號，靠堆砌大話去製造氣勢。

例如辛棄疾的這首《西江月》：

> 醉裡且貪歡笑，
> 要愁哪得工夫！
> 近來始覺古人書，
> 信著全無是處。
>
> 昨夜松邊醉倒，
> 問松我醉何如。
> 只疑松動要來扶，
> 以手推松曰："去！"

---

[1] 馮錫剛：《假作真時真亦假——毛澤東詩詞真偽談》，《同舟共進》2010年第1期

這裡無一句大話吹噓自己如何英雄了得。相反，上闋說的全是反話，反而透出了英雄壯志難酬的郁勃之氣，下闋展現了雄奇的想象，最後竟將《漢書》中龔勝的典故用入，將原文"勝以手推常曰去"化為"以手推松曰去"，自然流露出醉倒後仍然要強的豪傑氣概。

可惜毛不知此理，以為不自吹便非英雄，於是時常突兀地插入大話，毀掉了全篇的意境。最典型的便是他早期的《賀新郎‧別友》。該詞頗有點柳永詞的意味，通篇訴說的是與情人在車站告別後的淒惻心境，用上了"淒然相向，苦情重訴"、"人有病"、"腸已斷"、"淒清如許"、"天涯孤旅"等諸多淒涼字眼。但到最後毛可能覺得太柔弱，太"小資"，與他大英雄的身份不符，於是突兀地來一句"憑割斷愁思恨縷，要似崑崙崩絕壁，又恰像颱風掃寰宇"。這些空洞廉價的大言壯語的唯一作用，就是破壞了全詞完整的藝術效果。

二、藝術想象力

詩才的另一個重要方面，是藝術想象力，它構成了作品藝術魅力的重要來源之一。毛澤東似乎也知道這點，因此為文藝界規定了"革命的浪漫主義與現實主義相結合"的創作方針。據說他還特別喜歡"三李"：李白、李賀、李商隱，不喜歡杜甫。因此，按說他應該是浪漫派，不是瀟灑俊逸如李白，就是豪邁曠達如蘇辛，可惜其作品既沒有"明月出天山，蒼茫雲海間，長風幾萬里，吹度玉門關"，或是"登高壯觀天地間，大江茫茫去不還。黃雲萬里動風色，白波九道流雪山"的氣魄，又見不到《夢遊天姥吟留別》式雄奇瑰麗的想象，有的只是"騰細浪，走泥丸"，"山舞銀蛇，原馳蠟象"，"倚天抽寶劍，把汝裁為三截"之類的乏味牛皮。

毛的"浪漫想象"的極致，大概也就是《蝶戀花·答李淑一》。此詞最早發表時，副標題是《遊仙》，然而讀來卻毫無仙氣。在我看來，該詞太做作，完全是模仿李賀的效顰之作，只凸顯了藝術想象力的闕如。人家老李的"夢入深山教神嫗，老魚跳波瘦蛟舞"，那"嫗""老"、"瘦"千金不易，不知從何處想來。毛卻只會讓人家吳剛上山下鄉，辦鄉鎮企業當酒廠老總兼酒保，毫無優美的意境可言。

要知道什麼是雄奇的想象，看看辛棄疾的詞足矣：

太常引

一輪秋影轉金波。
飛鏡又重磨。
把酒問姮娥：
被白髮欺人奈何？

乘風好去，長空萬里，
直下看山河。
斫去桂婆娑。
人道是清光更多。

從表面上看，毛的"倚天抽寶劍，把汝裁為三截"似乎與此詞有點異曲同工。我不知道毛在創作《念奴嬌·崑崙》時是否受到了此詞啟發，可以肯定的就是，兩者的相似只是皮相的。辛棄疾想象自己飛上了天空，將月宮裡的桂樹砍去，使得人間清光更多。此中的豪情就不必說了，光是"砍桂樹"與"裁崑崙"的實質就完全不同，前者以除去月亮表面的陰影的比喻，寄託了作者想讓世間充滿光明的宏偉抱負與美好意願，而後者卻是把自己討厭的大山鏟了，拿去送人。收到這種奇特禮物的歐美和日本能將那些廢土頑石派上什麼用場，鄙人遲鈍，還真想不出來。興許毛並不真是以鄰為壑，確有救世主普濟全球的意願，只是貧乏的想象力使得他無法想出一個妥帖的比喻。

其實，毛這種想象是小農情懷的反映，再實在不過，並無浪漫可言。他的平生壯志，便是把全國的山都開成農田，為此號召"愚公移山，改造中國"。像崑崙那種只能積雪的大山，當然要在他眼中成為"害山"，只能除去，開成良田，卻不知道黃河和長江就起源於青藏高原夏日消融的積雪。從這個角度來看，或許能解釋毛對大自然莫名其妙的敵意，而這與辛棄疾熱愛青山可完全是兩回事：

玉樓春

何人半夜推山去。
四面浮雲猜是汝。
常時相對兩三峰，
走遍溪頭無覓處。

西風瞥起雲橫度。
忽見東南天一柱。
老僧拍手笑相誇，
且喜青山依舊住。

此詞別開生面的新穎想象就不必說了，光是作者流露出來的對青山的喜愛，就與毛的態度迥然不同。兩者之間似乎是藝術家與老農的區別。

三、其他藝術表現手段

（一）詩詞語言

　　詩歌是語言的藝術，因此，作者駕馭語言的才能，是衡量其詩才的又一重要尺度。在我看來，毛澤東的語言駕馭才能十分有限，其在格律上的表現已經討論過了，這裡只看他的遣詞用語。

　　如所周知，傳統詩詞的最大特點，是講究用語優雅。所謂"高雅"，並不意味著與"通俗"格格不入。但通俗可以，不能鄙俗，更不能惡俗。前者與後者的區別在於"美"的有無，也就是格調的高低。如魯迅所言，畫家可以畫枯槁老頭臉上的皺紋，可以畫瘦骨嶙峋的飢民，可以畫死屍餓殍，但沒誰去畫垃圾蒼蠅，口痰鼻涕，人矢馬糞（大意）。確乎如此，即使是民歌，也未見高唱"屎尿"者。喜潔厭髒乃人類本性，骯髒、粗俗、下流與藝術不兼容。哪怕激進如江青同志，也曾反對過把"砸爛狗頭"寫在大標語中。

　　因此，一首詩的格調是高雅還是鄙俗，不但取決於立意，與遣詞用語是否優美也有極大關係。這從毛的《七律・送瘟神》之一便能看出來：

　　　　綠水青山枉自多，
　　　　華陀無奈小蟲何。
　　　　千村薜荔人遺矢，
　　　　萬戶蕭疏鬼唱歌。
　　　　坐地日行八萬里，
　　　　巡天遙看一千河。

第二章 毛澤東的詩才

牛郎欲問瘟神事，

一樣悲歡逐逝波。

論立意，此詩的主題無可非議。無論讀者政治立場如何，都該分享毛的由衷喜悅（可惜"消滅了血吸蟲"只是《人民日報》傳播的假消息）。但從藝術上來看，此詩最大的敗筆是頷聯。此聯是所謂"合掌"，亦即上下聯說的是同一件事，成了同義反復。但最糟糕的還是"人遺矢，鬼唱歌"，其鄙俗毀掉了全詩。"鬼唱歌"本來就俗不可耐，再加上"人拉屎"就只能令人掩鼻了。頸聯雖無此病，卻沒有起到"轉"的作用。毛澤東想寫的本是時代驟變結束了"舊社會"的苦難，卻不倫不類地把低等天文學常識弄進去（據毛自註，"坐地日行八萬里"說的是地球自轉一圈的距離，而"巡天遙看一千河"說的則是從地球上遙看河外星系）。牽強賣弄科普知識，非但未能表達"物換星移、今非昔比"的原意，卻使該詩在此突兀斷裂，使得前面的渲染鋪陳完全失去了落腳處。

這詩是 1958 年寫的，成了第一隻報春的燕子，此後毛的詩詞便由"才拙"日趨"鄙俗"，最終進至"惡俗"。什麼"熱來尋扇子，冷去對佳人。一片飄鵝下，歡迎有晚鶯"，"冷眼向洋看世界，熱風吹雨灑江天"、"高天滾滾寒流急，大地微微暖氣吹"等等，還只是才華短缺的表現，庶幾可稱鄙俗，但"梅花歡喜漫天雪，凍死蒼蠅未足奇"，"小小寰球，有幾個蒼蠅碰壁，嗡嗡叫，幾聲淒厲，幾聲抽泣"，"青雲飄下能言鳥，黑海翻起憤怒魚"，"新聞歲歲尋常出，獨有今年出得殊"之類，就已經墮為惡俗了，到最後便是前無古人後無來者的"放屁詞"。墮落至此，便成了痞子爛話大全。

有的讀者認為，毛這些大作並不鄙俗，只是使用了白描手段，不能認為寫詩就只能堆砌典雅的字眼，那樣反而會以辭害意。這話的後半截我完全同意，但我已經在前面反復指出，毛澤東最大的誤區，就是不知道"於平淡中見雄奇"的美學原理，只知道臉紅筋脹、歇斯底里地自吹自擂，以為那就是氣勢。上舉那些句子既不是什麼白描，也不是普通的白話，而是粗鄙的白話，亦即爛話。

要說清這個問題，還得澄清"白話"與"白描"的區別，前者指的是語言，後者則是描寫手法。

在我看來，詞有兩種主要用語方式，一是用典，二是以白話入詞。前者是傳統文學的共同特點，而後者似不見於近體詩，在詩詞發生史上屬於後來出現的現象，是民間白話對經典文學的浸潤，在詞之後出現的曲就更加白話化了。許多人的誤識，是把"白話"與"典雅"人為對立起來，以為非得用典才能做到"典雅"。其實所謂"典雅"主要指的是格調的高低，也就是美感的有無。只要恰到好處，無論是用典還是用白話，都能寫得非常優雅迷人。辛棄疾就是這種聖手：

用典：

水調歌頭·盟鷗

帶湖吾甚愛，千丈翠奩開。
先生杖屨無事，一日走千回。
凡我同盟鷗鳥，今日既盟之後，來往莫相猜。
白鶴在何處？嘗試與偕來。

破青萍，排翠藻，立蒼苔。
窺魚笑汝痴計，不解舉吾杯。
廢沼荒丘疇昔，明月清風此夜，人世幾歡哀。
東岸綠陰少，楊柳更須栽。

詩人出於對大自然的深情，與鷗鳥宣誓結成盟友，不但在詞中寫入誓詞，而且竟然套用了《左傳》中的成句："齊侯盟諸侯於葵丘曰：'凡我同盟之人，既盟之後，言歸於好。'"活用典故到了這種化境，絲毫不顯板滯生澀，當真是鬼斧神工。不僅如此，本詞還暗用了《列子·黃帝》中的典故："海上之人有好漚鳥者，每旦之海上，從漚鳥游，漚鳥之至者百住而不止。其父曰：'吾聞漚鳥皆從汝游，汝取來，吾玩之。'明日之海上，漚鳥舞而不下也"，表明自己毫無功利機心，一片赤誠與大自然和諧相處的高雅情操。

用白話：

醜奴兒近（博山道中效李易安體）

千峰雲起，驟雨一霎時價。
更遠樹斜陽，風景怎生圖畫。
青旗賣酒，山那畔、別有人家，
只消山水光中，無事過這一夏。

午醉醒時，松窗竹戶，萬千瀟灑。
野鳥飛來，又是一般閒暇。
却怪白鷗，覷著人、欲下未下。
舊盟都在，新來莫是，別有說話？

此詞滿是宋代口語："一霎時價"、"怎生"、"那畔"、"只消"、"這"、"却怪"、"覷著人"、"莫是"、"別有說話"，其格調卻十分高雅，其意境美不勝收，這恐怕是稍有藝術品味的讀者都能感受到的吧？其實，以白話入詞還要寫得優美，其難度遠比用典大，也只有辛棄疾才能恢恢乎遊刃有餘，但這不是俗手可以效顰的。

　　毛在這兩方面都乏善足陳。他也用典，也套用古人成句，有的還算成功，如套李賀的"天若有情天亦老"，"雄雞一聲天下白"，溫庭筠的"雨後卻斜陽"，都尚能和諧融入，但有的卻非常蹩腳，具體來說有三類毛病。

　　第一個毛病是所用典故與主題無關。如《水調歌頭‧游泳》上闋莫名其妙、突如其來地引了《論語》中的半句話："子在川上曰：'逝者如斯夫！'"與上下文毫不搭界，完全是個贅生物，其唯一作用便是湊滿字數，外帶破壞全篇結構。同樣的例子見於《浪淘沙‧北戴河》。上闋寫景，下闋懷古，引了曹操征烏桓時寫的《觀滄海》："東臨碣石，以觀滄海。……秋風蕭瑟，洪波湧起。"除了碣石山有可能在北戴河附近外，引用此典與上下文毫不相干，根本起不到為主題服務的作用。如此用典，完全是毫無必要地掉書袋。嚴格說來，《水調歌頭‧游泳》開頭兩句："才飲長沙水，又食武昌魚"，也是毫無必要地用典，而且與典故原意毫不相干。好在它畢竟還沒像上舉那兩例一樣，破壞了結構的完整。

　　另一問題是毛沒有很好地理解典故的原意便使用之。在《念奴嬌‧崑崙》中，他描寫雪景時套用了宋代張元的詩："五丁仗劍決雲霓，直取天河下帝畿。戰罷玉龍三百萬，敗鱗殘甲滿天飛。"原詩本算不得佳作，但以玉龍的鱗甲比喻飛雪，畢竟還相當貼切。毛卻改成了"飛起玉龍三百萬"，這就完全不通了——飛雪怎麼可能像玉龍？這詞我是在初三語文課本上學的，當時就察覺了這問題，可見連學童都瞞不過去。

　　第三個問題則是使用冷僻的典故而又未能準確使用，導致誤解與紛爭。《漁家傲‧反第二大圍剿》有這麼一句："枯木朽株齊努力"，發表後"註家蜂起"（毛的原話），都認為是此典出自司馬相如《上書諫獵》中的"今陛下好陵阻險，射猛獸，卒然遇逸材之獸，駭不存之地，犯屬車之清塵，輿不及還轅，人不暇施巧，雖有烏獲、逢蒙之技不能用，枯木朽枝盡爲難矣"。司馬相如此文是勸阻漢武帝打獵，免得猛獸跑出來猝不及防，難以逃生，連枯木朽株都會構成逃命的障礙。但毛用的"枯木朽株"到底是指壞人還是好人，註家們卻莫衷一是，有認爲指紅軍者，有認爲指敵軍者。眾人煞有介事地爭辯了一番，仿佛那是什麼學術攻關難題。

有趣的是，郭沫若還沒弄明白毛的原意，就忙不迭地出來拍馬屁，說："'枯木朽株齊努力'，我覺得妙在選用了'枯木朽株'。這似乎可以從兩方面來解釋。一方面是說調動了所有的力量，動員了廣大的工農群眾，'斬木爲兵，揭竿爲旗'。另一方面也可以說是敵人在敗逃中，'風聲鶴唳、草木皆兵'。"[1] 所以，"枯木朽株"姓"共"不姓"國"，指的是廣大工農群眾手中的武器，兼指敵人逃跑路上遇到的天然障礙。

陳毅讀到郭的釋文後，以當年參加過白雲山之戰的經歷告訴郭：當時紅軍在白雲山上，敵軍在山下，由三路進攻。紅軍從山頭攻下，粉碎了敵人，真猶如飛將軍自天而降。直言郭解釋錯了[2]。

聽說馬屁拍錯，成了"人妖顛倒是非淆"，郭沫若嚇得趕快出來檢討。6 月 8 日，他在《人民日報》發表《"枯木朽株"解》，說前一次解釋"完全講錯了"，並說他找了"枯木朽株"四字的出處，是司馬相如的《諫獵疏》中"枯木朽株，盡爲害矣"一語，原來的解釋是"出於主觀的臆測"。他的結論是："白雲山頭雲欲立"，是說山頭的雲彩和紅軍一樣在同仇敵愾，怒髮衝冠；"白雲山下呼聲急"，是說山下的敵人在狂喊狂叫；"枯木朽株齊努力"是說腐惡的敵人都在拼命[3]。於是"枯木朽株"又改姓"國"了。

[1] 郭沫若：《喜讀毛主席的〈詞六首〉》，《人民文學》1962 年第 5 期
[2] 馮錫剛：《郭沫若與毛澤東〈詞六首〉》《同舟共進》2012 年第 11 期
[3] 孫玉祥：《文化"變色龍"》，《羊城晚報》2009 年 1 月 23 日

此後郭沫若決定再次讓"枯木朽株"改姓，在1967年6月13日給北京大學的"傲霜雪戰鬥組"回信中如是說：

> "'漁家傲·反第二次大圍剿'中'枯木朽株齊努力'句，我以前的解釋是和你們的解釋一樣的。有人請示過主席，主席說那樣的解釋是錯誤的。因為'努力'是好字眼，不能屬諸'腐惡的敵人'。""'枯木朽株'這個詞，最初見於鄒陽《獄中上梁王書》，比司馬相如《諫獵疏》還早。'有人先遊，則枯木朽株，樹功而不忘'。准此，主席詩詞中的'枯木朽株'不是惡意，可解為'老人病人都振作起來，一齊努力'。供參考。"[1]

至此，"枯木朽株"凡三變，已成"三姓家奴"。可惜郭沫若似乎不知道，毛澤東此前已經作過解釋。1964年初，毛詩詞要出英文版，譯者不知道那話是褒是貶，生怕譯錯，恭請毛澄清，毛才解釋道："'枯木朽株'不是指敵方，是指自己這邊，草木也可幫我們忙。"[2] 雖然他沒說典從何出，但"枯木朽株"顯然是指草木，並不是郭沫若說的，是紅軍一方的"老人病人"。可憐淵博如他者，一波三折地折騰了八九年，最後還是猜錯了。

這其實是毛用詞不當造成的混亂：既然用了"枯木朽株"的貶義詞，那當然只能是指敵人，但"齊努力"似乎又含有褒義——在我黨宣傳中，敵人從來只會抱頭鼠竄或是跪地求饒，豈會齊心努力？按郭沫若的傳達，連毛澤東自己都說："'努力'是好字眼，不能屬諸'腐惡的敵人'。"然而"枯木朽株"卻又有"腐惡"之

---

[1] 楊牧之：《我心中的郭沫若先生——記與郭老的幾次通信》，《中華讀書報》2013年4月24日

[2] 對《毛主席詩詞》若干詞句的解釋（一九六四年一月二十七日），《毛澤東文集》第八卷，http://www.people.com.cn/GB/shizheng/8198/30446/30452/2195492.html

意。郭氏之所以搖來擺去,正是因為在可鄙的"枯朽"與可嘉的"努力"之間權衡不定。

在我看來,毛用的其實是近人的典故。清代馮桂芬《公啓曾協揆》中說:"大軍一至,則朽株枯木亦助聲威;大軍不至,則鐵郭金城將淪灰燼。"那是馮桂芬代士紳們寫給兩江總督兼協辦大學士曾國藩的請願書,極言官軍的神威以及救生靈於塗炭的必要性。

毛在青年時代也曾崇拜過曾國藩,可能記得這典故,後來爲了描寫紅軍神兵天降的軍威就用了上去。那"枯木朽株"說的就是為紅軍助威的草木,既非紅軍也非敵軍。可惜他作了極不恰當的擬人表述,於是便遠不如原句明白曉暢,當然要把深受漫畫式黨宣傳的毒害的註家們打入悶葫蘆。更不幸的是,原典故說的是官軍剿髮匪,而在我黨宣傳中,曾國藩成了漢奸,髮匪則成了英雄好漢,於是毛便無法說明典從何出,乾脆默不作聲。

其實這典故用得還算恰切,只是一則冷僻,再則毛因才力不逮,爲了湊韻腳,使用了不恰當的擬人表述,給讀者造成一種主動努力的錯覺,使得註家們只會往敵我套路上去猜,人為造成混亂。

然而毛就是善用"褒貶難辨修辭法"把註家打入悶葫蘆。"黑手高懸霸主鞭"的盤中啞謎,也是最後才由英文翻譯打破的。這"黑手"本來是貶義詞,但毛澤東本人對農民的謳歌家喻戶曉:"儘管他們手是黑的,腳上有牛屎,還是比資產階級和小資產階級知識分子都乾淨。""黑手"遂爾變得異常聖潔,容不得絲毫玷污。於是當時就產生了兩種解釋。一種認為"黑手"指勞動人民粗黑健壯有力的大手,"奪過鞭子揍敵人",寓意反抗壓迫,是前句"紅旗捲起農奴戟"的延續;另一種說法則認為,"黑手"指土豪劣紳、國民黨反動派沾滿工農大眾鮮血的骯髒的手,與"紅旗捲起農奴戟"是因果關係,說明敵人絕不會自動退出歷史舞臺,展示了革命鬥爭的艱巨性和殘酷性。

詩人毛澤東

　　直到英文版面世，註家們才從悶葫蘆裡紛紛鑽出來。"黑手高懸霸主鞭"的英文翻譯是：While the despot's black talons held the whip aloft.[1] 據郭老說："1961 年出版毛主席詩詞英文版時，我曾問過主席，'黑手'到底指誰，主席回答'黑手'指反動派。"[2]

　　詩詞用典，本是為了增強藝術魅力。可毛澤東為了湊韻腳或是湊對句，把典故用成了啞謎，把全國學者一齊打入悶葫蘆，眾聲喧嘩地"百家爭鳴"幾年，仍然無法確定，只能去問作者本人。毛訴說的又不是李商隱無題詩中那種只敢暗諷的幽情，都是直截了當的大話，還弄得連郭老才子都看不懂，可謂"淺入深出"。作詩作成這樣，堪稱詩壇佳話了。如此用典，不如不用。

　　"葉督該拘大鷲峰"更是用典不當的典型。前已說明，毛用的是葉名琛被英國人抓到印度加爾各答去的典故。但為了湊韻腳，他居然用"大鷲峰"來指代印度。印度可沒有"大鷲峰"，只有"靈鷲山"。毛為了遷就平仄，用"大"取代了"靈"，從而把讀者打入悶葫蘆。就算讀者破解了他說的其實是靈鷲山，那也只有更糟糕，因為該山是佛祖釋迦牟尼修行說法之處，絕對是個褒義詞。毛澤東用此詞來羞辱赫魯曉夫，實際上是誤把天堂當地獄，還不如改為"天竺峰"，雖然平仄欠妥，總比以褒為貶好得多。若要講求平仄，改為"印度峰"也總比原句強。

　　毛也喜歡以白話入詞，也有成功的例子。如《漁家傲‧反第一次大圍剿》中之"齊聲喚，前頭捉了張輝瓚"就十分生動。又如《清平樂‧蔣桂戰爭》中之"收拾金甌一片，分田分地真忙"也烘托出了群眾歡欣鼓舞的氣氛。

　　可惜這些不過是罕見的例外。在大多數情況下，毛用的白話不是兒語，就是痞子爛話，比朱元璋的"夜間不敢長伸腳"還糟糕，

---

[1] 《七律‧到韶山》，《大學英語》，1993 年 06 期

[2] 輝抗：《毛澤東談自己的詩詞》，《黨史縱橫》1993 年 02 期

絲毫沒有辛棄疾的白話詞的美感。痞子爛話前面已經舉過，兒語則
見於《念奴嬌・崑崙》，其中"不要這高，不要這多雪"，完全是
牙牙學語的幼兒才會說的重複句子（幼兒排比句？）。

（二）白描

有的讀者激賞毛的所謂"白描"功夫。據我理解，所謂"白
描"並不與"白話"同義。它是一種樸素的描寫手法，特點是平平
淡淡，不作驚人之語，也不鋪砌華麗辭藻，但讀來如品佳茗，回味
無窮，如辛棄疾的光輝典範然：

> 清平樂
>
> 茅簷低小，
> 溪上青青草。
> 醉裡吳音相媚好，
> 白髮誰家翁媼。
>
> 大兒鋤豆溪東，
> 中兒正織雞籠，
> 最喜小兒無賴，
> 溪頭臥剝蓮蓬。

作者從翁媼、大兒、中兒到小兒一氣數下來，不但不顯單調，
而且編織出一幅完整的田家樂圖，如拍電影的鏡頭從茅簷搖到溪
頭，匆匆掃過老頭老太的白髮，然後對著諸兒一個個推近，用特寫
鏡頭拍下來，如飛珠濺玉的淙淙流泉，毫無毛詩中常見的窒礙點或
斷裂處。如此短令中居然能有偌大運作，真是天縱英才！

另一首又何嘗不如此：

西江月

明月別枝驚鵲，
清風半夜鳴蟬。
稻花香裡說豐年，
聽取蛙聲一片。

七八個星天外，
兩三點雨山前。
舊時茅店社林邊，
路轉溪橋忽見。

此詞從"月"開始，歷"風"、"蟬"、"稻花"、"蛙聲"、"星"、"雨"、"店"、"林"，邊走邊拍，如同電影中的"主觀鏡頭"似的，最後峰迴路轉現出溪橋來，那個"忽"字不僅一字千鈞地點出了跳躍感，簡直有一種情不自禁的驚喜感。

還有這一首：

鷓鴣天

陌上柔條初破芽，
東鄰蠶種已生些。
平岡細草鳴黃犢，
斜日寒林點暮鴉。

山遠近，路橫斜。

青旗沽酒有人家。

城中桃李愁風雨，

春在溪頭野薺花。

這裡由近到遠，由小到大，有局部特寫，有廣角拍攝，奏出了一首洋溢著淡淡的歡樂氣氛的田園交響詩，最後用平淡的白話寫出了深刻的哲理。這樣一氣呵成，絲毫不顯著力處，用語如此淺近通俗又如此生動流暢的白描，毛澤東何曾有過？前面已經反復指出，他的毛病是"為人性僻耽佳句，語不驚人死不休"，不管什麼場合都要"飛將軍自重宵入"，突兀地硬行塞入大話。即使是那些用俗話或爛話寫出的詩詞，也絕非什麼白描。

毛澤東唯一可稱白描的作品，大概只有《浪淘沙·北戴河》。但該詞上闋寫"大雨落幽燕"時所見，卻於風暴中的海景無一字像樣描繪。什麼"白浪滔天"，什麼"一片汪洋都不見，知向誰邊"等等，當然是白描，不過是俗而不美的白描，不是藝術的白描。下闋硬要往阿瞞身上拉，還要歌頌新時代的幸福生活，在末尾突如其來地來一句"換了人間"，全篇因此斷裂為三：雨中海景——曹操賦詩——人間巨變，連白求恩大夫恐怕都沒本事縫綴起來。這種白描，我看連小靳莊的農民詩都比不上，起碼人家還能寫出流暢完整的順口溜來。

綜上所述，從氣勢、想象力與遣詞用語等諸方面來衡量，毛都不能算什麼大詩人，在許多情況下甚至不能算合格的詩人。

第三章　毛澤東的詩才毀滅之路

　　上文引用了許多前人的名作，不是說毛澤東堪與那些大家們相提並論，而是向初學者們講解什麼才是真正的傑作。這當然不是說毛的詩詞一無是處。我的感覺是，他的詩遠不如詞，長調不如短令，後期不如前期。無論詩詞都有佳句，但他不懂章法，所以不但寫不好長調，連全篇也難得完美，前人所謂"有句無篇"是也。

一、毛澤東詩詞排行榜

　　以藝術價值而言，毛的作品大致可分以下幾類：

　　第一類是全篇俱佳的作品，亦即既有佳句，也有章法：

　　《憶秦娥・婁山關》。此詞幾乎每句均佳。上闋富有音樂美："雁叫"、"馬蹄聲"、"喇叭聲"，而且"馬蹄聲碎，喇叭聲咽"還指明了這些聲音的特點。這"碎"、"咽"二字之鍛煉頗有功力。下闋則富有圖畫美。有的讀者說，那不過是二維的圖畫，確乎如此，但此詞的時間跨度很大，上片是早上，下片是黃昏，最後那兩句是黃昏時分的逆光照。那時殘陽無力，大地無光，看不出多少深度來，蒼山馱著的夕陽如剪紙似的，而美也就美在這裡。一個"海"字描繪了叢山的層層套色木刻感，一個"血"字描繪了血色黃昏，真是美到淒涼的地步。寫落日如此凝凍優美，的是杰作。

　　有的讀者還以兩用"如"字為敗筆，但我覺得妙就妙在這裡，如上闋的兩用"聲"字然。使用疊字可以造成一種特殊的反復吟哦的餘韵，“不似春光，勝似春光”就是這樣。至於末句首字當用仄聲而用了平聲的“殘”字，雖是美中不足，但按《欽定詞譜》，該字為“應仄可平”，因此也說還說得過去。總之，竊以為，此詞意境、氣氛、音韵均為上乘，實為毛詩詞中的冠軍之作。

《沁園春・長沙》，這是毛長調中難得的唯一佳者，上文已經分析過。需要補充的是，該詞上下片力度比較均衡，頗為難得。

《採桑子・重陽》。佳句為：“不似春光，勝似春光，寥廓江天萬里霜”，然上片不如下片。

《菩薩蠻・黃鶴樓》，已在前文分析過。

《七律・送瘟神》第二首。全詩有一種歡樂氣氛，佳句為：“紅雨隨心翻作浪，青山著意化為橋。”

第二類則是“有句無篇”者，亦即有個別佳句，但全篇無足觀，或為臭句沖銷，或章法有問題，介乎佳作與庸作之間：

《沁園春・雪》。上文已分析過，需要補充的是，下闋滿溢帝王思想，腐惡觸鼻。

《漁家傲・反第一次大圍剿》，已在前文分析過。

《清平樂・蔣桂戰爭》。佳句：“收拾金甌一片，分田分地真忙”。臭句：“風雲突變，軍閥重開戰，灑向人間都是怨，一枕黃粱再現。”

《菩薩蠻・大柏地》。佳句：“雨後復斜陽，關山陣陣蒼”，雖然前句是從“雨後却斜陽”的成句偷來，但“陣陣蒼”有動感，觀察入微。此詞整個下片都是臭句，以“裝點此關山，今朝更好看”最臭。

《蝶戀花・從汀州向長沙》。僅最後兩句：“國際悲歌歌一曲，狂飆為我從天落”尚可。

《七律・登廬山》。僅得一聯：“雲橫九派浮黃鶴，浪下三吳起白烟。”

《七律·答友人》。此詩佈局有問題，已見前述，但有佳句：
"洞庭波涌連天雪，長島人歌動地詩。"

第三類為庸作，既無佳句，亦無章法，但讀之尚無強烈反感：

《漁家傲·反第二次大"圍剿"》

《西江月·井崗山》

《減字木蘭花·廣昌路上》

《清平樂·會昌》

《清平樂·六盤山》

《如夢令·元旦》

《水調歌頭·游泳》

《浣溪紗·和柳亞子先生》

《虞美人·枕上》

《賀新郎·別友》

第四類為劣作，無論從格調、意境、語言和韻律來看都乏善可陳，根本就不該寫出來：

《蝶戀花·答李淑一》

《念奴嬌·崑崙》

《十六字令三首》

《卜算子·詠梅》

《水調歌頭·重上井岡山》

《念奴嬌·井岡山》

《臨江仙·給丁玲同志》

《西江月·秋收起義》

除上列和下列幾首七律外，所有近體詩全是劣作。

第五類則是痞子爛話大全，是醜的絕唱：

《滿江紅·和郭沫若同志》

《七律·冬雲》

《七律・憶重慶談判》

《七律・讀報有感》（四首）

《七律・呈郭老》

《賀新郎・讀史》

《念奴嬌・鳥兒問答》

由此可見，毛的詩詞雖有佳作，但良莠不齊，莠者居多，最多的還是劣作，更有具有正常品味的人絕不會寫的垃圾。這些作品的水平的差距之大，簡直就不像同一個人寫出來的——難道一個人的才華會如此大起大落？無怪乎民間紛傳毛澤東的詩詞是槍手代寫的，甚至說《沁園春・長沙》是他人作品，為毛竊為己有，云云。

這些無據陰謀論不足以作為嚴肅立論基礎。何況有的流言太荒唐，如說毛澤東的詩詞是胡喬木代寫的，其實胡自己說，他是從 60年代才開始學著寫詞的，而且他的詞確曾發表在《人民日報》上，不堪卒讀，一望即知是初學者，不可能寫出毛那幾首佳作來。何況後來官方媒體還公開了毛替胡改動的《沁園春・杭州感事》的手稿，流言恰好說反了。

《沁園春・長沙》倒確實與毛其他作品的水平迥異，但言其為剽竊的指控太嚴重而又未出示證據，只能存而不論。

二、毛澤東的詩才毀滅之路

毛澤東十分看重自己的作品，終生都在不倦地修改之，而且在修改時還請教過他人。據權威人士觀察，"詩不厭改，是構成毛澤東詩詞觀的重要組成部分。"[1]

---

[1] 張智中：《毛澤東的詩詞創作與修改簡論》，《文史博覽(理論)》2008 年 12期

修改的內容之一是煉字，"金沙水拍雲崖暖"原來作"浪拍"，後來有人建議改為"水拍"，以避免與"騰細浪"的"浪"重複，這建議為毛採用。而《浣溪沙・和柳亞子先生》原來是"萬方奏樂"，他後來改為"萬方樂奏"，都有他的批註為證。[1]

另一內容是改錯。毛澤東常寫錯別字，《沁園春・雪》初發表時寫的是"原馳臘象"，成了臘製的大象，如江南之臘鵝然，經臧克家建議後才改為"原馳蠟象"[2]；在《菩薩蠻・黃鶴樓》中，毛將"把酒酹滔滔"寫成"把酒酎滔滔"，丟失了謂語動詞，蓋"酎"為重複釀成的美酒，而"酹"才是灑酒祭奠之意，這錯誤是由當時復旦中文系二年級大學生黃任軻上書糾正的。

幫閒們不光是幫毛澤東改錯別字，還幫他"除臭"。例如《七律・登廬山》頷聯原為"冷眼向洋看世界，熱膚揮汗灑江天"，經臧克家改為"冷眼向洋看世界，熱風吹雨灑江天"。

又如 1959 年廬山會議期間，毛澤東印發自己的新詩《七律・到韶山》讓與會代表學習。《七律・到韶山》原稿為"別夢依稀哭逝川，故園三十二年前。""喜看稻菽千重浪，要使人民百萬年。"時任湖南省委副祕書長的梅白提出："'別夢依稀哭逝川'這一句應改'哭'為'咒'更好。這樣似詩意更積極深刻，感情也更鮮明強烈些；最後一句'要使人民百萬年'有口號之嫌，不妥。"毛澤東接受了梅的意見，將"哭"改成了"咒"，將"要使人民百萬年"改為"遍地英雄下夕煙"[3]。

哪怕是略識之無者，恐怕也能一眼看出修改前後的雅俗之別與詩意之有無吧？"熱膚揮汗灑江天"，看得我的熱汗都出來了，只是沒能耐灑到天上去。"熱膚"在此顯得很性感，是不是老人家大

---

[1] 《毛澤東年譜（1949-1976）》，第三卷，560 頁。
[2] 馬一凡：《臧克家為毛澤東改詩》，《文史月刊》2009 年 08 期
[3] 小魯：《毛澤東的"半字之師"》，《文史博覽》2004 年 12 期

熱天的還忙著與女文工團員們聯誼，有感而發？"哭逝川"？"逝川"不是毛順生的別號吧？要不哭什麼涅？用"悵逝川"不行嗎？

最絕的還是"要使人民百萬年"，連小靳莊的農民作品都不如，至少人家不會寫出這種半句順口溜來，連個謂語動詞都沒有。除非把那"使"字解為"役使"，這個句子才詞完意足——聖上立志要役使人民百萬年。若不作此解，則必須補足為"要使人民幸福百萬年"或"要使人民當家作主百萬年"才通順。雖然多了幾個字，但專家們已經說過了，可以自由突破格律束縛嘛！為什麼要"以律損意"呢？類似地，毛澤東後來罵郭沫若，說什麼"名曰共產黨，崇拜孔二先"，也該補足為"孔二先生"或"先師"才是。

毛澤東自己也作過改動，甚至在發表後還這麼做。例如《念奴嬌・崑崙》首次發表時，寫的是"一截留中國"，毛後來自己改為"一截還東國"；類似地，《減字木蘭花・廣昌路上》初次發表時，頭兩句是"漫天皆白，雪裡行軍無翠柏"，那"無翠柏"完全是湊韻腳，而且湊得無比彆扭，後來便改為"雪裡行軍情更迫"；而另一句"風捲紅旗過大關"原稿為"風捲紅旗凍不翻"[1]。修改後的定稿要比原來妥當得多，但這些修改動議出自何人則不得而知。

既然如此看重自己的詩作，又終生孜孜不倦地修改完善之，那麼，按常理來說，毛的詩藝應該是與時俱進，越到晚年越是爐火純青。然而毛詩詞的藝術水平變化卻恰好反了過來，越是後來寫的詩詞就越糟糕。這是怎麼回事？

這其實並不奇怪，毛澤東的詩才江河日下的同時，他的權位卻越來越高，到最後成了上帝，寫出來的就完全是尖酸刻薄粗鄙的垃圾了。其詩藝與權位之間呈現了明顯的負相關。

---

[1] 張智中：《毛澤東的詩詞創作與修改簡論》，《文史博覽(理論)》2008 年 12 期

詩人毛澤東

　　我想，這或許就是毛的佳作多出在早期的緣故。那時他還沒有那麼不可一世，還能聽得進他人的勸告，因此在寫作過程中可能與他人切磋過，接受過高手的指點，因此能寫出《沁園春‧長沙》那樣的佳作來。但越到後期權位越重，他就越發傲岸自雄，於是原來就不怎麼樣的詩才就被權力迅速敗壞了。

　　這其間，無恥階級馬屁家們的吹捧功不可沒。無論毛鬧出什麼笑話，都有人吹捧。例如上述"臘象"本是笑話，連臧克家那馬屁家都看不下去，要藉請教為名建議改正，而郭沫若卻有本事說那是"真臘象"的簡寫。（古真臘即今柬埔寨，是白象的產地，所以郭沫若說臘象意為來自柬埔寨的白象）至今還有人附和郭沫若的說法，認為毛不過是為大老粗讀者著想，"接受臧克家建議改'臘象'為'蠟象'，不過是出於為讀者考慮，好講好懂而已。"[1]

　　甚至有鐵杆毛詩粉專家認為，《沁園春‧雪》有九幅作者手跡留存。寫得最早的是20世紀30年代中後期，寫得最晚的是1957年，這九幅手跡中皆書作"臘象"，"蠟象"是臧克家塞入的私貨，偉大領袖為此蒙受了几十年的不白之冤，臧克家有欺君大罪，是為"臘象"恢復名譽的時候了：

　　　　"現在通行本中千篇一律地作'原馳蠟象'，那是在1958年9月文物出版社出版的《毛主席詩詞十九首》中未經毛澤東審定，臧克家等人不知'臘'的出處和含義，誤認為'臘'是"蠟"的筆誤的情況下，錯誤地塞入《毛主席詩詞十九首》中的。"[2]

---

[1] 宋蒼松：《"原馳蠟象"是臧克家為毛澤東"改過來"的嗎?》《中華讀書報》2010年7月28日。

[2] 張仲舉：《毛澤東《沁園春‧雪》五辨正》，《延安大學學報(社會科學版)》2009年04期

這些人還真敢"代領袖作主"，可惜不懂邏輯。其翻案的唯一依據，就是毛連續 20 多年一直寫成"臘象"，這就能證明那是"真臘象"了？為什麼不是毛寫錯別字成了牢不可破的習慣的證據呢？毛把"乾淨"寫成"乾盡"，"蜂起"寫成"鋒起"，"貽誤"寫成"遺誤"，"黃粱"寫成"黃梁"，"酹"寫成"酎"，"著急"寫成"招急"[1]，不就是這一習慣的大量證據麼？請問這些錯別字又有什麼深意在焉？"臘象＝真臘象"本是無恥階級馬屁大家郭沫若挖空心思的發明，翻案者有何證據證明毛澤東在寫那詞時就知道這個公式？

這種翻案法，完全是惡毒攻擊毛主席他老人家是個任人欺騙愚弄的昏君，連自己珍視的詞作都任人亂改，還憒然無知，需要後世無知之徒來代他落實政策，伸張正義。

曲筆詆毀毛澤東的偽粉絲有所不知，毛首次為自己的詩詞作註並作修改（如將"一截留中國"改為"一截還東國"），就是寫在文物出版社 1958 年 9 月刻印的大字線裝本《毛主席詩詞十九首》書眉上的。他還對《沁園春・雪》一詞作了批註[2]。何況人民文學出版社 1959 年 7 月出版的《毛主席詩詞十九首》經過了他的審定[3]。難道毛不識字，看不見那千金不易的"臘"變成了"蠟"？

就算毛澤東如馬屁家們想象的那樣，昏聵糊塗兼不識字，而"臘象"確實是"真臘象"，那"山舞銀蛇"又往哪兒擺？能與"真臘象"相配麼？粗通文詞者都該看懂，"山舞銀蛇，原馳蠟象"是極言山河之小，以致巍峨連綿的山脈看起來都跟蛇一樣，而秦晉高原如同蠟作的奔馳的象模型一樣（真是爛到不能再爛的比喻）。這比喻與"五嶺逶迤騰細浪，烏蒙磅礴走泥丸"如出一轍。

---

[1] 翟華：《毛澤東也寫錯別字》，《政府法制》2015 年 第 21 期
[2] 《毛澤東年譜（1949-1976）》，第三卷，559-562 頁。
[3] 宋蒼松：《"原馳蠟象"是臧克家為毛澤東"改過來"的嗎?》

如今馬屁家們硬要放一群（或一隻，待考）真臘象到那沙盤上去，就不怕把銀蛇踩成銀粉？

那"雪裡行軍無翠柏"也曾為郭沫若大聲喝彩過。可惜毛不領情，還是修改了，雖然"漫天皆白"仍然不通——凡有生活常識的人都知道，下雪時"遍地皆白"倒是真的，可天卻是昏暗的，所謂"彤雲密佈"是也——但那硬湊韻腳的"無翠柏"給改成了"情更迫"，總算是一大進步吧。不難設想，如果毛聽了馬屁大家的吹捧，真認為那是什麼佳句，那"掛腳韻"至今還得在那兒掛著。

最無恥的還是，毛的詩詞手稿影印發表後，就連其中的錯別字，郭沫若都有本事吹噓：

"主席並無心成爲詩家或詞家，但他的詩詞都成了詩詞的頂峰。例如這首《清平樂》的墨迹而論，'黃粱'寫作'黃梁'，無心中把梁字簡化了。龍岩多寫了一個龍字。'分田分地真忙'下沒有句點。這就是隨意揮灑的證據。然而這幅字寫得多麼生動、多麼瀟灑、多麼磊落。每一個字和整個篇幅都充滿著豪放不羈的氣韵。在這裡給我們從事文學藝術的人，乃至從事任何工作的人，一個深刻的啓示。那就是人的因素第一、政治工作第一、思想工作第一、抓活的思想第一，'四個第一'原則，極其靈活地、極其具體地呈現在了我們眼前。"

即使如此，哪怕到了 1965 年，毛仍還有點自知之明。在給陳毅的信中，他坦承自己對律詩還未入門，只是略懂一點長短句：

"你叫我改詩，我不能改。因我對五言律，從來沒有學習過，也沒有發表過一首五言律。你的大作，大氣磅礡。只是在字面上（形式上）感覺於律詩稍有未合。因律詩要講究平仄，不講平仄，即非律詩。我看你於此道，同我一樣，還未入門。我偶爾寫過幾首七律，沒有一首是我自己滿意的。如同你會寫自由詩一樣，我則對於長短句的詞學稍懂一點。劍英善七律，董老善五律，你要學習律詩，可向他們請教。"[1]

但等到文革發動後，毛成了天地間唯一真神，就與自知之明徹底絕緣了。這大概就是他何以竟會批准發表《念奴嬌・鳥兒問答》那種只會有玷名聲的垃圾吧？當然，即使在那種時候，他仍然知道有些話只能在心裡想，不能公開說，所以把"請君充我荒腹"改成了"試看天地翻覆"。類似地，在《重上井岡山》最初流傳民間時，寫的是"風雷動，旌旗奮，定塵寰"，顯示了毛"把一切功勞歸於自己"的志得意滿，但後來發表時卻改成了"是人寰"，與上下文失去了呼應。這倒不是他偉大謙虛，而是大概覺得"塵寰已定"不符合他後來提出的"繼續革命"偉大理論吧。

這就是敗壞毛的詩才的第二個重要因素──藝術為政治服務。青年毛澤東還有常人的七情六欲，也曾為男女私情"對此不拋眼淚也無由"，披衣起坐數過寒星來著，但他一旦當上"無產階級革命家"之後，便主張"要做今詩，則要用形象思維方法，反映階級鬥爭與生產鬥爭，古典絕不能要"[2]，而所謂"反映階級鬥爭與生產鬥爭"，就是弘揚"革命樂觀主義精神"，以及"戰略上藐視敵人"的英雄氣概，不但不能再有男女私情、兒曹恩怨、個人悲歡，而且只能說大話、假話與空話。

及至他當上了"無產階級"皇帝之後，便連原來有過的"小資情調"（約等於人味）也要藏起來了。據黨媒披露，毛澤東的《賀新郎・別友》先後有過三個版本。1937年毛寫給丁玲的是：

揮手從茲去，更那堪淒然相向，慘然無緒。

---

[1] 毛澤東：《給陳毅的信》，1965年7月21日，《毛澤東文集》第八卷，http://jd.sjtu.edu.cn/www/llxx/2006-10-09/1160368070d1870.html
[2] 同上。

眼角眉梢都似恨，熱淚欲零還住。
知誤會前翻書語。
過眼滔滔雲共霧，算人間知己吾與汝。
曾不記：倚樓處？

今朝霜重東門路，照橫塘半天殘月，淒清如許。
汽笛一聲腸已斷，從此天涯孤旅。
憑割斷愁思根縷。
我自精禽填恨海，願君為翠鳥剿珠樹。
重感慨，淚如雨！

1961年寫給副衛士長張仙鵬的是：

揮手從茲去，更那堪淒然相向，苦情重訴。
眼角眉梢都似恨，熱淚欲零還住。
知誤會前翻書語。
過眼滔滔雲共霧，算人間知己吾與汝。
人有病，天知否？

今朝霜重東門路，照橫塘半天殘月，淒清如許。
汽笛一聲腸已斷，從此天涯孤旅。
憑割斷愁思恨縷。
我自欲為江海客，更不為昵昵兒女語。
山欲墮，雲橫翥。

而1978年在毛死後發表的是：

揮手從茲去，更那堪淒然相向，苦情重訴。

眼角眉梢都似恨，熱淚欲零還住。

知誤會前番書語。

過眼滔滔雲共霧，算人間知己吾和汝。

人有病，天知否？

今朝霜重東門路，照橫塘半天殘月，淒清如許。

汽笛一聲腸已斷，從此天涯孤旅。

憑割斷愁絲恨縷。

要似崑崙崩絕壁，又恰像颱風掃寰宇。

重比翼，和雲翥。[1]

這三個版本，具體而微地演示了毛是如何一步步戕害自己的正常人類情感與藝術才能的。將“曾不記，倚樓處”改為“人有病，天知否”倒無可厚非：緬懷與婚外情人幽會之處，即使身為平民百姓也有諸多不便，何況是“無產階級聖賢”？但下闋最後四句則層層拔高，每改一次就“高大全”一大截。文革前還只是把自己從淚下如雨的多情才子，改成了無情的“江海客”，文革中就變成了呼風喚雨、改天換地的上帝。突如其來地插進“崑崙崩絕壁，颱風掃寰宇”的唯一作用，便是使得詩意突兀斷裂，徹底摧毀了前文的藝術效果，但它們非常符合“無產階級”領袖的無情形象。

等到毛自以為當上了全人類的大救星之後，便徹底沖決了一切網羅，擺脫了一切束縛，成了無所畏懼的“徹底的唯物主義者”，為了維護他的世界領袖權威，發洩他對蘇聯的嫉恨，什麼市井爛話

---

[1] 彭明道：《毛澤東的〈賀新郎·別友〉是贈給誰的?》，《書屋》，2001 年 02 期

都有本事說出來，真真斯文掃地。墮落到此地步，還配稱什麼詩人？

三、毛澤東敗壞了舉國文風

不幸的是，毛不但毀滅了他自己的詩才，也毀滅了中國的文藝。毛的詩詞成了黨文化的示範樣板，而毛身體力行的"革命浪漫主義"則成了官方唯一允可的創作模式（順便說一下，毛雖主張"革命的浪漫主義與現實主義相結合"，但無論是在他的詩作，還是在"新"中國的文藝作品中，都找不到星點現實，只有假大空，那其實就是毛主張的"革命浪漫主義"）。全國改成了吹牛皮的大擂臺，各路英雄競相上臺，比賽誰的牛皮吹得大。就連所謂"民歌"，也濫灑狗血一至於斯：

> 一頭肥豬大又長，
> 豬身橫垮太平洋，
> 豬背可以降飛機，
> 耳朵成了飛機場。

> 一個稻穗長又長，
> 黃河上邊架橋樑，
> 十輛汽車並排走，
> 火車開來不晃蕩。

牛皮冠軍當仁不讓是這首：

> 天上沒有玉皇，

地下沒有龍王。

我就是玉皇！

我就是龍王！

喝令三山五嶽開道，

我來了！

激賞毛詩詞的"氣勢"的同志們能不能告訴我，上面這些"民歌"，難道沒有得了毛氏真傳？莫非它們真是氣吞萬里如虎的傑作麼？

假大空的頂峰，還是江青同志辛勤培育的樣板戲與樣板電影。後人只知譴責它們的假大空，卻不知道江青同志忠實執行了毛澤東的文藝方針，毛詩詞才是樣板戲的樣板。它的肆行，徹底毀掉了溫柔敦厚的文化傳統，使得全民奉毛式"精神勝利法"為國術，讓中國這個幾千年的詩歌大國墮落為文化領域裡的第三世界國家。

毛澤東給中國文壇帶來的另一大災難，是以九五之尊，帶頭寫尖酸惡毒、粗鄙不堪的痞子打油詩，什麼"西海如今出聖人，塗脂抹粉上豪門。不知說了啥些事，但記西方是友朋"，什麼"敢向鄰居試螳臂，只緣自己是狂蜂"，什麼"郭老從柳退，不及柳宗元。名曰共產黨，崇拜孔二先"，直到登峰造極的"放屁詞"。毛澤東還不知羞恥，不是把此類垃圾散發給高官學習，就是套紅登在"兩報一刊"的元旦頭版上，以雷霆萬鈞之勢，排山倒海之力，強力促成了全民的粗鄙化，痞子化，師爺化，惡棍化。在舉國奉毛為"詩神"、"詩聖"的過程中，溫柔敦厚的傳統文風掃地以盡，真的成了"惡煞腐心興鼓吹，兇神張口吐煙霞。神州豈止千重惡，赤縣原藏萬種邪"。

既然如此，那為什麼直到如今還有許多人迷醉於毛澤東的詩詞呢？哪怕某些痛恨毛的人也只能作感性上的發洩，不能從藝術上指出其敗筆。在內心深處，他們或許還要以為它們真的了不起，否則也不至於捏造出什麼"胡喬木捉刀"的謠言來了。這到底是為什麼？

竊以為，這是現代人普遍缺乏傳統文學素養乃至一般的美學修養造成的。毛的詩作和書法一樣，都是"世無英雄，遂使豎子成名"的結果，是沾了國學頹敗的光。即使忽略他的庸作與劣作，只考慮那四五首佳作，在中國這個詩歌王國的千年長河中，毛只能算是留下了幾首好詞、濺起了一點可以忽略不計的漣漪的詩人而已。

據許知遠介紹，研究唐代詩歌的杰出學者阿瑟·韋利曾說："（毛的詩詞）不像希特勒的畫那樣糟，也不像邱吉爾的畫那樣好。"而另一位藝術史家西蒙·雷斯則如是評價他的書法："初看上去驚世駭俗，却透露出一種華而不實的自尊自大，達到了傲慢無禮的程度，假如還不算放縱的話……"[1] 這確為實事求是之論。無論是毛的詩作還是書法，都流露出他的"反潮流精神"，亦即對人類肯定的一切美好神聖的東西都投以無限輕蔑。

---

[1] 轉引自許知遠：《領袖的誘惑》,英國金融時報中文網,
http://www.ftchinese.com/story/001036125

國家圖書館出版品預行編目資料

毛澤東全方位解剖（上冊）／蘆笛著. --初版. --
臺中市：白象文化，2020.10
　　面；　公分
ISBN 978-986-5526-77-1(上冊：平裝). --
ISBN 978-986-5526-78-8(下冊：平裝)

1. 毛澤東　2. 學術思想

549.4211　　　　　　　　　　　109011335

毛澤東全方位解剖 上冊

作　　　者　蘆笛
校　　　對　蘆笛
專案主編　林榮威
出版編印　吳適意、林榮威、林孟侃、陳逸儒、黃麗穎
設計創意　張禮南、何佳誼
經銷推廣　李莉吟、莊博亞、劉育姍、李如玉
經紀企劃　張輝潭、洪怡欣、徐錦淳、黃姿虹
營運管理　林金郎、曾千熏
發 行 人　張輝潭
出版發行　白象文化事業有限公司
　　　　　412台中市大里區科技路1號8樓之2（台中軟體園區）
　　　　　出版專線：（04）2496-5995　　傳真：（04）2496-9901
　　　　　401台中市東區和平街228巷44號（經銷部）
　　　　　購書專線：（04）2220-8589　　傳真：（04）2220-8505
印　　　刷　基盛印刷工場
初版一刷　2020 年 10 月
定　　　價　680 元

白象文化　印書小舖　出版・經銷・宣傳・設計
www.ElephantWhite.com.tw　自費出版的領導者　購書 白象文化生活館